# 清苑县政协志

政协保定市清苑区委员会编

方志出版社

图书在版编目（CIP）数据

清苑县政协志 / 政协保定市清苑区委员会编
--北京： 方志出版社， 2018.9
ISBN 978-7-5144-3278-7

Ⅰ.①清… Ⅱ.①政… Ⅲ.①中国人民政治协商会议
—地方委员会—概况—清苑县 Ⅳ.①D628.224

中国版本图书馆CIP数据核字（2018）第219764号
---------

**清苑县政协志**

**编　　者**：政协保定市清苑区委员会
**责任编辑**：冯 松

**出 版 人**：冀祥德
**出 版 者**：方志出版社
地址　北京市朝阳区潘家园东里9号（国家方志馆4层）
邮编　100021
网址　http://www.fzph.org
**发　　行**：方志出版社图书经销中心
电话（010）67110500
**经　　销**：各地新华书店
**印　　刷**：保定市正大印刷有限公司

**开　　本**：889×1194　　　1/16
**印　　张**：34.75
**字　　数**：741千
**版　　次**：2018年9月第1版　2018年9月第1次印刷
**印　　数**：001~600册

ISBN 978-7-5144-3278-7　　　**定价**：380.00元

## 《清苑县政协志》编纂委员会

名誉主任：宋　静

主　　任：王振起

副 主 任：税国芳　张同岳　段树立　李志芳　张　琳
刘永发

委　　员：杨　浩　王松坡　李亚鹏　刘　磊　魏冬生
赵树伟　岳志英　申亚军　刘三军

## 《清苑县政协志》编辑部

主　　编：王振起

执行主编：李志芳

副 主 编：刘三军

编　　辑：杨　浩　王松坡　李亚鹏　刘　磊　魏冬生
赵树伟　岳志英　申亚军　赵文红　张良生
霍　娜　张俊菡　刘　丹　王　培

特邀编辑：刘秋良

图文编辑：张锦绘

照片提供：刘永刚　赵永刚　段颖辉　马　振　慈艳峰
刘　红

资料提供：冯铸鑫　王景珍　吕玉芳　张　宾　李桂燕
徐乃思　贾明辉

文字校对：安俊巧　田红娟　刘双喜　刘红涛　张　琼

## 《清苑县政协志》内审专家

保定市地方志办公室：孙进柱　赵　光

政治协商

民主监督

参政议政

长期共存

互相监督

肝胆相照

荣辱与共

# 影　录

清苑鸟瞰图

京港澳保沧高速互通

城区一角

县城夜景

清苑公园

全国重点文物保护单位宋祖陵遗址

宋祖陵遗址出土文物

冉庄十字街古槐

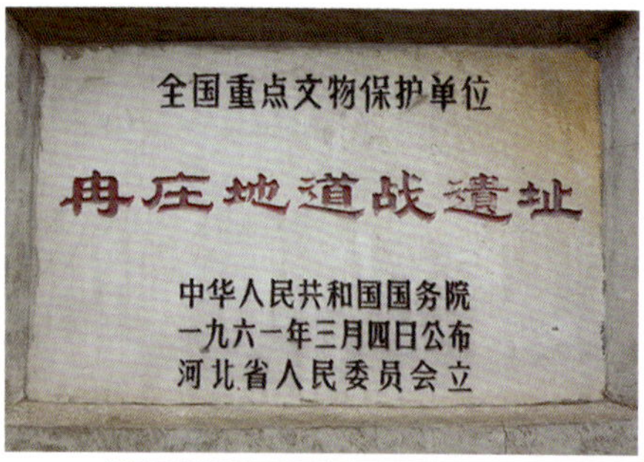

冉庄地道战遗址街景

军人在冉庄地道战纪念馆新馆展厅宣誓

哈哈腔传统剧目《宝莲灯》

国家级非物质文化遗产

哈哈腔

中华人民共和国国务院公布
中华人民共和国文化部颁发
2006年6月

哈哈腔传统剧目《王小打鸟》

清苑职教中心哈哈腔班学生练基本功

孙村乡戎官营绣球龙灯庆香港回归表演

省级非物质文化遗产北宋村古乐

魏村镇武罗侯大鼓传统制作工艺

第一届主席
张润仁

第一届主席
丁文哲

第二届主席
程瑞田

第二届主席
张孝祯

第三届主席
李荣久

第四届主席
张鹤亭

第四、五届主席
胡景山

第六届主席
丛国栋

第七、八届主席
宋　静

第八届主席
王振起

## 1983-1987年第一届

政协清苑县第一届委员会第一次会议委员合影

## 1987-1990年第二届

县委书记刘德忠在政协二届会议上讲话

县委副书记兼政协主席程瑞田在政协二届会议上作报告

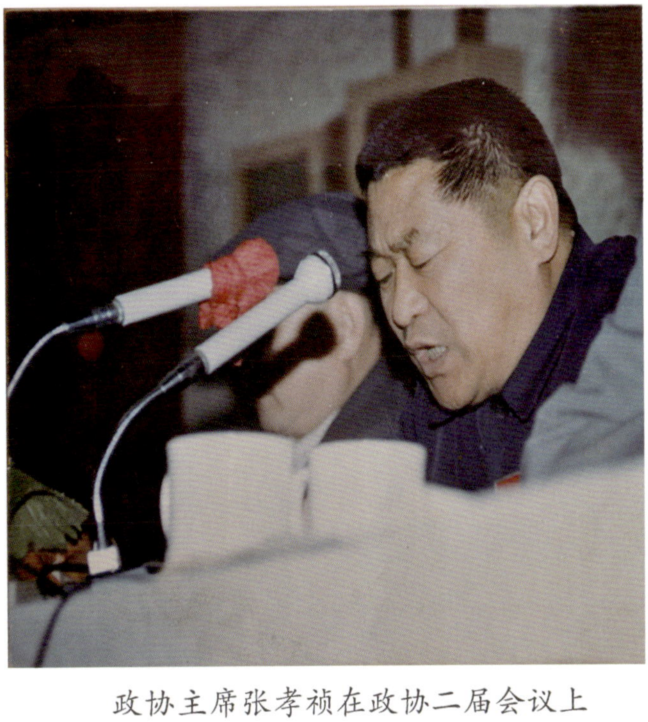

政协主席张孝祯在政协二届会议上作报告

政协清苑县第二届委员会第一次会议委员合影

## 1990-1993年第三届

县政协主席李荣久在政协三届会议上作报告（1990年4月3日）

三区两县政协主席在冉庄地道战纪念馆开展联谊活动

县领导与县政协常委合影（1990年4月3日）

政协清苑县第三届委员会第一次会议委员合影

## 1993-1998年第四届

政协清苑县第四届委员会第一次会议会场

政协清苑县第四届委员会第二次会议会场

县委书记张志文在政协四届二次会议上讲话

县政协主席张鹤亭在政协四届二次会议上作报告

政协清苑县第四届委员会第二次会议闭幕式

政协清苑县第四届委员会第五次会议会场

县政协领导和机关工作人员合影

1995年5月3日县政协书画会成立

## 1998-2003年第五届

政协清苑县第五届委员会第一次会议会场

县委书记张兴堂在政协五届一次会议上讲话

县委书记杨新建（左三）与第五届政协主席、副主席合影（左一徐小国、左二张孟乾、左四胡景山、左五徐安梓、左六闫营志、左七张焕玲）

政协清苑县第五届委员会第三次会议会场

县政协主席胡景山在政协五届四次会议上作报告

政协清苑县第五届委员会第四次会议会场

县领导看望政协委员

县政协委员分组讨论

县政协第四、五届主席、副主席合影

县政协委员下乡义诊

政协清苑县第五届委员会第一次会议委员合影

## 2003-2007年第六届

县政协第六届主席、副主席合影

县政协领导和机关工作人员到西柏坡接受爱国主义教育

政协清苑县第六届委员会第一次会议委员合影

## 2007-2012年第七届

政协清苑县第七届委员会第一次会议会场

县委书记李志刚看望政协委员

2008年5月，县政协委员为四川地震灾区捐款

政协清苑县第七届委员会第一次会议委员合影

县政协委员视察2009年上半年财政预算执行情况

县政协领导视察甲型H1N1流感防控工作

县政协组织本县市政协委员视察城市建设三年上水平工作

县政协领导视察食品安全工作

县政协第七届委员会举行第二十三次常委会议

川滇黔赣冀五省二十地市州政协领导到冉庄地道战遗址参观考察

县政协召开企业界委员大上项目加快发展座谈会

县政协深入臧村镇培训政协委员

## 2012–2015年第八届

县委书记李志刚（中）、县长王芃（右）、政协主席宋静（左）在政协八届一次会议主席台上

县政协主席宋静在政协八届一次会议上作报告

政协清苑县第八届委员会第一次会议会场

政协清苑县第八届委员会第一次会议会场

政协清苑县第八届委员会第一次会议政协委员举手表决

县领导与政协清苑县第八届委员会第一次会议常委合影

政协清苑县第八届委员会第一次会议委员合影

政协清苑县第八届委员会第三次会议会场

县政协主席王振起在政协八届四次会议上讲话

政协清苑县第八届委员会第四次会议会场

县政府组织召开2012年人大议案、政协提案交办会

县政协领导视察防汛工作

县政协召开第八届委员会第十次常委会议

县政协书画展

县政协部分离退休主席、副主席合影

（前排左起：丛国栋、张鹤亭、丁文哲、李荣久、胡景山，后排左起：闫营志、徐小国、刘庆刚、张孟乾、赵从仁、徐安梓、张焕玲）

《清苑县政协委员风采录》

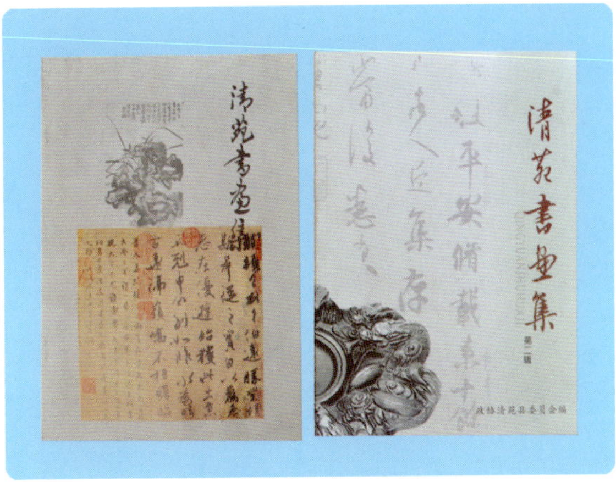


《清苑书画集》

《清苑县文史资料》

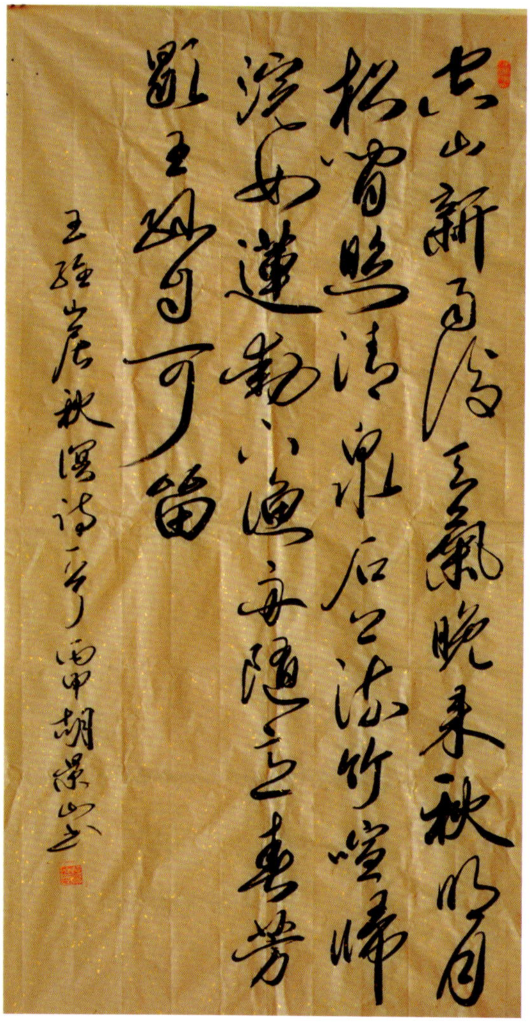

胡景山作品

刘志宏作品

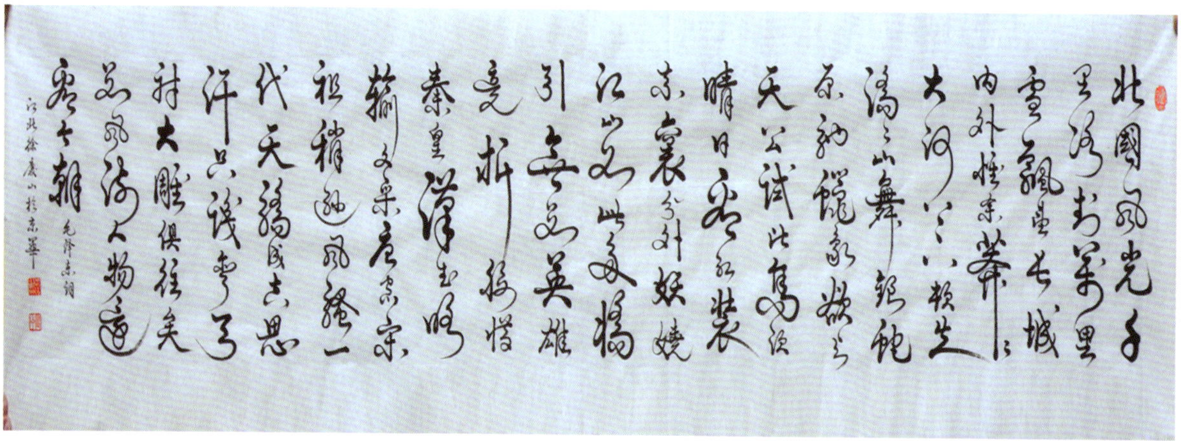

徐小国作品

张杰峰作品

王学增作品

黎卓玉作品

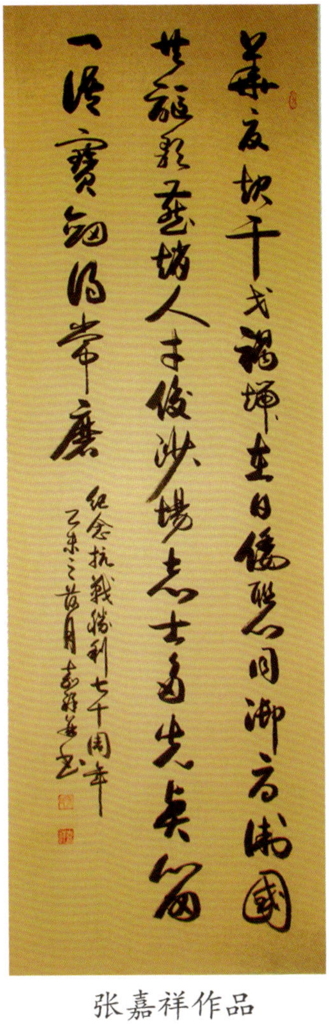

张嘉祥作品

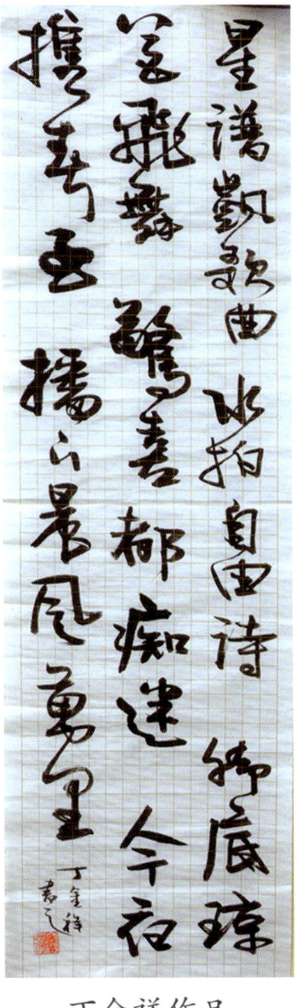

丁金祥作品

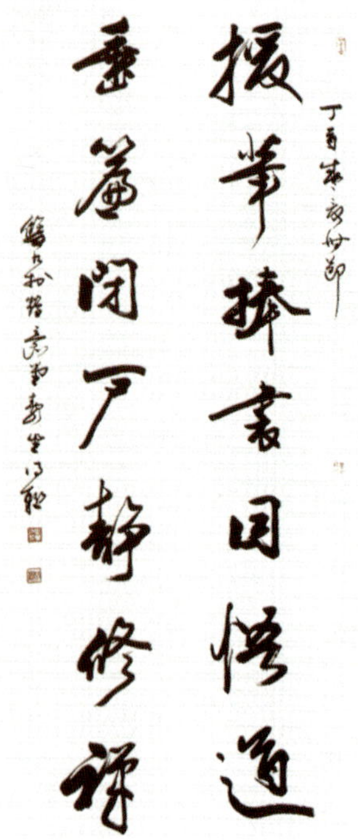

纪双九作品

张锦春作品

孙兰钢作品

王少堂作品

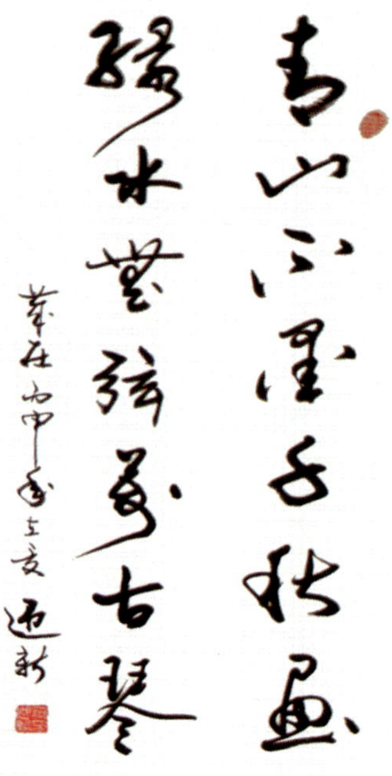

臧迎新作品

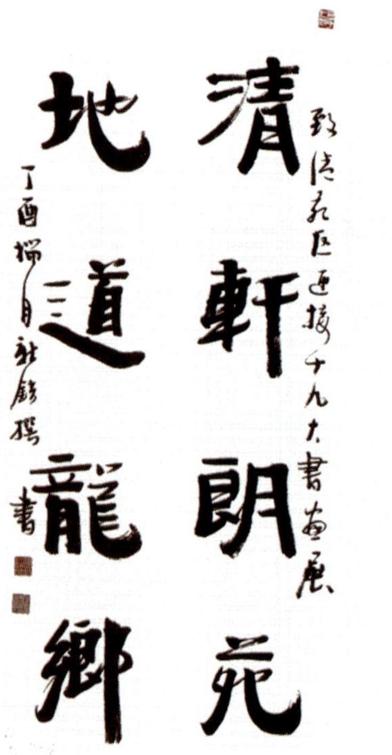

李新锁作品

# 序

“治天下者以史为鉴，治郡国者以志为鉴”。盛世修志是中华民族的优良传统。政协清苑县第八届委员会（2015年7月更名为政协保定市清苑区委员会）主持编修的《清苑县政协志》出版，是清苑政协史上的一件大事，可喜可贺。

政协清苑县委员会成立于1983年2月，历经8届，走过了32年不平凡的历程。32年来，清苑县政协在县委的坚强领导和政府的大力支持下，高举爱国主义和社会主义两面旗帜，牢牢把握团结和民主两大主题，始终坚持“长期共存、互相监督、肝胆相照、荣辱与共”的方针，认真履行政治协商、民主监督、参政议政职能，紧紧围绕县委、县政府中心工作，带领广大政协委员和社会各界人士深入基层调研、关注民生，积极建言献策，推动发展、促进和谐，为清苑各项事业的发展做出了积极贡献。

本志书是清苑县政协自1983年2月至2015年5月间的历史记录，以比较翔实的史料、完备的体例、严谨的结构、流畅的文字全面记录了政协的成立、发展过程及主要工作，客观总结了政协工作的基本思路、工作特点、宝贵经验，集中反映了历届政协不断务实创新、继承发展，在各个时期围绕中心、服务大局、履行职能的生动实践，充分展现了广大政协委员积极参政议政、建功立业的风采。本志书对于清苑各界人士进一步认识和了解政协的地位和职能，研究清苑政协史、统一战线，将起到“存史、资政、教化”的重要作用。

《清苑县政协志》的出版是集体智慧的结晶。值此志书出版之际，我们代表清苑四大班子感谢认真负责、辛勤工作的全体编辑人员。在此特别感谢保定市方志专家和县政协老领导及相关单位的大力支持和无私帮助！

总结历史，探索规律，展望未来，任重道远。回顾清苑政协32年的光辉历程，能够更加坚定信心，奋发向上，继往开来。我们希望《清苑县政协志》的出版能成为清苑政协工作的新起点，激励后人，开拓创新，继续发挥政协优势，履职尽责，为决胜全面建成小康社会，奋力开创新时代清苑各项工作新局面谱写出历史新篇章。

中共保定市清苑区委书记：崔建民

保定市清苑区人民政府区长：王涛

2018年9月

# 凡　例

一、本志以马列主义、毛泽东思想、邓小平理论、“三个代表”重要思想、科学发展观、习近平新时代中国特色社会主义思想和《中国人民政治协商会议章程》为指导，坚持辩证唯物主义和历史唯物主义的立场、观点和方法，力求客观、全面、准确、翔实地记述限内清苑县政协的筹建、诞生、发展和现状。旨在发挥其资政存史功能，为促进本行政区长远发展，建设文明社会服务。

二、本志为中国人民政治协商会议清苑县委员会成立后首部专志。上限起始于1983年2月20日清苑县政协成立，下限至2015年5月宣布清苑撤县设区止。清苑县各界人民代表会议（1950年2月~1954年7月先后召开过三届十次会议）未在本志断限内，因其为清苑县政协前身，所以设专文于附录内予以记述，使清苑县政协历史沿革更具完整性。

三、本志章节的设置是横排竖写，采用记、述、志、表、录，以志为主。表分附各章节。

四、本志由图片、概述、大事记、分志及附录组成。图片，形象直观地反映政协工作诸方面；概述，综述政协发展状况，统摄全志，叙议结合，有叙有议；大事记，以时为序，略记大事、要事，以编年体为主，辅以纪事本末体及记叙文体，述而不评；分志共十二章，按顺序横排，依次为：机构、政协委员、例会、政治协商、民主监督、参政议政、提案工作、视察调研、委组工作、文化建设、自身建设、人物简介及附录。附录收录具有存史价值而不宜编入分志的重要资料。

五、篇目设置为章、节、目。根据需要，章、节之首冠以无题序；部分章节后设有附记。

六、本志内容力求减少重复，根据不同需要于相关章节之中各有侧重。

七、本志资料来源为：历年政协档案、组织部门人事档案、书籍报刊、文史资料及调研材料。

八、本志采用现代语体文。行文按照国家标准执行。

九、本志以公元纪年。数字书写，表示数量的用阿拉伯数字；习惯用语、词语、成语以及叙述性语言中的数字使用汉字；百分比用阿拉伯数字和数学符号；几分之几用汉字表示。计量单位采用国家法定计量单位。

十、关于人物，按照人物简介方式记述，按届次为顺序，范围设定为主席、副主席。个人档案资料与组织部门资料有出入的，以组织部门资料为准。

# 凡 例

# 目 录

# 概 述

清苑历史悠久，据东臧村、大望亭仰韶文化遗址出土文物证明，早在6000～7000年以前，这里就有人居住。自古有“北临三关，南通九省”之誉，是京、津、石三角腹地。北魏太和元年（477年）置县。清苑是宋太祖故里，是地道战故乡，是国家级非物质文化遗产哈哈腔剧种的发源地。

清苑县位于河北省中部，太行山东麓，冀中平原西部。全县辖18个乡镇，1个城区办事处，266个行政村，总面积856平方公里，耕地86万亩，人口65万。

清苑是农业大县，农产品资源十分丰富，是京津保等大中城市的绿色食品供应基地，全国首批农业机械化示范区和河北小麦主产区的核心区。工业产品丰富，是亚洲最大的制香基地、华北最大的有色金属集散地、全国最大的手拉葫芦生产基地、全国最大的钻井机械生产基地。改革开放以来，清苑县抓住机遇，加快发展，经济和社会各项事业实现跨越式发展，人民生活水平明显提高。

多年来，县政协以“中国共产党领导的多党合作和政治协商制度”为统战工作的根本准则，高举爱国主义和中国特色社会主义旗帜，团结和带领广大政协委员，紧紧围绕全县的中心工作，牢牢把握团结、民主两大主题，找准位置，发挥优势，认真履行政治协商、民主监督、参政议政职能，不断探索新形势下政协工作的新思路，与时俱进，开拓创新，充分协调关系、化解矛盾、汇聚力量、建言献策、服务大局，为清苑的改革、发展、稳定和社会全面进步做出了积极贡献。

## 一

中国人民政治协商会议清苑县委员会成立于1983年2月，至2015年4月政协第八届四次会议（2015年5月宣布清苑县撤县设区），共历经八届。

中国人民政治协商会议清苑县委员会的成立经历了一个历史过程。其前身是清苑县各界人民代表会议。根据中国人民政治协商会议通过的《共同纲领》和中央人民政府的指示，于1949年11月召开了清苑县各界人民代表协商会议，选出各界人民会议代表，本着“长期共存、互相监督”的方针，中国共产党和各民主党派及无党派人士结成了广泛的人民民主统一战线，1950年2月～1954年7月，清苑县各界人民代表会议先后召开过三届十次会议，代行了县人民代表大会进行政权机构中的人事选举及研究决定全县政治、经济、文化生活中的大事。1954年《中华人民共和国宪法》颁布后，清苑县实行了人民代表大会制度，各界人民代表会议即告结束。1982年9月，根据上级指示，清苑县开始筹建中国人民政治协商会议河北省清苑县委员会。按照《中国人民政治协商会议章程》的有关规定，经过半年时间，从全县农业、工业、交通、财贸、文教卫生、科技等部门协商产生委员78名。1983年2月20日～25日，政协清苑县第一届委员会举行第一次会议，标志着清苑县政协的诞生。会议由13个界别的78名委员参加，选举产生了政协清苑县第一届委员会主席1名、副主席4名和常务委员20名。

政协清苑县委员会自1983年2月成立至2015年4月，共举行八届34次全体会议。其中，第一届举行4次，第二届举行3次，第三届举行3次，第四届举行6次，第五届举行5次，第六届举行4次，第七届举行5次，第八届举行4次。张润仁、丁文哲、程瑞田、张孝祯、李荣久、张鹤亭、胡景山、丛国栋、宋静、王振起先后担任政协主席。政协清苑县常务委员会会议有记录的共举行163次，其中第一届召开21次，第二届召开19次，第三届召开13次，第四届召开25次，第五届召开28次，第六届召开18次，第七届召开23次，第八届召开16次。主席办公会议共召开300余次。

政协委员作为政协组织的主体，成员为全县各行各业和各个界别的优秀代表。其组成也由少增多，组织规模不断发展壮大，涉及界别也逐步扩大，委员人数呈上升趋势，文化素质不断提升。每届的政协委员的名额和界别随着全县人口和工作需要而变动。政协清苑县第一届委员会（1983～1987）委员78 人，共13个界别。党外委员47名，占60.3%，非党知识分子19人，占24.4%。第二届委员会（1987～1990）委员145名，有19个界别。党外委员91人，占62.76%，具有大专或中等技术职称的38 人，占26.3%。第三届委员会（1990～1993）有委员153名，党外委员92人，占60.1%，具有大专或中等技术职称的41人，占26.8%。第四届委员会（1993～1998）160人，16个界别。党外委员94名，占58.8%，具有高中以上文化程度的92人，占57.5%。第五届委员会（1998～2003）有委员216名，有16个界别，党外委员136名，占63%，具有高中以上文化程度的131人,占60.6%。第六届委员会（2003～2007）有委员252人，20个界别，党外委员130名，占51.6%，具有大专以上学历者124人，占49.2%。清苑县第七届委员会（2007～2012），共有委员245名，15个界别，党外委员114名，占46.5%，具有高中以上文化程度的180人,占73.5%。政协清苑县第八届委员会（2012～2015），共有委员240名，13个界别，党外委员109 名，占45.4%，具有高中以上文化程度188人,占78.3%。

政协机关内部机构设置随着工作需要而变化。县政协1983年成立时政协机关设办公室，处理日常工作，编制9人。1987年调整设置为5个委员会，编制不变，即：学习委员会、咨询委员会、提案工作委员会、祖国统一委员会、文史资料征集委员会。委员会主任由主席或副主席兼任。1990年1月10日改设提案委员会、文化委员会、祖国统一联谊委员会、经济科技委员会4个专门委员会。1992年5个工作机构不变，编制25人。1997年11月，精简机构，合并为一个综合办公室。2013年11月，综合办公室改为办公室,设经济科技委员会和学习提案委员会，为正科级内设机构。编制22人。

## 二

政协清苑县委员会成立后，按照《中国人民政治协商会议章程》规定，组织广大政协委员和各参加单位、各界人士，通过组织召开政治协商会议全体委员会、常委会议和主席办公会等形式，履行人民政协政治协商、民主监督和参政议政的职能。

**履行政治协商职能** 按照抓重点、调查研究、协商于决策之前，监督于实施之中的精神，就全县大政方针，以及政治、经济、文化和社会生活中的重大问题进行协商。对必须协商的事宜，诸如每个年度的政府工作报告、财政预决算以及重要人事安排等，邀请县委、县政府领导，面对面通报情况，进行协商，并提出意见和建议。对县内的一些重要事项和重点工程及群众关注的热点难点问题，通过调研，提出意见和建议，为县委、县政府决策提供依据。1987年，为了使政治协商经常化、制度化，根据《政协章程》，政府和政协先后制定了有关规范政治协商的一系列条例和规定。1988年，县委批转《政协清苑县委员会〈关于政治协商、民主监督工作实施细则（试行）〉》。1991年12月，县委出台《关于进一步加强政协工作的决定》，建立健全《县政协各专门委员会与县委、政府各职能部门对口联系制度》，这些制度的建立，使政治协商有章可循。县政协对政府工作报告、五年计划和规划、改革大计、财政预算、小康建设等重大事项协商108次；对廉政建设、科技服务网络建设、农业发展及减轻农民负担、县城总体规划、社会综合治理和“严打”会战情况、大事实事完成情况、文明生态村创建工作、防汛工作开展情况、财税工作完成情况、民心工程、环保工作情况、季度经济运行情况等进行专题协商48次；召开农业科技工作、财税工作、乡镇企业、文化教育协商、市场三期工程建设情况、“两高一优”农业、环保治理专题，配合协调市政协开展新型农业合作组织、应对国际金融危机、企业界委员大上项目、加快发展等协商座谈会34次。

**履行民主监督职能** 对国家宪法、法律和地方性法规的执行情况和涉及全县的重大方针、政策、群众关心的热点问题，通过组织委员视察、检查评议、委员提案、委员举报等形式，向县委、县政府提出建言和建议。每年都推荐政协委员作为县法院、检察院、公安、工商、税务、审计、国土、环保等部门执法监督员，对各行各业积极发挥监督作用。清苑县政协在工作实践中，不断探索民主监督的方式方法，针对影响范围广的重大问题和敏感的热点问题进行民主监督。县政协实施《政协清苑县委员会关于县政协委员持证视察工作的暂行办法》，使民主监督工作进一步制度化、规范化。县政协坚持在参与中监督，在监督中参与，将委员视察作为民主监督的重要形式。县政协就玉米丰收竞赛活动及棉花种植情况、县城实事落实、小康建设、县城文化市场、春耕生产和小麦管理、小康乡镇建设、工业及乡镇企业、年度大事、行政执法部门工作、卫生工作、公安工作、和县人大联合视察路桥建设、防汛工作、财税工作、落实中央1号文件促进农民持续增收工作、校园安全、农田水利建设、食品安全工作、县城公园建设、大气污染治理、城市管理“6S”行动开展情况、县城精细化管理等方面进行视察，撰写视察报告、简讯186篇，提出针对性的建议156条，有效地促进了工作的开展。

**履行参政议政职能** 提案是政协委员参政议政的有效形式。县政协积极引导委员紧紧围绕全县中心工作、选择党政部门重视、人民群众关心的热点、难点问题，组织调查研究，积极主动向党委、政府提出建设性意见建议，提案内容涉及公路交通、城镇建设、文教卫生、农村经济发展、农村基层组织建设等经济发展和社会进步的方方面面，集中反映人民群众关心的热点、难点问题，体现政协委员参政议政的热情，引起县委、县政府领导的重视。在提案的办理过程中，县政协进一步加大提案督办力度，选出一些重点提案，由县政协主席、副主席亲自督办。同时，严格执行《提案工作条例》的有关规定，加强同县委、县政府及提案承办部门的协商联络，及时了解提案办理进度，协调各方面关系，指导提案办理工作。通过提案办理工作，使许多委员的意见和建议在实际工作中得到较好的落实，对促进党委、政府依法行政、民主决策起到了积极作用。历届县政协共受理各类提案2372件，其中确立审查立案1885件，答复率达100%，委员满意率99%以上。

为提高提案质量，县政协充分发挥政协人才荟萃、智力密集的优势，选择事关全县大局的重大问题，各个时期的焦点问题，组织专门委员会和政协委员深入基层，开展专题研讨、视察活动，系统分析并提出建议。撰写了大量调查研究报告，受到县委、县政府的高度重视，为促进清苑县各项事业的发展起到了重要作用。共组织委员对全县交通、粮食、电力、物价、技术监督、工商、税务、土地、环保等项工作进行视察98次，开展专题调研48次，为推动各方面改进工作提供了参考依据。

## 三

文史宣传是政协工作的重要组成部分，是教育后代，惠及后世的一项文化事业。政协清苑县委员会始终重视这项工作，结合全县的文化特色和优势进行史料整理和宣传，为推动清苑县的文化建设做出了重要贡献。

**整理文史资料** 先后编辑出版《文史资料》第一辑、第二辑、第三辑；《战争年代话清苑》《难忘的岁月》《抗战烽火》《清苑历代名人》《宋太祖故里与宋祖陵》等文史资料共8辑129万字。配合省、市政协完成《司令碗》《堆土借弹》《李勇井》及《巾帼先锋·张若名》《毛主席的马前卒·王振海》一批文史资料征集工作，充分发挥了文史资料“存史、资政、团结、育人”的作用。相继在《全国政协内刊》《共产党员》《乡音》《文史精华》《保定政协》《保定日报》等政协机关及其他刊物发表稿件80篇。编辑出版《清苑县政协委员风采录》共3辑。汇集了149名政协委员的先进事迹，展现了各行各业的优秀政协委员风采。

**成立书画会** 县政协于1995年成立书画会。共举办书画展览30余次，展出作品6000余幅，参观人数9万余人。编辑出版两期《清苑书画集》，收入数百位书画作者的书法绘画作品。书画会多次荣获河北省政协文史工作先进单位、宣传工作先进单位。2002年被省政协授予文史工作成果二等奖。连续多年被市政协评为史志工作先进单位、宣传工作先进单位。

## 四

三胞联谊是政协工作的重要内容。县政协通过召开港、澳、台属及海外关系联谊会，组织委员定期给居住在港、澳、台地区和海外的亲属和朋友发信，介绍祖国大陆改革开放的大好形势和渴望团聚、期盼统一的强烈愿望。1983至1987年间，在台、侨眷属中开展“对海外亲人发一封信”活动，全县70%的台属和90%以上的侨眷与海外亲人建立了联系。1986至1992年，共接待“三胞”226人次。在接待中，根据党的政策和适当照顾的原则，为7户眷属解决了农非转、退休、转工、房产、子女升学就业等问题，采取“三帮”（帮信息、帮技术项目、帮资金）办法，支持眷属发展商品生产。1986至1992年，“三胞”眷属中有各种类型的专业户30户。1989年12月，县政协出席了省祖统会召开的祖国统一工作经验交流会，并在会议上介绍了经验。

**为县域经济建设牵线搭桥** 县政协办公室每年都通过文史、联谊等形式，向身居港、澳、台和海外的亲属及知名人士发信函、通电话，介绍祖国改革开放以来的巨大变化和招商引资的优惠政策，鼓励他们到大陆投资建厂，兴办实业。侨眷崔立石几次邀请在美国的哥哥崔立柱回乡考察后在农贸市场三期工程中投资20余万元。旅美华侨徐振英投资150万元支持清苑经济建设，为家乡建设出力。旅美华侨马树栋，通过政协为其家乡韦各庄捐款90万元，修建了教学楼，支援家乡教育事业。

**组织开展咨询、服务等公益活动** 围绕县委“科技兴县”的战略目标，清苑政协利用人才荟萃的优势，开展集日科技咨询、科普宣传、举办各类科技培训班活动。1986至1992年间，县政协农业、科技、畜牧、群众团体等政协工作组，积极向群众宣传科技知识，推广新技术成果，引进科技人才，开展咨询服务。向5万多人次宣传科技知识，印发科技资料7000余份，为乡镇企业引进技术人才160人。1993至1998年间，连续开展“文化、科技、卫生”三下乡活动16次，服务群众上万人。仅在1998至2003年，全县政协委员在捐资助教、扶贫助困、支援灾区、安置下岗职工再就业、兴办社会公益事业等活动中，共捐出款物120余万元，扶持200余户贫困家庭脱贫致富，解决了600余户贫困家庭的实际困难，救助失学和困难学生500余名，安置下岗职工贫困人口再就业1000余人次。安排贫困户子女就业、帮扶贫困户300人次。“攀困难户、交穷朋友”活动被《保定日报》、保定电视台相继报道。市政协在全市政协系统介绍了清苑政协的做法和经验。在2003年“抗非”期间，县政协组织经济界委员开展捐款活动，30多名政协委员纷纷慷慨解囊，5月1日半天时间就捐款12万元。“抗非”期间，全县各级政协委员和政协机关工作人员捐款捐物总计70余万元，充分体现了新时期政协委员高尚的无私奉献精神。

## 五

县政协注重自身建设，增强服务能力，努力适应新形势、新任务。

**加强政协机关内部建设** 按照中央、省委、市委、县委的统一部署，在政协机关定期开展思想、纪律、作风整顿活动，建立和完善各项规章制度。根据河北省委《关于做好跨世纪人民政协工作的决定》和中共中央《关于进一步加强政协工作的意见》精神，重点修订《常委会工作规则》《专门委员会通则》《提案工作条例》。制定下发《主席会议事规则》《常委会议事规则》《常委会组成人员守则》《关于加强委员管理的意见》《关于成立委员活动小组及建立工作制度的意见》等文件，促进了工作的规范化和制度化。同时，从提高委员参政议政能力入手，强化了对委员的学习培训工作。

**建立基层联络组** 把政协监督、协商向基层延伸。1988年在全县39个乡镇组建了政协统战联络组（于1996年1月撤销），县直各大系统组建了10个政协统战联络组。政协统战联络组充分发挥桥梁纽带作用，对做好群众思想政治工作，化解矛盾起到了积极作用。建立和完善基层委员学习培训制度。坚持每年的4月、5月由县政协主席、副主席带队，分别深入到全县十八个乡镇，组织召开委员学习培训会议，由县政协领导亲自为委员授课，辅导委员学习，取得良好的效果。还通过创办《政协委员参阅资料》和《政协简讯》专刊，及时将委员关心的热点和需要了解、掌握的有关党和国家的大政方针政策、政协统战理论等方面的知识印发给全体政协委员。共编发《政协委员参阅资料》《政协简讯》562期，为政协委员了解上情、熟悉县情、开阔视野、知情出力提供了便利。根据形势的需要，还通过召开专题报告会的形式，把委员集中起来进行培训，提高了委员的整体素质和参政议政水平。通过加强与委员的密切联系，增进了与委员的了解，激发了广大政协委员为全县经济建设、社会各项事业作贡献的积极性。县政协编辑的3辑《政协委员风采录》，展现了全县各行各业的政协委员爱岗敬业的风采。

县政协32年的政协历程，取得了一定成就，是清苑县委正确领导的结果，是县人大、县政府支持的结果，是历届政协委员和各参加单位、各界人士精诚团结、拼搏进取的结果。回顾县政协32年走过的风风雨雨，有如下启示：

一是必须始终坚持中国共产党的领导，才能确保人民政协事业发展的正确方向，这也是人民政协履行职能、发挥作用的根本保证。

二是必须围绕中心、服务大局。只有紧紧围绕中心、服务大局，才能在协商议政、献计出力时方向一致、目标一致，才能真正履行政治协商、民主监督、参政议政的职能。

三是必须坚持以人为本，关注民生。维护人民群众利益是政协工作的出发点和落脚点。只有了解民情，反映民意，解决百姓事，才能真正履职为民。

四是必须始终加强自身建设。只有对政协机关内部工作人员和广大政协委员坚持素质提升、不断汲取新的养分，才能适应新形势、新任务，发挥新作用。

五是必须发挥政协委员的特色优势。政协委员是来自各行各业的精英，人才荟萃、智力密集。只有发挥好他们的主动性，才能建好言，献好策。

# 大事记

## 1983年

2月20日～25日，政协清苑县第一届委员会第一次会议在清苑县招待所举行。会议选举产生中国人民政治协商会议清苑县第一届委员会常务委员会主席、副主席、秘书长、常务委员。

2月24日，一届一次常委会召开。会议确定政协清苑县委员会设办公室为办事机构，讨论政协1983年工作安排。

4月20日，政协清苑县委员会机关刊物《政协简讯》创刊。《政协简讯》是宣传中国共产党路线、方针、政策，尤其是党的统一战线的喉舌，是发挥政治协商、民主监督作用和发展爱国主义统一战线的政治生活园地。

## 1984年

1月4日～5日，一届九次常委会召开。会议听取关于经济体制改革的录音辅导，传达中发〔1984〕27号文件和县委〔1984〕68号文件，传达县政协1984年工作总结（草稿）和1985年工作要点（草稿）。

5月16日～22日，政协清苑县第一届委员会第二次会议在清苑县招待所召开。会议听取审议首届政协常委会工作报告和政协一次会议以来提案办理情况的报告，列席县人大九届一次会议，选举新的县政协领导班子。

## 1985年

4月14日～19日，政协清苑县第一届委员会第三次会议在清苑县招待所召开。会议听取审议第二次会议以来政协常委会工作报告和提案办理情况的报告，列席清苑县人大九届二次会议。

## 1986年

5月23日～27日，政协清苑县第一届委员会第四次会议在清苑县招待所召开。会议听取审议三次会议以来的常委会工作报告和提案办理情况的报告，列席县人大九届三次人代会，酝酿协商县长候选人名单，讨论协商政府三个报告，学习传达全国政协六届四次会议上的工作报告、省政协五届四次会议和省台胞第二次会议精神。

## 1987年

4月18日～22日，政协清苑县第二届委员会第一次会议在县政府招待所召开。会议总结了一届一次会议以来的政协工作，并提出今后的任务。选举产生政协清苑县第二届委员会主席、副主席和常务委员，列席县人大十届一次会议，讨论协商清苑县政府有关工作报告和县人大常委会工作报告，协商了县政府、县人大领导候选人。

8月5日～6日，县政协二届二次常委会议召开。会议听取县政府关于上半年经济发展情况和下半年工作安排的通报，传达省政协召开的祖国统一工作会议精神，讨论通过政协上半年工作总结和下半年工作安排。

8月10日，根据工作需要，决定政协内部机构设置5个工作委员会，原编制不变，委员会主任由政协主管副主席兼任。

12月3日～4日，政协二届三次常委会议召开。会议以认真学习中共十三大精神，进一步做好政协工作为中心议题，重点研究讨论乡镇建政协统战联络组、县直建政协工作组的问题，还学习讨论中央对台工作领导小组关于做好台胞来祖国大陆探亲工作的意见。

12月22日～23日，县政协和县委对台工作办公室联合召开台属侨眷座谈会。40名台属侨眷应邀参加座谈会。县政协和县委统战部的领导同志到会并讲话，各位台属侨眷纷纷表示要以实际行动回报党和政府的关怀。

## 1988年

2月27日～29日，政协清苑县第二届委员会第二次会议召开。会议审议县政协常委会工作报告和提案审查报告，学习中央（1988）1号文件和有关政协工作的文章，列席县十届二次人代会，听取并讨论县政府有关工作报告。

4月6日～13日，县政协和县委统战部分五片对乡镇政协统战联络组 163人轮流进行有关业务知识的培训。

5月13日，二届六次常委会议在政协办公室召开。会议中心议题是：学习贯彻全国政协七届一次会议、省市政协六届一次会议精神，落实县委转发的政协清苑县委员会《关于政治协商、民主监督工作实施细则（试行）》和《政协委员提案工作实施细则（试行）》。

9月14日，县政协和县委统战部与县科委联合组织召开清苑县党外知识分子商品经济大合唱座谈会。会议围绕如何响应县委号召，积极开展清苑县商品经济大合唱展开热烈讨论，提出了许多建议。

12月8日～10日，二届八次常委（扩大）会议召开。会议传达学习中共十三届三中全会报告，传达学习县委全会精神。

## 1989年

1月，清苑文史资料（第一辑）出版。本辑选入文稿35篇，13万多字。

3月25日～27日，政协清苑县第二届委员会第三次会议在县招待所召开。会议听取审议政协常委会工作报告，提案办理情况的报告，听取讨论县政府有关工作报告，补选张孝祯为清苑县第二届委员会主席。会议还学习全国政协关于政治协商、民主监督的规定。

5月12日，二届十四次常委会议召开。会议学习人民日报重要社论。

6月27日，二届十五次常委（扩大）会议在县政府会议室召开。会议学习《中共十三届四中全会公报》。

7月1日，县政协、县委统战部、县侨务办公室联合召开台属、侨眷参加的学习座谈会。

8月9日～10日，二届第十六次常委会议在人大会议室举行。会议认真学习中共十三届四次全会文件和邓小平讲话，传达讨论县委五届四次常委（扩大）会议精神。

## 1990年

1月10日，经政协清苑县第二届委员会常务委员会第十九次会议研究决定，增设提案委员会、文化委员会、祖国统一联谊委员会、经济科技委员会4个专门委员会。

4月1日～3日，政协清苑县第三届委员会第一次会议在清苑县招待所举行。会议听取并审议政协清苑县第二届委员会工作报告、政协清苑县第二届委员会提案办理情况的报告，协商、讨论县政府有关工作报告，选举政协清苑县第三届委员会主席、副主席和常务委员。

5月5日，县政协召开部分委员座谈会，会议围绕学习《中共中央关于加强党同人民群众联系的决定》，并结合县委开门整风等内容进行了座谈。

5月9日，县政协组织部分委员到张登镇、白团乡实地视察小麦长势，并对春耕工作提出6点建议。

7月20日，经政协三届三次常务委员会研究，报请县委同意，决定成立学习委员会。

8月8日，县政协组织部分委员到中冉、魏村、郝庄、大魏庄、北店、大庄、南营头、石桥视察玉米、棉花长势，为确保秋季丰收提出了6点建议。

8月28日，政协三届四次常委会议召开。会议听取县政府通报的上半年主要工作完成情况，总结政协上半年的工作，研究下半年工作要点。

## 1991年

4月8日～10日，政协清苑县第三届委员会第二次会议在清苑县招待所召开，会议听取和审议政协清苑县第三届委员会常务委员会工作报告和关于三届一次会议以来提案办理情况的报告，列席清苑县第十一届人民代表大会第二次会议并听取讨论会议各项报告，审议通过政协清苑县第三届委员会第二次会议政治决议。

5月18日，县政协组织部分委员与市政协相关领导到北和庄、南营头、东闾、百家等村对小麦长势进行视察，为确保夏季丰收提出6条工作建议。

9月3日，由县政协、县委统战部联合举办的清苑县政协统战理论研讨会在县工会二楼会议室举行。

9月5日～6日，县政协组织部分委员与市政协相关部门实地考察唐河、清水河和周边农田水利基本建设情况。考察后提出3点工作建议。

9月24日，省政协提案委员会办公室主任刘春贵等一行二人由市政协提案员会主任郭向东陪同，到清苑县检查指导提案工作。

12月16日，中共清苑县委印发《关于进一步加强政协工作的决定》。

## 1992年

1月16日，政协三届八次常委会议在县委常委会议室召开。会议学习中共中央总书记江泽民在中共十三届八中全会上的讲话和中共清苑县委六届三次全会文件，研究讨论县政协1991年度工作总结和1992年度工作要点，讨论关于召开政协三届三次全会的有关事宜。

1月，清苑文史资料（第二辑）出版，并于10月再版。

3月10日～13日，政协清苑县委员会第三次会议在县招待所举行。会议听取并审议政协三届委员会常务委员会工作报告和关于三届二次会议以来提案办理情况的报告，列席清苑县第十一届人民代表大会第三次会议，协商县长候选人名单，选举新增部分政协常委，通过三届三次会议期间提案审查情况的报告，通过政协清苑县第三届委员会第三次会议政治决议。

4月19日，市政协、市司法局、河北大学和县政协、县司法局利用冉庄集日联合开展法律咨询服务。

5月27日，县政协组织部分委员听取治安综合治理情况汇报。与会人员就切实推行打、防、管、教四种措施，提出5条意见建议。

7月24日，政协三届九次常委会议在人大会议室召开。常务副县长陈宝升代表县政府通报上半年主要工作完成情况。

## 1993年

1月3日～5日，政协清苑县第四届委员会第一次会议在县招待所举行。会议听取和审议政协清苑县三届委员会工作报告和三届一次会议以来提案办理情况的报告，通过四届一次会议的政治决议，听取和讨论“一府两院”的工作报告，选举产生政协清苑县第四届委员会主席、副主席和常务委员。

3月9日，县政协组织部分委员对“一抗双保”工作和农田基本建设情况进行视察并召开座谈会，就相关工作提出意见建议。

5月5日，清苑县政协组织部分委员深入乡镇企业进行视察调研，针对企业管理不善、效益不高、小冶炼一哄而上等问题提出意见建议。

8月11日，四届三次常委（扩大）会议在政府会议室召开。会议听取县政府1993年上半年工作情况及下半年工作安排，学习传达省政协七届一次会议精神，通过县政协1993年上半年工作总结及下半年工作要点。

12月17日，四届四次常委会议在人大会议室召开。会议研究关于学习《邓小平文选》第三卷的决定，听取关于提案办理情况通报和农业发展及减轻农民负担情况。

## 1994年

3月2日～4日，政协清苑县第四届委员会第二次会议在县招待所举行。会议听取和审议政协清苑县第四届委员会常务委员会工作报告和关于四届一次会议以来提案工作情况的报告，协商讨论“一府两院”工作报告，协商增选县政府领导候选人，增选县政协第四届常务委员会委员，通过会议有关决议。

3月24日，县政协组织部分委员到白团乡、田各庄乡视察春耕工作并就春耕生产管理中存在的问题提出意见和建议。

5月12日，四届六次常委会议在政协会议室召开。会议学习《政协章程》和全国政协主席李瑞环讲话，通报协商清苑县社会治安综合治理工作，通报研究《政协一九九四年工作要点》《政协委员参政议政意见》。

7月11日，县政协经济委员会组织召开乡镇企业代表座谈会，为清苑经济发展提出3点建议。

7月28日，四届七次常委（扩大）会议在人大会议室召开。会议听取并协商县政府上半年工作报告，通过政协上半年工作总结和下半年工作安排。

11月，清苑县文史资料（第三辑）出版。

11月2日，县政协组织召开文化教育协商座谈会，与会人员对提升全县文化教育工作提出4条建议。

11月9日，县政协组织部分委员视察小康建设情况，并提出多条意见和建议。

## 1995年

2月12日～13日，政协清苑县第四届委员会第三次会议在县宾馆召开。会议听取和审议政协清苑县第四届委员会常务委员会关于二次会议以来的工作报告和关于二次会议以来提案办理情况的报告，听取协商讨论县政府一九九四年度工作报告，通过有关人事变动事宜，审议通过有关决议。

4月7日，县政协组织部分委员视察县城内书店、报刊零售点、录像厅、电子游戏厅、营业性歌舞厅等15个文化场所，对文化市场管理工作提出多条意见和建议。

5月3日，清苑县政协书画会成立。

5月9日，政协四届十次常委会议召开。会议听取并协商县政府关于1995年农业工作的思路及当前实施农业五大工程的进展情况，审议通过《常委守则》《常委会工作规划》《专委会制度》，审议通过向县委、县政府提交的《关于连续巩固和发展我县养鸡业的建议案》和《关于我县农业问题的建议案》两份建议案。

7月6日，县政协组织部分委员对望亭、何桥、赵庄、清苑镇、孙村、白团等计划实现小康的乡镇进行视察，并就相关工作提出4点建议。

7月7日，《社情民意》专刊创刊。

8月10日，四届十一次常委会议召开。会议通报政协上半年工作，听取县政府关于政协委员提案及两个建议案的办理情况的通报。

11月15日，四届十二次常委会议在县招待所二楼会议室召开。会议学习中共十四届五中全会和省五次党代会精神，听取并协商县政府关于清苑县1995年农业五大工程开展情况的通报。

12月，清苑县文史资料（第四辑）出版。

## 1996年

3月11日～14日，政协清苑县第四届委员会第四次会议在县城举行。会议听取和审议政协清苑县第四届委员会常务委员会工作报告和关于三次会议以来提案办理情况的报告，听取协商政府工作报告及有关报告，审议通过有关决议。

5月9日，政协四届十五次常委会议召开。会议通报了县中心工作情况，学习县“鱼水”工程实施意见，研究通过《县政协关于政治协商、民主监督、参政议政的决定》及《县政协社情民意工作实施办法（试行）》，听取协商农业局、畜牧局关于1996年工作计划安排和当前工作运行情况。

6月9日，县政协组织部分委员、企业界代表在望亭乡东安村振海铝厂召开座谈会，对清苑县“九五”计划及2010年远景规划进行充分协商讨论，提出意见建议。

7月16日，县政协组织部分委员对县电池厂、化肥厂、工具厂、农机修造厂、童装厂、木器厂、机械厂、清城塑胶有限公司等企业进行了视察，并就相关工作提出5点建议。

9月6日，县政协组织部分委员对交通、地税、工商等行政执法部门进行视察，并就各单位如何开展好各项工作提出建议。

## 1997年

3月2日～5日，政协清苑县第四届委员会第五次会议在县法院会议厅举行，会议听取和审议政协清苑县第四届委员会常务委员会工作报告和关于四次会议以来提案办理情况的报告，听取协商清苑县政府工作报告及有关工作报告，审议通过会议有关决议，调整县政协第四届委员会常务委员会委员。

4月15日，政协清苑县第四届委员会第六次会议在县法院举行，会议选举胡景山为政协主席。

7月15日，政协书画会在县政协会议室召开理事会议，对组织机构进行调整，胡景山任书画会会长。

8月14日，县政协组织部分委员会同工商、城建、卫生等部门的负责人对形象建设进行视察。

11月，提案委员会、文化委员会、祖国统一联谊委员会、经济科技委员会并入办公室，为政协综合办公室。

## 1998年

2月13日～16日，政协清苑县第五届委员会第一次会议在县法院会议厅召开。审议通过政协常委会工作报告的决议、四届会议以来提案办理工作的决议。通过五届委员会一次会议的政治决议，听取和讨论县政府的三个报告，通过会议有关决议。选举产生政协清苑县第五届委员会主席、副主席、常务委员。

4月，县政协分别组织召开学习培训会议，由县政协主席、副主席带队，深入到全县各个乡镇，为委员授课，同委员进行座谈，指导委员进行学习。

4月，县政协向全体委员发出开展“帮困难户、交穷朋友”活动的通知，组织政协委员加强与贫困户和下岗职工的联系，帮助他们解决好生产生活中的实际困难，带领他们走共同富裕的道路。

6月，县政协组织召开政协委员学习报告会，邀请县委宣传部的领导为委员作学习邓小平理论的专题报告。

11月，省政协委员视察团到清苑县检查政法工作和社会治安综合治理工作，部分县政协委员也随团进行视察，并提出意见和建议。

## 1999年

2月3日，县政协召开各界人士迎春茶话会。

2月24日～25日，政协清苑县第五届委员会第二次会议在清苑县法院会议厅召开。会议听取和审议政协清苑县第五届常务委员会工作报告和关于一次会议以来提案工作情况的报告，听取协商清苑县政府工作报告和有关工作报告，增选政协常委，审议通过会议有关决议。

3月29日，县人大和县政协领导带领部分离退休老干部、政协委员视察唐河大堤。

9月15日，县政协领导班子成员及部分政协委员到法院检查指导执法队伍建设工作。

## 2000年

2月11日～14日，政协清苑县第五届委员会第三次会议在清苑宾馆召开。会议听取和审议政协清苑县第五届委员会常务委员会工作报告和关于二次会议以来提案工作办理情况的报告，听取协商清苑县政府工作报告和有关工作报告，通过有关决议。

7月，县政协组织部分委员就农网改造工作进行视察，发现农网改造工作存在工期紧、任务重等突出问题，并就此向县委、县政府提出建议。

8月，《清苑县政协委员风采录》第一辑出版，共收录各界委员事迹38例。

10月，县政协举办庆国庆金秋书画展和清苑广场落成典礼书画展。

11月3日，县政协五届十五次常委会在政协会议室召开，县委常委、常务副县长丛国栋及县委办、政府办负责人到会通报提案办理情况并听取协商意见。

## 2001年

2月8日～11日，政协清苑县第五届委员会第四次会议在清苑宾馆西会议厅召开。会议听取审议政协清苑县第五届委员会常务委员会工作报告和五届三次会议以来提案工作情况的报告，听取协商了清苑县政府工作报告和有关工作报告，会议调整部分常委、委员，通过有关决议。

4月，县政协向全体政协委员发出《关于为实施“十五”计划、建设经济强县建功立业的倡议》，得到政协委员的积极响应。

4～5月，县政协分别在18个乡镇召开委员培训会议，由各位主席亲自授课，辅导委员学习。

## 2002年

1月20日～21日，政协清苑县第五届委员会第五次会议在县宾馆西会议厅召开。会议听取审议政协清苑县第五届委员会常务委员会工作报告和县政协五届四次会议以来提案工作情况的报告，听取协商清苑县人民政府工作报告和有关工作报告，审议通过有关决议。

4月23日，县政协五届二十五次常委会在县政协会议室召开。会议听取协商招商引资及项目建设情况。

8月23日，县政协五届二十六次常委会在县政协会议室召开。会议听取协商招商引资情况。

11月1日，县政协五届二十七次常委会在县政协会议室召开。会议听取审议县委、县政府关于县政协五届五次会议以来提案办理情况的通报，听取协商了县政府关于6项22件大事进展情况的通报，审议通过增补政协委员事宜。

## 2003年

4月5日～8日，政协清苑县第六届委员会第一次会议在清苑宾馆举行。会议听取并审议政协清苑县第五届委员会关于五届一次会议以来常务委员会工作报告和提案工作情况报告，听取并协商清苑县政府工作报告和有关工作报告，选举清苑县政协第六届委员会主席、副主席、常务委员，协商清苑县人大主任、副主任，政府县长、副县长，县法院院长、县检察院检察长人选，审议通过了会议有关决议。

5月1日，县政协在县宾馆举行政协委员防治“非典”捐助仪式，来自全县企业界的部分政协委员慷慨解囊，当场捐赠现金10万元，掀起了全县政协委员开展“非典”防治捐助活动的高潮。

6月5日，县政协与县人大领导共同对公路桥梁建设情况进行视察。

6月23日～24日，市政协民营经济发展情况调研组到清苑县进行专题调研。

7月7日～20日，县政协领导班子成员分成四组，分别深入到全县各乡镇（城区）开展对基层政协委员学习培训。

8月，清苑文史资料第五辑《战争年代话清苑》和清苑县文史资料第六辑《难忘的岁月》出版。

10月17日，县政协领导班子成员及部分政协委员，到县公安局视察指导公安工作，就加强公安工作提出3点意见。

## 2004年

2月14日～16日，政协清苑县第六届委员会第二次会议在清苑宾馆举行。会议听取审议政协清苑县第六届委员会常务委员会工作报告和关于六届一次会议以来提案工作情况报告，听取并协商清苑县政府工作报告和有关工作报告，审议通过会议有关决议。

5月26日，省政协常委、教科文委员会主任谭玉琛一行10余人组成调研组，到高优农业专业社调研。

6月4日，县政协组织电力、卫生、农林、司法、科技等单位的30余名政协委员和科技工作者，深入革命老区冉庄开展“科技、文化、卫生”三下乡活动，为老区人民提供医疗卫生服务和科技、法律咨询活动。

7月，县政协领导带领机关工作人员分别深入18个乡镇和城区办事处，为基层委员讲解《政协章程》。

## 2005年

2月24日～26日，政协清苑县第六届委员会第三次会议在清苑宾馆举行。会议听取并审议政协清苑县第六届委员会常务委员会工作报告和关于六届二次会议以来提案工作情况报告，听取并协商清苑县政府工作报告和有关工作报告，审议通过会议有关决议。

6月，县政协配合市政协开展下岗职工再就业、农村特困户、优抚户救助问题的调研。

8月10日，清苑县庆祝抗战胜利60周年书画笔会在清苑广场举行。

10月，清苑县文史资料第七辑——《清苑历代名人》出版。

11月，县政协领导组织机关工作人员分别深入18个乡镇和城区办事处，对基层委员进行培训指导。

12月，《清苑县政协委员风采录》第二辑出版。

## 2006年

3月17日～19日，政协清苑县第六届委员会第四次会议在清苑宾馆举行。会议听取并审议政协清苑县第六届委员会常务委员会工作报告和关于六届三次会议以来提案工作情况报告，列席清苑县第十届人民代表大会第四次会议，听取并协商清苑县人民政府工作报告和有关工作报告，审议通过会议有关决议。

4月27日，县政协组织县卫生局及保定市传染病医院、清苑县医院、清苑县妇幼保健院等单位的专家和医护人员30余人，深入北店乡田各庄屯，开展义诊和健康普查活动。

7月6日，县政协领导班子成员及部分政协委员，视察全县防汛工作安排情况，就防汛工作提出了3点意见。

8月11日，县政协分别在望亭乡、张登镇、清苑镇、冉庄镇、何桥乡召开委员集中学习培训会议，统一对驻会全县各乡镇（城区）的政协委员进行集中学习培训。

## 2007年

5月19日～21日，政协清苑县第七届委员会第一次会议在清苑宾馆举行。会议听取和审议六届政协常务委员会工作报告及提案办理情况的报告，听取和讨论“一府两院”的工作报告及财政、计划报告，协商讨论《清苑县新兴工业卫星城建设实施纲要》，协商县长、副县长、县人民法院院长，县人民检察院检察人选，选举产生县政协第七届委员会政协主席、副主席、秘书长、常务委员，审议通过有关决议。

6月12日，政协七届一次常委会议在宾馆旧四楼会议室召开。会议学习《政协章程》《中共保定市委关于加强人民政协工作的若干规定》，讨论通过政协清苑县第七届委员会常务委员会工作规则和组成人员守则、政协清苑县第七届委员会委员守则，通报县政协2007年工作要点和县政协领导分工安排情况。

7月上旬～9月上旬，利用两个月时间，县政协班子全体成员深入各乡镇（城区），对全县政协委员集中开展走访、培训活动。

8月17日，政协七届二次常委（扩大）会议暨县政协委员环保治理专题座谈会在宾馆旧四楼会议室召开。

11月6日，政协七届三次常委（扩大）会议在清苑宾馆旧四楼会议室召开。会议听取并协商县政协七届一次会议以来提案办理情况和县政府2007年民心工程进展情况。

11月22日，县人大、县政协班子成员组成联合视察组，对新农村电气化工作进行了视察。

12月4日，政协七届四次常委（扩大）会议在宾馆旧四楼会议室召开。会议传达县委《关于在全县党员干部中开展解放思想大讨论活动的实施方案》。

12月，根据省、市、县委的统一安排，在县政协机关和全体政协委员中深入开展了解放思想大讨论活动。

## 2008年

3月26日～27日，政协清苑县第七届委员会第二次会议在清苑宾馆举行。会议听取并审议政协清苑县第七届委员会常务委员工作报告和关于七届一次会议以来提案工作情况的报告，听取并协商了清苑县人民政府工作报告和有关工作报告，审议通过有关决议。

4月25日，政协七届七次常委（扩大）会议在宾馆旧四楼会议室召开。会议讨论通过《政协清苑县委员会关于建立政协委员活动室的实施方案》《政协清苑县委员会加强委员队伍管理推行委员述职考核的意见》《政协清苑县委员会在全体政协委员中开“三个一”活动的意见》《政协清苑县委员会关于在政协委员中深入开展“献爱心、解民忧、促和谐”活动的意见》，通报《政协清苑县委员会2008年工作要点》。

5月15日，县政协组织全县政协委员，在政协办公楼前举行捐款仪式，积极开展向四川地震灾区献爱心活动。现场捐赠10万余元。

5月23日，县政协组织企业界省市政协委员及县政协常委，开展第二次向四川地震灾区献爱心活动。现场共捐赠13万余元。

7月30日，政协七届八次常委（扩大）会议在宾馆旧四楼会议室召开。会议听取了县政府2008年上半年经济运行情况的通报，通报2008年上半年政协工作。

12月23日，政协七届九次常委会在宾馆旧四楼会议室召开。会议讨论通过政协七届三次全会有关材料。

## 2009年

1月6日～8日，政协清苑县第七届委员会第三次会议在清苑宾馆举行。会议听取审议第七届委员会常务委员会工作报告和关于政协七届二次会议以来提案工作情况的报告，列席清苑县第十五届人民代表大会第三次会议，听取并协商清苑县人民政府工作报告和有关工作报告，大会补选两位政协副主席，审议通过有关决议。

3月1日，县政协印发《关于继续深入开展“两争两为”活动的实施意见》，决定在全县政协系统深入开展“争做优秀政协委员、争创先进活动小组；为发展清苑作贡献，为人民政协添光彩”为主题的“两争两为”活动。

3月10日，政协七届十一次常委会在宾馆旧四楼会议室召开。会议通报政协2009年工作要点，传达县政协深入开展“两争两为”活动的实施意见，学习县委三个会议精神。

4月9日，县政协组织部分委员深入农林局，以会议形式对农牧、水利、农机三个单位开展集中调研活动。

7月22日，县政协领导班子成员就全县防汛工作进行集体调研。

8月6日，政协七届十二次常委（扩大）会议在宾馆旧四楼会议室召开。会议听取协商政府关于县政协七届三次会议以来提案办理情况的报告，听取乡镇小组活动情况和“三个一”活动情况。

11月5日，政协七届十三次常委（扩大）会议在县宾馆旧四楼会议室召开。会议听取县政府2009年以来经济运行情况的通报。

## 2010年

2月24日~26日，政协清苑县第七届委员会第四次会议在清苑宾馆召开。会议听取讨论政协第七届委员会常务委员会工作报告和关于政协七届三次会议以来提案工作情况的报告，列席清苑县第十五届人民代表大会第四次会议，听取并协商清苑县人民政府工作报告和有关工作报告，审议通过了有关决议。

3月31日，政协七届十六次常委（扩大）会议在宾馆旧四楼会议室召开。会议通过《政协清苑县委员会2010年工作要点（草案）》，通报七届四次政协会议提案立案情况。

5月13日，县政协领导班子成员先后到清苑二中、实验小学、南大冉小学、清苑中学、县幼儿园等学校，就校园安全工作进行视察调研，并组织召开校园安全工作座谈会。

7月1日，政协七届十七次常委（扩大）会议在宾馆旧四楼会议室召开。会议学习县委在解放思想、优化环境大会上县委书记、县长的讲话，讨论研究政协清苑县委员会关于在全县政协系统开展“解放思想，优化环境，大上项目、加快发展”大讨论活动的意见。

7月19日，政协领导班子成员及部分政协委员就全县防汛工作进行视察。

11月10日，政协七届十八次常委会议在县宾馆旧四楼会议室召开。会议听取县政协七届四次会议提案办理情况。

12月8日，清苑县政协企业界委员大上工业、加快发展座谈会在宾馆旧四楼会议室召开。

12月，《清苑县政协委员风采录》第三辑出版，共收录本县各界委员事迹50余例。

## 2011年

1月19日，政协七届十九次常委会议在县宾馆旧四楼会议室召开。会议听取政协七届委员会部分委员调整情况的通报，通过政协清苑县委员会关于表彰2010年度先进委员活动小组和优秀政协委员的决定，研究政协七届五次全会材料。

2月21日~22日，在清苑宾馆召开政协清苑县第七届委员会第五次会议。听取审议政协第七届委员会常务委员会工作报告和关于政协七届四次会议以来提案工作情况的报告，列席清苑县第十五届人民代表大会第五次会议，听取并协商县政府工作报告及有关工作报告，审议通过有关决议。

4月20日，政协七届二十一次常委会议在宾馆旧四楼会议室召开。会议协商通过2011年工作要点和2011年提案立案情况，学习胡锦涛到保定考察时的讲话精神和县委书记李志刚在政协七届五次全会闭幕时的讲话。

6月16日，县政协领导班子和部分政协委员视察食品安全工作，提出多条建议。

7月15日，县政协领导班子就全县防汛及农田水利建设工作到水利局进行视察，就做好相关工作提出重要意见和建议。

9月16日，政协七届二十二次常委（扩大）会议在宾馆旧四楼会议室召开。会议听取并协商县政府关于县政协七届五次会议以来委员提案办理情况的通报，学习传达省委书记张庆黎在省委常委扩大会议上的讲话精神和县第十一次党代会精神。

## 2012年

2月2日~4日，政协清苑县第八届委员会第一次会议在清苑县宾馆召开。会议听取审议县政协第七届委员会常务委员会工作报告和关于七届一次会议以来提案工作情况的报告，列席清苑县第十六届人民代表大会第一次会议，听取协商县政府工作报告和有关工作报告，协商县人民政府县长、副县长、县人民法院院长、县人民检察院检察长人选，选举产生政协第八届委员会政协主席、副主席、秘书长、常务委员。审议通过有关决议。

2月23日，政协八届一次常委会议在清苑宾馆旧四楼会议室召开。会议通报清苑县政协领导工作分工，协商通过《2012年工作思路和工作要点（草案）》，学习县委书记李志刚在县政协八届一次会议闭幕时的讲话。

6月19日，政协八届二次常委会议在清苑宾馆旧四楼会议室召开。专题学习传达县委书记杨文堂在县委十一届三十次常委（扩大）会议上的讲话。

7月10日，县政协领导班子及部分政协委员到县防汛指挥部、北店乡视察防汛工作，就抓好防汛工作提出4点建议。

8月9日，县政协领导班子及部分政协委员视察县城公园建设情况，就县城公园建设提出了5点建议。

10月7日，政协八届三次常委会议在清苑宾馆旧四楼会议室召开。会议协商讨论提案办理情况和全县经济运行情况。

12月12日，政协八届四次常委会议在清苑宾馆旧四楼会议室召开。会议学习中共十八大精神，协商通过《政协清苑县委员会关于学习宣传中国共产党第十八次全国代表大会精神的意见》。

## 2013年

3月13日，政协八届五次常委会议在清苑宾馆新四楼第五会议室召开。会议协商通过调整政协第八届委员会部分委员的意见和关于表彰先进委员活动小组和优秀政协委员的决定，研究通过八届二次全会筹备情况，通报县政协机关增设内部机构的情况。

3月18日～19日，政协清苑县第八届委员会第二次会议在清苑宾馆召开。会议听取审议第八届委员会常务委员会工作报告和提案工作报告。列席清苑县第十六届人民代表大会第二次会议，听取并协商清苑县人民政府工作报告和有关工作报告，审议通过有关决议。

3月29日，政协八届第七次常委会议在清苑宾馆新四楼第五会议室召开。会议协商通过市政协委员名单、政协2013年工作思路和工作要点。

7月18日，县政协及部分政协委员视察防汛工作，针对存在的问题提出3点建议。

10月15日，县政协领导班子及部分政协委员视察城市管理“6S”行动开展情况，就做好下一步工作提出4点建议。

10月23日，政协八届八次常委会议在清苑宾馆新四楼第五会议室召开。会议协商讨论政协八届二次会议提案办理情况的通报和全县2013年1～3季度经济运行情况通报。

10月24日，县政协领导班子及部分政协常委到望亭乡视察大气污染治理工作，就做好下一步工作提出4点建议。

11月19日，经县委常委会研究决定，政协综合办公室更名为办公室，设经济科技委员会和学习提案委员会。

## 2014年

2月12日，政协八届十次常委会议在清苑宾馆新四楼第五会议室召开。会议协商通过调整政协第八届委员会部分委员的意见，通过关于表彰先进委员活动小组和优秀政协委员的决定和八届二次全会筹备情况。

2月17日～18日，政协清苑县第八届委员会第三次会议在清苑宾馆召开。会议听取审议第八届委员会常委会工作报告和提案工作报告，列席清苑县第十六届人民代表大会第三次会议，听取并协商清苑县人民政府工作报告和有关工作报告，协商清苑县人民检察院检察长人选，补选县政协副主席，审议通过有关决议。

4月9日，政协八届十二次常委会议在清苑宾馆第五会议室召开。会议通报委员提案立案情况，协商通过《2014年工作要点（草案）》。

4月24日，县政协组织部分委员视察县城精细化管理情况，就相关工作提出5点建议。

11月21日，政协八届十三次常委会议在清苑宾馆旧四楼会议室召开。会议听取协商县政府关于委员提案办理情况的通报和经济开发区项目建设情况，协商通过《政协反映社情民意工作实施细则》和《政协关于在全县倡导喜事新办、丧事俭办的建议案》。

## 2015年

4月3日，政协八届十四次常委会议在清苑宾馆旧四楼会议室召开。会议协商通过调整政协第八届委员会部分委员的意见，通过关于表彰先进委员活动小组和优秀政协委员的决定和八届四次全会筹备情况。

4月8日～9日，在清苑宾馆召开政协清苑县第八届委员会第四次会议。会议听取并审议第八届委员会常务委员会工作报告和关于八届三次会议以来提案工作情况的报告，列席清苑县第十六届人民代表大会第四次会议，听取并协商清苑县人民政府工作报告和有关工作报告，会议协商清苑县人民政府县长人选，补选王振起为政协清苑县第八届委员会主席，会议审议通过有关决议。

4月28日，国务院批准撤销清苑县设立清苑区。

5月8日，政协八届十六次常委会议在清苑宾馆旧四楼会议室召开。会议协商通过县政协2015年工作思路和工作要点，通报委员提案立案情况和副主席分工。

7月22日，政协保定市清苑区一届一次常委会在清苑宾馆旧四楼会议室召开，会议专题协商讨论通过政协保定市清苑区委员会关于行政区划调整后有关事项的决定:原政协清苑县委员会更名为政协保定市清苑区委员会，届次从第一届开始，原政协清苑县第八届委员会委员过渡为政协保定市清苑区第一届委员会委员。原政协清苑县第八届委员会常务委员会，过渡为政协保定市清苑区第一届委员会常务委员会。

# 第一章 机构

中国人民政治协商会议清苑县委员会于1983年2月20日成立至2015年5月，共历经8届32年。常务委员会为常设机构，主持会务及日常工作，是政治协商会议清苑县委员会的领导机构，常务委员会由主席、副主席、秘书长和常务委员组成。政协工作机构由两部分组成，一是由政协委员组成的工作组、专门委员会、乡镇政协联络组，二是由工作人员组成的政协机关。在清苑县政协成立的同时，就建立了政协党组。

## 第一节 领导机构

**政协清苑县第一届委员会** 1983年2月至1987年4月，政协清苑县第一届委员会共召开4次全体会议。1983年2月20日，中国人民政治协商会议清苑县委员会举行一届一次全体会议。共有委员78名，选举产生常务委员20名，主席1名，副主席4名。1983年12月，丁文哲任政协主席，增补曲百荣、卢宗明、杨怀珍为副主席。1986年5月，增补李荣久为副主席。届中，增补16名常委。

主　　席：张润仁（1983.2～1983.10）

丁文哲（1983.12～1987.4）

副 主 席：王　杰（1983.2～1987.4）

王洪秀（1983.2～1983.12）

白光棣（1983.2～1987.4）

刘俊章（1983.2～1987.4）

曲百荣（1983.12～1987.4）

卢宗明（1983.12～1987.4）

杨怀珍（1983.12～1987.4）

李荣久（1986.5～1987.4）

秘 书 长：徐振峰

常务委员：张润仁　王　杰　王洪秀　白光棣　刘俊章　徐振峰　马树喜　石哲义　卢宗明　卢景云　刘清怀　李　永　李淑文（女）　吴树楷　张建民　张冠英　赵启瀛　赵忠安　贾俊卿　常文山

增补常委：丁文哲　曲百荣　卢宗明　杨怀珍　张兰霞（女）　李树国　李荣久　关洪立　杨怀珍　樊新旺　孙振东　张新发　崔立石　吴志杰　张庆达　田福生

**政协清苑县第二届委员会** 1987年4月至1990年4月，政协清苑县第二届委员会共召开3次全体会议。1987年4月举行政协清苑县二届一次全体会议，共有委员145名，选举产生常务委员29名，主席1名，副主席8名。届中主席调离，补选

1名主席。

主　　席：程瑞田（兼，1987.4～1989.2）
张孝祯（1989.3～1990.4）

常务副主席：张孝祯（1987.4～1989.3）

副 主 席：王　杰（1987.4～1990.4）
刘俊章（1987.4～1990.4）
白光棣（1987.4～1990.4）
张鹤亭（1987.4～1990.4）
卢宗明（1987.4～1990.4）
刘庆刚（1987.4～1990.4）
杨怀珍（1987.4～1990.4）

常务委员：王　杰　王清凯　白光棣
白天真（女，回）卢宗明
史云美（女，回）刘庆刚
刘俊章　关洪立　孙振东
杨怀珍　杨国永　张兰霞（女）
张孝祯　张新发　张鹤亭
李树国　吴志杰　吴树凯
沈贺书（女）　苏常山
罗振华（满）　赵启瀛
赵忠安　赵忠利　贾俊卿
贾树勋　程瑞田　樊新旺

**政协清苑县第三届委员会**　1990年4月至1993年1月，政协清苑县第三届委员会共召开3次全体会议。1990年4月举行政协清苑县三届一次全体会议，共有委员153名，选举产生常务委员24名，主席1名，副主席5名。届中，增选1名副主席，常务委员辞1名，增补4名常务委员。

主　　席：李荣久（1990.4～1993.1）

副 主 席：白光棣（1990.4～1993.1）
吴志杰（1990.4～1993.1）
刘庆刚（1990.4～1993.1）
卢宗明（1990.4～1993.1）
霍宗华（女，1990.4～1993.1）
张孟乾（1991.4～1993.1）

常务委员：王清凯　白天真（女，回）
白光棣　卢宗明　安耀宗
刘玉花（女）　刘庆刚
关洪立　孙振东　杨国永
杨金庆　张庆达　张全城
李荣久　李来保　李树国
吴志杰　吴树凯　沈贺书（女）
罗振华（满）　赵启瀛
赵忠利　贾树勋　霍宗华（女）

增补常委：张孟乾　王全友　李迎春（女）
魏志国

**政协清苑县第四届委员会**　1993年1月至1998年2月，政协清苑县第四届委员会共召开6次全体会议。1993年1月举行政协清苑县四届一次全体会议，共有委员160名，选举产生主席1名，副主席5名，常务委员28名。届中，增补常务委员5名，2名副主席调离，主席退休，补选主席、副主席各1名。

主　　席：张鹤亭（1993.1～1997.4）
胡景山（1997.4～1998.2）

副 主 席：张孟乾（1993.1～1998.2）
赵丛仁（1993.1～1998.2）
刘志宏（女，1993.1～1998.2）
刘庆刚（1993.1～1998.2）
苑进祥（1993.1～1994.11）
闫营志（1997.6～1998.2）

常务委员：王全友　王清凯　王玉申
王瑞增　安春耕　闫剑秋
刘志宏（女）　刘庆刚

孙振东 吴树楷 张庆达
张金城 张孟乾 张鹤亭
杨木森 杨金庆 杨国永
李 杰 李迎春（女）
李树国 罗振华（满）
苑进祥 赵丛仁 贾老秋
郭长顺 魏志国 贾树勋
沈贺书（女）

增补常委：王 宗 张来宾 王福才
胡景山 闫营志

**政协清苑县第五届委员会** 1998年2月至2003年4月，政协清苑县第五届委员会共召开5次全体会议。1998年2月举行了政协清苑县五届一次全体会议，共有委员216名，选举产生主席1名，副主席5名，常务委员33名。届中，增补常务委员6名，免7名。2002年8月增设秘书长1名。

主 席：胡景山（1998.2 ~ 2003.4）

副 主 席：张孟乾（1998.2 ~ 2003.4）
徐安梓（1998.2 ~ 2003.4）
徐小国（1998.2 ~ 2003.4）
闫营志（1998.2 ~ 2003.4）
张焕玲（女，1998.2 ~ 2003.4）

常务委员：王 宗 王茂生 王保辰
王福才 卢景云 戎长龙
吕建增 闫营志 刘福禄
李全利 李迎春（女）
李 杰 张小明 张孟乾
张彦武 张春奇 张焕玲（女）
张顺新 杨木森 周喜顺
胡景山 赵喜水 徐小国
徐安梓 徐新革 贾老秋
高学军 覃嘉捷 路广杰
霍洪社 霍满良 魏志芳（女）
臧孟林

增 补 常 委：王造忠 刘保庆 李洪跃
杨金庆 贾松林 臧立根

增补秘书长：张双义（2002.8 ~ 2003.4）

**政协清苑县第六届委员会** 2003年4月至2007年5月，政协清苑县第六届委员会共召开了4次全体会议。2003年4月举行政协清苑县六届一次全体会议，共有委员252名，选举产生主席1名，副主席5名，常务委员40名。届中，增补常务委员3名，免2名。

主 席：丛国栋（2003.4 ~ 2007.5）

副 主 席：闫营志（2003.4 ~ 2007.5）
张焕玲（女，2003.4 ~ 2007.5）
税国芳（女，2003.4 ~ 2007.5）
赵保平（2003.4 ~ 2007.5）
陈 克（女，2003.4 ~ 2006.5）

秘 书 长：缺 职（2003.4 ~ 2005.2）
赵永刚（2005.2 ~ 2007.5）

常务委员：马红敏（女） 尹福珍（回）
王小柱 王永学 王宝臣
王保成 王造忠 丛国栋
卢建华 田 斌 戎长龙
邢志清 闫营志 张 锐
张会良 张荣生 张焕玲（女）
张景涛 李树军 李贵田
李淑仙（女） 杨连根
杨金庆 苏秀义（女）
苏常山 陈 克（女）
岳振海 胡景山 赵红乐
赵金淑（女） 赵保平
徐新革 释真广 袁凤岐

高学军 税国芳（女）路广杰
臧玉宽 黎彦玲（女）戴国良

增补秘书长：赵永刚

增补常委：赵永刚、李美路、王春义（女）

**政协清苑县第七届委员会** 2007年5月至2012年2月，政协清苑县第七届委员会共召开5次全体会议。2007年5月举行政协清苑县七届一次全体会议，共有委员245名，选举产生常务委员41名，主席1名，副主席3名，秘书长1名。届中，增补常务委员3名，补选2名副主席、秘书长1名。

主　　席：宋　静（2007.5～2012.2）

副 主 席：闫营志（2007.5～2012.2）
范同山（2007.5～2012.2）
苏秀义（女，2007.5～2012.2）
税国芳（女，2009.1～2012.2）
张同岳（2009.1～2012.2）

秘 书 长：赵永刚（2007.5～2008.7）
杨　浩（2009.1～2012.2）

常务委员：王大宽 王文祥 王永学
王志勇（回族）王春义（女）
王连珠 王慧玲 丛国栋
卢建华 冯秋生 闫营志
刘彦辉 宋　静 张三喜
张会良 张　锐 苏秀义（女）
李志芳（女） 李树君
李美路 陈兵权 杨　旦
杨金庆 杨　球 范同山
赵永刚 赵红乐 赵金淑（女）
赵树义 郭长顺 高学军
徐新革 袁凤岐 税国芳（女）
葛凤娟（女） 释真广
路广杰 臧立国 臧玉宽
黎彦玲（女）

增补常委：张同岳 杨 浩 徐建华（女）

**政协清苑县第八届委员会** 2012年2月至2015年5月，政协清苑县第八届委员会共召开4次全体会议。2012年2月举行政协清苑县八届一次全体会议，共有委员240名，选举产生常务委员32名，主席1名，副主席3名，秘书长1名。届中，常务委员调离1名，常务委员去世1名，补选主席、副主席各1名。因2015年5月清苑撤县设区，原政协清苑县委员会第八届常务委员会更名并过渡为政协保定市清苑区第一届委员会常务委员会。

主　　席：宋　静（2012.2～2015.4）
王振起（2015.4～2015.5）

副 主 席：税国芳（女，2012.2～2015.5）
段树立（2012.2～2015.5）
李志芳（女，2012.2～2015.5）
张　琳（女，2014.2～2015.5）

秘 书 长：杨　浩（2012.2～2015.5）

常务委员：王月峰 王文祥 王兰荣（女）
王会彩（女） 王树华
王彦芳 卢建华 王慧玲（女）
张会良 张同岳 张红星
李文平 张　锐 张　琳（女）
陈立京 李志国 孟书明
杨　静（女） 杨雪玲（女）
姚小玉 赵汉文 庞力槐
胡玉海 徐新革 释真源
谭惠芬（女） 霍文阁

## 第二节 工作机构

中国人民政治协商会议河北省清苑县委员会于1983年成立时，政协机关设办公室处理日常工作，设主任1名，副主任1名。至1986年底，有工作人员9名。

1987年8月10日，政协清苑县二届二次常委会决定，根据工作需要决定政协内部机构设置5个工作委员会，原编制不变，全部为政协机关和政协委员兼任，委员会主任由政协主管副主席兼任。

**学习委员会**

主　任：刘俊章

副主任：关洪立　王志琪

委　员：张庆达　胡建强

**咨询服务委员会**

主　任：王　杰

副主任：吴志杰　魏志国　王清凯

委　员：李德泽　高顺利　孙秀河
王迁民　王树亭

**提案工作委员会**

主　任：张鹤亭

副主任：徐振峰　张兰霞

委　员：宋森林　刘双才

**祖国统一工作委员会**

主　任：卢宗明

副主任：马改荣

委　员：刘万秋　王新喜　史云美
高景云　赵忠安　崔立石
李喜海

**文史资料征集委员会**

主　任：白光棣

副主任：刘庆刚

委　员：郑汉青　樊新旺　赵庆辉

1990年1月10日，经政协清苑县第二届委员会常务委员会第十九次会议研究决定，增设4个专门委员会：提案委员会、文化委员会、祖国统一联谊委员会、经济科技委员会。1990年7月20日，经政协三届三次常务委员会研究，报请县委同意，决定成立学习委员会。

**办公室**　办公室是政协的综合办事机构，根据政协常务委员会和主席办公会的决议和决定进行工作。主要任务是：贯彻落实常委会、主席办公会的决议、决定，负责文稿的起草和上报下达，负责会议的筹备和组织工作；掌握各委员和乡镇联络组的活动情况，拟定调研提纲和协商活动计划，搞好信息反馈；负责来信来访的接待和委员联络工作；负责文书处理、档案管理和机关安全、卫生等工作；贯彻各项工作制度，负责机关工作人员的学习。

历任办公室主任、副主任

主　任：徐振峰（1983.2～1984.1）
关洪立（1984.1～1984.8）
徐振峰（1984.8～1988.2）
王清凯（1988.5～1994.4）
张彦武（1994.4～1997.11）

副主任：关洪立（1983.2～1984.1）
郑汉青（1984.1～1989.12）
王清凯（1987.11～1988.5）
胡建强（1989.4～1994.4）

冯瑞福（1989.12 ~ 1992.8）

王新喜（1992.12 ~ 1997.11）

吕立兴（1995.4 ~ 1996.6）

刘长山（1996.9 ~ 1997.11）

**提案委员会** 提案委员会是政协负责委员提案工作的专门委员会。主要任务是：在政协常委会领导下，负责全会及日常工作中委员的提案收集审查工作；根据提案的内容、性质，进行编号分类、立案工作并报县委；负责提案的交办、催办和办复工作，对重要提案负责跟踪调查，提出建议；总结提案工作中的经验，负责社会主义民主与法制建设方面的协商监督的具体事宜。

历任提案委员会主任、副主任、委员

主 任：王庆国（1990.1 ~ 1992.11）

邢大禹（1992.11 ~ 1993.11）

刘桂泉（1993.11 ~ 1997.11）

副主任：闫营志（兼1990.4 ~ 1992.12）

委 员：张兰英 徐志清 刘桂泉

刘栋林

**文化委员会** 文化委员会在政协常务委员会领导下，负责文史资料的征集、编审、出版、发行等方面的工作；负责文化、教育、体育、医药卫生等涉及提高全体公民文化素养及自身素质等长远规划的协商、论证和决策咨询，以及实施中的监督工作。

历任文化委员会主任、副主任、委员

主 任：郑汉青（1990.1 ~ 1992.8）

张彦武（1992.8 ~ 1997.11）

副主任：王喜玲（1994.2 ~ 1997.11）

史俊池（兼）

秦靖英（兼）

刘今声（兼）

委 员：贾树勋 赵金纯 白天真

范茂森 冯铸鑫 张连云

王玉申 丁金祥

**祖国统一联谊委员会** 祖国统一联谊委员会在政协常务委员会领导下，负责“三胞”、侨务、民族、宗教等方面的联络、联谊工作，宣传“一国两制”的方针政策，为实现祖国统一，发展外向型经济做贡献。

历任祖国统一联谊委员会主任、副主任、委员

主 任：张俊峰（1990.1 ~ 1992.8）

冯大雨（1992.12 ~ 1997.11）

副主任：贾松林（1992.12 ~ 1997.11）

马改荣（兼）

刘万秋（兼）

委 员：张金城 刘万秋 徐振彩

崔立石 史云美

**经济科技委员会** 经济科技委员会在政协常务委员会的领导下，负责工交、城建、财贸、农业、科技等方面的战略、计划、措施的协商、论证、咨询、监督等工作。

历任经济科技委员会主任、副主任、委员

主 任：王 永（1990.1 ~ 1992.11）

李炳芝（1992.11 ~ 1995.6）

缺 职（1995.7 ~ 1995.9）

刘宝田（1995.10 ~ 1997.9）

贾松林（1997.9 ~ 1997.11）

副主任：刘清怀（兼）

谭 震（1994.2 ~ 1997.9）

张庆达（兼）

李 杰（兼）

杨木森（兼）

委　员：张庆达　宋福泉　张印昆

刘清怀　贾老秋　李树芝

刘老气　王　宗

**学习委员会**　学习委员会负责政协委员、政协统战联络组及政协机关的学习事宜。委员会成员一律兼职。

主　任：霍宗华（女，1990.7 ~ 1992.10）

冯瑞福（1992.10 ~ 1996.01）

副主任：冯瑞福（1990.7 ~ 1992.10）

委　员：赵庆辉　庞瑞增　樊新旺

**政协乡镇联络组**　1988年1月3日，政协乡镇联络组（又称政协统战乡镇联络组）建立，1996年1月，政协乡镇联络组撤销。

政协统战乡镇联络组，是统一战线和协商机关的基层组织，属乡镇党委领导，在县政协、县委统战部的指导下进行工作。主要任务是：学习和宣传党的路线、方针政策、新时期的统战理论以及法律知识，发挥政治协商、民主监督的职能作用；根据本组成员的特点，开展多种形式的社会服务活动；广泛联系政协委员和各界人士，开展与“三胞”的联谊活动；发动群众，搜集和整理文史资料；负责政协、统战部和乡镇党委交办、布置的其他各项工作。

全县共有39个政协乡镇联络组，分别是：清苑镇联络组、中冉乡联络组、田各庄乡联络组、北店乡联络组、石桥乡联络组、赵庄乡联络组、五尧乡联络组、白城乡联络组、白团乡联络组、冉庄镇联络组、北马庄乡联络组、李庄乡联络组、大魏庄乡联络组、阳城镇联络组、付家营乡联络组、魏村镇联络组、郝庄乡联络组、郑各庄乡联络组、臧村镇联络组、马庄乡联络组、刘口乡联络组、望亭乡联络组、阎庄乡联络组、孙村乡联络组、大阳乡联络组、百楼乡联络组、温仁镇联络组、张登镇联络组、王盘镇联络组、南段庄乡联络组、北王力乡联络组、大李各庄乡联络组、大庄镇联络组、东闾乡联络组、全昆乡联络组、南王庄乡联络组、何桥乡联络组、耿桥乡联络组、张村乡联络组。

各乡镇联络组历任组长

清苑镇联络组

马向光（兼，1988.1 ~ 1992.11）

张更利（1992.12 ~ 1994.4）

郝春明（1995.4 ~ 1996.1）

中冉乡联络组

李成群（兼，1988.1 ~ 1992.11）

缺　职（1992.12 ~ 1995.3）

郝寿明（1995.4 ~ 1996.1）

田各庄乡联络组

王卫东（兼，1988.1 ~ 1992.4）

孙殿明（1992.4 ~ 1996.1）

北店乡联络组

李志英（兼，1988.1 ~ 1988.11）

张新田（兼，1990.4 ~ 1996.1）

石桥乡联络组

贾香尔（兼，1988.1 ~ 1990,8）

张金木（兼，1990.8 ~ 1990.11）

缺　职（1992.12 ~ 1993.11）

邢大雨（1993.11 ~ 1996.1）

赵庄乡联络组

刘生德（兼，1988.1 ~ 1992.3）

邢大雨（1992.3 ~ 1992.11）

缺　职（1992.12 ~ 1996.1）

五尧乡联络组

杨树彬（兼，1988.1 ~ 1988.5）

张同岳（兼，1990.8 ~ 1992.1 2）

申和平（1992.12～1996.1）

白城乡联络组

李文新（兼，1988.1～1990.3）

郝义才（兼，1990.8～1992.3）

靳文学（兼，1992.3～1996.1）

白团乡联络组

赵坤岚（兼，1988.1～l988.5）

韩彦征（1990.8～1996.1）

冉庄镇联络组

刘振海（兼，1988.1～1990.8）

谢福琴（兼，1990.8～l990.12）

刘晓庆（1992.12～1995.9）

缺　职（1995.10～1996.1）

北马庄乡联络组

吴殿文（兼，1988.1～1990.5）

张洪启（兼，l990.8～1993.11）

缺　职（1993.12～1996.1）

李庄乡联络组

刘振生（兼，1988.1～1996.1）

大魏庄乡联络组

赵士杰（兼，l988.1～1994.4）

张振忠（1994.4～1996.1）

阳城镇联络组

申国红（兼，l988.1～1988.10）

赵国平（兼，1990.8～1996.1）

付家营乡联络组

刘振路（兼，1988.1～1996.1）

魏村镇联络组

李文新（兼，1988.1～1988.12）

刘振江（兼，1990.8～1996.1）

郝庄乡联络组

韩丙贤（兼1988.1月～1988.2）

魏长海（兼，1990.8～1993.3）

王秋良（1993.3～1996.1）

郑各庄乡联络组

宋春锁（兼，1998.1～1988.8）

刘福兰（1990.8～1996.1）

臧村镇联络组

戎国珍（兼，1988.1～1990.8）

李根才（兼，1990.8～1991.3）

缺　职（1992.12～1996.1）

马庄乡联络组

刘玉柱（兼，1988.1～1990.8）

臧迎新（兼，1990.8～1995.4）

缺　职（1995.5～1995.12）

刘口乡联络组

高砚峰（兼，1988.1～1989.3）

周春义（兼，1990.8～1990.12）

王长久（1992.12～1996.1）

望亭乡联络组

宋高潮（兼，1988.1～1988.6）

陈昌岭（兼，1990.8～1996.1）

阎庄乡联络组

贾文成（兼，1988.1～1990.8）

詹博雄（兼，1990.8～1992.11）

崔占仓（1992.11～1996.1）

孙村乡联络组

段贵卿（兼，1988.1～1996.1）

大阳乡联络组

段树立（兼，1988.1～1989.12）

李　芳（兼，1990.8～1996.1）

百楼乡联络组

刘振华（兼，1988.1～1991.3）

缺　职（1992.12～1996.1）

温仁镇联络组

栾树合（兼，1988.1～1989.12）

李　鹏（兼，1990.8～1992.11）

缺　职（1992.12～1993.3）

段　云（1993.4 ~ 1996.1）

张登镇联络组

张国安（兼，1988.1 ~ l991.3）

张国安（1992.12 ~ 1993.4）

董国计（1993.4 ~ 1996.1）

王盘镇联络组

李金根（兼，1988.1 ~ 1989.4）

吕同会（兼，1990.8 ~ 1990.11）

吕盼强（1992.12 ~ 1996.1）

南段庄乡联络组

田福旺（兼，1988.1 ~ 1994.7）

赵洪彬（1994.7 ~ 1996.1）

北王力乡联络组

吴同盼（兼，1988.1 ~ 1990.11）

缺　职（1992.12 ~ 1996.1）

大李各庄乡联络组

田志广（兼，1988.1 ~ 1990.8）

王届思（兼，1990.8 ~ 1996.1）

大庄镇联络组

李增福（兼，1988.1 ~ 1990.8）

田三喜（兼，1990.8 ~ 1990.12）

张保银（1992.12 ~ 1995.4）

张会田（1995.4 ~ 1996.1）

东间乡联络组

张启明（兼，1988.1 ~ 1990.8）

范双元（兼、1990.8 ~ 1994.4）

缺　职（1994.5 ~ 1996.1）

全昆乡联络组

王小水（兼，1988.1 ~ 1990.8）

霍宪刚（兼，1990.8 ~ 1996.1）

南王庄乡联络组

孙维杰（兼，1988.1 ~ 1992.8）

张志军（1992.12 ~ 1996.1）

何桥乡联络组

罗彦明（兼，1988.1 ~ 1990.8）

赵启营（1992.12 ~ 1994.4）

吴玉兴（1994.4 ~ 1996.1）

耿桥乡联络组

张荣昌（1988.1 ~ 1996.1）

张村乡联络组

贾增乐（1988.1 ~ 1988.12）

周喜明（1990.8 ~ 1992.12）

杨云录（1992.12 ~ 1996.01）

**政协综合办公室** 1997年11月，机构改革进行精简，县政协提案委员会、文化委员会、祖国统一联谊委员会、经济科技委员会并入办公室，成立政协综合办公室。综合办公室是政协的综合办事机构。主要工作是：组织实施县政协全体会议、常务委员会议、主席会议的决议、决定；负责政协全体会议、常务委员会议、主席会议、常务委员专题座谈会和常务工作；负责委员视察、参观、座谈、研讨等日常活动的服务和常务工作；负责县政协委员的联络接待、来信来访工作；联系各民主、人民团体、无党派人士和各乡镇、县直有关部门的工作与协调；负责以政协名义组织的政治社会活动的后勤保障和机构管理、资产管理、基建和审计工作；研究统一战线和人民政协理论与政策，为领导决策提供依据。负责重要文件、领导讲话的政协全面情况的收集、综合、编发信息、工作简报等；负责委员学习培训、宣传，贯彻党和国家经济改革与发展的路线、方针、政策、法律，为委员知情出力、参政议政创造条件；加强政协工作的宣传工作；负责提案的组织、征集、审查、督促和检查工作；负责研究和出版清苑县文史资料；负责全国（含港澳台和海外）有关资料的征集和交流工作；宣传和推动党的民族宗教政策和国家有关法律、法规的贯彻落实；反映宗教界的意见和建议；维护社会的团结，加强同港澳台同胞的联系；承办县政协主席、副主席交办的其他事项。

历任综合办公室主任、副主任、副主任科员

主　　任：张彦武（1997.11～2000.1）

贾松林（2000.1～2004.2）

赵永刚（2004.2～2008.9）

杨　浩（2008.10～2013.11）

副 主 任：王新喜（1997.11～1998.3）

贾松林（1997.11～2000.1）

王喜玲（1997.11～2004.2）

赵永刚（2000.2～2004.2）

李亚鹏（2001.2～2013.11）

韩大存（2004.4～2013.11）

副主任科员：韩大存（2002.9～2004.4）

赵树伟（2004.4～2013.11）

岳志英（2009.4～2013.11）

1998年3月，行政编制25人。2002年9月机构改革，行政编制缩减为20名。到2003年4月编制未变。

2013年11月，按照《中共保定市委、保定市人民政府关于县乡机构改革的实施意见》，经县委常委会研究决定，政协机关现有的综合办公室更名为办公室；设经济科技委员会和学习提案委员会，为正科级内设机构，科级领导职数分别为一正一副。所需编制在政协机关总编制内调剂解决。

**办公室**　办公室主要职责：组织实施县政协全体会议、常务委员会议、主席会议的决议、决定；负责政协全体会议、常务委员会议、主席会议、常务委员专题座谈会和常务工作；负责委员视察、参观、座谈、研讨等日常活动的服务和常务工作；负责县政协委员的联络接待、来信来访工作；联系各民主、人民团体、无党派人士和各乡镇、县直有关部门的工作与协调；负责以政协名义组织的政治社会活动的后勤保障和机构管理、资产管理、基建和审计工作；研究统一战线和人民政协理论与政策，为领导决策提供依据。负责重要文件、领导讲话的政协全面情况的收集、综合、编发信息、工作简报等；承办县政协主席、副主席交办的其他事项。

政协办公室主任、副主任、副主任科员

主　　任：杨　浩（2013.11～2015.5）

副 主 任：赵树伟（2013.11～2015.5）

副主任科员：赵文红（2013.11～2015.5）

**经济科技委员会**　经济科技委员会主要职责：学习、宣传贯彻党和国家经济改革与发展的路线、方针、政策、法律；帮助委员和各界人士了解当前经济建设形势，听取他们的意见和建议；组织委员围绕经济建设领域改革和发展中的重点、难点、热点问题，开展调查研究、考察、视察等活动，提出意见和建议；组织委员开展技术管理咨询服务，支持委员在各自岗位上为经济发展建功立业；对县委、县政府有关部门委托的课题进行调研。

经济科技委员会主任、副主任

主　　任：李亚鹏（2013.11～2015.5）

副 主 任：申亚军（2013.11～2015.5）

**学习提案委员会**　学习提案委员会主要职责：研究统一战线和人民政协的理论与政策，研究新形势下政协工作的特点和规律，为领导决策提供依据；负责委员的培训工作，为委员知情出力、参政议政创造条件；加强政协工作的宣传报道，宣传党的统战理论和知识，宣传委员的先进事迹；制定政协全体会议的提案工作和年度工作计划，组织、征集提案，对提案进行审查立案，确定承办单位，交付有关单位办理并督促和检查，向全体委员会议、常务委员会议和主席会议报告提案工作；负责征集、研究和出版清苑县的文史资料，负责全国（含港澳台和海外）有关史料的征集和交流工作。

学习提案委员会主任、副主任

主　　任：刘　磊（2013. 11 ~ 2015.5）

副 主 任：岳志英（2013. 11 ~ 2015.5）

至2015年5月，政协清苑县委员工作机构未变。

## 第三节　党　组

中国人民政治协商会议清苑县委员会成立于1983年2月，同时建立党组。1992年12月，中共清苑政协党组由3名成员组成，其中书记1名。1993年2月增设1名副书记。1997年4月，书记1名。1998年3月，党组成员6名，其中书记1名，副书记1名，辖党支部1个，党员32名。2003年4月，中共清苑政协党组由5名成员组成，其中书记1名，常务副书记1名。2006年12月增补党组书记1名，政协党组由4名成员组成。

**清苑政协历任党组书记、副书记、成员**

书　　记：张润仁（1983.2 ~ 1983.12）
丁文哲（1983.12 ~ 1986.7）
张孝祯（1986.7 ~ 1990.4）
李荣久（1990.4 ~ 1992.12）
张鹤亭（1992.12 ~ 1997.4）
胡景山（1997.4 ~ 2006.12）
丛国栋（2006.12 ~ 2007.5）
宋　静（2007.5 ~ 2015.5）

副 书 记：王　杰（1987.11 ~ 1990.4）
徐小国（1993.2 ~ 2003.4）
丛国栋（2003.4 ~ 2006.12）
闫营志（2003.4 ~ 2014.2）
丛国栋（2007.4 ~ 2010.10）
张同岳（2012.2 ~ 2015.5）
王振起（2015.4 ~ 2015.5）

成　　员：刘俊章（1983.2 ~ 1993.1）
张鹤亭（1987.4 ~ 1990.4）
霍宗华（女，1990.4 ~ 1993.1）
张孟乾（1992.12 ~ 2003.4）
王清凯（1992.12 ~ 1994.4）
赵丛仁（1993.2 ~ 1998.3）
张彦武（1994.4 ~ 2003.4）
闫营志（1996.9 ~ 2003.4）
徐安梓（1998.3 ~ 2003.4）
张双义（2002.8 ~ 2003.4）
税国芳（女，2003.4 ~ 2015.5）
赵保平（2003.4 ~ 2007.5）
范同山（2007.5 ~ 2011.8）
赵永刚（2007.5 ~ 2008.8）
张同岳（2008.12 ~ 2012.2）
杨　浩（2008.10 ~ 2015.5）
段树立（2011.8 ~ 2015.5）

## 第四节　支　部

1983年2月，建立政协党组辖政协机关支部。2015年5月，支部成员3名，其中支部书记1名，支部委员2名，党员22名。

**政协机关支部历任书记、成员**

书　　记：徐振峰（1983.2～1984.1）
关洪立（1984.1～1984.8）
徐振峰（1984.8～1988.2）
王清凯（1988.5～1994.4）
张彦武（1994.4～2000.1）
贾松林（2000.1～2004.2）
赵永刚（2004.2～2008.9）
杨　浩（2008.10～2013.11）

委　　员：徐振峰 关洪立 郑汉青
王清凯 胡建强 冯瑞福
王庆国 张俊峰 王　永
邢大禹 冯大雨 李炳芝
刘桂泉 张彦武 刘宝田
贾松林 王喜玲 赵永刚
李亚鹏 韩大存 杨　浩

# 第二章 政协委员

中国共产党领导的多党合作和政治协商制度，是我国的基本政治制度。人民政协是我国政治制度的一大特点和优势。人民政协的性质，决定了它在组织上的广泛代表性、政治上的巨大包容性、党派的合作性和民主的协商性。委员是政协工作的主体。政协委员的产生是通过界别推荐，经过内部反复协商而产生，协商出的每一位政协委员是各界别的优秀代表，是某个领域的典型。每一位委员背后都有广泛的社会基础，身后都有一个更庞大的群体。政协委员社会联系广泛、知识渊博、洞察敏锐、贴近群众。对人民群众关注的社会焦点、难点最先察觉，是连接党和政府与人民群众的桥梁。

中国人民政治协商会议河北省清苑县委员会自1983年2月建立至2015年5月的32年，共产生8届政协委员1479人。在中共清苑县委和政协清苑县委员会的领导下，履行《中国人民政治协商会议章程》赋予的权利和义务，履行政治协商、民主监督、参政议政三大职能，发挥各自专长，为振兴清苑、促进清苑各项事业发展起到了重要作用。

## 第一节 政协委员产生

根据《中国人民政治协商会议章程》的有关规定，县政协的参加单位、委员名额和人选，都是以协商的办法产生的。在换届时，由上届政协常委会协商决定新一届政协的参加单位、委员名额和人选；届中，则由政协常委会协商决定增加、变更政协参加单位、委员名额和决定人选。

政协委员产生的过程大致是：参加政协的各个界别，首先酝酿协商提出本界别参加政协的委员名单，属于中共界的汇总到中共党委组织部门；非中共界的汇总到同级中共党委统战部，然后由组织部门和统战部同有关民主党派、人民团体、工商联等有关方面协商、统筹考虑。对推荐的委员人选，要在一定范围内听取意见，采取适当方式进行考察，并注意听取纪检监察等机关的意见，形成建议名单报党委同意后，提交政协主席会议和常委会议对建议名单进行审核，讨论通过后，即可形成该级政协委员。根据《政协章程》规定，新一届政协的参加单位、委员名额和人选及界别设置，须经上届政协主席会议审议同意后，由上届政协常委会协商决定，向社会公布。经上一届政协常委会协商通过的新一届政协委员名单，通过当地主要新闻媒体向社会公布，由同级政协向委员发放证书。

届中如需增补政协委员，也应经过上述程序和步骤。

### 第一届政协委员

根据中共中央办公厅《关于县（市）和市辖县设立政协组织的通知》和河北省委、保定地委关于恢复和建立县政协的文件精神，在中共清苑县委的领导下，在社会各界人士的大力支持下，1982年9月，清苑县开始筹备建立中国人民政治协商会议河北省清苑县委员会，并组建由党政机关、各人民团体和各界人士15名参加的政协清苑县委员会筹备委员会。筹备委员会对各级党组织按照政协委员的条件和要求，推荐约二百多名政协委员初选名单上下反复进行考察、协商，广泛听取各方面的意见，充分酝酿、协商，并经过和本单位、本人见面征询同意后，确定政协委员名单。第一届政协委员为78名，由党政、解放军、科技、教育、卫生、文体、商业、工业、农业、农民、少数民族、宗教、台胞侨眷等13个界别和特邀人士组成。其中：中共31名，占委员比例40%；党外人士47名，占委员总数60%；妇女11名，占委员总数4%；少数民族4名，占委员总数5.1%；非党知识分子19名，占委员总数24.3%。

**第一届政协委员名单（78名）**

刘清怀　张建民　李淑文（女）
卢景云　王俊海　王景珍（女）
宋锡侯　刘瑞琴（女）　魏志国
张兰霞（女）　吴树楷　魏景辉
王宪章　何爱梅（女）　楚尊三
杨长生　王素芳（女）　刘淑琴（女）
梁连恒　张一涵　石哲义　杜明坤
白光棣　田东海　王树谷　康文娟（女）
彭占坤　白天真（女，回）崔士平
沈贺书（女）　李士荣　李　永
杨　峥　李国泽　张玉敏　赵国恩
魏福君　祖福宝　曲百荣　吴志杰
苑朋久　屈成功　贾俊卿　刘树堂
张润仁　苏明亮　张冠英　季　敏
刘庆祥　张庆达　范茂森　常文山
蒋士忠　王德隆　高　洁　胡风香
陈彦昭　裘印昌　王小三　王树林
郭　栋　马树喜　哈　林（回）
罗振华（满）　詹新英　苏长山
马文远（回）　刘俊章　徐振峰
高福庆　赵忠安　王洪秀　王　杰
吴鹤亭　赵启瀛　安跃东　史云美
卢宗明

**增补委员（51名）**

杨怀珍　司振彬　王贵生　王志让
孟庆贤（女）　关洪立　崔立石
刘泽春　时小平（女）　马树祯
施建英　孟宪昌　王志友　田福生
李树国　王江成　王僧保　宋森林
王秀荣（女）　韩占山　丁文哲
李荣久　薛振环　张化臣　张鹤亭
陈广东　蔡荣生　孙殿芝　吴宝全
李锡贵　刘万秋　王东莲（女）
赵悦华　孙永太　李文瑞　杨四勇
王同福　常振海　王福斗　樊新旺
张新发　孙振东　王玉申　秦国祥
戎国珍　吴珍珍（女）党君英（女）
王立清　贾树勋　郭振英　丁金祥

**第二届政协委员**

1987年4月，按照政协章程产生政协清苑县第二届委员会，共有委员145名。中共党员54名，占37.24%，党外人士91名，占62.76%；县直委员62名，乡镇委员83名。常委29名，中共党员10名，党外人士 19名。主席、副主席9名，中共党员5名、党外人士4名。本届委员来自19个界别，其中，中共党员21名，党外干部6名，民主党派2名，科技界11名，教育界16名，卫生界8名，工交界7名，台属7名，侨眷9名，少数民族4名，宗教界7名，文艺界8名，财贸界8名，人民团体7名，起义人员4名，“两户一体”16名，原工商业者2名，体育界1名，黄埔校友1名。具有大专文化或中等技术职称的38名，平均年龄为49岁。

**第二届政协委员名单（145名）**

程瑞田　张孝祯　王　杰　刘俊章
刘庆刚　白光棣　卢宗明　杨怀珍
张鹤亭　王清凯　孙振东　樊新旺
吴树楷　赵启营　赵忠利　关洪利
张兰霞（女）　赵忠安　李树国
杨国永　贾树勋　罗振华（满族）
吴志杰　贾俊卿　张新发　苏常山
李文瑞　白天真（女，回族）
沈贺书（女）史云美（女）刘清怀
屈承功　高顺利　张永太　王同福
祖福宝　王春印　张世敏　田冬海
张国芬（女）张翠玲（女）赵彦明
蔡福良　杨彦玲（女）　闫新年
康文娟（女）　贾颂良　石哲义
李世荣　杨国胜　张占宽　郭振英
李德胜　王素芳（女）　刘晓辰
张国安　徐守明　王卫东　蒋士忠
刘万秋　赵庆辉　戎国珍　杨树彬
李增幅　张孝全　王庆国　崔文江
赵坤岚　刘进良　李天宏　吕畔强
高国昌　安春耕　李德泽　蔡兴甫
苏明亮　阮文郁　苑朋久　张金城
孟庆贤（女）　杨展霞　王志让
马振江　安跃东　崔立石　刘海琮
时小平（女）　徐振彩　马树祯
王贵生　刘泽春　司振彬（蒙古族）
常振河（回族）哈林（回）王荣贵
马文远（回族）　陈百都　施建英
王耀宗　陈连久　张连云　高　洁
裘印昌　丁金祥　冯铸鑫　王小三
李宗勃　张庆达　孟西光　墨生
钟兰英（女）　田宗洋　耿秀英（女）
邢乃璧　王志金　詹新英　魏志国
王惠欣（女）　宋森林　王景珍（女）
许林仲　刘瑞芹（女）　王志友
蔡建英　高景云　王玉申　王立清
王江城　刘华山　范茂森　王福斗
岳金泉　王僧保　卢小芬　赵振奎
赵武生　张丙元　刘万河　杨金庆
刘印森　李文智　吴珍珍　（女）
张文造　党君英（女）王冬莲（女）

## 第三届政协委员

1990年4月，按照政协章程产生政协清苑县第三届委员会，共有委员153名，按界别中共22名，党外干部18名，群众团体7名，农工党员1名，科技界12名，教育界13名，卫生界8名，文化体育界9名，工交界8名，农业界8名，财贸界8名，乡镇企业3名，台胞台属6名，原国民党起义投诚人员4名，侨联11名，工商联4名，少数民族5名，宗教界5名，黄埔校友1名。

**第三届政协委员名单（153名）**

丁金祥　马树祯　马振江　王同福
王清凯　王春印　王庆国　王　永
王冬莲（女）　王永昌　王素芳（女）
王录祥　王贵生　王玉柱　王耀宗
王荣贵　王志金　王立清　王福斗
王卫东　王会军　王俊臣　王屈思
王景珍（女）　王玉申　卢宗明

白光棣　白天真（女，回族）
史福贤　史俊池　史云美（女）
冯铸鑫　田三喜　田宗阳　申文素（女）
孙振东　刘庆刚　刘清怀　刘进良
刘万秋　刘海琮　刘泽春　刘吉祥
刘玉花（女）　刘喜来　刘华山
刘万河　刘今声　刘贵全　宋福泉
阮文郁 安跃东 安秀英（女，回族）
宋春耕　邢乃壁　关洪立　吕畔强
任志永　李荣久　李　鹏　李成群
李来保　李文智　李树国　李德胜
李文瑞　吴志杰　吴瑞增　吴树楷
吴瑞林　吴畔生　苏常山　苏明亮
苏玉荣（女）时小平（女）陈连久
陈新元　庞瑞增　杜建新　沈贺书（女）
杨怀明　杨国永　杨展霞　杨彦玲（女）
杨国胜　杨金庆　张兰英（女）
张丽娟（女）　张庆达　张印昆
张国安　张新田　张俊峰　张连云
张金诚　张世敏　张翠玲（女）
屈成功　苑朋久　孟西光　孟庆贤（女）
范双元　范茂森　罗振华（满族）
郑汉青　周喜明　赵新装　赵忠利
赵振奎　赵玉芹（女）　赵彦明
赵启赢　赵金纯　赵忠安　赵武生
赵庆辉　赵国平　赵　爱（女）
祖福保　哈　林（回族）　施建英
段贵卿　钟兰英（女）　秦靖英
贾颂良　贾树勋　高景云　高　洁
高景山　郭振英　郭银双　徐振彩
徐顺坡　徐志青　袁春明　耿秀英（女）
崔文江　崔春学　崔立石　崔桂兴
常振河（回族）　闫营志　阎新年
蔡福良　蔡兴甫　蔡建英　路志民
樊新旺　霍宗华（女）　霍敬茹
霍宪刚　霍炳文　魏志国

**增补委员（6名）**

张孟乾　刘洞林　张炳元　李国耀
范同军　赵丛仁

## 第四届政协委员

1993年1月，按照政协章程产生政协清苑县第四届委员会，共有委员160名，平均年龄为44.1岁。中共党员66名，占41.3%，党外人士94名，占58.8%；高中以上文化程度的92名，占57.5%；专职人员76名，占47.5%；农村群众及其他各界人士84名，占52.5%；妇女21名，占13.1%；少数民族5名，占3.1%。涉及农业、工商业、文化、教育、民族、宗教等16个界别。

**第四届政协委员名单（160名）**

张鹤亭　张孟乾　刘志宏（女）
刘庆刚　赵丛仁　王清凯　李树国
张庆达　孙振东　罗振华（满族）
杨国永　张金城　沈贺书（女）
杨金庆　吴树楷　贾树勋　王兰荣（女）
刘清怀　王同福　赵新装　屈成功
王春印　刘进良　蔡福良　杨展霞
赵彦明 张翠玲（女）赵玉芹(女）
杨彦玲（女）贾颂良 王冬莲（女）
崔贵兴 张世敏 杨国盛　苏玉荣（女）
王永昌　王素芳（女）　高景山
郭振英　宋福全　郭银双　吴瑞增
苑朋久　苏明亮　范同军　张炳元
刘洞林　李国耀　张兰英（女）
王录祥　马振江　孟庆贤（女）
蔡建英　赵金纯　王桂生　刘万秋

崔立石 刘海琮 徐振彩 马树祯
刘泽春 赵忠安 时小平（女）
徐顺波（满族）常振河 哈林（回族）
安秀英（女） 施建英 苏常山
王跃宗 杨怀明 王荣贵 高 洁
史俊池 冯铸鑫 张连云 丁金祥
陈连久 刘华山 庞瑞增 王玉申
王立清 杜建新 赵振奎 范茂申
王福斗 赵武生 霍炳文 刘今声
吴瑞林 闫营志 赵庆辉 吕畔强
陈新元 张印昆 耿秀英（女）
路志民 田宗洋 安春耕 钟兰英（女）
王景珍（女） 魏志国 高景云
史福贤 刘桂泉 李新民 王文仓
许福合 李惠田 刘润月 钟金庄
王福才 杨木森 李树芝 于凤祥
张永军 孙占义 王 宗 杨球尔
赵全河 贾顺安 李 杰 史朝祥
崔彩莲（女）宋秀云（女）李明月
李西锋 王全友 李迎春（女）
贾老秋 马双成 赵国平 卢红霞（女）
王金振 王瑞增 段振国 李和平
闫剑秋 贾秀花（女） 刘振东
崔占仓 靳文学 孙殿明 杨云录
贾松林 张彦武 邢大雨 李炳芝
刘老气 吕建增 霍洪社 郭长顺
靳全来 刘如意 王德怀 薛森林
姜俊梦 孙 汉 吴 通 苑进祥

**增补委员（53名）**

张来宾 王福才 魏文浩 释明空
白鹤江（回）王晓锁 王喜玲（女）
王瑞兴 石文启 李秀巧（女）
李岐山 吴玉兴 岳振海 赵洪斌
臧立根 王永峰 王宝成 王海田
冯爱群 张双榜 杨国胜 高俊岐
井连生 王国兴 王宝辰 王树林
王瑞福 田僧立 卢庆云 卢景云
刘百顺 刘畔来 刘喜顺 西新国
李士泉 李运新 武志学 屈文福
张顺新 周鹤鸣 胡晓福 赵红旗
赵树义 徐伟宗 高学军 崔玉兴
韩三刚 詹春来 翟建军 臧锦忠
霍满良 魏志芳（女） 魏建平

## 第五届政协委员

1998年2月，按照政协章程产生政协清苑县第五届委员会，共有委员216名，平均年龄为42岁。中共党员80名，占37%；党外人士136名，占63%；高中以上文化程度的131名，占60.7%；专职人员77名，占35.7%；农村群众及其他各界人士120名，占55.5%；妇女31名，占14.4%；少数民族2名，占0.9%；涉及农业、工商业、文化、教育、民族、宗教等16个界别。

**第五届政协委员名单（216名）**

丁凤伟（女） 丁金祥 马双成
马树祯 于凤祥 井连升 牛道成
王二顺 王小柱 王兰荣（女）
王文仓 王玉申 王永峰 王永清
王全友 王连珠 王宝成 王宝辰
王国兴 王拥军 王 宗 王茂生
王金振 王秋合 王树林 王彦刚
王贵生 王振军 王焕亭（女）
王海田 王福才（史家桥）王福才
王喜玲（女） 王瑞福 王德怀
白鹤江（回族） 边万聚 卢庆云
卢红军 卢景云 石文启 冯树奇

冯爱群 冯铸鑫 史占军 申和平
申建文 田文英（女） 田僧立
安红彦（女，回族） 刘万民
刘文通 刘百顺 刘东奎 刘立柱
刘华山 刘老气 刘君健 刘如意
刘宝军 刘国文 刘彦芝（女）
刘国庆 刘畔来 刘福禄 刘海琮
刘喜奎 刘喜顺 刘瑞芹（女）
吕同宪 吕建增 吕畔强 米绍昌
戎长龙 戎金来 孙兰柱 孙占义
邬学义 阎山水 闫营志 朱红彦（女）
陈长岭 陈汉盛 陈印同 陈连久
陈道双 李士全 李　方 李全利
李红跃 李西锋 李运新 李志彬
李迎春（女） 李　君 李和平
李　杰 李振发 李建永 李建兵
李树芝 李喜发 李喜全 李贵传
李瑞英（女）李惠田 李翠亭（女）
苏玉荣（女） 苏常山 时兰旺
时小平（女）宋书中 宋秀云（女）
汪友谊 吴小娟（女） 肖　寒
杨文山 杨木森 杨成会 杨彦会
杨怀明 杨彦玲（女） 杨金庆
杨国盛 杨球尔 岳振海 张小明
张双榜 张占永 张永军 张兰英（女）
张克敬 张宇宏 张志军 张孟乾
张杰峰 张彦武 张保昆 张春奇
张顺新 张瑞恒 张焕玲（女）
张翠茹（女）张善增 张淑敏（女）
范双元 范同军 屈文福 庞瑞增
段瑞芬（女） 周喜峰 周喜顺
周鹤鸣 武志学 胡占根 胡哲民
胡国占 胡景山 胡晓福 姜俊梦
贾文平（女） 贾老秋 贾松林
贾顺安 钟金庄 钟香桐（女）
赵二利 赵玉芹（女） 赵红旗
赵全河 赵志杰 赵彦明 赵武生
赵树义 赵喜水 赵　盛（女）
郭长顺 高学军 高顺卿 高喜乐
高俊奇 钱　钟 徐小国 徐伟宗
徐安梓 徐新革 西新国 袁汉英
袁国庆 释真广 崔玉兴 詹元礼
詹春来 董春兰（女） 韩三刚
葛三刚 葛文义 覃嘉捷 锁文瑞
彭瑞宗 靳全来 路广杰 谭会芬（女）
翟建军 翟更臣 黎小玲（女）
霍洪社 霍满良 霍素芳（女）
臧立根 臧梦林 臧锦忠 魏文浩
魏今朝 魏志芳（女） 魏建平

**增补委员（71名）**

安红彦（女） 钱　忠 赵清华
郝杏俊（女） 高顺卿 卜建国
王大田 王跃宗 王和平 王会增
王振新 王　平 王全国 王同兴
王彦军 齐二月 付占房 马向光
马文伟 冉新社 刘占杰 刘双喜
吕建国 李万臣 李满贵 陈　平
杨连根 杨建怀 张树文 张成立
张荣生 张　锐 张海峰 张蕊珍（女）
赵保云 赵志聚 赵彦彬 赵国贤
耿占刚 樊立军 马金龙 张双义
袁凤岐 蔺法永 赵红乐 张小庚
李广太 武志利 吴志伟 安建慧
王大宽 张　忠 王　秋 段会元
雷化平 刘银龙 李福祥 刘六元
胡玉海 王造忠 杨裕东 张彦君
刘　杰 齐瑞祥 张汝建 段玉会

刘宝庆 张静杰 邢志清 杜永利
刘德虎

### 第六届政协委员

2003年4月，按照政协章程产生政协清苑县第六届委员会，全体委员由252名委员组成，界别20个，其中党外人士130名，占委员总数51%；少数民族委员6名，占委员总数2%。委员中，35岁以下33名，占委员总数13%；36至45岁89名，占委员总数35%；46岁至55岁113名，占委员总数45%；56岁以上17名，占委员总数7%。委员文化结构为：大专以上文化程度124名，占委员总数49%；高中（含中专）文化程度112名，占委员总数45%；初中以下文化程度16名，占委员总数6%。连任委员71名，占委员总数28%。

**第六届政协委员名单（252名）**

胡景山 丛国栋 闫营志 张焕玲（女）
税国芳（女） 赵保平 陈 克（女）
贾松林 王喜玲（女） 杨金庆
王兰荣（女） 钟金庄 张 忠
李和平 王永峰 霍满良 赵树义
刘银龙 李淑仙（女） 刘喜顺
李树君 张会良 李小田 刘福禄
刘文通 臧玉宽 孙兰柱 张小明
胡哲民 高铁林 董春兰（女）
苏秀义（女） 刘君健 李洪跃
王会茹（女） 路广杰 安建惠
张彦军 刘 杰 张汝建 刘保庆
崔志刚 王建功 张静杰 张荣生
杨建怀 张 锐 马向光 付占房
王和平 马金龙 张成立 王彦军
张树稳 刘双喜 郝东芳（女）
袁风岐 蔺法永 李新传 李新锁
史凤改（女） 连春祥 王银锁
张艳萍（女） 翟建军 王玉申
田僧立 蔡增寿 刘畔来 姜艳荣（女）
臧会建 刘百顺 贾顺安 王长福
刘彦辉 张杰峰 王拥军 张兰亭
吴志伟 戴国良 王永学 谷庆彬
吴 飞 姜联伟 李洪林（满族）
刘永振 黎彦玲（女） 卢建华
赵金淑（女） 刘玉民 王士增
李贵传 李 申 李明晓 尤忠义
康金榜 李根成 刘如意 石文启
张保利 吴国栋 赵国贤 吴双喜
王文仓 窦宝平 张启军 邢志清
赵红旗 李彦寨 王朋光 徐虎民
陈德强 陈 平 李广太 吴晓娟（女）
高国昌 杨 球 黎晓玲（女）
刘占东 张小庚 杨连根 徐新革
陈汉盛 贾宏英（女） 王保臣
王小柱 刘瑞芹（女） 肖老六
王庆来 王大宽 栾永彬 赵保进
高锡乐 安红彦（女） 齐二月
齐瑞祥 齐平安 宋明利 高学军
高福兴 杨裕东 贾老秋 董新占
齐文良 王志勇（回族）丁纪彬
尹福珍（回族）陈宝发 臧合理
杨木森 段兰申 汪文敏（女，满族）
刘永歧 樊文志 安建民 苏常山
吴陶然 张景涛 付国权 寇艳民
张永军 王同兴 王新录 陈 军
释真广 韩永祥 张秀琴（女）
杨国志 薛国杰 王保成 刘立柱
戎长龙 闫长青 赵玉梅（女）
王 平 王宝非 刘德虎 王 瑞（女）

葛志成 王会军 田 斌 李京辉
岳振海 杨 白 王香菊（女）
陈印同 于志安 段会元 周鹤鸣
李树芝 杜永立 王茹芬（女）
商 霞（女） 胡国占 刘柱国
王孟阳 赵彦彬 霍洪社 薛保龙
王造忠 申建文 刘保军 陈道双
王福才 郝卫军 李全利 张永刚
徐俊敏（女） 樊立军 牛道成
臧锦钟 马文玖 王彦刚 王桂章
赵红乐 杨克臣 王继革 李喜发
张春奇 李贵田 赵更申 郝建武
王二顺 姜俊孟 张 国 李友忠
杜俊国 闫大森 赵旭亮 杨文俊
朱红彦（女） 李喜全 翟更申
李国彦 赵保云 张顺新 冯铸鑫
杨计全 于凤祥 卜建国 高鹏战
王新茹（女） 向祖菊（女，土家族）
宋文德 郭木海 刘老气 马红敏（女）
王福才 王海田 苑朝辉 冯新良

**增补委员（41名）**

李美路 赵永刚 王春义（女）
杨爱群 葛凤娟（女） 石桂欣
苑金城 高 杰 韩宏信 张长兴
董造明 王二友 吴宏伟 王雅丽（女）
张同峰 刘欣永 赵树增 刘 恒
刘 磊 樊茂盛 张文利 韩永明
李志芳（女） 腾 飞 张文涛
贺 强 王文刚 王红昌 崔建新
边会员 王 乾 丁建交 吴双龙
吴捧国 孙迎新 段秋环（女）
马艳莲（女） 张 伟 马瑞军
李继红（女） 刘立会

## 第七届政协委员

2007年5月，按照政协章程产生政协清苑县第七届委员会，共有委员245名。其中中共委员130名，占53%，群众委员114名，占47%，民主人士3名；妇女34名，少数民族3名。新提名116名，占47.3%。

本届委员年龄结构：35岁以下35名，36～55岁委员175名，56岁以上委员35名。

本届委员文化知识结构：大专以上文化程度112名，占46%；中专、高中文化程度68名，占28%；初中文化及以下65名，占26%。

**第七届政协委员名单（245名）**

丛国栋 宋 静 杨金庆 臧立国
袁凤岐 徐新革 柴国庆 李根成
刘如意 王连珠 石文岐 吴双喜
王文仓 刘老气 冯新良 张三喜
张启军 岳振海 吴海军 杨建怀
高 忠 周金霞（女） 郭长顺
杜永立 高学军 张静杰 刘保庆
杨 东 王永学 高 杰 韩宏信
吴陶然 李庆学 张 彬 葛长璞
蔡良子 霍旭东 王清立 王 东
郎 军 张景东 赵新房 薛贵东
裴志忠 王会彩（女） 刘建普
安老娃 董中秋 陈兵权 赵国贤
张恒云 寇彦民 赵瑞平 梁虎山
张金利 蔡红耀 杨连根 杨 球
刘喜顺 张景涛 吴 飞 崔建新
徐洪友 陈印桐 杨 白 杨 旦
范铁林 王长福 冯秋生 高铁林
苏秀义（女） 税国芳（女）
姜艳荣（女） 张 忠 赵树义
臧玉宽 张 锐 张成立 蔺法永

张彦军 臧会建 刘彦辉 任幼生
张莹莹 李事清 杨文胥 樊建民
周占生 李彦寨 冉红星（女）
马文革 臧国旗 赵金淑（女）
张 伟 刘欣永 段秋环（女）
张同峰 贺 强 陈桂荣（女）
卜建国 刘小国 史凤改（女）
路广杰 刘畔来 庞志芹（女）
卢占良 臧合理 郭桂英（女）
柳计彩（女） 李国军 王 林
黎晓玲（女） 石 松 刘占东
赵喜明 宋文明 刘永振 张永军
安建惠 段杏娟（女）黎彦玲（女）
王玉申 李新锁 刘君键 张杰峰
谷庆彬 张保利 陈汉盛 杨玉东
丁秀珍（女）历 丹（女，满族）
刘 杰 葛凤娟（女）杨凤珍（女）
路志忠 付国权 释真广 韩永祥
李美路 石桂欣 王兰荣（女）
李子彬 王春义（女） 李树君
张会良 张兰亭 卢建华 王永峰
张 琳（女） 苑金成 闫营志
张焕玲（女）李继红（女）殷红伟
马瑞军 马艳莲（女） 樊茂盛
张铁刚 翟更申 赵志国 刘国军
李喜全 张文志 朱红彦（女）
张顺新 冯铸鑫 杨计全 李 雄
赵克静 贾顺安 刘立柱 黄 新
张立农 武立学 徐虎民 陈立京
陈德强 彭瑞宗 吴小娟（女）
李广太 牛新立 张永刚 刘立国
吴来喜 刘顺福 樊立军 李全利
刘保军 石红东 陈道双 郑俊峰
申建文 王永福 吴新元 霍洪社
赵彦彬 穆俊爱（女） 范同山
王文刚 刘立会 吴红伟 王占龙
韩永明 王士增 王红昌 李瑞芳（女）
李会峰 高锡乐 齐二月 齐瑞祥
安红彦（女，回族） 宋明利
高福兴 贾常秋 董新占 丁纪彬
王志勇（回族）顾占峰 袁锁元
王文祥 王怀祥 王东庆 王宝臣
王庆来 刘瑞芹（女） 王大宽
张 国 白爱珍（女） 吴福增
郝亚群 王二顺 王 栓 张福利
栾孟龙 王会良 赵更申 李志芳（女）
赵红乐 杨克臣 王法运 孙迎新
李小斗 王继革 赵永刚 赵玉梅（女）

**增补委员（72名）**

郭俊岭 李 超 杨成瑞 李四海
董海涛 曹洪生 钟金庄 张新房
霍运来 白鹤江（回族）吕振秋
冉占国 霍文阁 刘 力 王慧玲（女）
徐建华（女） 郭 新 张建强
司宪忠 张占良 张同岳 杨 浩
张红星 陈 雷 张全良 夏永章
释隆发 崔启正 李纪武 王 琴（女）
任新建 刘宏建 崔胜彬 霍士峰
王海滨 冯树岭 徐文斌 刘志学
王杏仙（女）霍杏娟（女）周 峰
刘建忠 陈 兴 李喜增 吴建军
安冠中 付世明 史桂峰 申亚军
刘根杰 陈雪峰 石艳萍（女）
王 广 杨国明 释印宏 高士勇
高卫军 刘建辉 赵迎广 王月凯

郭　新　杨秋恩　　刘　曼（女）
杨　波　刘宝珍（女）高红茹（女）
郭顺发　刘红雨　王建民　王　超
刘文通　王　辉　王连庆　刘春增
冉国强　刘占军　姚小玉　陈小国

**第八届政协委员**

2012年2月，按照政协章程产生政协清苑县第八届委员会，共有委员240名。中共党员131名，占55%；党外人士109名，占45%。妇女34名，占14%；少数民族4名，占1.7%；宗教界7名，占3%。

**第八届政协委员名单（240名）**

宋　静　杨　浩　臧立国　姚小玉
杨立志　王秋良　　王会彩（女）
韩宏信　李　超　王　超　刘桂廷
贾志军　郭红旺　王怀祥　石红东
杨雪峰　张立农　武立学　徐虎民
陈德强　彭兰栓　陈立京　王保军
白彦辉　周爱国　王　林　王开会
牛新立　张新房　郭贵水　杨建志
赵更申　赵宏乐　吴双喜　王志强
徐新革　吴大军　史彦青　刘　英（女）
王建民　陈桂荣（女）　梁虎山
张景涛　张会臣　赵新房　蔡红耀
吴陶然　赵瑞平　李黑子　宋文明
冯新良　蔡良子　李庆学　刘向阳
杨　永　张建梅（女）　葛长璞
刘老气　董中秋　陈玉坡　臧宏启
刘　学　杨　静（女）　戎长龙
杜英杰　郭　新　吴海军　王志强
李　君　霍运来　张红星　冉三军
孟书明　王树华　　杨雪玲（女）
税国芳（女）张会良 王慧玲（女）
耿占刚　刘　力　赵汉文　王彦芳
卢建华　杨永志　殷红伟　王月峰
张银焕（女）庞力槐　白鹤江（回族）
胡玉海　李彦红　刘木旗　刘海瑞
赵三姣（女）　冉海超　李万臣
周占生　樊建民　张兰亭　张洪钧
刘银茹（女）张　琳（女）李文平
孟惠萍（女）　杨胜永 李志国
霍文阁　尚寅卯　　张翠茹（女）
刘春汉　张　锐　韩广义　王福增
田永菊(女）王兰荣(女）谭惠芬(女）
杨　柳（女）　段树立　霍士锋
崔胜宾　史桂峰　　梁惠卿（女）
石雄心　吴国立　王顺强　董　政
任新刚　李丽然（女）高淑霞（女）
苑克强　李兰芬（女）李山虎（回族）
王文祥　杨　明　齐二月　高兵占
冯宝元　　安红艳（女，回族）
陈　雷　吴福增　张喜旺　王　栓
段东福　李会格（女）　张占海
王国立　郑俊峰　　马焕英（女）
申永坡　刘保军　翟更申　于位增
杨军旗　杨新会　张文志　冯铸鑫
朱红彦（女）　樊玉新　杨占民
释隆发　马　斌　李小明　王东军
栾彩玲（女）　赵卫红　王连庆
李万军　刘小道　　黎小玲（女）
刘小国　刘占东　徐大垅　杨国发
赵喜明　杨连根　陈汉盛　赵新生
戎院增　刘永军　杨大水　王金峰
杨喜柱　张同岳　　李志芳（女）
申亚军　张洪波　杨　震　魏冬生

李彤念 王航洲 冉战永 王海波
臧合理 贾晓雷 段树林 田 林
樊丽军 刘立国 杨理玖 张永刚
刘顺福 吴来喜 孙迎新 王法运
王继革 杨克臣 刘 涛 李会峰
王红昌 霍耀东 黄新贵 胡国占
付敬敏（女） 赵爱玲（女）
于要芬 刘占君 陈俊祥 吴新员
张永军 付国权 路志忠 安建民
周金霞（女）高桂珍（女，满族）
马文革 王全龙 岳秋生 陈艳虎
杨 白 陈 军 崔建新 徐宏友
释真源 于 娜（女） 薛贵东
李 雄 贾顺安 黄 新 孙文段
李洪彬

**增补委员（54名）**

胡会昌 张贵生 魏红霞 （女）
王 东 冯大乐 焦平雁 （女）
樊连杰 寇建惠 刘尚卿 赵纪国
付立堂 释道智 陈建民 张成立
宋志刚 杨红坡 丁晓斗 尚树宝
吕振秋 刘 磊 李亚鹏 李占忠
王 洋 安金喜 赵立标 徐克峰
李志斌 任志刚 李永社 赵文革
张俊丽（女） 刘素芳 （女）
崔存志 顾君占 周春江 王振起
吴国栋 田 晖（女） 吴 建
吴占广 李建坤 王新伟 万福生
邢保福 邸二波 郭彦会 苏玉田
赵海港 任中生 孟永强 董 钊
刘立强 祝杏超 訾宗凯

## 第二节 政协委员走访

为了更好地做好和活跃政协工作，更好地促进两个文明的建设，每个年度政协机关都要走访委员，政协主席带队，分组深入政协委员所在单位，采取一般走访和重点走访、座谈和讨论相结合的方法，对全县政协委员进行走访和慰问。

通过一般走访，加强了县政协和委员的关系，扩大了统战工作的宣传，增进了对委员的了解，加强了与委员的联系，了解了委员的情况，避免了闭会期间没事干、上下联系不足等问题，便于当面听取委员的建议和意见。

在走访委员活动中，进行了重点走访，如优秀委员、创业模范、有特殊贡献的委员。通过座谈，进一步沟通了思想，并总结了他们的好经验，在广大委员中推广。

县政协每年走访驻县市政协委员，与市政协委员见面座谈，沟通情况，征求意见，总结经验，研究工作。同时，县政协组织一些活动，邀请市政协委员参加，充分发挥市政协委员参政议政的积极性，这样既为市政协委员履行职能创造了条件，也活跃了县政协的工作，受到市政协的肯定和赞扬。

在走访过程中，委员们表示对全县政治经济形势感到满意，认为县委、县政府带领全县人民，解放思想，锐意改革，积极进取，加快发展，各条战线取得了可喜的成绩，全县两个文明建设取得丰硕成果。同时委员们对县委、县政府重视委员提案，积极承办落实委员提案，广纳群策群言的做法给予高度评价。在谈到政协工作时，委员们认为县政协注重发挥自身优势，围绕中心，服务大局，充分调动每位委员的积极性，各项工作都取得了显著的成绩，为全县改革发展和稳定工作做出了新贡献。作为一名政协委员感到光荣和自豪。

按照工业、农林、医疗卫生、文化教育工作组划分，县政协多次以召开小型座谈会的形式进行专题走访。对工作组的日常工作开展情况，进行回顾。通过总结经验，吸取教训，探讨活跃工作组的路子和方法，统一了思想，明确了任务，使委员认识到各工作组工作活跃与否，是政协创新务实，团结奋进，打开局面的关键环节，理顺了关系，制定了规划，进一步发挥了工作组的作用，为更好地工作创造了条件，为政协开好全会做好了必要的准备。

在走访过程中，把总结经验教训，征求意见和考察委员结合起来。多数委员积极主动，珍惜党和政府给予自己的荣誉，热情地介绍自己的工作、生产、生活情况和今后的设想，表示在两个文明建设中做出更大的贡献。但也有个别委员，精神不振，履行职责不到位，参加会议不积极，发挥委员作用不充分。通过走访考察，为政协委员有针对性的教育培训摸清了情况。通过走访，加强了与委员的联系，沟通了思想，联络了感情，密切了关系。通过走访，激发了政协委员参政议政的积极性。政协委员看到政协领导到自己单位或家中看望自己，征求意见，都很感动，增强了作为一名政协委员的光荣感和责任感。通过走访，顺畅了征集社情民意的渠道。由于准备充分，政协领导和委员促膝谈心。因此委员们坦诚直言，提出了许多高质量的意见和建议。这些建议涉及农业和农村工作、体制改革、形象建设、城市建设、蔬菜产业化、工业强县、环境保护、税收征管、科教文卫等诸多方面，充分体现了政协委员参政议政的真知灼见。

## 第三节　政协委员培训

政协委员是人民政协履行职能的主体。政协委员素质的高低，决定了政协工作的质量，只有通过各种形式的培训，才能提高政协委员的素质、能力。

每次换届后，都要对新增的政协委员进行一次培训。新委员的特点是热情高，对自己的责任与义务缺乏认识，没有工作经验，有时候工作缺乏主动性。因此非常有必要对政协委员进行培训。培训的方式主要是县政协主席、副主席及部分工作人员到委员所在乡镇，由乡镇委员联络人把本乡镇的委员组织在一起，由政协工作人员系统讲解政协的基本知识和怎样当一名合格的政协委员。委员会各有关部门进行专题讲解，明确各专门委员会和各乡镇联络组的工作和任务。在讲课的基础上，同时进行讨论。最后，政协主要领导对政协培训工作进行总结，进一步加深认识，并对政协委员提出明确要求。

发放学习材料，也是政协培训委员的一种形式。由于政协委员来自各行各业，社会各界，不便于多次举办集中学习。县政协每年不定期为政协委员发放学习材料。

县政协每年都要以召开会议的形式组织委员学习中央、省、市发布的重要文件，使委员对当前形势保持清醒头脑，与时俱进，使政协工作保持旺盛的活力。

政协委员来自各行各业，他们往往需要行业

专家和技术人员的指导，为此，县政协适时聘请专家和技术人员，为从事各种行业的政协委员举办培训班，讲授各种技术，进行咨询服务，提高委员的创业能力和管理水平。

通过多种形式的培训，政协委员的素质明显提高，同时提高了政协的工作效率，增强了委员的荣誉感，激发了委员参政议政的责任感，提高了以经济建设为中心的意识，增强了做好本职工作和政协工作的信心，坚定了投身经济建设的决心，扩大了政协的政治影响，提高了政协的社会知名度。

## 1. 年度优秀委员

2008年度（115名）

张会良 李树军 姜艳荣 赵金淑 路广杰
王长福 安建慧 卢建华 杨文胥 蔺法永
刘立会 王文祥 安红彦 杨玉东 顾占峰
袁锁元 齐二月 苑金城 王会彩 卜建国
段杏娟 裴志忠 李子彬 段秋环 刘如意
张保利 赵国贤 王连珠 吴双喜 郑俊峰
石红东 刘保军 陈道双 张立农 徐虎民
武立学 李广太 王宝臣 王梦龙 张福利
王庆来 王会良 赵彦彬 王永福 吴新元
穆俊爱 霍洪社 杨克臣 王纪格 赵红乐
孙迎新 殷红伟 刘立柱 李　雄 贾顺安
马艳莲 张永刚 刘立国 吴来喜 李全利
刘欣永 柳计彩 王　林 臧合理 李继红
冯铸鑫 赵志国 张文志 杨计全 贺　强
陈兵权 周金霞 范铁林 马文革 杜永利
薛贵东 徐宏友 崔建新 韩永祥 陈桂荣
宋文明 冯新良 葛长璞 刘建普 张　伟
赵喜明 黎小玲 陈汉盛 杨连根 王红昌
王世增 李会峰 李瑞芳 吴福增 白爱珍
王二顺 张　国 王　拴 梁虎山 赵新房
吴陶然 安老娃 赵瑞平 赵树义 王大宽
王永学 杨　旦 张三喜 杨金庆 杨　球
徐新革 葛凤娟 释真广 高学军 郭长顺

2009年度（118名）

杨金庆 臧立国 高学军 郭　新 刘喜顺
吴海军 郭长顺 王　东 王清利 杨　旦
吴　飞 白鹤江 赵树义 王慧玲 张成立
张彦军 王长福 卢建华 杨文胥 蔺法永
张会良 赵金淑 姜艳荣 李树军 杨玉东
路广杰 葛凤娟 张　琳 刘　杰 张杰峰
历　丹 黎彦玲 王会彩 韩宏信 裴志忠
张红星 李四海 张兰亭 霍运来 张新房
张莹莹 王文祥 王怀祥 齐二月 贺　强
顾占峰 王　拴 吴福增 霍士峰 石红东
赵志国 刘国军 刘宏建 徐虎民 武立学
张立农 栾孟龙 刘瑞芹 杨球尔 赵喜明
刘小国 臧合理 王　林 牛新立 吴来喜
李小斗 赵红乐 王连珠 吴双喜 李根成
王红昌 李会峰 王永福 冯树岭 赵彦彬
张永军 张全良 梁虎山 赵瑞平 陈桂荣
葛长璞 刘建普 陈兵权 郝亚群 杜永立
马文革 王大宽 徐新革 王永学 张　锐
徐洪友 崔建新 段杏娟 贾顺安 李　雄
张三喜 张　忠 刘彦辉 李志芳 陈　雷
张建强 司宪忠 曹洪生 樊建民 张占良
刘　力 吕振秋 安建慧 杨凤珍 霍文阁
张文志 王　琴 任新建 王海彬 李征武
崔启正 崔胜彬 徐文斌

2010年度（133名）

杨金庆 臧立国 高学军 郭　新 郭长顺
王永学 杨　球 杨　旦 张三喜 郭峻岭

张新房　白鹤江　张红星　李　超　赵树义
王慧玲　王长福　冉红星　张　忠　杨文胥
刘彦辉　张成立　史凤改　张兰亭　张莹莹
刘　力　司宪忠　张占良　霍运来　吴建军
陈　兴　李喜增　刘建忠　周　峰　张会良
杨玉东　赵金淑　姜艳荣　李树军　李志芳
樊建民　张　琳　刘　杰　丁秀珍　历　丹
黎彦玲　葛凤娟　霍文阁　吴福增　王　栓
陈　雷　王　琴　石红东　霍士峰　刘如意
吴双喜　王文仓　付世明　王红昌　李会峰
赵彦彬　冯树岭　王海彬　李征武　崔胜彬
石艳萍　梁虎山　张永军　张全良　付国权
陈兵权　杨　白　董中秋　范铁林　王会彩
苑金城　贺　强　王怀祥　王文祥　杨　明
齐二月　赵志国　冉国新　刘国军　刘宏建
徐虎民　张立农　李景锁　王会良　王志勇
刘占东　刘根杰　赵喜明　陈桂荣　刘建普
葛长璞　樊立军　牛新立　王　林　臧合理
贾顺安　赵克静　崔建新　徐洪友　徐文斌
王继革　任新建　陈雪峰　崔启正　史桂峰
申亚军　安冠忠　曹洪生　刘永振　杨凤珍
释真源　王大宽　张建强　董海涛　赵红乐
徐新革　袁凤歧　张　锐　刘喜顺　吴海军
王　东　冯铸鑫　张永刚　赵更申　张杰峰
路广杰　王连珠　卢建华

2012年度（108名）

臧立国　王慧玲　卢建华　张会良　张　锐
徐新革　刘　力　王月峰　赵汉文　李志国
霍文阁　胡玉海　王彦芳　庞力槐　姚小玉
杨　静　杨雪玲　王会彩　孟书明　王树华
张红星　陈立京　谭惠芬　张　琳　李文平
王兰荣　崔胜彬　梁惠卿　董　政　吴国立
石雄心　霍士峰　王顺强　任新刚　申亚军
魏冬生　王航洲　史桂峰　庞建峰　冉占永
王秋良　王海波　张宏波　杨　震　李彤念
王　超　郭红旺　高兵占　冯宝元　陈　雷
王　拴　王国立　石红东　杨军旗　冯铸鑫
张文志　张立农　陈德强　赵卫红　李万军
杨国发　徐大垅　周爱国　田　林　贾晓雷
张新房　牛新立　赵更申　赵红乐　王继革
吴大军　刘　英　史彦青　王金峰　王志强
李会峰　胡国占　刘占军　赵新房　张永军
吴陶然　梁虎山　陈桂荣　葛长璞　刘老气
臧宏启　马文革　杨　白　陈玉坡　徐宏友
刘　学　李红彬　白鹤江　李彦红　杨立志
杜英杰　吴海军　王志强　冉海超　郭　新
霍运来　樊建民　耿占刚　王福增　杨　柳
韩广义　刘银茹　孟惠萍

2013年度（109名）

臧立国　王月峰　王兰荣　王树华　王彦芳
王慧玲　卢建华　张会良　张红星　张　锐
张　琳　李文平　李志国　孟书明　陈立京
杨雪玲　庞力槐　姚小玉　赵汉文　胡玉海
徐新革　谭惠芬　霍文阁　王秋良　陈桂荣
葛长璞　蔡良子　王海波　周金霞　陈玉坡
臧宏启　岳秋生　冉占永　赵新房　吴陶然
张景涛　付国权　胡国占　赵爱玲　王航洲
李会峰　付静敏　史桂峰　杨大水　刘永军
戎院增　杨喜柱　赵新生　李彤念　郭贵水
赵更申　魏冬生　吴来喜　牛新立　田　林
贾晓雷　周爱国　任新刚　徐大垅　杨国发
董　政　赵卫红　王东军　李万军　王顺强

徐虎民 焦平彦 吴国立 张文志 冯铸鑫
石雄心 陈 雷 王 栓 李会格 梁惠卿
郭红旺 李兰芬 贾志军 王怀祥 崔胜彬
王会彩 王 东 王 超 张洪波 崔建新
杨 震 黄 新 李洪彬 刘 学 霍士峰
石红东 郑俊峰 刘 力 李彦红 杨立志
杜英杰 吴海军 郭 新 樊建民 刘银茹
耿占刚 张翠茹 王福增 杨 柳 宋志刚
张成立 陈建民 霍运来 张洪钧

2014年度（113名）

臧立国 王月峰 王兰荣 王树华 王彦芳
王慧玲 卢建华 张会良 张红星 张 锐
王会彩 李文平 李志国 孟书明 陈立京
杨雪玲 庞力槐 姚小玉 赵汉文 胡玉海
徐新革 谭惠芬 霍文阁 王秋良 陈贵荣
葛长璞 刘向阳 宋文明 梁惠卿 杨国明
高兵占 贾立军 郭红旺 吴国立 冯铸鑫
张文志 王海波 马文革 陈玉坡 李占忠
杨 白 史桂峰 杨大水 刘永军 王志强
吴大军 王金峰 马 宾 王东军 赵卫红
冉战永 梁虎山 张永军 吴陶然 赵纪国
张洪波 于 娜 王顺强 杨占民 武立学
徐克峰 田 林 冯大乐 周爱国 任新刚
徐大垅 杨国发 刘小国 霍士峰 石红东
郑俊峰 陈 雷 吴福增 李会格 胡国占
刘占军 李彤念 郭贵水 赵宏乐 王继革
王航洲 李会峰 魏冬生 牛新立 樊丽军
吴来喜 崔胜彬 李 超 王 东 王 超
韩宏信 杨 震 李洪彬 刘 学 李 雄
刘 力 王福增 杨永志 殷红伟 张银焕
赵三姣 王志强 李 君 冉海超 李万臣
张兰亭 刘银茹 孟惠萍 杨胜永 尚寅卯
刘春汉 田永菊 白鹤江

## 2. 年度先进委员活动小组

2008年度（9个）

望亭乡委员活动组 臧村镇委员活动组
冉庄镇委员活动组 魏村镇委员活动组
温仁镇委员活动组 石桥乡委员活动组
企业组 科教文卫组 党政机关组

2009年度（13个）

温仁镇委员活动组 石桥乡委员活动组
何桥乡委员活动组 北王力委员活动组
魏村镇委员活动组 阳城镇委员活动组
臧村镇委员活动组 白团乡委员活动组
闫庄乡委员活动组 城区办委员活动组
企业组 科教文卫组 党政机关组

2010年度（15个）

温仁镇委员活动组 清苑镇委员活动组
臧村镇委员活动组 大庄镇委员活动组
魏村镇委员活动组 冉庄镇委员活动组
张登镇委员活动组 阳城镇委员活动组
城区办委员活动组 闫庄乡委员活动组
石桥乡委员活动组 北王力委员活动组
何桥乡委员活动组 白团乡委员活动组
企业组

2012年度（9个）

温仁镇委员活动组 白团乡委员活动组
魏村镇委员活动组 石桥乡委员活动组
清苑镇委员活动组 何桥乡委员活动组
望亭乡委员活动组 北店乡委员活动组
城区办委员活动组

2013年度（9个）

温仁镇委员活动组 白团乡委员活动组
魏村镇委员活动组 石桥乡委员活动组
清苑镇委员活动组 闫庄乡委员活动组

望亭乡委员活动组　北店乡委员活动组
臧村镇委员活动组

2014年度（8个）
温仁镇委员活动组　何桥乡委员活动组
魏村镇委员活动组　望亭乡委员活动组
东闾乡委员活动组　石桥乡委员活动组
白团乡委员活动组　清苑镇委员活动组

## 3. 政协委员风采录

政协清苑县委员会自2000年至2010年共出版发行《政协委员风采录》共3辑，记述了143名政协委员先进事迹。

### 《清苑县政协委员风采录》
（第一辑）

本辑于2000年8月出版，共收录本县各界委员事迹38例。采用人物通讯或报告文学体例，记述政协委员的事迹与个人成就、社会贡献。

本辑记述了本县来自各行各业的精英，有企业家、政法工作者、医务工作者、领导干部、人民教师等。

本辑共38章，12万字，300余幅图片。

### 《清苑县政协委员风采录》
第一辑编辑委员会

主　　任：胡景山
副 主 任：张孟乾　徐安梓　徐小国　税国芳
委　　员：贾松林　王喜玲　韩大存　赵树义
　　　　　李新锁
编　　审：徐小国
主　　编：王喜玲
执行主编：韩大存
校　　对：韩大存　王喜玲

### 《清苑县政协委员风采录》
（第二辑）

本辑于2005年12月出版，共收录本县各界委员事迹55例。采用人物通讯或报告文学体例，记述人物的事迹与个人成就、社会贡献。

本辑收录大量照片，有时任县委书记、县长、县人大常委会主任、县政协主席、政协党组书记、政协副主席等，县政协常务委员35名，省、市委员16名，委员199名。

本辑共8章：工商巨子、人民公仆、建筑名流、创业明星、文教精英、公交卫士、杏林高手、法苑斗士。

### 《清苑县政协委员风采录》
第二辑编辑委员会

主　　任：丛国栋
副 主 任：胡景山　闫营志　张焕玲　税国芳
　　　　　赵保平　陈　克
委　　员：赵永刚　韩大存　赵树义　李新锁
　　　　　常启亮　黎卓玉　葛凤娟　吴红梅
编　　审：陈　克
主　　编：韩大存
责　　编：吴红梅　葛凤娟
撰　　稿：韩大存　葛凤娟　吴红梅　马文军
　　　　　申亚丽　牟文峰　韩　强　于士磊
　　　　　常启亮　李志芳　李瑞丰　樊新旺

### 《清苑县政协委员风采录》
（第三辑）

本辑于2010年12月出版，共收录本县各界委员事迹50余例。采用人物通讯或报告文学体例，记述人物的事迹与个人成就、社会贡献。

本辑收录照片有时任县委书记、县人大常委会主任、县政协主席、政协党组副书记、政协副主席及政协清苑县第七届委员会领导合影；时任清苑县政协常务委员35名，市政协委员

17名，委员245名。

本辑共8章：工商巨子、建筑名流、人民公仆、企业精英、艺苑奇葩、公交卫士、杏林高手、人间佛教。

《清苑县政协委员风采录》

第三辑编辑委员会

主　　任：宋　静 副 主 任：丛国栋　闫营志　税国芳　范同山

苏秀义　张同岳

委　　员：杨　浩　赵树义　李亚鹏　韩大存

赵树伟　岳志英　赵文红　刘　丹

张良生　刘永刚　张俊涵

编　　审：张同岳

主　　编：韩大存

责　　编：常启亮　赵文红　吴红梅　李锐锋

张建彬　史小鹏　张兴旺

撰　　稿：张良生　李淑玲　吴利红　段舒非

张文涛　张建彬　任浩军　冉红友

史小鹏　张英哲

## 4. 市政协委员

### 第六届保定市政协委员

张鹤亭　张孝祯　杨　泉　卢宗明

魏福河　张兰英（女）　王殿军

郭书良　石喜涛　葛金玲　史云美（女）

### 第七届保定市政协委员

张鹤亭　崔彩莲（女）　路广杰

苏长山　赵丛仁　刘志宏（女）

孙爱英（女）

### 第八届保定市政协委员

张鹤亭　王继环（女）　王　宗

徐新革　魏志国　刘志宏（女）

吕建增　李新民　王　秋　杨秋尔

雷化平　刘中新　崔彩莲（女）

王玉申　路广杰　白鹤江（回族）

卢红霞（女）　苏长山　赵丛仁

王福才　段会元　臧立根

### 第九届保定市政协委员

胡景山　王　宗　张　忠　刘志宏（女）

雷华平　段会元　吕建增　王　秋

王大宽　戎长龙　路广杰　苏长山

闫营志　释真广　刘保庆　刘银龙

### 第十届保定市政协委员

丛国栋　李文阁（女）　刘志宏（女）

邢志清　王永学　王大宽　李贵田

刘银龙　段会元　张春奇　戎长龙

徐新革　路广杰　苏秀义（女）

苏长山　释真广

### 第十一届保定市政协委员

宋　静　刘春林　刘志宏（女）

陈　克（女）李志芳（女）张三喜

王永学　米立成　赵树义　吕建国

臧立国　王大宽　吴双喜　黎彦玲（女）

王永清

### 第十二届保定市政协委员

宋　静　王振起　刘春林　吴双喜

王永清　顾占峰　刘　红（女）

王永峰　陈　克（女）　臧立国

杨雪玲（女）　齐文良　孟书明

徐新革　赵峻青（女）　王连珠

# 第三章 例 会

政治协商会议全体委员会、常务委员会议和主席办公会是人民政协履行政治协商、民主监督和参政议政职能的重要形式，是政协例会的主要组成部分。

政协清苑县委员会全体委员会议，是本县人民政协最高层次的协商会议形式，由全体政协委员组成。政协清苑县委员会自1983年2月成立至2015年5月32年间，共举行八届34次全体会议。其中，第一届举行4次，第二届举行3次，第三届举行3次，第四届举行6次，第五届举行5次，第六届举行4次，第七届举行5次，第八届举行4次。每届的第一次全体会议由预备会议产生通过的主席团主持，其余各次会议由常务委员会召集主持。

常务委员会议是全体会议闭会期间的主要政治协商会议形式。政协常务委员会由主席、副主席、秘书长、常务委员组成。一般每季度召开一次。如有需要，常务委员会研究的重要事项，由主席办公会议决定临时召开。会议的日期、议程由主席会议提出。政协清苑县常务委员会会议自1983年至2015年5月共召开163次，其中第一届召开21次，第二届召开19次，第三届召开13次，第四届召开25次，第五届召开28次，第六届召开18次，第七届召开23次，第八届召开16次。

主席办公会议是常务委员会议闭会期的重要政治协商形式，由主席、副主席、秘书长组成，负责处理常务委员会的重要日常工作，一般每月召开一次，如遇重大事项需主席办公会进行研究，根据需要随时召开。

## 第一节 政协清苑县委员会全体会议

政协清苑县委员会全体委员会议，是本县人民政协最高层次的协商会议形式，由全体委员组成。1983年至2015年共历8届委员会，召开34次全体会议，其中第一届委员会（1983年2月～1987年5月）共召开4次全体会议，第二届委员会（1987年4月～1990年4月）共召开3次全体会议。第三届委员会（1990年4月～1993年1月）共召开3次全体会议。第四届委员会（1993年1月～1998年2月）共召开6次全体会议。第五届委员会（1998年2月～2003年4月）共召开5次全体会议。第六届委员会（2003年4月～2007年5月）共召开4次全体会议。第七届委员会（2007年5月～2012年2月）共召开5次全体会议。第八届委员会（2012年2月～2015年4月）共召开4次全体会议。每届的全体会议前召开预备会议，公布委员出席情况、委员变动情况、大会秘书长、副秘书长名单、每日执行主席名单，公布委员分组及大会讨论小组召集人名单，公布提案截止时间，通过大会议程、日程，以及大会纪律、注意事项。每届的第一次全体会议由预备会议产生的大会主席团主持，其余各次全体会议由常务委员会召集主持。

## 政协清苑县第一届委员会

政协清苑县第一届委员会自1983年2月至1986年5月共举行4次全体会议。

**第一次全体会议** 1983年2月20日，政协清苑县委员会筹委会根据筹备情况，召开第三次筹委会议研究政协清苑县委员会第一届第一次会议的日程、议程，通过会议材料，提出大会主席团建议名单、提案审查委员会名单，政协常委人选建议名单、秘书长建议名单。主席团产生后，筹委会完成各项筹备工作，其权力移交大会主席团，由大会主席团主持政协河北省清苑县委员会第一次会议。出席会议的政协委员共78名。预备会上听取县委副书记段翰清代表清苑政协筹备委员会作的关于政协第一届委员会第一次会议的报告，通过大会议程、日程、大会执行主席和秘书长名单、提案审查委员会名单。

大会主席团成员：马树喜、王杰、王洪秀、白光棣、石哲义、卢宗明、卢景云、刘俊章、刘清怀、李永、李淑文(女)、吴志杰、吴树楷、张玉敏、张兰霞(女)、张建民、张冠英、张润仁、赵启瀛、赵忠安、贾俊卿、常文山、徐振峰。大会秘书长：徐振峰。提案审查委员会主任刘俊章，副主任王洪秀，委员高福庆、蒋士忠、马树喜。

1983年2月20日～25日，在清苑县招待所举行政协清苑县第一届委员会第一次会议，共有委员78名。

会议期间，王杰致开幕词，县委书记贾振友讲话，张润仁作新时期政协工作报告。徐振峰宣读政协清苑县第一届委员会政治决议，刘俊章作提案审查委员会关于提案的审查报告，白光棣致闭幕词。会议期间，收到委员提案42件。全体政协委员列席清苑县人大会议，听取县长郑达作的政府工作报告。

会议根据《中国人民政治协商会议章程》有关规定和大会通过的选举办法，实行等额选举，采取无记名投票方式，选举产生中国人民政治协商会议清苑县第一届委员会常务委员20名，主席1名，副主席4名，秘书长1名。

**第二次全体会议** 1984年5月16日～22日，在县招待所召开政协清苑县第一届委员会第二次会议。

会议期间，听取审议一届一次政协常委会工作报告和提案办理情况的报告，列席县人大九届一次会议，县委副书记赵保森在开幕式上讲话，研究安排下一步工作，通过会议有关决议。

会议根据县委的建议和机构改革的需要，张润仁不再担任政协主席，王洪秀不再担任政协副主席，补选丁文哲为政协主席，曲百荣、卢宗明、杨怀珍为副主席、常委，增补委员14名，共有委员92名，出席83名。会议期间收到委员提案86件。

**第三次全体会议** 1985年4月14日～19日，在清苑县招待所召开政协清苑县第一届委员会第三次会议。

会议期间，听取审议第二次会议以来政协常委会工作报告和提案办理情况的报告，县委副书记作重要讲话，列席清苑县人大九届二次会议。通过三次会议有关决议。会议增补委员4名，共有委员96名，出席77名。会议期间收到委员提案68件。

**第四次全体会议** 1986年5月23日～27日，在清苑县招待所召开政协清苑县第一届委员会第四次会议。政协主席丁文哲致开幕词，县委书记刘德忠讲话，市政协副主席陈国璋、市委统战部长梁佩秋到会祝贺并讲话，听取审议政协副主席王杰代表常委会作的三次会议以来的工作报告，以及提案工作办理情况的报告，列席县人大九届三次人代会，酝酿协商县长候选人名单，讨论协商政府3个报告，学习传达胡子昂在全国政协六届四次会议上的工作报告《关于全国地方政协工作座谈情况的报告》、省政协五届四次会议和省台胞第二次会议精神。县委统战部部长、政协副主席李荣久致闭幕词，通过有关会议决议。会议补选李荣久为政协常委、副主席。共有委员96名，出席84名。

## 政协清苑县第二届委员会

政协清苑县第二届委员会自1987年4月起至1990年4月共举行3次全体会议。

**第一次全体会议** 1987年4月18日～22日，在县政府招待所召开政协清苑县第二届委员会第一次会议。共有委员145名，出席137名。本次会议收到委员提案66件。

会议期间，大会主席团主持会议，总结一届一次会议以来的政协工作，并提出工作任务。县委副书记程瑞田致开幕词，县委书记刘德忠讲话，会议听取并审议政协清苑县第一届委员会常务委员会工作报告和关于一届一次会议以来提案办理情况的报告。列席县人大十届一次会议，讨论协商清苑县政府工作报告、清苑县1986年国民经济与社会发展计划执行情况和1987年计划的报告、关于1986年财政决算和1987年财政预算报告和县人大常委会工作报告，协商县政府、县人大领导候选人。会上还学习邓小平“关于坚持四项基本原则、反对资产阶级自由化”的讲话和有关政协，统战工作的基本知识。选举产生政协清苑县第二届委员会主席1名，副主席8名，常务委员29名，审议通过政协清苑县第二届委员会第一次会议有关决议。张孝祯致闭幕词。

**第二次全体会议** 1988年2月27日～29日召开政协清苑县第二届委员会第二次会议。出席会议委员120名。

会议期间，县委书记刘德忠在会上讲话，会议听取并审议政协常务副主席张孝祯代表政协二届常委会作的常委会工作报告和政协副主席张鹤亭代表提案工作委员会所做的二届一次会议以来提案办理情况的报告。学习中央［1988］1号文件和有关政协工作的文章，列席县十届二次人代会，听取并讨论县政府工作报告、1987年国民经济和社会发展计划执行情况和1988年国民经济和社会发展计划草案报告，1987年财政决算和1988年财政预算草案的报告，会议还通过提案工作委员会关于本次会议提案审查报告和会议有关决议。

**第三次全体会议** 1989年3月25日～27日，在县招待所南会议室召开政协清苑县第二届委员会第三次会议，共有委员141名，参会92名。

会议期间，县委书记刘德忠作重要讲话，听取审议政协常务副主席张孝祯作的政协常委会工作报告，政协副主席张鹤亭作的二届二次会议以来提案办理情况的报告，听取讨论县政府工作报告、1988年国民经济和社会发展计划执行情况和1989年国民经济和社会发展计划（草案）的报告、1988年财政决算和1989年财政预算（草案）的报告，会议还学习了全国政协关于政治协商民主监督的规定。补选张孝祯为清苑县第二届委员会主席。通过本次会议提案审查情况的报告和政协二届三次会议有关决议。

## 政协清苑县第三届委员会

政协清苑县第三届委员会自1990年4月起至1993年1月共举行3次全体会议。

**第一次全体会议** 1990年4月1日～3日，政协清苑县第三届委员会第一次会议在清苑县电影院举行。共有委员153名，出席146名。

会议期间，会议由主席团主持。主席团成员：王杰、王清凯、白天真(女)、白光棣、卢宗明、刘庆刚、刘俊章、关洪立、张孝祯、张鹤亭、李荣久、李来保、李树国、吴志杰、吴树凯、沈贺书(女)、苏常山、杨怀珍、贾树勋、霍宗华(女)。大会秘书长：王清凯。提案审查委员会主任：王庆国，副主任：闫营志，委员：张兰英(女)、徐志清、刘桂泉。

会议期间，听取讨论了县委书记刘德忠的讲话，听取和审议第二届委员会主席张孝祯作的第二届委员会工作报告、政协副主席刘俊章作的第二届一次会议以来提案办理情况的报告。听取和协商县政府工作报告、1989年国民经济与社会发展计划执行情况和1990年计划安排意见(草案)的报告、1989年财政决算和1990年财政预算(草案)的报告，并提出意见和建议。根据《中国人民政治协商会议章程》的有关规定和大会通过的《选举办法》，选举产生政协清苑县第三届委员会主席、副主席和常务委员。通过三届一次会议的政治决议和工作报告的决议，提案审查委员会向大会作提案审查情况的报告。

会议选举政协清苑县第三届委员会主席1名、副主席5名、常委24名。届中增选1名副主席，4名常委，5名政协委员。

**第二次全体会议** 1991年4月8日～10日，政协清苑县第三届委员会第二次会议在清苑县招待所南会议室召开。共有委员158名，出席147名，政协统战联络组长17名，共164名参加了全会。

会议期间，会议由政协常务委员会主持。大会听取讨论县委书记刘德忠的讲话，听取审议政协主席李荣久作的政协三届委员会常务委员会工作报告，政协副主席霍宗华作的政协清苑县提案委员会关于三届一次会议以来提案办理情况的报告，列席清苑县第十一届人民代表大会第二次会议，听取并协商县政府工作报告、1990年国民经济和社会发展计划执行情况和1991年国民经济和社会发展计划（草案）的报告，1990年财政决算和1991年财政预算（草案）的报告，通过政协清苑县三届二次会议关于三届常委会工作报告决议、政协清苑县三届二次会议关于三届一次会议以来提案办理情况报告的决议、三届二次会议期间提案审查情况的报告和政协清苑县第三届委员会第二次会议政治决议。

会议还通过李来保不再担任政协第三届委员会常委、委员的决议。补选张孟乾为政协清苑县第三届委员会副主席。

**第三次全体会议** 政协清苑县第三届委员会第三次会议于1992年3月10日～13日在县招待所南会议室举行。136名政协委员及14名政协统战联络组长参加会议。

会议期间，县委书记张志文到会并作讲话。

会议听取并审议政协主席李荣久作的政协三届委员会常务委员会工作报告，政协副主席霍宗华作的政协清苑县提案委员会关于三届二次会议以来提案办理情况的报告，列席清苑县第十一届人民代表大会第三次会议，听取并协商政府工作报告、1991年国民经济和社会发展计划执行情况和1992年国民经济和社会发展计划（草案）报告、1991年财政决算和1992年财政预算（草案）的报告，协商县长候选人名单，选举王全友、李迎春、魏志国为政协常委。大会还表彰8个先进提案办理单位，10名先进提案个人，通过三届三次会议期间提案审查情况的报告，通过政协清苑县第三届委员会常委会工作报告的决议、提案工作报告的决议和第三次会议政治决议。

## 政协清苑县第四届委员会

政协清苑县第四届委员会自1993年1月起至1998年2月共举行6次全体会议。

**第一次全体会议** 1993年1月3日～5日，政协清苑县第四届委员会第一次会议在县招待所举行，共有委员160名，参会148名。

会议期间，大会由大会主席团主持。大会主席团成员：王玉申、王全友、王清凯、白天真(女)、白光棣、卢宗明、关宏利 、刘玉花(女)、刘庆刚、刘志宏(女)、安春耕、安跃东、孙振东、吴志杰、吴树凯、邢大雨、张庆达、张孟乾、张金城、张彦武、张鹤亭、李杰、李迎春(女)、李荣久、李炳芝、李树国、沈贺书(女)、罗振华、赵丛仁、赵启赢、赵忠利、杨木森、杨国永、杨金庆、苑进祥、郭长顺、贾老秋、贾松林、贾树勋、闫剑秋、霍宗华(女)、魏志国。秘书长：张孟乾。

会议期间，大会听取和讨论县委书记张志文的讲话，听取和审议三届政协主席李荣久作的三届委员会常务委员会工作报告，听取和审议霍宗华作的三届一次会议以来提案办理情况的报告。听取和协商“一府两院”的工作报告，并提出意见和建议。讨论协商人大常委会主任、副主任、政府县长、副县长、法院院长、检察院检察长人选；通过会议有关决议。通过四届一次会议常委会工作报告的决议和政治决议。

根据《中国人民政治协商会议章程》的有关规定和大会通过的《选举办法》，选举产生政协清苑县第四届委员会主席、副主席和常务委员。

县政协第四届常务委员会由31名成员组成。其中主席1名，副主席5名。1994年11月，1名副主席调离。1996年8月，1名副主席调离。1997年，主席退休，补选主席、副主席各1名。

**第二次全体会议** 1994年3月2日～4日，政协清苑县第四届委员会第二次会议在县招待所举行。出席委员160名。

会议期间，会议由四届常务委员会主持，县委书记张志文讲话。听取和审议政协主席张鹤亭作的常委会工作报告；听取和审议政协副主席赵丛仁作的政协清苑县第四届委员会提案委员会关于四届一次会议以来提案工作情况的报告。通过县政协四届二次会议政治决议和常委会的工作报告，并提出意见和建议。听取和审议政协清苑县第四届委员会提案委员会关于四届二次会议提案情况的报告；听取协商 “一府两院”工作报告；协商增选县政府领导候选人；增选县政协第四届常务委员会委员；通过会议有关决议。补选王宗、张来宾、王福才为常委。

**第三次全体会议** 1995年2月12日～13日，政协清苑县第四届委员会第三次会议在县宾馆南会议室召开，出席委员140名。

会议期间，会议由政协常务委员会主持。听取并讨论县委书记张志文的讲话，听取并审议政协主席张鹤亭作的常务委员会工作报告和政协副主席赵从仁作的提案办理情况的报告。听取协商讨论县政府1994年度工作报告及有关报告；有关人事变动事宜；审议通过有关决议。通过政协清苑县四届三次会议的政治决议和常务委员会工作报告的决议。会议提案审查委员会还向大会作了提案审查情况的报告。

**第四次全体会议** 1996年3月11日～14日，政协清苑县第四届委员会第四次会议在县宾馆南会议室举行，出席委员146名。

会议期间，会议由政协常务委员会主持。听取和讨论县委书记张志文的讲话，听取和审议政协主席张鹤亭作的常务委员会工作报告和政协副主席张孟乾作的提案办理情况的报告，听取协商县政府工作报告及1995年国民经济和社会发展计划执行情况和1996年计划安排(草案)的报告。听取协商县政府关于1995年财政决算和1996年财政预算（草案）的报告。审议通过政协四届四次会议的政治决议和常务委员会工作报告的决议。会议提案审查委员会还向大会作了提案审查情况的报告。

**第五次全体会议** 1997年3月2日～5日，政协清苑县第四届委员会第五次会议在县法院会议厅举行，出席委员156名。

会议期间，会议由政协常务委员会主持。听取和讨论县委书记张兴堂的讲话，听取和审议政协主席张鹤亭作的常务委员会工作报告和政协副主席张孟乾作的提案办理情况的报告，听取讨论县政府工作报告及关于1996年国民经济和社会发展计划执行情况和1997年计划安排(草案)的报告。听取协商县政府关于1996年财政决算及1997年财政预算(草案)的报告。补选闫营志为四届委员会常务委员，同时免去沈贺书、吴树凯、贾树勋、闫剑秋的四届委员会常务委员职务。审议通过政协四届五次会议的政治决议和常务委员会工作报告的决议。会议提案审查委员会向大会作了提案审查情况的报告。

**第六次全体会议** 1997年4月15日，政协清苑县第四届委员会第六次会议在县法院会议厅举行，出席委员198名。

会议期间，会议由政协常务委员会主持。县委书记讲话；会议选举胡景山为县政协第四届委员会主席。新当选的政协主席讲话；政协原主席讲话。

## 政协清苑县第五届委员会

政协清苑县第五届委员会自1998年2月起至2003年4月共举行5次全体会议。

**第一次全体会议** 1998年2月13日～16日，政协清苑县第五届委员会第一次会议在县法院会议厅召开。共有委员216名。

会议期间，大会由主席团主持，大会主席团成员：王宗、王茂生、王保辰、王福才、卢景云、戎长龙、吕建增、闫营志、刘福禄、李全利、李迎春（女）、李杰、张小明、张孟乾、张彦武、张春奇、张顺新、张焕玲（女）、杨木森、周喜顺、胡景山、赵喜水、徐小国、徐安梓、徐新革、贾老秋、高学军、覃嘉捷、路广杰、霍洪社、霍满良、魏志芳（女）、臧孟林。主席团常务主席：胡景山、张孟乾、徐安梓、徐小国、闫营志、张焕玲。秘书长：张孟乾（兼）。副秘书长：张彦武、贾松林、霍满良。

会议期间，县委书记张兴堂在开幕式上作了讲话。听取和审议了胡景山作的政协第四届委员会工作报告，听取和审议张孟乾作的四届一次会议以来提案办理情况的报告，听取协商清苑县人民检察院工作报告、清苑县人民法院工作报告。协商清苑县人民代表大会常务委员会主任、副主任、政府县长、副县长、县法院院长、县检察院检察长人选。审议通过政协常委会工作报告的决议、四届会议以来提案办理情况的决议、通过五届委员会一次会议的政治决议，听取和讨论清苑县政府工作报告，听取协商县政府关于1997年财政决算和1998年财政预算（草案）的报告和清苑县关于1997年国民经济和社会发展计划执行情况及1998年计划安排（草案）的报告，并提出意见和建议。根据《中国人民政治协商会议章程》的有关规定和大会通过的《选举办法》选举产生政协清苑县第五届委员会常务委员33名，主席1名，副主席5名。

**第二次全体会议** 1999年3月23日～25日，政协清苑县第五届委员会第二次会议在清苑县法院会议厅召开，共有委员216名，出席208名。

会议期间，大会开幕式上县委副书记李同聚讲话，会议听取审议政协主席胡景山代表常委会作的工作报告，政协副主席张孟乾作的提案办理情况的报告，还听取协商县政府工作报告、县政府关于1998年财政决算和1999年财政预算（草案）的报告和清苑县关于1998年国民经济社会发展计划执行情况和1999年计划安排（草案）的报告。听取协商清苑县人民法院和清苑县人民检察院工作报告。由于区划调整，通过关于李杰、李迎春、周喜顺不再担任县政协五届常委委员的决议，增选臧立根、杨金庆为县政协五届常委。审议通过政协清苑县第五届委员会常务委员会工作报告的决议，审议通过县政协五届一次会议以来提案办理情况报告的决议，审议通过本次会议的政治决议，审议通过政协清苑县第五届委员会第二次会议提案审查情况的报告，政协主席胡景山讲话。闭幕后，县委书记杨新建作了讲话。

大会秘书长：张孟乾（兼）。副秘书长：张彦武、霍满良、贾松林、王喜玲。

**第三次全体会议** 2000年2月11日～14日，政协清苑县第五届委员会第三次会议在清苑宾馆召开。共有委员223名，出席212名。

会议期间，会议听取和审议政协清苑县第五届委员会常委会工作报告，听取和审议政协清苑县第五届委员会关于二次会议以来提案工作办理情况的报告；听取协商清苑县政府工作报告，清苑县政府关于1999年财政决算和2000年财政预算（草案）的报告，清苑县政府关于1999年国民经济发展计划执行情况和2000年计划安排（草案）的报告，听取协商了清苑县人民法院和人民检察院的工作报告。审议通过政协常委会工作报告的决议、五届二次会议提案办理情况报告的决议以及第三次会议的政治决议，通过第三次会议提案审查情况的报告。听取讨论大会开幕式上县委副书记陈景福作的讲话，政协主席胡景山作常委会工作报告，政协副主席张孟乾作提案办理情况的报告，闭幕式上县委书记杨新建作了讲话。

**第四次全体会议** 2001年2月8日～11日，政协清苑县第五届委员会第四次会议在清苑宾馆东会议厅召开。共有委员233名，出席206名。

会议期间，县委副书记陈景福代表县委讲话，会议听取审议政协主席胡景山作的政协清苑县第五届委员会常务委员会工作报告，听取审议政协副主席张孟乾作的县政协五届三次会议以来提案工作情况的报告，听取协商清苑县政府工作报告、县政府关于制定清苑县国民经济和社会发展第十个五年计划（草案）的说明、县政府2000年国民经济和社会发展计划执行情况与2001年国民经济和社会发展计划（草案）的报告、县政府关于2000年财政决算和2001年财政预算（草案）的报告、县法院工作报告、县检察院工作报告。会议通过吕建增、张彦武、王茂生、赵喜水因工作需要辞去政协清苑县第五届委员会常委、委员职务。增选贾松林、李洪跃、刘保庆、王造忠为政协清苑县第五届委员会常务委员会委员。会议审议通过政协清苑县第五届委员会第四次会议关于常委会工作报告的决议，审议通过五届三次会议以来提案办理情况的决议，通过本次会议的政治决议，通过本次会议提案审查情况的报告。县政协主席胡景山致闭幕词，会议闭幕后县委书记杨新建讲话。

**第五次全体会议** 2002年1月20日～21日，政协清苑县第五届委员会第五次会议在县宾馆西会议厅召开，共有委员223名，出席217名。

会议期间，听取县委副书记陈景福代表县委所作的讲话，听取审议政协主席胡景山作的政协清苑县第五届委员会常务委员会工作报告，政协副主席张孟乾作的县政协五届四次会议以来提案工作情况的报告，听取协商清苑县人民政府工作报告、2001年国民经济和社会发展计划执行情况与2002年国民经济和社会发展计划安排（草案）的报告（书面发言）、县政府关于2001年财政决算和2002年财政预算（草案）的报告（书面发言）、县法院工作报告（书面）、县检察院工作报告（书面），审议通过政协清苑县第五届委员会第五次会议关于常委会工作报告的决议，审议通过五届四次会议以来提案办理情况的决议，通过本次会议的政治决议，审议通过本次会议提案审查情况的报告，县政协主席胡景山致闭幕词，大会闭幕后，县委书记宋文作了讲话。

## 政协清苑县第六届委员会

政协清苑县第六届委员会自2003年4月起至2007年5月共举行4次全体会议。

**第一次全体会议** 2003年4月5日～8日，政协清苑县第六届委员会第一次会议在清苑宾馆举行，共有委员252名，出席228名。

会议期间，大会由主席团主持。主席团成员：马红敏（女）、尹福珍（回族）、王小柱、王永学、王宝臣、王保成、王造忠、丛国栋、卢建华、田斌、戎长龙、邢志清、闫营志、张锐、张会良、张荣生、张焕玲（女）、张景涛、李树军、李贵田、李淑仙（女）、杨连根、杨金庆、苏秀义（女）、苏常山、陈克（女）、岳振海、胡景山、赵红乐、赵金淑、赵保平、徐新革、真广、袁风岐、高学军、税国芳（女）、路广杰、臧玉宽、黎彦玲（女）、戴国良。秘书长：闫营志（兼），副秘书长：贾松林、霍满良、李亚鹏、王喜玲（女）、赵永刚。

会议期间，听取和讨论县委副书记陈景福的讲话，听取审议丛国栋作的常委会工作报告和闫营志作的提案工作报告，听取协商清苑县政府工作报告；听取并协商清苑县政府关于2002年财政决算和2003年财政预算（草案）的报告；听取并协商清苑县关于2002年国民经济和社会发展计划执行情况和2003年计划安排（草案）的报告；听取并协商清苑县人民检察院工作报告；听取并协商清苑县人民法院工作报告；协商清苑县人大常委会主任、副主任，政府县长、副县长，县法院院长、县检察院检察长人选。

2003年4月8日，选举产生主席1名，副主席5名，常务委员40名。审议通过会议有关决议。审议通过县政协六届一次会议的政治决议、常务委员会工作报告的决议以及提案工作报告的决议，通过本次会议提案审查情况的报告。

2005年2月增选常务委员3名，免去常务委员2名。至2006年6月，有主席1名，副主席5名，秘书长1名、常务委员41名。

**第二次全体会议** 2004年2月14日～16日，政协清苑县第六届委员会第二次会议在清苑宾馆举行。出席本次会议的委员230名。

会议期间，听取和讨论县委副书记陈景福的讲话，听取审议县政协主席丛国栋作的常务委员会工作报告及县政协副主席赵保平作的提案办理情况的报告，听取协商清苑县政府工作报告，听取协商清苑县政府关于2003年财政决算和2004年财政预算（草案）的报告，听取协商清苑县关于2003年国民经济和社会发展计划执行情况和2004年计划安排（草案）的报告；听取并协商清苑县人民法院工作报告，听取并协商清苑县人民检察院工作报告。审议通过县政协六届二次会议的政治决议、常务委员会工作报告的决议以及提案工作报告的决议。通过本次会议提案审查情况的报告。

**第三次全体会议** 2005年2月24日～26日，政协清苑县第六届委员会第三次会议在清苑宾馆举行，出席本次会议的委员225名。

会议期间，听取和讨论县委副书记陈景福的讲话，听取审议县政协主席丛国栋作的常务委员会工作报告及县政协副主席赵保平作的提案办理情况的报告，听取并协商清苑县政府工作报告；听取并协商清苑县人民法院工作报告；听取并协商清苑县人民检察院工作报告，听取并协商清苑县政府关于2004年全县及县本级财政预算执行情况和2005年全县及县本级财政预算（草案）的报告（书面），听取并协商清苑县关于2004年国民经济和社会发展计划执行情况和2005年计划安排（草案）的报告（书面）。审议通过李淑仙、张荣生辞去常务委员的决议，选举通过赵永刚、李美路、王春义为政协清苑县第六届常务委员会常务委员，赵永刚为秘书长。会议通过县政协六届三次会议的政治决议、常务委员会工作报告的决议以及提案工作报告的决议。通过本次会议提案审查情况的报告。

**第四次全体会议** 2006年3月17日～19日，政协清苑县第六届委员会第四次会议在清苑宾馆举行。出席本次会议的委员231名。

会议期间，听取讨论县委副书记陈景福的讲话，听取审议县政协主席丛国栋作的常务委员会工作报告及县政协副主席赵保平作的提案办理情况的报告列席清苑县第十届人民代表大会第四次会议，听取并协商清苑县人民政府工作报告，协商讨论关于县政府“十一五”规划的说明，听取并协商清苑县人民法院工作报告，听取并协商讨论清苑县人民检察院工作报告，协商讨论清苑县2005年财政总预算和县本级预算执行情况及2006年财政总预算和县本级预算（草案）的报告，协商讨论清苑县2005年国民经济和社会发展计划执行情况和2006年国民经济和社会发展计划（草案）的报告，审议通过会议有关决议。审议通过县政协六届四次会议的政治决议、常务委员会工作报告的决议以及提案工作报告的决议。通过本次会议提案审查情况的报告。

## 政协清苑县第七届委员会

政协清苑县第七届委员会自2007年5月至2012年1月共举行5次全体会议。

**第一次全体会议** 2007年5月19日～21日，政协清苑县第七届委员会第一次会议在清苑宾馆举行，共有委员245名，出席231名。

会议期间，会议由大会主席团主持。主席团成员：王大宽、王文祥、王永学、王志勇（回族）、王春义（女）、王连珠、丛国栋、卢建华、冯秋生、闫营志、刘彦辉、宋静、张三喜、张会良、苏秀义（女）、李志芳（女）、李树君、李美路、陈兵权、杨旦、杨金庆、杨球、范同山、岳振海、赵永刚、赵红乐、赵金淑（女）、赵树义、郭长顺、高学军、徐新革、袁凤岐、税国芳（女）、葛凤娟（女）、释真广、路广杰、臧立国、臧玉宽、黎彦玲（女）。大会主席团常务主席名单：丛国栋、宋静、闫营志、范同山、苏秀义（女）、赵永刚。秘书长：赵永刚。副秘书长：李美路、李亚鹏、韩大存。

会议期间，听取和讨论县委副书记的讲话，听取审议县政协第六届委员会主席丛国栋作的六届政协常务委员会工作报告及政协副主席闫营志作的提案办理情况的报告，听取协商“一府两院”的工作报告及财政、计划报告，协商讨论《清苑县新兴工业卫星城建设实施纲要》，协商县人民政府县长、副县长、县法院院长、县检察院检察长人选。选举产生主席1名，副主席3名，秘书长1名，常委40名。审议通过县政协七届一次会议的政治决议，常务委员会工作报告的决议以及提案工作报告的决议，通过本次会议提案审查情况的报告。新当选政协主席宋静作了讲话。闭幕后，县委书记石海林讲话。

2009年1月，补选副主席2名，补选常委3名，补选秘书长1名。至2012年1月，有主席1名，副主席4名，秘书长1名，常委委员41名。

**第二次全体会议** 2008年3月26日～27日，政协清苑县第七届委员会第二次会议在清苑宾馆举行，出席本次会议的委员228名。

会议期间，听取和讨论县委副书记的讲话，听取审议县政协主席宋静作的常务委员会工作报告和县政协副主席范同山作的提案办理情况的报告，听取协商“一府两院”和其他的工作报告，审议通过县政协七届三次会议的政治决议，常委会工作报告的决议以及提案工作报告的决议，通过本次会议提案审查情况的报告。会后，县委书记石海林作了讲话。

本次会议秘书长：赵永刚。副秘书长：李美路、李亚鹏、韩大存。

**第三次全体会议** 2009年1月6日～8日，政协清苑县第七届委员会第三次会议在清苑宾馆举行。共有委员265名，出席252名。

会议期间，听取讨论县委副书记牛树根代表县委的讲话，听取审议政协主席宋静作的政协第七届委员会常务委员会工作报告和政协副主席范同山作的政协第七届委员会常务委员会关于政协七届二次会议以来提案工作情况的报告。列席清苑县第十五届人民代表大会第三次会议，听取协商县政府工作报告和人民法院、人民检察院工作报告，协商讨论县财政和县计划报告。大会通过赵永刚、王春义、冯秋生不再担任县政协常委，选举杨浩、王慧玲、徐建华为政协常委，补选杨浩为政协常委会秘书长，补选税国芳、张同岳为政协副主席。会议审议通过县政协七届三次会议关于政协清苑县第七届委员会常务委员会工作报告的决议、关于县政协七届二次会议以来提案工作情况报告的决议和三次会议政治决议、县政协副主席张同岳作的政协清苑第七届委员会第三次会议提案审查情况的报告。会后县委书记石海林讲话。

本次会议秘书长：杨浩。副秘书长：李美路、李亚鹏、韩大存、赵树伟。

**第四次全体会议** 2010年2月24日～26日在清苑宾馆召开了政协清苑县第七届委员会第四次会议，共有委员276名，出席265名。

会议期间，听取讨论县委副书记牛树根代表县委的讲话，听取审议政协主席宋静作的政协第七届委员会常务委员会工作报告和政协副主席张同岳作的政协第七届委员会常务委员会关于政协七届三次会议以来提案工作情况的报告。列席清苑县第十五届人民代表大会第四次会议，听取协商了清苑县人民政府、人民法院、人民检察院工作报告，协商讨论县财政、县计划工作报告，会议审议通过了县政协七届四次会议关于政协清苑县第七届委员会常务委员会工作报告的决议和关于县政协七届三次会议以来提案工作情况报告的决议，审议通过政协清苑县第七届委员会第四次会议政治决议，县政协副主席张同岳作政协清苑县第七届委员会第四次会议提案审查情况的报告。会后县委书记石海林讲话。

本次会议秘书长：杨浩。副秘书长：吴建军、李亚鹏、韩大存、赵树伟、岳志英。

**第五次全体会议** 2011年2月21日～22日在清苑宾馆召开政协清苑县第七届委员会第五次会议，共有委员289名，出席275名。全体县领导、县级离退休老领导及县直各科局领导列席会议。

会议期间，听取讨论县委副书记牛树根代表县委的讲话，听取审议政协主席宋静作的政协第七届委员会常务委员会工作报告和政协副主席张同岳作的政协第七届委员会常务委员会关于政协七届四次会议以来提案工作情况的报告。列席清苑县第十五届人民代表大会第五次会议，听取并协商县政府工作报告及关于清苑县国民经济和社会发展第十二个五年规划纲要的报告，听取协商人民法院、人民检察院工作报告，听取并协商关于清苑县2010年全县及县级财政预算执行情况及2011年全县及县本级财政预算（草案）的报告，听取协商清苑县2010年国民经济和社会发展计划执行情况及2011年国民经济和社会发展计划草案报告。审议通过县政协七届五次会议关于政协第七届委员会常务委员工作报告的决议，审议通过七届五次会议关于县政协七届四次会议以来提案工作情况报告的决议和县政协五次会议政治决议，县政协副主席张同岳作了政协清苑县第七届委员会第五次会议提案审查情况的报告。会后，县委书记李志刚讲话。

本次会议秘书长：杨浩。副秘书长：吴建军、李亚鹏、韩大存、赵树伟、岳志英。

## 政协清苑县第八届委员会

政协清苑县第八届委员会自2012年2月至2015年1月共举行4次全体会议。

**第一次全体会议** 2012年2月2日~4日，政协清苑县第八届委员会第一次会议在清苑宾馆召开。共有委员240名，出席235名。全体县领导、县级离退休领导、县直各科局领导列席会议。

会议期间，大会由大会主席团主持。大会常务主席：宋静、税国芳（女）、张同岳、段树立、李志芳（女）、杨浩。主席团成员：王月峰、王文祥、王兰荣（女）、王会彩（女）、王树华、王彦芳、王慧玲（女）、卢建华、宋静、张会良、张同岳、张红星、张锐、张琳（女）、李文平、李志芳（女）、李志国、孟书明、陈立京、杨浩、杨雪玲（女）、杨静（女）、庞力槐、姚小玉、赵汉文、胡玉海、段树立、徐新革、释真源、税国芳（女）、臧立国、谭惠芬（女）、霍文阁。

会议期间，听取讨论县委副书记张晓东代表县委的讲话，听取审议了县政协第七届委员会主席宋静作的县政协第七届委员会常务委员会工作报告和副主席张同岳作的关于七届一次会议以来提案工作办理情况的报告，列席清苑县第十六届人民代表大会第一次会议，听取协商县政府工作报告和县人民法院、人民检察院工作报告，协商讨论财政工作报告、全县国民经济和社会发展计划报告，协商县人民政府县长、副县长、县人民法院院长、县人民检察院检察长人选，选举产生政协第八届委员会政协主席、副主席、秘书长、常务委员。审议通过县政协八届一次会议的政治决议，常务委员会工作报告的决议及提案工作报告的决议，县政协副主席段树立作了政协清苑县第八届委员会第一次会议提案审查情况的报告。会后，县委书记李志刚讲话。

本次大会选举八届政协主席：宋静。副主席：税国芳（女）、段树立、李志芳（女）。秘书长：杨浩，常务委员 33名。

2013年3月，有常委31名，其中工作调动1名，去世1名，2014年2月增选副主席1名，有常委30名，其中1名去世。2015年4月，补选主席1名。到2016年1月，有主席1名，副主席4名，秘书长1名，常务委员31名。

本次会议秘书长：杨浩；副秘书长：马文伟、李亚鹏、韩大存。

**第二次全体会议** 2013年3月18日~19日，政协清苑县第八届委员会第二次会议在清苑宾馆召开，共有委员253名，出席248名。全体县领导，县级离退休老领导、各乡镇党委书记、县直各部门一把手列席会议。

会议期间，听取讨论县委副书记张晓东代表县委的讲话，听取审议了县政协主席宋静作的第八届委员会常务委员会工作报告，听取审议县政协副主席李志芳作的提案工作报告。列席清苑县第十六届人民代表大会第二次会议，听取并协商清苑县人民政府工作报告、清苑县人民法院工作报告、清苑县人民检察院工作报告，协商讨论清苑县财政工作报告和全县国民经济和社会发展计划工作报告。审议通过政协第八届委员会常务委员会工作报告的决议、县政协关于八届一次会议以来提案工作情况报告的决议和八届二次会议政治决议，政协副主席李志芳作了八届二次会议提案审查情况的报告。会后，县委书记杨文堂讲话。

本次会议秘书长：杨浩。副秘书长：马文伟、李亚鹏、韩大存。

**第三次全体会议** 2014年2月17日～18日政协清苑县第八届委员会第三次会议在清苑宾馆召开，共有委员266名，出席251名。全体县级领导县级离退休老领导、各乡镇党委书记、县直各部门负责人列席会议。

会议期间，听取讨论县委书记杨文堂的讲话，听取审议了政协主席宋静作的第八届委员会常委会工作报告、县政协副主席李志芳作的提案工作报告。列席清苑县第十六届人民代表大会第三次会议，听取并协商清苑县人民政府工作报告、清苑县人民法院工作报告、清苑县人民检察院工作报告，协商讨论清苑县财政工作报告和全县国民经济和社会发展计划工作报告。大会还协商了清苑县人民检察院检察长人选。补选张琳为县政协副主席。会议审议通过县政协八届三次会议关于常委会工作报告的决议、县政协关于八届会议以来提案工作情况的报告决议和八届三次会议政治决议，县政协副主席李志芳作了八届三次会议提案审查情况的报告。

本次会议秘书长：杨浩。副秘书长：马文伟、李亚鹏、刘磊。

**第四次全体会议** 2015年4月8日～9日在清苑宾馆召开政协清苑县第八届委员会第四次会议，共有委员284名，出席268名。全体县领导、县级离退休老领导、各乡镇党委书记、县直各部门负责人列席了会议。

会议期间，听取讨论县委书记杨文堂的讲话，听取并审议政协主席宋静作的第八届委员会常务委员会工作报告、政协副主席李志芳作的关于八届三次会议以来提案工作情况的报告。列席清苑县第十六届人民代表大会第四次会议，听取并协商清苑县人民政府工作报告、清苑县人民法院工作报告、清苑县人民检察院工作报告，协商并讨论清苑县财政工作报告和全县国民经济和社会发展计划工作报告。会议协商清苑县人民政府县长人选。补选王振起为政协清苑县第八届委员会主席，会议审议通过县政协八届四次会议关于政协清苑县常委会工作报告的决议、关于县政协八届三次会议以来提案工作情况报告的决议和县政协八届四次会议政治决议，政协副主席李志芳作政协清苑县八届委员会第四次会议提案审查情况的报告。

本次会议秘书长：杨浩。副秘书长：马文伟、李亚鹏、刘磊。

## 第二节　政协清苑县委员会常务委员会议

政协常务委员会议是全体会议闭会期间的主要政治协商会议形式。政协常务委员会由主席、副主席、秘书长、常务委员组成。一般每季度召开一次。如有需要常委会研究的重要事项，由主席办公会议决定临时召开。会议的日期、议程由主席会议提出。政协清苑县常务委员会会议自1983年2月至2015年5月召开163次会议。

### 政协清苑县第一届委员会

**第一次常务委员会议** 1983年2月24日在清苑县招待所二楼会议室召开。政协主席张润仁主持会议。副主席刘俊章、王杰、王洪秀、白光棣及政协常委参加会议。议题：确定政协委员会设办公室为办事机构，政协常委徐振峰为办公室主任；讨论政协1983年工作安排；主席、副主席和常委分工、工作组划分和政协常委会工作制度。

**第二次常务委员（扩大）会议** 1983年4月6日在清苑县招待所北二楼会议室召开。张润仁主持会议。各工作组长（含常委）参加会议。议题：学习政协新章程；学习刘澜涛在全国政协工作会议上的讲话；学习辽宁省北镇县政协工作经验材料；研究讨论政协1983年工作安排意见；讨论《切实搞好工作组活动的意见》。

**第三次常务委员（扩大）会议** 1983年11月4日～5日召开。刘俊章主持会议。议题：学习中共中央关于整党决定一二部分、形势报告、学习中共中央关于学习《邓小平文选》的通知、学习政协六届全国委员会常务委员会第二次会议关于严厉打击刑事犯罪活动决定、学习六届人大常委会关于严惩严重危害社会治安的犯罪分子的决定、学习省第五届常务委员会第三次会议关于坚决支持严厉打击刑事犯罪活动的决议、学习清苑县人大常务委员会关于打击刑事犯罪活动的决议；听取政协办公室上半年工作总结并进行讨论；讨论通过第四季度工作计划，各组制定活动计划。

**第四次常务委员会议** 1983年12月18日在政协办公室召开。刘俊章主持会议。政协主席丁文哲，王杰、白光棣、曲百荣及政协常委参加会议。议题：协商讨论清苑县委对政协领导班子调整的建议；传达学习二中全会精神。

**第五次常务委员会议** 1984年1月6日在县委会议室召开。王杰主持会议。议题：通过人事任免；传达1983年11月省政协市县经验交流会上的讲话；通报1983年工作总结和1984年工作安排。

**第六次常务委员会议** 1984年5月14日～15日在政协办公室召开。丁文哲主持会议。刘俊章、王杰、白光棣、曲百荣及政协常委参加会议。议题：审议通过一届二次会议议程、日程（草案）；通过一届二次会议提案工作委员会名单；通过常务委员会工作报告；通过提案审查报告；通过开幕词、闭幕词。

**第七次常务委员（扩大）会议** 1984年6月5日～6日在政府电话会议室召开。丁文哲主持会议。刘俊章、王杰、白光棣、曲百荣及政协常委参加会议。议题：学习；总结第二季度工作，安排第三季度工作；研究发展商品生产问题。

**第八次常务委员（扩大）会议** 1984年9月28日～30日在人大会议室召开。丁文哲主持会议。刘俊章、王杰、白光棣、曲百荣及政协常委参加会议。议题：传达定兴县政协现场会议精神；学习有关发展商品生产的文件；总结第三季度工作，安排第四季度工作；通过发展商品生产的建议；调整工作组、通过办公室主任任免；成立养殖、种植、加工专业领导小组；参加兴苑市场落成典礼。

**第九次常务委员会议** 1985年1月4日～5日召开。丁文哲、王杰主持会议。议题：学习讨论听取关于经济体制改革中央〔84〕27号文件、地委关于整党的安排意见和县委〔84〕68号文件；讨论通过1984年工作总结，安排1985年工作要点及第一季度工作安排部署及学习的决议。

**第十次常务委员会议** 1985年3月28日～29日在政协办公室召开。丁文哲、王杰主持会议。刘俊章、王杰、白光棣、曲百荣、卢宗明及政协常委参加会议。议题：学习；讨论全委会材料；协商增补政协委员、常委人选；补充提案、文史委员会、种养专业小组人员；新增委员编组事宜；协商三次会议召开时间。

**第十一次常务委员（扩大）会议** 1985年7月8日～9日在政协办公室召开。丁文哲、王杰主持会议。刘俊章、王杰、白光棣、曲百荣、卢宗明及政协常委参加会议。议题：学习省、市、县有关会议精神；总结第二季度工作，安排第三季度工作。

**第十二次常务委员会议** 1985年10月15日在政协办公室召开。丁文哲主持会议。王杰、白光棣、曲百荣及政协常委参加会议。议题：传达学习党代会文件精神；总结第三季度工作，布置第四季度工作。

**第十三次常务委员会议** 1986年1月13日～14日在政府会议室召开。曲百荣主持会议。丁文哲、刘俊章、王杰、白光棣及政协常委参加会议。议题：传达省政协会议精神、正定、保定政协工作经验材料；传达省政府办公厅（1985）83号文件；总结1985年工作，研究1986年工作；讨论清苑县“七五”规划。

**第十四次常务委员会议** 1986年2月26日在招待所东会议室召开。丁文哲主持会议。刘俊章、王杰、曲百荣及政协常委参加会议。议题：调整工作组事宜；通过孟繁昌辞去县政协常委。

**第十五次常务委员会议** 1986年4月21日在政协办公室召开。王杰主持会议。刘俊章、白光棣、曲百荣及政协常委参加会议。议题：学习全国人大、政协会议决议、传达中央〔1986〕6号文件、地委统战部会议精神、地方政协会议题纲；总结安排工作；通过延期换届的决议。

**第十六次常务委员会议** 1986年5月9日在政协办公室召开。丁文哲主持会议。县政协领导刘俊章、王杰、白光棣、曲百荣及政协常委参加了会议。议题：汇报全会准备情况；讨论大会材料；增补委员。

**第十七次常务委员会议** 1986年7月7日在政协办公室召开。丁文哲主持会议。县政协领导刘俊章、王杰、白光棣、曲百荣及政协常委参加了会议。议题：学习有关文件；安排下半年工作。

**第十八次常务委员（扩大）会议** 1986年8月23日在政协办公室召开。丁文哲主持会议。副主席刘俊章、王杰、白光棣、曲百荣、李荣久及政协常委参加会议。议题：协商讨论市政协委员名单；研究讨论“七五”规划；各小组组长汇报工作。

**第十九次常务委员会议** 1986年10月18日在政协办公室召开。丁文哲主持会议。刘俊章、王杰、白光棣、曲百荣、李荣久及政协常委参加会议。议题：学习习仲勋在全国政协常委会议上的报告；听取和通过第三季度工作总结和第四季度工作补充和工作要点；协商讨论关于农村宅基地清理发证工作方案；李荣久介绍去厦门学习及参观情况。

**第二十次常务委员会议** 1986年12月29日～30日在政协办公室召开。丁文哲主持会议。刘俊章、李荣久、白光棣、曲百荣及政协常委参加会议。议题：学习省委书记讲话；讨论1986年工作总结和1987年工作要点；征求农村整党意见；汇报听取《我国经济体制改革的展望》报告的情况。

**第二十一次常务委员会议** 1987年4月11日～12日在政协办公室召开。丁文哲主持会议。刘俊章、王杰、白光棣、曲百荣、李荣久、卢宗明及政协常委参加会议。议题：讨论全会有关材料；研究第二届委员会人事问题。

## 政协清苑县第二届委员会
### （摘编）

**第二次常务委员会议** 1987年8月5日～6日召开。常务副主席张孝祯主持会议。学习《在宣传、理论、新闻、党校干部会议上讲话》；听取县政府关于上半年经济发展情况和下半年工作安排的通报；传达省政协召开的祖国统一工作会议精神；讨论通过政协上半年工作总结和下半年工作安排；讨论通过政协学习委员会、咨询服务委员会、提案工作委员会、文史资料征集委员会、祖国统一工作委员会的组成人员。

**第三次常务委员会议** 1987年12月3～4日召开。张孝祯主持会议。会议听取学习县委书记刘德忠传达中共十三次代表大会精神，重点研究讨论乡镇政协统战联络组、县直建政协工作组事宜。学习讨论中央对台工作领导小组关于做好台胞来祖国大陆探亲工作的意见。

**第六次常务委员会议** 1988年5月13日在政协办公室召开。张孝祯主持会议。议题：学习贯彻全国政协七届一次会议、省市政协六届一次会议精神，落实县委转发的政协清苑县委员会《关于政治协商、民主监督工作实施细则（试行）》和《政协委员提案工作实施细则（试行）》。强化职能意识，加强自身建设，广泛团结政协委员和各界人士，积极参政议政，更好地为改革、开放和两个文明建设服务，为社会主义民主政协建设和法制建设服务，为推动“一国两制”实施服务。

**第八次常务委员（扩大）会议** 1988年12月8日—10日召开。张孝祯主持会议。会议学习中共十三届三中全会报告传达学习了县委全会精神，并且进行讨论。

**第十四次常务委员会议** 1989年5月12日在政协办公室召开。张孝祯主持会议。议程：学习《人民日报》重要社论；会议学习政协主席李先念在全国政协七届二次会议闭幕式上的讲话和会议决议、省政协六届二次会议精神；张孝祯传达市政协六届九次常委会议精神；县政协副主席卢宗明传达省台联召开的第三次代表会议精神。

**第十五次常务委员（扩大）会议** 1989年6月27日在县政府会议室举行。张孝祯主持会议。学习中共十三届四中全会公报。张孝祯代表县政协讲《关于深入学习、认真贯彻邓小平同志重要讲话的意见》。

**第十六次常务委员会议** 1989年8月9日～10日在人大会议室举行。统战部、宣传部、侨办、农业局等有关单位的人员列席会议，张孝祯主持会议。会议的中心内容是认真学习中共十三届四次全会文件和邓小平讲话，传达讨论县委五届四次常委（扩大）会议精神和下半年工作要点。

**第十七次常务委员会议** 1989年10月23～24日召开。张孝祯、白光棣主持，议题：学习中共中央总书记江泽民在国庆40周年大会上的讲话；学习中共中央〔1989〕7号9号文件；县政府通报廉政建设情况。县科委介绍科技服务网络建设情况；传达贯彻市政协第十二次常委会精神；讨论通过了政协主席程瑞田的辞职报告。

**第十八次常务委员会议** 1989年12月13日召开。王杰主持会议。根据中共清苑县委的建议，一致通过张孝祯为政协清苑县第二届委员会主席；学习党的十三届五中全会文件；研究讨论人民政协学习贯彻五中全会精神的意见。

## 政协清苑县第三届委员会
## （摘编）

**第二次常务委员会议** 1990年4月3日在县委会议室召开。政协办、统战部、组织部的有关负责人列席会议，政协主席李荣久主持会议。议程：协商人大、“一府两院”领导候选人名单；讨论确定政协今后的工作任务及工作方法；讨论通过政协“一室四委”领导人员任命名单。

**第三次常务委员会议** 1990年7月19～20日在县委会议室召开。李荣久主持会议。县委副书记、县长程瑞田出席会议。政协机关、统战部的有关负责人列席会议，议题：学习省委关于落实中发〔1989〕14号文件的实施意见，县委《关于加强党同人民群众联系的几项规定》，省祖国统一工作座谈会的领导讲话；县政府通报上半年经济工作情况；总结县政协上半年的工作，安排部署下半年工作，通过有关规定。

**第四次常务委员会议** 1990年8月28日召开。李荣久主持会议，议程：副县长代表政府通报上半年主要工作完成情况；总结政协上半年的工作，研究下半年工作要点；增补委员。

**第五次常务委员会议** 1990年11月27日在政协办公室召开。李荣久主持会议。议题：学习国家主席杨尚昆会见《中国时报》记者时的谈话；讨论：政协如何围绕经济大合唱开展工作、政协如何在振兴教育事业中发挥作用、研究人大、政协联合组织视察的有关事宜；联络组工作情况通报；春节前工作安排。

**第六次常务委员会议** 1991年3月13日召开。李荣久主持会议，议程：通过三届二次全会议程、日程、常委会工作报告、提案工作报告、会议分组召集人名单等；研究增加部门新委员的有关事宜；通过李来保辞去县政协委员会委员、常务委员会委员的报告；各工作委员会工作安排；确定三届二次全会召开时间。

**第八次常务委员会议** 1992年1月16日在县委常委会议室召开。李荣久主持会议。议程：学习江泽民总书记在中共十三届八中全会上的讲话；学习中共清苑县委六届三次全会文件；研究讨论县政协1991年度工作总结和1992年度工作要点；讨论关于召开政协三届三次全会的有关事宜。

会议期间，县委书记张志文，县委副书记、

代理县长张兴堂到会讲话，县人大常委会副主任张建华出席会议。

**第九次常务委员会议** 1992年7月24日～25日在人大会议室召开。县委书记张志文、副书记杨国瑞、县人大常委会主任申春义到会看望与会常委并讲话，常务副县长陈宝升代表政府向与会常委通报上半年主要工作完成情况，会议由李荣久主持。议程：学习江泽民总书记在庆祝中国共产党成立七十周年大会上的讲话；传达省政协工作会议精神；通报政府半年来的工作情况；政协各专门委员会汇报工作，总结政协半年来的工作，研究下半年工作要点。

**第十二次常务委员会议** 1992年10月30日召开。政协各委员会负责人及县委统战部部长列席会议，李荣久主持会议。议程：学习、讨论中共十四大精神；研究换届工作有关事项；研究、通过政协机关人事任免。

**第十三次常务委员会议** 1992年12月25日召开。李荣久主持会议，议程：研究通过机关人事任免；研究确定第四届委员会委员；协商确定第四届委员会主席、副主席、常委人选；讨论通过四届一次会议议程、日程；研究确定四届一次会议主席团、秘书长；研究确定副秘书长；研究确定四届一次会议常务主席；研究确定四届一次会议每日执行主席；研究确定四届一次会议提案审查委员会主任、副主任、委员；研究确定四届一次会议讨论小组划分及召集人名单；讨论通过第三届常委会工作报告；讨论通过第三届委员会关于三届一次会议以来提案办理情况的报告；其他事项。

## 政协清苑县第四届委员会
## （摘编）

**第一次常务委员会议** 1993年1月4日在县招待所二楼会议室召开。政协主席张鹤亭主持会议，议题：研究确定人事任免及各委员会组成；明确主席分工；研究确定1993年工作要点。

**第二次常务委员会议** 1993年4月13日在县委常务会议室召开。张鹤亭主持会议。议题：传达学习保定市政协七届一次会议精神；学习全国政协八届一次会议精神。关于重新印发3个文件的说明：《政协清苑县委员会关于建立县直有关部门与政协各专门委员会对口协商制度的意见》《中共清苑县委关于进一步加强政协工作的规定》《关于政治协商、民主监督工作实施细则（试行）》及《政协委员提案工作实施细则（试行）》；县委副书记李同聚通报当前全县有关重点工作；张鹤亭讲工作意见。

**第三次常务委员（扩大）会议** 1993年8月11日在政府会议室召开。张鹤亭主持会议。县直委员、乡专职联络员、政协机关工作人员、市政协委员、统战部工商联人员列席。议题：县政府副县长段秀峰通报政府1993年上半年工作情况及下半年工作安排；县委副书记李同聚通报全县当前形势；副县长、省政协委员孙爱英传达省政协七届一次会议精神；确定通过县政协1993年上半年工作总结及下半年工作要点；张鹤亭讲工作意见。

**第四次常务委员会议** 1993年12月17日在人大会议室召开。张鹤亭主持会议。议题：研究关于学习《邓小平文选》第三卷的决定；研究机关人事任免事项；县政府通报政协委员提案办理情况和农业发展及减轻农民负担情况；视察县职中、综合市场、经济开发区情况。

**第五次常务委员会议** 1994年1月28日在县委常务会议室召开。张鹤亭主持会议。议题：通过政协四届二次全会的时间、日程、议程、报告；通过增选常委候选人名单；增加委员名单；通过四届一次会议以来提案办理情况的报告；通过执行主席、秘书长、副秘书长。

**第六次常务委员会议** 1994年5月12日在政协会议室召开。张鹤亭主持会议，议题：学习《政协章程》和全国政协主席李瑞环讲话；通报协商全县社会治安综合治理工作；通报研究政协《一九九四年工作要点》《政协委员参政议政意见》；人事变动。

**第七次常务委员（扩大）会议** 1994年7月28日在人大会议室召开。县直部分委员列席会议。张鹤亭主持会议。议题：听取并协商县政府上半年工作报告；通过政协上半年工作总结和下半年工作安排。

**第八次常务委员会议** 1994年11月10日在政协会议室召开。张鹤亭主持会议。议题：人事任免；县政府通报提案办理情况；听取并协商农村小康建设情况；视察化肥厂情况。

**第九次常务委员会议** 1995年1月19日在政协接待室召开。张鹤亭主持会议。议题：议定政协四届三次全会召开时间；研究确定四届三次全会议程、日程；研究确定四届三次全会秘书长、副秘书长、执行主席名单；通过常委会四届二次会议以来工作报告；通过提案委员会四届二次会议以来提案办理情况报告；有关人事变动事宜：增补委员、增补常委人选、取消委员资格；1995年工作要点。

**第十次常务委员会议** 1995年5月9日召开。张鹤亭主持会议。议题：听取并协商县政府领导关于1995年农业工作的思路及当前实施农业五大工程的进展情况；审议通过《常委守则》《常委会工作规划》《专委会制度》；审议通过向县委、县政府提交的两份建设案《关于连续巩固和发展我县养鸡业的建设案》《关于我县农业问题的建议案》；通过人事任免。

**第十一次常务委员会议** 1995年8月10日召开。张鹤亭主持会议。议题：通报政协上半年工作；政府常务副县长通报政协委员提案及两个建议案的办理情况；县委副书记通报我县小康建设工作进展情况并进行了协商讨论。

**第十二次常务委员会议** 1995年11月15日在县招待所二楼会议室召开。张鹤亭主持会议，会议议题：学习贯彻中共十四届五中全会和省五次党代会精神；听取并协商县政府关于1995年农业五大工程进展情况的通报。

**第十三次常务委员会议** 1996年2月5日召开。张孟乾主持会议。议题：讨论通过关于召开政协清苑县委员会四届四次全会的日期、议程和日程；审议政协第四届委员会常务委员会工作报告（草案）；审议政协第四届委员会提案委员会第三次全会议以来提案办理工作的报告（草案）；讨论表彰在两市活动中涌现出的先进委员及优秀提案个人、办案单位的决定；调整委员。

**第十四次常务委员会议** 1996年3月14日在县宾馆第二会议室召开。张鹤亭主持会议。议题：听取各组讨论政府三个报告情况报告；通过会议三个决议草案（政协工作报告，提案报告和政治决议）及宣读人。

**第十五次常务委员会议** 1996年5月9日召开。张鹤亭主持会议。议题：通报县中心工作情况；传达县“鱼水”工程实施意见；研究通过《县政协关于政治协商、民主监督、参政议政的决定》《县政协社情民意工作实施办法（试行)》。听取协商农业局、畜牧局关于1996年工作计划安排和当前工作运行情况。

**第十六次常务委员（扩大）会议** 1996年8月15日在政府南会议室召开。县长韩小平，县委副书记李同聚，政协副主席张孟乾、赵丛仁、刘志宏，政协党组副书记徐小国及政协常委参加会议。原离退政协主席、副主席、政协参加单位领导及县直部分政协委员列席会议。张鹤亭主持会议，县长韩小平、李同聚分别代表县委、县政府就1996年上半年的工作及下半年的任务、工作思路和全县的综合治理情况分别向全体与会人员作详细介绍和说明。张鹤亭代表常委会对县委、县政府通报的上半年工作表示肯定并总结上半年政协工作中取得的成绩和存在的问题，布置了下半年工作重点。通过人事任免。

**第二十二次常务委员会议** 1997年8月26日召开。胡景山主持会议。议题：协商增补政协副主席事宜；听取并协商形象建设情况；听取并协商“普九”工作情况。

**第二十三次常务委员会议** 1997年9月26日召开。张孟乾主持会议，赵丛仁、刘志宏、刘庆刚、闫营志、徐小国出席会议。议题：学习贯彻中国共产党第十五次全国代表大会会议精神。

**第二十四次常务委员会议** 1997年11月19日召开。胡景山主持会议，张孟乾、赵丛仁、刘志宏、刘庆刚、徐小国出席会议。会议听取县委、县政府落实协商提案工作的情况，研究政协内部人事任免事宜。

## 政协清苑县第五届委员会（摘编）

**第十六次常务委员会议** 2001年1月9日召开。胡景山主持会议，张孟乾、徐安梓、徐小国、闫营志及24名常委出席。议题：审议五届三次常委会工作报告；审议五届三次会议以来的提案工作情况的报告；审议五届四次会议议程；审议五届四次会议日程；审议通过秘书长、副秘书长建议名单；审议委员变动情况；审议五届四次会议常委增免建议名单。

**第二十五次常务委员会议** 2002年4月23日召开。胡景山主持会议，张孟乾、徐安梓、徐小国、闫营志、张焕玲及政协常委26人出席会议。副县长刘文钧通报本县招商引资及项目建设情况并进行了协商讨论。胡景山讲了5点意见。

**第二十六次常务委员会议** 2002年8月23日召开。胡景山主持会议，张孟乾、徐安梓、闫营志、张焕玲及政协常委21人出席。议题：听取协商招商引资工作情况的汇报，副县长郭海山到会通报情况。委员调整事宜。胡景山就进一步做好招商引资工作讲了意见。

**第二十七次常务委员会议** 2002年11月1日召开。胡景山主持会议，张孟乾、徐安梓、徐小国、闫营志及23名政协常委出席会议。县委常委、常务副县长丛国栋到会通报情况。会议对县委、县政府承办县政协五届五次会议以来委员提案的办理情况进行审议。会议听取丛国栋所做的《清苑县人民政府关于“22件大事”进展情况的报告》。通过增补委员。

**第二十八次常务委员会议** 2003年4月1日召开。胡景山主持会议，张孟乾、徐安梓、徐小国、闫营志、张焕玲及26名政协常委出席会议。议题：通过县政协五届常委会工作报告；通过县政协五届一次会议以来提案工作情况的报告；讨论通过县政协六届委员会委员名单；讨论通过县政协六届委员会常务委员建议、讨论通过县政协六届一次会议日程、议程及有关事宜。

## 政协清苑县第六届委员会

**第一次常务委员会议** 第一次常委会议2003年6月13日在清苑宾馆旧四楼会议室召开。政协主席丛国栋主持会议，胡景山、闫营志、张焕玲、税国芳、赵保平、陈克及政协常委参加会议。议题：审议通过常委会工作规则、常委守则、委员守则3个文件；审议通过政协班子自身建设的意见；安排部署本年度政协工作的意见。

**第二次常务委员会议** 2003年8月12日在清苑宾馆旧四楼会议室召开。丛国栋主持会议，胡景山、闫营志、张焕玲、税国芳、赵保平、陈克及政协常委参加会议。议题：听取协商县政府关于民营经济发展情况的汇报；研究通过清苑县人民政协理论研究会章程；推举清苑县第一届人民政协理论研究会会长、常务副会长、副会长、常务理事、理事；决定清苑县人民政协理论研究会秘书长、副秘书长；人事任免事宜。

**第三次常务委员会议** 2004年2月4日在清苑宾馆旧四楼会议室召开。闫营志主持会议，丛国栋、胡景山、张焕玲、税国芳、赵保平、陈克及政协常委参加会议。议题：研究确定六届二次会议日程、议程；通过常委会工作报告和提案办理情况的报告；研究确定大会执行主席、每日执行主席、大会主持人及报告人名单；通过大会秘书长建议名单；委员变动情况报告等。丛国栋就大会会风、纪律等提了要求和意见。

**第七次常务委员会议** 2004年7月2日在清苑宾馆旧四楼会议室召开。闫营志主持会议，丛国栋、胡景山、张焕玲、税国芳、赵保平、陈克及政协常委参加了会议。议题：听取协商文明生态村创建活动的报告、听取协商防汛工作开展情况的报告；人事任免事宜。会后丛国栋讲了意见。

**第八次常务委员会议** 2004年10月26日在清苑宾馆旧四楼会议室召开。丛国栋主持会议。政协副主席及政协常委出席会议。议题：听取县委、县政府督查室关于六届二次会议提案办理情况汇报；听取协商县政府十件实事进展情况的报告。

**第九次常务委员会议** 2005年2月1日在清苑宾馆旧四楼会议室召开。丛国栋主持会议。政协副主席及政协常委出席会议。组织部副部长列席。议题：通过人事任免提名；通过常委会工作报告和提案工作报告。

**第十二次常务委员会议** 2005年11月18日在清苑宾馆旧四楼会议室召开。从国栋主持会议。议题：听取两办督查室关于提案办理工作进度的汇报；听取协商县政府十件大事完成情况的报告；集体学习中央“十五”规划。

**第十三次常务委员会议** 2006年3月15日在清苑宾馆旧四楼会议室召开。从国栋主持会议。议题：研究确定六届四次会议日程、议程；通过常委会工作报告、提案工作报告；研究确定大会执行主席、每日执行主席等会议材料。

**第十五次常务委员会议** 2006年4月2日在清苑宾馆旧四楼会议室召开。从国栋主持会议。政协机关全体人员、各乡（镇）党委副书记、政协联络组长列席会议。议题：听取市政协学宣委田福生主任关于政协工作方面的讲座。

**第十六次常务委员会议** 2006年8月4日在清苑宾馆旧四楼会议室召开。从国栋主持会议。议题：听取协商县政府环保、水务、建设工作报告，提出意见和建议。

**第十七次常务委员会议** 2006年10月28日在清苑宾馆旧四楼会议室召开。闫营志主持会议。议题：听取两办督查室关于六届四次会议提案办理情况的汇报；听取协商县政府“民心工程”的落实情况的报告和通过关于为保稳定“学树保促”百日教育活动主题，致广大政协委员的公开信。从国栋主席讲话。

**第十八次常务委员会议** 2007年5月16日在宾馆旧四楼会议室召开，从国栋主持会议，宋静、闫营志、税国芳、范同山、苏秀义及政协常委出席会议。议题：讨论通过常委会工作报告、提案工作报告及七届一次全会的会议材料。

## 政协清苑县第七届委员会

**第一次常务委员会议** 2007年6月12日在宾馆旧四楼会议室召开。从国栋主持会议。议题：学习《政协章程》；学习县委书记石海林在县政协七届一次会议闭幕时的讲话；学习《中共保定市委关于加强人民政协工作的若干规定》；讨论通过政协清苑县第七届委员会常务委员会工作规则；讨论通过政协清苑县第七届委员会常务委员会组成人员守则；讨论通过政协清苑县第七届委员会委员守则；通报县政协2007年工作要点；通报县政协领导分工安排情况；政协主席宋静讲话。

**第二次常务委员（扩大）会议暨县政协委员环保治理专题座谈会** 2007年8月17日在宾馆旧四楼会议室召开。经营有色金属小冶炼、小塑料的部分委员部分乡镇联络组长（乡镇副书记）、相关委员14人和政协办工作人员列席了会议。闫营志主持会议。议题：环保局副局长李增福通报环保治理的情况；到会人员座谈；宋静讲话。

**第三次常务委员（扩大）会议** 2007年11月6日在清苑宾馆旧四楼会议室召开。政府副县长、县政府督查室主任参加。闫营志主持会议。议题：县政府督查室主任李文义汇报县政协七届一次会议以来提案办理情况；通报县政府2007年民心工程进展情况；学习中共十七大精神及十七届一中全会学习提纲；宋静主席讲话。

**第四次常务委员（扩大）会议** 2007年12月4日在宾馆旧四楼会议室召开。各乡镇联络组长、政协机关人员列席，丛国栋主持会议。议题：讨论学习县委《关于在全县党员干部中开展解放思想大讨论活动的实施方案》；宋静讲话。

**第五次常务委员（扩大）会议** 2008年3月25日在宾馆旧四楼会议室召开。30名政协常委出席会议，各乡镇副书记、政协办公室人员列席。宋静主持会议。议题：讨论通过县政协七届二次会议议程、日程；审议通过县政协第七届常务委员会工作报告；审议通过县政协第七届委员常务委员会关于政协七届一次会议以来提案工作情况的报告；讨论通过县政协七届二次会议每日执行主席及主持人建议名单、七届二次会议秘书长建议名单。

**第六次常务委员会议** 2008年3月27日在宾馆北二楼会议室召开。有宋静、丛国栋、闫营志、范同山、苏秀义、税国芳、赵永刚参加会议。宋静主持会议。议题：听取分组讨论情况汇报，通过常委会工作报告和提案工作报告的决议和政治决议。

**第七次常务委员（扩大）会议** 2008年4月25日在宾馆旧四楼会议室召开。各乡镇副书记和办公室工作人员列席。丛国栋主持会议。议题：讨论通过《政协清苑县委员会关于建立政协委员活动室的实施方案》；讨论通过《政协清苑县委员会关于建立政协委员活动室的实施方案加强委员队伍管理推行委员述职考核的意见》。讨论通过《政协清苑县委员会关于建立政协委员活动室的实施方案在全体政协委员中开“三个一”活动的意见》。讨论通过《政协清苑县委员会关于在政协委员中深入开展“献爱心、解民忧、促和谐”活动的意见》；通报《政协清苑县委员会2008年工作要点》；宋静主席讲话。

**第八次常务委员（扩大）会议** 2008年7月30日在宾馆旧四楼会议室召开。各乡镇主管副书记和办公室人员列席。宋静主持会议。议题：听取县政府2008年上半年经济运行情况的通报；通报2008年上半年政协工作，安排部署下半年工作。

**第九次常务委员会议** 2008年12月23日在宾馆旧四楼会议室召开。宋静主持会议。议题：县委统战部介绍委员调整情况；县委组织部介绍增选政协副主席，秘书长、常委人选；通过关于表彰2008年度政协工作先进集体和优秀政协委员的决定；讨论通过七届三次全会上的常委会工作报告和提案工作报告；讨论通过七届三次全会议程、日程；讨论通过每日执行主席及主持人名单；讨论通过七届三次秘书长建议名单。

**第十次常务委员会议** 2009年1月8日在宾馆北二楼会议室召开。宋静主持会议。议题：听取分组讨论情况汇报，通过常委会工作报告和提案工作报告的决议和政治决议。

**第十一次常务委员会议** 2009年3月10日在宾馆旧四要会议室召开。宋静、丛国栋、闫营志、税国芳、范同山、苏秀义、张同岳、杨浩出席会议；各乡镇副书记、县直活动小组长列席会议。宋静主持会议。议题：讨论通过政协清苑县委员会2009年工作要点；关于继续深入开展“两争两为”活动的实施意见；增补委员。

**第十二次常务委员（扩大）会议** 2009年8月6日在宾馆旧四楼会议室召开。宋静、税国芳、范同山、苏秀义、张同岳、杨浩及29名常委出席会议，各乡镇副书记列席。宋静主持会议。议题：由县政府督查室汇报政府关于县政协七届三次会议以来提案办理情况的报告；乡镇副书记汇报小组活动情况和“三个一”活动情况。

**第十三次常务委员（扩大）会议** 2009年11月5日在县宾馆旧四楼召开。宋静、丛国栋、闫营志、范同山、苏秀义、张同岳、杨浩参加会议。宋静主持会议。议题：听取并协商讨论县政府2009年以来经济运行情况的通报。

**第十四次常务委员（扩大）会议** 2010年1月21日在宾馆旧四楼会议室召开。19个乡镇（城区）副书记列席。宋静主持会议。议题：委员调整；研究先进集体和先进个人的决定；讨论通过常委会工作报告，提案工作报告以及全会其他材料。

**第十五次常务委员会议** 2010年2月25日在宾馆旧二楼会议室召开。宋静主持会议。议题：分组讨论情况汇报；通过3个决议。

**第十六次常务委员（扩大）会议** 2010年3月31日在宾馆旧四楼会议室召开。宋静、丛国栋、闫营志、税国芳、范同山、苏秀义、张同岳、杨浩及25名政协常委出席会议，各乡镇（城区）副书记及办公室工作人员列席。宋静主持会议。议题：学习县委书记在政协七届四次全会闭幕会上的讲话；讨论通过《政协清苑县委员会2010年工作要点》；通报七届四次政协会议提案立案情况；宋静主席讲了意见。

**第十七次常务委员（扩大）会议** 2010年7月1日在宾馆旧四楼会议室召开。乡镇（城区）副书记列席会议。宋静主持会议。议题：学习县委书记、县长在解放思想、优化环境大会上的讲话；讨论研究通过政协清苑县委员会关于在全县政协系统开展“解放思想，优化环境，大上项目、加快发展”大讨论活动的意见。

**第十八次常务委员会议** 2010年11月10日在县宾馆旧四楼会议室召开。各乡镇（城区）副书记列席。宋静主持会议。议题：听取县政府七届四次会议提案办理情况通报；听取协商全县经济运行情况报告。

**第十九次常务委员会议** 2011年1月19日在县宾馆旧四楼会议室召开。各乡镇（城区）副书记列席。宋静主持会议。议题：统战部通报政协七届委员会部分委员调整情况；讨论通过政协清苑县委员会关于表彰2010年度先进委员活动小组和优秀政协委员的决定；研究通过政协七届五次全会材料。

**第二十次常务委员会议** 2011年2月22日在宾馆旧二楼会议室召开。宋静、闫营志、税国芳、范同山、苏秀义、张同岳、杨浩出席会议。宋静主持会议。议题：听取分组讨论情况的汇报和通过大会3个决议。

**第二十一次常务委员会议** 2011年 4月20日在宾馆旧四楼会议室召开。闫营志、税国芳、范同山、苏秀义、张同岳、杨浩出席会议。宋静主持会议。议题：协商通过政协清苑县委员会2011年工作要点（草案）；通报2011年提案立案情况；学习中共中央总书记胡锦涛来保定考察时的讲话精神和县委书记李志刚在政协七届五次全会闭幕时的讲话。

**第二十二次常务委员（扩大）会议** 2011年9月16日在宾馆旧四楼会议室召开。各乡镇主管副书记列席会议。宋静主持会议。议题：县政府督查室通报县政府关于县政协七届五次会议以来委员提案办理情况；学习传达省委书记张庆黎在省委常委扩大会议上的讲话精神和县第十一次党代会精神。

**第二十三次常务委员会议** 2012年1月20日在宾馆旧四楼会议室召开。宋静、税国芳、范同山、苏秀义、李志芳出席会议。宋静主持会议。议题：统战部常务副部长马文伟介绍八届县政协委员组成情况；讨论通过八届一次会议材料。

## 政协清苑县第八届委员会

**第一次常务委员会议** 2012年2月23日在清苑宾馆旧四楼会议室召开。政协主席宋静主持会议，张同岳、税国芳、段树立、李志芳、杨浩及常委出席会议。议题：通报清苑县政协领导工作分工；协商通过《政协清苑县委员会2012年工作思路和工作要点（草案）》；学习县委书记李志刚在县政协八届一次会议闭幕时的讲话。

**第二次常务委员会议** 2012年6月19日在清苑宾馆旧四楼会议室召开。宋静主持会议，政协领导税国芳、段树立、李志芳、杨浩出席会议。议题：专题学习传达县委书记杨文堂在县委十一届三十次常委（扩大）会议上的讲话。

**第三次常委会议** 2012年10月7日在清苑宾馆旧四楼会议室召开。宋静主持会议。议题：政府办通报八届一次全会提案办理情况；协商讨论全县经济运行情况。

**第四次常委会议** 2012年12月12日在清苑宾馆旧四楼会议室召开。宋静主持会议，议题：学习中共十八大精神；协商通过《政协清苑县委员会关于学习宣传中国共产党第十八次全国代表大会精神的意见》。

**第五次常委会议** 2013年3月13日在清苑宾馆新四楼第五会议室召开。宋静主持会议，张同岳、税国芳、段树立、李志芳、杨浩出席会议。邀请县委统战部马文伟到会通报情况。议题：通过调整政协第八届委员会部分委员的意见；通过关于表彰先进委员活动小组和优秀政协委员的决定；研究通过八届二次全会筹备情况；通报县政协机关拟增设内部机构的情况。

**第六次常委会议** 2013年3月18日在清苑宾馆旧四楼会议室召开。宋静主持会议，张同岳、税国芳、段树立、李志芳、杨浩出席会议，各讨论小组召集人和乡镇（城区）党委副书记列席会议，议题：汇报分组讨论情况；审议全会各项决议。

**第七次常委会议** 2013年3月29日在清苑宾馆新四楼第五会议室召开。宋静主持会议，张同岳、税国芳、段树立、杨浩出席会议，邀请县委统战部马文伟到会通报情况。议题：讨论通过市政协委员名单；讨论通过政协2013年工作思路和工作要点。

**第八次常委会议** 2013年10月23日在清苑宾馆新四楼第五会议室召开。宋静主持会议，张同岳、税国芳、杨浩出席会议。议题：听取政府督查室关于政协八届二次会议提案办理情况的报告；听取并协商讨论全县2013年1～3季度经济运行情况通报。

**第九次常委会议** 2013年11月19日在清苑宾馆新四楼第五会议室召开。宋静主持会议，张同岳、税国芳、段树立、李志芳、杨浩出席会议。议题：组织学习党的十八届三中全会精神；通过政协办公室及专委会主任、副主任等人事事项。

**第十次常委会议** 2014年2月12日在清苑宾馆新四楼第五会议室召开。宋静主持会议，税国芳、段树立、李志芳、杨浩出席会议。议题：协商通过调整政协第八届委员会部分委员的意见；通过关于表彰先进委员活动小组和优秀政协委员的决定；研究通过八届二次全会筹备情况。

**第十一次常委会议** 2014年2月18日在清苑宾馆旧四楼会议室召开。宋静主持会议，张同岳、税国芳、段树立、李志芳、杨浩出席会议。议题：听取各小组讨论情况；审议通过选举办法、监票人、总监票人建议名单；协商县检察院检察长人选；审议通过各项决议。

**第十二次常委会议** 2014年4月9日在清苑宾馆新四楼第五会议室召开。宋静主持会议，张同岳、段树立、李志芳、张琳、杨浩出席会议。议题：通报委员提案立案情况；协商通过《政协清苑县委员会2014年工作要点（草案）》。

**第十三次常委会议** 2014年11月21日在清苑宾馆旧四楼会议室召开。宋静主持会议，张同岳、李志芳、张琳、杨浩出席会议。议题：听取县政府关于八届三次全会委员提案办理情况的报告；听取并协商讨论县经济开发区项目建设情况；协商通过《政协反映社情民意工作实施细则》；协商通过《政协关于在全县倡导喜事新办、丧事俭办的建议案》。

**第十四次常委会议** 2015年4月3日在清苑宾馆旧四楼会议室召开。宋静主持会议，县政协领导张同岳、税国芳、段树立、李志芳、张琳、杨浩及政协常委参加会议。邀请县组织部到会介绍调整政协第八届委员会部分委员的意见；通过关于表彰先进委员活动小组和优秀政协委员的决定；研究通过八届四次全会筹备情况。

**第十五次常委会议** 2015年4月9日在清苑宾馆旧四楼会议室召开。宋静主持会议，张同岳、税国芳、段树立、李志芳、张琳、杨浩出席会议。邀请组织部介绍清苑县人民政府县长人选；听取各小组讨论情况；审议通过选举办法、监票人、总监票人建议名单；审议通过各项决议。

**第十六次常委会议** 2015年5月8日在清苑宾馆旧四楼会议室召开。政协主席王振起主持会议，张同岳、段树立、李志芳、张琳、杨浩出席会议。议题：协商通过县政协2015年工作思路和工作要点；通报提案立案情况；通报主席分工；理论学习。

## 第三节 主席会议及办公会议

主席会议是政协实施工作领导的重要组织形式。根据《政协章程》规定，主席会议由主席、副主席和秘书长组成，一般每月举行一次，由政协主席主持或主席委托副主席主持，如遇重大事项需主席办公会进行研究，根据需要随时召开。至2015年5月，据不完全统计，共召开主席办公会议约300余次，摘编如下：

【1983年4月5日】政协主席张润仁主持，刘俊章、王洪秀、白光棣、王杰、徐振峰出席，关洪立列席。议题：研究政协常委（扩大）会议的内容、形式和会议时间安排；、研究政协1983年工作安排意见；研究政协各项制度的安排意见；讨论《关于切实搞好工作组活动的意见》；明确公布新补充的工作组长。

【1983年5月3日】张润仁主持，刘俊章、王洪秀、白光棣、徐振峰出席。议题：学习文件；研究5月份工作；汇报4月份工作；张润仁讲意见。

【1983年11月3日】政协副主席刘俊章主持，王洪秀、白光棣、王杰、徐振峰出席。议题：关于召开政协第三次常委（扩大）会议的事项。

【1983年12月18日】刘俊章主持，丁文哲、王洪秀、白光棣、王杰、曲百荣、卢宗明、杨怀珍出席。议题：学习政协章程，讨论县委工作安排；讨论1983年县政协工作总结；学习有关文件：省委第一书记高扬讲话，省政协主席尹哲讲话，省政协副主席徐瑞林讲话；研究调整工作组和提案、学习、文史资料委员会是否设置的问题；研究主席工作分工和机关制度；研究解决增人、用车、住房问题。

【1984年1月16日】政协主席丁文哲主持，刘俊章、白光棣、王杰、曲百荣、杨怀珍出席。议题：工作组工作安排；通过各种制度。

【1984年3月8日】丁文哲主持，刘俊章、白光棣、王杰、曲百荣、卢宗明、杨怀珍出席，关洪立列席。议题：研究召开一届六次常委会议议程、时间；研究主席、统战部负责同志下乡组织委员和各界人士学习1号文件的材料。

【1984年4月5日】丁文哲主持，刘俊章、白光棣、王杰、卢宗明、杨怀珍出席。关洪立列席。议题：总结第一季度工作，安排第二季度工作；准备召开二次全委会。

【1984年5月12日】丁文哲主持，刘俊章、白光棣、王杰、曲百荣、卢宗明出席，关洪立列席。议题：研究决定第六次常委会和一届二次全委会的有关内容和注意事项。

【1984年5月21日】丁文哲主持，白光棣、王杰、刘俊章、曲百荣参加。关洪立列席。议题：研究总结报告；研究阶段工作。

【1984年6月27日】丁文哲主持，刘俊章、白光棣、王杰、曲百荣、关洪立出席。王清凯、郑汉青、范同山列席。议题：研究七次常委会议题；讨论第二季度工作总结，第三季度工作安排；讨论研究如何发展商品生产；制定主席、副主席岗位责任制试行草案；汇报上半年干部出勤情况；确定重点联系市、县；传达地区各界人士为“四化”服务经验交流会会议材料。

【1984年8月2日】丁文哲主持，刘俊章、白光棣、王杰、曲百荣、卢宗明、杨怀珍、徐振峰出席。郑汉青列席。议题：学习文件；汇报七月份工作；研究关于干部岗位责任制问题；关于订合同事宜；机关商品生产问题。

【1984年9月4日】丁文哲主持，刘俊章、白光棣、王杰、曲百荣、卢宗明、徐振峰出席。王清凯列席。议题：学习《在调查研究的基础上开展政治协商活动的几点体会》和《臧振国同志在县委书记会议上的讲话》；四化经验交流会上的问题；国庆座谈会；搞好文明村建设试点的问题；参观事宜。

【1984年9月26日】丁文哲主持，刘俊章、白光棣、王杰、曲百荣、卢宗明、杨怀珍出席。议题：传达定兴县政协现场会精神；讨论通过发展商品生产的决定；讨论第三季度工作总结；讨论通过第四季度工作安排；讨论调整工作组的事宜；其他事宜：一是通过常委会议程。二是成立养殖、种植专业领导小组。

【1984年10月26日】丁文哲主持，刘俊章、白光棣、王杰、曲百荣、徐振峰出席。王清凯、郑汉青、范同山、张新海列席。议题：关于下乡搞调查的问题。

【1984年12月1日】丁文哲主持，王杰、曲百荣、卢宗明、徐振峰出席。范同山、张新海、王久彦列席。议题：研究下月工作。

【1984年12月19日】王杰主持，刘俊章、白光棣、曲百荣、卢宗明、徐振峰出席。王清凯、范同山、王久彦、张新海列席。议题：研究1984年工作总结；讨论1985年工作意见。

【1984年12月28日】丁文哲主持，刘俊章、白光棣、王杰、曲百荣出席。王清凯、郑汉青、范同山列席。议题：常委会的事宜；议论调查题目；车辆花费和管理办法。

【1985年1月7日】丁文哲主持，刘俊章、白光棣、王杰、曲百荣、卢宗明出席。王清凯、郑汉青、范同山列席。议题：修改1984年工作总结、1985年工作要点、1985年一季度工作安排和关于学习决定的决议；春节前的工作安排。

【1985年2月4日】丁文哲主持，刘俊章、白光棣、王杰、曲百荣、卢宗明出席。王清凯、范同山列席。议题：调整委员；讨论全委会材料；春节休假安排。

【1985年2月28日】丁文哲主持，刘俊章、白光棣、王杰、曲百荣、徐振峰出席。王清凯、郑汉青、范同山、张新海、王久彦列席。议题：学习中央统战部关于政协党组与统战部关系的规定；学习《人民政协报》；其他工作。

【1985年3月13日】丁文哲主持，刘俊章、白光棣、王杰、曲百荣、徐振峰出席。王清凯、郑汉青、范同山、张新海、王久彦列席。议题：讨论全委会几个材料；通过调整委员的事项。

【1985年3月27日】丁文哲主持，刘俊章、王杰、曲百荣、徐振峰出席。范同山、王久彦列席。议题：调整补充工作组事宜；调整补充委员会、两个专业小组事宜。

【1985年3月31日】丁文哲主持，刘俊章、王杰、曲百荣、徐振峰出席。范同山、王久彦列席。议题：讨论关于商品经济发展试点村调研的有关问题；讨论全会有关事宜；贯彻落实地委统战部会议精神。

【1985年4月10日】丁文哲主持，王杰、曲百荣、卢宗明、徐振峰出席。王清凯、郑汉青、范同山、张新海、王久彦列席。议题：听取会议准备情况汇报；会前组织部分常委、委员对部分乡镇企业参观视察。

【1985年4月22日】丁文哲主持，王杰、曲百荣、刘俊章。王清凯、王久彦列席。议题：安排部署三次全会以后的工作；学习省政协1984年工作总结和1985年工作要点；委员活动

组为商品生产搞好咨询服务。

【1985年6月10日】丁文哲主持，王杰、曲百荣、卢宗明、徐振峰出席。王清凯、郑汉青、范同山、张新海、王久彦列席。议题：汇报一届三次会议以来的工作；汇报咨询服务情况；研究用车管理办法；组织部分委员去北京参观科技市场问题；下次常委会议题；研究侨联公司问题。

【1985年8月12日】丁文哲主持，白光棣、王杰、曲百荣、徐振峰出席。王清凯、郑汉青、范同山、张新海、王久彦列席。议题：汇报整党情况；汇报政协工作情况；侨联公司情况简单汇报；孟宪昌申请辞职问题。

【1985年9月13日】丁文哲主持，白光棣、王杰、曲百荣、卢宗明、徐振峰出席。王清凯、郑汉青、范同山列席。议题：汇报8月份工作情况；研究9月份工作；讨论整改意见；其他事项。

【1985年9月28日】丁文哲主持，白光棣、王杰、曲百荣、卢宗明、徐振峰出席。王清凯、范同山列席。议题：研究常委会上的几个材料和出席省各界人士经验交流会的材料；国庆节放假及其他事宜。

【1985年11月9日】丁文哲主持，白光棣、王杰、曲百荣、卢宗明、徐振峰出席。王久彦列席。议题：介绍在围场参观情况；徐水现场会议精神。今冬明春的工作安排；根据省政协指示进行抽查；其他事项。

【1985年12月18日】丁文哲主持，刘俊章、白光棣、王杰、曲百荣、卢宗明出席。议题：传达贯彻省政协会议精神。

【1986年1月7日】丁文哲主持，刘俊章、白光棣、王杰、曲百荣、卢宗明、徐振峰出席。范同山、王久彦列席。议题：讨论1985年工作总结和1986年工作安排；研究常委会事宜。

【1986年2月15日】丁文哲主持，刘俊章、白光棣、王杰、曲百荣、卢宗明、徐振峰出席。王清凯、范同山、王久彦列席。议题：传达县委常委会议精神；增补政协委员；各区委员学习、各工作组计划；组织纪律问题；咨询服务会议、通报侨联公司情况。

【1986年4月1日】丁文哲主持，刘俊章、白光棣、王杰、曲百荣、卢宗明、徐振峰出席。王清凯、郑汉青、王久彦列席。议题：针对中央6号文件和地委统战会议的安排进行讨论。

【1986年4月17日】丁文哲主持，刘俊章、白光棣、王杰、曲百荣、卢宗明、徐振峰出席。王清凯、郑汉青、范同山、王久彦列席。议题：研究召开常委会事宜。

【1986年5月16日】丁文哲主持，刘俊章、白光棣、王杰、曲百荣、李荣久、徐振峰出席。郑汉青、范同山、王久彦、张新海列席。议题：研究全委会上的工作报告；全委会的准备情况。

【1986年6月7日】丁文哲主持，刘俊章、王杰、曲百荣、卢宗明、李荣久、徐振峰出席。王清凯、范同山、王久彦列席。议题：传达市政协常委会议精神。

【1986年6月30日】丁文哲主持，刘俊章、白光棣、王杰、曲百荣、徐振峰出席。王清凯、郑汉青、范同山列席。议题：研究今后工作的改进意见。

【1986年7月21日】丁文哲主持，刘俊章、李荣久、曲百荣、卢宗明出席。郑汉青、范同山、王久彦列席。议题：讨论提供市政协委员名单；讨论机关干部岗位责任制。

【1986年8月7日】丁文哲主持，刘俊章、白光棣、王杰、李荣久、卢宗明出席。郑汉青、范同山、王久彦列席。议题：增补市政协常委；汇报7月份工作、布置8月工作；汇报市政协咨询服务会情况；调整委员。

【1986年10月11日】丁文哲主持，刘俊章、白光棣、王杰、曲百荣、李荣久、卢宗明、徐振峰出席。王清凯、王久彦列席。议题：通过第三季度工作总结、第四季度工作安排；人事问题；常委会议议程、召开时间；主席分工、休假问题。

【1987年3月31日】丁文哲主持，刘俊章、白光棣、王杰、曲百荣、卢宗明、徐振峰出席。王清凯、胡建强列席。议题：研究换届会议资料。

【1987年5月26日】常务副主席张孝祯主持，王杰、刘俊章、白光棣、张鹤亭、刘庆刚、卢宗明、徐振峰出席，王清凯、郑汉卿列席。议题：通报市、县统战工作全面会议的内容；市政协关于农业、教育方面的专题调查通知；研究并通过学习小组的划分。

【1987年7月24日】张孝祯主持，王杰、刘俊章、白光棣、张鹤亭、刘庆刚、卢宗明、徐振峰出席，王清凯列席。议题：讨论关于加强政协工作的意见；传达了省祖统会议情况和市政协文史资料会议精神；王清凯介绍咨询服务情况、汇报7月委员学习情况、农业后劲专题调查、上半年工作总结和下半年工作安排调研；常委会时间和内容；商议咨询服务、学委会、祖统会、提案委、文史资料5个委员会组成。

【1987年10月19日】张孝祯主持，王杰、刘俊章、张鹤亭、刘庆刚、卢宗明、徐振峰出席，王清凯、马改荣、胡建强、王久彦、张来宾列席。议题：关于乡镇成立工作组，联络组问题；关于研究各界人士表彰会问题；台属侨眷座谈会；接待博野政协来传经送宝。

【1987年11月29日】张孝祯主持，张鹤亭、刘庆刚、刘俊章、白光棣、王杰、徐振峰出席，王清凯、郑汉青、王久彦列席。议题：确定市人大换届会，市政协表彰会参加人员和县人大常委会列席人员；研究贯彻全国地方政协工作会议情况、政协工作组活动典型材料和两年来政协工作总结3个材料；筹备召开常委会时间和议题；研究建立工作组联络组事宜。

【1987年12月4日】张孝祯主持，王杰、刘俊章、白光棣、张鹤亭、徐振峰出席，王志奇、郑汉青、王清凯、马改荣、王久彦列席。议题：研究工作组建立事宜；确定当前主要学习内容十三大文件。

【1988年1月28日】张孝祯主持，王杰、刘俊章、白光棣、张鹤亭、卢宗明、刘庆刚出席，王清凯、胡建强、王久彦列席。议题：研究二届二次全委会议工作报告；二届二次全委会有关事宜；常委会和茶话会有关事宜；慰问部分政协委员。

【1988年2月10日】张孝祯主持，王杰、刘俊章、卢宗明、刘庆刚、白光棣、张鹤亭出席，王清凯、郑汉青、胡建强、王久彦列席。议题：研究二届二次全委会事宜。

【1988年2月23日】张孝祯主持，王杰、刘俊章、白光棣出席，王清凯、郑汉青、胡建强、王久彦列席。议题：关于二届二次全会事宜；全会前召开常委会安排。

【1988年3月28日】张孝祯主持，王杰、刘俊章、刘庆刚、卢宗明、张鹤亭出席，王清凯、王久彦列席。议题：介绍市政协换届会议情况；学习市政协关于协商监督实施细则；下

次常委会议题；政协、统战部培训事宜。

【1988年5月12日】张孝祯主持。王杰、刘俊章、刘庆刚、卢宗明、白光棣、张鹤亭出席，王清凯、王久彦列席。议题：研究5月13日常委会事宜；研究《政治协商、民主监督”实施细则（试）（草案）》；研究《政协提案工作实施细则（草案）》；关于当前几项工作安排意见；学习传达全国政协七届一次、省政协六届一次、市政协六届一次会议精神。

【1988年8月30日】张孝祯主持。王杰、白光棣、刘俊章、刘庆刚、张鹤亭出席，王清凯、郑汉青、王久彦、范同山列席。议题：汇报山东经验；汇报乡镇企业调查提纲；如何参与经济大合唱；委员视察问题；其他事宜。

【1988年10月17日】张孝祯主持，刘俊章、白光棣出席，王清凯、张来宾、范同山、王志奇列席。议题：传达市委市政协统战部，将要召开的“各界人士为振兴中华统一祖国表彰会”精神，要广泛宣传这次会议的重要意义，搞好评选工作，初步确定先进优秀委员人选。

【1988年11月3日】张孝祯主持，刘俊章、王杰、白光棣、刘庆刚、卢宗明出席，王清凯、郑汉青、王久彦、范同山、胡建强列席。议题：学习中共十三届三中全会的报告；介绍省政协培训班情况；文史资料进展情况；工作组和委员会设置情况；出差补助问题。

【1988年12月3日】张孝祯主持，张鹤亭、王杰、刘俊章、白光棣、刘庆刚、卢宗明出席，王清凯、郑汉青、胡建强列席。议程：通过第八次常委会上的政治决议；通过张孝祯在第八次常委会上的意见；学习全国政协1989年工作要点。

【1989年1月16日】张孝祯主持，王杰、刘俊章、白光棣、刘庆刚出席，王清凯、郑汉青、王久彦列席。议题：讨论通过1989年工作要点；商定慰问名单。

【1989年2月16日】张孝祯主持，王杰、白光棣、刘庆刚、卢宗明出席，王志祺、王清凯、郑汉青、胡建强列席。议题：研究1989年度全会工作问题；学习政协全国委员会制定的政治协商、民主监督的暂行规定。

【1989年3月18日】政协主席张孝祯主持，王杰、刘俊章、白光棣、卢宗明、刘庆刚出席，王清凯、郑汉青、胡建强、冯新春、王志祺、王久彦列席。议程：研究三次全委会上常委会工作报告；全委会议程；主席全会分工；常委会召开时间。

【1989年3月22日】张孝祯主持，张鹤亭、王杰、白光棣、刘俊章、刘庆刚、卢宗明出席，王清凯列席。会议议程：各位主席在全会上分工；研究大会日程、议程。

【1989年5月6日】张孝祯主持，王杰、白光棣、卢宗明、刘庆刚、张鹤亭、刘俊章出席。议程：遵照县委指示，学习《人民日报》评论员文章；传达学习市政协常委会精神和省政协会议情况；研究召开常委会事宜；对当前工作的几点意见。

【1989年6月3日】张孝祯主持，王杰、刘俊章、白光棣、刘庆刚、卢宗明出席，王清凯、胡建强、张新海列席。议题：学习讨论当前有关形势问题的讲话；研究提案交办等事宜；讨论政协撤组并委等事宜。

【1989年6月23日】张孝祯主持，王杰、刘俊章、白光棣、刘庆刚、卢宗明出席，王清凯、郑汉青、胡建强、马改荣列席。议题：讨论通过常委会材料；学习邓小平讲话。

【1989年7月14日】张孝祯主持，王杰、

白光棣、刘俊章出席，王清凯、胡建强、张新海、冯新春列席。议题：研究上半年工作总结及下半年工作要点；讨论布置工作，研究召开常委会的有关事宜。

【1989年7月21日】张孝祯主持，王杰、刘俊章、白光棣出席，郑汉青、胡建强、张来宾、冯新春列席。议题：研究讨论第十六次常委会有关议题。

【1989年7月21日】张孝祯主持，王杰、刘俊章、白光棣、刘庆刚出席，王清凯、郑汉青、胡建强、冯新春列席。议题：讨论《纪要》；关于上半年工作总结；确定下次常委会时间、议题。

【1989年9月22日】张孝祯主持，刘俊章、刘庆刚、白光棣、卢宗明、王杰出席，王清凯、郑汉青、胡建强、马改荣、王新玺、冯新春、张新海列席。议题：通过两个材料；汇报提案办理情况；汇报文史资料工作；通报县长办公会情况；研究常委会议日程和国庆茶话会两项工作；学习报告的处理情况、通报侨联公司的情况；廉政建设情况；汇报科技服务网络建设情况。

【1989年11月18日】张孝祯主持，刘俊章、白光棣、刘庆刚、卢宗明出席，胡建强、张新海列席。议题：张孝祯传达参加市人大选举会议文件；研究决定副主席王杰参加省祖统会。

【1989年11月23日】张孝祯主持，刘俊章、白光棣、王杰、卢宗明、刘庆刚出席。议题：张孝祯传达市委11月20日政协工作会议精神，传达市委书记韩立成在会议上的讲话，市委关于加强政协工作的决定。

【1989年11月30日】张孝祯主持，王杰、刘俊章、白光棣出席，王清凯、郑汉青、胡建强列席。议题：研究召开党外人士学习十三届五中全会精神座谈会，汇报会议召开参加人员、时间、指导思想；传达省委三届八次扩大会议精神，参加人员谈体会；政协换届基本情况。

【1989年12月11日】张孝祯主持，王杰、刘俊章、白光棣、刘庆刚、卢宗明出席，王清凯、王志祺、郑汉清、张新海列席。议题：党外人士会议议程：学习中央五中全会精神和江泽民讲话；副主席王杰传达省政协联谊工作经验交流会议精神。

【1989年12月25日】张孝祯主持，王杰、刘俊章、白光棣、张鹤亭、卢宗明、刘庆刚、出席，王清凯、郑汉青、胡建强、王庆国、张瑞福、王志奇、张来宾列席。议题：张孝祯传达省政协经验交流工作会议精神；关于政协换届以及内部委室机构设置的法规通报；春节前的几项工作。

【1990年1月14日】李荣久主持，张孝祯、张孟乾、白光棣、吴志杰、霍宗华、卢宗明、刘庆刚出席。议题：1990年工作总结，1991年工作设想；元旦春节期间慰问安排；迎新春茶话会。

【1990年3月15日】张孝祯主持，王杰、刘俊章、刘庆刚、白光棣、卢宗明出席，王清凯、胡建强、张俊峰、张来宾、王志祺列席。议题：审议三届一次会议材料；通报委员考察情况；确定二十次常委会日期。

【1990年3月29日】张孝祯主持，刘庆刚、刘俊章、卢宗明、白光棣、王杰、白光棣、卢宗明出席，王清凯、郑汉青、胡建强、王永、王志祺、张来宾、张俊峰、王庆国、马改荣列席。议题：全会资料准备情况；会务准备情况；宣传组汇报情况；有关人事变动问题。

【1990年4月19日】政协主席李荣久主持，霍宗华、吴志杰、白光棣、刘庆刚、卢宗明出席，王清凯、王庆国、郑汉青、张俊峰列席。议题：主席工作分工；各委员会汇报工作安排；讨论县委开门整风征求意见书；主席列席会议分工。

【1990年5月31日】李荣久主持，吴志杰、霍宗华、卢宗明、刘庆刚出席，李来保、王清凯、胡建强、贾松林列席。议题：委员持证视察的规定；4个委员会中经济科技委员会的工作情况；有关政协联络组的情况；县委常委会的情况通报；确定三次常委会事宜。

【1990年6月30日】：李荣久主持，霍宗华、吴志杰、白光棣、卢宗明、刘庆刚出席，张来宾、王清凯、冯瑞福、郑汉青、胡建强、贾松林列席。议题：第三次常委会议题。

【1990年8月25日】李荣久主持，吴志杰、刘庆刚、白光棣、霍宗华、卢宗明出席，冯瑞福、胡建强列席。议题：人事问题；联络组培训问题。

【1990年9月11日】李荣久主持，吴志杰、刘庆刚、白光棣出席，马改荣、王清凯、胡建强、王庆国、张俊峰列席。议题：关于推广实验固氮菌肥；市政协、市委统战部十年工作回顾展；联络组活动事宜；围绕县委办实事的视察；主席分工问题；文史资料费用问题。

【1990年11月13日】李荣久主持，张孟乾、霍宗华、吴志杰、白光棣、刘庆刚参加，王清凯、胡建强、郑汉青、张来宾、贾松林、张俊峰列席。议题：围绕县委经济大合唱制定措施；教育动员大会后的反映；对八五计划进行讨论；视察问题；讨论常委会的时间、议题。

【1991年2月26日】李荣久主持，张孟乾、霍宗华、吴志杰、白光棣、刘庆刚出席，王清凯、胡建强、郑汉青、张来宾、贾松林列席。议题：目前的主要工作；市政协视察事宜，组织省、市政协委员大规模视察；唐河改造工程；组织视察事宜。

【1991年3月24日】李荣久主持，刘庆刚、吴志杰、霍宗华出席，王清凯、王庆国、张俊峰、郑汉青、沈贺书、贾松林、张来宾列席。议题：全会议程日程；两个报告；其他事宜；第二天常委会议题，原议题当中增加列席人员情况的说明。

【1991年4月30日】李荣久主持，刘庆刚、吴志杰、霍宗华出席，王清凯、王庆国、张俊峰、郑汉青、沈贺书、贾松林、张来宾列席。议题：传达省政协会议精神。

【1991年5月25日】李荣久主持，吴志杰、霍宗华、张孟乾、刘庆刚出席，王清凯、王庆国、张俊峰、贾松林列席。议题：研究市政协学术研讨会的有关事宜；对口协调会的召开；提案交办会；视察问题；省政协会议与县相关的几件事情通报；联络组活动问题；专职干部配备问题。

【1991年6月5日】李荣久主持，白光棣、吴志杰出席，列席：郑汉青、王永、张俊峰、王庆国、王清凯、贾松林。议题：通报赴衡水视察乡镇企业学习衡水的乡镇企业经验情况。

【1991年6月25日】李荣久主持，吴志杰、白光棣、张孟乾出席，王清凯、张俊峰、王庆国列席。议题：近期工作通报；通报常委会情况。

【1991年7月18日】李荣久主持，霍宗华、白光棣、刘庆刚、吴志杰出席，列席：王清凯、王永、张俊峰、冯瑞福。议题：省政协工作会议精神；第七次常委会时间、内容；上半

年工作小结。

【1992年5月8日】李荣久主持，全体主席及一室四委全体人员。内容：财税扶植企业视察；社教视察；综合治理视察；农业视察；各委员会对口协商问题；办企业问题；看望新任命的3个联络组长；计划生育问题。

【1993年2月26日】政协主席张鹤亭主持，张孟乾、赵丛仁、刘庆刚、苑进祥、刘志宏出席，张彦武、王清凯、胡建强、贾松林、邢大禹、李炳芝列席。议题：通报研究1993年工作要点；各委员会通报1993年工作安排；研究县直政协委员统战联络组情况；4月上旬召开第二次常委会及调研议题。

【1993年5月5日】张鹤亭主持，张孟乾、苑进祥、刘庆刚、赵丛仁出席，张彦武、张俊峰、贾松林、邢大禹、李炳芝。议题：海联会的建立；研究委员联系制度；搞一次电视系列报道，宣传委员典型整合；5月份搞一次乡镇企业视察。

【1993年6月10日】张鹤亭主持，赵丛仁、张孟乾、刘志宏、刘庆刚出席，张彦武、吕立兴、郑汉青、邢大禹、李炳芝、王清凯、胡建强、徐小国、贾松林列席。议题：讨论三次常委会事宜；文化委员会关于第三辑文史资料出版情况和纪念毛泽东诞辰100周年书画展事宜；汇报“政协委员风采录”情况；主席们对政协工作发表意见；机关建设。

【1993年8月9日】张鹤亭主持，赵丛仁、刘庆刚、刘志宏出席，邢大禹、王清凯、胡建强、贾松林、张彦武列席。议题：讨论通过常委会（四届三次）事宜；汇报1993年上半年工作；讨论下半年工作要点；通过张鹤亭在四届三次常委会上的讲话。

【1993年10月13日】张鹤亭主持，张孟乾、赵丛仁、刘庆刚出席，王清凯、胡建强、李炳芝、邢大禹、贾松林、张彦武列席。议题：研究走访委员事宜，同时搞一次社会调查、反腐倡廉、群众热点问题、建议、批评意见。

【1993年11月24日】张鹤亭主持，张孟乾、刘志宏、赵丛仁、苑进祥出席，王清凯、胡建强、贾松林、刘桂全、张彦武列席。议题：年前工作；四届四次常委会内容。

【1994年1月21日】张鹤亭主持，张孟乾、苑进祥、刘志宏、刘庆刚、赵丛仁出席，一室四委主任列席。议题：确定四届二次全会时间，酝酿增加委员名单，常委候选人；通过四届二次全会的有关文件。

【1994年3月29日】张鹤亭主持，张孟乾、赵丛仁、刘庆刚、苑进祥出席，王清凯、胡建强、李炳芝、贾松林、张彦武列席。议题：学习李瑞环在全国政协八届二次会议上的讲话和政协章程；讨论通过1994年工作要点；常委会时间、内容；制定委员在本单位活动措施。

【1994年6月28日】张鹤亭主持，张孟乾、赵丛仁、刘志宏、刘庆刚、苑进祥出席，张彦武、刘桂全、李炳芝、王喜玲、贾松林、张来宾、王新喜列席。议题：研究政协上半年工作总结和下半年工作任务；研究确定四届七次政协常委会召开时间及议程；听取提案委员会关于上半年提案工作情况汇报；研究《政协清苑县委员会关于号召全体政协委员积极投身农村小康建设的意见》；研究召开政协委员学习报告会问题等。

【1994年10月11日】张鹤亭主持，张孟乾、赵丛仁、刘庆刚、刘志宏、徐小国出席，张彦武、刘桂全、李炳芝、王喜玲、王新喜列席。议题：通报前期政协工作情况；研究视察

小康建设及走访委员有关事宜；研究确定四届八次政协常委会有关事宜。

【1995年1月17日】张鹤亭主持，张孟乾、赵丛仁、刘庆刚、刘志宏、徐小国出席，王清凯、李炳芝、王新喜、王喜玲、张来宾列席。议题：确定四届三次全会时间、确定四届九次常委会时间；研究全会几个报告。

【1995年10月19日】张鹤亭主持，张孟乾、刘庆刚出席，各委办主任列席。议题：确定下属常委会有关事项；协商确定视察和论证会；通报安国学习、宣传会议精神；通报近期工作。

【1996年2月2日】张鹤亭主持，张孟乾、赵丛仁、刘志宏、刘庆刚出席，张彦武、刘桂泉、李炳芝、贾松林、王喜玲、王新喜、吕立兴列席。议题：四届十三次常委会时间定为2月5日，议题为研究全会事宜；准备全会事项。

【1996年4月26日】张鹤亭主持，张孟乾、赵丛仁、刘志宏、刘庆刚、徐小国出席，张彦武、各室委主任、赵永刚列席。议题：通报科技调查、政治协商、民主监督、参政议政的规定、社情民意工作实施办法、港澳台形势报告会、书画展方面的工作；确定四届十五次常委会议时间、议程；研究并原则通过《县政协关于政治协商、民主监督、参政议政的决定》以及《县政协民意工作实施办法（试行）》修改后提交常委会；研究科技工作调查报告。

【1996年7月31日】张鹤亭主持，赵丛仁、张孟乾、徐小国出席，张彦武列席。议题：确定四届十六次常委会内容时间；研究人事任免。

【1996年10月17日】张鹤亭主持，张孟乾、赵丛仁、刘庆宏、刘庆刚、徐小国出席，各委办主任列席。议题：学习贯彻中共十四届六中全会精神；研究确定十七次常委会议题；通报近期政协工作安排；通过人事安排和工作分工。

【2001年1月7日】政协主席胡景山主持，张孟乾、徐安梓、徐小国、闫营志参加。议题：研究决定召开县政协五届四次全体会议有关事宜；研究通过常委会工作报告、提案工作报告；研究通过有关人事变动事宜。

【2002年8月22日】胡景山主持，张孟乾、徐安梓、闫营志、张焕玲出席。议题：确定二十六次常委会日程和议题：听取协商县政府今年以来招商引资及项目建设工作情况；听取协商清苑镇政府招商引资、优化环境、搞好服务工作的情况；增补委员事宜。

【2003年4月16日】政协主席丛国栋主持，胡景山、闫营志、张焕玲、税国芳、赵保平、陈克出席，办公室负责同志列席了会议。会议上学习县委书记李国英在政协六届一次会议闭幕时的讲话，听取政协办公室关于县政协六届一次会议工作情况的总结汇报，研究明确了政协领导分工。

【2003年4月28日】丛国栋主持，胡景山、闫营志、税国芳、赵保平、陈克出席。议题：传达省、市、县关于防治非典的通知及两办发出的防治非典捐助活动及标准，要求各位主席到所包乡镇指导工作。

【2003年6月11日】丛国栋主持，胡景山、闫营志、税国芳、赵保平、陈克出席。议题：审议常委会工作规则、常委守则、委员守则；审议通过政协班子自身建设的意见；审议加强政协机关管理的若干规定；研究本年度工作安排意见；通报机关工作人员分工；对六届一次会议以来的提案审查立案。

【2003年7月25日】丛国栋主持，胡景山、

闫营志、税国芳、赵保平、陈克出席。议题：拟定8月中旬召开二次常委会的议题：听取协商我县民营经济发展情况的汇报；研究清苑县人民政协理论研究会有关事宜；人事任免事宜。

【2003年12月24日】丛国栋主持，胡景山、闫营志、税国芳、赵保平、陈克出席。议题：关于春节放假及六届二次全会的准备情况；副主席分管工作的责任分工。

【2003年12月31日】丛国栋主持，胡景山、闫营志、税国芳、赵保平、陈克出席。议题：研究通过常委会工作报告、提案工作报告。

【2004年4月2日】丛国栋主持，胡景山、闫营志、税国芳、赵保平、陈克、张焕玲出席。议题：学习政协章程、中央、省委一号文件精神、宪法等；研究确定六届六次常委会有关事宜及人事任免。

【2004年6月2日】丛国栋主持，胡景山、闫营志、税国芳、张焕玲、陈克及部分市政协委员、县政协常委及办公室工作人员出席。议题：学习中央办公厅关于加强政协工作的意见及全国政协办公厅学习政协章程的讲座。

【2004年7月14日】丛国栋主持，胡景山、闫营志、税国芳、张焕玲、陈克出席。议题：研究确定7月20日召开七次常委会及常委会议题；确定7月底召开提案办理工作交流会。

【2004年11月26日】丛国栋主持，胡景山、闫营志、税国芳、赵保平、陈克出席。议题：传达市委、县委召开政协工作会议精神，对领导讲话进行讨论，研究制定《中共清苑县委关于进一步加强和改进人民政协工作意见（讨论稿）》。

【2005年1月17日】丛国栋主持，胡景山、闫营志、税国芳、张焕玲、陈克出席，办公室主任及各位副主任列席。议题：研究六届三次全会会议材料。

【2005年1月28日】丛国栋主持，胡景山、闫营志、税国芳、张焕玲、陈克出席，统战部常务副部长列席。议题：研究六届三次会议筹备工作；汇报委员变动（增减）情况报告。

【2005年3月16日】丛国栋主持，胡景山、闫营志、税国芳、张焕玲、陈克、赵永刚出席。议题：安排部署全年工作计划、对三次全会收集提案审查立案。

【2005年7月6日】丛国栋主持，全体副主席、秘书长出席。议题：对上半年工作进行总结，安排部署下半年工作，确定7月下旬召开提案办理工作督办会。

【2005年11月9日】丛国栋主持，胡景山、闫营志、税国芳、赵保平、赵永刚出席。议题：研究十二次常委会议题及关于报刊征订工作；11月下旬组织一次法律知识讲座。

【2005年12月22日】丛国栋主持，全体副主席、秘书长出席，部分委员列席。议题：征求对“十五”规划的建议并讨论；办公室汇报六届四次会议筹备情况。

【2006年1月16日】丛国栋主持，全体副主席、秘书长出席。议题：通过六届四次会议材料。

【2006年4月6日】丛国栋主持，全体副主席、秘书长出席。议题：讨论通过2006年工作要点；对四次会议收集提案审查立案；安排部署近期工作。

【2006年6月19日】丛国栋主持，全体副主席及秘书长出席。议题：传达县委工作会议精神，要求各位主席到分包乡镇、科局落实工作会议精神；机关工作值班纪律；近期委员培训及提案督办工作在七月上旬完成。

【2007年5月13日】丛国栋主持，闫营志、税国芳、赵保平、赵永刚出席。议题：听取办公室关于七届一次全会的筹备工作汇报。

【2007年5月24日】政协主席宋静主持，丛国栋、闫营志、范同山、苏秀义、赵永刚参加。议题：部署当前工作；研究主席分工；装修办公用房；近期工作安排 。

【2007年6月11日】宋静主持，丛国栋、闫营志、范同山、苏秀义、税国芳、赵永刚出席，岳志英列席。议题：研究确定七届一次常委会有关事宜；研究通过常委会工作规则，常委规则，委员守则；研究通过主席分工；研究通过县政协2007年工作要点；研究通过县政协办关于加强机关管理的若干规定。

【2007年6月15日】 宋静主持，丛国栋、闫营志、范同山、苏秀义、税国芳、赵永刚出席，李亚鹏列席。议题：对七届一次全会收集的提案立案审查。

【2007年11月9日】宋静主持，丛国栋、闫营志、范同山、苏秀义、税国芳、赵永刚出席，韩大存、赵树伟列席。议题：县委理论学习中心组活动十七大精神；学习研讨会。

【2008年1月9日】宋静主持，丛国栋、闫营志、范同山、苏秀义、税国芳、赵永刚出席，李亚鹏、韩大存、赵树伟、岳志英、王东彦、刘丹列席。议题：研究讨论县政协七届二次全会会议材料；政协常委会工作报告；提案工作报告。

【2008年1月25日】宋静主持，丛国栋、闫营志、范同山、苏秀义、税国芳、赵永刚出席，李亚鹏、赵树伟、岳志英、王东彦、刘丹列席。议题：研究讨论县政协七届二次全体会议事宜。

【2008年2月25日】宋静主持，丛国栋、闫营志、范同山、苏秀义、税国芳、赵永刚出席，李亚鹏、韩大存列席。议题：传达县委常委会精神；筹备县政协全会事宜；县委“四个一”活动安排下乡了解情况。

【2008年4月10日】宋静主持，丛国栋、闫营志、范同山、苏秀义、税国芳、赵永刚出席，李亚鹏、韩大存、赵树伟、岳志英、王东彦列席。议题：汇报七届二次全会提案征集情况，并审核提案立案；研究2008年任务目标分解具体安排意见。

【2008年4月23日】宋静主持，丛国栋、闫营志、范同山、苏秀义、税国芳、赵永刚出席，李亚鹏、赵树伟、岳志英列席。议题：关于加强委员队伍管理推行委员述职考核的意见；关于“三个一”活动意见；关于“献爱心、解民忧、促和谐”活动的意见；讨论通过县政协2008年工作要点。

【2008年5月12日】宋静主持，闫营志、范同山、苏秀义、税国芳出席，李亚鹏、韩大存、赵树伟、岳志英列席。议题：委员活动室建设督导；七次常委会议定的事项进行委员培训；强调工作纪律。

【2008年5月22日】宋静主持，闫营志、苏秀义、税国芳、赵永刚出席，李亚鹏、韩大存、赵树伟、岳志英列席。议题：向四川灾区再次捐款。

【2008年7月29日】宋静主持，丛国栋、闫营志、范同山、苏秀义、税国芳、赵永刚出席，赵树伟列席。议题：组织准备县政协七届八次常委会议次日在宾馆旧四楼会议室召开政协常委（扩大）会；政协全年工作安排表按部就班地开展政协工作。

【2008年10月15日】宋静主持，闫营志、范同山、苏秀义、税国芳出席，李亚鹏、韩大

存、赵树伟、岳志英列席。议题：人事问题；保定市政协委员驻清苑委员活动小组；委员活动室建设。

【2008年11月6日】宋静主持，丛国栋、闫营志、范同山、苏秀义、税国芳出席，杨浩、岳志英列席。议题：围绕科学发展履行政协职能问题，近期对食品安全问题调研。

【2008年12月11日】宋静主持，丛国栋、税国芳、范同山、张同岳、苏秀义出席，杨浩、李亚鹏、赵树伟列席。议题：政协常委会；政协全会；政协委员调整；政协领导变动后的工作分工。

【2008年12月15日】宋静主持，丛国栋、闫营志、税国芳参加。议题：会议议程、日程、会议材料；领导在筹备全会工作上分工。

【2008年12月16日】宋静主持，丛国栋、闫营志、税国芳、范同山、苏秀义、张同岳出席，杨浩、李亚鹏、韩大存、赵树伟、岳志英参加。议题：对七届三次全会上的常委会工作报告征求意见；汇报七届政协全会议程、日程；全会大分组；政协委员调整情况；研究决定委员表彰事宜。

【2008年12月22日】宋静主持，闫营志、税国芳、范同山、苏秀义、张同岳出席，杨浩、李亚鹏、韩大存、赵树伟、岳志英列席。议题：讨论七届三次常委会工作报告；七届三次会议议程、日程；提案工作报告；表彰决定；调整委员说明。

【2008年12月30日】宋静主持，丛国栋、闫营志、税国芳、范同山、苏秀义、张同岳出席，杨浩、赵树伟、李亚鹏、岳志英列席。议题：政协七届三次全会有关事宜筹备情况。

【2009年2月1日】宋静主持，丛国栋、闫营志、范同山、苏秀义、张同岳出席，李亚鹏、韩大存、赵树伟、岳志英参加。议题：宋主席传达县委常委会会议精神。

【2009年2月17日】宋静主持，丛国栋、闫营志、税国芳、范同山、苏秀义、张同岳、杨浩出席，李亚鹏、韩大存、赵树伟列席。议题：学习贯彻县委十届四次全会精神；研究政协2009年工作要点；研究2009年政协提案立案；研究政协常委会议题。

【2009年3月16日】宋静主持，丛国栋、税国芳、范同山、苏秀义、张同岳、杨浩出席，韩大存、赵树伟、岳志英列席。议题：按照县委学习培训阶段实施方案，本周集中学习。

【2009年5月11日】宋静主持，丛国栋、闫营志、税国芳、范同山、苏秀义、杨浩出席，李亚鹏、韩大存、赵树伟、岳志英列席。议题：县委常委会信访案件人事处理通报。

【2009年5月27日】宋静主持，丛国栋、闫营志、税国芳、范同山、苏秀义参加。议题：科学发展观、民主生活会专题生活会做个人发言；县级政协委员培训。

【2009年7月30日】宋静主持，丛国栋、闫营志、税国芳、范同山、苏秀义、张同岳、杨浩参加。议题：确定第十二次常委会时间和议题；通报情况。

【2009年11月10日】宋静主持，丛国栋、闫营志、范同山、苏秀义、杨浩出席，李亚鹏、赵树伟、岳志英列席。议题：县委理论学习组集中学习；部署当前工作。

【2010年1月8日】宋静主持，丛国栋、闫营志、税国芳、范同山、苏秀义、杨浩出席，李亚鹏、韩大存、赵树伟、岳志英参加。议题：全会筹备情况；委员调整情况。

【2010年1月20日】宋静主持，丛国栋、闫营志、税国芳、范同山、苏秀义、张同岳、杨

浩出席，李亚鹏、韩大存、赵树伟、岳志英、统战部副部长吴建军参加。议题：委员调整；表彰先进集体和个人；通过全会两个报告。

【2010年3月17日】宋静主持，丛国栋、税国芳、范同山、苏秀义、张同岳、杨浩出席，李亚鹏、韩大存、赵树伟、岳志英参加。议题：对全会收集的提案审查立案；研究2010年工作要点。

【2010年4月9日】宋静主持，丛国栋、税国芳、范同山、苏秀义、张同岳、杨浩出席，李亚鹏、赵树伟列席。议题：传达县委常委会（扩大）会议精神。

【2010年4月28日】宋静主持，丛国栋、闫营志、税国芳、范同山、苏秀义、张同岳、杨浩出席。议题：通报县委已定的几个制度；强调值班纪律等。

【2010年8月31日】宋静主持，丛国栋、税国芳、范同山、苏秀义、张同岳、杨浩出席会议，李亚鹏、赵树伟、岳志英参加。议题：通过解放思想大讨论活动征求的意见建议；通过关于全面对接京津、提速清苑发展步伐的建议案。

【2010年12月2日】宋静主持，丛国栋、税国芳、范同山、苏秀义、张同岳、杨浩出席，李亚鹏、赵树伟、岳志英参加。议题：提高委员参政议政意识；配合县委重点工作。

【2011年1月11日】宋静主持，闫营志、税国芳、范同山、苏秀义、张同岳、杨浩出席，李亚鹏、赵树伟、岳志英参加。议题：讨论研究政协七届五次全会上会材料、表彰先进委员活动小组和优秀政协委员名单。

【2011年2月18日】宋静主持，闫营志、税国芳、范同山、苏秀义、张同岳、杨浩出席，李亚鹏、韩大存、赵树伟、岳志英参加。议题：通过全会会议材料。

【2011年3月11日】宋静主持，闫营志、税国芳、范同山、苏秀义、张同岳、杨浩出席，李亚鹏、赵树伟、岳志英参加。议题：提案审查立案；2011年工作要点；加强和改进政协提案工作的意见。

【2011年7月8日】宋静主持，闫营志、税国芳、苏秀义、张同岳、杨浩出席，李亚鹏、赵树伟、岳志英参加。议题：学习胡锦涛总书记七一讲话。

【2011年11月15日】宋静主持，税国芳、范同山、苏秀义参加。议题：宋主席传达县委党委会议精神；确定下午吉林省图们市政协到访接待方案。

【2012年1月20日】宋静主持，税国芳、范同山、苏秀义、杨浩参加。议题：研究讨论常委会工作报告和提案工作报告、大会议程、日程。

【2012年2月20日】宋静主持，张同岳、税国芳、段树立、李志芳、杨浩参加。议题：政协领导工作分工；研究确定政协2012年工作思路和要点；对八届一次委员提案立案审查。

【2012年7月10日（扩大）】宋静主持，张同岳、税国芳、段树立、李志芳、杨浩参加。议题：学习贯彻县委“爱、增、保、促”活动文件精神；县委稳定会议精神；确定组织视察防汛工作。

【2012年10月19日】宋静主持，张同岳、税国芳、段树立、李志芳、杨浩参加。议题：通报当前几项工作：十八大精神的学习贯彻；制定政协机关学习贯彻党的群众路线教育实践活动实施方案；组织对民生工作的视察调研；谋划明年工作思路；着手起草明年全会两个报告。

【2013年1月6日】宋静主持，张同岳、税国芳、段树立、李志芳、杨浩参加。议题：通过全会两个报告（草案）；大会议程、日程（草案）。

【2013年3月8日】宋静主持，张同岳、税国芳、段树立、李志芳、杨浩参加。议题：传达县委信访稳定会议精神；初步确定全会召开时间；统战部通报委员调整情况。

【2013年3月13日】宋静主持，张同岳、税国芳、段树立、李志芳、杨浩参加。议题：确定八届五次常委会召开时间、议题。

【2013年9月13日】宋静主持，张同岳、税国芳、段树立、李志芳、杨浩参加。议题：今后中秋节、春节慰问老干部要严格遵循中央《八项规定》。

【2013年10月9日】宋静主持，张同岳、税国芳、段树立、李志芳、张琳、杨浩参加。议题：讨论通过八届七次常委会时间、议题和发给政协委员大气污染防治倡议书。

【2013年10月22日】宋静主持，张同岳、税国芳、段树立、李志芳、杨浩参加。议题：确定八届八次常委会召开时间和议题。

【2013年11月16日】宋静主持，张同岳、税国芳、段树立、李志芳、杨浩参加。议题：学习十八届三中全会公报及会议精神；确定八届九次常委会召开时间和议题。

【2014年1月14日】宋静主持，张同岳、税国芳、段树立、李志芳、杨浩参加。议题：讨论八届三次全会会议材料。

【2014年1月20日】宋静主持，张同岳、税国芳、段树立、李志芳、杨浩参加。议题：研究确定八届三次全会委员调整名单。

【2014年2月13日】宋静主持，张同岳、税国芳、段树立、李志芳、杨浩参加。议题：通过八届三次全会会议事宜，确定常委会召开的时间和议题。

【2014年4月3日】宋静主持，张同岳、税国芳、段树立、李志芳、张琳、杨浩参加。议题：通过2014年工作要点；对八届三次全会所收集提案审查立案；专委会要选2～3个课题进行调研；确定八届十二次常委会时间和议题。

【2014年5月26日（扩大）】宋静主持，张同岳、税国芳、段树立、李志芳、张琳、杨浩参加。议题：讨论县级政协民主生活会要求，班子及个人对照检查材料要实事求是认真撰写以及相互谈心活动；两个委员会对全县信访积案进行调研，形成调研报告。

【2014年11月9日】宋静主持，张同岳、税国芳、段树立、李志芳、张琳、杨浩参加。议题：确定十三次常委会召开时间、议题。

【2014年11月19日】宋静主持，张同岳、税国芳、段树立、李志芳、张琳、杨浩参加。议题：十八大精神的学习贯彻，通过《深入开展党的群众路线教育实践活动在政协系统学习贯彻的实施方案》；谋划明年工作思路；着手起草全会两个报告；近期组织对民生项目工作的视察。

【2015年4月3日】宋静主持，张同岳、税国芳、段树立、李志芳、张琳、杨浩参加。议题：通过八届四次全会两个报告、日程、议程；表彰决定；强调大会纪律和选举纪律。

【2015年5月6日】政协主席王振起主持，税国芳、段树立、李志芳、张琳、杨浩参加。议题：对八届四次提案审查立案；通过2015年工作思路及要点；向全县政协委员倡议积极投身到治理大气污染工作中；通过主席分工。

# 第四章 政治协商

政治协商是人民政协的基本职能之一。县政协按照抓重点、调查研究、协商于决策之前，监督于实施之中的精神，通过政协全委会、常委会、主席办公会和各种专门会议，就全县政治、经济、文化和社会生活中的重大问题进行协商。对每个年度的政府工作报告、财政预决算以及重要人事安排等，邀请县委、县政府领导通报情况，进行协商，并提出意见和建议。对县内的一些重要事项和重点工程及群众关注的热点、难点问题，县政协通过调研，提出意见和建议，为县委、政府决策提供依据。为了使政治协商经常化、制度化，1987年根据《政协章程》，政府和政协先后制定有关规范政治协商的一系列条例和规定。1988年，县委批转政协清苑县委员会《关于政治协商、民主监督工作实施细则（试行）》。1991年12月，县委出台《关于进一步加强政协工作的决定》，建立健全《县政协各专门委员会与县委、政府各职能部门对口联系制度》。这些制度的建立，使政治协商有章可循，增强了自觉性，促进了协商的制度化，提高了协商质量。

## 第一节 专题协商

专题协商主要针对政府工作中有关规划、计划、报告类内容，此类协商时间、形式相对比较固定，是政协政治协商的主要内容。

### 协商政府工作报告

1983～2015年，县政协共召开全体会议34次，其中30次全体会议听取了县政府工作报告和其他有关报告。委员们就政府工作报告的指导思想和工作任务以及全县经济发展和社会进步的大政方针进行讨论，与政府领导共商大计，并提出意见和建议，多次被政府采纳，为政府决策民主化、科学化建设献计，充分发挥了政治协商的作用。

1994年7月28日，县政协召开四届七次常委会议，听取常务副县长李福秋作的《县政府上半年工作报告》。《报告》从10个方面总结了县政府上半年的工作：1.认真解决了人民生活中事关全局的问题，稳定了局势；2.加快基础设施建设、促进“九件大事”的落实；3.继续开放招商、项目引进有新突破；4.农业开发成效显著，小康建设进展很快；5.乡镇企业上档升级，支柱地位更加突出；6.企业改革不断深化，经营机制更加灵活；7.金融形势有了好转，财政收支矛盾仍然紧张；8.电力事业进一步发展；9.城郊市场建设初具规模；10.科教、文卫事业发展很快。《报告》对工作中存在的问题做了客观实际的分析，并对下半年的工作做了安排部署。会议对《县政府上半年工作报告》进行了讨论，肯定了县政府上半年的工作成绩，分析了工作缺陷和不足。大家提的意见主要是：对全县财政紧张的严峻局面虽有清楚的认识，但缺乏具体措施和行动。会议建议县政府将经济工作放在“九件大事”的首位，大力培植财源，在发展乡镇企业上多下功夫。

### 协商讨论五年计划和发展规划

县政府在制定1986年“七五”规划、1991年“八五”计划和十年规划、1995年“九五”计划、2000年“十五”计划、2005年“十一五”规划、2010年“十二五”规划过程中，县政协都将“计划”和“规划”草案提前发给各位常委，通过联系工作实际和调查研究，对“计划”和“规划”提出修改意见。全会期间，还要把“计划”和“规划”草案印发给每位委员，征求委员的意见，使“计划”和“规划”制定的更加完善。

**协商“九五”规划及2010年远景规划** 1996年1月9日，县政协邀请部分企业界委员和有关人士，在望亭乡东安振海铝厂召开恳谈会，对清苑县“九五”计划及2010年远景规划进行充分协商讨论。县委书记张志文，县长张兴堂，县委副书记李同聚，县政协主席张鹤亭，副主席张孟乾、赵丛仁参加会议。与委员们进行了认真交谈。

县计划委员会主任刘金迎通报国民经济和社会发展“九五”计划及2010年远景目标草案，回顾“八五”时期所取得的成绩，分析存在的问题。与会人员一致认为：过去的5年，国民经济和社会各项事业取得很大成绩，这是县委、县政府领导全县人民努力奋斗的结果。今后5年乃至15年的规划指标切实可行，任务明确，措施得力。与会各企业家，根据切身体会，认为经济发展的根本在于人才的竞争，要把人才的开发利用作为发展大计的首要问题来对待。建设一流的企业必须起用一流的人才，要发展集团经济，必须造就优秀的人才群体。经过全县人民的共同努力，规划指标一定能实现。

与会人员还针对“九五”计划和15年规划目标介绍各自企业今后的发展设想，并就乡镇企业的发展进行探讨。就如何调动职工积极性的问题，骨干企业的龙头带动问题，企业管理问题，职能部门转变工作作风等问题发表意见和建议。

张志文代表县委、县政府向为清苑经济发展做出巨大贡献的企业厂长、经理们表示感谢，并指出：“八五”时期，清苑县经济总量有较大突破，农业结构调整、乡镇企业上台阶、农村基层组织规范化建设、社会稳定、计划生育工作都有新突破，这些成绩的取得是全县人民团结努力的结果，与在座的诸位委员有很大关系。“九五”时期要实现更大突破，2000年实现全市1/12工程，突破财政收入过亿，还需要全县人民的更大努力。张志文对政协组织的这次会议给予肯定，对与会同志提出的建议和意见表示要认真研究和采纳，并指示政府部门作为专题进行研究。他希望与会委员继续放开胆子把各自的事业搞得更加红火，上台阶、上等级、上规模，有困难和问题尽管提出来，县委和县政府尽全力帮助解决，为同志们服好务。

**协商县城总体规划** 1995年12月15日，县政协召开专门会议，对县城近期和远期总体规划进行专题协商和研讨。会上，县建委有关负责人汇报清苑县城总体规划的编制和修订情况，并就县城和县城城镇体系1995～2015年总体建设规划作详细说明。与会人员进行了热烈的协商讨论。会议认为，县委、县政府为适应经济发展和城市建设的需要，及时组织县城总体规划的编制工作，经县建委的不懈努力，反复修改，多方论证，取得丰硕的成果。现在出台的这一规划，科学详实，基本符合清苑县经济发展的实际情况，它的制定和实施，必将对清苑城镇的发展建设、经济腾飞产生深远的影响。

与会委员就县城总体现规划和实施提出意见和建议，概括起来有：1.县城总体规划的编制是一项百年大计，要唯大局是举，一定要严肃认真、广泛征询意见和建议，做到科学合理，有清苑特点。2.在编制审定的过程中，要加大宣传力度，边规划边造舆论，把规划编制的过程，变成普及城市意识的过程，争取方方面面的支持，树立人民县城人民建、人民县城人民爱的城建一盘棋思想。3.对县城规划中广场的选址、环城西路的走向，给排水系统等提出很多具体的建议。4.希望要加快规划进度，尽早定位、尽快立法。

与会委员还就过去县城规划的执行情况提出批评意见，大家一致认为，制订规划不易，执行规划更难，但只要各级领导一条心，一股劲，说了算，定了干，清苑县城必将建设成一个美观、开放、文明的新城市。

## 协商财政预算

对每年的财政预算，县政协都召开主席办公会或常委会议，听取县财政局长作的年度财政预算报告，通报全年财政收入和支出情况。主席办公会每年都要对财政预算进行讨论协商，并提出意见和建议。全会期间，全体政协委员还要对财政预决算报告进行讨论审查，提出意见和建议。

**1994年上半年财税情况协商座谈会** 1994年7月20日，县政协召开了财政、税收情况座谈会。县税务局长杨成宽、财政局副局长路志民分别通报上半年税收、财政收支情况。总的情况是：收入比去年增加，支出比增加的还要大，财政非常吃紧，大家要齐心协力抓收入过紧日子。

**协商2003年度财税预算执行情况和全县10件大事实事** 2003年11月12日，县政协召开六届三次常委会议。听取协商县政府2003年度全县1～10月份财税预算执行情况的报告。听取协商县政府2003年度大事实事调整及完成情况的通报。

2003年，财政、税务等部门努力克服“非典”带来的不利影响，狠抓财政收入，严格压减支出，积极向上争取资金，强化资金调度。1～10月份超时间进度9个百分点，整体经济保持快速增长。保证了公教人员工资发放和机关正常运转，维护了社会的稳定，并在财政非常困难的情况下，多方筹措资金搞建设，完成朝阳路接北外环工程及北外环路西延、振兴路、迎宾街等建设工程，极大地改善了投资环境，为经济的发展奠定了基础。与会常委对今年的财税工作情况给予高度评价，同时指出：今年财政形势依然严峻，财政支出紧张，财政运行和资金调度仍面临巨大的压力。委员们建议，在今后两个月时间内，要进一步加大征收工作力度，大力压减一般性开支，切实抓好增收节支工作，确保今年财政收入任务的完成和社会的稳定。

县委常委、常务副县长张晓东向会议通报2003年大事实事调整及完成情况。县政府一直把“十件大事”放在政府工作的中心位置来抓，努力克服“非典”影响及资金制约等困难，积极协调，创新工作，保证“十件大事”的顺利进展。十件大事实事中大多数建设项目已完成或接近完成。与会常委对此表示满意，同时希望县政府进一步加大工作力度，加强调度、协调和督查，积极推进大事实事的整体进程，确保十件大事实事的扎实落实，向全县人民交一份满意的答卷。

县政协主席丛国栋在会议结束时讲了重要意见：关于财税工作，要认真分析财政面临的严峻形势，采取有力措施，抓好收入，控制支出，确保全年财政任务的圆满完成，确保工资的正常发放和社会的稳定；关于十件大事实事的调整完成情况，要严密部署，明确责任，加强督查，调度工作，加快工程进度，狠抓落实，确保大事实事落到实处。

**协商2005年上半年财税工作** 2005年7月15日，县政协召开六届十一次常委会议。会议听取县财政局长赵树义代表县政府作的《清苑县2005年全县上半年财政预算执行情况的报告》以及副县长李建元和县国税局、地税局负责人关于财税工作情况的说明。财税部门广大干部职工不断强化服务意识，完善收入征管措施，加强财源建设，努力克服有色金属回收公司接受省检查停业整顿、职务津贴调整增长等不利影响，实现财政收入任务过半与时间同步，确保公教人员工资发放、机关正常运转和社会稳定，支持了全县经济事业和发展。但从全年的形势看，下半年财政税收工作面临的形势不容乐观，减收增支压力很大，全年财政预算形势异常严峻。与会常委就上半年财政预算工作情况及下半年增收减支工作开展了充分的协商，提出有针对性的意见和建议。一要进一步加大征收力度，落实加强收入征管的各项措施，努力克服各种减收因素的影响，切实改进和强化税费征管，严厉打击偷、漏、骗税行为，做到应收尽收，应缴尽缴，努力完成全年财政收入任务。二要下大力加强财政监管。坚持按照保工资、保运转、保稳定的方针，树立过紧日子的思想，严格控制和节减经常性支出，坚决杜绝一切不合理支出，努力实现保重点、保稳定、保平衡的目标任务。三要大力争取上级资金支持，充分利用国家调控政策，抓住机遇，协调关系，多方争取政策支持，大力争取资金倾斜，缓解财政收支矛盾，努力保证全年财政收支平衡。

### 协商小康建设

小康建设是20世纪90年代中期县委、县政府的中心工作。县政协紧紧围绕中心，积极主动地为全县小康建设把脉、鼓劲。

1994年6月9日，县政协召开四届七次常委会议，会议听取县委农工部关于县委制定《清苑县小康建设规划》的制定过程和有关情况，并进行协商讨论，提出意见和建议。县领导对提出的建议给予了高度评价，表示在修改《规划》时研究采纳。

1994年11月10日，县政协召开四届八次常委会议，听取小康办公室张惠田《关于我县小康建设情况的报告》。报告从乡村的基础现状、目标规划、保证措施及目前小康建设进度四个方面介绍了小康建设情况。与会常委对小康建设进展比较满意。讨论中结合调查、视察中了解的情况和发现的问题谈了各自的意见和看法，归纳起来主要是：1.小康建设的宣传力度需进一步加强，真正做到家喻户晓，人人皆知。2.加强干部队伍建设，加强领导班子建设，使之能真正带领群众奔小康。3.坚定小康建设的决心和信心，按既定目标，坚持不懈地抓下去。4.建立领导岗位责任制，切实抓好规划的落实。县委副书记陈景福感谢政协委员对全县小康建设的关心和支持，希望全体政协委员充分发挥应有的作用，切实实现我县小康建设的规划。张鹤亭围绕小康建设讲了意见：小康建设是当前和今后几年全县工作的中心，政协要紧紧围绕这个中心开展工作，每位常委及委员要带头奔小康，并积极带动周围群众奔小康。

1995年8月10日，县政协召开四届十一次常委会议。会议对小康建设工作进行协商讨论。总的认为，小康工作抓得紧，抓得实，形势乐观。主要表现在：经济运行保持良好势头，农民生活水平大幅度提高，社会保障体系初步形成，普九教育逐步完善，社会治安综合治理取得成效，各项软硬件建设加紧完成，如期实现小康目标大有希望。会议建议县委、县政府继续加大对小康工作的领导力度和宣传力度，狠抓硬件，突击软件，促强项，攻弱项，对今年计划实现小康的乡镇、村加强督导检查，做好“细活儿”，确保一次验收成功。

## 第二节　协商经济建设

### 协商民营经济发展

**组织乡镇企业协商座谈**　1994年7月11日，县政协召开乡镇企业座谈会，会议邀请政府有关经济部门的领导，以及部分乡镇企业的厂长、经理，就上半年乡镇企业的发展情况进行了座谈。乡镇企业局局长刘清怀介绍上半年乡镇企业的发展情况。中天公司、古城香厂、东风钢厂、县工商局先后发言。大家建议：1.县委、政府要加大抓乡镇企业的力度，要像抓计划生育一样抓乡镇企业。2.希望县领导要在资金、物资等方面给予支持。3.严厉刹住“乱收费”“乱摊派”“乱罚款”等不良风气，为乡镇企业、个体私营经济的发展创造一个良好的外部环境。

**协商研究民营经济发展**　2003年8月12日，县政协召开六届二次常委会议，协商民营经济发展情况。会议听取了经贸局、工商局、监察局3个部门关于民营经济发展情况及“优化环境、扩大开放、推进‘三兴’战略”再动员大会精神落实情况的汇报。县委、县政府认真贯彻落实全市“2・28”“2・29”大会精神，制定并实施“封闭建厂”“企业110”“统一收费”等一系列政策措施。全县民营经济发展的外部环境明显改善，各级各部门为民营经济发展的服务意识明显增强，清苑民营经济得到长足的发展。2002年，民营经济实现增加值26.07亿元，占全县GDP的比重为50.2%。民营企业缴纳税金共计7100万元，占全县税收的62.8%。民营经济已经成为县域经济的重要组成部分。县委、县政府坚持一手抓“抗非”，一手抓发展，把推动民营经济发展作为一项重大的战略措施，认真贯彻落实省、市发展民营经济的政策。7月10日，召开“全县优化环境、扩大开放、推进‘三兴’主战略再动员大会”，出台一系列扶持民营经济发展的政策，为民营经济健康、协调、快速发展提供良好的政策环境，全县民营经济的发展态势明显加快。与会常委对民营经济发展取得的成绩给予充分肯定，对各职能部门落实县“7·10”大会精神的工作表示满意。会议同时指出，清苑的民营经济在迅猛发展、取得成绩的同时，在发展民营经济的内部条件上还存在不少困难和缺陷，在落实中央、省、市一系列扶持民营经济发展的政策方面还存在一些问题和不足。与会常委纷纷就如何进一步优化经济发展环境、健全民营经济管理体制、提高民营企业整体素质等问题进行发言，提出许多意见和建议：一要统一思想，提高认识，突破思想体制两大障碍，为促进民营经济的发展奠定坚实的思想基础。二要进一步理顺和健全民营经济的管理体制，强化服务职能，为民营经济的发展提供优质高效的服务。三要坚持不懈地抓好环境建设，进一步优化经济发展环境。四要加强民营企业家队伍建设，全面提升民营企业家的综合能力，提高民营企业的整体素质和市场竞争能力。五要积极引导民营企业进行现代企业制度改革，推行现代企业管理。六要大力实施人才战略，制定和出台相关优惠政策，引导和鼓励各类人才到民营企业去工作，推动民营经济的发展。

## 协商经济建设阶段运行情况

**协商2008年上半年经济运行情况**　2008年7月30日，县政协召开七届八次常委会议。会议听取县委常委、县常务副县长张晓东代表县政府作的关于2008年上半年经济运行情况的通报。与会常委进行了讨论。大家一致表示，县政府深入贯彻科学发展观，认真践行“三个代表”重要思想，抓项目，促发展，为清苑经济发展做出积极的努力。政协主席宋静对上半年经济运行情况进行概括并对下半年经济运行情况提出了3点建议，一是始终不渝地抓优化环境，环境就是生产力，环境优化带动经济发展。二是进一步加快在建项目的步伐，政府做好协调服务工作。三是不遗余力地抓大项目，培育新的经济增长点，使清苑经济尽快走入快车道。

**协商2009年1～9月经济工作**　2009年11月5日，县政协召开七届十三次常委会议，专题协商讨论2009年1～9月份经济工作。在听取县政府关于2009年1～9月份县经济运行情况后，与会人员进行了讨论，一致认为：在今年这个大事、难事、烦事非常多的特殊年份，全县上下齐心协力，共渡难关，经济发展没有受到影响，特别是全县经济保持了平稳运行的态势，这是县委、县政府共同努力的结果。7月份县政协组织对财税工作视察后，对完成全年任务指标普遍担忧。但从三季度主要经济指标完成情况看，进展情况较好，这些都得益于县委、县政府及时采取一系列应对措施。全县招商引资项目建设成效显著。无论是项目数量，还是投资数额，都多于往年。一批省、市重点项目、大项目相继落户清苑，相继开工建设。所有这些，都是清苑今后发展希望和后劲之所在。政协主席宋静提出4点意见：一是做好年底前的各项经济工作。现在距年底还有一个多月时间，到了最后冲刺攻坚阶段，对年初确定的各项指标，强项要再努力，弱项要再加把劲，确保完成。二是抓好项目建设。帮助项目业主解决实际困难和问题，前期项目要尽快开工，开工项目要尽快投产。三是抓好传统行业企业的恢复生产工作。四是千方百计优化经济发展环境，杜绝“开门招商，闭门宰客”的现象发生。同时要求全县政协常委、委员在经济形势不太好的情况下，要围绕经济发展献计出力，多做贡献。

**协商全县2013年1～3季度经济运行情况** 2013年10月23日上午，县政协召开第八届委员会第八次常委会议，听取协商全县1～3季度经济运行情况的报告。与会人员进行讨论，一致认为，在经济形势严峻的背景下，县委、县政府顶住压力，采取抓调度、抓重点、抓服务等一系列措施，确保全县经济平稳运行和财政收入时间进度同步，实属不易，难能可贵。全县广大政协委员，特别是经济界委员要站在全局的高度，立足岗位，做好本职工作，为清苑的经济发展贡献力量。

### 协商项目建设

**协商1993年项目引进及“3113”工程建设** 1993年12月17日，县政协召开四届四次常委会议，计委主任刘金迎通报了项目引进及“3113”工程建设情况。1993年，县政府积极响应市政府提出的打好4个战役的号召，共引进三资企业32家，合同利用外资23亿美元，5家企业已正式投产，并逐步成为利税大户。

华北国际工业城整体规划设计已全部完成，外围6000米围墙已完工。6层办公楼正在建设中。7月中旬，成功地参加了在香港举行的河北招商贸易洽谈会，签订9项项目投资，投资金额达1亿美元。中国保定科技城共出让土地3500亩。11月中旬，东方集团的建筑复合板厂已在科技城内奠基安家。县经济技术开发区进展迅速。各开发单位都已完成围墙工程，台商徐振英的香港汽车股份公司已具雏形。保清路工贸一条街总长8.3公里，公路两侧集商业、饮食、服务于一体的框架已初步形成。东安废旧有色金属市场已形成规模，日交易额达10万元。

**协商华北国际工业城、县城开发区、市场三期工程建设情况** 1994年7月21日，县政协领导及部分委员听取了“华北国际工业城”、县城开发区、市场三期工程情况介绍。副县长韩建国从工业城的类型、工业城1993年下半年遇到的困难和问题、县政府采取的措施、工业城主体变化情况等方面介绍了“华北国际工业城”进展情况。“华北国际工业城”由1家开发变5家外商联合开发。从发展眼光看，困难很多，但前景十分可观。工商局副局长张新民、土地局党组书记詹克锐分别介绍了市场三期工程进展情况和县城开发区建设情况。

**协商2002年招商引资及项目建设** 2002年4月23日，县政协召开五届二十五次常委会议，会议听取协商招商引资及项目建设情况。会议听取副县长刘文钧所作的关于招商引资及项目建设情况的汇报。近年来着力在招商引资环境的改善上下功夫，尤其是注意做好入驻项目的各项相关工作。县委、县政府采取积极措施，制定出台一系列政策，进一步优化经济发展环境，促进招商引资工作的开展，确保引进项目建设的顺利进行。2001年共引进内资1.36亿元，外资50.2万美元，共引进内资项目33个，其中500万～1000万元的项目7个，1000万元以上的项目4个。随着县委、县政府扩大开放和招商引资工作力度的进一步加大，招商引资工作呈现出良好的发展势头，引进和洽谈了一批大项目，其中投资1.6亿元的保百集团物流配送中心项目和投资1亿元的香港味群食品工业有限公司的食品加工项目即将正式签约。香港华燊燃气投资有限公司的燃气管道项目、台商独资兴建的振华养殖场项目等一批项目也在洽谈中。

委员们对招商引资及项目建设工作给予了充分肯定，并就进一步优化经济发展环境，加大招商引资工作力度提出意见和建议：一是希望县委、县政府要继续坚持“以经济建设为中心”的指导思想，解放思想，更新观念，进一步改善投资环境，加大招商引资工作的力度，促进经济的发展。二是要继续抓好优化经济发展环境的工作。要把在工作实践中总结出来的封闭建厂等好的经验、好的做法坚持下去，推广开来，并在今后的工作中继续探索总结，创造新的经验。三是进一步加大宣传力度，充分利用各种媒体和渠道，宣传清苑的区位优势，宣传清苑的优惠政策。四是要进一步转变政府职能，加大政府服务力度，改善政府服务质量，树立清苑良好的对外形象。五是加大招商引资工作力度，保持招商引资工作的良好发展势头，动员全民参与招商引资，落实好关于招商引资工作的激励措施，营造招商引资工作的良好社会氛围。

**协商2002年招商引资工作**　2002年8月23日，县政协召开五届二十六次常委会议，听取协商清苑县招商引资工作情况。会议听取了副县长郭海山作的关于招商引资工作情况的汇报。县政府坚持把招商引资工作作为建设经济强县、实现跨越式发展的根本举措和全县政治经济的首要任务来抓，不断强化举措、开拓创新，以优化县域经济发展环境为切入点，大力开展招商活动，使招商引资和项目建设呈现出前所未有的良好态势。截至目前，全县共引进资金8100万元，占年初下达目标的100.6%，其中引进省外资金5150万元，实际利用外资67.2万美元。全县谋划、引进、建设1000万元以上各类项目共28个，其中在建项目13个，下半年开工项目7个，已签约的项目5个，谋划项目3个。

与会委员对招商引资工作给予充分肯定，并就进一步优化经济发展环境、加大招商引资力度，提高招商引资项目开工率等问题提出意见和建议。一要进一步解放思想、更新观念，大力优化和改善投资环境，推动经济的健康发展。二要进一步加大招商引资的工作力度，确实把招商引资工作作为建设经济强县、实现经济跨越式发展的根本举措，坚持不懈地抓下去，抓出成效。三要进一步优化经济发展环境，下大力解决“上是绿灯、下是红灯”的问题，创造良好的投资环境。四是加大舆论宣传力度，形成“人人想招商、人人议招商、个个抓招商”的强烈氛围。五要搞好县工业科技园区的规划，使之成为招商引资的窗口。同时全力抓好项目建设，搞好重点项目的服务工作，提高招商引资工作的成功率。

**协商2005年项目建设情况**　2005年11月18日，县政协召开六届十二次常委会议，会议听取协商县政府2005年项目建设情况的汇报。一致认为：县委、县政府克服宏观调控政策带来的不利影响，切实把项目建设作为县域经济的拉动点来抓，按照“四个一批”梯次发展思路，强化举措，开拓创新，狠抓项目建设。全县共谋划、引进、建设各类项目44个，总投资65.54亿元，项目建设工作保持良好的发展态势。与会常委经过讨论协商后指出，项目建设是发展壮大县域经济的根本所在。要始终如一地按照“四个一批”梯次发展的思路，大力优化经济发展环境，紧紧抓住项目建设不放松，为县域经济的发展增添后劲。同时，要注意处理好项目建设与土地规划、环境保护之间的关系，确保项目建设工作的健康发展。

### 企业界委员大上项目、加快发展座谈会

2010年12月8日上午，县政协组织部分市县企业界政协委员召开大上项目、加快发展座谈会。副县长郭海山介绍招商引资、大上工业的优惠政策及县委、县政府今后的发展思路。县委副书记牛树根通报严打整治工作情况，并就今后清苑加快发展讲了几点意见：县委、县政府领导高度重视优化环境问题，下定决心以优化发展环境为突破口，深入开展“严打整治，优化发展环境”专项行动，向影响发展环境违法犯罪行为“亮剑”，从重从快严厉打击。加大对重点区域、重点项目的保护力度，铲除一批危害环境发展的违法犯罪活动，为进一步优化环境奠定了良好基础。在经济工作中，要始终坚持工业立县、融入市区的思路不动摇。只有上项目、上大项目、上科技含量高的项目才能加快发展。县委、县政府将以更大的决心投入到优化发展环境工作中，为项目建设提供和谐、优化的发展环境。

对大上项目、加快发展，市、县政协委员纷纷发言，各抒己见。对清苑的发展,特别是针对如何优化发展环境、更好地发展企业、更好地服务清苑发展等问题发表了意见和建议。

政协主席宋静结合政协工作向与会委员提出了三点要求和希望：一是要求企业界委员要有所作为，把自己的企业做大做强。要认清形势，大胆创业，当好经济建设主战场的先锋，以实际行动为清苑加快发展起到示范作用。二是要发挥自身优势，开展以商招商。要抢抓保定市区及周边发达地区经济结构调整产业转移的有力机遇，主动加大与同类企业的联系，吸引他们到清苑投资发展，从而实现企业盈利、清苑发展的局面。要做招商引资、项目建设的宣传员、促进派、带头人。在做大做强自己企业的同时，为全县招商引资、项目建设多做贡献。三是要履职尽责，为政协整体工作再上新台阶做贡献。要积极参与政协的各项活动，认真履行政协委员的职能。要加强学习不断提高参政议政能力。要充分发挥提案的作用，对事关经济社会发展的深层次矛盾和问题，深入调研，将意见和建议以提案等方式反馈给政协，为企业发展、社会民生改善建言献策。

### 开展“学习贯彻十七大精神<br>谋思路，议发展”座谈研讨

2007年11月19日，县政协领导班子组织召开“学习贯彻十七大精神，谋思路，议发展”座谈研讨会。会上，与会领导学习了中国人民政治协商会议全国委员会《关于学习贯彻中国共产党第十七次全国代表大会精神的决议》和省政协主席赵金铎《在省政协九届二十二次常委会议时的讲话》。学习结束后，大家对十七大报告精神进行讨论，一致表示，中共十七大是在中国改革发展关键阶段召开的一次十分重要的大会，对于继续解放思想，坚持改革开放，推动科学发展，促进社会和谐，夺取全面建设小康社会新胜利，具有重大的现实意义和深远的历史意义。报告鲜明地回答了在中国改革发展关键阶段举什么旗、走什么路、以什么样的精神状态、朝着什么样的发展目标继续前进等重大问题。

在谈到当前政协工作时，宋静指出：一定要把十七大精神学深学透，以十七大精神为

指针，以邓小平理论和“三个代表”重要思想为指导，按照中共十七大对人民政协事业的发展和人民政协工作提出的新要求，紧紧围绕团结、民主两大主题，全面履行职能，围绕人民群众最关心、最现实、最直接的问题入手，多建利民之言、多谋利民之策、多办利民之事。在县委的正确领导下，紧紧围绕经济建设、政治建设、文化建设、社会建设等方面，发挥作用，建言献策，推动经济社会又好又快发展。

### 应对国际金融危机协商座谈会

2008年11月18日，县政协领导就如何应对国际金融危机对经济发展带来的不利影响，如何保持全县经济持续健康快速发展等问题，分片召开政协委员座谈会。县政协主席宋静指出：一要认清形势，全面分析金融危机对经济带来的影响。美国金融危机对中国目前的影响，主要在外贸出口，实体经济也受到了冲击。这次危机什么时间结束，影响有多大，国内外经济专家尚无定论。全县企业界政协委员要做好长期应对的准备。二要积极应对，把企业搞好。金融危机发生后，企业生存环境愈加恶劣，中小企业将被迫应对挑战，被迫进行结构调整、技改创新。这也是一次发展的新机遇。国家出台了扩大内需促进经济增长的十项措施，实施适度宽松的货币政策，合理扩大信贷规模。实施增值税改革，减轻企业负担。加快民生工程、基础设施、生态环境等方面的建设，以投资带消费，以消费促增长。总之，信贷门槛会降低，基础设施建设、公益事业投入会加大。全县企业界政协委员要学习政策，潜心研究政策，把企业搞好。三要出力尽责，主动为全县经济发展做贡献。由于金融危机影响，全县财政收入缺口较大。全县政协委员要在县委、县政府十分困难的情况下尽责出力，在企业可承受范围内多纳税，为全县经济持续健康发展做贡献。

## 第三节　协商重大事项

### 共商改革大计

十一届三中全会以来，全县改革开放逐年扩大，并取得了显著的成就，但也存在和面临着许多新问题。为了推动改革开放深入进行，县政协每年都会针对改革开放问题进行调查研究，提出意见和建议，为改革开放献计献策，推动全县改革开放更加深入健康地发展。

### 协商廉政建设

1989年10月23～24日，县政协召开二届十七次常委会议，听取县监察局局长庞春利受政府委托向与会常委通报的反腐倡廉进展情况。常委们一致认为，惩治腐败、廉政建设有了一个良好的开端，各级领导很重视这项工作，一把手亲自抓，带头清理领导班子自身的问题，带头同各种腐败现象做斗争。群众已经发动起来，用公款吃喝、送礼等不良风气有了好转；纠正行业不正之风取得一定成绩；赌风已不像以前那样盛行；清理干部、职工乱建多占住房和专业技术职称评聘中的问题有了很大进展，同时也查处了一些贪污、挪用公款的违法违纪案件，在全县范围内已经形成反腐倡廉的小气候，广大干部增强了反腐败的信心，党风、政风在向好的方面转化。反腐倡廉的任务还很大，也很艰巨，要从思想上克服腐败现象“不可避免”和“难治论”，积极地、自觉地投入到反腐倡廉的斗争中去。

常委们提出6条建议，一是各级领导首先把自己打扫干净，率先垂范，做到“正人先正己”；二是对不清正廉洁和腐败问题要敢抓、敢管、敢提意见；三是要进一步广泛深入地发动群众举报；四是注意常抓不懈，防止虎头蛇尾，要坚决把反腐倡廉的斗争进行到底；五是注意抓一下基层特别是村一级的反腐倡廉工作；六是建立一些必要的制度，防止产生新的不清正廉明和腐败现象。

### 协商农业、农村工作

**协商科技服务网络建设**　1989年10月23～24日，县政协召开二届十七次常委会议，听取科委主任吴志杰关于科技服务网络建设情况的汇报。一致认为，在农业科技服务网络的建设上，各级领导是重视的，贯彻执行“科技兴农”的方针是坚定的，科技服务网络的建设是有成效的。以建设新的农村科技管理体系和农村科技服务体系为主要内容的“科技兴农”新格局已初步形成。县政府配备了分管科技工作的副县长，乡镇配备了分管科技工作的副乡（镇）长，村有管科技工作的副村长，农、林、牧部门还以专业技术人员为骨干，成立种子、植保、技术、农机、林果、畜牧等事业性质、企业经营、独立核算的综合专业农业技术服务中心。乡镇建立科委，成立综合或专项的科技服务站。大部分村已建立科技领导小组和科技示范户，改变了原来农村科技工作落实难的状况，推动了农业技术集团承包的发展，出现了一批农业高产典型和科技致富户。但是，县科技服务网络的建设，特别是基层服务网络的建设发展不够平衡，有的不够完善，有的虽有组织，但有名无实，在科技推广上没有充分发挥作用。为此，常委们提出了3点建议：一是科委和农、林、牧部门，要对服务网络的建设情况进行一次全面检查，不完善的抓紧完善，力量不足的，要充实力量，没建立科技组和科技示范户的乡村，要抓紧建立起来；二是搞好科技服务规划。科委和农、林、牧部门，要在调查研究的基础上，分类指导，组织县、乡专业科技服务机构，作出明年科技服务计划，把明年的科技服务工作推向一个新的水平，使农、林、牧、渔业有一个较大幅度的增产；三是今冬明春，是培训农村科技人员的大好时机，农业部门应组织专业技术人员到农村，在组建和完善基层科技服务网络的同时，搞好技术培训，多培养一些技术人才，以利于经过试验确能增产的一些实用的常规技术得到推广普及。

**协商农业科技工作**　1994年4月中旬，县政协就贯彻农业“两法”及冀政〔94〕16号文件，市府〔94〕16号文件情况，召集农业、农机、林业、水利、畜牧、科委、科协等部门的农业科技人员进行协商座谈。县委副书记陈景福、县人大副主任杨保仲、政府副县长张兰波，政协副主席刘志宏出席会议并讲了意见。座谈会由政协主席张鹤亭主持。

与会同志畅所欲言，各抒己见，列举大量事实肯定了农业科技工作所取得的成绩，认真分析了农业科技中存在的问题和潜在的危机，并就如何贯彻“农业两法”和省市关于农业科技工作的文件精神，提出了建议和意见。

会议认为，几年来县委、县政府对农业科技工作给予很大的重视，加强对农业科技工作的领导，积极推广农业新技术，支持农业科技人员的工作，发挥科技人员的积极性和创造性，贯彻落实有关农业科技工作的政策、法规、取得一定成绩。粮食生产和农业经营的收入连上新台阶，获得国务院、省、市表彰。粮食总产跃居全省第4位，人均占有粮食居全省第10位。“两高一优”农业建设取得可喜成果，高效田和吨粮田面积达到20万亩。大力实施“双千工程”，开展“亩产千斤粮，亩收千斤”活动。农业集约化经营和规模经营不断提高，农业经济逐步贴近市场，加快了“龙型”经济建设和新型农业基地建设。农业科技部门积极实现农、科、教相结合，仅1993年就推广先进农业技术37项，纯增效益两千万元。加大农业结构调整的力度，确立在抓好粮食生产的同时，大力发展高效益农田和林果、畜牧养殖业，为农业生产逐步向市场经济接轨打下了坚实的基础。

在座谈中，与会人员比较客观地分析农业科技工作中存在的问题，归纳起来主要有以下几个方面：一是重视程度不够，认识尚待提高。二是人员不稳定，机构不健全。三是对农业科技工作投入少，经费不足。四是农产品产后服务及农产品深加工跟不上，成为制约经济发展的重要因素。

为抓好农业科技工作，促进全县农业发展，与会同志一致要求：一要切实提高对农业科技工作的认识，加强领导，把科技工作真正列入党委政府的议事日程。二要完善机构，建立网络，逐步实现农业技术推广网络化的要求，以适应农业现状。三要增加收入，备足后劲。鼓励乡镇技术站自办实体，广泛开展有偿服务，走“以站养站”的路子。四要稳定队伍，加强管理，提高农业科技队伍的整体素质，解决农业技术队伍目前存在的断层和断线的问题。各级宣传部门对优秀科技工作者的先进事迹要大力宣传报道，提高他们的社会地位和知名度。五要拓宽思路，发展农产品加工。

县委书记张志文于5月4日做出批示：政协做了件非常有意义的工作，今后要围绕全县的大事多议政、多参政，这样政协工作是大有可为的。纪要中所提出的问题很值得研究，请景福、秀峰牵头，组织农委、体改办、财政局、编办、组织部议一下，从实际出发，采取措施，解决一些实际问题，哪怕先解决一两件也好，比如配齐科技副乡长问题，一些乡镇也有这个呼声。

**对防汛工作进行调研** 2004年7月20号，县政协召开六届七次常委会议。听取协商政府副县长宋静《关于县政府2004年防汛工作开展情况的报告》。常委们建议：在对洪涝预防的同时，还要对防止沥涝危害农作物，采取相应的措施，以确保农业增产、农民增收；同时对县城重点部位如何安全度汛提出一些建设性意见。

2009年7月22日，县政协领导班子成员对全县防汛工作进行集体调研。县政府主管领导及有关部门负责同志参加座谈会。在听取全县防汛总体情况后，与会人员进行了讨论。一致认为：县防办对行洪河道情况摸得透，问题查找得准，防汛的各项准备工作谋划早，动手早，工作扎实。但同时也应清醒地认识到，防汛工作中还存在着一些问题，形势不容乐观。

一是气候不确定因素增加，极端天气事件有所增多，南方大多省市遭遇了雷雨大风、特大冰雹，华北地区也接连发生强对流天气，给防汛工作带来极大变数。二是由于多年干旱，年年防汛不见汛，干部和群众普遍存在麻痹思想和侥幸心理。三是清苑县地理位置特殊，处于十河下游，上大下小，与山地接壤，上高下低，处于低洼地带，上泄下滞，境内有多条高速公路和省道，堤身隐患较多，行洪障碍很大。针对存在问题，与会人员提出了有针对性的建议。

**协商文明生态村创建工作** 2004年8月10日，县政协组织部分常委听取生态文明办公室作的《关于生态文明村创建工作的报告》。主席和常委们根据本县的实际情况提出了几点建议：1.进一步加大宣传力度，调动广大农民群众的积极性和主动性，把文明生态村创建工作与发展农田林网建设有机地结合起来。2.要从改善人民群众生产、生活环境出发，充分考虑人民群众的切身利益，顺应民意，创建活动不搞“一刀切”，要结合实际，因地制宜，一村一策，做出长远规划。3.文明生态村建设要与当地经济发展、农业结构调整、生态旅游环境相结合，既为群众创造良好的环境，又让农民群众真正从创建活动中得到实惠。

**协调市政协开展新型农民合作组织协商座谈** 2007年8月8日，县政协协调市政协在清苑县进行农村产业化和新型农民合作组织课题调研活动。市政协副主席王旭波、研究室副主任王健、研究室综合处处长带队开展了课题调研。县政协主席宋静、副主席闫营志、苏秀义，相关农民合作社的负责人参加会议。市政协王主席从国际、国内形势、国家政策、具体实际情况等方面讲了对农村合作组织的看法。主要就现在农村合作组织的规模、运行情况、当前存在的问题、老百姓的呼声等问题展开座谈。到会人发言踊跃，边发言边讨论。

清苑的农民合作社创建以来，多的20多年，少的也有七八年，但规模还没有达到《中华人民共和国农民专业合作社法》要求的规模，处于初级阶段，要继续发展需要两个方面的因素，一是管理人员的素质，二是新型农民的素质必须达到一定水平。农村合作社可以做的是联系协调企业、销售渠道，卖低价农资给农民，并提供高于市场价的价格收购百姓的粮食，为社员办些事。农民可以得到的是：可以低价买进农资，可以享受技术无偿的服务，农产品可以卖个好价钱。

## 协商社会治安综合治理和“严打”办案会战情况

1996年8月15日，县政协召开四届十六次常委（扩大）会议。听取了县委副书记、政法委书记李同聚所作的关于社会治安综合治理和“严打”办案会战情况的通报。半年多来，县委、县政府正确认识去年社会治安综合治理全省排名落后的现实，自我加压，狠抓基层组织建设，强化基础工作，突出“制非”工作重点，努力把社会治安综合治理工作的各项措施落到实处。建立健全乡镇综合治理机构。加强基层派出所、法庭、司法所的建设。全县农村普遍设立治保会、民调会和巡逻队。初步形成上下贯通、左右衔接、点线面结合的综合治理网络。“严打”统一行动虽然起步晚任务大，但由于领导部门重视，参战干警的艰苦努力，

“严打”行动在短时期内取得了辉煌的战果。

与会委员对李同聚的报告表示满意。一致认为，上半年虽然因“五月会战”使部分工作受些影响，但总的看各项工作完成的比较好，取得这样的成绩相当不易，委员们希望县委、县政府继续加强对经济工作和社会治安综合治理工作的领导，按照下半年的工作目标抓好落实，争取全面完成1996年各项工作任务。

**协商形象建设**

1997年8月26日，县政协召开四届二十二次常委会议。会议听取协商形象建设进展情况。县形象建设推委会副主任、县委常委、秘书长宋静就“形象建设进展情况”进行通报：今年的形象建设，坚持“整体推进，全面提高，内强素质，外塑形象”的方针，认真谋划，积极组织，强力推进，一手抓硬件，一手抓软件，取得了明显的阶段性成果。与会常委认为：形象建设工作成效比较显著，取得的成绩令人鼓舞，从中可以看到县委抓形象建设的决心和力度。但存在的问题也不容忽视。对全县的形象建设工作，要有一个清醒、正确的认识，既要看到已有的成绩，也要看到差距和不足；要看到抓形象建设的艰巨性，更要坚定搞好形象建设的信心和决心。与会常委同时指出：形象建设是一项长期的系统工程，涉及方方面面、关系到千家万户，只有各单位、各部门齐抓共管，广大干部群众共同参与，锲而不舍，持之以恒地抓下去，崇尚文明、注重形象的风气树起来，才能巩固已取得的成果，并不断推进形象建设向纵深发展。与会常委还就形象建设中的一些具体问题提出了意见和建议。

**协商县政府大事实事**

**协商县政府关于“6项22件大事”进展情况** 2002年11月1日，县政协召开五届二十七次常委会议。会议听取副县长丛国栋所做的《清苑县人民政府关于“22件大事”进展情况的报告》。年初，县政府确定了以基础设施建设为主要内容的“6项22件大事”，并将“22件大事”放在政府工作的中心位置来抓，在实施过程中严密部署、明确责任、加强调度、狠抓落实，并根据实际情况，对个别因条件不成熟或其他原因，且实施难度大的大事实事，进行及时调整。县政府努力克服困难，积极协调，创新工作，保证了“22件大事”的顺利进展，确保了各项决策部署的顺利和扎实落实。“6项22件大事”中除个别项目外，大多数建设项目已完成或接近完成。与会委员对“6项22件大事实事”的进展情况表示满意，同时希望县政府继续加大力度，加强督查和调度，积极推进大事实事的整体进程，确保“6项22件大事”落实。

**协商县政府关于2004年十件实事完成情况** 2004年10月26日，县政协召开六届八次常委会议。会议听取县政府关于2004年十件实事完成情况的汇报。与会常委们畅所欲言，各抒己见，就十件实事的完成情况展开讨论。讨论过程中，副县长张晓东听取常委们提出的意见和建议，并对十件实事的办理和落实情况向大家做了详细说明。讨论结束后，政协主席丛国栋指出：2004年委员提案和县政府十件实事的落实情况充分体现了县委、政府以人为本、关注民生、体察民情的工作作风。政府的决策符合中央提倡的落实科学发展观和树立正确政绩观的总体要求，也真正体现了政府工作实事求是，量力而行，尽力而为，一切从实际出发，全心意为人民服务的施政思路。各位常委回到自己的工作岗位后，要充分发挥自身优势，大力宣传党和政府的方针政策，多做理顺情绪，化解矛盾的思想工作，自觉为清苑的经济发展和社会进步献计出力。

**协商县政府关于2005年十项民心工程进展情况** 2005年11月18日，县政协召开六届十二次常委会议。会议听取县政府关于2005年十项民心工程进展情况的汇报。县政府对十项民心工程高度重视，积极运作，十项民心工程部分已顺利完成，部分正顺利推进，预计12月中旬均能完成。常委们对十项民心工程的进展情况表示满意，一致认为：十项民心工程的实施，充分体现了党委和政府以人为本、关注民生、心系百姓的作风，也是党委、政府忠实践行“三个代表”重要思想的具体体现，符合中央提倡的落实科学发展观和树立正确政绩观的总体要求。特别是沃土工程，加强农村交通建设等项工程的实施，使广大农民群众得到了实惠。会议希望县政府及有关部门要进一步加快工程进度，加强调度指挥，确保十项民心工程顺利推进，如期完成。

# 第五章 民主监督

民主监督是政协基本职能之一。清苑县历届政协委员会认真履行民主监督职能，对国家宪法、法律和地方性法规的执行情况和涉及全县的重大方针、政策、群众关心的热点问题，通过组织委员视察、检查评议、委员提案、委员举报等形式，向县委、县政府提出建言和建议。政协委员还被聘为县法院、检察院、公安、工商、税务、审计、土地资源、环保等部门执法监督员。

清苑县政协在工作实践中，不断探索民主监督的方式方法，强化民主监督。针对重大问题、社会生活中敏感的热点问题进行民主监督。县政协制定实施《政协清苑县委员会关于县政协委员持证视察工作的暂行办法》，使民主监督工作进一步制度化、规范化。

县政协坚持在参与中监督，在监督中参与，将委员视察作为民主监督的重要形式，大力助推经济和社会事业又好又快地发展。

## 第一节 联合视察

### 视察农业生产

**市政协领导到县视察** 1990年5月9日，由市政协主席田福庭、副主席秦永业和王健、毕恒武、孙颖洲等专家教授一行十三人组成的视察团，对清苑县小麦长势，棉花种植和中低产田改造情况进行为期一天的视察。县委书记刘德忠、县长程瑞田、县政协主席李荣久、副主席吴志杰等陪同。

视察团先后对北店乡万亩小麦丰产方、张登镇吕家屯果粮果油兼作、南营头棉花丰产方、东闾千亩小麦试验田、魏村千亩小麦丰产方、白团乡甜叶菊厂进行了实地考察。视察后，专家教授进行了座谈，一致认为，小麦长势普遍良好，丰收在望。棉花播种情况喜人。同时还就一些关键性问题提出意见和建议：一、根据当前气候状况及小麦长势情况来看，小麦不存在缺水、缺肥问题，夺取今年小麦大丰收，关键在于防止小麦后期倒伏问题。因此，建议各级应引起足够的重视。要看天气浇水，及时传播天气预报信息。对小麦不要浇大水，宁可失之旱，不要因浇水导致倒伏。大致上看，今年小麦一般不缺肥，有的氮肥偏多，目前不宜再施肥。二、小麦品种不错，还要注意优选，要发动群众，自力更生，选好当家品种，注意品种布局。从整体优势来看，“215”“冀麦24”作为当家品种为好。三、根据小麦生长不够均匀，有头重脚轻现象，建议今后要打好种麦基础，要早播种，减少播种量，降低播种密度，播种方式最好使用机播。四、根据“地膜棉”中期生长过猛，后期容易早衰的特点，要特别注意搞好中期控制，少浇水，少施肥，精细管理。五、大面积的棉花种植，特别注意抓好棉花密度。水浇地以每年3500～4000株为好，新开沙地以每亩5000～6000株为好。水浇地每株苗果枝12个左右，新开荒地每株苗果枝9个左右为宜。六、根据5月份湿度偏高，温度偏低的情况，估计棉花病虫害会较严重，因此要做好防治工作，在注意用药的同时，要耙2～3次。

**市、县政协联合视察小麦长势情况** 1991年5月15日，由市政协主席田福庭、副主席秦永业、孙颖州和农大专家教授组成的视察团一行9人，对清苑县的小麦长势情况进行为期1天的视察。县政协党组顾问张孝祯、政协副主席霍宗华、吴志杰及县农委、农业局等负责人及部分政协委员也陪同视察。

视察团先后对北和庄、南营头、东闾、百家小麦进行实地视察。视察后，市政协领导和专家教授根据考察的情况进行座谈。县长程瑞田参加座谈会。座谈中，市政协领导、专家教授一致认为：清苑县今年的小麦长势良好，特别是低产田变化更大，丰收在望，很可能是第三个丰收年。同时提出了一些意见和建议：1.小麦正是扬花期，需水量大，更注意适时浇水，但要注意天气变化，以防倒伏。2.现在病虫害危害不大，但要提起注意，农技部门要加强监测，一旦发现要抓紧除治。3.小麦品种还有混杂现象，有的地块还是下种量过大，今秋种麦要解决这两个问题。4.在夏收的同时，要注意夏季玉米的种植，以便达到全年丰收。5.要总结今年小麦丰收的经验，特别是沙地改造和低产田变高的经验。6.要做好夏收准备工作，生产资料要及时供应，防止麦场火灾发生，及时发布气象信息，要达到丰产丰收。另外，还对棉花种植情况和百家洼秋春植树提出了一些意见和建议。主要是棉花有的出苗不全，有的小树发生了病害，要尽快采取措施。

**县政协会同县政府组织视察** 1990年8月8日，为进一步促进玉米丰收竞赛活动的深入开展，夺取秋季农业大丰收，县政协组织农业科技界12名政协委员（其中市政协委员1名），在副县长杨保仲及农委、农业局、科委等有关部门负责人的陪同下，对玉米、棉花进行了大范围的观察。

此次视察是以县级领导的示范田为主，结合乡、村级的丰产方进行全面视察。一天时间内，重点视察了中冉、魏村、郝庄、大魏庄、北店、大庄、南营头、百家、石桥等乡镇村。视察后委员们一致认为，由于县委、县政府及全县广大干部群众的积极努力，1990年的玉米、棉花长势普遍好于往年，丰收在望，其特点是：施肥比较足，植株密度比较大，达到了苗全、苗齐、苗壮，为确保玉米、棉花等秋季大田作物丰收，委员们提出了许多意见和建议。

1995年4月7日，政府副县长段秀峰、人大常委会副主任杨保仲、政协副主席赵丛仁一行会同电力局、县社、县农业局有关部门负责人，对东闾、大庄、耿桥、何桥4个乡镇的春耕生产和小麦管理情况进行了联合视察。在视察中，县领导与4个乡镇的有关领导进行了座谈，并深入到田间地头进行了实地调查。通过视察发现了小麦春季管理中存在的问题。主要是：各乡镇麦田普遍存在旱情严重的现象。由于干旱引起小麦的“红蜘蛛”病的蔓延，已经造成小麦减产的定局，部分地块的减产幅度预计将达到四至五成。其中东闾、耿桥两乡的旱情、病情尤为严重。视察组同各乡（镇）、村的领导一同分析了造成上述严重后果的原因，并作出指示，提出具体要求，指出了补救措施。

### 市、县政协联合视察农田水利基本建设

1991年9月5日至6日，市政协领导、农大水利专家和县政协领导一起，实地考察唐河、清水河和农田水利基本建设情况，并听取县水利局工作情况汇报。视察考察之后，市政协领导和专家们建议：1.要充分认识水利问题的重要

性、迫切性，加强领导、加强宣传。2.对唐河流域的温仁、南王庄、东石桥等八处险工险段工程，要尽快会同有关专家，制定出有分析、有论证有比较、切实可行的治理方案，跑部进厅，尽快立项。3.依法治水、统一领导、统一管理，纠正“九龙治水”的局面。

### 部分政协委员和机关人员开展视察活动

1993年9月7日，县政协组织部分政协委员及机关干部13人对东顾庄冷冻厂、北沟头东风钢厂、牛庄庭院葡萄、科协珍禽动物养殖所进行了为期1天的视察活动。

在视察中了解到，清苑冷冻厂自1987年建厂以来经过两次扩建，上了三步台阶，现已拥有两个大库、两个低温库、10个恒温库，准备再建一个大库，总容量达5000多吨，规模居全国之首。主藏蔬菜蒜薹已畅销北方市场。

发展庭院葡萄是北店乡政府、牛庄村委会，为开发农村庭院经济，为农民办实事，引导农民脱贫致富所实行的有效方法。经过3年的努力，牛庄村家家种上了葡萄，有的已形成规模，并初见成效。参加视察的行家，就葡萄的种植管理等问题，提出许多中肯的意见。

对政协委员刘华山所建的东风钢厂的视察中了解到，东风钢厂自1992年6月动工筹建，历尽千辛万苦，现已基本建成，总投资900多万元，生产国家A型标准钢材，年产值可达近亿元。预计国庆节可正式投产，将对清苑黑色冶炼的发展，将起到龙头作用。

对科协珍禽动物养殖所参观视察后，参加人员认为，珍禽动物的养殖是农民致富的好门路，应大力发展，但目前应着重加强这方面的宣传工作。

### 县政协联合县人大视察路桥建设

2004年6月9日上午，由县政协、县人大组成的视察团，对公路桥梁建设情况进行了视察。视察团在副县长郭海山和交通局有关领导的陪同下，先后对保衡路至东闾的乡间公路和高庄清水河大桥的建设情况进行了实地考察。视察期间，县政协和人大领导详细听取了交通局有关领导的建设情况汇报，并对公路、桥梁的施工速度和工程质量给予了充分肯定和高度评价。视察团认为：在当前财政极为紧张的艰苦条件下，交通局能够克服困难，迎难而上，巧作“无米之炊”，这是他们忠实践行“三个代表”重要思想的具体体现。路桥建设是一项惠及千家万户的民心工程，对农村经济发展，对外开放，全面建设小康社会及当前的生态文明村建设都有至关重要的促进作用，做好此项工作，影响重大，意义深远。希望交通部门的广大干部职工，发扬传统，克服困难，充分发挥自身优势，把好事做实，多修路，修好路，为“两个文明”建设工作做出更大的贡献。

## 第二节 视察重要事项

### 视察县委4件实事落实情况

1990年9月20日，为了协助县委《关于加强同人民群众联系的几项规定》的落实，县政协组织县直17名政协委员；在县政协主席李荣久带领下，对在县城要办的4件实事（即解决入学艰；买煤难；吃水难；行路难）落实情况进行视察。教育局党组书记张新民、物资局长张树彬、建委副主任李建平就解决县城“四难”的工作作了详细汇报和说明，然后又到建校施工现场，听取施工负责人保证工程质量的情况介绍。委员们一致认为，县委五届六次全委（扩大）会议通过全县1990年内要完成的“九件大事”后，县委及时召开常委扩大会议，按照“一件大事一套班子”的原则，县委、县政府领导按照各自的分工，认真负责，精心组织，临阵指挥，狠抓落实，各主管职能部门密切配合，发动群众，克服困难，积极行动，各件实事办理进展较快。新建二中和扩建小学的工程已全部建好围墙，教学楼等主工程已开槽夯基。扩建中心街的拆迁，排水管道的铺设已经初见成效，正破土拓宽路面。为解决买煤难的问题，增设的北大冉煤场可储煤25000吨。扩建的成煤加工厂房即将竣工，设备已购进，不久亦可投入生产。为解决吃水难的问题，可望年底完成水厂一期工程。对此委员们表示满意和赞扬。委员们提出的意见和建议：1.百年大计，质量第一。清苑县这次改造中心街和新建二中，都是耗资较大的工程，务求为国为民计，高标准、严要求，加强质量检查，严把质量关。2.抓紧时机，加紧施工，保证工期，二中和小学工地明年招生前要如期完成。修路工程一定要抢在上冻前完工，以便保证路面质量。3.鉴于解决吃水难工程的资金严重短缺，建议采取向群众“借资”或发动群众“捐资”的办法筹措一部分，只要将县城饮水的污染程度（大肠杆菌的数量有的超过国家规定标准的30倍或160倍）向广大干部群众讲清楚，人们是会接受的，也符合人民城市人民建的方针。4.为进一步解决买煤难问题，鉴于煤建是保本微利单位，建议主管部门依据保定市的做法，报请县政府，在税法允许的情况下，可适当减免一些税收，用以补贴解决买煤难问题。

**视察县城文化市场**

1995年4月7日，县政协组织部分委员会同文体委、广播电视局、教育局等有关部门负责人，对县城的文化市场进行了检查。委员们视察了新华书店、报刊零售点、录像厅、电子游戏厅、营业性歌舞厅、影院、剧场等15个文化娱乐场所，就他们的守法经营、文明服务、治安秩序、卫生状况等一系列问题进行了视察。在视察过程中，委员们对文化市场的基本状况感到满意，同时也对部分场所内的卫生状况差，服务不文明的行为进行了批评，并给他们提出一些具体的要求。

**视察工业及乡镇企业**

1995年10月24日，县政协组织部分市、县政协委员一行30余人，对新兴工贸区、化肥厂、农机修造厂以及部分乡镇企业进行了视察。上午，视察组一行由政府副县长董宝堂陪同，首先参观县城新兴工贸区。委员们详细听取了董宝堂关于新兴工贸区“四通一平”项目建成情况的介绍，并深入保定东方中药厂、喜龙食品有限公司、中苑饲料有限公司、氨基酸厂等大型骨干企业进行了视察。委员们对工贸区的建设成果表示满意，并希望各职能部门加快建设速度。委员们视察了农机修造厂和化肥厂，听取了厂长于瑞年的汇报，视察组对两厂在搞活国有企业深化国有企业改革方面的一些成功做法给予了肯定，并建议县委、县政府在全县范围内推广化肥厂的先进经验，进一步搞好国有企业。下午，市、县政协委员们到利民冷库肉鸡切割生产线、中天集团铅冶炼厂等乡镇企业进行了视察。

### 视察1995年十件大事

1995年12月13日，县政协对县政府确定的1995年十件大事落实情况进行视察。

十件大事是：1.保南500Kv变电站和县城110Kv变电站征地及基础工程；2.保清工贸一条街规划设计、项目布点、绿化美化后期工程；3.清苑宾馆二期工程；4.张望公路张登至冉庄段拓宽改造工程；5.开通移动电话、大庄、何桥、魏村光缆传输，冉庄、温仁片农村程控电话工程，实现全县通讯自动化；6.城东开发区全部实现“三通一平”；7.完成县城总体规划和对县城新华街、振兴路、育红街、永春街进行拓宽翻新工程；8.县职教中心三期工程；9.冉庄爱国主义教育基地一期工程；10.图书馆建设和申请建设县正式电视台工作。此次视察了振兴路、新华街、育红街、永春街、光明街、城东经济开发区、冉庄爱国主义教育基地和县职教中心，还观摩了县交警大队干警学济南交警专业训练表演。

与会委员一致认为，县委、县政府对1995年十件大事是重视的，工作是得力的，尽管遇到这样那样的困难和问题，落实的还比较好，委员们比较满意.同时委员们建议对目前尚未落实的大事要继续抓紧落实，争取善始善终地把十件大事全部落实。

## 第三节　视察职能部门

### 视察行政执法部门

1996年9月上旬，县政协组织有关方面的政协委员组成视察组，对工商、地税、交通等行政执法部门进行视察，认真听取3个部门行政执法情况的汇报，并就有关问题进行座谈协商。视察组对3个部门的工作予以充分的肯定。就存在的问题，与会委员与各单位领导交换意见，对3个部门的工作任务重和执法难度大等问题表示充分理解和大力支持。视察组希望，在今后的工作中，各单位要坚定完成任务的信心，克服执法中的困难，总结成功经验，确保全年任务的完成。牢记权力是人民给的，抓好行政执法队伍建设，行使好人民赋予的权力，为经济建设作贡献，为清苑形象添光彩。

### 视察形象建设

1997年8月14日，县政协组织部分政协委员会同工商、城建、卫生等部门的负责同志对形象建设进行视察，听取了县形象建设推委会关于清苑县形象建设情况的通报，并实地视察县城的城容城貌、107国道沿线以及环保定的五尧、百楼两个乡镇的城乡接合部的整治情况，就有关问题进行协商座谈，提出了意见和建议。

委员们认为：经过前一段时间的集中治理，形象建设取得一定成绩。县城、环保定市的城乡接合部、主要交通干线两侧等重点部位的外部环境有了较大改观。尤其是县城的环境，经过今年三次大规模的义务劳动和一段时期的集中治理，清理堆积多年的垃圾堆，整顿店外经营、乱停乱放、乱贴乱画等不良现象，使县城的环境卫生和公共秩序得到了改善。广大干部群众比较满意，委员对此也表示满意。同时委员们也指出，形象建设中存在的问题仍很突出：抓形象建设的力度不够，时松时紧，反弹严重，阶段性成果很难巩固；干部群众形象建设的意识不强，舆论气氛不浓，形象建设的死角死面仍然不少。

视察组指出：形象建设不仅仅是简单的清理环境卫生，也是一项涵盖着丰富内容的系统工程。形象建设的工作内容要从治理外部环境向树立内在形象转移。形象建设不是一朝一夕的工作，要长期坚持抓下去，在工作中不断总结经验，探索方法，稳步推进。形象建设不只是一个艰苦的工作过程，更是一个人们思想观念更新的过程，要下力量抓好广大干部群众形象意识的提高这一关键环节，加紧制定出台各种规章制度，规范人们的行为，把形象建设不断推向深入。

### 视察植树造林工作

2002年4月12日，县政协组织部分政协委员视察植树造林工作。委员们听取县农林局2002年林业工作情况汇报。视察组一行深入田各庄至冉庄旅游公路、高速公路，实地察看植树造林现场。委员们对全年植树造林工作取得的成绩给予充分肯定，并就绿化工作的进一步开展提出了许多意见和建议。

### 视察民政局

2002年4月16日，县政协组织部分政协委员到县民政局进行视察。委员们听取民政协局工作情况的汇报。委员们对县民政局的工作给予充分的肯定，同时对今后的民政工作提出意见和建议。汇报结束后，视察组一行到常青公墓进行参观视察。

### 视察畜牧业

2002年5月31日，县政协组织带领部分政协委员到畜牧局就畜牧业的发展情况进行视察。视察组一行听取县畜牧局关于畜牧业基本情况的汇报。委员对畜牧业的发展表示满意，并对畜牧局充分发挥职能作用，积极探索新型养殖小区生产模式、大力推进畜牧产业化经营、发展订单畜牧业等项工作给予充分肯定。同时指出：畜牧业在发展过程中仍存在管理粗放、质量效益不高、组织结构松散等亟待解决的问题和矛盾。委员们就此与畜牧局的负责人进行座谈，提出许多意见和建议。座谈结束后，委员们还到温仁镇南段庄万只羊养殖园区和北店乡肉牛养殖示范园区参观。

### 视察市场建设服务局

2002年8月1日，县政协组织部分政协委员到市场建设服务局进行视察，检查指导工作。市场建设服务局领导汇报市场建设服务局组建以来的工作情况。委员们对市场建设服务局成立以来的工作表示满意，并就市场建设服务局工作中存在的问题和困难与局领导进行座谈，提出抓好班子，带好队伍、解放思想，谋划好工作思路、加大对市场的管理与服务力度、积极争取各界的支持、加大市场的建设力度等意见和建议。

### 视察质量技术监督局

2002年8月8日，县政协组织部分政协委员对质量技术监督局进行视察。委员们听取质量技术监督局工作情况的汇报，对质量技术监督局的工作给予充分肯定，同时指出：质量技术监督局肩负着质量技术监督和行政执法工作的重任，与人民的生产、生活息息相关，与县域经济的发展壮大密不可分。希望质量技术监督局在今后的工作中进一步加强行风建设，加大行政执法力度，增强服务意识，为广大群众的生产、生活和经济的快速健康发展做出新的贡献。汇报结束后，视察组一行到质量技术监督检验所实地参观。

### 视察公路建设

2002年10月11日，县政协组织部分政协委员对县乡公路建设情况进行视察。在县交通局负责同志的陪同下，视察组一行到朝阳路南延接北环工程的施工现场。为工程技术人员送去方便面、矿泉水等慰问品，并详细了解工程的进展情况，同时要求工程技术人员加快施工进度，确保工程质量，力争在11月中旬使朝阳路南延接北环工程建成通车，以优异的成绩向党的十六大献礼。在县交通局会议室，视察组一行认真听取县交通局关于县乡公路建设情况的汇报。委员们对县乡公路建设取得的成绩给予高度评价，并就进一步搞好公路养护、加强质量监理等问题提出意见和建议。

### 视察财政工作

2002年10月22日，县政协组织部分政协委员视察财政工作。委员们认真听取县财政局关于《清苑县财政局2002年1至9月份财政预算执行情况的汇报》，并对财政工作形势与财政局有关领导进行充分的协商讨论。委员们对2002年以来的财政工作给予充分肯定。同时指出：财政工作关系全县的稳定大局，财政工作形势依然严峻，支出的过快增长、乡镇历史欠账、周转金和农村基金会贷款回收效益低以及2002年自然灾害等因素，对财政形成巨大压力，希望有关部门和领导引起高度重视，尽快予以解决。

对财政工作委员们提出了意见和建议：一要进一步抓好财政局领导班子建设，加强财政工作队伍的教育和管理，为做好财政工作打下良好基础；二要加强财政预算执行力度，依法强化征收，严格控制支出，确保财政正常运转；三要尽全力向上争取资金，弥补本县的财力；四要按照“综合预算、比例留成、专项申请、专人审批”的程序和办法，加强预算外资金的管理，缓解财政压力；五要下大力解决财政周转金和农村基金会贷款问题，要依照法律规定，加强清收力度，打一个清收农村基金会贷款和周转金的翻身仗。

2009年7月14日上午，县政协组织部分政协委员就全县财政税收工作情况进行了调研。

在听取上半年全县财政税收工作情况后，与会人员进行了讨论，认为：1.由于产业结构不合理，受市场制约和国内外环境变化影响较大，财政税收面临前所未有的困难和压力。2.财税部门认真落实县委、县政府指示精神，深入分析减收因素，制定具体措施，做了大量艰苦细致的工作。3.财税形势依然严峻。上半年财政总收入、一般预算收入、国税地税收入均未实现“双过半”，收入缺口大，形势严峻。4.目前，我国经济形势企稳向好。重点项目建设相继开工，效益正在逐渐显现。财税部门采取超常举措，完成全县收入任务还有希望。对此，提出了三点意见。一是要树立强烈的责任意识。要从政治的、全局的高度来认识财税工作，做好财政工作。二是完成全年收入任务的信心和决心不能动摇。三是树立过紧日子的思想不动摇。最后，委员们一致建议，由政协常委会向全县企业界委员发出倡议书，加大宣传力度，号召企业体谅政府的难处，依法纳税，多做贡献，共渡难关。

### 视察公安工作

2003年10月17日上午，县政协组织部分政协委员到县公安局视察，检查指导公安工作。视察组一行听取了县公安局2003年公安工作及队伍建设情况的汇报。大家对公安机关所发生的变化和取得的一系列显著成绩给予充分肯定，特别指出的是班子凝聚力、战斗力、表率作用明显增强，队伍整体形象整体改观，执法办案质量不断提高，全县社会治安基本平稳，群众满意率大幅度上升。同时，委员们还就严打工作、队伍建设、执法观念的转变、破案质量等方面提出一些意见和建议。一是要始终把维护稳定工作摆在首位，为全县的改革发展创造良好的治安环境，真正为群众解决实际问题；二是要抓好基层的规范化建设，按照“四要”精神，用制度规范民警执法行为，提高执法水平，确保严格规范执法；三是加强公安队伍建设，特别是要狠抓班子建设；四是继续抓好“五条禁令”“约法三章”的落实，确保队伍不出问题。视察组希望公安机关实现“四个转变”。即执法观念大转变；服务意识明显转变；队伍形象明显转变；群众满意率明显转变并大幅度上升。座谈会结束后，视察组一行视察了交警车管站。

## 视察卫生工作

2003年11月28日，县政协组织部分政协委员到卫生局进行视察，听取卫生工作情况。对卫生局的工作情况特别是“防非”工作取得的成绩，视察组给予充分肯定，并就进一步健全和完善“防非”长效机制、推进农村医疗体制改革等工作，提出意见和建议。一是要进一步健全、完善“防非”长效机制建设，确保人民群众的生命安全；二是要超前谋划，稳步实施，积极推进医疗卫生体制改革；三是要健全和完善县、乡、村预防保健网，推行乡村卫生组织一体化管理；四是要抓班子，带队伍，改善就医环境，提高医疗水平推动全县医疗水平和服务质量的整体提高。

## 视察宋祖陵考古发掘工作

2008年5月23日，县政协领导宋静、丛国栋、闫营志、范同山、苏秀义、税国芳在县政府副县长李建元及县文体局、望亭乡负责人的陪同下，到望亭乡东安村的宋祖陵考古发掘现场了解宋祖陵考古发掘工作进展情况。在考古现场，宋静一行听取了宋祖陵考古发掘负责人、河北大学博物馆副馆长李文龙教授关于宋祖陵考古发掘工作进展情况的介绍，并对考古现场进行实地察看。宋静一行充分肯定此次考古发掘所取得的成绩，并指出：对宋祖陵的考古发掘以及对宋史的整理研究，不仅对历史文化研究具有重要意义，更对弘扬清苑历史文化、增强清苑文化底蕴、推动清苑社会发展具有重大的现实意义，希望参与考古发掘的工作人员进一步加快进度，早出成果。

## 视察食品安全工作

2011年6月16日，县政协班子集体视察食品安全工作。在听取县食药监局、工商、卫生、质监、农业、商业等部门食品安全工作开展情况后，与会人员进行讨论，提出加大宣传力度，大张旗鼓地宣传有关法律法规，在全社会营造食品安全监管的浓厚氛围；建立健全食品安全监管机制，做到县乡村各级都有人抓、有人管，监管到每个环节，每个角落；突出重点，抓好重点区域、重点部位、重要环节、重要节日的食品安全监管；加大抽检抽查力度，实行业主食品安全承诺，从身边做起，从小事做起，让群众切实感受到政府的工作力度，确保全县人民群众食品安全等意见和建议。

## 视察县城公园建设

2012年8月9日上午，县政协班子成员集体视察县城公园建设情况。视察组一行先到县城公园进行实地查看，详细询问有关情况，听取住建局负责人关于公园建设情况的汇报。视察组认为，建设公园是全县人民群众多年期盼的事情，也是政府出资建设公益事业投资最大的项目，社会各界都非常关注。县政府和建设部门在资金紧张的情况下，做出了最大努力，广大群众都发自内心的高兴和喜悦。对此，对公园建设提出5点建议：1.在公园建设质量上要求要严格。2.要体现以人为本，适当增加休闲、休息的设施和区域，让游人感觉身心放松、心情舒畅。3.公园的管理要跟上。建设部门要与宣传部门和城区相结合，制定文明公约。加强公园的管理，对不文明和破坏公园的行为要有处罚措施，确保公园建成后的良好秩序。在公园管理上政府应有适当投入，参照其他县市做法，纳入财政预算。4.细致做好公园后期建设工作。5.对公园内文化长廊、雕塑等不成熟的项目可以暂缓建设，让人民群众广泛参与。

## 视察城市管理“6S”行动开展情况

2013年10月15日，县政协组织部分政协委员视察城市管理“6S”行动开展情况。视察组一行先后到振兴路街头游园、保障房建设现场、花鸟鱼虫市场、县城集中供热建设工程进行实地查看，并听取住建部门负责人情况汇报。视察组成员对清苑城市管理“6S”行动短时间内取得的良好效果给予肯定，并提出切实可行的意见和建议：1.要再造浓厚氛围。要加大宣传力度，充分利用电视台，定期制作城市管理“6S”行动专题节目，对市民的文明行为和不文明行为进行曝光，让市民在潜移默化中受到教育，提高环境意识，规范市民行为。2.要突出重点。城市管理“6S”包括整理、整顿、清扫、清洁、素养、节约。干净整洁、规范有序是重点。相关职能部门要因地制宜，重点解决好小街小巷卫生问题、车辆乱停乱放问题和店外经营问题。3.要建立长效机制。市民最担心的是干净整洁的环境能否长期坚持下去，要建立健全一整套科学有效的工作、监督、考核、奖惩机制，持之以恒地抓好城市管理各项工作。严格落实“门前三包”制度，加强摊贩的自我管理。充分调动各部门的积极性，逐步、逐层分解任务，让全民参与到城市管理“6S”的行动中来。4.要加大投入。环境卫生是一个城市的形象，也是公益事业。政府要高度重视，加大投入，为改善城市环境做好保障。

## 视察县城精细化管理情况

2014年4月24日，县政协组织部分市县政协委员视察县城精细化管理情况。视察组先后到农贸市场西口、迎宾西街马路市场、清苑公园、集中供热主管网铺设现场、团结路北沿施工现场、开发区道路建设现场进行了实地查看。

在详细听取住建等相关部门工作情况后，视察组进行认真讨论，一致认为：清苑在不断发展，县城面貌在不断改善，但是由于城市功能不全，造成生活环境的无序。虽然相关部门作了大量工作，县城小街小巷的卫生、车辆乱停乱放问题还很突出。群众对县城环境的期望值越来越高，管理的难度也越来越大。针对存在的困难和问题，视察组巩固创园成果，促进县城管理再上新台阶，提出5点建议：一是思想认识再提高。

县城的面貌，就是清苑的名片。当前，国家京津冀协同发展战略规划即将出台，保定将承接部分功能。如果清苑的形象好，受益就会大一些。因此，相关部门要进一步增强责任感，毫不放松地抓好城市管理工作，不断提升县城品味和形象，打造清苑靓丽名片。二是管理力度再加强。县政府要加大投入，保证人力物力财力。要进一步加大管理力度，尤其是小街小巷、乱停乱放、市场外溢等现象的治理，按照城市管理“6 S”要求，实行精细化管理。三是部门合力再集聚。住建、交通、公安、工商、市场等相关部门要根据各自工作职能，协调联动，形成合力，推动城建工作协调有序开展。四是管理机制再灵活。县城管理只靠住建一个部门的力量远远不够。住建部门要立足实际，帮政府出主意，建机制，逐层分解任务，明确责任，建立一整套科学有效的工作、监督、考核、奖惩机制，把各级各部门和社会方方面面的力量调动起来。五是文明素质再提高。要一手抓教育，加大宣传力度，培养居民主人翁意识。一手抓管理，对不文明行为严管重罚，公开曝光，形成“县城是我家，维护靠大家”的浓厚氛围。

# 第六章 参政议政

参政议政是人民政协基本职能之一，是政治协商、民主监督的拓展和延伸。清苑县政协充分发挥自身优势，选择党政部门重视、人民群众关心而县政协有条件去做的课题，大力组织研究，积极主动向党委、政府提出建设性意见建议，通过县政协主席列席县委常委会、副主席列席政府常务会、人大常委会和县政协主席办公会议、县政协常委会议、专门委员会会议等多种形式，参政议政；还通过重点研讨、专题调研、委员提案等渠道，在改革开放、经济建设和精神文明建设方面积极参政议政，对全县整体工作予以大力支持帮助和拾遗补阙。

## 第一节 参与经济建设大合唱

### 联合组织党外知识分子座谈会

1988年9月14日上午，清苑县政协、县委统战部与县科委联合组织召开清苑县党外知识分子商品经济大合唱座谈会，县农业局、水利局、林业局、畜牧局、电力局、粮食局、建行、经委、科委等单位的14名科技人员参加座谈会。会议围绕如何响应县委号召，积极开展商品经济大合唱展开热烈座谈、讨论。

与会同志踊跃发言，认为县委发出经济大合唱的号召是正确的、及时的。只有把全县人民、各个层次的积极性调动起来，才能加快清苑县商品经济发展的进程。县委、县政府是大合唱总指挥，要听从指挥，唱出商品经济的最强音，科学技术是最重要的生产力，大家一定要发挥自身优势和聪明才智，在发展商品经济建设中贡献力量。与会人员分别就如何发展经济，搞好大合唱谈看法，提出许多好的意见和建议。如农业局工程师副局长王殿年、建行经济师王文木建议，发展商品经济，既要注重生产，又要搞活流通，但重点应是生产，要尽量多上些项目、多增加社会财富。金融部门投放资金，应着力支持生产型企业。对流通型的，特别是进行倒买倒卖的，在资金上要进行限制。电力局工程师、副局长万金钟建议，今后发展乡镇企业，鉴于电力能源紧张的状况，要尽量发展低耗能企业，不然，能源不能保证。应以供电站为中心，建立区域性乡镇企业，在供电站周围多建些厂子，以保证电力供应。畜牧局畜牧师屈成功在座谈中反映，现在农村中有不少闲散科技人员，县农技校的学生毕业后不少在家无事可干。建议有关方面应引起注意，把他们组织利用起来，充分发挥他们的作用。农艺师、科委主任吴志杰讲了科委在经济大合唱中的设想和具体措施，计划年内搞9个科研项目，目前正抓紧实施，以尽快通过鉴定发挥效益。

座谈会上，大家还就知识分子切身利益问

题提一些意见，如要求政府对知识分子就业问题、煤气供应问题给予适当照顾等。

张孝祯对大家的发言表示肯定和赞扬。指出搞好经济大合唱是全县人民的共同任务，也是每个知识分子的光荣任务。希望大家一定要谱写出美好篇章。大家今后有什么意见和建议随时向政协和统战部提出来，以及时向县委、县政府反映，把经济大合唱搞得更好。

## 关注骨干企业发展

1993年3月13日，县委、县政府、县政协领导带领财政、金融、电力等部门的领导，在北沟头东风钢厂召开现场办公会，研究解决东风钢厂新上项目资金缺口问题。政协原主席李荣久，现任主席张鹤亭、县委副书记田峻岩、副县长陈景福、段秀峰及县财政局、县人行、工商行、农行、建行、电力局、中冉乡的主要领导参加办公会。办公会由田峻岩主持。

党的十一届三中全会以后，在党的富民政策感召下，政协委员刘华山毅然组织5户农民集资2500元，干起了炼铁行业。通过精打细算，艰苦奋斗，到80年代末发展成为一个拥有一百多万元资金的股份企业，年纳税8万元。随着改革开放的不断深入，特别是邓小平视察南方重要讲话发表后，在政协的支持下，他树雄心、立壮志，决心在企业经营规模上再闯新路。1992年6月，刘华山牵头集资，县政协主席李荣久参谋筹划，开始筹建保定市东风钢厂。该厂采用纯氧顶吹转炉先进炼钢工艺，生产国家标定A3型钢锭，产品质量优，品种多，成本低，效益高，年产值可达5000余万元，年创利税250万元。此项目固定资产投入需650万元。已股份集资200万元，人行贷款100万元，保定市环北办事处贷款80万元，拆借资金50万元，旧厂转来90万元，尚缺100多万元。

参加现场办公的人员首先考察建设中钢厂的配电、制氧供料、高炉、转炉、铸锭等几个重要部位，然后听取该厂负责人对筹建情况的介绍。一致认为，该厂建设规模大，炼钢工艺先进，有较强的市场竞争能力，加之刘华山等气魄大，干劲足，事业心强，该厂将会成为清苑县一个重要的财源支柱，前景广阔。县委、县政府、县政协领导关于对该厂的支持，作了重要指示，财政、金融部门负责人纷纷表示，要在资金紧张的情况下，克服困难，挤出资金，支持该厂上马。经议定，财政局出资40万元，县农行出资50万元，县人行、工商行各出资30万元，月底到位一半，4月中旬资金全部到位。

刘华山看到县委、县政府、县政协领导对钢厂建设如此重视，财政金融、电力等部门的大力支持，深受感动，当即表示决不辜负县委、县政府、县政协的期望及各部门的无私援助，一定要鼓足干劲，把钢厂建设好、管理好，争取年底向国家交税100万元。

## 为优化投资环境建言

清苑县地处内陆，没有沿海开放城市的优惠政策，没有丰富的矿产资源，如何在发展的潮流中谋得自己的发展，实现经济和社会一个质的飞跃，仅仅依靠自己的经济力量是远远不够的，必须有大量的外来资本注入才能实现。

如何吸引外来投资，如何利用好外来投资，这是面临的新问题。借鉴其他发达地区的经验，一个地区的投资环境，决定着当地经济和社会发展的动力，投资环境的优劣决定着投资者的取舍，所以，抓好抓实投资环境建设，已经成为一种共识。为实现经济和社会又好又快发展，县政协提出以下建议：

一是政府行政部门要为项目建设保驾护航。吸引外资不易，留住外资更难，让投资者满意、放心、有回报才能真正起到示范作用。从项目立项开始，政府要千方百计站在投资者角度考虑问题，要让投资者在项目招标、选择施工单位、监理单位以及施工过程中，享有充分的自主权，不能任人摆布，不能自己投资自己还说了不算。项目在建设过程中遇到任何问题，有关部门要解放思想，站在一切为了发展的角度，积极协调解决，必要时要为项目保驾护航，清除障碍，这样才能让投资者放心、满意，才能将更多的精力放在经营管理上。项目早一天建成，早一天发挥功效，就早一天为经济发展做贡献。

二是继续加大土地优惠政策，降低投资成本。在不违反国家土地政策的前提下，确保主导产业项目建设用地需要。对项目的土地出让金、土地租金等按法定最低标准收取。为了鼓励大企业继续加大投资，还可以承诺缓缴土地出让金、土地租金等，或按不同比例实行地价优惠政策，切实降低投资成本。

三是继续加大税收、能源优惠政策，降低运营成本。新企业自缴纳税收起，对地方留成部分，要给予力度更大的扶持；对能源补贴可否免除，各种能源价格可否根据企业规模实行差别价格，切实降低运营成本。

四是精简行政审批事项，提高办事效率。进一步精简审批事项，完善“一站式”行政审批。对于管理、监督、审批及提供服务事项，都要公布内容，限定工作时间，追究推诿扯皮、效率低下部门的责任。

五是营造宽松的投资经营环境。大力倡导“亲商、安商、富商”的观念，为营造投资环境打下坚实的思想基础。如，控制检查频次、控制例行检查人数等，留给企业更多的空间做经营、管理的事情。

六是维护企业合法权益，构建和谐环境。政府行政部门要切实负起责任，对聚众到企业无理取闹、干扰企业正常建设、生产、经营的，依法坚决、迅速予以打击。

## 第二节　参与治理、整顿

### 协助党委、政府<br>搞好治理、整顿工作

1988年11月21日～23日，中共清苑县委召开五届三次全委（扩大）会议，传达贯彻中央十三届三中全会和省委三届六次全委（扩大）会议精神，并结合清苑县实际制定出具体执行的措施。12月8日，县政协召开常委（扩大）会议，深入学习贯彻中共中央十三届三中全会和县委五届三次全体（扩大）会议精神，对政协组织积极协助党和政府搞好治理经济环境、整顿经济秩序、深化改革的工作，提出以下意见：

1.要协助党委和政府开展形势教育。为了统一人们的思想和行动，增强同党中央保持一致的自觉性，中共中央决定，要以治理经济环境、整顿经济秩序和全面深化改革为中心，向全党和全国人民进行一次广泛深入的形势教育。县委对此也作出具体安排。人民政协要积极配合党委开展形势教育工作。首先要发扬人

民政协自我教育的优良传统，搞好政协委员自身的形势教育。主要方法是认真学习中共十三届三中全会精神，以自学为主，还要利用委员学习日集中组织学习，收听有关形势教育的广播，积极参加党委召开的形势教育报告会、座谈会、对话会。通过学习，深刻领会中共十三届三中全会精神，正确估计十年改革的巨大成就，具体分析改革中出现的困难和问题，不仅知道党和政府为了克服前进中的困难和问题，采取了那些方针、政策和措施，而且还要知道为什么采取这样的方针、政策和措施，从而坚决拥护、支持贯彻执这些方针、政策、措施的自觉性。为治理经济环境、整顿经济秩序、深化改革献计献策。同时，还要发挥政协联系面广的优势，向各界人士和广大群众开展形势教育，利用多种群众集中的场合和走家串户、探亲访友等形式，向群众做好思想政治工作。要把成绩讲够、困难讲透、办法讲明、前景讲清。对群众中的思想、要求、疑问进行分析研究，提出意见和建议，及时反映给党委和政府。

2.积极参与治理整顿工作，充分发挥协商监督作用。治理不良的经济环境，整顿混乱的经济秩序，不仅是个经济问题，而且是一个严肃的政治问题，关系到改革能否深入进行，十年的改革成果会不会受到损害，社会主义商品经济新秩序能不能建立，整个社会主义建设能否持续进行的大问题。因此，治理、整顿工作是人民政协参政议政的重要内容，运用人民政协的政治协商、民主监督的基本职能，积极参与治理、整顿工作。全体政协委员，要积极参加党委、政府关于治理、整顿方案和措施的协商讨论，对抵制通货膨胀、压缩社会总需求，解决经济生活中特别是流通领域出现的混乱现象，提高企业的经济效益，实现经济稳步增长等重大问题，进行认真的考察论证，研究探讨，提出有分量、有价值的意见和建议，可以是综合的，也可以是单项的，把这些意见和建议及时反映给党委、政府及有关部门参照运用。

3.发挥民主监督职能，搞好治理整顿工作。治理经济环境、整顿经济秩序，既要有严肃的法纪、政纪、党纪，还要有各种有效的监督。人民政协的基本职能之一是民主监督，要运用监督职能，在治理、整顿过程中进行有效的监督。如对哄抬物价、“官倒”、“私倒”、压缩社会总需求、增加有效供给、加强宏观调控、信贷管理、有令不行、有禁不止、以及国家机关和党政干部为政清廉等重要问题，实行有效的民主监督。对那些破坏改革深入发展、扰乱社会秩序的各种违法活动和腐败现象，要敢于直言，敢讲真话，敢于揭露，敢于斗争，如实向有关部门举报，是保证治理、整顿任务顺利完成的一项重要措施。政协还要把民主监督和舆论监督结合起来，利用政协简报，广泛宣传政协委员和各界人士在监督方面的情况，更好的发挥民主监督的作用。

4.深入实际，调查研究，了解民情，反映民意。当前改革正处在关键时期，情况复杂，矛盾很多，思想活跃，难度较大，存在风险，而又必须闯过这一关。这种形势要求人民政协比以往任何时期更要加强协商和监督，更要协助党委，政府协调各方面的关系，积极提出切实可行的意见和建议，因此，全体政协委员，要深入实际，抓住治理、整顿中的主要问题进行调查研究，只有经过调查研究，才能掌握第一手材料，才能准确了解和反映群众的思想、愿望和要求，才能对治理、整顿工作中存在的问题，提出有一定高度、深度、说服力强的意见和可行性建议，以提高协商、监督的质量和效果。同时，还要利用政协联系面广的优势，团结各方面的力量，调动一切积极因素，协助党和政府协调各方面的关系，妥善处理各种社会矛盾，针对群众普遍关心的“热点”问题，积极作好耐心细致的思想工作，帮助群众澄清混乱思想，清除埋怨情绪，保持安定团结的大好局面，维护党委和政府的权威，以保证党中央和国务院重大决策的贯彻落实。

## 治理资金“体外循环”

1989年8月，政协组织清苑人行行长、政协委员张庆达及有关人士，对清苑县资金“体外循环”的情况和问题进行了分析研究，提出5条治理意见：

一、现金“体外循环”情况。据不完全统计，全县人均持币量由1987年的189元增长到1988年的392元。1988年底城乡居民手持现金达2.5亿元，较1987年增长102%，集团单位1988年库存现金1013万元，较1987年增长188%，还有大量经营性现金形成星罗棋布的小金库。这些现金脱离国家银行所能控制的循环渠道。其成因有3个：一是清苑县有色金属、猪鬃、织布、塑料加工等专业户或合伙企业，物资交易形式以现金为主，特别是有色金属收购在1988年就投放现金8247万元。二是国营、集体企业的交易活动大部分属市场调节范围，使现金交易额急剧增加。1989年8月份对23个单位的抽查，支现金的有9个。三是银行在一些领域里结算渠道不畅，更加剧了现金交易的蔓延。如供销社从县直公司进货由托收承付方式结算改为委托收款，款项也“托”不上来，用同城票据交换也因县大地广，覆盖全县还有困难，致使县直公司用现金交易。

二、资金“体外循环”有多种形式。主要是社会集资。乡镇企业主要是股份集资，国营、集体企业主要是带资入股和全员风险抵押集资。据不完全统计，集资单位有163个，集资1904万元，相当于金融系统全部贷款额的9.4%，有效地缓解了资金紧缺矛盾。

资金（包括现金）的“体外循环”，是改革开放的形势下必然出现的经济现象。存在的问题是：体内循环失调，体外循环失控，造成很多不良后果，至少有以下4点：1.现金有去无回，或去多回少。1988年纯投放额为13269万元，较1987年上升38%。1989年上半年投放5262万元，虽较上年同期少投放907万元，但降低幅度仅为14.7%。大大低于保定辖区降低45%的水平。2.一些经营大户多头开户、多头支现。有一个经营大户，在本县和保定市开户六七个，此地现金管紧了，就到彼地支现。开户银行认为是经营大户，能大量存款，对多头开户问题充耳不闻，形成一种破坏性竞争，扰乱了金融秩序。3.现金交易的随意性和灵活性，使许多经销专业户避开了工商、税务、物价部门的监督，偷税漏税、违法经营的现象时有发生。4.集资办企业一般是集资解决固定资产，靠贷款解决流动资金。一些项目未经深入考察论证，就盲目上马，因筹资不足造成半拉子工程，或者投产后因经济效益不佳而被迫停产。不但集资收不回来，且大量拖累银行贷款。据对红星纤维板厂、自动化开关等十二个乡镇企业统计，已投资478万元，资金缺口297万元。由于银行贷款规模的限制，市场需要的变化，不能取得银行新的贷款，使这些企业陷入绝境。

三、治理资金“体外循环”应采取以下措施：

1.认真贯彻《现金管理暂行条例》及《实施细则》。两个文件颁布已近1年，但现金管理工作仍未全部步入法制轨道。据调查，上半年各专业银行都没有认真进行现金检查，《实施细则》列举的十四种违法现象，也没有按规定进行处罚。当务之急是建立和完善贯彻落实《条例》和《实施细则》的配套措施，即解决“三个急需”：一是开户银行急需建立一套对开户单位严格的现金检查制度；二是人民银行急需建立一套对开户银行现金管理监督稽核制度；三是人民银行上级急需公布一套现金管理稽核处罚规定（已公布的稽核处罚规定没有这方面的内容）。

2.积极清理整顿多头开户，其中方法是重新办理开户手续。在营业执照上注明“已在我行（社）开户”字样，其他金融机构不准再为其开户，过期不办的，视同多头开户，并在规定期内停户。跨专业银行系统多头开户的，由人民银行指定或企业选择，确定一个开户银行。专业银行系统内的由专业银行解决。人民银行对专业银行和其他金融机构的企业开户及清理情况定期进行检查，对违犯规定的给予经济或行政制裁。

3.推行结算改革，扩大票据交换范围。当前急需杜绝大额现金交易，特别是个体户腰缠几万甚至几十万元现金外出采购现象。要加速结算改革，疏通结算渠道，扩大县市票据交换覆盖面，推行商业信用票据化。对现金交易给予优惠的，一经发现，严肃处理。

4.加强对企业内部集资的疏导和管理。人民银行作为金融主管机关，必须严格集资审批制度，切实将集资规模控制在社会信用规模之内，抑制信用规模膨胀。专业银行要切实加强对企业集资管理，严格监督集资的使用，杜绝利用集资搞固定资产投资。凡用于计划内固定资产投资的，都要经过充分论证。堵塞新建、扩建与国家产业调整相违背的项目。

5.完善储蓄承包，提高服务质量。近年来，储蓄的竞争局面，繁荣了储蓄业务，成绩是明显的，但另一方面，由“储蓄大战”造成局部机构拥挤和布局不合理，出现了一些变相提高利率和“摸奖”之类为社会舆论所否定的方式。尤其值得注意的是，储蓄竞争并没有促使储蓄服务质量的明显提高，需要在这方面大作文章。强化“体内循环”机能是抑制“体外循环”的根本途径。

## 围绕学习十三届六中全会《决定》<br>关注县委开门整风活动

1990年5月5日，县政协召开部分委员座谈会。15名政协委员，政协驻会主席、副主席及县委统战部、政协“一室四委”的负责同志参加了会议。

会议紧紧围绕学习《中共中央关于加强党同人民群众联系的决定》，并结合县委开门整风等内容进行了座谈。与会同志积极发言，各抒已见，畅所欲言。大家一致认为，《决定》确实是一个马克思主义的好文件，其宗旨就是号召全体党员，继续发扬党的优良传统，加强党同人民群众的血肉联系，恢复党在人民群众中的形象与声望，是关系到国家盛衰兴亡的大问题。认真抓好《决定》的落实，将是一个长期而艰巨的任务，能否把《决定》落到实处，是对党的又一次考验，并进一步认识到政协和各委员所肩负的责任。结合县委开门整风工作，就当前干群关系问题进行了座谈，提出了中肯的意见和建议。一致认为，县委对于加强党同人民群众联系的问题十分重视，制定了许多规定和要求，做了大量工作，取得明显效果。

为了进一步加强党同人民群众的联系，还应继续抓好以下几方面的工作：一是进一步加强廉政建设，是消除腐败现象根本而有效的途径。要继续抓好六项廉政措施的落实，如清理住房不正之风的工作，要善始善终。二是加强政治思想工作，提高干部的政治素质，增强明辨是非的能力。近几年来，由于政治思想工作薄弱，致使一些人的政治素质较差，明辨是非的能力不高，直接影响着党的各项方针政策的贯彻落实，因此，要下大力加强政治思想工作，教育广大党员干部牢固树立明辨是非标准和道德标准。三是大批干部深入基层，深入农村，这是改善干群关系，密切联系群众的措施之一。当前的问题就是要进一步加强下乡干部的管理，真正深入到广大群众中间，为群众解决实际问题。同时要进一步加强基层组织建设，切实解决好农村基层组织中存在的问题，使基层组织作用得到充分发挥。四是在市政建设方面，要下大力解决居民吃水难、住房难、适龄儿童就学难的问题。五是在社会治安方面，要集中力量对扰乱社会治安的不法分子进行严厉打击，保障人民正常的生产和生活秩序，对部分秩序混乱的乡村要重点进行治理。

### 建言整顿金融秩序和财税纪律

1993年，经济在大步前进中受全国环境的影响，出现了一些矛盾和问题，有的暴露得很明显，如3～5月份金融储蓄大幅度滑坡，城乡居民存款支付不灵，压票压汇、重点项目资金不能保证等现象很突出（部分农村信用社尚未能扭转局面）。造成这些现象的原因主要是金融秩序混乱，受乱集资、乱拆借的影响，居民储蓄减少，大量资金分流，形成“体外循环”。在财经纪律方面，突出问题主要是对预算外资金管理不严，“权力割据”，资金流失严重，影响了经济建设。对以上问题，四届三次政协常委会非常关注，进行了热烈讨论，经研究，向县政府提出如下建议：1.落实中共中央、国务院关于当前经济情况和加强宏观调控的意见，采取必要的行政手段，做好资金宏观调控工作。2.县政府在近期内，应组织专题会议对金融财经工作深入研究，进行部署，采取有效措施，强化宏观调控力度，把金融秩序和财经纪律切实整顿好。3.县政府应将整顿金融秩序和财经纪律工作列入下半年的重要议事日程，加强领导，一抓到底，务必抓出成效。

## 第三节　关注“三农”关注民生

### 建言农业良种繁育基地建设

1989年6月2日，县政协副主席张孝祯、政协常委、科委主任吴志杰同科委的刘玉敏、种子公司的刘汉华到沈百户部队农场进行考察。认为部队农场是很好的种子繁育基地。

农场有耕地1541亩，其中种植小麦1200亩。聘请县政协常委李树国担任技术顾问。小麦长势好于往年，亩产可望达到300公斤左右。有两个品种可在全县普及推广。一是冀麦26。这个品种得到国务院总理李鹏的好评和国家农委的特等奖励。其特点是抗倒伏、抗病害、高产。该农场共种300亩，估计总产9万公斤。博野县种子公司要全部收买这个品种，该农场的部场长表示：我们驻在清苑县，多数种子给清苑，最少卖给5万公斤，剩下的给外县。还有一个小麦品种叫327，是科委主任吴志杰从中国农科院引进的一个新品种，当时只给0.5公斤种子。1987年通过县政协常委吴树楷用一穴一粒点播繁殖法产种270公斤。1988年种麦时通过县政协常委李树国在该农场播种20亩。长势很好，其特点是：杆矮粗壮，抗倒伏，抗锈病和白花病，穗大、码密、粒鼓、喜肥水、增产潜力大，是个亩产闯千斤的品种。部场长答应卖给0.5万公斤。

从这两个有增产前途的品种繁殖情况看，部队农场作为繁种基地是非常适宜的。具体有4个好处：1.部队农场面积大，机械化程度高，便于耕种，便于管理，能加速品种繁殖。2.部队纪律性强，要求严格，能按技术操作规程做到科学种植，科学管理。收获前能去杂去劣，收获时能单收、单运、单打、单存。出售时不掺杂使假，能保证种子纯度。3.科技人员到部队农场指导繁育良品，可以为部队培养繁种人才，增加部队收入。4.在当地部队农场繁殖种子，符合“自繁为主，外调为辅”的种子工作方针。种子公司可以避免远地调种在人、财、物方面的浪费，降低种子成本，廉价供应农民，而且种子质量纯度不必担心。

建议种子公司与部队农场加强联系，建立繁种关系。除沈百户部队农场外，还有113师在侯村的农场，51030部队在北大冉、平陵的几百亩地，都可作为繁种基地。另外，也可到附近县部队农场联系繁种工作，以加速良种繁殖，使主要农作物尽快实现良种化。

**持续关注“三农”**

**力促农业增产，农民增收**

清苑是农业大县，“三农问题”（农业、农民和农村）是全面建成小康社会中面临的最大问题和挑战。历届县委、政府对“三农问题”极为重视和关心，县政协对这一现实问题也极为关注。从农民的切实感受和切身利益出发，开展智力支持帮助农民脱贫致富，协助农村发展事业、推进农业现代化建设。

1993年12月17日，县政协召开四届四次常委会议，协商农业发展及减轻农民负担问题。

1994年4月中旬，县政协就贯彻农业“两法”及冀政〔94〕16号文件，市府〔94〕16号文件情况，召集农业、农机、林业、水利、畜牧、科委、科协等部门的农业科技人员进行协商座谈。与会人员分析了农业科技中存在的问题和潜在的危机，并就如何贯彻农业两法和省市关于农业科技工作的文件精神，提出了建议和意见。

1994年11月19日，县政协组织召开了“两高一优”农业协商座谈会。农业科技界委员及有关部门的负责同志参加座谈。会议对“两高一优”农业的现状和发展思路以及采取的主要措施三个方面进行详细了解，得到与会委员的肯定。与会委员各抒己见，对发展“两高一优”农业提出可行性建议。

1995年5月9日，县政协召开四届十次常委会议，协商农业五大牵动工程的实施进展情况。与会常委通过讨论，提出可操作性的建议意见4条。会议还审议通过向县委、县政府提交的《关于继续巩固和发展我县养鸡业的建议案》和《关于我县农业问题的建议案》。这两份建议案在调查研究的基础上，围绕农业发展的焦点问题，提出较为科学和可行性的建议。

1995年11月15日，县政协召开四届十二次常委会议。会议听取协商农业五大牵动工程综合运行情况。与会常委和列席会议的有关科局领导进行协商讨论，并提出意见和建议。大家认为，农业五大工程的制定和实施，规范了农业和农村工作的思路，取得了成效，这与县委、县政府的正确领导，各职能部门的积极努力是分不开的。希望县委、县政府及有关职能部门在1995年初战告捷的基础上，继续努力，咬定青山不放松，用两年、三年乃至更长的时间，真正搞出成效，促进清苑县由传统农业向市场型大农业迈进，完成由农业大县向农业强县的转变。政协常委建议：县委、县政府要加强对农业的领导，及早谋划好明年工作思路，在农业工作中要下力量贯彻中央五中全会精神，抓好农业由粗放型向集约型的转变，抓好市场，协调生产和销售，使农业与市场接轨，加快农产品的商品化转变，提高农业的经济效益。

2002年8月16日，县政协组织部分政协委员召开农业结构调整工作情况座谈会。与会委员就农业结构调整工作及《清苑县高优农业示范带三年发展规划》的实施展开讨论，并就发展旅游观光农业、发展无公害农业、加强技术、信息服务等具体问题提出意见和建议。

2004年7月20号，县政协召开六届七次常委会议。听取了《关于文明生态村创建工作的报告》。常委们对全县文明生态村创建工作提出了意见和建议，希望今后进一步加大宣传力度，调动广大农民群众的积极性和主动性，把文明生态村创建工作与发展农田林网建设有机地结合起来。要以改善人民群众生产、生活环境出发，充分考虑人民群众的切身利益，顺应民意，创建活动不搞“一刀切”。要结合实际，因地制宜，一村一策，做出长远规划。文明生态村建设要与当地经济发展、农业结构调整、生态旅游环境相结合，既为群众创造良好的环境，又让农民群众真正从创建活动中得到实惠。

2009年4月9日，县政协组织部分委员到农牧局，以会议形式对农牧、水利、农机三个单位开展集中调研活动。与会领导和委员们听取了县农机、水利、农牧三个单位主要负责人和副县长所做的关于落实“中央一号”文件精神，大力促进农民增收工作情况的汇报。与会领导和委员们针对农业发展的主要成效和工作方法展开热烈讨论。大家致认为，农业之所以取得如此业绩，是党委、政府始终把学习贯彻中央“一号文件”精神作为一项政治任务来抓的结果，是各涉农部门高度重视，强化责任，踏实苦干，大力推进农业结构调整的结果，也是着力壮大龙头企业，推进农业产业化经营和认真落实国家惠农政策的结果。在以后工作中还要注意在以下几个方面加大力度：一是要把中央一号文件精神不折不扣地落到实处，要结合中央“一号文件”的精神实质和总体要求，逐步增加农民收入。二是加大农业项目的争跑力度。要把跑部进厅，争取项目资金，作为农口工作的重中之重。三是要下大力巩固粮食大县地位，争取国家的种粮补贴。四是要从农业角度上抓好产业化经营，大力培植龙头企业。五是要下大力确保农业安全。着力保证种子、化肥、农药、防疫及农产品的安全。六是要千方百计地保证汛期安全。水利部门要认真谋划，超前运作，确保安全度汛，确保全县人民的生命财产安全。

2010年8月夏玉米生长中期，农业界委员针对今年播种期普遍推迟、雌穗分化时间缩短的情况，为加强大喇叭口期的肥水管理，促进雌穗分化、提高果穗结实率提出管理建议：一是及时追施氮肥。大喇叭口期追施氮肥，能有效增加果穗的吐丝花数、提高结实能力、减轻秃尖。建议每亩追施尿素20至25公斤，肥料最好开沟深施、覆土，提高肥料利用率，并结合施肥浇水，促进养分吸收。对于高产玉米田，还要在花粒期（抽雄至吐丝）再追施10公斤尿素，确保玉米中后期对氮素的需求，实现穗大、粒多、粒重。二是防治病虫害。虫害重点防治玉米螟、蚜虫、棉铃虫等虫害。最佳防治时期是玉米大喇叭口期，最简单有效的方法是杀虫剂灌心。3%呋喃丹颗粒剂或5%毒死蜱每亩1～1.5公斤，加混5千克细砂拌匀后，每株灌3～4克。病害重点搞好褐斑病、大斑病、小斑病等病害的防治，当田间病叶率20%时，开始喷药。可选杀菌药剂种类有：50%多菌灵可湿性粉剂，50%敌菌灵可湿性粉剂，或90%代森锰锌等，均加水500倍，每亩用药液30～50公斤，隔7～10天喷药1次，共防治2～3次。三是保证水分供应。大喇叭口期、吐丝期是玉米生长需水的高峰期，这一时期如遇干旱，会严重影响玉米抽雄、授粉，降低玉米产量。如遇干旱应及时灌水，确保玉米生长关键时期对水分的需求。

## 关注防汛抗旱<br>为全县经济社会又好又快发展提供安全屏障

防汛抗旱直接关系人民群众生命财产安全和全县社会大局稳定。县政协站在政治的、战略的、全局的高度，高度关注防汛抗旱，通过座谈协商、调研视察等多种方式参与到全县的防汛抗旱工作中。

1991年9月5日～6日，市、县政协领导和农大水利专家实地考察唐河、清水河和农田水利基本建设情况，提出对唐河流域的温仁、南王庄、东石桥等八处险工险段工程，要尽快会同有关专家，制定出切实可行的治理方案，跑步进厅，尽快立项。

2002年6月25日，县政协组织部分政协委员听取了水务工作的汇报并视察防汛工作。委员们冒雨察看张登至郝王力新筑堤防和唐河温仁险工二期加固工程。对水务工作给予充分的肯定，并就做好水利工作和防汛工作提出意见和建议。

2003年7月11日，县政协组织部分政协委员对防汛工作进行视察。视察组察看了防汛物资储备仓库和温仁村险工加固工程现场。听取了县水务局关于2003年防汛工作的汇报。视察组对防汛准备工作给予了肯定。认为县委、县政府和职能部门对防汛工作从思想上高度重视。在“防非”工作的特殊形势下，防汛的各项准备工作谋划早、动手早，工作扎实。视察组指出：防汛工作中还存在一些具体问题，形势不容乐观，一是汛情信息网络不健全，特别是对清水河上游汛情不能及时掌握，对清水河的防汛工作处于被动局面；二是防汛抢险常备物资不足；三是防汛经费较少。视察组指出：根据历史经验，汛期将至，针对防汛工作面临的严峻形势，视察组建议：要本着对人民群众生命财产高度负责的精神，进一步检查落实防汛的各项准备工作。一是检查防汛责任制的落实情况，进一步落实责任；二是检查落实各险工险段的防护措施，不留隐患；三是检查落实防汛预案，要认真分析研究防汛工作的严峻形势和特殊要求，立足防大汛、抗大洪，进一步修订和完善防洪预案；四是检查落实防汛抢险物资的储备工作，要克服各种困难，尽一切可能，准备好防汛抢险物资，宁可备而不用，不可用而无备；五是检查落实抢险队的组建工作，通过实战演练锻炼抢险队伍。

2007年7月6日，县政协组织委员视察防汛工作安排情况。委员们听取县水务局关于2007年防汛工作情况的汇报和县建设局关于2007年县城防汛准备情况的汇报，并进行协商讨论。大家认为：各级各部门应高度重视防汛工作，作为当前的头等大事抓紧抓好。县委、县政府高度重视，主要领导亲自抓，各有关职能部门狠抓落实，做到早谋划、早安排、早部署。委员们对此表示满意。委员们同时指出，由于连年干旱少雨，群众盼水心切，存在麻痹思想和侥幸心理，防汛意识淡薄，给防汛工作造成一定隐患。希望有关部门领导要切实认识到防汛工作形势严峻，把防汛的各项准备工作做实做细。座谈结束后，到石桥乡东石桥村实地察看防汛物资储备情况和危险村庄群众转移工作安排情况。

2010年7月19日，县政协班子成员就全县防汛工作进行集体视察调研。县政府主管领导及有关部门负责同志参加座谈会。在听取全县防汛总体情况后，与会人员进行讨论，认为：全县防汛的各项准备工作谋划早、动手早,财政资金投入大，前期各项准备工作扎实。同时就克服麻痹松懈思想，加大宣传力度，细化重点部位、重点村庄防汛预案，对县城防汛预案等问题提出了建议4条。

2011年7月15日，县政协领导班子集体就全县防汛及农田水利建设工作到水利局进行视察。视察组观看了河道险工险段防汛情况的专题片。听取防汛及农田水利建设有关工作情况汇报后，视察组进行了讨论，就用好国家政策，积极争取资金和项目，着力抓好农田水利建设，提高防汛抗旱能力，促进清苑农业发展等方面提出意见建议。

2012年7月10日，县政协班子成员到县防汛指挥部、北店乡视察防汛工作，听取防汛工作情况，并实地察看唐河、清水河堤防及冉河头村防汛工作准备情况。在听取全县防汛总体情况后，视察人员进行讨论，提出重视程度上一定要高于往年、舆论氛围上一定要浓于往年、各种预案一定要细于往年、落实责任一定要严于往年等4条建议。

2013年7月18日上午，县政协班子集体视察防汛工作，听取防汛工作情况。视察人员认为：今年是一个特殊年份，汛期比往年来得更早，降雨量也更大，上游水库十几年来首次开闸放水，对河道堤防及各项准备工作都是极大的考验。加之多年干旱，群众盼水心切，普遍存在麻痹思想和侥幸心理，防汛形势不容乐观。针对存在的问题，县政协主席宋静提出3点建议：一是特殊的年份要有特殊的思想认识。二是特殊的年份要有特殊的工作措施。三是特殊的年份要有特殊的工作责任。

### 持续关注环境保护问题

县政协采取会议协商、组织座谈、开展视察调研等形式，关注清苑的环境问题，积极参与大气污染防治工作。

2006年8月4日，县政协召开六届十六次常委会议。会议听取协商环保工作情况，与会常委对环保工作开展了充分的协商，提出有针对性的意见和建议。

2007年8月17日，县政协组织召开环保综合治理专题座谈会。委员们认真听取关于当前环保整治专项行动进展情况及下一步工作安排的汇报。各位常委、委员分别就进一步开展好这次环保综合整治及金属冶炼等行业的发展进行协商讨论，大家一致认为：环保整治事关广大人民群众的最根本利益，应作为当前最大的政治问题抓紧抓好。对环保治理工作，全县各级各部门要按照县委、县政府的要求，站在科学发展、提速发展、和谐发展的高度，对全县各行各业的环境污染问题进行全面整治。政协主席宋静就环保整治专项行动提出了3点具体意见：一要站在全局的政治的高度，充分认识环保形势的严峻性，进一步增强环保整治的责任意识和紧迫感。二要统一意志，凝聚合力，把思想和行动统一到县委的决议上来。要坚决贯彻落实县委提出的强硬三个态度、加大五个力度的方针。三要顾大局，识大体，积极投身到这场环境综合整治的伟大实践中来，为清苑的经济发展贡献自己的力量。

2013年10月24日，县政协领导班子及部分常委到望亭乡政府听取望亭乡关于近期大气污染治理的工作汇报，并就具体问题与望亭乡政协委员、部分企业代表进行深入交流。视察组成员对望亭乡大气污染治理工作取得的阶段性成果给予肯定，并对下一步工作提出意见和建议：一要继续加大治污宣传力度，要充分利用各种宣传手段把治污工作植入民心，提高人民群众的环保意识；二是要下重拳打击非法企业，建议望亭乡政府结合县相关部门，建立长效机制，联手打击非法企业，确保治污成果；三是现有规模企业要进一步整合资源上档升级，探索规划园区式生产管理新模式，为今后望亭乡再生能源项目的生存与发展蹚出一条新路子；四是各位政协委员要带头遵纪守法，做出表率，积极配合做好大气污染防治工作。

## 关注文化教育事业发展

县政协始终关注文化教育事业，为文化教育事业发展支招鼓劲。多年来，县政协委员踊跃捐资办学、捐资助教、奉献爱心。

1987年，武安小学老师、侨眷安跃东，把落实侨房政策的1200元全部捐献给本村小学。大魏庄小学教师、侨眷赵忠安，从落实侨房政策的款中拿出4300元捐献给本村小学。韦各庄村侨眷、离休教师马树珍将落实侨房政策的800元捐献给本村小学。北沟头炼铁厂厂刘华山等4户股东，捐资81000余元，为本村小学修建1座教学楼。

自1998年开始，县政协在全县政协委员中开展“帮困难户、交穷朋友”活动。在“帮交”活动中，县政协委员中涌现出许多热心教育、捐资助教的先进典型。政协委员刘宝庆、李洪跃、贾联营、高学军、张静杰等多年与特困学生结成帮扶对子，建立起长期帮扶关系。仅2000年，在县妇联组织的救助特困女童活动中，就有20名政协委员救助24名特困女童。

1988年4月27日，县政协组织召开英模报告会。会后全校师生组织了《听报告谈感想》、《向前方将士学习什么》、《战士在前方流血，我们怎么办》等不同形式的主题班会，掀起一股向前线英雄学习的热潮。

1994年11月19日，县政协组织召开了文化教育协商座谈会。与会委员对文教两局的工作给予肯定。对通过座谈反映出的主要问题提出了意见建议。

1995年4月7日，县政协组织部分委员会同县文体委、广播电视局、教育局等有关部门负责人，对县城的文化市场进行视察。在视察过程中，委员们对文化市场的基本状况感到满意，同时也对部分场所内的卫生状况差，服务不文明的行为进行了批评，并给他们提出了一些具体的要求。

1997年于8月26日，县政协召开四届二十二次常委会议。会议听取协商 “普九”工作进展情况。与会常委们积极建言，为实现“普九”达标提出许多可行性建议。

2010年5月13日，县政协领导班子成员就校园安全工作集体进行视察调研。在实地察看县二中、实验小学、南大冉小学、清苑中学及幼儿园等学校安全防护措施后，召开校园安全工作座谈会，听取部分学校及教育部门安全工作开展情况。与会人员进行认真讨论，针对存在的问题，县政协领导提出一些意见和建议。

附：

## 1. 大气污染防治工作倡议书（2014年）

开展大气污染防治工作以来，县委、县政府始终高度重视，把大气污染防治工作作为全县的工作重点，作为最重要的政治责任、最紧迫的民生工程来抓，全县上下戮力同心、背水一战，采取了一系列行之有效的硬性措施，取得了阶段性的效果，空气质量也得到了明显改善，但与上级要求和群众期盼仍有很大差距。

存在的主要问题：从监测数据分析，主要为采暖期燃煤污染。一是城区仍有30多台燃煤锅炉仍未替代；二是城区仍有2900多户散户居民使用烟煤取暖，且没有任何治理设施；三是城中村及周边村密集，约有5900户，基本为烧烟煤取暖；四是汽车尾气的影响，全区拥有18.6万辆，仅去年就新增1万辆。

建议县委、政府出台措施，打出重拳，彰显出对遏制大气污染，切实解决人民生存环境问题的决心和信心。作为政协委员，理应积极响应、支持、参与。在这次防治大气污染攻坚战中积极作为、发挥作用，干在当下、成在实处。为此，我们向全县政协委员发出“我为清苑大气污染防治做贡献”的倡议。

一是当好防治大气污染的宣传者。大气污染非一日形成，有效治理也非一日之功。治理大气污染是一项长期复杂的系统工程，如想短时间内大见成效，必须下大力气、全民参与、多管齐下、综合治理。委员们要在居民中大力宣传防治大气污染的重要性和紧迫性，倡导节约、绿色消费方式和生活习惯，动员全民参与大气污染治理和监督。积极引导居民知行合一，自觉履行环境保护义务，唤醒全民环保意识，营造“我爱我家、从我做起”，污染环境可耻、保护环境光荣的社会氛围。

二是当好防治大气污染的带头者。经济界和工商联界的企业家委员要带头减少污染物排放，严控高耗能、高污染行业和产品，大力推行清洁生产，加快调整能源结构，在转变经济发展方式上下功夫，真正解决大气污染问题。每个委员“不当看客”，从自我做起，从身边做起，从小事做起，绿色出行，低碳生活，为让每一个居民呼吸到新鲜的空气、享受到健康快乐的生活尽一份责任。

三是当好防治大气污染的建言者。发挥参政议政作用，把解决好人民群众最关心、最直接、最现实的大气污染问题作为当前履职的重中之重，切实维护人民群众身体健康和环境权益。政协委员要积极发挥人才荟萃、智力密集、位置超脱的优势，积极开展大气污染防治专项调研视察、协商议政，建诤言、献良策，为党委政府提供决策依据。

四是当好防治大气污染的监督者。发挥

民主监督作用，加大大气污染治理力度。委员们要积极参与大气污染治理专题视察考察，对排污企业以及当事人面对面交锋，指出问题症结，提出尖锐批评，督促有效整改。发现大气污染问题线索，及时向主管部门或新闻媒体反映，通过社情民意信息及时反映上来，通过提案督办加大落实力度。

防治大气污染，恢复我们赖以生存的家园！既然同呼吸，就要共奋斗。让我们共同行动，为着清苑的蓝天白云、青山绿水，为建设自然生态、宜居宜业新清苑而努力！

## 2. 关于清苑县环境问题的调研

### 一、全县基本状况

清苑县位于河北省中部太行山前缘，京津石三角腹地，西依太行山，东临白洋淀，三面环绕古城保定。面积856平方公里，辖10乡8镇及城区，2009年，全县总人口63.49万。农林资源丰富，经济增长较快，综合实力加强，但随之而来的环境问题也逐渐凸现出来。目前，环境保护问题已被提上日程，争取达到生态县建设标准。

### 二、存在的环境问题

1.水环境质量。清苑县水污染物排放情况：2009年，全县废水排放总量为513.97万吨，其中，工业废水排放总量为353万吨，年达标废水排放总量为353万吨，工业废水排放达标率为100%，主要集中在造纸行业。工业废水中主要污染物化学需氧量为494吨，氨氮91吨；城镇生活污水排放量为160.97吨。现有污水处理厂一座，处理规模为3万吨/日，接受清苑县城部分生活污水和工业废水。2009年，城镇生活污水集中处理总量为80.5万吨，集中处理率为50%，生活废水中主要污染物化学需氧量为1746.06吨，氨氮216.5吨。根据清苑地表水水质检测，新金线河清苑货场桥下及下游1500米，污染指数超标。属于污染较严重的水体。

2.声环境质量。清苑县城区环境噪声主要来源于交通噪声，其次为社会生活噪声、工业噪声和施工噪声，其中2009年对清苑县城区交通干线检测结果显示，道路交通噪声部分路段超标，且呈现加重趋势。

3.固体废物。生活垃圾是清苑县城区最主要的固体废物，各乡镇对垃圾作简单的集中堆放处理，未达到无害化处理要求。大部分农村还没有垃圾收集点，垃圾随意丢置现象较为严重，沿道及河内，到处可见随意丢弃的垃圾，影响了水质及城乡面貌。

4.农业面源污染状况。农药、化肥、人畜粪便、秸秆、农膜是构成清苑县农业面源污染的主要污染源。随着禁烧力度的加大和推广秸秆还田的实施，秸秆造成的污染得到了有效的控制。由于大量使用化肥，农药，造成土壤板结。近年来全县养殖业发展迅速，而畜禽粪便的无害化处理相对滞后。2009年清苑规模化畜禽养殖场粪便综合利用率为86%，对区域生态环境构成一定的威胁。

### 三、对策与建设

1.建立环境污染综合防治体系。建立大气污染防治体系。推广清洁生产技术，采用先进工艺和设备，选择替代原材料和能源，开展生产过程中物料回收利用和水循环利用等等。

建立水环境污染防治体系。科学界定渠道水环境功能和划定渠道水功能区，分别按照二级和三级标准进行渠道水环境保护管理，采取综合行政和法制管理措施，加大具有城市供水、灌溉和地下水补给功能的渠道的水污染综合防治力度。严禁向渠道直接排污，加快县城和沿渠工业密集镇取水处理设施建设，减轻工业和生活污水对水渠的污染。

建立噪声污染防治体系，要加强车辆管理，限制车辆鸣笛，适时实行禁鸣。改善道路系统设施，降低噪声，适当营建防护林带。

建立固体废物污染防治体系，完善生活垃圾回收体系。对垃圾分类，细化，配置各种垃圾收容器，以便进行垃圾分类，在大大减少垃圾处理量的同时，也是垃圾中源于生物的有机质得以回收利用。要严格控制危险废物，如医疗废弃物，干电池，日光灯管等，集中进行合理处置。

建立农业面源污染防治体系。养殖业要科学进行畜禽养殖场所选址，大力推进无公害畜产品产地认证和无公害畜产品认证。种植业要大力推进农业病虫害防治，严格控制高残留与高毒性农药的使用。加强土壤环境管理体制和能力建设，强化农用土壤环境监测与综合防治。

2. 生态功能区划。根据清苑生态环境特征，社会经济发展和生态系统服务功能地域的差异性和相似性进行生态功能区划，其目的在于明确生态功能区生态系统特征、功能、发展方向与保护目标，并提出相应的保护和建设方案，为自然资源合理开发利用和有效保护、社会经济发展规划和重大工程建设布局提供科学依据，促进清苑县经济、社会、生态环境的协调发展。

清苑县生态功能区划要与河北省生态功能区划、保定市生态功能区划以及清苑县自然、水资源、土地、环境、城市规划等领域的区划进行衔接，深入研究各项规划，在吸收和消化相应规划的优点基础上形成不同类型，不同特点的生态功能区划。

3. 建立以循环经济为核心的生态经济体系。把循环经济的理念贯穿于资源投入、企业生产、消费品及其废弃的全过程，不断提高资源利用率，把传统的、依赖资源净消耗线性增加的发展，转变为依靠生态型资源循环来发展的经济，推动“资源—产品—污染排放”的传统经济模式向“资源—产品—再生资源”的循环经济模式转变。以物质流，能量流和信息流为突破口，遵循减量化、资源化、无害化原则，依靠科技创新和政策引导，实现经济效益、资源效益与环境效益多赢。

4. 建设生态人居体系。重点发展生态城镇，全面建设生态型住宅和生态小区，积极开展优美乡村和生态村建设，推广农村生态住宅和院落建设，建设人口规模适度、人居环境优化、生态意识普及，布局合理、舒适度较好城乡生态功能显著的最佳人居环境。

5. 建设可持续的资源利用体系。以协调生产生活与自然资源的关系为前提，以保障国民经济和社会发展对自然资源的需求为导向，依靠体制创新、科技创新和管理创新，在充分发挥市场作用的基础上，通过政府对资源一级市场的有效控制和对外部资源利用水平，最大限度地保障国民经济可持续发展和生态环境建设对自然资源的需要。（1）优化配置水资源，创建节水型社会。建设水资源可持续利用的供给体系，包括合理开发利用地下水，推进雨洪资源利用，搞好工业节水，提高水的重复利用率，加强社会服务用水管理；完善水资源政策与法规体系；建立地下水资源管理检测系统；建立水生态安全体系；建立起合理的水资源价格体系。（2）集约利用土地资源，提高土地利用率。积极开垦土地整理和复垦，盘活城区存量土地，全力搞好土地整理开发工作，挖掘现有的土地潜力，提高土地利用率。提高土地集约利用水平，严格控制农村宅基地的建设，搞好村落规划，防止农村空心化造成的土地资源的浪费。减少土壤污染，防止耕地衰退。完善土地配置方式，实行占用耕地补偿制度和基本农田保护制度，实现耕地资源动态平衡。鼓励农业生产结构调整，促进生产向规模化、集约化方向发展。推行单位土地面积的投资强度、土地利用强度、投入产出率等指标控制制度。进一步细化各行业用地标准，严格按标准供地。合理调整土地利用结构和布局，正确处理建设用地和农业用地的关系。

6.建设文明和谐的生态社会文化体系。要积极培育生态理念，加强全民生态教育，建设教育基地，完善生态教育体系，健全公众参与机制。要大力倡导绿色消费，推广绿色消费模式，规范绿色消费行为。要着力创建基层生态文化，培训企业环境保护意识，推进社区生态文化建设，促进乡村生态文化建设，规范乡规民约，强化生态理念，促进环境道德建设。

7.能力保障体系建设。加强环境监测检查，增强支持保障能力，包括加强环境执法检查能力建设，加强环境管理指挥系统，建设环境信息传输网络系统，建立和完善重点污染源定期检查监测制度。还要重视生态建设技术的推广应用，如水涵养技术，节水技术，资源循环利用技术，绿化工程技术等。

## 第四节　参与阶段性重点工作

### 为“社教”工作建言

根据中央用3年时间在农村普遍开展社会主义思想教育的决定和省、市有关部署，全县农村社会主义思想教育将全面铺开。

农村社会主义思想教育从1992年开始，每年从党政机关抽调1/3的干部组成下乡工作队，抓好1/3的村，3年搞完。

这次社教的主要任务是，搞好五个教育，推进3个建设，达到一个目标，即：坚定社会主义信念教育、党在农村的基本政策教育、爱国主义和集体主义教育、对党员干部的宗旨教育、民主和法制教育、党的基层组织建设、社会化服务体系建设、精神文明建设、实现奔小康为中心内容，努力建设富裕文明的社会主义新农村的目的。

1992年5月21日，为了搞好社教工作，充分发挥政协委员参政议政作用，县政协组织部分委员听取第一批社教工作开展情况的汇报。县社教办、何桥乡、王盘镇的主要负责人详细地汇报第一批社教成果，汇报后大家认真进行讨论，提出意见。县政协副主席霍宗华、白光棣、刘庆刚出席会议并讲了意见。与会委员高度评价第一批社教成果，大家一致认为：1.领导重视社教工作。县委书记张志文亲自领导社教工作，并以普通社教队员的身份深入一线，走访群众，召开座谈会，参与活动。县社教领导小组的11名县级领导都有自己的联系点，深入工作，具体指导。各乡镇党委一把手也都采取定点包村，以点带面的方法，具体领导本乡镇的社教工作。2.指导思想明确。这次社教工作是向农民进行五个教育，但也要解决具体问题。第一批社教的103个村中，有11个村矛盾相对激化，其中有6个村多次出现大规模上访。社教工作队从长期稳定出发，正视问题，化解矛盾，促进转化，经过工作，这些难村，难点问题基本上得到解决。3.抓住教育重点。社教工作一开始首先组织和教育基层干部提高认识，端正态度，正确对待自己，正确对待群众。二是组织群众评议干部。王盘镇大柳树村支书胡士军走访群众听取意见，很受教育。他说："以前总觉得工作干得不错而沾沾自喜。看到困难户的生活情况，我感到有愧对领导的信任，愧对父老乡亲。"通过社教使他认识提高，干劲倍增，各项工作很有起色。4.澄清了模糊认识。社教工作一开始，工作队紧紧围绕党的一个中心、两个基本点的基本路线，广泛宣传，广大干部、群众受到深刻教育。党支部的战斗堡垒作用明显增强，群众的社会主义思想得到了落实。5.完善了双层经营体制，增强了集体服务功能。103个村普遍建立完善了村级合作社，生产条件得到了改善，群众反映的热点、难点问题基本得到了解决。6.党的基层组织增强了活力，干部的素质有了明显提高。7.农村经济有了很大发展。

为巩固第一批社教成果，搞好第二批社教工作，大家认真分析总结第一批社教工作，并提出如下几点建议：1.要解决好第一批社教遗留的问题。难村、难点尚未彻底解决的村、工作队要留下一定的力量，加以解决。2.针对第二批社教工作不平衡的问题，对第二批社教工作，领导要具体抓，不能松劲，抽调干部要精干，工作队员要有强烈的责任心、事业心，增强骨干力量，力争村村抓出成效。3.针对农村干部素质差、质量低的问题，在社教工作中应重点加以解决。一是选拔年轻干部到党校培训，二要把那些品质好、有开拓精神的年轻有为的人选入领导班子中来，形成一个老、中、青三结合的班子。要做好发展新党员的工作，培养接班人。4.针对农村存在的热点、难点问题较多，在社教工作中工作队要敢于发动群众揭露矛盾，解决问题，既要提高人民的思想认识，又要把该解决的问题解决好，增强干群团结，促进经济发展。

## 参与小康建设

1994年6月30日，县政协为支持小康建设，出台关于号召全体政协委员积极投身农村小康建设活动的意见。

加快小康建设，实现小康目标，是2000年以前各级党委、政府的根本任务和统领农村整个工作的总纲。县委、县政府已确立了1997年实现小康县的宏伟目标，召开了小康建设工作会议，对小康建设工作做了部署和动员，号召全县上下通力合作，互相配合，顽强拼搏，共同奋斗，在小康建设这个系统工程中，选准位置，进入角色。为此，全体政协委员要围绕小康建设这一总体目标，全方位开展参政议政，积极投身于小康建设活动，在小康建设活动中贡献聪明才智。

1997年实现小康县，时间十分紧迫，任务相当艰巨，形势非常严峻。县委、县政府制定出实施小康县的总体规划和具体措施，各乡镇也在抓紧制定小康规划和措施。政协委员要认清当前形势，增强紧迫感和使命感。把工作的着眼点迅速转移到小康建设上来，利用自身的影响力，向人民群众宣传小康建设的重要意义，宣传贯彻落实全县小康建设工作会议精神，使小康建设成为广大群众的自觉行动。

紧紧围绕农村小康建设参政议政，发挥职能作用。政协委员要紧紧围绕小康建设中发挥职能作用。小康标准是一个综合性的指标，涉及方方面面，既包括物质文明建设，又包括精神文明建设，但关键是加快经济发展，尽快实现经济指标。参政议政要紧紧围绕发展“两高一优”农业，围绕农村社会化服务体系建设，围绕乡镇企业的发展，围绕个体私营经济的发展，围绕控制人口搞好计划生育工作，围绕精神文明建设以及民主法制建设等方面。在参政议政活动中要找准位置，选好角度，体现特点，发挥独特优势，把参政议政寓于小康建设各项工作中去。

积极主动地为小康建设搞好各项服务活动。政协委员大多是各行各业的行家里手或专门技术人员，为小康建设服务领域广阔，大有可为。要积极主动地为小康建设搞好各项服务活动，在政协委员当中要广泛开展“为小康建设办一两件实事”活动。经济科技界委员要充分发挥自己的专长和技能，为农村经济的发展献计献策，搞好服务，提供经济信息，帮助选择致富项目，解决生产管理中的难题，广泛开展科技咨询和社会力量办学活动，为农村培养更多的致富能手。文化教育界委员要协助党组织和政府搞好精神文明建设，通过各种形式教育广大群众树立爱国主义、社会主义、集体主义思想，做一个有理想、有道德、有文化、有纪律的新型农民，要协助农村办好宣传专栏、广播室、图书室以及文艺宣传队，用健康向上的文化形式，占领农村文化阵地，协助政府搞好对农村封建迷信，淫秽书刊、录像的治理整顿，要协助农村搞好九年制义务教育，尽快提高农村人口文化素质，村级组织民主建设等方面的工作。在服务形式上，要灵活多样，要结合本职工作，搞些调研、家访、咨询服务等活动，使服务活动既实实在在，又有声有色。

政协委员要带头奔小康，用自身的典范作用，带动周围群众。政协委员尤其农村政协委员，是小康建设的主力军，应带头致富，带头奔小康。没有一家一户的小康，就没有一个村，一个乡，乃至全县的小康。在小康建设中，政协委员要勇当“领头雁”，不要怕“冒尖”。家庭人均收入已达到或超过小康标准的委员要破除“小富即安”思想。要做到致富不忘国家，不忘集体，不忘群众。主动为社会为群众多做贡献，要帮助周围群众制定好奔小康计划，并在资金、项目、信息、技术上要给予大力支持。政协委员要主动与村民建立联系，每个政协委员要争取联系5户村民，带动他们共同奔小康。没有达到小康标准的政协委员要进一步解放思想，更新观念，尽快掌握一两门致富技术，力争1996年底前达到小康标准。从事乡镇企业的政协委员，要抓好技术改造和新产品开发，抓好企业的经营管理，力争在产值、利税、效益上年年有新突破。从事种植业的政协委员要优化种植结构，大力发展“两高一优”农业，增加效益，一年上一个台阶。从事养殖业的政协委员要精选优良品种，科学饲养，增加养殖数量，提高规模效益，加快发展步伐。从事第三产业的政协委员要端正经营方向，提高服务质量，改善管理方法，扩大经营规模，增加收入。

全县农村实现小康仅有3年时间.全体政协委员要认清形势，积极行动，紧紧围绕小康建设这个总目标，在当地党委和政府的领导下，作出表率，再立新功。

1994年11月9日，县政协领导带领机关工作人员，分4个小组到16个乡镇走访看望了政协委员。同时，结合走访委员，重点视察了小康建设情况，听取乡村领导关于小康建设情况的汇报，到一些村和企业进行了考察，接触一部分群众。总的认为当前小康建设发展是健康的，从上到下小康意识在不断增强。农村各项工作开始纳入小康建设轨道。各乡、村小康建设的突破点已选定。首批要求达小康的乡工作扎实，很有希望。但是，从各乡情况看，小康建设发展不够平衡，还不同程度地存在一些问题，县政协领导及时给乡、村领导提出了要求和希望。

1995年7月25日，政协会同县委、县政府主抓小康建设的领导，对望亭、何桥、赵庄、清苑镇、孙村、白团等计划实现小康的乡镇进行视察。总的印象是：大多数乡镇小康工作有条不紊，硬软件建设已基本达到或接近验收标准。经过下半年继续努力，查漏补缺，这些乡镇顺利进入小康行列形势比较乐观。通过视察也发现了一些问题，并提出了一些意见建议。一是小康标准要深入到千家万户，做到家喻户晓，人人明白；二是要健全统计制度，统计数字要做到准确、全面、及时；三是要增强全民环境卫生意识；四是硬件建设一定要硬，不要凑合达标，防止搞形式，造成重复浪费。

1996年9月中旬，县政协主席张鹤亭带领部分机关同志，会同县委、县政府有关领导及县小康办、督查局、考核办、统计局的负责同志，分3片听取了计划1996年实现小康的9个乡镇领导汇报。汇报后与乡镇领导一起研究探讨了小康建设的发展问题。

1996年计划实现小康乡的9个乡镇是：清苑镇、百楼乡、北店乡、石桥乡、何桥乡、大庄镇、白团乡、魏村镇、臧村镇。从9个乡镇的汇报情况看，乡镇、村对小康建设抓得紧，力度大，软硬件建设同步发展，各项指标完成比较好，如期实现小康乡把握性大。主要表现在：一是小康建设意识较强，领导有力，乡、村两级领导以小康建设总结全局的思想明确，把各项工作同小康建设紧密联系在一起，小康目标细化、量化责任到人，做到领导、组织、任务、奖惩四落实，对小建设抓得紧。二是小康建设的总体思路明确。这些乡镇对1996年实现小康乡都有一个总体规划，对各自的强项、弱项、优势、劣势都有比较清醒的认识，对小康建设的重点明确。三是始终把发展经济，提高人民生活水平作为小康建设的核心。这些乡镇注意调整经济结构，大力发展“两高一优”农业和乡镇企业，经济综合实力增长较快。1～8月份，这些乡镇的人均收入均在1400～1800元之间，年终计划人均收入达2700元左右。

## 参与“非典”防治工作

2003年以来，我国部分地区发生非典型肺炎疫情。“非典”对人类来说是一场突如其来的、前所未有的灾难。

防治“非典”工作是在党委、政府的领导下一项非常重大的政治任务，是压倒一切的重中之重。清苑地处京津要地，环绕保定，处在疫情蔓延的高危地区。面对这场灾难，打赢这场战争，只靠各部门的力量是不行的，必须全民发动、全民防疫、全社会捐助。为此，县政协积极参与，就带头做好“非典”防治工作，积极建言献力，协助党和政府做好群众工作，向全县各级政协委员发出公开信，组织委员为“防非”工作捐款、捐物。县政协深入乡镇指导“防非”工作，组织企业界委员座谈会，慰问东闾“制非”一线人员等。

2003年5月1日上午，县政协在县宾馆举行政协委员防治“非典”捐助仪式。来自全县企业界的部分政协委员慷慨解囊，当场捐赠现金10万元。县政协领导丛国栋、胡景山、闫营志、张焕玲、税国芳、赵保平参加捐款仪式。县政协党组书记胡景山首先宣读了《政协清苑县委员会就带头做好“非典”防治工作，积极建言献力，协助党委、政府做好群众工作致全县各级政协委员的公开信》。县政协主席丛国栋在捐款仪式上作重要讲话。捐款仪式结束后，10万元捐款由政协办公室上交到县财政专户。自公开信发出后，广大政协委员积极响应，为抗击“非典”工作捐款捐物。据不完全统计，全县200多名政协委员共向县、乡、村三级政府捐款捐物折合人民币60多万元。

2003年5月15日，县政协主席丛国栋、党组书记胡景山到重点企业星光化工有限公司、德润达印刷厂、昌隆公司了解情况，走访慰问，详细了解“非典”防治、企业生产经营及工人的工作生活情况。针对企业当前面临的困难和问题与企业共同研究探讨解决的办法和途径，提出指导性意见：在当前防“非典”的特殊情况下，要积极贯彻落实县委、县政府“一防五促三确保”的总体部署。在生产和经营过程中，积极开辟电子商务、网上交易等“无接触”购销渠道。有条件的企业还要建立必要的商业储备，确保企业的正常经营。针对昌隆公司目前的生产经营情况，要积极采取措施，想方设法开拓销售渠道，下大力抢占市场先机，确保企业恢复生产经营。同时，要求企业界的政协委员要充分发挥自身优势，为社会稳定和经济增长做出应有的贡献。

2003年5月21日，市政协副主席李森来到县政协机关，与县政协领导班子成员进行座谈，检查指导“防非”工作。李森副主席在听取县政协主席丛国栋关于“防非”工作开展以来县政协工作情况的汇报后，对县政协在“防非”工期间的工作给予充分肯定，还就县政协如何在“防非”工作中发挥作用讲了重要意见，他指出：当前，清苑的“防非”工作已经进入关键时期，加之清苑特殊的地理位置，“防非”形势依然十分严峻，绝不能有任何的厌战情绪、松懈心理、麻痹思想。要做好防大疫和打持久战的思想准备。面对当前形势，县政协要坚定地和县委、县政府站在一起，充分发挥自身的优势，组织和发动广大政协委员，团结和带领社会各界人士，按照各级党委、政府的安排部署，一手抓防治“非典”，一手抓经济发展，为夺取防治“非典”这场战役的全面胜利做出应有的贡献。他同时希望县政协全体领导干部和工作人员，发扬优良传统，改进工作作风，多深入基层、多深入群众，关心群众、了解群众，为群众办实事，树立人民政协良好的社会形象。

**附：**

**1. 政协清苑县委员会就带头做好“非典”防治工作，积极建言献力，协助党和政府做好群众工作致全县各级政协委员的公开信**

各位委员：

你们好！当前，我国大部分地区发生了非典型肺炎疫情。“非典”是一场突如其来的、具有较强传染性的严重病害，目前尚未得到有效控制，防治形势依然严峻。打好同非典型肺炎疫情作斗争这场硬仗，需要全民动员，万众一心，共渡难关。为此，县政协委员会特向全县各级政协委员提出如下要求：

一、认真学习，深入宣传、贯彻各级关于防治“非典”工作的会议精神和国家有关法律法规，团结引导群众做好“非典”疫情的预防和控制工作。

最近一个时期以来，从中央到地方的各级政府相继召开一系列会议，就防治“非典”工作做出安排部署，号召和动员各级部门、全国人民立即行动起来，打一场同“非典”疫情的斗争硬仗。县委书记李国英同志也就我县的“非典”防疫工作做出了重要指示，政协委员是各界群众的代表，一要认真学习贯彻党中央、国务院、省、市、县各级领导关于加强非典型肺炎防治工作的指示和部署，下大力学习和宣传《中华人民共和国传染病防治法》，密切关注“非典”疫情的发展态势。以做到家喻户晓，尽人皆知，使中央指示精神和有关法律、法规深入人心，增强广大群众对传染病防治工作的主动性和自觉性。

二要深入宣传“非典”是可防、可治的，中央、省、市、县委、政府正在采取有力措施，全力以赴大搞“非典”防治工作，保护人民群众的切身利益和生命安全。每一位公民都要积极行动起来，在各级政府的统一领导下，团结一心，齐心协力，共同迎接“非典”的挑战。

三要广泛宣传“非典”预防知识，使群众认清“非典”的症状、传播途径、保护措施和救治渠道，使之加强理性预防，消除恐惧心理。

二、积极支持配合，协助乡村或单位做出“非典”疫情防控工作

加强“非典”防治工作，关系全县广大人民群众的身体健康和生命安全，关系到全县改革、发展稳定大局。各位委员要切实发挥模范带头作用，协助乡村或单位做好群众工作，落实各项防治措施。

一是协助乡村做好疫情监控工作。如果发现来自疫区的可疑人员，外出返乡人员和具有高烧、干咳等症状的疑似病人，要立即向所在乡村和单位报告，坚决切断传染源。

二是要协助乡村做好群众的宣传教育工作。在做好亲友、邻里的工作的前提下，还要告诫本地区本单位的群众近期不要到“非典”疫区去，不要探视相关病人，如果出现疑似病人要及早隔离、消毒并到指定医院就医，做到早发现早治疗，以防疫情扩散和蔓延。

三、充分发挥自身优势，积极献计出力，全力支持和配合政府打好“非典”防治工作这场硬仗

“疫情就是命令”，在事关国计民生的严峻形势面前，广大政协委员要以高度的责任感、紧迫感，充分认识非典型肺炎防治工作的复杂性、艰巨性和紧迫性。

人民政协拥有人才荟萃、智力密集的优势，各方面的专家、学者特别是从事医药卫生工作的委员，要充分发挥自身的优势和专长，为制定防预和治疗措施、健全和完善防控机制、有效遏制疫情蔓延，积极出主意、想办法。政协委员和各界别群众联系广泛、影响力强，要满腔热情地关心群众疾苦，宣传科学的防治知识，帮助群众排忧解难，保持正常的生产、生活秩序。在防治“非典”疫情工作中，对于极个别违犯法律规定、干扰破坏“非典”防治工作，制售假劣消毒药械，借机囤积居奇、哄抬物价，造谣传谣、扰乱人心和逃避隔离临控的人和事，发现后要立即举报，并配合支持执法机关依法处理。

各位委员，“非典”疫情防治工作是我县当前一项重要而紧迫的政治任务，形势紧迫，

任务艰巨。希望全县政协委员以积极的姿态，模范的行动，有钱出钱，有力出力，为打好“非典”防治这场硬仗，夺取防疫工作的全面胜利发挥应有的作用。

最后，祝各位委员身体健康！

政协清苑县委员会

2003年4月28日

## 2. 企业界人大代表、政协委员致全县企业经营者的倡议书

全县广大企业经营者同志们：

要全县抗击非典的斗争进入决战阶段，企业经营和经济发展面临严峻考验的特殊形势下，为积极响应党中央、国务院发出的万众一心抗非典，迎难而上促发展的战斗号召，全面落实县委、县政府“一防五促三确保”的战略决策，共同努力夺取抗击非典和经济建设双胜利，我们企业界人大代表和政协委员，特向全县广大工商企业发出倡议：

一、沉着应对，切实搞好企业防非

我们全县工商企业，要认真落实县委、县政府要求，把打好抗击非典这场硬仗，作为头等重要的大事，高度重视，沉着应对，依靠科学，有效防治。要充分做好防大疫的思想准备，早、严、细、实地落实各项防治措施，在做好自身及家人防治的基础上，依照劳动法的要求，把企业职工的身体健康和生命安全放在首要位置。切实负起责任，严格企业管理，加强对职工的防非知识和法制宣传教育，对外来务工人员和业务往来人员，坚持严格管理和体检，对于异常情况，做到早发现、早报告、早隔离、早治疗，决不将县内外的务工人员推向社会，因不负责任造成疫情蔓延和扩散。

二、克服困难，坚持抓好生产经营

在全国各地对非典采取防治措施的情况下，我们许多工商企业的生产和经营遇到了暂时困难。县委、县政府高度重视，及早研究应对措施，加强协调服务，各级领导深入企业调研，帮助我们排忧解难。体现了党的关怀和温暖。我们广大工商企业，也要用战略的眼光，冷静分析当前所面临的困难和问题，认真研究企业生存发展的应对举措，把困难当成对企业生存发展的考验，从困难中寻找加快发展的商机，在克服困难中把握提升壮大的机遇，千方百计克服困难，想方设法坚持生产，不仅要维护企业信誉和原有市场，还要尽最大努力去开发新产品，抢占新市场，增强企业的生存能力，发展能力，竞争能力。

三、多做贡献，同心协力渡难关

“国家有难，匹夫有责”。我们广大企业户都是靠了党的改革开放政策才有今天的。现在，非典疫情流行，防汛抗洪形势严峻，党和政府正在承担着巨大压力和困难。疾风知劲草，危难见真情。我们广大工商企业经营者，要讲政治，识大体，明是非，顾大局，立足于报效国家，奉献社会，克服消极落后、等待观望态度，积极主动，依法足额地缴纳各种税收，争做纳税贡献的带头人，为国家提供税收支持，帮助党和政府渡过难关，夺取抗击非典、发展经济和维护稳定的全面胜利。

最后，祝全县广大工商企业及全体员工身体健康！

2003年5月19日

### 积极参与抗震救灾捐助

2008年5月12日，四川汶川县发生8.0级强烈地震，地震重灾区面积超过10万平方公里，

直接受灾人数1000多万。这一突如其来的灾难给灾区同胞造成了巨大的生命和财产损失。面对灾害，党中央、国务院高度重视，要求各地区、各部门紧急行动起来，牢固树立全国一盘棋的思想，大力发扬“一方有难、八方支援”的中华民族传统美德，同心同德，团结协作，自觉支援和帮助受灾地区，确保社会和谐稳定。5月15日，县政协向全县政协委员发出抗震救灾捐款倡议书，组织全县政协委员的大型捐助活动。全县200余名政协委员慷慨解囊，共向灾区捐款10万多元。5月23日上午，县政协组织企业界省市政协委员及县政协常委，开展第二次向四川地震灾区捐款活动。来自企业界的省市政协委员、县政协常委共计捐款13.5万元。捐款仪式结束后，各界别的委员纷纷伸出援手，陆续捐款。许多委员在政协组织捐款后，又在单位、乡村、企业多次捐款。佛教界政协常委释真广、委员韩永祥、杨凤珍组织全县佛教界人士向灾区捐款6万多元。全县各界政协委员通过不同方式、不同渠道累计捐款83万元。

在玉树地震和舟曲特大泥石流灾害发生后，政协常委会积极响应县委号召，发出倡议书，政协各参加单位和全体委员积极捐款捐物，奉献爱心。通过不同方式、不同渠道为灾区捐款30多万元。

**附：　　　　抗震救灾捐款倡议书**

5月12日，我国四川汶川县发生里氏8.0级地震，这次地震强度大、范围广，人民生命财产受到严重损失。

灾区群众的痛苦和面临的巨大困难，深深牵挂着我们每一位政协委员的心。灾害无情人有情！为了帮助灾区群众渡过难关，我们要立即行动起来，投入到全国大救援行动中。为此，县政协倡议：伸出我们的双手，奉献我们的爱心，以捐款方式为灾区困难群众提供关怀和援助，为灾区生活秩序的重建贡献我们的力量。

让我们用实际行动响应党中央和县委、县政府号召，进一步弘扬中华民族“一方有难、八方支援”的传统美德，同心协力，携手并肩，危难中托起爱的方舟，奉献自己的一份爱心，让灾区人民早日重建家园！

政协清苑县委员会

二〇〇八年五月十四日

## 第五节　关注祖国统一

### 县政协、县委对台办联合召开台属侨眷座谈会

1987年10月22日～23日，政协祖国统一工作委员会、县委对台工作办公室联合召开台属侨眷座谈会，应邀参加座谈会的台属侨眷40人。座谈会上，政协副主席、祖国统一工作委员会主任卢宗明传达了省祖统会议精神，统战部副部长、对台工作办公室主任马改荣作当前台湾形势报告。参加座谈的台属侨眷，人人心情激动，个个畅所欲言，大家畅谈大好形势，赞颂党的十一届三中全会以来的好政策，表示一定不辜负党和政府的希望，利用台湾当局即

将允许在台亲人回大陆探亲之机，力争亲人首批回家。并积极做好迎接亲人的一切准备工作。为推动“一国两制”的实施和祖国统一不懈努力。

政协委员台属李勇说：这次会议开得很好很及时。几天来看了报纸登的台湾当局对大陆的政策有了松动，一方面高兴一方面心中又没底。听了马部长报告和副主席张孝祯、张鹤亭同志欢迎去台亲人回来探亲的讲话，心中有了底。我马上写信告诉在台湾的姐姐，让她能尽早探家，家有八十岁老母在期待与女儿团聚。政协常委、台属史云美：“新形势下的变化是意料不到的，我已经给分别39年的亲人写了信，督促他早日回来。另一方面督促二儿子尽早盖好新房，让他看看家中的巨大变化。”

座谈结束时，政协副主席、统战部部长张鹤亭对有关统战政策做了具体说明。政协常务副主席张孝祯代表县委、县政府、政协、统战部向到会的40名台属、侨眷表示慰问并就当前形势向大家提出了4条要求：1.台属、侨眷要取消顾虑，消除余悸，积极做好在台亲人的工作。2.把“一国两制”的科学构想通过家信向亲人宣传。3.跟上形势的发展，做好迎接亲人的准备工作。4.发展商品生产，尽快治穷致富。最后代表政协、台侨接待办公室向海外亲人表示慰问和提出正式邀请。大家也再次表示要以实际行动回答党和政府的关怀。会议在友好、欢庆的气氛中圆满结束。

# 第七章 提案工作

提案是履行人民政协职能的重要方式，是坚持和完善中国共产党领导的多党合作和政治协商制度的重要载体，是社会主义协商民主的重要形式，是协助中国共产党和国家机关实现决策民主化、科学化的重要渠道。提案工作，是政协委员参政议政的重要途径，只有做好提案工作，才能达到民主监督的目的，才能更充分地发挥委员参政议政的作用。

清苑县政协提案工作始于1983年2月20日中国人民政治协商会议清苑县首届委员会第一次会议。政协常委会向大会作提案工作报告是一项重要议程。政协清苑县委员会提案工作历经八届32年，共做了31次提案工作报告，共收到提案 2372 件，审查立案1882件，立案率79.5%，提案按期答复率100%，办结率76%。

为进一步规范提案工作程序，提升提案工作水平，政协清苑县委员会先后制定《政协清苑县委员会关于政协委员提案工作实施细则（试行）》和《政协清苑县委员会提案工作条例》。

1988年3月5日，政协清苑县委员会颁发1988年1号文件《政协清苑县委员会一九八八年工作要点》中将进一步加强委员提案工作列为一项重要内容，明确提出委员的提案时间不局限于全会，委员对党和政府的各项方针、政策以及工作方法、工作作风方面的意见、批评、建议、要求可随时提出。提案工作委员会要及时整理、催办。

1990年4月19日，政协清苑县委员会颁发6号文件《中国人民政治协商会议清苑县第三届委员会提案委员会关于进一步搞好提案工作的安排意见》。该《意见》为进一步做好提案工作，充分发挥政治协商、民主监督和委员参政议政的作用，更好地为两个文明建设服务，实现领导决策科学化、民主化，将第三届提案工作做出了5项具体安排。1990年6月，在市政协组织召开的提案工作交流会上介绍了经验。1990年7月11日，提案委员会召开全体成员会议，政协副主席霍宗华主持，学习全国、省、市政协提案工作座谈会精神，并结合实际，对清苑县政协提案工作提出4条意见。

1991年5月28日，县政协、县人大联合召开提案交办会，县直39个科局委办的主要负责同志参加会议。政协副主席霍宗华、人大常委会副主任李长领和常务副县长陈宝升出席会议。总结提案办理情况并对办理好提案工作提出了意见和要求。

1991年9月17日，省政协提案委员会办公室主任刘春贵等一行2人由市政协提案委员会主任郭向东、副主任郝之僕陪同到清苑县检查指导提案工作。县政协主席李荣久、副主席霍宗华、党组顾问张孝祯接待，提案委员会主任王庆国作了汇报。县政协多次召开会议，进行学习传达，找出差距并制定相应措施，追踪提案的落实，四季度与人大联合组织部分委员考察提案落实情况；评选优秀提案个人和办理提案的先进单位；在三届三次会议上对办理提案实行现场办公，请政府职能部门面对面地答复委员的重点提案；扩大提案范围，改进提案交案的方法，由过去委员个人扩大为委员、联名、联组、党派、团体、参加政协的单位。实行三不限：时间、内容、形式不限。省领导、市领导对清苑县的提案工作给予肯定。

1991年12月21日至23日，政协副主席霍宗华、人大常委会副主任李长领带领政协办公室、人大办公室、政府办公室组织10名政协委员和人大代表分别到10个单位视察委员、代表提案办理落实情况，并提出5点具体建议。

1992年4月15日，政协、人大、政府联合召开了提案交办会，县直23个科局的主要负责人参加会议。政协副主席张孟乾、人大常委会副主任张建华出席会议并讲话，提出了具体要求：各部门领导对政协委员提案要高度重视，确定专人，认真负责抓好这项工作；办理意见打印（经提案人签署意见后）分别报政协、政府各1份，交提案人1份，留存1份；要求5月底前完成，6月上旬进行检查。47件提案已交付23个部门办理。

1992年5月25日，政协提案委员会提出了《关于对社教工作情况的几点建议》。为搞好第二批社教工作，充分发挥政协委员参政议政作用，根据县政协的工作安排，提案委员会于5月21日组织部分委员听取了第一批社教工作开展情况的汇报，并提出5点建议。

1993年5月7日，政协副主席张孟乾、人大常委会副主任卢宗明带领政协办公室、人大办公室、政府办公室7人分别到外贸局、交通局等8个单位，对提案办理落实情况进行检查。肯定了一些单位思想明确、积极主动、认真负责、措施得力。凡是能解决的问题及时给予解决，一时不能解决的，说明情况予以解释清楚，尽量给代表、委员满意的答复。同时对个别重视不够、办理迟缓、进步不快、质量不高、缺乏认真解决实际问题的单位提出明确要求。

1990年1月10日，经政协清苑县第二届委员会常务委员会第十九次会议研究决定，增设4个专门委员会，其中包括提案工作委员会，为县政协的常设工作机构。1997年11月，提案委员会和其他3个专门委员会并入政协综合办公室。2013年11月，按照《中共保定市委、保定市人民政府关于县乡机构改革的实施意见》，经县委常委会研究决定，设立学习提案委员会。

学习提案委员会，是政协常委会领导下的工作机构，负责政协提案的征集、审查、立案、交办、督办等具体工作，并向政协全体会议、常务会议和主席会议报告工作。每届政协第一个年度，提案委员会都要通过组织专题学习、委员培训、经验介绍、印发有关学习资料、分析解剖典型提案、宣传典型、表彰先进等方式，使委员认识提案工作的重要意义，增强光荣感和使命感，并引导和帮助委员写好提案。每次政协全体会议前，提案委员会都要进行情况通报，围绕县委、县政府的工作部署，编写提案参考题目印发给委员，供书写提案时参考，还主动围绕县委、县政府所确定的重点工程，组织视察提案落实情况，让委员知情。

立案是政协提案工作的一个重要环节。县政协全会期间，委员和政协的参加单位分别向政协全体会议或常务委员会提出书面意见和建议。提案委员会都要严格按照提案工作“四原则”要求认真审查，然后确定是否立案交办。

提案审查立案情况由政协提案工作委员会向全会作出报告。

县政协历届提案立案及办理情况统计表

单位：件

| 届别 | 提案数 | 立案 | 立案率 | 答复率 |
|---|---|---|---|---|
| 一 | 315 | 315 | 100% | 100% |
| 二 | 196 | 185 | 94.3% | 100% |
| 三 | 238 | 209 | 87.8% | 100% |
| 四 | 395 | 342 | 86.5% | 100% |
| 五 | 311 | 274 | 72.3% | 100% |
| 六 | 318 | 230 | 61.6% | 100% |
| 七 | 364 | 185 | 50.8% | 100% |
| 八 | 235 | 145 | 61.7% | 100% |

提案办理工作是提案工作的重点、难点。全会后，邀请政府领导主持召开政协提案交办会，向各承办单位提出交办时间和质量要求。清苑县政协自成立以来，提案委员会不断加强学习，不断探索提案办理工作的新方法。同时，不断强化与县委办、政府办及各承办单位的联系与合作，加大了提案的督办力度。

在提案办理上，逐步探索了许多行之有效的经验，如现场办案、跟踪办案、联合办案等等，这些经验得到了省、市政协的肯定和好评，并介绍了经验。

自1983年2月一届一次会议至1986年10月底政协清苑县第一届委员会期间，共收到提案315件。提案工作委员会对上述提案逐案进行了审查，按照提案所涉及的问题，分别送县委、县政府有关部门研究办理。至1986年12月底，各承办部门已全部办复，对于办复的提案都向提案人做了解答。在已办复的提案中，有的已被采纳，承办单位承认确实有价值，但因条件不具备，暂时还不能解决或只能解决一部分的有13件。由于种种原因不能解决的向提案人做了说明的有8件。

政协清苑县第二届委员会期间，共收到委员提案196件，经审查立案185件，其中第一次会议立案68件，第二次会议立案67件，第三次会议立案50件。这些提案经过提案委员会认真审查后，分别送县委、县政府及有关部门，按照《政协委员提案工作实施细则》，认真研究办理。从1987年至1989年办结率均达到100%，其中95%以上的提案被承办单位采纳和吸收，50%得到了落实和解决，对一时不能落实的积极创造条件落实。

政协清苑县第三届委员会期间，委员们以高度的政治热情和主人翁责任感，围绕清苑县社会主义建设事业，特别是以经济建设为中心，就改革开放，发展清苑，制定和落实“七五”“八五”计划等广大人民普遍关心的一些重大问题，积极参政议政，建言献计，提出很多很好的意见。3年间，共提出提案238件，精神文明建设方面14件；政策法规、劳动人事方面30件；农业、工业、科技方面54件；文化、教育、卫生方面53件；财政、金融、税务、交通方面35件；人民生活方面1件；爱国统一战线方面1件；其他方面20件。提案委员会按照全国政协提案条例要求，对这些提案认真进行了审查、整理，共立案209件，及时送县委、县政府领导阅审批示，召开交办会议，交付有关部门办理，至1990年10月全部办理完毕。落实165件，占总件数的86.5%；等待条件成熟后落实的有27件，占总件数的11.5%；一时不能落实的需创造条件落实的有17件，占总件数的8%。

政协清苑县第四届委员会期间共收到委员提案395件，立案342件。其中：教育方面的提案37件，精神文明建设方面的提案24件，减轻农民负担方面的提案125件，县办工业及乡镇企业方面的提案25件，廉政建设方面的提案13件，社会治安方面的提案20件，公路建设方面的提案3 5件，计划生育方面的提案7件，农村电价及电力设施方面的提案13件，城镇建设方面的提案8件，植树造林方面的提案16件，农业发展方面的提案14件，殡葬改革方面的提案6件，市场管理方面的提案7件，水利建设方面的提案5件。其他方面的提案87件。提案审核后，分别送县委、县政府主管领导审阅批示，及时交有关部门办理，并对提案承办单位提出了具体要求。所立342件提案全部办理完毕。经与提案人见面交换意见，提案人对提案承办单位的办理结果均签字表示同意。其中241件提案，已见到效果，有101件提案由于客观条件的制约，不能落实的有关单位已拿出意见。

政协清苑县第五届委员会期间，共征集委员提案311件，立案274件，转为委员来信37件。其中公路交通建设方面59件，农村经济发展方面50件，城镇基础设施建设方面49件，文化教育卫生方面32件，精神文明建设方面16件，土地管理、民政工作方面16件，其他52件。对立案的提案，按要求分别送县委、县政府有关承办单位办理。至2002年10月底，274件提案全部办理完毕。经与提案人见面交换意见，提案人对提案承办单位办理结果的满意率达到99.6%。按时办结率、答复函规范化率、走访率均达100%。

政协清苑县第六届委员会期间，县政协和县政协参加单位、县政协委员，围绕县委、县政府的中心工作，关注民生，深入基层，倾听各界人士意见，共提交提案318件，立案230件，转为委员来信88件，立案率为72.3%。其中：经济建设方面提案67件，占29.1%；城市建设和管理方面提案62件，占27%，教科文卫体方面提案56件，占24.3%，党风廉政建设和社会法制建设方面提案45件，占19.6%。对立案的提案，按要求分别送交县委、县政府有关承办单位办理。2006年10月底，立案的230件提案全部办理完毕。提案办复率、按时办结率、答复函规范化率、走访率均达100%。

政协清苑县第七届委员会期间，共收到委员提案364件，经主席会议审查立案185件，并案处理121件，作为委员意见转有关部门参考处理58件。至2011年底，委员提案已全部办理完毕，办复率为100%。所提意见和建议被有关单位采纳、问题经解决或基本解决的112件，占61%，有关单位正在解决或列入计划准备解决的41件，占22%；因条件限制一时难以解决或无法解决并向委员做出情况说明的32件，占17%。委员对提案办理结果满意率达99.5%以上。

政协清苑县第八届委员会期间，共收到委员提案235件，经主席会议审查立案145件。所办理的提案涉及农业农村、道路交通、城乡建设、环保、卫生、工业、治安、教育、金融、民政等方面。提案全部办复，绝大多数委员对办理情况签署了满意意见。其中受客观因素限制，短期内难以解决、向委员做出解释说明的23件，占16%。

附：

# 1.历届政协提案工作委员会关于提案工作情况的报告

## 【一届二次会议关于一届一次会议以来提案办理情况的报告】

**中国人民政治协商会议**
**清苑县第一届委员会提案工作委员会**
**关于第一次会议期间提案处理情况的报告**

（1984年5月16日）

曲百荣

各位委员、各位同志：

现将政协清苑县第一届委员会第一次会议以来的提案处理情况报告如下，请审议。

政协一届一次会议期间，共收到委员提案42件，为了发挥这些提案的作用，经提案工作委员会认真研究后，分别转请县委、县政府及有关部门处理，办公室责成专人负责进行必要的说明解释，督促检查处理情况，并及时向提案人做出答复。确实做到了件件有交代，案案有着落。到目前为止，提案已办复完毕。

一届一次大会的提案，涉及我县政治、经济、文教、卫生、科学技术以及有关人民生产、生活的许多重大问题。许多提案就我县企业生产、提高经济效益、社会主义精神文明建设、提高中小学教师政治地位和生活待遇，抓紧进行智力开发等问题提出了许多有益的意见和建议。一年来初步统计已有二十六件被采纳。如：苑朋久同志提出的“关于工业改革的两项建议”，县经委经过专门研究采取了落实措施。赵启瀛同志提出修通县城到大庄公路的提案，县委、县政府也已采纳，现已动工。关于提高教师地位和生活待遇的提案，县委特别重视，转发了教委党组《关于提高教师政治地位和经济待遇的报告》，并规定了“尊师日”，各级党政领导同志率先开展了尊师活动等等。

县委、县政府及有关部门对委员提案是比较重视的，不少承办单位组织专人深入调查研究，了解情况，在工作多，任务重的情况下，分别进行了妥善处理。除对一些切实可行的意见认真研究采纳外，对目前由于各种原因没有采纳的十六件提案，也逐一进行了说明和解释，让提案人得到了满意的答复。此外，对处理提案拖拉、敷衍、重视不足的个别部门，也及时提出了意见，并责令改进。总之，一届一次会议的提案，充分显示出委员们高度的政治责任感和主人翁精神，反映了我县人民团结一致，同心同德，向四化进军和实现祖国统一大业的迫切愿望，对于推动我县两个文明建设，巩固和发展安定团结的政治局面，起到了一定的积极作用。希望各位委员继续发扬主人翁精神，发挥自己的聪明才智，为我县四化大业献计献策。

## 【一届三次会议关于一届二次会议以来提案办理情况的报告】

**中国人民政治协商会议**
**清苑县第一届委员会提案工作委员会**
**关于第二次会议以来提案工作情况的报告**

（1985年4月14日）

王 杰

各位委员、各位同志：

我代表提案工作委员会，就政协清苑县第一届委员会第二次会议以来的提案工作情况，向第三次会议作如下报告：

政协一届二次会议以来，共收到委员提案86件，提案工作委员会经过研究，分别交有关部门进行处理，并责成办公室明确专人进行督促检查。截至一九八四年十一月全部处理完毕，并将处理意见书面答复提案人，做到了条条兑现，件件落实。

提案的内容涉及到工交、财贸、城镇建设、文化教育、体育、卫生、政法等方面。这些有益的意见和建议，对我县广大人民的生活和四化建设起到了很好的作用。如对校舍维修的提案，县人民政府责成教育局组织专人进行检查，并拨专款和发动群众集资进行了修缮；对修筑县城通往大庄、魏村公路的提案，已为县委、县人民政府采纳。通往大庄的公路至耿桥一段已铺沥青；调整零散地块的提案。抗旱时柴油涨价等提案均代表了广大人民群众的迫切要求，引起了县委、县人民政府的重视。

上述提案的及时处理，是和县委、县人民政府及其所属单位重视分不开的。不少单位对提案认真研究，明确专人负责，并及时给予答复，基本达到了提案人的满意。总之，提案的提出表现了各位委员的高度责任感和主人翁精神，对振兴清苑，致富增收做出了应有的贡献，对搞好安定团结、发展大好形势、推动我县两个文明建设的发展，发挥了积极作用。

在新的一年里，我们要进一步提高对提案工作重要性的认识，增强做好提案工作的自觉性和主动性。委员提案是政协行使政治协商和民主监督职能的重要方面，是委员行使民主权利、对政府工作提建议和意见的一个重要方式，也是党和政府联系人民群众、听取人民群众意见的一条重要渠道。它对于促进四化建设和发展爱国统一战线有着重要的作用。因此，要求各位委员要很好地行使这一民主权利。全国政协提案工作座谈会明确了提案工作的指导思想，否定了对委员提案的种种条条框框的束缚，肯定了适合政协特点，长期行之有效的三不限制，即：对委员的提案不搞立案标准，在内容上不加限制；不定提案截止日期，在时间方面不加限制；简化程序，对提案人数不加限制。因此，无论是全会期间，平时开会发言和书面建议、意见都可列入提案范围，时间、人数和内容均不限制，可以随时提出。同时，要求政协开展各项活动亦要与提案工作相结合，做到学习、工作、提案三者紧密结合，为我县经济腾飞献计出力。我们希望各位委员在中发（85）1号文件的指引下，为实现县委、县人民政府提出的各项任务，为使我县在全区跨入先进行列，为开创政协新局面而奋斗！

**【一届四次会议关于一届三次会议以来提案办理情况的报告】**

**注：**本次会议无关于三次会议以来提案办理情况的报告，会议日程未见此报告的安排。

**【二届一次会议关于一届一次会议以来提案办理情况的报告】**

**中国人民政治协商会议**
**清苑县第一届委员会提案工作委员会**
**关于一次会议以来提案办理情况的报告**

（1987年4月18日）

白光棣

各位委员、各位同志：

我受政协清苑县第一届委员会提案工作委员会的委托，向政协清苑县第二届第一次会议做提案办理情况的报告。

我县政协自一九八三年二月一次会议以来，到一九八六年十月底，共收到提案315件，其中政府工作方面52件，工交财贸方面的49

件，农林水电方面63件，城乡建设和精神文明建设方面51件，文化教育、科学技术方面的42件，医药卫生方面的34件，其他方面的24件，提出提案的委员68人，共343人次。

提案主要对我县两个文明建设提出了积极的意见和建议。在有关物质文明方面，包括充分利用当地资源，发展商品生产，引导农民致富；加强农田、水利、电力的调整、开发、利用，合理规划城镇建设；改善企业经营管理，提高产品质量，提高经济效益等。在有关精神文明建设方面，包括加强思想政治工作，发展、改进城乡普通教育、业余教育、文化事业，改变卫生条件等。其他还有落实统战政策、知识分子政策方面的等。一届委员会提案的广泛性和建设性，表明了广大委员本着“长期共存，互相监督”、“肝胆相照，荣辱与共”的方针，为开创我县社会主义建设新局面，动员全县人民翻番致富奔小康，群策群力，同心同德，积极贡献力量。

提案工作委员会对上述提案曾八次召开会议，逐案进行了审查，按照提案所涉及的问题，分别送县委、县政府有关部门研究办理。截止1986年12月底，各承办部门已全部办复，对于办复的提案都向提案人做了解答。一届四次全会以来的提案办复情况，我们还打印成册，发给委员。在已办复的提案中，有的被采纳，承办单位承认确实有价值，但因条件不具备，暂时还不能解决或只能解决一部分的有13件。由于种种原因不能解决的向提案人做了说明的有8件。总的来看，在提案办理过程中，多数单位对委员提案的办理是认真的，工作是抓的紧的。如：政协委员张庆达针对我县大部分单位和个人因盲目套购木材而造成严重经济损失的问题，提出了关于议价采购木材的提案，引起了县委的高度重视，并将委员提案以县委的名义发至各区、乡党委加以贯彻。又如，政协提出的关于如何利用唐河沿岸自然资源的提案，县委、县政府对此非常重视，经组织多方专家论证，将唐河开发工作，列入了我县“七五”期间的重点开发项目，目前正付诸实施。可见，政协委员利用提案的方式向党和政府提出意见和建议，是实行民主监督的基本方法，也是人民政协发挥职能作用的一种重要形式。

四年来，我们在不断提高提案质量的同时，还不断完善和改进了提案工作方法，将原来仅限于全会期间提出提案，改为随时均可提出提案。这样，更好的发挥了委员的作用，增强了提案效果。

总之，政协清苑县第一届委员会提案工作委员会在处理提案工作中，做了大量工作，取得了一定成绩。做到了件件有着落，案案有回声。当然，工作上的差距也是有的，如有的提案反应迟缓，这是今后需要改进的。

以上报告，请予审议。

**【二届二次会议关于二届一次会议以来提案办理情况的报告】**

**中国人民政治协商会议**

**清苑县第二届提案工作委员会**

**关于二届一次会议以来提案办理情况的报告**

（1988年2月27日）

张鹤亭

各位委员、各位同志：

我受政协清苑县第二届提案工作委员会的委托，向政协清苑县第二届二次会议作提案办理情况的报告。

我县政协自一九八七年四月二届一次会议以来，到一九八八年二月，共收到提案68件。

这些提案大体分八类：即农林、水、电方面18件；文化教育方面8件；工交、邮电方面6件；精神文明建设方面6件；政法、民政方面5件；劳资、人事方面5件；城建方面4件；其他方面16件。

各位委员都以主人翁的姿态和高度的责任感，对我县的物质和精神文明建设，社会主义民主政治建设，法制建设，以及教育事业的发展和教学质量的提高；农田、林业、水利、电力的调整、开发、利用；乡镇企业的发展；城镇建设规划；改善企业经营管理，提高经济效益等方面提出了宝贵建议。

二届一次会议以来的委员提案，被承办单位采纳、已经或正在落实的有32件，占提案总数的48%；已被采纳但需要创造条件逐步落实的有26件，占提案总数的38%；其余10件因政策规定不允许或者条件所限未被采纳，占提案总数的14%。提案的广泛性，表明了广大委员本着“长期共存、互相监督”，“肝胆相照、荣辱与共”的方针，为开创我县社会主义建设新局面，动员全县人民为振兴我县经济献计献策，知情出力，做出了积极贡献。

提案委员会对上述提案曾多次开会进行审查、分类，在去年6月7日政府召开的提案交办会上，按照提案所涉及的问题，分别交县委、县政府有关部门研究办理。截止1987年11月底，各承办单位已全部办理完毕，已经打印成册发给各位委员。在提案办理过程中，各部门都很重视，如：委员苑朋久针对管理人员素质较低的情况，提出建立企业厂长、干部（职工）业务技术培训的提案。经委接到提案后非常重视，专门召开主任会进行研究，并安排专人负责企业厂长、干部业务培训工作。

总之，各承办单位对政协委员的提案都进行了认真的答复，并积极研究办理。可见，政协委员利用提案方式向党委和政府提出意见和建议，是实行民主监督的基本方法，也是人民政协发挥职能作用的一种重要形式。

一年来，提案工作委员会在督办提案工作中，做了大量工作，取得了一定成绩，做到了件件有着落，案案有回声。当然，工作的差距也是有的，如有的对提案办理的不快，反应迟缓，个别单位不够重视等，这是今后需要认真解决和改进的。今后随着经济体制和政治体制改革的不断深入，社会主义民主政治建设必将进一步加强。希望各位委员充分发挥参政议政的积极性，主动大胆的提出批评建议，热诚的协助县委和政府改进工作，使我县各项工作按照十三大指引的方向，更快的向前发展。在新的一年里，要求各位委员更加关心和积极参与政协提案工作，使提案工作开展得更加深入和更有成效。

以上报告请审议。

**【二届三次会议关于二届二次会议以来提案办理情况的报告】**

**中国人民政治协商会议**

**清苑县第二届委员会提案工作委员会**

**关于二届二次会议以来提案办理情况的报告**

（1989年3月25日）

张鹤亭

各位委员、同志们：

我代表提案工作委员会，就县政协二届二次会议以来提案办理情况作如下报告。

县政协二届二次会议以来，共收到委员提案67件，按照提案工作委员会的审查意见，与县政府和有关职能部门一起于6月7日召开提案交办会，将提案分别送请县委、县政府和有关部门办理，到去年12月底已全部办理完毕，提案及办理复文已打印成册并分发给各位委员。

在67件提案中，被县委、县政府及有关部门采纳落实或正在落实的有45件，占提案总数的67%；因条件所限暂不能采纳或暂缓落实的5件，占提案总数的7%；需要解释说明的17件，占提案总数的26%。

去年的提案工作，在常委会的领导下，特别是在全会期间，委员们紧紧围绕我县的经济发展、深化改革和两个文明建设及人民生活的重要问题积极献计献策，提出了许多建设性意见和建议。并针对时弊，坦诚地提出了批评意见，而且内容相当广泛，涉及政治经济、文化教育、科学技术、社会生活的各个方面。其中有些提案是在委员们调查研究的基础上提出的，所以内容充实，意见中肯，建议可行，受到县委、县政府和有关部门的重视而予以采纳。这些提案的落实，对我县的经济发展、工农业生产和两个文明建设都发挥了重要作用。卢小芬委员关于农村电力设施遭破坏问题严重的提案，受到县公安局的重视。他们分析了电力设施遭破坏的原因，并很快制定了相应的解决措施：一、针对金属收购点见利忘义，缺乏管理的情况，根据市工商、公安等七个部门发出的联合通告，拟对有色金属收购点进行整顿，严格管理办法；二、与县工商局联合落实市通告精神；三、由各派出所协助各治安保卫委员会落实防范措施；四、加强此类案件的侦破；吕畔强委员所提关于我县化肥供应由县里统一分配指标，有时由于分配指标后各乡镇不能及时收到通知，致使一些地方的化肥指标作废，使农业生产受到影响。县计委收到提案后，进行了研究，分析了化肥生产、供应环节中存在的问题，决定从第三季度开始，由工贸联营改为产销直接见面，即由化肥厂按计划提前把化肥票发到乡镇，由乡镇发到村，由村持票直接到化肥厂购买。这样解决了指标作废问题，减少了中间环节，降低了费用，使农民能够及时买到化肥，支援了农业生产；赵启瀛委员在提案中提出：农村农业科学技术贫乏，土地耕种和管理技术落后的问题，希望在农村普及科学技术。农业局收到提案后，于去年实行科技人员对农业的集团承包，加强了技术培训，促进了农业科技的普及和提高；屈成功委员提出通向县师范的道路和通向畜牧局的道路，夏季污水成河，冬季冰雪满路，垃圾常年堆放路边，成为苍蝇、蚊子的孳生地，行人、车辆难以通行，要求有关部门采取措施解决。对此，城建局根据“人民城市人民建”的精神，由城建局、县财政和沿路各单位三方面筹集资金，很快把两条路修好，解决了群众行路难问题。

总之，一九八八年提案的办理工作，质量高、效果好，起到了应有的作用，对此，我们有以下几点体会。

一、领导重视，是做好提案工作的关键。二届二次全会闭幕后，提案工作委员会对全部提案进行了认真审查之后，县政协与县政府的领导亲自主持召开了提案交办会，并向各承办单位提出了办复时间及质量要求。对杨树彬委员所提关于对基层主要干部和党支部委员进行培训的提案，县委副书记赵洪昌亲自批示县委组织部予以研究办复。县政协也曾多次召开会议研究提案工作，使得全部提案的办复工作顺利完成。

二、提案工作的制度化、规范化，是做好提案工作的基础。县政协在认真总结提案工作的基础上，经二届六次常委会研究制定了《提案工作实施细则（试行）》，由县委以正式文件转发各部门。这样有利于逐步实现提案工作制度化、规范化，也为去年提高提案办理工作质量打下了良好的基础。

三、通力协作、相互配合，是做好提案工作的保证。县政协与县政府负责提案工作的同志，经常沟通情况、互相支持、通力协作、密切配合，认真抓了提案办复工作。县政府负责提案工作的同志，多次深入承办单位，了解办复情况，催促办复结果，促进了全部提案的办理和落实。

另外，提案工作的质量好坏与各承办单位的重视与否是分不开的。提案办复质量高，重要的原因是承办单位领导重视。如对徐振彩委员关于农村信报投递中存在问题的提案，邮局收到后，立即召开了局务会，对问题进行了分析，经局长办公会研究，采取了解决的措施，由专门人员负责落实。对委员提案，有百分之六十的承办单位按照“提案工作实施细则”将办复意见与本人见了面，由委员签署了意见。如：县粮食局派人到司振彬委员家征求提案办复意见时，司振彬委员有病住院，粮食局副局长闫义同志又亲自到病床前去征求对提案办复结果的意见，使司振彬委员深受感动，这样经过各承办单位的积极努力使提案件件有了答复，事事有了回音。

今年的提案工作，虽然取得了一定的成绩，但也存在着一些问题，如个别承办单位的领导对这项工作认识不高，重视不够，没有认真执行“细则”；有的单位对难度较大的提案有畏难情绪；还有的答复与落实不一致等。

在新一年里，要求提案办理工作提高到一个新的水平，要提高对政协委员提案重要性的认识。提案是政协委员就国家（或地方）大政方针和群众生活的重要问题，提出的书面意见。它是人民政协行使政治协商、民主监督职能的一个重要方面，是政协委员行使民主权利、参政议政的一种重要方式，也是党和政府联系各界人士、听取群众意见、实现领导决策科学化、民主化的一条重要渠道。因此，对政协委员的提案，要高度重视、认真办理、积极落实。把县委批转政协起草的“提案工作实施细则”落到实处。政协委员要积极开展视察、考察活动，针对群众反映强烈的问题，进行深入的调查研究，抓住主要问题，提出书面意见和建议，努力提高提案的质量。在我县治理、整顿和深化改革方面作出积极贡献。

以上报告，请审议。

**【三届一次会议关于二届一次会议以来提案办理情况的报告】**

**中国人民政治协会议**

**清苑县第二届委员会提案委员会**

**关于二届一次会议以来提案办理情况的报告**

（1990年4月1日）

刘俊章

各位委员、各位同志：

我受二届委员会提案委员会的委托，向大会报告县政协二届一次会议以来的提案办理情况，请审议。

政协清苑县二届一次会议以来，共收到委员提案196件，经审查立案185件，其中第一次会议立案68件，第二次会议立案67件，第三次会议立案50件，这些提案，都经过提案委员会认真审查后，分别送县委、县政府及有关部门，按照“政协委员提案工作实施细则”，认真研究办理。从1987年至1989年三年来办复率均达到100%，其中95%以上的提案被承办单位采纳和吸收，50%得到了落实和解决，对一时不能落实的正在积极创造条件落实。

委员们的提案，内容非常广泛，涉及我县政治、经济、法律、文化教育卫生、科技、工业、农业、交通、财贸和社会生活及爱国统一战线等各个方面，既有对改革开放和社会主义建设的献计献策，也有兴利除弊的具体建议和措施，内容充实、意见中肯、有事实、有情况、有理论、有分析、有措施，许多提案是委员们在充分调查研究的基础上提出来的，因而，受到了县委、县政府及有关部门的重视和采用，不少提案已经或正在为我县的两个文明建设发挥着积极的作用。如：吴志杰、贾树勋、阮文郁、蔡建英、李文瑞五名委员提出的关于要珍惜土地、节约占用耕地，加强对卖沙卖土的管理的提案，受到了县政府和土地局的高度重视。县政府经过研究制发了清政10号文件，制定了（宅基地管理办法），还颁发了禁止在承包地、自留地上乱盖房乱挖地卖沙卖土的布告。1989年下半年以来，收到了明显效果；卢小芬委员提出的关于农村电力设施遭破坏严重，影响群众夺取农业丰收的提案，受到了县公安司法部门的重视，公安局结合工商、税务、电力等七个部门联合办案，在较短的时间内，破获了几起破坏电力设施的案件，及时抓获了破坏电力设施的不法分子，春节前法院公开判决了15名犯罪分子，有4名罪大恶极分子已被处决，从而，保护了电力的设备和线路的畅通，支持了农业生产；吕畔强委员提出关于加强化肥供应管理的提案，受到县政府和有关部门的重视，县计委接到提案后，经和有关部门共同研究，为方便群众，让利于民，将化肥票发到乡镇，由乡镇发到村，由村民持票直接到化肥厂购买，减少了中间环节，受到了群众的好评；屈成功委员提出通向畜牧局和师范的道路，每到雨季污水成河，冬季冰雪铺路，垃圾堆放路旁，行人、车辆难以通行，要求有关部门采取措施，加以解决，对此，建委根据“人民城市人民建”的精神，由建委、财政局和沿路各单位三方面筹资，很快把两条路修好了，解决了群众行路难问题；王庆国委员提出关于增加粮油供应，方便群众购买粮油，解决每逢节日供应出现排队问题，去年下半年省粮局同意拨款建第二粮油供应站，他们就及时建立了第二粮油供应站，于去年10月份已开始营业，方便了群众，解决了城市居民买粮油难的问题，李树国委员关于加强植树造林的提案受到县委、县政府的重视，去年冬季全县掀起了植树高潮，共植树42.6万棵；吴树楷委员关于修复北大冉至石桥的公路的提案，交通局很快就落实了。

总之，三年来，政协委员的提案在我县的政治生活和经济建设事业中发挥了积极作用，我们在办理提案工作中，采取了以下办法：

一、领导重视，是做好提案工作的关键。在办理提案工作中，县政协为加强对提案工作的领导，确定由一名副主席分管，提案委员会的同志具体抓，每次会后及时搜集、整理、审查委员们的提案，然后县政协和县政府领导联合召开提案交办会，部署承办事宜，提出办复要求，办复后及时反馈各位委员。由于领导重视，各单位的支持以及办理提案的同志积极努力，使提案工作有了新的进展。

二、广泛宣传提案工作的重要性和必要性，使各界人士和党政部门的负责同志，认识到提案工作是发挥“政治协商、民主监督”职能作用的实际体现，是发挥人才库的集体功能作用的阵地和场所，对于领导决策的民主化、科学化改进和提高工作，减少失误，都是有重要的意义。几年来，我们通过会议、座谈、发文件等方法对提案工作的重要意义、作用进行了广泛宣传，引起了各级领导重视，各承办单位积极认真的进行了办理。

三、在提高提案质量上下功夫。提案内容越重要、充实，越能受到领导和承办单位的重视，采纳率就越高。因此，每一份提案，委员都是在深入调查研究的基础上提出来的，一般提案都是有情况、有问题、有分析、有建议，质量一年比一年提高，内容一年比一年充实。

四、建立健全提案工作制度。县政协提案委员会和委员们加强密切联系，委员们也随时与提案委员会联系，并建立了联系、搜集整理、办复、反馈制度等，使提案工作逐步走向规范化、制度化轨道，奠定了良好的基础。

我们的提案工作，虽然取得了一定成绩，但还存有一定问题。主要是：有的提案质量不高，意见提的不准确；少数单位还存有不重视的问题。因而提案办理质量不高，落实的也不够快。以上问题应引起重视，采取措施，加以解决。

今后要切实组织委员围绕党的中心工作和事关群众利益的重大问题，组织委员观察、考察、调查、论证，提出有案由、有分析、有建议、质量比较高的提案。在提案办理中，要密切与县委、政府及有关部门联系，继续执行《实施细则》坚持面对面协商，登门征询提案人意见，使提案及时办复和落实，并提高到一个新水平。

以上报告，请审议。

**【三届二次会议关于三届一次会议以来提案办理情况的报告】**

**中国人民政治协商会议**
**清苑县第三届委员会提案委员会**
**关于三届一次会议以来提案办理情况的报告**

（1991年4月8日）

霍宗华

各位委员、各位同志：

我受政协清苑县第三届委员会常委会的委托，向大会报告县政协三届一次会议以来提案办理情况，请审议。

去年，政协清苑县三届一次会议以来，共收到委员提案84件，立案83件。委员们以高度的政治热情和主人翁的责任感，围绕我县社会主义建设事业，特别是以经济建设为中心，就治理整顿、深入改革、稳定清苑、发展清苑和人民普遍关心的一些重大问题，以提案的形式积极参政议政，提出了很多很好的建设性意见，意见中肯，内容广泛，其中党务廉政建设方面的10件，政法劳动人事方面的20件，农业、科技、交通方面的12件；文教、卫生方面的21件；财贸．工业方面的19件；爱国统一战线方面的1件，其他方面的1件。

这些提案，经过审、复制、整理后，分别送请县委、县政府主管领导审阅批示，按照政协委员提案工作办理条例，交付有关部门办理。到去年12月底止，全部提案办理完毕。已经落实的有56件，占总件数的6 7%；等待条件成熟后落实的有12件，占总件数的14%；有的一时不能落实正在创造条件落实的有I5件，占总件数的19%。经过征求提案人意见，绝大多数委员对提案办理结果表示满意。

去年的提案工作无论提案质量，还是办理的效果都是比较高的，发挥社会效益是好的。回顾和总结一年来的提案工作，主要做法有以下几点。

一、领导重视，认真办理委员提案。

三届一次会议以来，政协领导把提案工作列入了重要议事日程。主席办公会、常委会，都要研究讨论提案工作，并明确一名副主席分管提案工作，提案委员会设有两名同志具体办理提案工作的有关事宜。对于委员提案，领导亲自审查，政协主要领导同志亲自审阅全部提案，并提出由提案委员会将提案分门别类整理后报送县委、县政府主管领导审阅批示，然后再召开交办会的办法，这种办法，取得了良好效果，改变了领导对提案内容不够了解，某些单位不够重视，甚至推诿拖拉的现象。县委、县政府领导对提案工作非常重视，主管书记、县长对委员提案及时阅批，并和人大联合召开有关部门主要领导参加的交办会。县委副书记于文芳对政协委员贾树勋给县委提出的“要发扬优良传统”的提案很重视，经县委研究在县委五届六次会议上，作出了《关于加强党同人民群众联系的规定》，并从县委“一班人”做起，以身作则，深入基层，深入群众，了解群众的疾苦，倾听群众的呼声，每个领导每年深入基层的时间不少于三个月以上，还制定了鼓励机关干部朝下走的十项政策规定。从而，对于转变我县干部思想作风，带领群众开创各项工作新局面起了积极作用。对政协委员蔡建英提出的蔡桥村领导班子瘫痪要求尽快解决的提案，他及时批示由组织部承办，组织部的同志们通过调查了解，弄清情况，结合乡党委对蔡桥村领导班子作了补充和调查，不到一周时间即办理完毕。常务副县长陈宝升对政协委员提出的关于高庄桥要求急需修建的提案，他及时批示由交通局办理。经交通局、水利局报县长办公室核定，认为该桥确应修复，列入了我县建设项目，待筹措资金落实后动工。副县长孙爱英对政协委员刘桂金提出的清苑县子弟小学因缺少教室，一年级学生200多名四个班，半日制轮流上课的问题。他结合教育局利用现场办公的方法，从清苑师范暂借两个教室，解决了子弟小学四个班级的半日制上课的问题，使教师和学生家长们满意。

二、通力协作，不断推动提案工作向前发展。

提案工作是政协工作的一项重要任务，也是党和政府加强与各界人士联系，实现决策民主化、科学化的一条重要渠道。县政协三届一次会议以来，提案委员会对政协委员提案及时搜集、整理、审查、复制、交办，加强承办单位之间的联系，对办理委员提案通力协作，去年七八月份，在单位之间开展了热心办、马上办、办得快、办得好的活动。对提案多、难度大的县委办、政府办、教育局．土地局、农业局、水利局、农委、交通局、电力局等十几个单位进行了重点协助。教育局的领导对承办的12份提案办得快办得好，但对政协委员高景云提出的关于他超龄退休应按实际工作年限计发退休金的问题，他曾两次提出这一问题，教育局也曾答复过他，但总说不清楚。去年提案委员会协助教育局按照上级文件的有关规定，答复了他，使高委员很满意。电力局对副县长张鹤亭批示的政协委员范茂森、时小平提出的关于有的村电价高的提案，电力局接到提案以后，由于对办案程序不太熟悉，对此，采取重点协助的办法，把办案人请上来和深入下去相结合，共同学案例，使电力局的两件提案圆满完成。

三、严格办案程序，提高办案质量

去年的提案办理工作是在总结以往经验的基础上，按照政协提案工作条例规定，在办案程序上增添了两项内容，一是领导审阅批示；二是委员见面，签署意见栏，达到三满意（领导、单位、提案人）。同时，也能引起各承办单位的重视，各单位在办理委员提案过程中，非常认真负责。林业局党组书记王有余对承办的两件关于发展林业的提案，认真组织研究，亲自办理，他带着工作人员深入到乡村户与委员本人见面签署意见；县委办公室主任李福秋接到于文芳副书记批示政协委员贾树勋，王会军关于干部下乡要吃派饭问题的提案后，他按照办案程序，不到一周时间，即答复了委员，受到提案人的好评。由于严格办案程序，去年的提案质量好于任何一年。

去年的提案办理工作，虽然取得了一定成绩，但距提案条例要求还存在一定距离，主要是有的委员提案深度和广度不够；有的单位和部门对委员提案重视不够，在抓提案的落实上不够认真；有的单位办案质量有待进一步提高。今后，我们将认真总结过去，展望未来，发扬成绩，纠正不足，戒骄戒躁。按照全国政协第七届第十二次会议通过的《全国政协提案工作条例》规定，认真办理提案，使提案工作提高到一个新水平，上一个新台阶。

以上报告，请审议。

**【三届三次会议关于三届二次会议以来提案办理情况的报告】**

中国人民政治协商会议

清苑县第三届委员会提案委员会

关于三届二次会议以来提案办理情况的报告

（1992年3月10日）

霍宗华

各位委员、各位同志:

我受政协清苑县第三届委员会常委会的委托，向大会报告县政协三届二次会议以来提案办理情况，请审议。

政协清苑县三届二次会议以来委员们以高度的政治热情和主人翁精神，围绕我县国民经济和社会发展十年规划和“八五”计划，积极进言献计，参政议政，提出了很多很好的建设性意见。共收到委员提案102件，立案85件。其中：有关精神文明建设方面的4件；政治法律、劳动人事方面的3件；农业、工业、科技方面的34件；文化、教育、卫生方面的27件；有关人民生活方面的6件；土地方面的8件；交通方面的13件；其他方面的7件。

这些提案，三届二次会议闭幕以后，提案委员会按照提案工作条例要求。认真进行了审查、复制、整理，及时送请县委、县政府领导阅审指示，及时召开交办会交付有关部门办理。截止到去年12月份，全部提案办理完毕。已经落实的有67件，占总件数的79%；等待条件成熟后落实的有10件，占总件的9%；经过征求提案人意见，绝大多数委员对提案办理结果表示满意。

去年的提案办理工作无论提案质量还是办

理的速度和效果都是比较好的，充分发挥了社会效益。回顾和总结一年来的提案工作，具体做法有以下几点：

一、领导重视，是办好提案的关键。

三届二次会议以来，政协领导把提案工作列入了重要议事日程，主席办公会、常务会，都要研究讨论提案工作。提案委员会每季一次会议研究讨论如何做好提案工作。对于委员提案政协主要领导审阅全部提案，提出要求。县委、县政府领导也非常重视政协委员提案，从书记、副书记到县长、副县长都亲自审批提案，去年立案的85件提案主管领导都作了逐一批示，引起了各部门对政协委员提案的重视。常务副县长陈宝升对政协委员陈新元、赵彦明、刘振江提出的关于抓紧维护和修建乡间硬面路的提案批示交办到交通局后，交通局迅速组成了以局长马荣涛为首的办案班子，研究办理意见，抓紧落实。一个月的时间即办理完毕。对白城路、郝庄道、博温路长36.2公里硬面路全部进行了维修。还修通了郝庄至大位庄、南候至张村17华里的硬面路，受到委员们的好评。副县长张鹤亭对政协委员王素芳、任志永、陈新元提出的关于农村电价偏高和停送电不定时的提案，他及时批示到电力局办理。电力局随即组成了以董保堂局长为组长，两名副局长任副组长的12人办案班子。他们认真研究，积极解决，并在中冉乡搞了试点，摸到了经验，调整电价，狠刹不正之风。县政府及时召开了全县整顿电价大会，收到了良好效果，一年为全县人民节约电费开支650万元。目前已有13个乡镇降到了0.34元，为群众节约资金80万元，受到广大群众的好评。副县长孙爱英对政协委员张翠玲提出的关于落实民办教师的工资与职称挂勾的提案，批示到教育局以后，教育局长秦靖英亲自到全昆乡找到提案人了解情况。经局长办公会议研究报请县长办公会批准，使全县1200多名民办教师职称工资问题基本得到解决。

二、搞好交办，是办好提案的基础。

三届二次会议以来立案的85件提案，涉及27个科、局、委、办。如何把提案交办好，为办好提案打下良好基础，经县政协领导研究，和人大共同商定，于五月二十八日由县政协、县人大联合召开了提案交办会。县直39个科、局、委、办的领导同志参加了会议，县政协、县人大、县政府主要领导出席会议讲了话，提出了要求。由于交办任务明确，要求具体，为办好提案打下良好基础。各承办单位把办理好提案工作作为密切联系群众的高度来认识，列入重要议事日程，主管领导具体抓，按照办理程序对提案答复办理后，与提案人见面签署意见，并用文字一式三份，分别报政府、政协各一份。为了促进提案办理工作的落实，在提案办理期间，县政府、县人大、县政协组织力量进行检查，交流情况，总结经验，表扬好的，批评差的，从而推动提案工作。

三、及时催办，是办好提案有效办法。

为办理好委员提案。去年7月上旬由政协提案委员会、人大联络科、政府办公室联合抽调10名干部，组成两个检查组，分别到政府办、农业局、电力局、土地局、交通局、公安局、建委、经委、教育局9个单位，对提案办理情况进行了检查，促进了提案办理工作。土地局承办的6件委员提案于7月上旬全部办理完毕，并将答复件交到县政协；建委承办的3件政协委员提案于7月中旬全部完成；公安局办理的11件提案，逐一和提案人见面，并打印上报政协；政府办公室承办的12件提案，他们工作虽多，也都提前完成任务。对政协委员周喜明、赵金纯、郭振英提出的关于整修农村街道的提案，政府办公室的领导很重视，除及时答复办理外，他们催促各乡、镇狠抓落实，全县有25个村修了硬面路，有36个村修上土路，方便了村民，为发展经济提供了条件。

四、抓好落实，是发挥提案作用的重要途径。

为使政协委员提案落到实处，促进我县经济工作的发展，去年12月下旬由政协提案委员会、人大联络科、政府办公室组织10名政协委员、人大代表，分两个组，由政协、人大领导带队，利用两天时间，对委员提案落实情况进行了视察。通过检查，上下结合，选出优秀提案个人10名，先进办理单位8个。承办提案先进单位是：电力局、交通局、政府办、教育局、林业局、土地局、水利局、公安局。他们的共同特点是：领导重视、措施得力、办理及时、答复满意、落实的快、效果明显。土地局对政协委员贾树勋、高景云、徐振彩、崔春学、哈林、霍丙文六名委员提出的关于要十分珍惜土地、合理占用土地的提案，认真办理，狠抓落实，并以县政府的名义发了布告。他们对集体占用耕地进行了控制，严把批示关。对房基地也严格批示手续，对不经批示批乱占土地者进行了罚款，一年来共罚120户，18万多元。林业局对苏明亮委员提出的关于解决植树成活率的提案，局长高旭东、党组书记王有余组织全局人员讨论制定措施，并请示政府批准下发了《清苑县人民政府关于严格林木采伐和林木管理》的布告，规定植树要集体栽、集体管、利润分成的办法，并在北马庄乡蒋庄村、孙村乡北孙村搞了试点。去年冬季植树52万株，经上级验收达到了绿化标准。为了巩固植树成果，入冬前还下发培土浇水的紧急通知，要求保栽要保活。在去年秋季植树工作中，还推广了蒋庄村、北孙村、李八庄、大位庄、武罗侯五个村植树保栽保活管理好林木的经验，使大家很受启发。赵金纯委员提出的关于治理唐河的提案，受到县政府领导和水利局领导的采纳。经市、县政协委员实地考察认为：张村、吴家辛、冉河头、温仁、河北王庄、纳贤等8处河湾需要裁弯取直。县政府、水利局经请示市拨款6万元进行治理，需动石方1200方，土方2400方，目前已动工，准备汛前完工。

优秀提案个人是：贾树勋、赵金纯、樊新旺、陈新元、赵彦明、苏明亮、刘振江、王素芳、任志永、张翠玲。他们的共同特点是：关心国家大事，提案内容准确，有分析、有建议、符合实际、质量高、效果好。

去年提案办理工作，虽然取得了一定成绩，但距提案条例要求还存在着一定差距，主要是有的委员提案深度和广度还不够，缺乏少而精、少而高的提案；有的单位和部门对委员提案重视不够，存在重答复，轻落实的现象；还有的单位在抓落实上不够认真，办案质量有待进一步提高。今后，我们将继续认真总结过去，展望未来，发扬成绩，纠正不足，戒骄戒躁，按照政协提案工作条例要求认真办理提案，为把提案工作提高到一个新水平而努力工作。

以上报告，请审议。

**【四届一次会议关于三届一次会议以来提案办理情况的报告】**

**中国人民政治协商会议**

**清苑县第三届委员会提案委员会**

**关于三届一次会议以来提案办理情况的报告**

（1993年1月3日）

霍宗华

各位委员、各位同志：

我受政协清苑县第三届委员会提案委员会的委托，向大会作县政协三届一次会议以来提案办理情况的报告。

政协清苑县第三届委员会一次会议以来，委员们以高度的政治热情和主人翁责任感，围绕我县社会主义建设事业，特别是以经济建设为中心，就改革开放，发展清苑，制定和落实“七五”规划，“八五”计划，建设清苑，发展清苑和广大人民群众普遍关心的一些重大问题，积极参政议政，进言献计，提出了很多很好的意见。三年来，共提出提案238件，其中：有关精神文明建设方面的14件；政治法律、劳动人事方面的30件；农业、工业、科技方面的54件；文化、教育、卫生方面的53件；财政、金融、税务、交通方面的35件；有关人民生活方面的1件；爱国统一战线方面的1件；其他方面的20件。这些提案，提案委员会按照全国政协提案条例要求，认真进行了审查、复制、整理，共立案209件，及时送请县委、县政府领导阅审批示，召开交办会议，交付有关部门办理。截止到去年10月全部提案办理完毕。已经落实的有165件，占总件数的86.5%；等待条件成熟后落实的有27件，占总件数的11.5%；有的一时不能落实的待今后创造条件落实的有17件，占总件数的8%。经过征求委员们对提案工作的意见，绝大多数委员对提案办理结果表示满意。三年来的提案工作无论提案质量，还是办理的效果都是比较好的，充分发挥了社会效益。回顾和总结三年来的提案工作主要有以下三个特点：

一、领导重视，认真办理委员提案。

自三届一次会议以来，政协领导把提案工作列入了重要议事日程。主席办公会，常委会都要研究讨论提案工作，全委会前专题研究提案工作，并明确一名副主席分管提案工作。1990年根据上级指示精神，成立了提案委员会，具体办理提案工作的有关事宜。为做好提案工作，认真组织委员学习了党的统战、政协理论和政协提案工作条例，大家充分认识到提案工作的重要意义，自觉地参政议政，提出了许多重要提案和议案。县委、政府、政协对委员会提案都很重视，对于委员提案，县政协领导亲自审查，提案委员会对提案分类、复制、整理，报送县委、县政府。县委、县政府领导对委员提案逐件阅批。县政府常务副县长陈宝升，对于他分管的部分提案，认真进行批示。对政协委员路志民提出的关于县、局领导帮助工厂解决问题，要动真的来实的提案，他及时批示到县委办公室和政府办公室。两办认真研究，提出意见，报请县委研究，建立了县级领导和有关科局包厂制度。对于县办工业的发展起到了促进作用。副县长张鹤亭对于赵国平委员提出的我县国营企业何时扭亏增盈的提案批示到经委以后，经委领导为尽快扭转我县国营企业的被动局面，他们配合县政府狠抓了县办工业“四大战役”的总体工程，制定了全民企业扭亏增盈的措施，使企业有了转机。副县长段秀峰对吴树凯委员关于落实吨粮田的提案，批示到农业局后，农业局对此提案也很重视，他们为了实现我县1992年达到吨粮田三万亩计划目标，制定措施，要求各级领导包村、包方田，层层抓落实，同时把高产田登记造册，农业技术人员深入到乡村，抓技术措施的落实，从而，推动了吨粮田建设。

二、围绕县委、县政府经济工作中心，组织和发动委员提建议，不断提高提案质量。

首先要让委员知情。所谓知情，就是知国家大政方针之情，知上级和县重大事务之情，知我县经济发展状况之情，委员只有知情，才能提出更高质量的提案。为此，政协把组织委员学习作为知情的重要渠道，除对国家大政方针学习外，坚持每半年由政府领导向政协常委会通报一次经济建设情况的制度，每次全会前提案委员会向全体委员发通知，提出提案的内容和要求。其次是有计划地对我县的工业、农业、乡镇企业、财贸、治理整顿、改革开放、科技等方面进行实地调研、视察、考察，写出有分量的报告。一九九〇年针对我县农作物管理方面存在的问题，几次组织政协委员在加强农作物管理方面进行视察，提出提案和建议。县政府根据委员建议，及时召开电话会议，做了部署，对连续几年夺得农业丰收起了一定作用。由于我县农业发展较快，连续两年受到国务院的表彰。一九九一年为发展我县工业、乡镇企业，政协会同县人大组织由政协委员、人大代表315人参加的视察团，对县办工业、乡镇企业180多个单位，用半个月的时间进行了视察，通过调查了解座谈提出了十五条关于发展工业、乡镇企业的建议。县委、县政府进一步对企业加强了领导，制定了十条优惠政策，使企业生产和经营情况有了新的起色。

1992年为搞好我县的两个文明建设和经济的发展，县政协组织部分委员对综合治理、社教、财税两局支持乡镇企业的情况进行了视察，听取了政法委、社教办、财税两局领导的汇报，委员们有针对性地对这三项工作提出了15条建议，供县委、县政府领导决策参考，大大促进了这些工作的蓬勃发展。

三、严格办案程序，提高办理质量。

为了使委员提案有个满意的办理结果，并及时得到回复，我们在总结二届提案办理经验的基础上，根据全国、省、市政协提案工作要求，结合我县的实际情况，三届一次会议以来，在办理委员提案上增添了四项内容。一是领导阅审批示。二是和委员见面、签署意见。三是不立案的提案，向委员说明情况。四是召开委员意见听取会，当场回答提案，使办理委员提案有了一个比较完整的工作程序。

为使政协委员提案规范化、制度化，我们在办理提案工作中，主要抓了三个环节。一是开好委员提案交办会。提案委员会对委员提案审理后及时交送县委、县政府有关领导批示。然后会同人大、政府联合召开提案交办会，部署承办事宜，提出统一要求。二是重视催办。及时检查提案办理情况，在提案办理期间，由人大、政府、政协组成联合检查组，催办和检查各承办单位对提案的办理情况，向承办单位通报办案情况，促进办案。同时，在单位之间，组织开展马上办、办得好的竞赛活动，评比办理提案先进单位和先进提案个人，推动提案工作的开展。三是召开委员意见听取会。在三届三次会议上，县政协邀请县政府及政府主要职能部门领导同志，到会听取委员意见。出席会议的有关领导当场回答，广大委员很受鼓舞，争先发言。这样既沟通了情况，又解决了问题，委员和承办单位都很满意。

三年来的提案工作，取得了很大成绩，但距提案条例要求还存在一定差距，主要是有的提案深度和广度还不够；有的单位和部门对委员提案重视程度不够，办理提案不够认真，办案质量有待进一步提高。今后，我们将认真总结过去，发扬成绩，纠正不足，按照政协提案工作要求认真做好提案工作，为加快清苑的发展做出新贡献。

以上报告，请审议。

**【四届二次会议关于四届一次会议以来提案工作情况的报告】**

**中国人民政治协商会议**

**清苑县第四届委员会提案委员会**

**关于四届一次会议以来提案工作情况的报告**

（1994年3月2日）

赵丛仁

各位委员、同志们：

我受县政协提案委员会的委托，向大会报告县政协四届一次会议以来提案工作及办理情况。

四届一次会议以来，在县政协常委会的领

导下，在县委、县政府的支持下，各位委员以高度负责和主人翁的精神，怀着为社会主义现代化建设服务的政治热情，遵照邓小平同志建设有中国特色的社会主义理论，围绕我县改革开放、发展经济，积极进言献计，以提案的形式参政议政，提出了很多建设性意见，充分发挥了政治协商、民主监督的作用。

四届一次会议以来，共收到委员提案35件，立案25件，其中：公安司法、劳动人事方面的2件；文化、教育方面的6件；电力、交通、土地方面的10件；经济建设方面的1件；人民生活方面的5件；其他方面的1件。

这些提案，经过审查、复制、整理后，分别送请县委、县政府主管领导审阅批示，按照政协提案工作条例及时交有关单位办理，到去年12月底，基本办理完毕。其中已经落实的有19件，占总提案件数的76％。未落实的有6件，占提案总数的24％。由于客观条件的制约，一时不能落实，有关单位已拿出处理意见，和提案人见了面。绝大多数委员，对提案办理结果比较满意。

去年的提案，无论是提案的质量，还是办理的效果都是比较高的，委员们通过提案参政议政，较好地发挥了政治协商和民主监督作用，产生了较好的社会效益和经济效益，受到社会各界的重视。回顾和总结一年来的提案工作，主要做法有以下几点：

一、领导重视，认真办理委员提案。

四届一次会议以来，政协把提案工作列入了重要议事日程，主席办公会、常委会，都重点研究讨论提案工作，订出制度，定期催办，检查提案办理进度和办案质量，并由一名副主席主管提案工作，提案委员会有两名同志具体办理提案工作的有关事宜。对委员们的提案，领导亲自审阅，由提案委员会把委员的提案分门别类整理后报送县委、县政府主管领导审阅批示，然后召开交办会，交有关单位办理落实。这种办法，取得了良好的效果，改变了领导对提案内容不了解，某些办案单位不重视，甚至出现推诿拖拉的现象。

县委、县政府及各有关部门的领导对提案工作都很重视。主管提案工作的书记、县长对委员的提案及时批示，并于去年4月3日和人大联合召开有关部门主要领导参加的提案交办会，会上主管提案工作的县委常委、常务副县长陈宝升强调：把提案承办工作列为各单位的重要议事日程，集中力量解决一批群众普遍关注的难点、热点问题，力争为群众多办实事。并要求各有关部门领导亲自抓，明确专人具体办理，一抓到底。县委、县政府领导对部门难以解决的提案亲自办理。县委常委、副县长陈宝升对委员王福才、霍宏社等人提出的乡间公路修建、养护问题的提案很重视，认为这集中反映了全县人民对乡间公路的关心，亲自实地考察，通过政府研究，责令交通局抓紧时间，集中力量、维修好乡间公路，在财力极为紧张的情况下，政府决定投资170万元，先后对保么路至全昆，田各庄至白城，县城至郝庄，保么路至大庄四条乡间公路进行了挖补修复，并新修了冉庄至位村，南段庄至王盘两条乡间公路。由于财力所限，对暂时没力量挖补修复的公路，由交通局做出规划，政府积极筹措资金，争取及早修补。地处我县边缘的南王庄乡，由于交通不便，制约了经济的发展。为解决这个问题，县长张兴堂亲自组织协调，采取国家出一部分，群众集一部分的办法，争取早日和蠡县的公路修通。县长张兴堂和分管城建工作的副县长王会欣对政协委员崔立石、杨国胜、安春耕“改善城容城貌，搞好环境卫生”的提案，结合建委、爱委办等部门，亲临师范学校西70栋楼家属区，现场办公，决定采取住户集一部分资，县财政补一部分的办法，共筹资12.5万元，修建下水管道。冬前下水道基本完工，春天修好路面，彻底解决70栋楼家属区的排水和居民行路难的问题。对县城脏、乱、差的问题，县政府还多次召开会议，研究解决办法，街道卫生，实行门前三包，主管部门包片，定期检查等规章制度。对搞的好的单位进行表扬，差的实行罚款，不能按期改变面貌的电视台曝光。由于采取种种管理措施，使城容城貌有了新的改观。对委员王玉申提出的“小学生负担过重”的提案，副县长孙爱英责成主管部门做专题调查，在调查的基础上，教育局对全县小学做出了规定：凡不是省教委统一印发的练习册一律不准使用，改进教学方法，完成教学任务，提高教学质量，小学生课外作业坚决按国家教委规定的时间控制，减轻了小学生的负担。

二、同心协力，不断推动提案工作向前发展。

提案工作是政协工作的一项重要任务，也是党和政府加强与各界人士联系，实现决策民主化、科学化的一条重要渠道。县政协四届一次会议以来，提案委员会对政协委员的提案及时搜集、整理审查、复制、交办，加强承办单位之间的联系，对办理委员提案，上下同心协力。去年5月上旬，由政协办公室、人大办公室、县政府办公室抽出7人，由政协副主席张孟乾，人大常委会副主任卢宗明带领，分别对提案多的建委、交通局、土地局、教育局等8个单位的提案办理落实情况进行了检查。通过检查认为，去年的提案办理特点是县政府领导和各承办单位思想明确，办理提案比较主动，认真负责，措施得力，凡能解决的问题都较快地得到了解决，困难很大一时解决不了的问题，及时说明情况解释清楚，尽量做到给委员以满意的答复。县供销社对吴树楷、姜俊孟同志提出的“粮棉挂钩化肥、柴油没兑现”的提案，县社领导亲自抓，组织力量调查研究，并多次向省、市汇报情况，主动争取兑现指标，去年5月份，在上级指标未全部拨下来的情况下，先调剂部分其他化肥放到了基层供销社与农民群众兑现。

三、严格办案程序，提高办案质量。

为了使委员提案有个满意的办理结果，得到及时答复，我们在总结以往办案经验的基础上，严格执行政协提案工作条例和县政协办理提案“三满意”的规定。各单位在办理委员提案过程中，做到了认真负责，交通局三份“关于县级公路和乡间公路养护”的提案答复后，承办人两次下乡找不到提案人，让乡镇领导代签了意见，政府办和交通局领导阅后，对办案人提出了批评，责令一定要找到提案人，耐心听取意见，受到委员的好评。由于严格办案程序，去年的提案办理质量好于往年。

去年的提案工作，虽然取得了一定成绩，但与提案条例要求还存在着一定距离，主要是有的提案质量不高，深度和广度不够，缺少解决问题的办法；有的提案只提现象，问题抓的不准；个别承办单位对提案重视还不够，在抓提案落实上不认真，答复提案不够虚心、耐心；个别单位办案质量有待进一步提高。今后我们要认真总结过去，发扬成绩，克服不足，戒骄戒躁，按照全国政协会议通过的“全国政协提案工作条例”规定，认真办理提案，使提案工作提高到一个新水平，上一个新台阶。

以上报告，请审议。

**【四届三次会议关于四届二次会议以来提案办理情况的报告】**

**中国人民政治协商会议**
**清苑县第四届委员会提案委员会**
**关于四届二次会议以来提案办理情况的报告**

（1995年2月12日）

赵丛仁

各位委员、同志们：

我受提案委员会的委托，向大会作县政协四届二次会议以来提案办理情况的报告。请审议。

四届二次会议以来，在常委会的领导下，在县委、县政府的支持下，各位委员以高度负责和主人翁的精神，怀着为振兴清苑、发展清苑、建设清苑的政治热情，围绕我县两个文明建设，积极进言献计，以提案的形式参政议政，提出了很多建设性意见，充分发挥了政治协商，民主监督的作用。

四届二次会议以来，共收到委员提案75件、立案62件。其中：经济发展方面的3件；道路维修及城市建设方面的10件；农村电价及电力设施方面的7件；教育方面的7件；计划生育工作方面的7件；植树造林方面的4件；精神文明建设方面的3件；人民生活方面的8件；农村领导班子及社会治安方面的8件；卫生医疗方面的1件；其他方面的17件。

这些提案，经过提案委员会和驻会主席反复审查、整理后立案62件，分别送县委、县政府主管领导审阅批示，按照提案工作条例及时交有关单位办理。到去年底，全部办理完毕。其中48件已经落实（占总提案数的75%）；有14件（占提案总数的2 5%）由于客观条件的制约，一时不能落实，有关单位已作了处理，并和提案人交换了意见。大多数委员，对提案办理结果比较满意。

去年的提案，无论是质量，还是办理的效率都是比较高的，委员们通过提案参政议政，发挥政治协商和民主监督作用，产生了较好地社会效益和经济效益。受到领导的重视和群众的好评。总结和回顾一年来的提案工作，主要有以下几个特点：

一、领导重视，认真办理委员提案

四届二次会议以来，政协把提案工作列入了重要议事日程，主席办公会、常委会、几次研究讨论提案工作，并由一名副主席主管，提案委员会具体办理。

县委、县政府及各职能部门的领导对提案工作都很重视，作为一项重要工作来抓，形成了从县委书记、县长做起，各级主要领导亲自抓，层层有人管的办案网络。县政府对办理提案非常重视，接到提案后及时进行研究，确定常务副县长分管提案工作，办公室主任主抓，副主任具体督办、检查，实行领导、办理人员职责“三到位”。在此基础上，县政府召开全县有承办任务的部门主要领导参加的交办工作会议。会上主管提案工作的常务副县长李福秋强调：把提案办理工作列入各单位的重要议事日程，要集中力量解决一批群众普遍关注的难点、热点问题，为发展我县经济创造一个好的环境。并要求各有关部门领导要亲自抓，明确专人具体办理，一抓到底。县委、县政府领导对部门难以解决的提案亲自办理，主管提案工作的常务副县长李福秋对委员孙殿明、范同军等同志提出的乡间公路维修和县城振兴路修建等问题的提案很重视，亲自考察，协调筹措资金，对温仁至大李各庄路段进行了挖补；新修了温仁至刘王力、南王庄至蠡县桑园两条公路，完成了县城振兴路南段的拓宽修复。

分管文教工作的副县长徐安梓对政协委员高景云、吴树楷、贾颂良等人“提高民办、代课教师待遇”的提案，带领教育局人员深入学校，调查研究，并根据省、市有关精神，会同县劳人局、财政局联合下发文件，提高了民办教师的待遇，稳定了民师队伍。为防止农村电价随意上涨，电力局从人大代表、政协委员中聘请电价监督员，以便发现问题，及时纠正。政协领导把委员的提案视为参政议政、献计献策的重要渠道，经常督促检查和指导提案的征集和办理。由于各级领导的重视，办案效果好，大大调动了委员参政议政的积极性。

二、上下配合，同心协力，不断推动提案工作向前发展。

提案工作是政协工作的一项重要任务，也是党和政府加强与各界人士联系，实现决策民主化、科学化的一条重要渠道。县政协四届二次会议以来，提案委员会对政协委员的提案交办后，加强与承办单位的联系，同心协力做工作。去年5月上旬，由政协、人大、县政府办公室抽出8人，在政协副主席张孟乾、人大常委会副主任卢宗明带领下，分别对教育局、交通局、电力局，建委、土地局等8个单位的提案办理情况进行了检查，进一步促进了提案办理。去年的提案办理的特点是：县委、县政府领导和承办单位思想明确，办理主动，认真负责，措施得力，凡能解决的问题都比较快的得到了解决。困难大一时解决不了的问题，及时向委员说明情况解释清楚，尽量做到了给委员以满意的答复。县交通局1994年7月16日接到政协委员杨金庆“抓紧规划县城至大魏村公路拓宽”的提案，由局长带队，组织有关技术人员，进行了视察，找到沿途的乡政府，重新交代了公路两旁5米以内不准搞建筑物的规定，宣传了群众，防止了浪费。杨金庆委员非常满意。

三、严格办案程序，提高办案质量。

为了使委员提案有个满意的办理结果，我们严格执行了政协提案工作条例和县政协办理提案“三满意”的规定，做到受理提案、分类整理、提案交办、视察办案结果、总结报告五个环节必须步步到位。这些规定的实施为提案工作的制度化、规范化打下了良好的基础，承办单位在办理提案过程中，基本做到了认真负责。乡镇企业局接到委员王立清“加强小钢铁行业管理”的提案后，根据上级和县政府的规定，4月中旬，研究出管理意见，打印成文，由领导和办事人员三下大李各庄找委员征求意见，没有找到，直到10月份才找到本人，征求意见后结案。受到委员的好评。由于严格办案程序，去年的提案办理质量比以前有所提高。

总结去年的提案工作，总的看是不断提高和发展的，取得了一定成绩，但与提案条例要求和委员们的希望相比还存在很大差距。主要是有的提案质量不高，缺少解决问题的办法；有的提案只提现象，缺乏调查研究，问题抓的不深不细；也有个别承办单位对提案重视不够，在抓提案落实上不够认真，答复多，落实少；个别单位对提案的认识有待进一步提高。在新的一年里，我们将在政协常委会的领导下，认真总结过去的经验教训，发扬成绩，克服不足，戒骄戒躁，按照“全国政协提案工作条例”和省、市政协提案工作的有关规定，认真工作，使提案工作提高到一个新水平，上一个新台阶。

以上报告，请审议。

**【四届四次会议关于四届三次会议以来提案办理情况的报告】**

**中国人民政治协商会议**
**清苑县第四届委员会提案委员会**
**关于四届三次会议以来提案办理情况的报告**

（1996年3月12日）

张孟乾

各位委员、同志们:

我受提案委员会的委托，向大会作县政协四届三次会议以来提案办理情况的报告。

四届三次会议以来，各位委员以高度负责和主人翁的精神，怀着为振兴清苑、发展清苑、建设清苑的政治热情，围绕我县的社会稳定和两个文明建设，积极进言献计，以提案的形式参政议政，提出了很多建议和意见，充分发挥了政治协商、民主监督的作用。

四届三次会议以来，共收到委员提案64件。这些提案经提案委员会审理，主席会、主任联席会反复讨论，最后立案59件，其中：教育方面的6件；公路维修方面的5件；城镇建设方面的7件；农村电价及农电设施方面的4件；农业发展方面的4件；精神文明建设方面的2件；减轻农民负担方面的2件；社会治安方面的3件；其他方面的26件。经整理复制后，分别送县委、县政府主管领导审阅批示，并及时交付有关职能部门办理。立案的59件提案，到去年5月底全部结案，并与所有提案人当面交换了意见，绝大多数委员对提案办理答复表示满意。其中49件到去年底已经见到实效(占总提案数的83. 1%)。有10件(占提案总数的16.9%o)由于客观条件的制约，一时不能落实，有关单位已列入计划，以后逐步进行落实，争取早日见到实效。绝大多数委员对承办单位认真负责的办案精神表示欢迎。

四届三次全会以来，所有委员的提案无论是质量，还是办理的效果都是比较好的，结案进度是前所未有的。委员们通过提案参政议政，发挥政治协商、民主监督作用，产生了良好的社会效益和经济效益，受到领导的高度重视和群众的好评，总结和回顾一年来的提案工作，主要有以下几个特点:

一、委员提案绝大多数反映的是群众普遍关心的热点问题

从四届三次会议以来提案的收集情况看，一是全体政协委员进一步增强了对提案工作的认识，重视提案的程度有所提高，大部分提案反映的都是涉及广大群众生产和生活当中的问题。比如有关农村电价，有不少委员提这个提案。这就是为大多数人着想，为群众说话。二是大多数提案是经调查研究提出来的，质量比较高，有分析，有建议，针对性比较强，克服了以往到了会上临时拿起笔来写几条意见的现象。三是注意抓大事，问题提在点子上，同时也注意所提问题的现实性，承办单位通过努力能够办到的事，问题具体，建议切实可行。不少提案问题抓的准，看的见，摸的着，并且还提出了解决问题的办法，深受办案单位的好评。史俊池委员关于图书馆选址问题的提案，建议具体可行，很快得到解决。

回顾去年的提案工作，涌现出了一批优秀提案，经政协常委会决定，对这些优秀提案人在这次全会上要进行表彰。

二、领导重视提案工作，保证了提案办理效果

四届三次会议以来，政协把提案工作列入

了重要议事日程，主席会、常委会几次研究讨论提案工作，并由一名副主席主管提案工作，提案委员会具体办理提案的有关事宜。

县委、县政府及职能部门领导把提案工作作为一项重要工作来对待，形成了从县委书记、县长做起，各级主管领导亲自抓，办公室人员具体办理，层层有人管的办案网络。县政府接到提案后，及时进行了研究，并召开全县有承办任务的部门主管领导和办案人员参加的交办会议。主管提案办理工作的常务副县长李福秋强调，把提案办理工作列入单位的重要议事日程，集中力量解决好这些群众普遍关注的问题，为发展我县经济营造一个良好的环境。县交通局、建委等部门，按照政府要求，领导亲自部署，亲自抓，亲自办理重要提案，一抓到底，抓出了实效。县委、县政府领导对涉及部门多的提案亲自组织，采取部门联合办案的方法，限期解决，不走过场。为督促“乡间公路维修养护”提案的落实，县政府于1995年3月2日发出“关于乡级公路养护的紧急通知”，要求有关乡镇，由一名副乡(镇)长任组长，成立养护公路组织，立即行动起来，对公路进行养护。之后，县政府又组织检查组逐公路进行督办检查。1995年县政府协调筹措资金对百楼至刘口、县城至大庄、县城至魏村、县城至耿桥四条乡级公路进行了挖补；对张望公路张登至东孙庄段进行了拓宽翻修。在县财政非常紧张的情况下，对县城育红街、永春街、光明东街、振兴北路、新华街也进行了拓宽拆迁翻修；新修了建委、计生委家属区两条小巷，解决了县城一些街道脏乱差和行路难的问题。

县政府主要领导对政协委员路志民等同志提出的“县城摊点乱摆乱放”的提案很重视，多次召开专题会研究措施，制定切实可行的整治方案，成立专门组织，抽调部分人员管理县城大街，把多年解决不了的卫生街菜市场和政府门前大街上的摊点搬进了农贸市场，很快改变了大街混乱和卫生街不卫生的现象。在办理提案工作中，政府办、电力局、交通局、粮食局、建委等部门做了大量工作，受到了委员的好评。

政协领导把委员的提案视为参政议政、献计献策的重要大事，经常督促检查，指导提案的征集和办理。主管副主席经常深入基层直接到办案单位检查指导提案办理工作。由于县委、县政府和政协领导的重视，办案效果较好，大大调动了委员参政议政的积极性。

三、及时征询委员对提案办理的意见，促进了提案办理工作的深入开展。提案办理工作是一项比较复杂的任务，有时还会出现反复，就是在办理过程中，也会有新的问题反映出来。对于这些问题，我们本着对委员负责、对群众负责的精神，一方面在提案交办后，定期与承办单位联系，检查办案进度，协调解决办案中出现的问题，及时向主席会报告情况，取得支持。1995年12月7日，接到市政协转来委员马振江关于农民负担过重和乱罚款的材料后，张孟乾副主席亲自带队组织政府办、提案委的同志到阳城了解情况，仅三天就做了答复。另外就是不厌其烦，反复工作，力争见实效。关于养鸡业一度滑坡问题，在1995年四届三次全会上部分委员提出了提案。政协及时组织调查组，对养鸡业进行了专题调查，作为常委会议案提交政府，引起了政府高度重视，及时采取调拨低价饲料等措施支持养鸡户，使养鸡业又进一步发展起来。

四、严格提案办理程序，不断提高办案质量

在办理提案过程中，我们严格执行了政

协提案工作条例和县政协办理提案“三满意”的规定。坚持了审查受理、分类、交办、视察办案结果。总结报告五个环节，要求步步到位，不走过场。对委员的提案尤其注意了办案效果，去年4月7日、8月9日、10月12日，组织部分政协委员，政府和职能部门的主要领导参加，先后对农业方面的提案落实情况进行了视察； 7月份，对文化方面的提案进行了视察，视察中对能落实而没落实和落实不尽人意的提案，当面和政府及职能部门进行了协商，提出了意见，促其进一步完善落实。在去年8月10日第十一次政协常委会议上，主管提案工作的副县长李福秋向常委会通报了提案办理情况，受到常委们的好评。

五、广泛收集社情民意，进一步拓宽了提案工作的领域

为了不失时机地把委员们和群众中的意见和建议反映上来，1995年政协认真抓了收集社情民意工作，进一步开辟了委员参政议政的渠道，丰富了提案工作，还创办了《社情民意》专刊，刊出委员的意见建议，及时送达领导，对领导决策和了解情况发挥了很好的作用，这项工作受到了县委领导的好评和支持。不少委员认为，收集社情民意工作，为政协委员参政议政拓宽了领域，提供了方便。

总结去年的提案工作，总的看是不断提高和发展的，取得了一定成绩。但与提案条例的要求和委员们的希望还有一定差距，存在一些问题：有的提案质量还不够高；有少数部门对委员的提案还存在“重答复、轻落实”的现象；有些提案落实得还不尽如入意。这些问题今后我们应继续认真解决。

各位委员，今年是“九五”计划的第一年，在新的一年里，提案工作要紧紧围绕县委、县政府的中心工作，提高质量，增强效果，发挥优势。下面我就提案工作再强调几点:

一、进一步提高对提案工作重要性的认识。提案工作是政协委员履行政协职能的重要组成部分，是参政议政的主要渠道。希望全体委员要珍惜这一权利，认真学习领会建设有中国特色的社会主义理论，学习统战知识和党的方针政策，学习提案工作条例，使提案工作充分发挥参政议政作用。

二、多做调查研究，提高提案质量。各位委员要充分利用身在基层、接近实际、贴近群众的有利条件，深入调查研究，真正掌握第一手材料，做到了解问题全面周到，分析问题客观公正，提出建议切实可行。通过书写提案和收集社情民意工作，力争为党委、政府及职能部门解决问题、宏观决策提供可靠依据。在这次全会召开前，我们已给各位委员发出征集提案的提纲，已经有了充分调查时间，这次全会上，每位委员都要将自己了解的情况认真整理成提案，及时提交提案委员会。

三、加大跟踪办案的力度。跟踪办案是提高办案质量的有效手段。会后，提案委员会对一些涉及全局、内容重要、影响面大的提案进行跟踪督办，加强办案单位和委员的联系，共同协商解决办法，促进办案质量的提高，增强提案办理的社会效果。

四、做好优秀提案的评选工作。要不断总结提案工作成果，推广办理提案的典型经验。下次全会上，政协还要对那些有重大社会效益或经济效益的优秀提案人进行表彰奖励，以促进提案和社情民意工作的深入开展。

以上报告，请审议。

**【四届五次会议关于四届四次会议以来提案办理情况的报告】**

**中国人民政治协商会议**
**清苑县第四届委员会提案委员会**
**关于四届四次会议以来提案办理情况的报告**

（1997年3月3日）

张孟乾

各位委员：

我代表提案委员会向大会作县政协四届四次会议以来提案办理情况的报告。

四届四次会议以来，在县政协常委会的领导下，在县委、县政府的支持下，各位委员以高度的政治责任感和满腔的热情，以稳定清苑、发展清苑为己任，提出了很多有建树、有价值的建议，充分发挥了政治协商、民主监督、参政议政职能，收到了较好的社会效益和经济效益，为两个文明建设做出了积极的贡献，受到了县委、县政府的肯定，得到了社会各界的赞许。

四届四次会议以来共收到委员提案108件，经提案委员会整理，主席、主任联席会议讨论，立案99件。其中：教育方面的提案14件，精神文明建设方面的提案9件，减轻农民负担方面的提案12件，县办工业及乡镇企业方面的提案8件，廉政建设方面的提案6件，社会治安方面的提案5件，公路建设方面的提案4件，市场管理方面的提案5件，政协本身加强学习的提案3件，其他方面的提案19件。提案复制后，县政府于6月上旬召开了提案承办工作会议，主管提案工作的常务副县长李福秋到会讲话，并对提案承办单位提出了具体要求。由于县委、县政府领导的重视，经过承办单位的积极努力，截止到11月中旬所立99件提案全部办结，并与提案人见面交换了意见。提案人对提案办理结果均已签字表示同意。其中80件提案已见到效益，有19件提案由于客观条件的制约，一时不能落实的有关单位已拿出意见，并列入计划待以后逐步落实。绝大多数委员对承办单位积极认真负责的精神表示满意。

总结回顾一年来的提案工作，主要有以下几个方面：

一、围绕中心工作，深入调查研究，保证了提案的质量。四届四次会议收集的提案有一个共同特点，体现了服从大局、围绕中心的宗旨。委员们从全局和长远利益出发，从大事着眼，紧紧围绕我县的两个文明建设和广大人民群众普遍关心的问题进言献策。提案内容比较集中，文字简练，中心明确。大部分提案有调查、有分析、有建议，针对性较强，具有一定科学性和可行性，与过去相比，有了长足的进步。如：关于减轻农民负担的联名提案、加强经济建设的提案、关于普六普九工作的提案、公路建设提案、农村财务必须公开和建立县城居委会的提案等，都有较高的思想内涵，又有较强的操作性，比较符合我县工作实际，体现了我们政协委员参政议政的整体水平，引起了县委、县政府的重视，受到了承办单位的好评，使问题较好的得到了解决。

在去年的提案工作中，涌现出了一批优秀提案，经与有关部门协商和政协常委会研究，对这些优秀提案人和办案单位在这次会议上要给予表彰，以推动提案工作的开展。

二、领导重视，层层负责，保证了提案办

理效果。

四届四次会议以来，政协把提案工作列入了重要的议事日程，主席办公会、常委会都重点研究讨论提案工作，订立制度、定期催办、检查提案办理进度和办案质量，并由一名副主席主管提案工作，提案委员会具体办理提案的有关事宜。

县委、县政府及职能部门领导把提案工作作为一项重要工作来抓。县委明确指出："各级党政部门要自觉接受政协的民主监督，认真办理政协的提案、建议案，积极支持政协各专门委员会的工作。提案、建议案按有关规定立案后，有关部门应认真办理，并以正式文件形式尽快做出答复。由于县委的重视，从书记、县长做起，主管提案工作的副书记、副县长对委员提案及时批示，亲自抓、办公室人员具体办理，使办案工作形成了上下联动，层层有人抓有人管的网络。县委接到提案后，主管提案工作的副书记田峻岩很快批转各有关职能部门，要求认真办理。范茂森、刘志宏等10名委员关于"农村财务管理混乱、财务必须公开"的联名提案，集中反映了农民普遍关心的问题，又是县委非常关注的问题。县委十分重视，责成纪委组织力量，立即办理，并反复征求提案人的意见，在县委开展"11632"活动中，对农村财务实行公开的提案进行了认真的落实，收到了明显的效果。常务副县长李福秋几年来一直分管提案工作，经常深入基层指导有关部门办理提案。交通局接到"乡间公路急待维修"的提案后，局领导亲自部署，亲自抓，亲自办理，一抓到底，并主动与主管县长汇报。研究了乡间公路管理维修的办法，筹措资金翻修、维修了部分乡间公路，在立案的99件提案中，有的提案一案一办见到了效果。有的提案协调办理得到了落实。对有关提案结合开展的"鱼水工程"和"3331"活动、形象建设等工作进一步得到落实。在办理提案过程中，县委办、政府办、组织部、宣传部、纪检委、交通局、建设环保局等部门做了大量的工作，受到了委员们一致好评。由于县委、县政府和政协领导的重视，在时间紧任务重的情况下，加大办案力度，保证了办案效果，收到了良好的经济效益和社会效益。

三、狠抓制度建设，严格办案程序，使提案工作更加规范。

四届四次会议以来，县政协高度重视提案工作，始终把提案工作列入主席会、常委会议的重要议事日程，并以《提案工作实施细则》为依据，建立健全了一系列工作制度。一是建立严格的提案审查制度，把好立案质量关，提案委员会收到提案后，一件一件整理、审查，尔后交主席主任联席会议集体研究，严格审查、确保立案量。对事实不清、无具体建议、一纸多案、涉及民事纠纷和纯属个人私事的不予立案；二是建立提案联合交办制度，确保提案的严肃性。政协全会后把收到的提案及时整理、分类、研究、立案，及时交县委、县政府召开涉及提案承办部门主要领导参加的交办会，明确承办工作的要求、任务，增强有关部门承办提案的责任感、紧迫感；三是建立提案承办部门领导直接送达办理答复制度。要求承办部门办理答复时，要按标准的格式，打印好文字材料，连同提案原件，报送提案交办部门审查后，由承办部门领导和承办人员在一定的时间，将文字答复和征求意见卡直接送达提案者，提案者同意后签字盖章。如果提案者有不同意见，承办部门要进一步答复；四是建立提案跟踪视察制度，增强提案落实力度。为促进提案的办理落实，坚持了“抓重点、促一般、跟踪督办、强化实效”的工作方法。在提案办理后期组织有关委员、选择重点提案承办部门和重点提案进行跟踪视察。一方面检查承办单位对提案的落实情况，另一方面举行座谈会，听取承办单位的意见和要求，提出承办工作中的问题和建议。这样做减少了承办部门重答复轻落实的现象，有力地促进了提案落实效果；五是加强与承办单位的联系与合作。交流情况，增进理解，促进办理质量的提高。

由于我们坚持了上述各项提案工作制度的落实，极大的调动了委员和承办单位两个积极性，有力地发挥了委员提案在两个文明建设中的作用，促进了全县各项事业的发展。

总结一年来的提案工作，虽然取得了一些成绩，但与提案条例的要求还有一定差距。一是有些提案质量还不够高，深度和广度不够，缺乏具体的建议和解决问题的办法；二是有些承办单位办案力度不够，重答复轻落实，影响了办案效果，这些问题有待于今后克服。

各位委员：在新的一年里要认真履行我们政协委员参政议政的职能，从全局利益出发，围绕我县中心工作和广大人民群众普遍关心的热点问题积极进言献策，多提一些有调查、有分析、有建议、有价值、具有一定的科学性，可行性高质量的提案，以促进我县各项事业的全面发展。

以上报告，请审议。

**【五届一次会议关于四届一次会议以来提案工作情况的报告】**

**中国人民政治协商会议**
**清苑县第四届委员会提案委员会**
**关于四届一次会议以来提案工作情况的报告**
（1998年2月14日）
**张孟乾**

各位委员：

我代表政协清苑县第四届委员会，向大会作四届一次会议以来提案工作情况的报告。

四届一次会议以来，在政协常务会的领导下，在县委、县政府的支持下，各位委员以高度的政治责任感和满腔的热情，以稳定清苑、发展清苑为己任，运用提案的形式履行职能，提出了很多有建树、有价值的建议，收到了较好的社会效益和经济效益。为我县两个文明建设做出了积极贡献，受到了县委、县政府的重视和肯定，也受到了社会各界的关注和赞扬。

四届一次会议以来共收到委员提案395件，立案342件。其中：教育方面的提案37件、精神文明建设方面的提案24件、减轻农民负担方面的提案125件、县办工业及乡镇企业方面的提案25件、廉政建设方面的提案13件、社会治安方面的提案20件、公路建设方面的提案35件、计划生育方面的提案7件、农村电价及电力设施方面的提案13件、城镇建设方面的提案8件、植树造林方面的提案16件、农业发展方面的提案14件、殡葬改革方面的提案6件、市场管理方面的提案7件、水利建设方面的提案5件。其它方面的提案87件。提案复制后，分别送县委、县政府主管领导审阅批示，及时交有关部门办理，并对提案承办单位提出了具体要求。由于县委、县政府领导的重视，经各承办单位的不懈努力，所立342件提案全部办理完毕。经与提案人见面交换意见，提案人对提案承办单位的办理结果均签字表示同意。其中241件提案，已见到效果，有101件提案由于客观条件的制约，不能落实的有关单位已拿出意见，并列入计划待条件成熟后逐步落实。绝大多数委员对承办单位积极认真负责的工作态度表示满意。

从四届一次会议以来的提案看，无论是提案的质量，还是提案的办理效果都是逐步提高的，年年有进步。回顾几年来的提案工作，主要有以下几个方面。

一、发挥委员职能，深入调查研究，保证提案质量。

提案工作是人民政协重要工作之一，是委员权利和义务的体现，也是党和政府加强与各界人士联系的一条重要渠道，从四届一次会议以来收集的提案看：一是体现了全体政协委员的参与意识。政协委员在加强学习，不断自我完善的过程中，对提案工作的认识有了明显提高。二是体现了全体政协委员服从大局、服务中心的宗旨。委员们从全局和长远利益出发，从大事着眼，紧紧围绕我县的两个文明建设和广大人民群众普遍关心的问题进言献策。提案内容比较集中，文字简练，中心明确。有调查、有分析、有建议，针对性强，具有一定的科学性和可行性。如四届一次会议提出的“修建乡间公路”的提案；四届二次会议提出的“提高民办代课教师待遇”的提案；四届三次会议“关于农村电价问题”的提案；四届四次会议“关于减轻农民负担”的联名提案；四届五次会议“关于普六、普九教育”的提案、“殡葬改革”的提案，都有较高的思想内涵，又有较强的可操作性，符合我县工作实际，体现了我们政协委员参政议政的整体水平，引起了县委、县政府的重视，并列入了决策程序，使问题得到较好的解决，收到了明显的效益。

在四届一次会议以来的提案工作中涌现出了一批优秀提案和先进承办单位，以前历届全会已进行了表彰。四届五次全会以来又涌现出了不少提案先进个人和承办单位，优秀提案个人有：霍洪社、范茂森、吴树楷、李运新、王保成、赵彦明；先进承办单位有：县委办公室、纪检委办公室、宣传部、政府办公室、土地局、交通局、建设局、农林局，对这些先进个人和单位在这次会议上给予表扬。

二、领导重视保证了提案办理效果。

四届一次会议以来，政协把提案工作列入了重要的议事日程。主席办公会、常委会经常研究提案工作，在总结经验的基础上制定了适合我县情况的《提案工作实施细则》形成了定期催办提案、检查提案办理的一整套办法。使提案工作制度健全、网络清晰、责任明确，积累了一套比较完整的行之有效的经验，为今后的提案工作打下了坚实的基础。

县委、县政府及各职能部门领导把提案工作作为一项重要工作来抓，县委明确指出：“各级党政部门要自觉接受政协的民主监督，认真办理政协的提案、建议案，积极支持政协各专门委员会的工作，提案建议按有关规定立案后，有关部门应认真办理，并以正式文件形式尽快做出答复。由于县委、县政府的重视，从书记、县长做起，主管提案工作的副书记、副县长对委员提案及时批示，亲自交办，办公室人员具体办理，使办案工作形成了上下联动，层层有人抓、有人管的网络。如：原县长（现任县委书记）张兴堂对四届一次会议崔立石、杨国胜、安春耕委员提出的“改善城容城貌，搞好环境卫生”的提案很重视，和当时分管城建工作的副县长结合建委、爱委办等部门，亲临64栋楼家属区，现场办公，采取住户集资一部分，县财政补贴一部分的办法，及时铺设了下水管道，修建了柏油路。彻底解决了64栋楼家属区的排水难和行路难的问题，受到了群众的称赞。县政府接到四届一次会议王福才、霍洪社委员提出的“乡间公路修建及养护问题”的提案后很重视，政府主管领导认为这是集中反映了全县人民对乡间公路的关心，带领有关部门实地考察，通过政府办公会研究，责令交通局抓紧时间，集中力量，维修好乡间公路。在财力极为紧张的情况下，政府决定投资175万元，先后对保么路至全昆、田各庄至白城、县城至郝庄、县城至大庄四条乡间公路进行了挖补修复，并新修了冉庄至魏村、南段庄至王盘两条乡间公路。如：四届二次会议高景云、吴树楷、贾颂良等委员关于“提高民办代课教师待遇”的提案，县政府主管领导带领教育局的同志深入到学校调查研究，并根据省、市有关精神，会同县劳动局、财政局联合下发了文件。提高了民办教师的待遇，稳定了民办教师队伍，促进了普六工作。如：四届三次会议路志民等委员提出的“县城摊点乱摆、乱放”的提案引起了县政府的重视，县政府多次召开专题会研究措施，制定了切实可行的整治方案，成立了专门组织，抽调部分人员管理县城大街，把多年来解决不了的卫生街菜市场和政府门前清苑路上的摊点搬进了农贸市场，很快解决了大街混乱和卫生街不卫生的问题。如：四届四次会议范茂森等10名政协委员关于“农村财务管理混乱，财务必须公开”的联名提案，集中反映了农民普遍关心的问题，又是县委非常关注的问题，县委十分重视，责成纪委组织力量，立即办理，对农村财务实行公开的提案进行了认真的落实，收到了明显效果。如：四届五次会议赵彦明、赵忠安等委员关于“修复张望路冉庄至阳城段、温仁至北王力、保么路至全昆3条公路”的提案。县政府领导认为此提案提的好，当即拍板，县长韩小平主持召开了交通局和有关乡、镇、村领导参加的协调会，要求各部门克服困难，筹措资金，限期修好以上3条公路。现张望路已开工，全昆路和北王力路也招标完毕。常务副县长李福秋几年来一直分管提案工作，他经常深入基层调查研究，指导有关部门办理提案。

由于县委、县政府领导的重视，各承办单位紧密配合，认真负责办理委员提案，在立案的342件提案中，有241件提案得到了落实。收到了明显的社会效益，受到了全体委员的好评。同时，也大大增强了全体委员以提案形式参政议政的积极性。

三、严格办案程序，加强制度建设，使提案工作逐步规范化、制度化。

四届一次会议以来，为充分发挥提案的作用，县政协高度重视提案工作，始终把提案工作列入重要议事日程，常抓不懈。并以《提案工作实施细则》为依据，逐步建立健全了一系列工作制度。一是广泛发动，具体指导，把好提案关。县政协每次全会前都要发通知，提要求，个别走访，指导委员进行调查、座谈，基本做到了不调查不提案，克服了道听途说、人云亦云、随意提案的现象。二是建立严格的提案审查制度，把好立案关。提案委员会收到提案后一件一件整理、审查，尔后交主席主任联席会议集体研究，严格审查，对事实不清、无具体建议、一纸多案涉及民事纠纷和纯属个人私事的不予立案，保证了立案质量。三是建立提案联合交办制度，确保提案的严肃性。每次政协全会后，政协机关人员都要把收到的提案及时整理、分类、研究、立案。与县委、县政府联合召开提案交办会，明确承办工作的任务、要求，增强有关部门承办提案的责任感、紧迫感。四是建立提案承办部门领导直接送达办理答复制度。要求承办部门办理提案时，要按标准格式，打印好文字材料，连同提案原件，报送提案交办部门审查后，由承办部门将文字答复直接送达提案人，经提案人同意后签字盖章。如果提案人有不同意见，承办部门还将进一步答复。五是建立提案跟踪视察制度，增强提案落实力度。为促进提案的落实，坚持了“抓重点、促一般、跟踪督办、强化实效”的工作方法。在提案办理过程中，政协多次会同政府主管领导和部门组织有关委员，选择重点提案进行跟踪视察。一方面检查承办单位对提案的落实情况，另一方面举行座谈会，听取有关委员和承办单位的意见和建议，这样做减少了承办部门重答复轻落实的现象，有力的促进了提案落实效果。六是加强与承办单位的联系与合作。交流情况，增进理解，促进办理质量的提高。

由于我们坚持了上述提案工作制度，极大地调动了委员和承办单位的积极性，有力地发挥了委员提案在两个文明建设中的作用，促进了全县各项事业的发展。

总结四届一次会议以来的提案工作，虽然取得了一定的成绩，但与提案条例的要求还有一定差距。一是有些提案质量还不够高，深度和广度不够，缺乏具体的建议和解决问题的办法。二是有些承办单位办案力度不够，重答复轻落实，影响了办案效果，这些问题有待于今后完善。

各位委员：在新的一届政协委员会领导下，我们要继续发扬政协工作的优良传统，认真学习贯彻十五大精神，以邓小平伟大理论为指导，履行好政协职能，做好提案工作，不辜负全县人民的期望，在新时期中做一名合格的政协委员，多提高质量、高水平的提案，以崭新的姿态丰硕的成果迎接21世纪。

以上报告，请审议。

**【五届二次会议关于五届一次会议以来提案办理情况的报告】**

**中国人民政治协商会议**
**清苑县第五届委员会常务委员会**
**关于五届一次会议以来提案办理情况的报告**

（1999年2月24日）

张孟乾

各位委员：

我受县政协常委会的委托，向大会作政协五届一次会议以来提案办理情况的报告。

五届一次会议以来，在县政协常委会的领导下，各位委员以高度负责的主人翁精神，怀着为稳定清苑、发展清苑的政治热情，从“抓住机遇，深化改革，扩大开放，促进发展，保持稳定”的大局出发，紧紧围绕我县经济建设这个中心，就我县的经济、交通、社会主义精神文明、城镇规划、社会治安和民主政治建设等方面，提出了很多建设性意见，充分发挥了政治协商、民主监督的作用，收到了较好的社会效益和经济效益，受到了县委、县政府的肯定，得到了社会各界的赞许。五届一次会议以来，共收到委员提案87件，经提案委员会整理，主席、主任联席会议讨论，立案67件。其中农林水利建设方面的9件，公路交通方面的14件，社会治安方面的8件，教育方面的5件，城建环保、民政、土地方面各6件，其它方面的提案13件。

这些提案，经过审查、复制、整理后，分别送请县委、县政府主管领导审阅批示，按照政协《提案工作条例》及时交有关单位办理。到去年10月底，67件提案全部办理完毕。其中已经落实的有61件，占提案总数的91%，由于客观条件的制约一时不能落实的6件，占提案总数的9%，但有关单位已拿出处理意见，并列入计划，待条件成熟后逐步落实，并和提案人见了面，绝大多数委员对提案办理结果比较满意。

去年的提案，无论是提案的质量，还是办理的效果都是比较高的，委员们通过提案参政议政，较好地发挥了政治协商和民主监督的作用，受到了社会各界的重视。回顾和总结一年来的提案工作，主要做法有以下几点：

一、加强组织领导，加大督办力度

五届一次会议以来，政协把提案工作列入了重要议事日程，主席会、常委会几次研究讨论提案工作并由一名副主席主管提案工作。去年政协机构改革提案委员会撤销，办公室明确一名副主任具体办理提案的有关事宜。对一些高质量的重点提案直接呈送政府和政协领导亲自批办，使提案的办理直接进入领导层。

县委、县政府及职能部门领导十分重视政协的提案办理工作，形成了从县委书记、县长做起，各级主管领导亲自抓，办公室人员具体办理，层层有人管的办案网络。县政府适时召开交办会议，研究和部署提案的承办工作。在联合交办会上，常务副县长丛国栋亲临会议并讲话，要求各承办部门要提高对办理工作的认识，建立工作机制，突出“实”字，狠抓办理工作的落实。五届一次会议以后，县政府专题听取了各承办部门办理政协提案工作情况的汇报，明确任务目标，提出具体要求。县长亲自把关，逐件审阅批示，县长批示率达到了100%。各承办单位的领导也相应召开了专门会议，研究提案办理工作。有的承办单位的领导，亲自办理，亲自走访委员，促进了提案的办理工作。

县政府在全面做好提案承办工作的基础上，筛选出重点提案，重点办理。去年政府紧紧抓住涉及我县两个文明建设、社会稳定和人民群众普遍关心的热点、难点问题作为重点，筛选出“清中建设”、“李庄中学危房”、“修整乡间公路”等提案为重点提案，切实加大了办理力度。县领导亲自研究部署，明确责任单位和责任人，承办单位在办理过程中克服“一般化”的问题，树立高标准、高质量意识，不只是满足于答复、有回音，而是着眼于解决实际问题，提高承办工作的实际效果，提高委员的满意率。县交通局和沿路乡镇克服重重困难，拓宽了蠡温公路、张望公路冉庄至阳城、南店至全昆、良寨至北王力等路段。在办理提案工作中，政府办、交通局、教育局、公安局、企业局、电力局等部门做了大量工作，受到了委员的好评。

政协领导把委员提案视为参政议政献计献策的重要大事，经常督促检查，指导提案的征集办理，主管副主席经常深入基层直接到办案单位检查指导提案办理工作。由于县委、县政府和政协领导的重视，办案效果较好，收到了良好的经济效益和社会效益。

二、不断提高提案的质量和办理效果

提案是人民政协参政议政的重要手段，提

案质量的高低直接反映了人民政协参政议政的水平，提高质量是做好政协提案工作的基础。为了提高提案质量，我们根据换届后新委员多的特点，举办委员培训班，讲解提案的基本要素和要求，并针对有些委员认为提案是“提了白提”，对办理效果不满意；而承办单位则认为委员提案年年如是，给他们增加了工作量。为了消除委员与承办部门之间的消极、埋怨情绪，县政协注重抓好“两个提高”：一是努力提高提案的质量。我们通过召开情况通报会以及向委员编发提案目录和征集重点等形式，帮助委员知情议政，引导委员认真选题，深入调查研究，体察社情民意，撰写高质量的提案。同时，选择一些党政部门急于寻求解决的对策，具有较强的针对性和可操作性的提案供委员进一步调研考察，使提案内容不断深化提高。二是提高提案的办理质量。提案办理工作的目的不是为了得到一纸复函，更重要的是解决实际问题。县政协不满足于“文来文往”和“件件有答复，事事有回音”的办复方式，努力克服提案办复中只注重做表面文章的现象。县政协领导多次深入到承办部门，和承办部门的领导协商研究提案的落实。一年来，县政协通过开门办案、协商办案、现场办案、跟踪办案等多种方式，狠抓提案办理的落实，特别是努力做到提案工作与党政中心工作相结合，与为群众办实事相结合，既为党政工作建言献策，又积极反映和帮助解决一些群众关注的热点问题。

由于狠抓了提案质量，并在办理工作中做好协调、联络和服务工作，一年来，政协提案受到了党政领导和承办部门的重视和采纳，产生了良好的办理效果。如谭惠芬、张翠玲委员关于解决“清中、李中危房校舍”的提案，县领导率教育局及有关部门领导，深入到学校现场办公，并拨出专款投入校舍的改建工作，使学校危房校舍的状况得到明显改善。总之，去年的提案采纳落实率比往年有所上升，在我县两个文明建设中发挥着越来越重要的作用。

三、严格办理程序，规范办理制度

为了使委员提案有个满意的办理结果，得到及时答复，我们在总结以往办案经验的基础上，严格执行《政协提案工作条例》和县政协办理提案“三满意”的规定。坚持了提案的征集、审查、立案制度，联合交办制度、督促检查制度、办理答复制度和评比表彰制度，促使各承办部门把办理提案工作与岗位责任制、目标管理相结合，建立健全了良性循环的提案办理机制。为了推动提案工作，每年定期开展优秀提案评选表彰活动，并与县政府联合开展评选表彰先进承办单位活动，以此调动委员撰写提案的积极性和承办单位的积极性。去年，先后组织召开了部分政协委员、政府和职能部门的主要领导参加的提案委员座谈会，对乡间公路方面的提案落实情况进行了视察，视察中对能落实而没落实和落实不尽人意的提案，当面和政府及职能部门进行了协商，提出了意见，促其进一步完善落实。去年9月份，在五届三次常委会上，县委、县政府向常委会通报了提案办理情况，受到委员们的好评。

总结一年来的提案工作，虽然取得了一定成绩，但与提案条例要求还存在着一定距离，主要是有的提案质量不高，深度和广度不够，缺少解决问题的办法；有的提案只是现象，问题抓得不准。个别承办单位对提案重视还不够，在抓提案落实上不认真，答复提案不够虚心、耐心；个别单位办案质量有待进一步提高。

各位委员，在新的一年里要认真履行政协委员参政议政的职能，从全局利益出发，围绕我县中心工作和广大人民群众普遍关心的热点、难点问题积极进言献策，多提一些有调查、有分析、有建议、有价值，具有一定科学性、可行性、高质量的提案，以促进我县各项事业的全面发展。

以上报告，请审议。

**【五届三次会议关于五届二次会议以来提案办理情况的报告】**

**中国人民政治协商会议**
**清苑县第五届委员会常务委员会关于**
**五届二次会议以来提案办理情况的报告**

（2000年2月12日）

张孟乾

各位委员：

我受县政协常委会的委托，向大会作五届二次会议以来提案办理情况的报告。

五届二次会议以来，在县政协常委会的领导下，各位委员以高度负责的精神，怀着稳定清苑、发展清苑的满腔热情，紧紧围绕县委、县政府的中心工作及群众普遍关心的热点、难点问题，参政议政，建言献策，就我县的经济、交通、社会主义精神文明、城镇建设、社会治安、民主政治建设等方面，提出了很多建设性意见，充分发挥政治协商、民主监督的作用，收到了较好的经济效益和社会效益，受到了县委、县政府的肯定，得到了社会各界的赞许。

五届二次会议以来，共收到委员提案68件，经审查立案61件，其中农村经济方面的13件，占总数的21.3%，公路交通方面的12件，占19.7%；城镇建设方面的14件，占23%；精神文明．文教卫生方面的10件，占16%；土地方面的4件，占0.7%；其他方面的8件，占13%。对立案的提案，按要求分别送请县委3件，转3个部门办理。县政府58件，转18个部门办理。截至1999年10月底全部办理完毕。

在已办复的提案中，有56件得到解决或基本得到解决，占已办复提案的91.8%，有1件已列入规划，有待逐步解决，占已办复提案的8.2%。

总的来看，县政协五届二次会议以来，委员提案涉及内容广泛，热点、难点问题突出，建议具体，针对性强，得到了县委、县政府领导的重视。通过承办部门的认真办理，提案综合作用得到了发挥，社会影响不断扩大，较好的发挥了政治协商、民主监督、参政议政的作用，受到了社会各界的重视。回顾和总结一年来的提案工作，主要有以下特点：

一、围绕中心工作，深入调查研究，保证了提案质量

五届二次会议收集的提案，有一个共同的特点，体现了围绕中心、服从大局的宗旨。委员们从全局和长远利益出发，从大事着眼，紧紧围绕我县两个文明建设和广大群众普遍关心的问题进言献计，提案内容比较集中，文字简练，中心明确，大部分提案有调查，有分析，有建议，针对性较强，具有一定科学性和可行性，与过去相比，有了长足的进步。如加强农村经济的提案，公路建设提案，城镇建设提案等，都有较高的思想内涵，又有较强的操作性，比较符合我县工作实际，体现了我们政协委员参政议政的整体水平，引起了县委、县政府的重视，受到了承办单位的好评，使问题较好的得到了解决。

二、领导重视，保证了提案办理效果

五届二次会议以来，政协把提案工作列入了重要议事日程，主席办公会、常委会都重点研究讨论提案工作，订立制度、定期催办、检查提案办理进度和办理质量。

县委、县政府及职能部门领导把提案工作作为一项重要工作来抓。县委明确指出：“各级党政部门要自觉接受政协的民主监督，认真办理政协的提案、建议案。”由于县委、政府的重视，从书记、县长做起，主管提案工作的副书记、副县长对委员提案及时批示，亲自抓，办公室人员具体办理，使办案工作形成了上下联动，层层有人抓有人管的网络。县政府接到提案后，主管提案工作的常务副县长丛国栋同志很快批转各有关职能部门，要求认真办理。霍洪社、冯爱群等委员关于“乡间公路建设、维护、管理的提案”，集中反映了农民普遍关心的问题，又是县委、县政府非常关注的问题，县委、县政府十分重视，并列为99年的八件实事之一，克服困难，多方筹资，拓宽、修复了县城至南侯、温仁至南王庄、北王力至刘村等公路，完成了大庄至保沧路、田各庄至白城等路的勘测设计及保沧路拆迁工作。为确保公路的修筑质量，县长杨文远和主管副县长亲临现场视察指导工作，县交通局投资200万元购置了先进筑路机械，成立了专业修路队伍，严格实行项目责任制和工程质量监督制度，有效的保证了公路修筑质量，让老百姓走上平坦路，安全路，致富路。

在立案的61件提案中，有的提案一案一办见到了效果，有的提案协调办理得到了落实。在办理提案过程中，政府办、交通局、建设环保局、农林局等单位做了大量的工作，受到了委员们的一致好评。由于县委、县政府和政协领导的重视，在时间紧任务重的情况下，加大了办案力度，保证了办案效果，收到了良好的经济效益和社会效益。

三、狠抓制度建设，严格办案程序，使提案工作更加规范

五届二次会议以来，县政协高度重视提案工作，始终把提案工作列入主席会、常委会的重要议事日程，并以《提案工作实施细则》为依据，建立健全了一系列的工作制度。

一是建立严格的提案审查制度，把好立案质量关。全会以后，对收到的提案一件一件整理审查，尔后交主席主任联席会议研究，严格审查、确保立案质量。事实不清、无具体建议、涉及民事纠纷和纯属个人私事的不予立案。

二是坚持了提案联合交办制度，保证了提案的严肃性。提案立案后及时交县委、县政府，召开涉及提案承办部门主要领导参加的交办会，明确承办工作要求、任务、完成时限，增强了有关部门承办提案的责任感、紧迫感。

三是建立提案跟踪视察制度，增强提案落实力度。为促进提案的办理落实，坚持了“抓重点、促一般、跟踪督办、强化实效”的工作方法。如关于医疗卫生方面的提案是联名提案，县政府为增加此案的透明度，主动与政协商量，将其化解为三个提案，分别以原小组召集人的名义提出。在此案的办理过程中，确实感到有一定的难度，分管提案工作的副主席带领办公室人员二次到其主管部门，了解情况，研究如何改进工作方法，改善和提高服务质量，增强社会的透明度。通过上下共同努力，此案的办理结果，委员还是比较满意。在提案办理后期组织有关委员选择重点提案进行跟踪视察。一方面检查承办单位对提案的落实情

况，另一方面举行座谈会，听取承办单位的意见和要求，提出承办工作中的问题和建议。这样做减少了承办部门重答复轻落实的现象，有力的促进了提案落实效果。

四是加强与承办单位的联系合作，交流情况，增进理解，促进办理质量的提高。

由于我们坚持了上述各项提案工作制度，极大地调动了委员和承办单位两个积极性，有力地发挥了委员提案在两个文明建设中的作用，促进了全县各项事业的发展。

总结一年来的提案工作，虽然取得了一些成绩，但与提案条例的要求还有一定差距。一是有些提案质量还不够高，深度和广度不够。缺乏具体的建议和解决问题的办法。二是有些承办单位办案力度不够，重答复轻落实，影响了办案效果，这些问题有待于今后克服。

各位委员，2000年是新旧世纪交替之年，是我县实现“三步走”发展战略第一步重要目标的一年，希望政协委员要认真履行参政议政的职能，从全局利益出发，围绕我县的中心工作和广大人民群众普遍关心的热点问题，积极进言献策，多提一些有调查、有分析、有建议、有价值、具有一定的科学性、可行性、高质量的提案，以促进我县各项事业的全面发展。

各位委员，新的一年，要有新的姿态，要以新的工作风貌创造新的工作业绩，为此，着重加强三个方面的工作。

一、认真学习邓小平理论，进一步提高对提案重要性的认识。在进入改革开放的新的历史时期，邓小平同志对人民政协的性质、职能、作用、方针和任务，提出了一系列的新思想，极大的丰富了统一战线和人民政协的理论，政协委员、承办政协提案的同志，都应当认真学习邓小平理论，通过学习，更好的自觉履行自己的权利和义务，更加认真地办理提案，更加自觉地做好服务工作。

二、坚持提案工作的正确方向，进一步提高提案质量。提案质量的高低，是决定提案实效大小的基础环节。提案质量、不仅标志着委员参政议政水平，而且也有利于推动承办单位的工作，希望各位委员重视提案质量，在进一步提高提案质量上下功夫。

三、切实加强领导，努力提高提案办理质量。几年来的经验表明，哪里的领导重视，经常过问提案办理工作，哪里落实的就好，社会影响就大。因此，希望各承办单位结合提案的影响度，继续发挥领导在办案过程中的重要作用，为开创我县提案工作的新局面而努力。

以上报告，请审议。

**【五届四次会议关于五届三次会议以来提案办理情况的报告】**

**中国人民政治协商会**

**清苑县第五届委员会常务委员会关于**

**五届三次会议以来提案办理情况的报告**

（2001年2月9日）

张孟乾

各位委员：

我受政协清苑县第五届委员会常务委员会的委托，向大会报告五届三次会议以来的提案工作情况。

一、一年来提案工作基本情况

县政协五届三次会议以来，全体政协委员以殷殷报国之志、拳拳为民之心，紧紧围绕县委、县政府的中心工作和事关全县改革开放、经济发展、社会稳定以及人民群众关心、关注的热点、难点问题，积极参政议政，建言献策，共提出提案47件，经审查立案41件。其中公路交通和城镇建设方面15件，占36.6%；农业和乡镇企业方面7件，占17.1%；文教卫生方面5件，占12. 2%；工商税收方面3件，占7. 3%；农村基层组织建设方面2件，占4.9%；其他方面9件，占21.9%。对立案的提案，经县政府、县人大、县政协联合召开提案交办会议，按要求分别送请县委办公室2件，转2个部门办理；县政府办公室39件，转19个部门办理。截至2000年10月底，已全部办理完毕，按时办结率、答复函规范化率、走访率和委员满意率达到100%。

在已办复的提案中，有28件得到解决或基本得到解决，占已办复提案的68.3%，有13件已列入规划，有待逐步解决或因有关规定和目前条件所限，不能解决或暂时不能解决。已向委员作了解释说明，占已办复提案的31.7%。

提案工作是政协的一项具有特殊重要意义的工作，是政协履行职能最直接最有效的方式，是政协工作的“重头戏”，也是政协协助党委、政府加强与各界人士联系，实现决策科学化、民主化的一条重要渠道。在提案工作中，我们不断探索新途径，拓宽工作渠道，充分利用提案这一有效形式，为党委、政府的重大决策提出意见和建议。县政协五届三次会议以来，全县政协委员的提案涉及政治、经济、文化、科技、教育、卫生和社会生活的方方面面，这些提案重点、热点问题突出，前瞻性、针对性、可操作性强。在提案办理过程中，不少的意见和建议被有关部门采纳和吸收，对我县两个文明建设和社会进步起到了很好地促进作用，产生了较好地社会、经济效益，对巩固和完善我国基本政治制度，推动我国社会主义民主政治建设，协助党委、政府做好协调关系、化解矛盾、维护稳定工作发挥了应有的作用。

二、抓好提案工作的主要做法

回顾总结一年来的提案工作，主要有以下几个方面。

1.从提高提案质量入手，认真做好提案征集工作。

提案质量，是政协参政议政水平的反映。因此，我们从提高提案质量入手，把提案征集工作当成大事来抓，严把提案书写关，严格立案标准，力争做到提案的高质量。在这方面，我们首先是把好立案关。对全会期间收集到的委员提案，我们及时召开提案审查会议，认真加以研究。按照《提案工作条例》，逐件进行审查，把反映大事，有理有据，案情清楚，建议具体，一事一案，书写整洁的提案予以立案。其次是帮助委员知情。我们利用印发各种学习资料、组织委员视察、召开各种会议通报情况等形式，使委员了解上情、熟悉县情，围绕我县两个文明建设提出意见和建议。第三是广泛进行发动，调动委员的积极性。在全会召开前，我们就向委员发出通知，寄去提案纸，要求委员开展深入的调查研究，提出有分量的提案。

全体县政协委员按照县政协五届三次会议的要求，牢牢把握提案的正确方向，发挥各自的特点和优势，深入了解民情，充分反映民意，广泛集中民智，为党委、政府决策提出意见和建议，提出了一批高质量的提案，如：董春兰委员提出的《整治县城城容城貌问题》，刘百顺委员提出的《调整我县农业产业结构》，张春奇委员提出的《提高民营企业家经营管理水平》，杜永立委员提出的《规范企业行为，在国际市场树立清苑形象》等提案，既有科学的分析论证，又有切实可行的建议，充分体现了我县政协委员参政议政的水平，得到了县委、县政府及有关部门的采纳和利用，使提案发挥了很好的作用。

2. 严把提案办理关，在提高提案办理质量上下功夫。

第一是开好提案交办会，做好提案交办工作。提案立案后，交由县委、政府办理。县委、县政府领导对委员提案高度重视，县委主管副书记、县政府各主管县长逐件提出办理意见，批转各有关部门办理，并及时召开提案交办会，具体安排部署提案办理工作，提出了明确要求。在提案办理过程中，县委、县政府牢牢把握“提高质量、注重实效”的原则，实行领导“三亲自”（部署、办理、走访）和全员抓办理的工作制度，认真依法开展办理工作，严格依法规范承办行为，促进了办理工作的整体推进。

第二是加大提案督办力度，增强办案效果。为确保提案办理质量，我们将提案分为一般提案、重点提案，针对不同情况，采取不同的督办方式，促进提案办理质量。在提案办理过程中，坚持了“抓重点、促一般、跟踪督办、强化实效”的原则，采取了“主席包案”的方法，对重点提案进行督办。一年来，各位主席多次带领办公室人员深入到农林局、交通局、城建局等重点提案承办部门和提案委员家中，了解情况、协调关系、听取承办单位和提案人的意见和要求，研究改进工作的方法，有力地促进了提案的办理落实。

第三是争取各方的支持与合作，促进办理质量的提高。在提案办理过程中，我们加强了与承办单位的联系合作，交流情况，增进理解，加大对承办单位的工作指导力度。各承办单位也把办理委员提案，当作依法行政、科学施政的一个重要方面，严肃对待、认真抓好。各承办单位领导班子全员抓办理，广泛开展走访委员活动，主动征询政协委员对办理工作的意见，共同商量解决问题的方法，使提案办理工作得到很好的落实。

3. 加强制度建设，推动提案工作的规范化、制度化。

一年来，利用印发资料、以会代训等方式，组织委员和机关工作人员学习了提案工作的基本知识，不断提高对提案工作性质、地位、作用的认识。在实际工作中认真贯彻落实省、市政协工作会议精神和《保定市政协提案工作实施细则》，指导和规范我县的政协提案工作。通过以上措施有力地推动了提案工作的开展，促进了提案办理质量的提高，使我县政协的提案工作进一步走上了制度化、规范化的轨道。

五届三次会议以来，我们在提案工作方面做了大量的工作，取得了一定的成效，但也存在一些问题和不足。主要是：提案工作在委员中开展的不平衡，有的委员写了四五份提案，有的委员一件也没有；提案的质量还有待进一步提高；监督提案落实的措施还不够完善；在提高提案办理质量上还需要加大工作力度。以上这些问题和不足，我们将认真加以对待和解决。

三、今年的提案工作任务

1. 以江泽民总书记“三个代表”的思想指导提案工作。

江泽民总书记关于“三个代表”的重要思想，对加强和改善党的领导，推动改革开放和现代化建设，具有重大的现实意义和深远的历史意义。政协提案从内容上看，绝大多数都反映着社会各界和广大人民群众对于发展社会主义先进生产力、发展社会主义先进文化和最广大人民群众的根本利益的意愿和呼声。因此，江泽民总书记“三个代表”的思想也非常符合政协提案工作的实际。全体政协委员和从事提案工作的同志，一定要深入学习江泽民总书记“三个代表”的重要思想，并把这一重要思想贯穿于提案工作的全过程，以“三个代表”为指导，推动提案工作的健康发展。

2.深入调查研究，进一步提高提案质量。

调查研究是认识问题和解决问题的基础，也是政协委员提高参政议政水平的有效途径。每位政协委员都要充分发挥自己的作用，围绕县委、县政府的中心工作，认真开展调查研究，多提高质量的、切实可行的意见和建议，为党委、政府的科学决策提供依据。

3.采取有效措施，努力提高提案办理质量。

提案工作的最终目的在于落实。县政协要进一步加强与提案承办单位的联系与合作，沟通情况、增进了解、密切配合，坚持联合办案、现场办案、跟踪办案等形式，加大提案落实力度，使提案发挥更大的社会效益和经济效益。

各位委员、同志们，做好提案工作是我们每一位政协委员义不容辞的责任，让我们在中共清苑县委的正确领导下，认清形势，积极进取，不断开创政协提案工作新局面，为我县两个文明建设和社会各项事业的进步做出新的贡献。

以上报告，请审议。

## 【五届五次会议关于五届四次会议以来提案办理情况的报告】

### 中国人民政治协商会议<br>清苑县第五届委员会常务委员会关于<br>五届四次会议以来提案办理情况的报告

（2002年1月20日）

张孟乾

各位委员，我受政协清苑县常务委员会的委托，向大会作提案工作报告。

一

五届四次会议以来，全县政协委员认真履行政治协商、民主监督的职能，紧紧围绕我县经济和社会发展中的重大问题以及人民群众关心关注的热点、难点问题，运用提案形式履行政协职能，积极参政议政，建言献策，共提出提案61件，经审查立案57件。其中，公路建设类13件，占22.8%；城镇建设类13件，占22.8%；农业类6件，占10.5%；企业建设类6件，占10.5%；民主法制建设类5件，占8.8%；其他7件，占12.2%。对立案的57件提案，按要求分别送请县委5件、县政府52件，共涉及承办单位17个。截至2001年10月底，已全部办理完毕，按时办结率、答复函规范化率、走访率均达到100%，委员满意率达到98.2%，解决问题率达到75.5%。

在已办复的提案中，有42件已被有关部门采纳，占已办复率的73.6%，并产生了很好的效果；有11件已列入规划，占已办复率的13.2%；有4件因目前条件所限，暂时不能解决，已向委员作了解释说明，占已办复率的7%。

提案工作是政协履行职能的重要方式，是政协委员行使民主权利、参政议政的切入点，也是维护人民群众根本利益，为民办实事的突破口，是帮助党政部门广泛听取社会各界意见，实现决策科学化、民主化的重要渠道，是政协工作中一项最具传统、最有特色的工作，提案工作在实践中越来越为委员所关注，越来越受到社会各方面的重视。在提案工作中，我们不断探索新途径，拓宽工作渠道，充分利用提案这一有效形式，为党委、政府的重大决策提出意见和建议。县政协五届四次会议以来，全县政协委员的提案涉及政治、经济、文化、科技、教育、卫生和社会生活的方方面面。这些提案是委员们在充分调查研究的基础上形成的，饱含了真知灼见和高度的政治责任感，都是一些事关重大和人民群众普遍关心的问题。不少的意见和建议被有关部门采纳和吸收，对我县的经济发展和社会进步起到了很好地促进作用，产生了较好地社会效益和经济效益。对帮助改进政府工作、做好协调关系、化解矛盾、维护社会稳定、促进各项方针政策的贯彻落实起到了积极的推进作用。

二

总结一年来的提案工作，主要抓了以下几个方面：

(一) 提高委员提案质量，做好提案的征集工作。

委员提案质量是政协参政议政水平的反映，因此，我们从提高委员提案质量入手，做好提案的征集工作。在征集上，一是通过培训、会议、走访、印发学习材料等多种形式组织委员学习提案知识，指导委员书写提案、规范标准、避免随意性。二是引导委员围绕全县经济建设和人民群众关注的热点、难点问题深入调查研究，掌握第一手资料，努力做到提出提案问题有据，建议切实可行。三是每次全会前我们根据县委、县政府的工作重心，拟定提案参考题目，并提前将提案纸和提案参考题目邮寄给每位委员，让委员有较长的时间调研，倾听群众的呼声，以便选准角度，提出有情况、有分析、有可行性的建议或提案。全会期间，我们还安排一定时间让委员书写提案，并指派机关工作人员深入到小组，督促、帮助委员书写提案，从而有效的保证了提案的征集，使提案不仅数量多，而且质量也较高。如贾联营委员提出的《关于加速建设清苑南路》的提案，被县委、县政府确定为九件大事之一，并把清苑南路的开发建设作为塑造清苑形象，促进城镇经济发展的重要载体来抓。对我县经济繁荣、城市美化、城镇建设的发展起到了很好的促进作用。

（二）做好提案办理工作，在办案质量上下功夫。

第一是领导重视、精心组织，努力提高办案质量。全会结束后我们把征集到的提案由工作人员整理后，提交主席会议集体研究，严把立案关，对于立案的提案，及时交由县委、政府办理。县委、县政府领导对委员提案高度重视，并及时组织召开提案交办会，具体安排部署提案办理工作并提出明确要求。在提案办理过程中，县委、县政府牢牢把握“提高质量，注重实效”的原则，实行领导“三亲自”（部署、办理、走访）和全员抓办理的工作制度。同时，县委、县政府还要求各有关单位把办理政协提案作为坚持和巩固中国共产党领导的多党合作和政治协商制度的重要内容，采取切实有效措施，对提案进行认真答复和落实。由于以上措施得力，领导重视，精心组织，使提案工作得到了顺利开展，促进了提案工作的整体推进。

第二是加大提案督办力度，增强办案效果。在提案办理过程中，我们还坚持区别情况，分类督办，领导带办，重点提案重点办，强化落实跟踪办，扩大影响公开办的工作方法，进一步加大了对提案的督办力度。一年来，各位主席带领办公室人员深入到城建局、交通局、卫生局等重点提案承办部门和提案委员家中，了解情况，协调关系，推动重点，启动难点，整体联动，保证了提案办理的时效，有力地促进了提案的办理落实。

第三是理顺关系，加强合作，争取各方的支持，促进办理质量的提高。在提案办理过程中，我们加强了与承办单位的联系合作，交流情况，增进理解，加大对承办单位工作的指导力度，推动了提案的落实和办理质量的提高。

（三）加强制度建设，使提案工作逐步走向规范化、制度化的轨道。

在提案工作中我们认真贯彻落实《提案工作实施细则》，并按照《细则》的要求指导和规范提案工作。县政协明确一名副主席主抓提案工作，县政府明确了一名副县长主管。县委、县政府两办分别明确一名副主任负责提案承办工作。使提案工作上有领导挂帅，下有具体人负责，承办单位有章可循。通过以上措施，有力地推动了提案工作的开展，促进了提案办理质量的提高。使提案工作进一步走上了规范化、制度化的轨道。

五届四次会议以来，我们在提案工作中做了大量的工作，取得了一定成效，但还存在一定差距和不足。主要是：提案质量还不够高，监督提案落实的措施还不够完善；在提高提案办理质量上还需要加大工作力度。以上这些问题和不足，我们将认真加以对待和解决。

## 三

五届四次会议以来，提案工作取得了新的进展，但与形势的发展和政协工作的要求还存在差距，还有待进一步加强改进。在新的一年里，提案工作要认真实践江泽民总书记“三个代表”重要思想，围绕中心，服务大局，提高质量，讲求实效，总结经验，再求发展。

要进一步提高提案的质量。提案质量是提案工作的基础，只有高质量的提案，通过高质量的办理，才能取得理想效果。提出政协提案是行使民主权利，也是体现一种政治责任，应严肃、严谨、求实、求精。李瑞环主席曾明确指出：“既然是提案，那就不是一般性的意见或建议，究竟什么样的内容上提案，应该有一个慎重的考虑。”提案应围绕县委、县政府的中心工作，围绕我县的经济发展，抓住一些急待解决或应当引起高度重视的问题，发挥政协委员专业水平高、联系群众广的优势，认真进行调查、分析，提出可操作性强，又有分量的意见和建议。

要不断提高提案办理质量。政协提案，是人民政协履行政治协商、民主监督和参政议政职能的重要方面。认真办理政协提案既是坚持和完善中国共产党领导的多党合作和政治协商制度的体现，也是落实“三个代表”重要思想，切实改进工作，推进社会主义现代化建设的需要。我们要通过与承办单位的密切合作，促进提案办理工作更加注重实效。

要认真总结提案工作经验。从政协工作长期实践中，我们可以看出，提案工作在发扬人民政协求真务实，勇于创新，以质量求发展等方面，积累了丰富经验，取得了明显成效。提案工作每进一步，都凝结着政协委员们的心血，也都是提案工作者的辛劳。因此，认真总结经验，使提案这种有效方式的建言献策，更好地为深入改革，促进发展，保持稳定，保障人民群众的根本利益。紧紧围绕建设文明、富强、繁荣的新清苑而努力。

各位委员，新的形势，超常发展，希望大家解放思想，与时俱进，广集民智，广察民情，广征良策，把盛世良言，盛世诤言，盛世警言及时上达，为我县经济发展，社会进步再作新的贡献。

以上报告，请审议。

**【六届一次会议关于五届一次会议以来提案办理情况的报告】**

**中国人民政治协商会议**
**清苑县第五届委员会常务委员会关于**
**五届一次会议以来提案办理情况的报告**

（2003年4月6日）

闫营志

各位委员：

我受政协清苑县第五届委员会常务委员会委托，向大会作五届一次会议以来的提案工作报告，请审议。

一、五年来提案工作基本情况

五届一次会议以来，全县政协委员在政协常委会的领导下，紧紧围绕我县经济和社会发展及人民群众关心的重大问题，积极建言献策，认真履行职能，运用提案的形式，就我县经济和社会发展等方面提出了很多有建树、有价值的建议，为县委、县政府决策的科学化、民主化提供了重要参考，受到了县委的肯定和社会各界的赞许。

五届一次会议以来，共征集委员提案311件，立案274件，转为委员来信37件。这些提案涉及领域广泛，其中：公路交通建设方面59件，农村经济发展方面50件，城镇基础设施建设方面49件，文化教育卫生方面32件，精神文明建设方面16件，土地管理、民政工作方面16件，其他52件。对立案的提案，按要求分别送交县委、县政府有关承办单位办理。政协提案得到了县委、县政府领导及各个方面的重视，许多承办单位的领导亲自部署或参与办理工作，促进了提案的落实。截至2002年10月底，274件提案全部办理完毕。经与提案人见面交换意见，提案人对提案承办单位办理结果的满意率达到99.6%，按时办结率、答复函规范化率、走访率均达100%。对条件限制等原因一时难以落实的提案，有关单位也如实作了说明，并已拿出意见，列入规划，待条件成熟后逐步落实。绝大多数委员对承办单位积极认真负责的工作态度表示满意。

从五届一次会议以来的提案看，提案质量和办理效果逐步提高，明显的特点有三个：一是围绕我县经济发展和关于树立县城形象的提案增多。在274件提案中，有 150多件是涉及这两个方面工作内容的，说明我县政协委员关心、支持经济发展的中心意识大大增强。二是实现了由原来局限于自身小范围提案向从全县工作大局出发提案的转变。如董春兰委员提出的《整治县域城容城貌》的提案，张春奇委员提出《提高民营企业家管理水平》的提案，贾联营委员提出的《关于加速建设清苑南路》的提案等，都具有全局性，既有科学论证，又有可行建议，被县委、县政府列入2001年九件大事，充分体现了我县政协委员参政议政的水平。三是提案办理实现了由重答复向重落实转变。各承办单位接到提案后，不是研究如何应付，而是探索怎样落实。尤其是政协的建议案，县委、县政府更是高度重视。如2001年县政协组织委员对全县财税工作进行专题调研后，在五届二十次常委会上通过向县委、县政府提交《关于进一步加强财税工作的建议案》，县委书记宋文同志做出重要批示，并在县委常委会上进行专门研究，制定并采取有力措施，加大清收基金会贷款和零散税收的工作力度，使2002年我县零散税收工作纳入了正常轨道，促进了全县财政状况的一定好转。

二、抓好提案工作的主要做法

总结五年来的提案工作，主要抓了以下几方面：

（一）提高委员素质，保证提案征集质量

政协委员素质的强弱，决定着提案质量的高低。因此，我们始终把提高委员素质作为提案工作的基本环节来抓。针对部分委员特别是一些新委员观察能力较弱、提案知识较少等情况，我们多次采取以会代训、印发学习材料等形式，组织委员学习提案工作知识，掌握提案书写标准和观察社会现象的科学方法，并引导委员围绕全县经济建设和人民群众关注的热点、难点问题深入调查研究，掌握第一手资料，努力做到提出的提案事实有据，建议切实可行。同时，在每次全会前，我们都从全县工作大局出发，向委员介绍当前的政治、经济形势，据此拟定提案提纲，对提案内容进行总体性提示，并提前将提案纸和提案提纲印发至全县政协委员，让委员有较长的时间调研，倾听群众呼声，使委员在提案过程中不局限于自身小范围所见所闻，进而关心全县改革、稳定、发展的大局，有的放矢，大大提高了委员书写提案的自觉性，避免了随意性，使提案的数量和质量有了保证。

（二）各方领导重视，保证提案办理效果

我县提案工作取得的成绩，关键在于政协领导班子和县委、县政府领导及各承办单位领导给予了高度重视。五年来，县政协领导班子一直把提案工作作为政协工作的“重头戏”，县委、县政府始终把办理政协提案作为一项重要的党务、政务来抓。一是摆在重要的议事日程。每年政协全会后，县政协都召开主席会议，对征集的提案专题研究，及时审查立案。县委、县政府对接到的政协提案，都由主管副书记、副县长逐件提出办理意见，并及时协商政协召开提案交办会，具体安排部署办理工作。二是实行提案承办责任制。对每件提案县委、县政府、县政协及各承办部门，都确定专人负责，并明确了目标要求和落实时间。对重点提案，还实行了由县委副书记、政府副县长、政协副主席分工包办的工作方法，坚持领导亲自谋划、亲自办理、亲自走访。三是加大督办工作力度。在提案办理过程中，县政府成立了督导小组，对每件提案实行跟踪督查，及时调度。县政协各位主席、副主席经常深入到重点提案承办单位及提案委员中，了解情况，协调关系，保证了提案办理的时效，促进了提案办理的落实。不少承办单位的主要领导对提案办理亲自协调、走访委员、征求意见，对提案进行认真答复和落实，形成了协调联动，齐抓共管、共同做好提案工作的浓厚氛围。

（三）加强制度建设，严格提案办理程序

为保证提案工作规范化和科学化，我们坚持了以下几项基本制度。一是提案提出前调研制度。发动委员深入实际进行调查研究，做到不调查不提案，克服了随意提案现象；二是建立严格的审查制度。对征集的每件提案，先由政协办公室进行整理，然后交主席会议集体研究，严格审查，保证了立案质量；三是建立提案交办制度。及时协商县委、县政府召开联合交办会议，明确提出工作目标及时间要求；四是建立提案承办单位直接送达办理答复制度。由承办单位将文字答复直接送达提案委员，经提案人答复意见并签字；五是建立提案跟踪督查制度。坚持了“抓重点、促一般、跟踪督办，讲求时效”的工作方法，有力地促进了提案的办理和落实。

五届一次会议以来，我们在提案工作中做了大量的工作，取得了一定成效，广大政协委员为做好提案工作付出了很大的心血和辛劳。在肯定成绩的同时，我们也应看到，提案工作与形势的发展和政协工作的要求还存在一定差距，主要是：提案质量还不够高，监督提案落实的措施还不够完善，民主监督与不干预司法程序的问题还有待探索解决。在提高提案办理质量上还需要加大工作力度，提案转信处理的后续工作问题也应予以重视。以上这些问题和不足，我们将认真研究和改进。

三、今后工作建议

各位委员，多年来的实践证明，提案工作是人民政协履行职能、参政议政的主要渠道，也是政协委员行使民主权利、实施民主监督的重要方式，还是党委、政府联系政协委员的基本纽带。当前，我国已经进入全面建设小康社会，加快推进社会主义现代化建设的新时期，新形势、新任务对提案工作提出了新要求。我们要认真学习贯彻党的“十六大”精神，以“三个代表”重要思想为指导，围绕中心，服务大局，提高质量，讲究实效，总结经验，再求发展，使提案工作更好地发挥人民政协履行职能的作用。

要进一步提高提案质量。只有高质量的提案，才能产生高效益的结果。因此，我们要在提高提案质量上下功夫。一要注重调查研究。深入了解民情、充分反映民意、广泛集中民智，坚持不认真调查研究、不掌握确凿事实不提案。二要善于抓住重点。要紧紧围绕县委、县政府的中心工作，抓住那些急待解决的重大问题，提出可操作性强、质量高的提案，切实做到议社稷要政，言百姓心声，献兴县良策。

要进一步提高提案办理质量。认真办理政协提案，既是完善政治协商制度的体现，也是落实“三个代表”重要思想，切实改进工作的需要。我们要通过与政协、提案人和承办单位共同协商，密切合作，提高办理质量，促进提案办理工作更具有实效性。

要进一步总结提案工作经验。长期以来，我县政协提案工作积累了丰富的经验，取得显著成效，但目前也存在不少需要完善和改进之处。我们要认真总结经验，升华成功做法，不断完善提案工作机制，使提案这种建言献策的有效方式，更好地为我县改革、稳定、发展大局服务。

各位委员，做好提案工作是我们每一位政协委员义不容辞的责任。让我们紧密团结在以胡锦涛为总书记的党中央周围，解放思想，与时俱进，广集民智，广察民情，广征良策，不断开拓政协提案工作新局面，为我县的经济繁荣、社会进步再做新的贡献。

以上报告，请审议。

**【六届二次会议关于六届一次会议以来提案办理情况的报告】**

中国人民政治协商会议
清苑县第六届委员会常务委员会
关于六届一次会议以来提案办理情况的报告
（2004年2月14日）
赵保平

各位委员：

我受政协清苑县第六届委员会常务委员会委托，向大会报告六届一次会议以来的提案工作情况。

一、一年来提案工作基本情况

政协六届一次会议以来，我县政协委员以高度的政治热情和强烈的责任感，紧紧围绕我县经济和社会发展及人民群众关心的重大问题，通过提案形式，认真履行政协职能，积极参政议政、建言献策，共提出提案96件，经审查立案82件，对未立案的14件，转为委员来信处理。在已立案的提案中，属经济建设方面的42件，占立案总数的51.2%，属科教文卫体方面的23件，占28.1%，属政法、劳动、人事、党风廉政建设和其他方面的17件，占20.7%。这些提案分别送交县委7件、县政府75件，县委、政府领导非常重视，对82件提案逐一提出了办理意见，明确了承办单位，并由两办督查室负责督办，从而保证了政协提案事事有回音，件件有着落。经县委、政府及各承办单位共同努力，截至2003年10月底，已全部办理完毕。按时办结率、答复函规范化率、走访率、委员满意率均达100%。

提案是政协委员履行职能、行使民主权利、参政议政、献计出力的一种重要方式。也是维护人民群众根本利益、为民办实事的重要方面，是协助党委、政府加强与各界人士联系、广泛听取社会各界意见，实现决策科学化、民主化的重要渠道。随着形势的发展，政协职能作用的充分发挥，政协的提案，数量不断增加，质量逐步提高。这些提案是委员们在充分调查研究的基础上形成的，饱含了真知灼见和高度的政治责任感，这些提案从大局出发，考虑长远，涉及基础设施建设、经济发展、生态环境保护、农业结构调整、社会保障等方方面面。比如：王喜玲、李淑先委员提出的《关于进一步做好对下岗失业人员再就业制定优惠政策》的提案，刘德虎委员提出的《加强农村环境卫生管理》的提案等，均被有关部门采纳并制定措施加以落实，为我县的经济发展和社会进步起到了很好的促进作用，产生了较好的经济效益和社会效益，对帮助和改进政府工作，做好协调关系，化解矛盾、维护社会稳定，促进各项方针政策的贯彻落实起到了积极的作用。

二、抓好提案工作的主要做法

总结一年来的提案工作，主要抓了以下几方面：

（一）围绕中心，突出重点，积极做好提案的征集工作。

围绕大局出良谋，突出重点献真策，为促发展提灼见是政协提案追求的目标，也是政协参政议政水平的反映。因此，我们坚持从提高委员提案质量入手，采取行之有效的措施，积极做好提案的征集工作。一是通过培训、会议、走访、印发学习材料等多种形式组织委员学习提案知识，指导委员书写提案，规范标准，避免随意性。二是引导委员围绕全县经济建设和人民群众关注的热点、难点问题深入调查研究，掌握第一手资料，努力做到提出的提案问题有据，建议切实可行。三是全会前根据县委、政府的工作重点，拟定提案参考题目，并提前将提案纸和提案参考题目邮寄给每位委员，让委员有较长的时间调研，倾听群众的呼声，以便选准角度，提出有情况、有分析、有可行性建议的提案。全会期间，我们还安排一定时间让委员书写提案，并派工作人员深入到小组，督促、帮助委员书写提案，从而有效的保证了提案的征集，使提案不仅数量多，而且质量也较高。比如：邢志清委员提出的《建立学习型企业组织，打造高素质企业家队伍》的提案、郝建武委员提出的《关于发挥“地道战”品牌优势，整合我县旅游资源》的提案、卜建国委员提出的《规划城建格局，方便群众日常生活》等提案，既有科学的分析论证，又有切实可行的建议，充分体现了我县政协委员参政议政的水平，得到了县委、县政府及有关部门的采纳，使提案发挥了很好的作用。

（二）强化提案办理，提高办案质量，讲求办理效果。

一是领导重视，精心组织，努力提高办案质量。全会结束后，我们把征集到的提案经过整理后，提交主席会议集体研究，严把立案关。对于立案的提案，及时交由县委、政府办理。县委、县政府领导对委员提案高度重视，因在“非典”时期，提案采取单独交办形式，具体安排部署提案办理工作并提出明确要求。二是实行承办责任制，确保协调有序。对每件提案县委、县政府及各承办部门，都确定专人负责，并明确目标要求和落实时间。对重点提案，还实行了由县委、政府、政协领导分工包办的工作方法，责任到人，狠抓落实。三是加大督办力度，增强办案效果。为确保提案办理时间和质量，县委、县政府成立了督导小组，对每件提案实行跟踪督查，及时调度。县政协对交通局、城建局、市场服务局等几个提案承办单位进行重点督办。县政协领导还经常深入到重点提案承办单位并与提案委员联系，了解情况，协调关系，保证了提案办理的时效，促进了提案办理的落实。对市场服务局承办的《加大城管力度，拆除违章建筑》的提案，县政协主要领导亲自督办，引起市场服务局领导的高度重视，积极协调城建、新华书店及二轻家属院居民的关系，征求各方意见，对委员的提案进行认真答复，使多年的提案得到落实解决，受到委员的称赞。不少承办单位的主要领导对提案办理亲自协调，走访委员，征求意见，对提案进行认真答复和落实，使提案的办理质量有了进一步的提高。

（三）完善规章制度，推动提案工作的规范化、科学化。

为进一步加强提案工作的制度化、规范化建设，结合我县提案工作的实际，制定了《政协清苑县委员会办公室关于办理政协提案的意见》，以县委办、政府办名义转发各单位。同时，我们坚持了以下几项基本制度：一是提案提出前调研制度。发动委员深入实际进行调查研究，做到不调查不提案；二是建立严格的审查制度。对征集的每件提案，先由政协办公室进行整理，然后交主席会集体研究，严格审查，保证了立案质量；三是建立提案交办制度。及时协商县委、县政府进行提案交办，明确提出工作目标及时间要求；四是建立提案承办单位直接送达办理答复制度。由承办单位将文字答复直接送达提案委员，经提案人同意并签字；五是建立提案跟踪督查制度。坚持了“抓重点、促一般、跟踪督办、讲求实效”的工作方法，有力地促进了提案的办理和落实。

通过以上几项制度，有力地推动了提案工作的开展，促进了提案办理质量的提高。

六届一次会议以来，我们在提案工作中做出了一些工作，取得了一定的成绩，但在提案质量上还存在着质量不高的问题，在办理质量上还存在着重答复轻落实的问题。以上这些问题和不足，我们将认真研究并加以改进。

三、今年提案的工作任务

提案是人民政协履行职能的重要方面，是政协委员行使民主权利、参政议政、献计出力的一种重要方式。在新的一年里，提案工作要以“三个代表”重要思想为指导，认真贯彻落实中央十六大和六届三中全会精神、以及县委九届二次全会精神，紧紧围绕县委、政府的中心工作，提高质量，讲求实效，与时俱进，开拓创新，努力把我县的提案工作提高到一个新的水平。特别是在当前深入贯彻党的十六大精神，全面建设小康社会的伟大历史进程中，更需要我们充分发挥政协提案的特殊作用，集思广益，推动经济和社会事业的发展。

进一步提高提案的质量。提案质量是提案工作的基础，我们要努力处理好提案数量和质量的关系，只有高质量的提案，通过高质量的办理，才能取得理想效果。提案质量的提高，需要广大委员的共同努力，认真开展调查研究，多提高质量的提案，为县委、政府的科学决策提供依据。

要进一步提高办理质量。提案的目的是解决问题，取得实效，而能否取得实效的关键在于办理。我们要认真贯彻落实《全国政协办公厅关于办理好政协提案的意见》的精神，推动提案办理工作的制度化、规范化、程序化。同时加大提案督办力度，拓宽提案督办渠道，加强提案者与承办单位的联系和沟通，达成共识，提升提案办理的质量。

各位委员，新形势，新任务为政协提案工作提出了更高的要求，希望大家解放思想，与时俱进，广集民智，广察民情，广征良策，多写高质量提案，以饱满的热情、昂扬的斗志，同舟共济，齐心协力，为我县全面建设小康社会再做新的贡献。

以上报告，请审议。

**【六届三次会议关于六届二次会议以来提案办理情况的报告】**

**中国人民政治协商会议**
**清苑县第六届委员会常务委员会**
**关于六届二次会议以来提案办理情况的报告**

（2005年2月25日）

赵保平

各位委员：

我受政协清苑县第六届委员会常务委员会的委托，向大会作六届二次会议以来的提案工作报告，请予审议。

一

政协六届二次会议以来，我县政协的提案工作以邓小平理论、“三个代表”重要思想和党的十六大及十六届四中全会精神为指导，认真贯彻落实中央、省、市《关于办理政协提案的意见》，坚持与时俱进，开拓创新，积极探索加强提案工作规范化、制度化、程序化建设，提高提案办理工作质量的有效途径，多角度、多层面地开展工作，使提案工作取得了新进展，迈上了新台阶。

2004年县政协共收到委员提案76件，经审查立案60件，立案率78.9%。对未立案的16件提案已作妥善处理。在立案的提案中，有关深化改革、优化环境、扩大开放、促进经济发展方面的31件，占立案总数的51.7%；有关加强精神文明建设，促进科教文卫等社会事业发展的17件，占28.3%；有关廉政建设、民主法制建设、社会保障和其他方面的12件，占20%。这些提案交县委承办2件，县政府承办58件，共涉及全县23个县直部门和1个乡镇，截至到2004年10月底已全部办结。按时办复率100%，委员满意率100%。

二

2004年政协提案工作按照县政协工作整体部署，紧紧围绕全县工作大局，目标明确，制度规范，提案质量不断提高，办理工作逐步加强，社会效果日益明显。

（一）围绕中心建言献策，提案质量逐步提高。在过去的一年中，广大政协委员坚持以人为本，贯彻落实科学发展观，围绕清苑经济社会全面、协调、可持续发展和人民群众关注的问题，认真调研、科学论证，提出了许多切实可行的意见和建议。工作中一是组织培训学习，帮助委员增强参政议政责任感，使委员对提案性质、任务、作用的认识和提案书写的水平有了明显提高。二是根据县委、政府的工作重点，拟定提案参考题目，并提前将提案纸和提案参考题目发至每位委员，引导委员围绕全县三个文明建设和人民群众关注的问题深入调查研究，对所拟的提案有根据、有分析、有建议。三是全会期间安排一定时间让委员书写提案，从而有效地保证了提案的征集，使提案的数量和质量有了较大提高。例如，齐瑞祥、齐二月委员《关于鼓励支持引导民营经济发展，推进小康建设》的提案，县委、县政府非常重视，制定出台了一系列扶持、发展政策，为加快我县民营经济创造了良好的发展环境；袁凤岐委员《开展村干部的“招科引技”活动》的提案、刘杰委员《关于改善农民医保工作势在必行》的提案等，经承办单位认真办理，都收到了很好的经济效益和社会效益。

（二）规范程序认真办理，保证提案办理效果。县委、政府、政协领导高度重视提案的办理工作。全会结束后，政协办公室把征集的提案整理后，提交主席会议集体研究，严把立案关。提案交付县委、政府后，各分管书记、县长对每一提案认真审阅，并提出具体办理意见。县政府及时召开提案交办会，县政府、县政协领导亲自部署全县的提案办理工作，提出明确工作目标和办理时间。在办理过程中，县委、县政府成立督导小组，对每件提案跟踪督查，及时调度。县政协针对我县提案办理工作的实际情况，在2004年7月份组织召开了部分承办单位提案办理经验交流会，组织几个重点承办单位做大会发言，交流经验，取长补短，并对重点提案进行了督办。通过坚持检查、加强督办，确保了重点提案及群众关心的热点难点问题的解决。各提案承办单位以高度的政治责任感和以人为本、执政为民的思想，把办理提案与推动工作结合起来，形成了各负其责，层层抓落实的良好局面。孙兰柱委员关于《县城小街小巷的亮化问题》的提案，是连续两年的提案，县政府将其列入2004年十件实事之一，主要领导高度重视，亲自过问办理进度，检查督导落实情况，使工程进度明显加快，短时间内就安装路灯113套，完成了15条小街小巷的亮化工程，方便了群众生活。张树稳委员《清苑二中至魏村路道路管理》的提案、陈汉盛委员《保衡路至全昆路建设》的提案，县政府多次召开专门会议，协调有关部门克服困难，确保了工程顺利开工和建设，使这些问题得到了圆满解决。县公安局在承办陈汉盛委员《加强警校联系，维护正常教学秩序》的提案中，认真采纳委员建议，制定措施加以落实，同时以提案内容为切入点，把提案办理向日常工作中延伸，建立考核机制，主动改进工作，较好地维护了全县中小学校的教学秩序。县卫生局、畜牧局等承办单位办理提案注意解决实际问题，受到了委员和有关方面的好评。

（三）统一思想提高认识，继续完善规章制度。中央、省、市《关于政协提案办理工作意见》的文件下发后，县委、县政府、县政协领导非常重视，作出重要批示，要求各单位认真贯彻执行。县政协办公室和广大委员围绕提高思想认识，进行了认真系统的学习，进一步明确了在全面建设小康社会的新形势下，提案工作的新任务、新要求，增强了做好提案工作的决心和信心。工作中，不断完善制度建设：一是提案提出前调研制度，做到不调查不提案；二是建立严格的立案审查制度，保证了立案质量；三是建立提案交办制度，明确办理提案目标及时间要求；四是建立提案承办单位直接送达办理答复制度；五是建立提案跟踪督查制度，坚持了“抓重点、促一般、跟踪督办、讲求实效”的工作方法，有力地促进了提案的办理和落实。通过完善和落实以上几项制度，使我县的提案办理质量有了明显的提高。

总结一年来的提案工作，虽然取得了一些成绩，但仍然存在一定的差距。如委员参与书写提案还不够普遍，提案质量尚需进一步提高，提案办理工作档案、资料的保存需进一步规范等。这些问题和不足需要在今后的工作中认真加以研究和改进。

三

2005年我县政协的提案工作要以邓小平理论、“三个代表”重要思想和党的十六届四中全会精神为指导，坚持“围绕中心，服务大局，提高质量，讲求实效”的提案工作方针，把提案工作作为一项全局性的任务，采取切实有效的措施，提高提案质量，积极探索提案办理的新方法、新途径，狠抓办理实效，注重解决实际问题，搞好协调服务，努力把工作做深做实，进一步提高我县政协提案工作的整体水平。

（一）采取多种措施，提高提案质量。质量是提案的生命，直接关系到提案作用的发挥，关系到参政议政的成效，广大政协委员、政协各参加单位要认真学习政治理论和国家的政策法规，努力提高政治理论素养，不断增强自身的责任意识和提案的质量意识，积极围绕加快发展清苑、建设和谐稳定清苑，深入调研，认真论证，提出具有科学性和可操作性的意见和建议，提高提案的整体质量和水平

（二）强化提案办理，狠抓办理成效。要根据形势任务的发展变化，积极探索，勇于实践，不断创新提案办理的方法和途径，推进提案办理的规范化、制度化和程序化建设。不断完善提案办理的制度和程序，同时，加大提案督办力度，拓宽提案督办渠道，密切承办单位同提案者之间的联系和沟通，找准切入点，选好突破口，在提案的办理和落实方面取得新的成效。

（三）努力提高自身素质，加强提案工作队伍建设。一是要认真学习政治理论和提案知识，不断提高政策水平和业务能力。二是加强提案工作的组织协调工作，努力形成长效机制和整体合力。三是要发挥政协委员的主体作用，把通过提案参政议政作为义不容辞的责任，多撰写高质量的提案。四是做好提案的宣

传工作，大力宣传提案工作的重要意义和在促进经济、社会发展、推动民主政治建设等方面发挥的积极作用。树立积极工作、无私奉献的精神，以良好的精神状态主动为政协委员、政协参加单位和提案承办单位搞好服务。

各位委员，新形势下，提案工作责任重大，使命光荣，让我们在邓小平理论和“三个代表”重要思想的指引下，全面贯彻落实科学发展观，弘扬求真务实的精神，充分发挥提案在履行政协职能中的作用，进一步提高提案工作质量，努力开创提案工作的新局面。

以上报告，请审议。

**【六届四次会议关于六届三次会议以来提案办理情况的报告】**

**中国人民政治协商会议**

**清苑县第六届委员会常务委员会**

**关于六届三次会议以来提案办理情况的报告**

（2006年3月17日）

赵保平

各位委员：

我受政协清苑县第六届委员会常务委员会的委托，向大会作六届三次会议以来的提案工作报告，请予审议。

一

政协六届三次会议以来，我县政协的提案工作以邓小平理论、“三个代表”重要思想和党的十六届四中、五中全会精神为指导，认真贯彻落实中央、省、市《关于办理政协提案的意见》，坚持与时俱进，开拓创新，积极探索加强提案工作规范化、制度化、程序化建设，提高提案办理工作质量的有效途径，多角度，多层面地开展工作，使提案工作取得了新进展，迈上了新台阶。

2005年县政协共收到委员提案66件，经审查立案42件，没有立案的24件，其中18件内容相同作了并案处理，另外6件作为委员来信转交有关部门处理。在立案的提案中，公路交通方面的9件，占21.4；城镇建设方面8件，占19.1%；文教卫生方面6件，占14.3%；农业农村方面5件，占11.9%；物业管理方面3件，占7.1%；电力通信方面3件，占7.1%；其他方面8件，占19.1%。经过全县上下的共同努力，42件提案均已办结。其中，已经解决或基本解决问题的有16件，占38.1%；已着手工作，但还需要创造条件逐步加以解决的有19件，占45.2%；受条件或政策限制，难以解决，向委员做出说明解释的有7件，占16.7%。对这42件政协提案，我们都一一做了答复，全部取得委员的理解和支持，委员均签署了满意或基本满意的意见。按时办结率、走访率、答复函规范化率均达100%。

二

2005年政协提案工作按照县政协工作整体部署，紧紧围绕全县工作大局，目标明确，制度规范，提案质量不断提高，办理工作逐步加强，社会效果日益明显。

（一）采取多种措施，提高提案质量。在过去的一年中，广大政协委员坚持以人为本，贯彻落实科学发展观，围绕清苑经济社会全面、协调、可持续发展和人民群众关注的热点、难点问题，认真调研、科学论证，提出了许多切实可行的意见和建议。工作中一是组织培训学习，帮助委员增强参政议政责任感，使委员对提案性质、任务、作用的认识和提案书写的水平有了明显提高。二是根据县委、政府的工作重点，拟定提案参考题目，并提前将提案纸和提案参考题目发至每位委员，引导委员围绕全县三个文明建设和人民群众关注的问题深入调查研究，对所拟的提案有根据、有分析、有建议。三是全会期间安排一定时间让委员书写提案，从而有效地保证了提案的征集质量。例如姜俊梦委员提出的《关于发展“红色之旅”特色产业》的提案，县委、县政府非常重视，制定出台了一系列扶持、发展政策，为加快我县民营经济创造了良好的发展环境；董春兰委员提出的《关于美化、优化县城环境，创建文明生态县城，提高人民生活质量》的提案、冯铸鑫委员提出的《关于抓住机遇，利用优势，制定措施，发展我县的政治、经济、文化》的提案等，经承办单位认真办理，都收到了很好的经济效益和社会效益。

（二）强化提案办理，狠抓办理成效。县委、县政府、县政协领导高度重视提案的办理工作。全会结束后，政协办公室把征集的提案整理后，提交主席会议集体研究，严把立案关。提案交付县委、政府后，各分管书记、县长对每一提案提出具体办理意见。县政府及时召开提案交办会，县政府、县政协领导亲自部署全县的提案办理工作，提出明确工作目标和办理时间。在办理过程中，县委、县政府成立督导小组，对每件提案跟踪督查，及时调度。县政协针对我县提案办理工作的实际情况，在2005年7月份组织召开了部分承办单位提案办理经验交流会，组织部分重点承办单位做大会发言，交流经验，取长补短，并对重点提案进行了督办。通过坚持检查、加强督办，确保了重点提案及群众关心的热点难点问题的解决。各提案承办单位以高度的政治责任感和以人为本、执政为民的思想，把办理提案与推动工作结合起来，形成了各负其责，层层抓落实的良好局面。王二友委员提出的关于《麻山药的种植需要政府给予资金和技术支持》的提案。近几年来，有关部门不断加大对大庄镇麻山药种植基地的支持力度。在资金扶持方面，大庄信用社自2000年至2004年共支持麻山药种植户460户，3000余亩，资金202万元。今年重点支持种植户246户，资金145万元，解决了农民的资金短缺问题，有利支持了麻山药的生产。在技术指导方面，农林局非常重视麻山药的生产，尤其对大庄生产基地，每年都组织不同形式的技术指导。今年已深入乡村进行了3次技术培训，使农户在技术上管理得当，从而使麻山药的质量、产量都有所提高，使农户增加收入60万元。今后还将积极指导大庄麻山药基地进行无公害认证工作。

（三）提高自身素质，加强队伍建设。中央、省、市《关于政协提案办理工作意见》的文件下发后，县委、县政府、县政协领导非常重视，作出重要批示，要求各单位认真贯彻执行。县政协办公室和广大委员围绕提高思想认识，进行了认真系统的学习，进一步明确了在全面建设小康社会的新形势下，提案工作的新任务、新要求，增强了做好提案工作的决心和信心。工作中，不断完善制度建设：一是提案提出前调研制度，做到不调查不提案；二是建立严格的立案审查制度，保证了立案质量；三是建立提案交办制度，明确办理提案目标及时间要求；四是建立提案承办单位直接送达办理答复制度；五是建立提案跟踪督查制度，坚持了“抓重点、促一般、跟踪督办、讲求实效”的工作方法，有力地促进了提案的办理和落实。通过完善和落实以上几项制度，使我县的提案办理质量有了明显的提高。

总结一年来的提案工作，虽然取得了一

些成绩，但仍然存在一定的差距。如委员参与书写提案还不够普遍，提案质量尚需进一步提高，提案办理工作档案、资料的保存需进一步规范等。这些问题和不足需要在今后的工作中认真加以研究和改进。

三

2006年我县政协的提案工作要以邓小平理论、“三个代表”重要思想和党的十六届五中全会精神为指导，坚持“围绕中心，服务大局，提高质量，讲求实效”的提案工作方针，把提案工作作为一项全局性的任务，采取切实有效的措施，提高提案质量，积极探索提案办理的新方法、新途径，狠抓办理实效，注重解决实际问题，搞好协调服务，努力把工作做深做实，进一步提高我县政协提案工作的整体水平。

（一）进一步提高提案质量

提案质量是提案工作的基础，也是提案的生命，反映着政协参政议政水平，代表着政协的形象，因此，不断提高提案质量是提案工作永恒的主题。一是要抓好委员的学习。学习是政协的一项重要工作，也是提高委员参政议政水平的重要途径。采取多种形式动员和组织委员学习，帮助委员了解形势大局，了解县委和政府工作中心和工作重点，使委员知情明政，提高他们的参政议政的能力。二是要搞好调查研究。各党派、团体和政协委员都要有计划地、有针对性地深入基层，深入实际，围绕人民群众关注、党和政府重视的问题认真做好材料收集、问题分析和对策论证等工作，使提出的提案言之有物，言之有理，言之有据，提出的意见建议具有针对性和可行性。三是要抓好提案的征集工作。既要重视全会期间的提案征集，又要做好提案的日常征集工作，多渠道、全方位扩大提案征集来源。通过加大集体提案的征集力度，带动提案整体质量的提高。四是严把立案关。进一步细化和完善立案标准规范审查程序，通过认真，严格地审查，从源头上确保立案提案的质量。

（二）进一步提高提案办理质量

提案的最终目的是通过办理落实来发挥效益，提案的办理质量是提案工作取得实效的关键。

一是加大督办、催办力度。要进一步探索和完善主席、副主席督办、现场督办、跟踪督办、联合督办、协商办案等促进提案落实的有效方法，增加面对面办案，以便通过沟通协商，推动提案的办理和落实。二是完善制度，规范程序，进一步推进“三化”建设。根据新修订的政协章程和提案工作条例，建立和健全严格的工作制度和工作程序，坚持和完善党委、政府、政协联合召开交办提案工作会议制度，表彰优秀提案，先进承办单位和先进提案工作者等行之有效的制度。

（三）进一步提高服务质量

提案服务工作贯穿于提案工作的各个环节，服务质量是提高提案质量和办理质量的重要条件，直接影响着提案质量和办案质量的提高，一是要不断增强服务意识。二是要不断提高服务水平。三是要解放思想，开拓创新，不断探索做好提案工作的新思路、新方法，以适应新形势的需要，促进提案工作质量的提高。四是要加大典型提案和办理工作的宣传力度，扩大政协提案工作的社会影响，努力为提案工作营造一个良好的社会氛围。

各位委员，新形势下提案工作责任重大，让我们在邓小平理论和“三个代表”重要思想的指引下，全面贯彻落实科学发展观，构建社会主义和谐社会，弘扬求真务实的精神，充分发挥提案在履行政协职能中的作用，进一步提高提案工作质量，努力开创提案工作的新局面。

以上报告，请审议。

**【七届一次会议关于六届一次会议以来提案办理情况的报告】**

**中国人民政治协商会议**

**清苑县第六届委员会常务委员会**

**关于提案工作情况的报告**

（2007年5月20日）

闫营志

各位委员：

我受政协清苑县第六届委员会常务委员会的委托，向大会报告提案工作，请予审议。

一

自2003年4月县政协六届一次会议以来，县政协和县政协参加单位、县政协委员，围绕县委、县政府的中心工作，关注社会，关注民生，深入社会，倾听各界人士意见，共提交提案318件，立案230件，转为委员来信88件，立案率为72.3%，其中：经济建设方面提案67件，占29.1%；城市建设和管理方面提案62件，占27%，教科文卫体方面提案56件，占24.3%，党风廉政建设和社会法制建设方面提案45件占19.6%。对立案的提案，按要求分别送交县委、县政府有关承办单位办理。在县委的正确领导和县政府的高度重视下，各承办单位积极配合，认真办理，截至2006年10月底，立案的230件提案全部办理完毕。提案办复率、按时办结率、答复函规范化率、走访率均达100%。提案所提问题大部分得到解决。对因条件限制等原因一时难以解决落实的提案，有关单位也如实作了说明，列入规划，待条件成熟后，逐步落实。六届政协提案工作在促进我县经济建设、政治建设、文化建设和社会建设中做出了积极贡献。

二

六届政协以邓小平理论和“三个代表”重要思想为指导，贯彻落实科学发展观，坚持提案工作“围绕中心、服务大局、提高质量、讲求实效”的方针，继承和发扬历届政协提案工作优良传统，与时俱进、开拓创新，提案质量和办理质量均有新的提高。

一、抓重点，进一步增强提案工作实效

着眼全县工作大局，坚持把涉及全县经济社会的重大问题和事关人民群众切身利益的问题作为提案工作的重点，牢固树立“精品”意识，发挥整体优势，突出工作实效，每年坚持筛选部分重点提案，采取主席会议成员、政协办、提案委员、县委督查室、县政府督查室、承办单位“六结合”的方式，加大对重点提案督办力度，促进提案取得实效。

二、抓关键，进一步提高提案工作质量

质量是提案工作的生命，直接反映了政协履行职能的水平。六届政协切实把提高质量作为加强和改进提案工作的关键性工作，采取有效措施，力促提案质量和办理质量的提高。针对部分委员特别是新委员提案知识掌握较少，观察能力较弱等情况，我们多次采取以会代训、印发学习材料等形式，组织委员学习提案工作知识，掌握提案书写标准和观察社会现象的科学方法，引导委员深入基层调查研究，掌握第一手资料，做到提案事实有据，建议切实可行。同时，坚持在每次全会前，从全县工作的大局出发，向委员介绍征集提案的范围和内容，并将提案提纲和提案纸提前发至委员，使广大委员找准服务大局与发挥政协优势的结合点，在工作中发现问题，在调研中寻找亮点，在深入群众中聚拢民智，不断提出“精品”提案。

三、抓机制，进一步规范提案工作开展

提案工作涉及面广、政策性强、环节多、要求高，需要建立健全一个能够保证提案提出和办理的科学运行机制。六届政协注意总结实践经验，注意结合新情况、新问题，创新提案工作的方式和方法，注意把经验上升为规范制度，进一步加强提案工作的制度化、规范化、程序化建设，形成了一整套的提案工作制度：一是提案提出前调研制度，发动委员深入实际调查研究，做到不调查不提案；二是严格审查制度，对征集的提案，政协办先整理，然后交主席会集体研究，严格审查，保证立案质量。三是提案交办制度，及时协商县委、县政府进行提案交办，明确提出工作目标及办结时间。四是提案承办单位直接送达办理答复制度，由承办单位将文字答复直接送达提案委员，经提案委员同意并签字。五是提案跟踪督查制度，坚持“抓重点、促一般、跟踪督办、讲求实效”的工作方法，有力地促进了提案的办理和落实，推动了提案工作的开展。

四、抓督办，进一步推动提案工作落实

六届政协常委会经过不断探索和创新，逐步形成了“各级领导重视，办理责权明确，办理工作规范，工作方法创新，沟通形式多样，质量效率提高”的提案办理工作局面。

以点带面，通过抓好“主席会议督导重点提案”的督办和领导包案制度，促进提案整体办理质量的提高。四年来，我们组织召开主席会议督导会4次，重点提案承办单位20余个，提案委员70多人（次），通过召开“主席会议督办会”的方式，对重点提案进行督办，重点提案单位做大会发言，交流办理经验，并与提案委员进行面对面的沟通和交流，有力的促进了提案工作的落实，如关于《迎宾街南延商贩占道经营影响交通的问题》的提案，被列为2005年的重点提案，经主席会议督办，各承办单位的共同努力，使问题得到基本解决。六届三次会议提出的《县城小街小巷的亮化问题》的提案，是连续两年的提案，2004年县政府将其列入十件实事之一，主要领导高度重视，亲自检查督导办理进度和落实情况，在县城的15条小街小巷安装了路灯，方便了群众，满意了委员。实践证明，主席会议督办重点提案和领导包案制度以及通过对重点提案的办理，起到了突出重点、以点带面的作用，推动了提案办理工作的开展。在市委组织的政协提案办理工作考评中，我县连续三年被评为优秀承办单位。

针对个别承办单位对办理提案“重答复、轻落实”的现象，对承办单位已经承诺解决的提案进行跟踪督办，如六届一次会议提出的《加大城管力度，拆除违章建筑》《光明街菜市场堵路问题》等提案，承办单位承诺将提案涉及的问题给予解决，通过跟踪督办，不仅提高了提案办理质量，还促进了政府一些部门认真体察民意、切实维护群众利益工作作风的好转，得到了委员和群众的肯定。

五、抓协调，进一步优化提案工作环境

在提案的撰写、审查、办理的过程中，及时做好沟通协调工作是提高提案质量、办理取得实效的基本方法。政协常委会积极发挥作为提案者与承办单位之间的桥梁纽带作用，为

“提”“办”双方交流情况、增进共识，积极营造和谐的氛围。

2003年，中央、省、市相继下发了关于办理政协提案工作的意见的文件，我们通过认真学习，广泛交流，深入研讨，结合实际，制定了《政协清苑县委员会办公室关于办理政协提案的意见》，以县委办、政府办的名义转发各单位，促进了中央、省、市文件有关内容得到具体落实，促进了提案办理质量的不断提高。县政府各承办部门高度重视提案的办理工作，明确要做到领导“三亲自”（即亲自部署、亲自办理、亲自走访）和全员抓办理，县政府督查室还专门下发了《关于建议提案办理工作应注意的事项》，对办理工作的具体程序和应注意的事项做了明确说明，并对提案的办理工作进行全程跟踪督查，掌握进展情况，严格把关，加大了办理工作进度，使承办工作取得了良好的效果。

六届一次会议以来，政协提案工作，取得了一定成绩，广大委员为做好提案工作付出了很大的心血和辛劳，但仍有一些差距，提案质量有待于进一步提高，委员知情渠道还需进一步拓宽，督办提案的方式和方法还需不断创新，以上这些问题和不足，需要在以后的工作中认真研究和改进。

三

各位委员，多年来的实践证明，提案工作是人民政协履行职能、参政议政的主要渠道，也是政协委员行使民主权利、实施民主监督的重要方式，同时也是党委、政府联系政协委员和广大人民群众的基本纽带。中共中央十六届六中全会把构建社会主义和谐社会摆在了更加突出的位置。新形势、新任务对政协的提案工作提出了新的要求，也提供了更为广阔的舞台，广大政协委员要以邓小平理论和“三个代表”重要思想为指导，全面贯彻落实科学发展观，围绕中心、服务大局，将群众的利益作为出发点和落脚点，以提高提案质量为基础，以增强提案办理实效为目标，以加强提案制度建设为保障，进一步解放思想，开拓进取，扎实工作，努力开创政协提案工作新局面，为我县的经济繁荣、社会进步再做新的贡献。

以上报告，请审议。

## 【七届二次会议关于七届一次会议以来提案办理情况的报告】

### 中国人民政治协商会议<br>清苑县第七届委员会常务委员会<br>关于七届一次会议以来提案办理情况的报告

（2008年3月26日）

范同山

各位委员：

我受政协清苑县第七届委员会常务委员会的委托，向大会报告政协七届一次会议以来的提案工作情况，请审议。

一

一年来，我们坚持“围绕中心，服务大局，提高质量，注重实效”的工作方针，努力提高政协提案的办理质量和服务质量，使政协提案工作迈上了一个新台阶。

七届一次会议以来，县政协委员和政协参加单位认真贯彻落实科学发展观，以高度的政治热情和强烈的责任感，积极运用提案形式，参科学发展之政，议协调发展之事，献和谐发展之策，围绕全县经济社会发展大局及群众关注的问题，共提交提案85件，经主席办公会审查立案40件。未立案的提案一部分做了并案处理，一部分作为社情民意的内容送有关单位参考。提案内容涉及我县推进经济强县、文化大县、新农村建设、法制社会建设和构建和谐清苑等事关改善民生的热点、难点问题。经县委、县政府严格督办、县政协积极协调及各承办单位的共同努力，立案的40件提案均已办结完毕。对提案的办理结果，委员均签署了满意或基本满意的意见。提案按时办结率、走访率、答复函规范化率均达到100%。

按照提案办理的结果看，大致分为以下三类：

一是提案所提问题已经解决或基本解决的23件，占全部提案的57.5%。如贾顺安委员提出的关于《孙村乡黄花沟污水严重影响群众生活》的提案，分析了孙村乡黄花沟污水河污染的原因和严重性，并提出了解决问题的办法。由于污水均来自上游，属跨区域污染，县环保局积极与上级有关部门协调进行解决，市政府十分重视，为从根本上解决污染问题，减轻废水污染，黄花沟上游正在建设污水处理厂，建成投入运营后，将大大减轻对下游沿岸的污染。县政府对此也高度重视，将沿河村庄打深水井列入“十项民心工程”。为了解决群众的吃水问题，2006年以来县政府拨专款为南孙村、西孙村、戎官营等村打深水井8眼，通过县环保局对沿河较近的部分自来水进行监测化验结果看，水质各项指标均达到了正常饮用水标准，让群众喝上了放心水。刘欣永委员提出的关于《加强乡镇卫生院建设》的提案，县卫生局结合新型农村合作医疗制度的推广实行，一是深入开展“三讲三提一争创”活动，通过聘请上级专家讲课，举办乡级医务人员培训班，提高其业务素质；二是积极争取中央国债资金142万元改善医疗条件。通过改扩新建卫生院，引进或更新医疗设备，进一步加强了乡镇卫生院软件和硬件建设，医疗条件和诊治水平有了很大提高，切实提高了服务能力和水平。张杰峰等3名委员提出的关于《治理县城主要街道车辆乱停乱放》的提案，交警队会同城建、交通等单位积极采纳建议，在主要街道规划出停车场、停车带，规范了县城的停车秩序，取得了比较明显的效果。高喜乐委员提出的《关于大福村高速路桥下路况差》的提案，交通局积极与高速公路主管部门协调，对桥下路面进行重新修建，方便了车辆和行人通过。总之，通过委员提案，政府督办，部门承办，事关改善民生的问题得到了有效解决。

二是提案所提问题正在解决或列入规划逐步加以解决的14件，占全部提案的35%。如张伟等16名委员联名提出的关于《我县东部乡镇交通十分不便，缺乏主干公路相互联结》的提案，对我县东部涉及的东闾乡、何桥乡、大庄镇、望亭乡等乡镇的公路建设提出了很好的建议。承办单位交通局十分重视，对提案问题进行了很好的规划，并向委员做出了答复说明：大庄至东闾路于去年进行了改建；大庄至何桥路属于县道，由于修建保沧高速公路造成路面破损严重，已将该路作为保沧高速公路大庄出口引线上报到省厅，拟修建成二级公路，待批复后施工；何桥至望亭路已列入“十一五”发展规划，也将其作为保沧高速公路大庄引线的一部分上报省厅，待批复后施工。高福兴等四名委员提出的关于《吴家辛村清水河桥急需重建》的提案、陈道双委员提出的关于《王胡庄村北九龙河危桥》的提案，认为这些农用桥由于建设年代久远，随着经济的发展，车流量的增加，大多出现安全隐患，给群众生产和生活带来不便，提出了危桥改造重建的必要性。承办单位县水利局经过认真调研，根据省水利厅在“十一五”期间安排一定资金用于农用桥梁改建的计划，对全县桥梁进行了摸底、规划，做出计划，逐年向上级申报，分期分批进行改建。县政府根据县财政状况，量力而行，分清缓急，已把破损严重的桥梁列入了近年来的改善民生的重点工程，逐个进行修复。

三是提案所提问题因目前条件限制或其他原因不能解决已向委员作出说明解释的3件，占全部提案的7.5%。如王永福、赵彦彬等委员提出的关于《加大对北王力乡农业开发扶持力度》的提案，由于当前国家农业开发的政策是集中连片、规模开发，要求连片面积10 万亩，县农业开发“十一五”规划已上报到省、市农开部门，并已批复，县级财政部门不能随意变更建设地点。目前项目正在臧村镇开发，面积仅有3万亩，还不能向其他乡镇转移。张静杰委员提出的关于《消除安全隐患，拆除违章建筑》的提案，市场服务局已向委员做出解释：拆除违章建筑需要按照法律程序，逐步进行解决；同时，该提案内容还涉及一些需进一步协调的遗留问题，待遗留问题处理后再一并解决违章建筑问题。

二

2007年，县政协深入贯彻中央、省、市关于提案办理工作的指示精神，把提案工作作为履行职能的重要方式，切实加强对提案工作的领导；政协委员站在为政府分忧、为百姓解难的高度，对提案工作求精、求深、求实，不断提高参政议政意识和水平，提案工作收到了很好的成效。一是注重对委员撰写提案的指导。在政协全会召开前，县政协围绕县委、县政府的中心工作及群众关心的热点、难点问题进行综合整理，编写提案提纲供委员参考，引导委员正确把握参政议政的重点。使委员提案做到了立意新颖、内容充实、建议具体、便于操作。二是加强对委员的培训。县政协换届后，针对新委员比较多的具体情况，加强对委员提案知识的培训，广大委员撰写提案时能够按照有情况、有分析、有建议的要求，切实围绕全县工作重点和事关民生的问题进行调查研究、分析论证，使许多提案成为党委、政府了解社情民意、为群众办实事的依据。三是严把审查立案关。我们坚持主席会议集体审查提案制度，按照严肃性、科学性、可行性的标准，严把审查立案关，确保了提案质量。四是切实加强提案跟踪督办力度。我们坚持“抓重点、促一般、跟踪督办、讲求实效”的工作方法，对事关全局的重点提案，县政府、政协主要领导和分管领导亲自调度，及时协调解决办理过程中出现的问题，有力地促进了提案的办理和落实。县政府督查室进行全程跟踪，督办落实，承办单位高度重视，认真办理，变答复提案为落实提案，使提案办理工作取得了良好的效果，有效地发挥了政协提案在履行职能、促进发展中的积极作用。在全市的提案办理工作考评中，我县被市委、市政府、市政协评为2007年度提案优秀承办单位。

2007年的提案工作在县委、县政府、县政协及各承办单位的共同努力下取得了一定的成绩，但与新时期履行政协职能的要求和广大群众的期望还有一定的差距，提案工作机制还需要进一步完善，个别承办单位“重答复、轻落实”的现象还不同程度地存在等，真诚希望各位委员对提案工作提出宝贵意见，以便我们在今后的工作中加以改进和提高。

三

2008年是我县实现提速发展的关键一年，

在新的一年里，我们要以邓小平理论“三个代表”重要思想为指导，全面落实党的十七大对政协工作提出的新要求，切实把提案工作提高到政协全局性工作的高度，继续在提高提案的撰写质量、办理质量和服务质量上下功夫，积极关注民生，推动科学发展，为构建和谐清苑做出应有的贡献，推进我县提案工作的不断创新和发展。

一、围绕中心，在发挥委员提案作用上求突破。要认真学习中共十七大精神和省、市全会精神，按照 县委十届三次全会暨全县经济工作会议提出的任务目标，重点围绕我县提速发展、项目建设、改善民生的问题，找准角度，选好题目，深入调研，使提案内容更加贴近民生，反映问题更加体现民意，建议更加切实可行，进一步推动全县中心工作的开展和事关改善民生问题的解决。

二、创新思维，在提高提案工作水平上求实效。要结合贯彻落实中共中央《关于加强人民政协工作的意见》和全国政协提案工作座谈会精神，探索把提案工作与常委会的专题议政、主席会议的专题协商和委员的专题视察、专题调研尽可能结合起来的路子，并逐步形成制度，不断增强提案工作合力；探索提案上网工作，充分利用政务网络，实现提案内容、办理结果网上公开，为提案者提供展示参政议政能力和水平的现代化平台，为社会各界提供知情提案工作的信息窗口，进一步提高提案工作的整体水平。

三、狠抓落实，在加大提案办理力度上下功夫。提案工作的关键是办理落实。要切实把提案工作作为一项全局性工作来抓，坚持依靠党委、政府，进一步加强与承办单位的联系与合作，及时了解承办单位提案办理工作情况，促进重点提案的办理。做好提案者和承办单位之间的协商沟通工作，加大跟踪办理和督促检查力度，促使提案办理的落实率不断提高。对当年和往年计划落实的提案，要做好跟踪督办工作，使提案办理工作真正落到实处。要进一步加强提案办理的宣传力度，逐步提高工作透明度，不断提高办理实效，推进提案工作制度化、规范化、程序化建设。

各位委员，提案工作使命光荣，大有可为，责任重大，任务艰巨。让我们在中共清苑县委的坚强领导下，同心同德，扎实工作，求真务实，开拓创新，努力开创我县政协提案工作新局面，为实现又好又快发展和构建和谐清苑做出新的更大贡献！

以上报告，请审议。

**【七届三次会议关于七届二次会议以来提案办理情况的报告】**

**中国人民政治协商会议**

**清苑县第七届委员会常务委员会**

**关于七届二次会议以来提案办理情况的报告**

（2009年1月6日）

范同山

各位委员：

我受政协清苑县第七届委员会常务委员会的委托，向大会报告七届二次会议以来提案工作情况，请审议。

**2008年提案工作情况**

县政协七届二次会议以来，全体委员及政协参加单位围绕我县经济社会发展大局及群众关注的热点问题，共提交提案63件，经主席会议审查立案25件，未予立案的一部分做了并案处理，一部分转为委员来信送交有关部门参考。25件委员提案分别送交11个承办单位办理。截止到2008年11月底，所有提案均已办复。其中，提案提出的意见建议已经得到解决或基本解决的12件，占48%；已着手工作，但还需创造条件逐步加以解决的11件，占44%；受条件或政策限制难以解决，向委员做出说明的2件，占8%。对这25件提案，承办单位都向委员做了答复，并取得了委员的理解和支持，委员均签署了满意或基本满意的意见，委员提案按时办结率、走访率、答复函规范化率均达到100%。2008年的提案工作，在提案质量和办理实效上都有了新的提高，对我县经济社会发展起到了积极的促进作用。

一、关注经济建设，促进了经济又好又快发展。有关促进经济发展的提案，涉及工交城建、农业、金融等方面。关于整修县城至魏村、李庄至北王力、何桥乡政府至苑桥、全昆至东间、良寨至大李各庄至北辛力及臧村北路等六个提案，均由县交通局承办。这些路有的属乡镇公路，有的属村级公路。根据有关条例规定，公路建设、养护和管理，实行统一领导，分级负责。这几条路主要由沿途乡镇、村筹资建设和养护。由于公路建设方面提案集中，经县政府和有关部门研究，以上公路建设均已列入全县公路建设规划。交通局充分利用中央出台的新农村建设方面的优惠政策，积极争取上级补助资金，待沿途乡、村筹集到配套资金、解决好用地等准备工作后，即可申请上级立项，批复后即可开工建设。《关于加强农产品速测站建设，提高农产品质量安全》的提案，县政府组织农业局等部门采取多项措施，在推进标准化生产、严把市场准入准出关、强化农资市场整治方面加大力度，切实提高农产品质量安全水平。同时积极争取国家级、省级项目，增添检测设备，完善了检测功能。关于在东间村设立农行营业网点、保沧高速修建后续工程建设等提案建议，也得到了相关部门的重视和采纳。

二、关注民生改善，促进了社会事业发展进步。有关民生方面的提案，涉及科教文卫、城建管理等方面。如《关于加强对青少年学生素质教育，促进德智体全面发展》的提案，县政府高度重视，在县财政资金非常紧张的情况下，教育系统克服困难，配齐专兼职音体美教师，并通过举办教育系统艺术节和中学生运动会，全面推广文明礼仪教育、加强养成教育和法制教育等方式，推进素质教育，促进学生德、智、体等方面全面发展。关于《维护县城照明路灯》的提案，电力部门加强巡查，简化故障报修程序，采取“特事特办”原则，今年上半年共维修各种灯具1197盏，清理更换灯罩及灯球521个，整改铁杆路灯395基，并将82盏高耗白炽灯更换为高效节能灯。临近春节，电力部门还将进行一次全面检修，确保群众的夜间出行，营造节日祥和氛围。关于小街小巷美化亮化、市场占道经营等意见和建议，有关部门也投入大量的人力物力，采取措施，使问题得到了有效解决。

三、关注平安建设，促进了社会和谐稳定。关于平安清苑建设的提案，涉及治安联防、劳动保障、民族宗教等方面，政策性和政治性强，承办单位为此做了大量工作，积极加以办理和解决。关于《严厉打击违法犯罪、加大涉黑案件打击力度，维护社会治安问题》的提案，公安部门坚持对违法犯罪活动打击的高压态势，加大巡逻、治安隐患排查和刑事案件的侦破力度，一年来共破获各类刑事案件1637起，抓获犯罪嫌疑人558人，打掉犯罪团伙46个，其中恶势力团伙4个，进一步维护了社会治安。关于《县城规划区内失地农民生活保障问题》的提案，由于失地农民养老保险问题涉及面大，政策性强，县政府已责成有关单位进行了专题调研，形成了初步方案，待县委、县政府进一步研究批准后实施。

四、关注文化建设，促进了清苑文化软实力的提升。关于《东安宋祖陵遗址考古调查研究及其发掘保护问题》的提案，县政府列入了2008年度的重点工作，县政协也组织专门力量对宋史资料进行整理。经过为期两个月的勘探发掘，出土了大量珍贵文物，省市文物专家对宋祖陵进行考察论证后，认定为北宋早期皇家陵墓所在地。2008年10月，省政府公布宋祖陵为第五批省级文物保护单位，并公布了保护范围和建设控制地带。县政协组织编辑的《宋太祖故里和宋祖陵》一书也同时出版发行，对繁荣清苑文化起到了促进作用。

一年来，我县提案工作取得了较好的成绩，但仍然存在一些问题和不足。主要是："精品"提案和高质量集体提案还不够多，个别承办部门重视程度还不够高，一些单位"重答复，轻办理"的现象依然存在，这都应在我们今后的工作中努力加以纠正和解决。

## 2009年提案工作意见

提案工作是政协履行职能最直接、最有效的重要方式。在新的形势下提案工作要与时俱进，开拓创新，不断发展。新的一年，提案工作要在促进清苑经济社会又好又快发展中发挥积极的推进作用。

一、努力提高提案服务发展的水平。一是精心选题，从实际出发，紧紧围绕党委、政府的中心工作，服务于全县经济社会发展的大局。要关注民生，把解决人民群众最直接、最关心、最现实的利益问题作为出发点和落脚点，广泛开展调查研究，写出有针对性、前瞻性的提案。二是注重提案的质量，正确处理提案数量和质量的关系，坚持求真务实，质量第一，加强和改进提案工作，努力提高提案建言献策水平。

二、切实增强提案促进和谐的效能。要拓宽渠道，汇聚民意，使提案工作真正成为委员参政议政的好平台。积极探索面向社会广泛征集提案线索的有效办法。要突出特色，发挥各界别委员的优势，广泛联系各界人士，提出更多具有界别特色的高质量提案，使委员提案真正成为畅通民意渠道、促进社会和谐的有效途径。

三、大力促进提案工作质量的提高。既要注重提案的撰写质量，努力打造提案精品；又要注重提案办理质量，建立和完善提案办理工作的协作机制，使党政领导重视提案工作，让各团体、各界人士及有关职能部门共同参与提案，促进提案工作质量不断提高。

各位委员，提案工作是政协履行职能中的一项全局性工作。我们要认真学习贯彻党的十七大、十七届三中全会精神和县委全会精神，坚持"围绕中心，服务大局，提高质量，讲求实效"的工作方针，不断加强和改进提案工作，同心协力，扎实工作，为建设和谐稳定清苑做出更大的贡献。

以上报告，请审议。

## 【七届四次会议关于七届三次会议以来提案办理情况的报告】

中国人民政治协商会议
清苑县第七届委员会常务委员会
关于七届三次会议以来提案办理情况的报告
（2010年2月24日）
张同岳

各位委员:

我受政协清苑县第七届委员会常务委员会的委托，向大会报告七届三次会议以来提案工作情况，请予审议。

**一、基本情况**

七届三次会议以来，全体政协委员、政协各参加单位以饱满的政治热情和高度的社会责任感，紧紧围绕县委“五保”要求，着眼于人民群众最关心、最直接、最现实的利益问题，积极运用提案形式履行职能，共提交提案98件，经审查立案47件。截止到去年7月底，各承办单位对办理情况均作了答复。其中，已办理落实或基本办理落实的24件，占提案总数的52.2%；正在办理落实或列入计划逐步落实的20件，占41.3%；因客观条件限制或其他原因暂不能办理落实，并向委员做出解释说明的3件，占6.5%。委员对提案办理的满意率达到100%。这些提案在促进经济社会又好又快发展、推进社会事业全面进步和维护群众利益方面发挥了积极作用。

**（一）围绕改革开放和经济发展建言**

2009年，委员们关注发展、服务大局的意识进一步增强，紧紧围绕促进我县项目建设、优化发展环境、传统行业上档升级、应对危机保增长等方面的问题积极建言，提出了应对金融危机促进企业尽快复苏、加快有色金属工业园区建设步伐、加强行政服务中心管理、优化发展环境等较高质量的提案，得到了县委、县政府及相关部门的高度重视。面对特殊的金融形势，县委、县政府多次召开“政银企”对接工作会议，向银行推荐信贷项目近100个，成功举办银企合作签约仪式2次，促成银企合作63项，累计发放贷款5.28亿元，为企业尽快复苏发展注入了活力。县政府积极采纳关于加快有色金属工业园区建设步伐的建议，根据国家相关产业政策和我县实际，研究制定出台了《关于规范和发展有色金属行业加工企业的意见》，规划了有色金属工业园区。有关部门深入企业调查研究，及时解决处理行业发展中出现的困难和问题，引导企业进行技术改造，支持企业做大做强，促进了该行业的健康发展。

**（二）围绕县城建设和市政管理献策**

县城建设和管理一直是政协委员关注的重点，也是城建工作的难点。一年来，委员们共提出关于县城建设和市政管理方面的提案12件，占提案总数的25.5%，这些提案在推进县城建设和管理方面发挥了积极作用。城市管理是一项非常复杂的系统工程，委员们十分关注，提出了成立县城联合执法大队、整治马路市场、提升县城形象的建议。对此，县委、县政府非常重视，深入开展了“县城精细管理年”活动。经过方方面面的共同努力，马路市场占道经营和机动车乱停乱放现象得到了很大改善。县城排水管网是县城重要的基础设施，也是委员们关注的一个热点问题。近两年来，县政府争取上级专项资金2400多万元，修建了总长近30公里的排水管网。去年，完成了保清路、东环路及振兴路南延排水设施建设，实现了南大冉三村和四村排水管网与城区管网的连接。这些提案的办理落实，进一步完善了城市功能，优化了县城环境，提升了县城形象。

**（三）围绕社会事业协调发展出谋**

促进我县社会事业协调发展，是贯彻落实科学发展观的必然要求。2009年，委员们从加强社会保障、推进文教卫生事业发展等方面入手，提出提案10件，占提案总数的21.3%。近年来，不断发生因医疗纠纷引发恶性群体事件的问题，政协委员高度关注，提出了许多好的建议，得到了县政府的积极采纳。为构建和谐医患关系，减少医疗纠纷，避免引发群体性事件，卫生部门积极采取措施，一是从自身做起，切实加强内部管理，加强职业道德教育；二是实施对接京津战略，与天津市南开区卫生局正式确立了友好合作关系，引进技术和人才，不断提高医疗技术水平。同时制定了处理医疗纠纷的具体措施。关于红色旅游规划建设的提案，县政府积极采纳。为进一步扩大冉庄地道战遗址作为全国爱国主义教育示范基地的影响力，县政府将“完成新馆主体工程建设及布展”列入民心工程，目前，已完成新馆主体工程施工，并收集文字资料200万字，文物藏品100多件，资料200多套，照片近万幅，计划今年举行抗战胜利65周年庆祝活动前完成布展。同时，地管办大力整顿景区街道，规范导游服务，提高综合管理水平，进一步提升了冉庄旅游景区的形象和知名度。

**（四）围绕百姓关注的民生问题支招**

实现好、维护好、发展好人民群众的根本利益是广大政协委员的共同心愿。2009年，委员们围绕如何增加农民收入和县城公用设施建设等一批群众关心关注的问题提出了很多好的建议，得到了承办部门的高度重视，为老百姓带来了切切实实的实惠。关于增加特色农业小额贷款支持力度的提案，县联社十分重视，继续完善“五户联保贷款”、“小额信用贷款”等有关信贷政策，扩大支农信贷资金投放规模。今年以来，累计发放农户小额贷款6128万元，有力支持了农村经济发展，为农民增收提供了资金支持。县城的亮化、美化问题也是委员们反映的热点问题。县建设局根据委员建议，对县城路灯和交通信号灯等公用设施进行了细致的调查摸底，明确专人负责，积极协调电力、交警等部门完善相关设施。今年以来，交警部门对县城主要街道十字路口红绿灯进行了统一规划安装。电力部门投资185万元，安装了保清路和振兴路南延路灯，同时加强产权范围内路灯的管理，发现故障及时更换或维修，较好地保障了群众夜间出行，受到了广大群众的一致好评。

**二、主要措施**

纵观2009年的提案工作，提案数量不断增加，提案质量稳步提高，提案办理取得了新进展。这主要得益于县委、县政府的高度重视和各承办单位的大力支持与配合，县政协常委会充分发挥各人民团体、工商联和全体委员的积极性，大胆创新，扎实工作，在提高提案质量、办理质量和服务质量上狠下功夫，推动了提案工作的有效开展。

**一是狠抓提案质量。**2009年，我们围绕提高提案质量，从抓基础着手，创新举措，提案工作早安排，在政协七届三次会议召开前一个月，政协办公室就根据国家方针政策和县委、县政府中心工作，提出了提案撰写的重点内容和基本要求，印发了提案征集通知，引导委员早安排、早调研、早撰写。同时适时组织委员开展视察、考察、调研等活动，使委员了解县情、知晓民意，为委员撰写提案提供第一手资料，提高了提案的整体质量。

**二是狠抓立案质量。**县政协七届三次会议以来，政协办公室根据《提案工作细则》有关立案要求，将收到的提案进行了分类整理，逐件审查。对内容相同或相近的进行了合并，对不符合立案要求的不予立案，严把提案的质量关，提高了提案的整体质量。

**三是狠抓办理质量。**提案办理，重在落实。2009年，县委、县政府高度重视委员提案工作，把委员提案的办理落实作为应对危机保增长、关注民生保稳定的重要举措，主管领导亲自安排，各承办单位在认真落实的同时，积极加强与提案委员的沟通，提高了提案的办复满意率。一年来，我们通过召开承办单位座谈会、上门走访、组织委员视察、跟踪督办等方式，抓住重点，以点带面，有效地推动了提案的办理落实，使已经解决、基本解决和列入规划逐步解决的提案达到93.6%。

在肯定成绩的同时，我们也清醒地看到，提案工作仍然存在一些问题：一是部分提案质量不高；二是少数承办单位仍然存在重答复、轻落实、与提案人沟通不到位等问题，提案办理落实还需进一步加强。这些问题都需要在今后的工作中认真加以解决。

**三、工作任务**

2010年，是政协提案工作稳步提高的一年。提案工作的总体思路是：高举中国特色社会主义伟大旗帜，深入贯彻落实科学发展观，解放思想，求真务实，全面提高提案工作质量，努力开创提案工作新局面。重点做好以下四个方面的工作：

**（一）深化认识，增强做好提案工作的责任感和使命感**

提案工作是政协履行职能最广泛、最直接、最有效的一种方式，是协助党和政府加强与各族各界人士联系、推进社会主义民主政治建设、实现决策民主化科学化的重要渠道。全体政协委员和政协参加单位要深刻认识，主动作为，充分发挥同人民群众密切联系的优势，精心选题，深入调研，及时准确反映人民群众的呼声，始终坚持政协提案关注民生、促进发展、营造和谐的工作理念，不断增强做好提案工作的责任感和使命感。

**（二）求真务实，不断提高提案办理工作实效**

要完善和强化三项工作，努力做到“三个百分百”，即承办单位在办理过程中与委员的沟通联系要做到100%，在规定的办复时间内要做到答复100%，委员对办复情况的信息反馈要达到100%。继续落实岗位责任制，促进承办部门认识到位，责任到位，措施到位，工作到位。推行领导督办重点提案制度，以点带面，促进问题解决。政协办公室要成为提案者与承办单位沟通感情的桥梁和纽带，深化督办工作，倡导求真务实的办理作风，使提案办理真正从“答复型”向“落实型”转变。

**（三）转变作风，全面提高委员队伍的履职能力**

全体政协委员要加强学习，吃透党的路线、方针、政策，通晓上情；了解身边群众的所思、所想、所盼，熟知下情。要自觉养成乐学、善思、勤调研的良好作风，争取提出高质量提案。政协办公室工作人员要加强与委员的联系，指导委员从大事着眼，小处落笔，写出更多立意新颖、格式规范、条理清晰、建议可行的精品提案。要做到脑勤、腿勤、嘴勤，以高度的社会责任感，敏锐的洞察力，找准解决问题的突破口，促进提案的办理落实。

**（四）强化宣传，着力扩大提案工作的社会影响**

要通过广泛、深入、全方位的宣传，提高

社会各界对政协提案工作的认知度。特别是要利用好新闻媒体和清苑政协网站，宣传优秀提案办理落实情况，宣传承办单位办理提案认真负责的工作作风，宣传提案落实所产生的经济效益、社会效益和生态效益，使全社会更全面地认识提案工作，促进提案工作取得更大的实效，产生更强的社会影响力。

各位委员，成绩属于过去，未来任重道远。在新的一年里，我们要立足清苑实际，高举中国特色社会主义伟大旗帜，全面贯彻落实科学发展观，在中共清苑县委的领导下，更加注重质量，讲求实效，进一步发挥政协提案的作用，为推动我县科学发展，促进社会和谐作出新贡献！

以上报告，请审议。

**【七届五次会议关于七届四次会议以来提案办理情况的报告】**

**中国人民政治协商会议**

**清苑县第七届委员会常务委员会**

**关于七届四次会议以来提案工作情况的报告**

（2011年2月21日）

张同岳

各位委员：

我受政协清苑县第七届委员会常务委员会的委托，向大会报告提案工作，请予审议。

**一、2010年提案工作基本情况**

县政协七届四次会议以来，广大政协委员以高度的责任感和使命感，围绕县委、县政府中心工作和人民群众关注的热点难点问题，认真履行职能，积极建言献策，共提出提案62件，经主席会议研究立案38件，对内容相同或相关的14件作了并案处理，立案率达80%。未予立案，作为委员意见转有关部门参考处理的10件，占20%。从提案内容看，涉及公路交通方面12件，占立案数31.6%；县城建设和管理方面8件，占立案数21%；文教卫生方面5件，占立案数13.2%；经济建设和“三农”方面5件，占立案数13.2%；其他方面8件，占立案数21%。虽然提案数量比上年有所减少，但提案质量整体较高，不少提案所提意见和建议具有较强的前瞻性、科学性和可行性，得到了县委、县政府的高度重视和各承办单位的积极采纳。

截止到2010年11月底，立案的38件提案全部办复，办复率100%。其中：被有关部门采纳，已经解决或基本得到解决的提案达29件，占立案数76.3%；提案所提问题正在解决或已经列入计划逐步解决的8件，占立案数21%；提案所提问题因受条件限制或其他原因待以后研究解决的1件，占立案数2.7%。从收到的提案征询意见表和与委员座谈了解的情况看，委员满意和基本满意率达97%以上。

**二、2010年提案工作的主要成效**

纵观政协七届四次会议以来的提案工作，突出体现了两个明显提高：**一是提前谋划，精心组织，提案质量明显提高。**县政协办公室在政协全会召开前，根据县委、县政府的工作重点以及广大群众关注的热点难点问题，分类列出提案参考题目，供委员撰写提案时参考，服务委员多角度、多层次、全方位知情明政，有效地提高了提案工作的整体质量。**二是领导重视，部门支持，提案建议落实率明显提高。**县委、县政府高度重视政协提案工作，主要领导在党政联席会议上多次过问提案办理情况，督促提案办理；县政协把提案工作作为一项全局性工作列入议事日程，采取重点提案领导包案督办措施，并对承办提案任务多的交通、建设等部门进行上门座谈、视察等方式督办，进一步加大督办力度。各承办单位严格办案程序，明确办案责任，转变办案作风，有效地促进了提案问题解决，提案建议落实率达到76.3%，是本届政协最高的一年。

**在经济建设方面**，委员们提出了加大农业扶持力度、积极发放支农小额贷款的提案，县农行、县联社高度重视，积极向上级争取贷款额度，全年共发放支农项目贷款2.46亿元，极大地促进了我县种养殖业和农业特色产业的发展。关于加快何桥有色金属工业园区建设的提案，2008年园区规划面积4430亩全部为基本农田，在去年二次土地调规时，将规划内500亩土地调整为一般农田，以后再把一般农田逐步转换为建设用地，用于有色金属园区建设。针对建设大庄工业物流园区的提案，也已将规划内的300余亩土地调整为一般农田，基本上能满足目前企业用地需求。根据省委、省政府提出的“园区向城镇集中、企业向园区集中、人口向城镇聚集”的发展思路，县委、县政府把“大干工业、大上项目”作为主攻点，规划了近期10平方公里、远期29平方公里的工业聚集区。今后对规模大、牵引力强、技术先进的工业类项目，将集中引入工业聚集区内，为我县工业发展提供了更大空间。

**在城市建设和管理方面**，委员们提出的关于加快县城地下排水设施建设的提案，建设局积极采纳，多方筹集资金450多万元，完成了排水网管铺设8.29公里，大大提高了县城的综合排水能力。关于县城公园建设的提案，被列入县政府十项民心工程之一，县城公园选址于发展街以南与振兴路以西交叉口处，目前已完成规划设计、土地征用和地表附着物清理，正在加紧建设。关于县城小街小巷亮化美化的提案，县建设局、电力局、城区办、清苑镇合力攻坚，投入资金40多万元，在小街小巷新装路灯11座，维修更换路灯460盏，对电力线路散乱问题进行彻底整改；大力开展环境整治，清除积存垃圾，完善日常管理机制，使县城小街小巷面貌焕然一新。同时县政府加大城建投入力度，投资530多万元，对县城迎宾街等主要街道路灯进行整体改造，下大力整治马路市场，取缔占道经营，多年来脏、乱、差的农贸市场西口成为一片靓丽的风景，县城形象明显改观。

**在道路交通建设方面**，关于修复县城至魏村公路的提案，是近年来委员们关注的重点，魏村镇、白团乡委员几次联名提议，得到了县委、县政府的高度重视。经过多方努力，多渠道筹措资金投入建设，使全长17.4公里的县城至魏村公路于2010年9月底全面竣工通车，多年来县城西部广大群众的热切期盼变为现实。该路建设不仅方便了人们的出行，也必将成为我县西部乡镇加快发展的重要经济隆起带。同时，县交通局积极筹措资金400多万元，就委员们提出的“整修付家营至大魏庄危桥”、“整修李庄至付家营公路”、“整修维护旅游路”等提案进行了很好的落实。此外，县交通局还积极争跑上级资金，按照县委、县政府的总体要求，加大资金、人力和物力的投入，全年总计完成了总里程90多公里的建设任务，极大地改善了我县特别是边远农村的交通状况。

**在文教卫生事业发展方面**，委员提出了关于县医院病房楼急需改扩建的提案，县委、县政府高度重视，多次研究，多方论证，决定原址东扩新建一栋12层病房楼，经过紧张的前期运作，目前已开工建设，项目总投资3550万元，计划在2012年年底前竣工投入使用。县医院病房楼的扩建，将有效改善我县群众看病难的问题。同时针对委员们提出的关于提高乡镇卫生院人员医疗技术水平、加强医德医风、思想素质教育的提案，县政府积极争取国债资金1032万元，完成了全县18所乡镇卫生院改造，并争取国家专款为乡镇卫生院配备了总价值396万元的医疗设备，有效改善了基层医疗条件。在此基础上，卫生管理部门以乡镇卫生院为重点，通过实施城市支援农村工程、1+X帮扶、乡医轮训等措施，切实提高了基层卫生院的医疗水平。关于用政策扶奖文化团体与精品、打造文化清苑的提案，催生了《清苑县文化精品创作奖励试行办法》的制定，在推进文化大县建设中发挥了积极作用。

总结2010年的提案工作，虽然取得了显著成绩。但用高标准来要求，仍存在一些差距。还有少数委员撰写提案积极性不高和个别承办单位对提案办理重视不够、把关不严格、答复不认真等问题。对此我们要认真对待，引起重视，使提案工作不断走向规范化、制度化。

三、2011年提案工作任务

今年是“十二五”规划的开局之年。新的一年，提案工作要以邓小平理论和“三个代表”重要思想为指导，认真贯彻落实科学发展观，深入学习胡锦涛总书记在保定考察工作时重要讲话精神，按照省委、省政府《关于加强和改进政协提案工作的意见》要求，努力探索新时期提案工作的特点和规律，不断提升提案工作质量和水平，使提案工作在发扬民主、强化监督、建言献策、议政为民等方面发挥更大作用，努力开创我县政协提案工作新局面。

**（一）增强精品意识，力争在提案质量上有新突破。**提案质量是提案工作的根本，直接关系到政协履职作用的发挥，履职成效的实现。我们要强化责任，发挥优势，围绕总书记提出的“四个着力”以及县委十届六次全会提出的总要求，选择县委、县政府重视，群众普遍关注的问题，开展调查研究，深层次、多角度分析，提出切实可行的建议。2011年委员提案选题要凸现工业立县，围绕大干工业、大上项目、做强传统产业、加快园区建设等方面建良言；要凸现开放兴县，围绕优化环境、提升全民素质、建设文化大县、扩大开放等方面提建议；要凸现产业化富县，围绕加大“三农”投入力度、推进农业产业化、加快新民居建设等方面献良策；要凸现城镇化强县，围绕对接保定、融入市区、加强城市管理、提升城市品位等方面多谋划，形成一批体现委员良好素质和参政水平的精品提案。

**（二）增强责任意识，力争在办理质量上有新提高。**注重实效，重在落实，是提案工作的根本要求。我们要强化责任，提高认识，切实加强提案办理工作的组织领导。要认真贯彻落实好县委、县政府有关加强政协提案办理工作的要求，继续实行重点提案领导包案督办制度，选择一批事关全局、影响深远、针对性强、建议可行的提案报送政协主席、副主席领办督办。要进一步加强提案承办单位与提案委员的沟通和联系，努力克服重答复、轻落实的现象，不断提高委员对提案办理的满意率。要进一步健全办理工作机制，规范办理程序，努力形成联合办理、整体推进、协调高效的工作机制。要注重总结交流提案办理工作的经验，把握提案工作动态变化中的规律，促进提案办理质量的全面提升。

**（三）增强创新意识，力争在工作实效上有新成果。**要完善健全与县委办公室、县政府办公室、承办单位的合作和沟通机制，采取联合调查、视察等方式，共同抓好政协提案的督办落实。要认真研究新形势下提案工作的特色和规律，积极探索，勇于创新，不断提高工作水平。要加强与新闻媒体的合作和联系，加强提案工作的宣传报道。政协办公室要切实加强自身素质建设，牢固树立服务理念，不断增强服务效能，既要做好全会前和全会之中的提案工作服务，还要主动做好闭会期间的提案工作服务，全面提升服务水平。

各位委员，倾心尽力为清苑科学发展、跨越发展建言献策，是全体政协委员光荣而神圣的职责。让我们在中共清苑县委的正确领导下，适应新形势，探索新思路，创造新经验，努力开创政协提案工作新局面，为实现清苑经济社会又好又快发展作出更大贡献！

以上报告，请审议。

**【八届一次会议关于七届一次会议以来提案办理情况的报告】**

**中国人民政治协商会议**

**清苑县第七届委员会常务委员会**

**关于七届一次会议以来提案工作情况的报告**

（2012年2月2日）

张同岳

各位委员：

我受政协清苑县第七届委员会常务委员会的委托，向大会报告七届县政协五年来的提案工作情况，请予审议。

**五年提案工作回顾**

提案工作是人民政协一项具有全局意义的工作。县政协七届一次会议以来，我们始终坚持以邓小平理论和“三个代表”重要思想为指导，深入贯彻落实科学发展观，按照“围绕中心、服务大局、提高质量、讲求实效”的工作方针，充分发挥政协参加单位的组织优势和广大政协委员的主体作用，围绕县委、县政府的中心工作和全县经济社会发展中出现的热点难点问题，深入调研，运用提案建言献策，提出了很多很好的意见和建议。五年来，共收到委员提案364件，经主席会议审查立案185件，并案处理121件，作为委员意见转有关部门参考处理58件，截止到2011年底，委员提案已全部办理完毕，办复率为100%。从办理情况来看，所提意见和建议被有关单位采纳、问题已经解决或基本解决的112件，占61%；有关单位正在解决或列入计划准备解决的41件，占22%；因条件限制一时难以解决或无法解决并向委员做出情况说明的32件，占17%。通过反馈意见，委员对提案办理结果满意率达99.5%以上。

回顾五年来的政协提案工作，主要有以下几个特点：一是提案质量普遍提高。大部分提案主题突出，观点鲜明，有情况有分析，操作性强。二是提案内容重点突出。尤其是在做大做强传统产业、关注“三农”、改善民生、加强社会保障、构建和谐清苑等方面建言献策较多。三是集体提案和联名提案不断增加。五年来，各委员活动小组、政协参加单位以集体名义提出提案32件，10人以上委员联名提案58件，比上届有较大幅度增长。四是委员参政议政热情持续高涨，每年提案数量基本保持平稳，提出提案的委员638人次，比上届增长19%。五是各承办单位对提案办理工作越来越重视。多数承办单位都能把提案办理工作作为促进本部门、本单位工作的大事来抓，作为自觉接受政协民主监督的实事来办。

五年来的实践证明，政协提案为县委、县政府民主科学决策提供了重要参考，对有关部门的工作起到了促进作用，为建设经济强县、和谐清苑做出了积极贡献。

**——围绕全县经济发展这一中心，为促进**

**又好又快发展建言献策。**五年来，有关这方面的提案共75件，占立案总数的41%。提案者紧紧围绕建设经济强县、和谐清苑，分别就做大做强工业经济、转变发展方式、提升传统产业、加快工业园区建设、项目建设和交通建设等方面提出了大量提案。这些提案，经承办单位的认真办理都取得了很好的效果。例如：委员们多次提出的加快工业园区建设的提案，县委、县政府高度重视，积极向上级申报。去年，我县规划的15平方公里经济开发区，被批准为省级经济开发区，8月5日，全市新设立省级经济开发区揭牌暨项目签约仪式在我县举行，为我县发展提供了更大空间。

**——关心"三农"问题，为推进社会主义新农村建设献计出力。**有关这方面的提案共提出36件，占立案总数的19%。这些提案的内容涉及发展农民专业合作经济组织、发挥农业科技优势、加快农业技术推广与合作、农村党员培训、失地农民保障、发展特色农业、加快农产品特色基地建设等方面，经县政府相关部门研究，大部分建议得到了采纳，例如：关于增加特色农业小额贷款支持力度的提案，县农行、县联社十分重视，积极向上级争取借款额度，不断完善"五户联保贷款"、"小额信用贷款"等有关信贷政策，逐年扩大支农信贷资金投放规模，有力支持了农村经济发展，为农业增产、农民增收提供了资金支持。

**——重视科教文卫工作，为促进我县各项社会事业健康发展出谋划策。**有关这方面的提案共计35件，占立案总数的19%。提案内容涉及加强农村教师队伍建设、文化遗产保护、完善医疗保障、构建和谐医患关系等一系列重要问题，经相关承办单位的办理，多数已得到落实，例如：针对委员们提出的关于提高乡镇卫生院人员医疗技术水平、加强医德医风、思想素质教育的提案，县政府积极争取国债资金1032万元，完成了全县18所乡镇卫生院改造，并争取国家专款为乡镇卫生院配备了总价值396万元的医疗设备；卫生管理部门以乡镇卫生院为重点，通过实施城市支援农村工程、1+X帮扶、乡医轮训等措施，提高了基层卫生院的医疗水平。

**——关注民生改善，为解决群众的实际困难鼓劲支招。**五年来，广大提案者深入基层，深入群众，把握社情，了解民意。在这方面提出提案39件，占立案总数的21%。其内容都是一些热点、难点问题。如农村居民饮水安全、群众看病难看病贵问题、完善社会保障体系、改善农村人居环境、加强县城容貌整治、小街小巷美化亮化等与人民群众生活密切相关的问题，经承办单位的认真办理，为群众解决了不少困难，办好了一批深得民心的实事。例如：关于县城公园建设的提案，被列入县政府十项民心工程之一，县城公园选址于发展街以南与振兴路以西交叉口处，目前正在加紧建设。关于县医院病房楼急需改扩建的提案，县委、县政府高度重视，经多方论证，决定原址东扩新建一栋12层病房楼，并列入2011年民心工程计划。目前已完成主体工程建设，计划在2012年年底前竣工投入使用。县医院病房楼的扩建，将有效改善我县群众看病难的问题。

五年来，我们在坚持继承以往成功经验的基础上，不断研究新形势下提案工作的特点和规律，积极探索提高提案质量、办理质量和服务质量的新途径、新方法。主要做法和体会是：

**——领导高度重视，是做好提案工作的关键。**县委、县政府及各部门领导重视、齐抓共办是七届政协提案办理工作的一大亮点。五年来，县委、县政府主要领导对提案工作多次作出重要批示，每年政协全会后，县政府都及时召开专门会议，研究部署提案办理工作，落实责任；县政协常委会、主席会议把提案工作当作政协工作的“重头戏”来抓，加强对提案工作的领导，并采取主席副主席参与重点提案视察督办的方法；全县各承办单位积极改进工作方法，创新办理形式，切实把提案办理工作列入重要议事日程，实行“主要领导负总责，分管领导分工负责，承办科室具体办理”的分级负责办理工作机制，受到了委员们的一致好评。

**——提升提案质量，是做好提案工作的基础。**首先坚持抓源头，广泛征集。在每年政协全会召开之前，县政协办公室都根据县委、县政府的工作重点和广大群众关注的热点难点问题，分类列出提案参考题目，供委员撰写提案时参考。并对提案选题范围、内容、书写形式和写作质量提出要求，服务委员多角度、多层次、全方位知情明政，有效地提高了提案工作的整体质量。其次是抓关口，严格立案。坚持实行会审和复审相结合的审核制度，即由县政协办公室对收到的委员提案及时分类整理，提出初步审核意见，然后召开主席会议，形成最终审查意见。对不立案的提案及时与提出者沟通反馈，或者要求重新补充完善，或以社情民意形式转交有关部门处理。实践证明，立案率虽有降低，但提案质量却明显提高，普遍受到承办单位的肯定和好评。

**——提高办理实效，是做好提案工作的根本。**提案能否发挥作用，取得实效，关键在于落实。为切实提高提案办结率，我们坚持个案督办和批量办案相结合的方法，采取听取汇报、实地察看、协商座谈等形式进行督办，特别是对承办提案多的单位采取上门座谈、视察督办方式，促进了提案问题的有效解决。同时，在提案办理过程中，县委办、政府办、政协办密切协作，初步形成了联合督办、整体推进、协调高效的工作机制，有力保障了提案工作有序务实地进行。

总结五年来的提案工作，提案委员积极性不断增强，提案质量显著提高，提案办理力度进一步加大，服务工作更加细致周到，全县提案工作整体水平全面提升。这些成绩的取得是广大政协委员和各承办单位共同努力的结果，凝聚着全体参与提案工作人员的心血和智慧。在此，我们向多年来一直关心支持提案工作的各界人士表示衷心地感谢。

**今后提案工作建议**

在新的历史时期，新一届政协应把继续提高提案质量、办理质量、服务质量作为政协提案工作的根本任务。为此，提出以下建议：

**——积极组织引导委员和政协参加单位运用提案献计献策。**八届政协新委员人数较多，要及时组织委员认真学习人民政协理论及中央省市县一系列会议精神，了解提案在履行政协职能中的作用。充分发挥政协整体功能作用，把履行职能的各项活动与提案工作有机地结合起来，把重要调研成果转化为提案，全力推动提案征集的经常化，使提案质量更上一层楼。

**——密切合作，主动配合，积极推动提案工作更加富有成效。**政协提案能否落到实处，关键在于办理工作。要继续加强与县委、县政府有关部门和承办单位的联系，协助承办单位多与提案者沟通联系，坚持面对面协商办案、实地考察办案等行之有效地办理方式；切实加强提案督办工作，继续实行主席、副主席督办重点提案机制，通过跟踪督办、回头看、组织视察等多种形式，促进提案的采纳和落实。

**——加强对提案工作的领导，形成推进提案工作的整体合力。**全体委员和政协参加单位要充分发挥履行职能的主体作用，积极参与提案工作；各承办单位要继续重视提案办理工作，不断提高办理成效；政协办公室要进一步增强委员主体意识，努力为政协委员、承办单位搞好服务工作，使提案在履行政协职能中进一步发挥应有的作用。

各位委员、同志们，建设经济强县、和谐清苑的伟大实践为提案工作提供了广阔的舞台。让我们抓住机遇，充分发挥提案工作优势，积极探索，勇于实践，为促进清苑又好又快发展做出新的更大贡献。

以上报告，请审议。

**【八届二次会议关于八届一次会议以来提案办理情况的报告】**

**中国人民政治协商会议**
**清苑县第八届委员会常务委员会**
**关于八届一次会议以来提案工作情况的报告**
**（2013年3月18日）**
**李志芳**

各位委员：

我受政协清苑县第八届委员会常务委员会的委托，向大会报告县政协八届一次会议以来的提案工作情况，请予审议。

**2012年提案工作情况**

县政协八届一次会议以来，共收到委员提案74件，经主席会议审查立案46件。提案送交24个承办单位办理。截至2012年10月底，提案已全部办复，委员满意率100%。其中，已经解决或基本解决的35件，占76%；受客观因素限制，短期内难以解决、向委员做出解释说明的11件，占24%。未立案的提案，已作为委员来信转交有关部门处理。

一年来，全县广大政协委员积极建言献策，县委、县政府主要领导高度重视，主管县领导亲自部署，亲自督办，各有关部门通力合作，狠抓落实，取得了良好的办理实效，促进了全县经济社会发展。主要有以下几个特点：

**（一）服务大局，为经济建设建睿智之言。**围绕推进工业化进程、加快县域经济发展，委员们提出提案10件，占提案总数的22%。部分委员针对我县中小企业多、科技含量低、创新型企业少的现状，提出了《做强工业经济，加速县域发展》《加强产学研结合，推进我县高新产业发展》等提案，建议：加大招商引资力度，引进科技水平高、节能环保的企业集团进驻经济开发区，做大做强园区经济。县委、县政府认真采纳建议，完善了相关措施和优惠政策。关于《加快何桥乡有色金属园区建议》《成立有色金属冶炼、化工企业集团》等提案，县政府积极运作，于去年5月与中国有色金属工业协会再生金属分会签订了战略合作协议，并积极争取将我县列入了全省循环经济示范县。同时，组织专家对我县有色金属园区进行规划。

**（二）贴近民心，为服务“三农”献务实之策。**围绕服务“三农”、改善民生，委员们提出提案19件，占提案总数的41%。如《关于解决农村小额贷款问题》的提案，县政府积极组织金融部门加大涉农贷款发放力度，去年以来，县联社新增发放涉农贷款2.1亿元；县邮储行新增发放涉农贷款6017万元，有效促进了农业增效、农民增收。针对委员提案涉及较多的农村道路建设问题，县交通局积极向上级争取项目和资金，投资1.25亿元新改扩建农村道路

139公里，改建危桥4座，极大地改善了我县农村交通状况。《关于解决农村群众安全饮水问题》的提案，县委、县政府将农村饮水安全工程列为2012年大事实事之一，目前，全县建成农村水厂3个,预计明年建农村水厂6个。

**（三）履职尽责，为社会事业谋发展之计。**围绕文化教育卫生事业发展，委员们提出提案9件，占提案总数的20%。如关于《繁荣发展我县群众文化生活》的提案，承办单位文广新局组织哈哈腔剧团下乡演出247场次，完成10个乡镇文化站建设；为27个村的远程教育场所配备了投影设备，为266个村的农村书屋配送了书籍和光盘，丰富了全县群众文化生活，深受群众欢迎。为落实好《关于解决农村学校师资问题》的提案，县委、县政府及教育部门不断完善农村学校教师补充机制，面向社会公开招聘教师200名，农村教师队伍年龄结构、专业结构得到优化。

**（四）反映民意，为构建和谐清苑支可行之招。**围绕环境整治、社会治安等热点问题，委员们提出提案8件，占提案总数的17%。公安部门针对委员提出的《加强治安管理，优化社会环境》的提案，持续开展严打整治专项斗争，重点打击8类严重刑事犯罪和“两抢一盗”等多发性侵财犯罪。年内共破获刑事案件1898起，抓获犯罪嫌疑人509名，查处治安案件1867起，抓获治安违法人员354名，有力地打击了违法犯罪分子，维护了社会稳定，优化了发展环境。

回顾一年来的提案工作，虽然取得了一些成绩，但与广大委员和社会各界的期望仍有一定差距，主要是：提案质量有待进一步提高；个别承办单位的办理意识有待进一步增强。这些问题需要我们在今后的工作中认真研究，加以改进。

**2013年提案工作思路**

在新的一年里，县政协提案工作要坚持“三强化、三提高”的工作方针，紧紧围绕全县中心工作，关注群众之所想，多建百姓之言，多办务实之事，使提案工作再上一个新台阶。

**（一）强化责任意识，进一步提高提案质量。**全体政协委员要深入学习贯彻落实党的十八大精神，紧紧围绕县委十一届三次全体（扩大）会议确定的中心工作，围绕社会管理、社会保障、农村基础设施建设、交通建设、文化建设等人民群众关心关注的热点问题，深入研究，透彻分析，精心选题，提出提案。提案要坚持质和量的统一，要注重广泛性和针对性的结合，注重综合性和前瞻性的结合，注重现实性和可行性的结合，多提精品提案。

**（二）强化督办意识，进一步提高办理实效。**要创新办理方式，做到政协办公室、“两办”督查室、提案委员、承办单位“四结合”，共同协商办理，对承办单位承诺解决的提案，通过集中听、现场看、重点访等多渠道，加强跟踪督办，力促一些社会关注度高、办理难度大的问题真正得到解决。

**（三）强化协作意识，进一步提高服务水平。**政协办公室要加强与广大委员的沟通联系，不断拓展服务领域，在提好案、审好案和办好案等主要环节上下功夫，在委员知情、协调、反馈等方面服好务，指导委员多写精品提案，使服务工作更有成效。

各位委员，提案工作为广大委员参政议政、发挥专长提供了舞台。做好提案工作责任重大，使命光荣。让我们在中共清苑县委的领导下，团结一心，创新思路，多建有用之言，多献务实之策，为建设经济强县、和谐清苑、全面建成小康社会贡献我们的智慧和力量!

**【八届三次会议关于八届二次会议以来提案办理情况的报告】**

**中国人民政治协商会议**
**清苑县第八届委员会常务委员会**
**关于八届二次会议以来提案工作情况的报告**

（2014年2月17日）

李志芳

各位委员:

我受政协清苑县第八届委员会常务委员会的委托，向大会报告提案工作情况，请予审议。

**2013年提案工作情况**

县政协八届二次会议以来，共收到委员提案46件，经主席会议审查立案28件。提案送交18个承办单位办理。截止2013年10月底，提案已全部办复，委员满意率100%。其中，已经解决或基本解决的18件；已列入规划，逐步解决的4件；受客观因素限制，短期内难以解决、向委员做出解释说明的6件，未立案的提案，已作为委员来信转交有关部门处理。

一年来，全县广大政协委员以高度的政治责任感和使命感认真履职，积极利用提案形式建言献策。县委、县政府主要领导高度重视，主管县领导亲自部署，亲自督办，各有关部门通力合作，狠抓落实，取得了良好的办理实效。

**（一）围绕经济建设出谋略。**广大政协委员始终坚持围绕全县中心工作，为加快县域经济发展献计出力。如《关于何桥乡有色金属企业规范发展》的提案，今年以来，县政府组织环保等部门对全县有色金属企业强势治理的同时，聘请中国有色金属工业协会再生金属分会积极编制我县有色金属产业园区规划，为有色金属传统企业上档升级创造有利条件。《关于加强农村小规模信用贷款扶持》的提案，县政府组织联社、农行、邮储银行等金融单位进一步加大涉农信贷投放力度。目前，几家金融单位共投放支农资金3868万元，解决了300多家种植、养殖户的资金难题，助推了农村经济发展。

**（二）围绕民生改善建真言。**广大政协委员高度关注社会保障、文化教育、医疗卫生等民生问题，提出了很多有价值的意见和建议。《关于加快县城供热工程建设》的提案，县政府将此列入2013年十件民生实事之一，经过积极运作和大力推进，年内入网改造完成103万平米并投入使用。《关于修建县城振兴路南延到保障房小区道路》的提案，目前，该道路已列入我县总体规划，规划、建设等相关部门正做好前期准备工作。《关于治理清水河水质污染问题》的提案，环保、水利等部门多措并举，专项整治，确保清水河水质不被污染。《关于解决教师职称与工资挂钩问题》、《关于加强农村医疗卫生管理》、《关于加强农村土地管理政策》以及涉及农村道路修建的几个提案，教育、卫生、土地、交通相关部门积极作为，有的已认真解决，有的已列入规划逐步解决。

**（三）围绕热点问题献良策。**社会治安、环境治理始终是委员们关注的热点问题。针对委员提出的《关于进一步加强社会治安》的提案，公安部门积极筹措资金200万元，在城乡道路交界处安装了监控设施，有效降低了发案率。同时，持续开展了百日会战、“秋收100”等专项行动，共打掉犯罪团伙69个，抓获各类违法犯罪嫌疑人1099名，维护了社会稳定，净化了发展环境，得到了群众好评。《关于加快农村环境污染治理》的提案，县委、县政府以前所未有的决心和力度关停取缔小塑料、小熔炼等土小企业，重拳出击，铁腕施治，共拘留32人，党政纪处分75人，关停取缔土小企业摊点1198个，转产161户。深入开展农村面貌改造提升行动，全县51个重点村投资1亿多元，清理垃圾6万立方，墙体改造14万平米，屋顶改造近3000户，农村环境明显改善。

回顾一年来的提案工作，虽然取得了一些成绩，但与广大委员和社会各界的期望仍有一定差距，主要是：部分提案撰写着眼大局意识不够，提案质量有待进一步提高；受客观因素影响，部分提案办理落实困难等等，这些问题需要我们在今后的工作中认真研究，加以改进。

### 2014年提案工作思路

新的一年，政协提案工作要坚持“围绕中心、服务大局、提高质量、讲求实效”的工作方针，紧紧围绕全县中心工作，关注群众之所想，多建百姓之言，多办务实之事，使提案工作再上新台阶。

**（一）强化大局意识，进一步把握提案工作的方向。**全体政协委员要认真学习贯彻落实中共十八大、十八届三中全会精神，要紧紧围绕县委十一届四次全会确定的中心工作，自觉把提案工作融入全县工作大局之中，使提案成为人民政协富有特色的信息库和智力库，在加快清苑发展、改善民生、促进和谐中发挥更大的作用。

**（二）强化质量意识，进一步增强提案工作的实效。**全体政协委员要把提高提案质量放在首位，从自身比较熟悉、有专长、有优势的领域着手，围绕人民群众关心的热点、难点问题，把握好建言献策的角度，提出具有全局性、前瞻性、可行性的高质量提案。学习提案委员会要组织政协委员积极开展调研、视察等多种活动，努力为政协委员提出高质量提案搭建平台。

**（三）强化协作意识，进一步形成提案工作的合力。**学习提案委员会要进一步加强与政协委员和各承办单位的沟通协调，积极做好提案征集、审查、交办、督办等各项工作，并完善提案办理情况汇报、督办制度，形成学习提案委—委员—承办单位之间的良性互动，确保提案办理落到实处，实现提案工作的制度化、规范化和程序化。

各位委员，提案工作是人民政协履行职能的重要渠道，是委员们发挥才智的广阔舞台。让我们在中共清苑县委的领导下，凝心聚力，开拓创新，为加快全面建成小康社会做出积极的贡献！

以上报告，请审议。

## 【八届四次会议关于八届三次会议以来提案办理情况的报告】

### 中国人民政治协商会议
### 清苑县第八届委员会常务委员会
### 关于八届三次会议以来提案工作情况的报告

（2015年4月8日）

李志芳

各位委员：

我受政协清苑县第八届委员会常务委员会的委托，向大会报告提案工作情况，请予审议。

### 2014年提案工作情况

县政协八届三次会议以来，共收到委员提案64件，经主席会议审查立案38件。提案送交20个承办单位办理。所办理的提案中，涉及农业农村方面6件，道路交通方面16件，城乡建设方面7件，环保方面2件，卫生方面2件，工业、治安、教育、金融、民政方面各1件。截止2014年10月底，提案已全部办复，绝大多数委员对办理情况签署了满意意见。其中已列入规划，逐步解决的6件；已经解决或基本解决的30件；受客观因素限制，短期内难以解决，向委员做出解释说明的2件。未立案的提案，已作为委员来信转交有关部门处理。

一年来，广大政协委员以强烈的政治责任感和使命感，围绕中心，服务大局，深入调研，积极通过提案形式履行职能，提出的意见和建议具有很强的可操作性，大多数已被采纳。县委、县政府主要领导高度重视承办工作，有关县领导积极协调，定期督促。政协领导积极包案，重点督办。各有关部门强化责任，狠抓落实，承办工作取得了良好的办理实效。

一、围绕经济建设，积极建言献策

广大政协委员紧紧围绕我县经济发展目标和主要任务，从转变发展方式、调整产业结构等方面提出了许多有价值的建议。如《关于促进有色金属行业规范发展》的提案，县委、县政府对我县有色金属行业发展高度关注，着力加快建立有色金属循环经济园区。目前，有色金属循环经济园区发展规划已完成。环评手续完备后，县政府将报批市级有色金属循环经济园区。该园区的设立，将推动我县有色金属行业转型升级和良性发展。《关于提高农村种植、养殖业贷款额度》的提案，县政府高度重视信贷支农工作，积极组织联社、农行等金融单位，不断加大涉农信贷投放力度。目前，全县已投放支农资金3334.5万元，有效解决了种植、养殖户的资金难题。《关于扩建张登瓜菜批发市场》的提案，张登镇统筹规划，积极协调农户自建，在保衡路以东张登屯以北新建了占地28.1亩的瓜果市场，已于2014年6月份投入使用，缓解了瓜菜销售旺季保衡路拥堵现象。

二、关注社会事业，促进民生改善

广大政协委员高度关注民生问题，在社会保障、道路交通、养老问题等方面提出了许多建议。如《关于县保障房小区成立“社区”型管理机构》的提案，经县政府第十七次常务会议研究通过，在保障房小区成立“和谐社区”，组建“和谐社区居委会”、建设社区医院及幼儿园，设立派出所分支机构。目前，和谐社区居委会已于2014年11月成立，其他机构正在筹建中。《关于整顿农村小卖部出售假冒伪劣商品》的提案，工商局对该提案高度重视，对农村小卖部假冒伪劣商品进行专项整治，查收了一批假冒“穗宝”床垫、“好太太”洗衣液等伪劣物品，查收过期食品、三无食品等230公斤，净化了农村市场环境。《关于加快建设养老机构》的提案，2014年我县投资700万元完成了清苑县光荣院（魏村镇李罗候村南）改扩建工程主体。同时积极探索社办养老模式，保定惠泽养老中心拟在温仁镇罗家营村建设占地20亩、300张床位的养老院，目前正在办理各项前期手续。关于道路交通方面的提案，县交通局积极向上级争取项目和资金，有的已竣工通车，有的已列入2015年建设计划，待省厅批复、资金到位后开工建设。另外，关于对广场规范管理、解决二市场占道经营等方面的提案，县建设局、市场服务局等部门抽调专门人员开展集中整治，车辆乱停乱放、占道经营等现象逐步好转。

三、维护群众利益，优化发展环境

社会治安、环境治理始终是政协委员关注的热点问题。针对《关于加强农村治安问题》的提案，县公安局紧紧围绕全县治安特点和人民群众关注的热点问题，开展了“春季严打”“夏季闪电”“秋收100”等多项行动，截至目前，共破获刑事案件2579件，打掉犯罪团伙68个，震慑了违法犯罪行为。《关于在农村加强安全文明驾驶宣传和监管》的提案，县交警大队通过播放道路交通安全宣传专题片，印发宣传资料、加强农村道路巡查监管等多种措施，强化村民安全文明驾驶意识，确保道路交通安全。《关于对清水河污水进行治理》的提案，县环保局加强对清水河上游入我县断面的水质监测，发现问题及时与保定市环保局和上游县环保局沟通，同时加强县内排河企业的监管，加大对违法排水摊点的巡查打击力度，确保清水河不再被污染。

回顾一年来的提案工作，虽然取得了一些成绩，但与广大委员和社会各界的期望仍有一定差距，主要是：提案质量、办理质量、服务质量有待进一步提高，提案工作的服务手段还不适应形势发展的需要等。这些问题需要我们在今后的工作中加以改进。

## 2015年提案工作思路

2015年，政协提案工作继续坚持“围绕中心、服务大局、提高质量、讲求实效”的工作方针，以提高提案工作质量为核心，积极探索新的有效工作方式，不断开创提案工作新局面。

一、加强组织引导，提高提案质量

一是多学习、多培训。通过举办提案知识培训班，普及提案知识，加强党的方针政策、法律法规的教育学习，提高委员参政议政的综合素质。二是多通报、多知情。不定期召开各类社会情况通报会，及时传送更多信息，使政协委员提出高质量的提案。三是多视察、多研讨。组织委员紧紧围绕全县中心工作、广大群众关心的热点难点问题，选好专题，深入实际，调查研究，为委员拓宽提案思路提供条件。

二、坚持开拓创新，提高办理质量

一是选择一批事关全县大局、有影响力的提案，在承办过程中邀请提案委员直接参与，面对面沟通，促进提案有效落实。二是督办好重点提案，对于人民群众关注度高的委员提案，要高度重视，呈请县委、县政府分管领导签批承办意见，县政协主席、副主席亲自督办，承办单位明确牵头领导和完成时限，提案委员会适时督导通报重点提案的办理情况。三是采取会议协商、现场协商、上门协商、个别协商等多种协商手段，形成可行管用的提案办理协商机制。

三、积极组织协调，提高服务质量

一是充分发挥学习提案委员会组织联络、督促检查、协调服务的作用，加强提案委员和承办单位的沟通和联系，做好协调服务工作。二是进一步加强学习提案委员会自身建设，提高服务能力，增强服务实效。三是积极征求政协委员、各承办单位的意见和建议，不断创新提案工作方法。

各位委员，提案工作是人民政协参政议政的重要途径，政协委员是荣誉，更是责任。在新的一年里，让我们在中共清苑县委的坚强领导下，广开言路，集中民智，吐诤言，献良策，为加快全面建成小康社会做出新贡献！

## 2. 提案选辑

【二届一次会议】

10号提案

案　由：应成立红白理事会，解决婚丧大操大办问题

提案人：张连云

通讯地址：白城三村

理　由：婚丧大操大办，造成很大浪费

办理情况：　县民政局答复如下：

经向上级请示，县委、县政府非常重视。成立了红白理事领导小组，下发了从简办婚丧事的通知。要求各乡镇也成立红白理事会，县里还印发《红白理事会章程》3500份发至全县各乡镇。并召开乡镇民政助理员会，进行学习贯彻。

张连云委员答复同意意见。

【二届三次会议】

12号提案

案　由：加强教育投入，提高教学质量

提案人：哈林

通讯地址：中冉村

理　由：农村小学条件差，老师工资不能按时发放，影响教学质量

办理情况：县教育局1989年11月25日答复如下：

各位委员，提案很好，也很重要。今年以来，县政府已着手解决了部分老师的工资拖欠问题。但目前根据我县财政下放到乡镇的政策和分级办学、分级管理的原则，农村小学办学条件主要由乡村负责。教育部门在今后的工作中加强督导。

哈林委员签署同意意见。

【三届一次会议】

17号提案

案　由：关于对偷盗电力设施案件应重视的问题

提案人：霍宪刚

通讯地址：全昆乡政府

理　由：农村丢失变压器，影响农业生产

办理情况：县公安局1990年7月答复如下：

去年以来，已经深挖了一批盗窃电力设施的犯罪团伙。今后我们的部署：一是对未破案件分类排队，结合严打发动群众检举揭发，并案侦查，力争破获一批案件，抓获一批犯罪分子。二是对已抓获的犯罪分子，抓紧完善手续，起诉判处。三是开展电力设施专项治理，加强防范。四是对金属收购点加强管理，切断销赃渠道。

霍宪刚委员签署同意意见。

【三届二次会议】

55号提案

案　由：建立健全科普组织，实现科技兴农。

提案人：杜建新

通讯地址：清苑县农业局

理　由：乡村科技组织不健全，影响科学技术的普及

办理情况：县科协5月30日答复：

1989年随着科技副乡长（副镇长）的配备，对乡镇的科协工作在原来的基础上进行了充实。村级也相应建立了科普小组。根据科技兴农的需要和上级精神，村科普小组已改为村科协，下设若干个科普小组，逐步形成县、

乡、村科普推广网络系统。

杜建新委员签署同意意见。

【三届三次会议】

**2号提案**

案　由：加强对乡镇企业的支持

提案人：马双成

通讯地址：县汽车改装厂

理　由：希望政府和银行对重点企业进行支持

办理情况：县乡镇企业局1992年6月11日答复如下：

现在，我县正在实施发展、扶持重点企业，今年，省已拨付200万元的优惠贷款，已落实到几家重点企业。为了使骨干企业健康发展，企业局积极选派有经验、懂管理的人中深入到这些企业中，帮助解决实际问题。

马双成委员签署同意意见。

【四届一次会议】

**3号提案**

案　由：关于在高速公路与高保路交汇处增设商品基地的问题

提案人：赵玉琴

通讯地址：何桥乡梁庙村

理　由：发挥地理优势，大力发展经济

办理情况：　县政府办1993年4月17日答复：

高速公路的开通为清苑经济的发展创造了优越条件。县委、县政府把高速路两侧规划为开发区，特别是高速公路的三个进出口有两个已规划为城区。七一路口为华北国际工业城，清苑路口为科技城。高保路口也将作为招商引资的开发区。市场在清苑县城东侧正在建设。

赵玉琴委员签署了满意意见。

【四届二次会议】.

**53号提案**

案　由：部分乡村医生无证营业

提案人：钟金庄

通讯地址：康复牙科

理　由：部分乡村医生无证行医，危害较大

办理情况：　县卫生局1994年10月5日答复如下：

我局今年8、9月份利用50天时间，对全县农村基层卫生组织的714个医疗点从医政、药政等方面进行了全方位的清理整顿。限期改进96个，停业整顿4个，取缔关闭23个，没收伪劣药品123种，价值41760元，净化了我县医疗市场。

钟金庄委员签署了同意意见。

【四届三次会议】

**26号提案**

案　由：县城垃圾应有人管理，定期外运。

提案人：屈承恭

通讯地址：畜牧水产局

理　由：垃圾无定点，外运不及时

办理情况：县建委1995年4月1日答复：

县政府春节以来已召开会议进行了三次大规模清理，并多次进行检查，明确责任。大街垃圾点归环卫所的日产日清。属门前三包和各家属院的，由各单位负责清运。爱委会已和有关单位签订了责任状，不及时清运的按规定多倍罚款。并规定县城的垃圾统一堆放点。

屈承恭委员签署了同意意见。

【四届四次会议】

**94号提案**

案　由：强化居委会班子建设

提案人：张兰英

通讯地址：爱卫会

理　由：各家属院杂乱，垃圾乱倒，严重影响卫生和人民身体健康。居委会管理不到位

办理情况：民政局1996年8月10日答复如下：

目前，清苑镇已专门增设一位副书记，分管此项工作，并在此基础上，拟定居委会设置方案，然后付诸实施。

张兰英委员签署了同意意见。

**【四届五次会议】**

**19号提案**

案　由：建立唐河沿岸防护林带

提案人：王瑞增

通讯地址：农林局家属院

理　由：唐河两岸沙化严重，生态环境和农业生产受到影响

办理情况：　农林局1997年5月3日答复：

唐河流域原防护林带由于种种原因已所剩无几，新的防护林体系还没建成，致使两岸受到风沙威胁，对此，县委、县政府高度重视，责成农林局制定了沙地治理计划，并从发展经济角度出发，在两岸发展大面积果园，同时，营造农田防护林网。此项计划正在逐步实施。

王瑞增委员签署了同意意见。

**【五届一次会议】**

**26号提案**

案　由：发展个体私营经济

提案人：庞瑞增

通讯地址：县工商联

理　由：个体私营经济急需规范和扶持

办理情况：清苑县工商局答复如下：

为进一步加快我县个体私营经济展，制定优惠措施如下：一是放宽从业人员。支持关停企业职工、机关、企业事业单位分离人员、离退休人员从事个体私营经济。企业事业在职人员经单位同意可利用业余时间从事个体经营。二是放宽经营范围和经营方式：除国家明令禁止和法律规定不许个体私营企业从事生产和经营的商品外，其余行业和商品及经营方式全部放开。三是对虽属国家专营，但当地市场紧缺的商品，经工商机关和技术监督部门批准，可由个体私营企业进行一次经营。允许企业一业为主，多种经营，跨行业经营。四是对持特困职工证书下岗，从事个体经营的，一年内免征管理费，第二年减半收取。

庞瑞增委员签署了同意意见。

**【五届二次会议】**

**36号提案**

案　由：加强粮食市场监管

提案人：刘百顺

通讯地址：县粮食局

理　由：私商粮贩影响国家税收，应加强监管

办理情况：县工商管理局于1999年7月20日答复如下：

收到您的提案后，经认真研究，确定今后的粮食市场监管工作主要做好以下几点：

一、加大粮食政策宣传力度。粮改以来，该局采取多种形式，以广大农民为对象，以用粮企业为重点进行了大规模的政策宣传活动，使粮改政策在我县家喻户晓，强化群众政策意识，使其能够自觉按政策办事。

二、加强领导，明确分工。成立了由张新民局长任组长，各职能科室参加的粮食市场监管领导小组，明确局长包乡、所长包村、工商人员包点和职能科室抓重点的层层负责制，县局与各工商所签订《粮食市场监管责任书》，

明确其职责，粮食市场监管工作出现层层有人管、层层抓落实的局面。

三、加强粮食市场日常监管，规范粮食经营行为。继续加强监管力量，各工商所成立粮食监管小分队，全力以赴。实行全天候监管，严厉查处和打击私商粮贩非法收购粮食行为，保证从合法渠道购粮。

四、严格粮食政策、取缔非法经营。在查处粮食违法案件中严格按政策从重处罚，有力地扼制了非法收购行为，净化了粮食市场。

刘百顺委员签署了满意意见。

### 43号提案

案　由：减轻农民负担、应调整乡村两级提留的比例

提案人：姜俊梦

通讯地址：冉庄镇姜庄村

理　由：乡村提留、统筹不平衡，影响农村经济发展

办理情况：县农林局于1999年7月28日答复如下：

我县乡统筹村提留比例失调是由多年来各种因素造成的，其主要是教育附加费所占比例偏高，这一现象已引起县委、县政府的重视，但因财政紧张，不能够一次解决。去年，县财政拿出了500万元，今年将继续采取措施，降低乡统筹，使乡统筹所占比例逐年降低，争取短期内使乡统筹降到一个合理比例。

姜俊孟委员签署了满意意见。

## 【五届三次会议】

### 15号提案

案　由：节约农村土地、将空闲旧宅基利用起来

提案人：冯爱群

通讯地址：何桥乡前铺村

理　由：我县农村存在“空心村”现象

办理情况：县土地管理局于2000年4月28日答复如下：

目前，农村宅基管理确实存在不少问题，有的甚至很严重，已到了非解决不可的地步。最近市土地局起草了农村“空心村”治理方案（草案），我县根据土地法及市局要求，也准备搞一个治理方案，请示县政府下发，然后再逐一落实。并在4月22号我县召开的深化土地使用制度改革的工作会议上，县政府主要领导也对农村宅基治理问题讲了很好的意见，要求乡政府抓好落实，并部署在今年7月份全县检查，这对我县“空心村”治理必将起到很大的推动作用。

冯爱群委员签署了满意意见。

## 【六届一次会议】

### 58号提案

案　由：对下岗职工经商者制定优惠政策

提案人：王喜玲　李淑仙

通讯地址：县政协办、妇联

理　由：相关部门应出台优惠政策，鼓励下岗职工再就业

办理情况：县工商局于2003年6月13日研究制定了《关于下岗职工再就业的优惠政策》：

一、下岗职工从事个体经营的，除国家限制的行业（包括建筑业、娱乐业以及广告、桑拿、按摩、网吧等）外，凭“再就业优惠证”，工商部门批准其经营之日起3年内免交的工商部门收费项目：

1. 个体工商户注册登记费；

2. 个体工商户管理费、市场管理费。

3. 经济合同鉴证费、经济合同示范文本工本费。

二、鼓励下岗职工开展多种经营，放宽经营范围，除国家法律、法规明确限制和禁止的外，下岗职工都可以经营。

三、对下岗失业人员凭《再就业优惠证》申办个体工商户和私营企业的，要优先受理，优先发照。

四、对下岗职工从事临时性、季节性经营的，可以核发临时营业执照。

五、设立专门窗口，为下岗职工自谋职业、申办个体和企业登记提供开业指导以及相关政策、法规和信息的咨询服务。

两位委员分别签署了满意意见。

**【六届二次会议】**

**15号提案**

案　由：畜禽防疫体系不健全、缺乏专业技术人员及疫苗短缺等问题

提案人：王海田

通讯地址：何桥乡史家桥村

理　由：畜禽防疫体系不健全，影响该行业健康发展

办理情况：县畜牧水产局于2004年6月3日答复如下：

一、已建立禽流感长效防疫机制。主要包括：1. 从畜牧、公安、工商、经贸、交通等部门抽调得力人员组成动物疫情应急处置分队。2. 建立由政府和民间渠道组成的疫情监测体系，及时掌握疫情动态。一是村委会乡镇政府县畜牧局。二是基层动物防疫站县动物检疫站县畜牧局。三是饲料、兽药经销点县畜牧兽医站县畜牧局。四是社会举报到畜牧局。3. 储备疫情应急处理物资。目前的物资储备和工作机制基本能够满足及时、迅速控制扑灭一个疫点疫情的需要。

二、培养专业技术人员。局里要求全系统内所有人员必须达到中专以上学历，鼓励进修，并定期对乡村防疫员进行培训，不断提高专业技术水平。现在正加紧建设9个基层动物防疫监督站，也是县政府今年的十项民心工程之一，投资200多万元，人员54人，人员从乡镇和县直部门畜牧兽医和相关专业人员中调剂。建成后，基层防疫站将有固定的站址和办公场所，从业人员的政策法律、专业素质将大大提高。

三、加强防疫物资储备。现在储备的疫情应急物资主要有消毒药、防护服、消毒器械，按省统一要求，县级不再储备疫苗，物资总值约5万元，基本能够保证及时迅速控制、扑灭一个疫点疫情的需要。

王海田委员签署了满意意见。

**【六届三次会议】**

**21号提案**

案　由：多数物业公司锅炉取暖不规范，承包商只顾营利，不按承诺办事

提案人：史凤改

通讯地址：司法局

理　由：物业公司或锅炉承包商只顾营利，服务不到位，损害业主利益

办理情况：县建设局于2005年4月27日答复如下：

已建议县政府成立物业管理机构，并结合我县实际，制定物业管理规范。由物业管理机构与城区办共同管理各物业公司，确保业主利益不受损害。

史凤改委员签署了满意意见。

**【六届四次会议】**

**4号提案**

案　由：严厉打击城乡部分青少年带有黑社会性质的违法犯罪活动

提案人：李广太

通讯地址：温仁镇南和庄村

理　由：部分青少年法律意识淡薄，参与黑恶势力组织，危害社会

办理情况：

县公安局于2006年5月20日答复如下：

犯罪低龄化是当前全社会的一个突出问题。今年是公安机关的“打黑除恶”年，我局按照上级公安机关的部署和县委、县政委的要求，正在全县范围内开展“打黑除恶”专项行动，时间一年，目前取得了初步成效，今年以来又打掉了“4·03”寻衅滋事犯罪团伙、“4·25”故意伤害致死犯罪团伙、“4·30”寻衅滋事犯罪团伙等5个流氓恶势力或渣痞人员犯罪团伙。抓获并处理在校学生22名。下一步工作中，公安局将对青少年带有黑恶性质的违法犯罪活动作为一项重点来抓，一是派出所深入辖区学校通过上法制课形式进行现身说法，开展普法宣传，提高广大在校学生的法制观念，做到懂法守法；二是集中精力开展校园及周边治安秩序整治，杜绝在校学生携带管制刀具现象，加大对校外闲散人员或辍学学生到学校滋事的打击力度，该拘留的拘留，该劳教的劳教，决不手软；三是定期召开由教育、文化及学生家长参加的联席会议，沟通情况，研究对在校学生的管教举措，减少或杜绝在校学生违法犯罪案件发生；四是对基层所队在“打黑除恶”工作中的接出警、抓捕逃犯、打击处理等执法办案的各个环节实行责任倒查，哪个环节出了问题，严格追究单位一把手和相关责任人的责任，造成后果的，依法依纪追究党政纪责任。

李广太委员签署了：“对提案办理情况非常满意，对青少年犯罪打击和教育非常及时”的意见。

**【七届一次会议】**

**1号提案**

案　由：加强农村食品安全监管

提案人：高喜禾 赵红乐

通讯地址：清苑镇晨光机械厂

理　由：农村集贸市场小食品质量差，影响儿童健康

办理情况：县食品药品监督管理局2007年8月21日答复：

对此问题县政府高度重视，多次召开会议进行研究部署。

首先是明确谁主管。进一步明确由市场建设服务局负责城乡集贸市场日常管理，并配合工商、卫生负责食品安全监管工作，强化了相关部门齐抓共管的食品安全监管体制。

第二是开展集中行动抓关键部位。对县城农贸市场等食品批发点进行突击检查，切断源头，严厉打击制售“三无”、过期等假冒伪劣食品违法行为。

第三是强化基层农村监管网络，强化培训，提高乡村协管员、信息员的食品安全工作水平。同时加强宣传，进一步普及食品安全知识，提高全社会食品安全意识，确保人民群众饮食安全。

高喜禾委员、赵红乐委员签署了满意意见。

**【七届二次会议】**

**25号提案**

案　由：东安“宋三陵”遗址的考古调研及发掘保护

提案人：李新锁

通讯地址：县档案局

理　由："宋三陵"遗址应尽快进行发掘研究和保护

办理情况：县文体局于2008年6月5日答复如下：

对"宋祖陵"的考证工作年初就列入了县政府重点工作，2008年4月初进行了为期两个月的大规模勘探发掘，出土了大量珍贵文物。5月20日省市文物专家对"宋祖陵"遗址进行了考察论证，专家一致认定，"宋祖陵"遗址为北宋早期皇家陵墓所在地。目前，"宋祖陵"遗址正在申请省级文保单位。

李新锁委员签署了满意意见。

**【七届三次会议】**

**22号提案**

案　由：加快有色金属工业园区建设步伐

提案人：刘建普　宋文明

通讯地址：石头桥村

理　由：有色金属行业急需上档升级

办理情况：县工业促进局于2009年3月12日答复如下：

有色金属行业是我县传统产业，为促进全县有色金属工业的发展，县委、县政府已于2008年10月规划了有色金属产业园。该园区规划占地4430亩，其中建设用地790亩，一般农田570亩。并由县人大常委会主任分包，负责协调产业园区的建设发展工作。

同时，县委、县政府在充分调研的基础上，根据国家相关产业政策，并结合我县实际，于2007年制定出台了《关于规范有色金属行业加工企业的意见》。进一步加大服务力度，引导企业进行技术改造，促其不断做大做强，健康快速发展。

刘建普委员签署了满意意见。

**46号提案**

案　由：构建和谐医患关系、正确处理医疗纠纷引发恶性群体性事件

提案人：杨成瑞

通讯地址：县卫生局

理　由：医患关系紧张，医疗纠纷增多

办理情况：县卫生局、县公安局分别答复如下：

县卫生局答复（2009年4月7日）：

因体制机制、社会舆论导向、医院自身建设服务缺陷等方面的原因，医疗纠纷越来越多，并极易引发恶性事件，既给医院造成了经济损失，又影响了医院正常工作的开展和社会稳定。因此，构建和谐医患关系，减少医疗纠纷的发生，是当前亟需解决的一个社会性问题。对此，我们将采取以下措施：

构建和谐医患关系方面：一是实施对接京津战略，提高医疗技术水平。我县卫生局于4月3日与天津市南开区卫生局医疗技术协作签约，正式确定了友好合作关系，并达成了加强技术协作的协议。通过实施对接京津战略，将进一步提高我县整体医疗技术水平。在今后的工作中，我局还将通过"走出去、请进来"，努力加强医疗队伍建设，切实满足群众就医服务需求，通过医疗技术水平的提高，进一步赢得患者的信任。二是加强医德医风建设。加强职业道德教育，进一步增强医务人员的职业责任感

和恪守职业道德意识，真正为患者着想，诚心实意地为患者服务，把为患者解除痛苦视为终生最高追求。努力养成热爱患者、爱岗敬业、极端负责、勇于探索、开拓创新、助人为乐、甘于奉献的高尚医德医风。三是加强医患沟通。在医疗服务过程中，加强与患者的交流沟通，进一步转变服务态度，为患者提供温馨、细心、爱心和耐心的服务，建立良好的医患关系，减少医疗纠纷的发生。

在处理医疗纠纷方面：发生医疗纠纷后，卫生局及时做好调解工作，同时公安局立即介入，在了解基本情况、调查取证的基础上，切实做好医患双方的工作，要求双方通过法律途径解决问题，坚决防止无理取闹或聚众冲击国家机关，干扰正常工作秩序的行为。

县公安局答复：（2009年3月12日）

随着医疗体制改革的深入和推进，到医院就医的患者逐年增加，随之医疗纠纷和事故也不断增多，影响了医患关系和单位稳定。所以构建和谐医患关系，正确处理医疗纠纷是当前乃至长期一项重要工作，对此，我们将采取如下措施：

医院一旦发生医疗纠纷或医疗事故，公安局立即出警，在了解基本情况、调查取证的基础上，切实做好医患双方工作。首先告知患者及家属要采取正确的、正当的方法来处理医生、医院的矛盾和纠纷，并通过法律程序予以解决，切不可在医院无理取闹或聚众冲击县委、县政府干扰工作秩序，否则按法律程序予以处罚，其次做好医院的调解工作，对于医院医生来说，工作中加强责任心，多与患者沟通，更多了解病情，确保工作中无过失。一旦发生纠纷或医疗事故，在求得患者谅解的基础上，可通过医疗事故鉴定委员会予以鉴定，达到公平、公正的处理，真正构建和谐医患关系。

杨成瑞委员分别签署了满意意见。

**【七届四次会议】**

### 22号提案

案　由：县城到魏村公路的修复

提案人：李全利　朱红彦

通讯地址：东壁阳城

理　由：路面损坏严重，影响白团、魏村经济发展。

办理情况：县交通局于2010年6月17日答复如下：

该路建设已列入今年计划，年底完工。

李全利委员签署满意意见。

### 25号提案

案　由：建设县城公园

提案人：丁秀珍

通讯地址：县医院

理　由：城区群众没有大型休闲健身场地。

办理情况：县规划局于2010年9月25日答复如下：

根据县政府的工作安排，建设县城公园已成为我县利民的一项大事，为此，县城县城公园建设领导小组积极动作，积极推进县城公园建设。

该项目北接北环路，东邻振兴路，东西416米，南北291米，总占地面积共约180亩。本着生态、低碳、绿色原则，功能性原则进行规划设计。经过精心的景观营造，为人们休闲、锻炼提供场所，提高人民的生活水平，为清苑打造出优美宜人和谐的人居环境。

目前，县城公园建设实施方案已经县委常委第十届103次扩大会议通过。规划设计方案已完成正提交县常委会讨论通过。根据政府工作安排 ，计划近期召开公园建设开工典礼暨动员誓师大会，启动公园建设。

丁秀珍委员签署了满意意见。

**34号提案**

案　由：县医院病房楼急需改扩建

提案人：路广杰

通讯地址：县医院

理　由：县医院病床少，患者住院难。

办理情况：县卫生局于2010年7月29日答复如下：

县医院项目建设是县委、县政府2010年城容城貌综合治理重点工作之一，经多次研究，多方考察论证，县委常委会已正式通过了《清苑县医院扩建工作实施方案》。计划原址东扩，建筑面积13282平方米。今年开工建设，2012年底前竣工。并由常务副县长牵头负责医院扩建工作的组织协调。

路广杰委员签署了满意意见。

**【七届五次会议】**

**1号提案**

案　由：县城小街小巷亮化美化

提案人：贺强

通讯地址：清苑镇政府

理　由：美化亮化程度影响着县城的整体形象，也影响人们夜间出行安全。

办理情况：县建设局2011年6月9日答复如下：

县城主要道路、街巷的亮化美化工作是我县“三年上水平”的总体工作部署之一。局里已着手开展此项工作，目前已完成七条街的现场调查摸底，并制定了初步的美化亮化设计方案。将进一步加快进度，尽早完成小街小巷亮化工程，以方便居民夜间出行，消除偷盗、抢劫等治安隐患，提升县城居民的安全感。

贺强委员签署了满意意见。

**32号提案**

案　由：净化农村文化市场

提案人：冯铸鑫

通讯地址：保定新星冶金轧辊有限公司

理　由：农村文化市场存在低俗表演现象，影响青少年身心健康

办理情况：县文体局于2011年7月10日答复如下：

一、我局对演出市场具有监管职能，演出市场出现了伤风败俗的文化产品和行为，我局具有一定责任。二、农村婚丧中出现少数演出小团体，只顾赚钱污染文化市场的行为，我们也时有耳闻。三、由于农村婚丧演出随机性强的特点，加之演出监督信息网络不健全，造成监管困难。四、针对提案所涉及的问题，我们今后将做好三个方面的工作：一是健全监管网络，发挥乡镇文化站属地监管作用，公布举报有奖电话7950131，加大执法的反应速度，严厉打击违规演出行为，净化农村文化市场。二是在宣传部领导的指挥下，协调公安、工商、文化等部门各司其职，一旦发现违法及抗法现象，予以严厉打击。三是在县文化馆专业部门指导下，并在局管理下，促进演出公司的成

立，理顺行业管理，规范农村文化演出市场。

冯铸鑫委员签署了满意意见。

**【八届一次会议】**

**35号提案**

案　由：解决我县非物质文化遗产“哈哈腔”剧种传承问题

提案人：王兰荣

通讯地址：清苑县哈哈剧团

理　由：剧团人员年龄偏大，人才后继乏人。

办理情况：县文广新局2012年7月20日答复如下：

哈哈腔2006年被评为国家级首批非遗以来，历届县委、县政府都非常重视，今年县财政局安排预算40万元扶持剧团的发展，我局对哈哈腔剧团更是作为“国宝”重视，年初谋划制定了剧团中长期发展规划，力争三年中，把剧团打造成内外兼修的单位，更好的传承保护哈哈腔剧种。一是在人才培养上，加大后继新人的培养，抓早、抓小。二是在创新剧目上，加大新剧目的创作，年初谋划的新编历史剧《赵匡胤》剧本已定稿。三是加强剧团硬件建设，对现有工作用房修缮完善功能。四是谋求文企联合，加大社会支持力度，使之做大做强。

王兰荣委员签署了满意意见。

**【八届二次会议】**

**2号提案**

案　由：县城供热工程建设

提案人：张永刚

通讯地址：清苑永诚茶行

理　由：诸多小区锅炉、管道老化，供热效果不佳。

办理情况：住建局于2013年7月16日答复如下：

2013年，是清苑县集中供热全面铺开的关键性一年，也是完善管理制度，实现规范管理的探索之年，全年工作重点如下：

1. 召开供热工作领导小组会议，讨论研究清苑县集中供热工作安排部署，明确成员名单，明确责任人，明确职责职能，明确工作内容。

2. 制定并出台《清苑县城区集中供热管理办法》相关政策、法律法规等相关文件。

3. 抓好集中供热主管网建设，铺设发展街振兴路至富强路等路段管道工程。

4. 抓好主干管网辐射区范围内的入网工程建设，为100万平方米的入网计划做好准备。

张永刚委员签署了满意意见。

**【八届三次会议】**

**4号提案**

案　由：县保障房小区成立“社区”型管理机构

提案人：樊建民

通讯地址：县农业局

理　由：保障房已建成三期，但配套设施跟不上，影响居民生活水平。

办理情况：城区办事处于2014年8月25日答复如下：

结合本单位职能，积极协调有关部门，抓好落实。

一、2014年7月25日，县政府第十七次常务会议中，已批准在我县保障房小区成立“和谐社区”，由民政局、城区办按照有关规定，抓紧组建“和谐社区居委会”。办公、服务地点经协调拟临时设在和谐小区4号楼5单元101、102、103、104，待和谐小区五期交工后，再正式按标准设立居委会办公、服务和活动用房地点。关于人员配备方面，第一批社区工作人员公开选拔工作，目前只有一名人员进入到考察阶段，尚不能正常开展工作，第二批社区工作人员公开招聘方案已起草，待报请县领导同意后即可动作。现小区居民的日常事务办理临时由西城居委会负责。

二、结合住建局答复：1.在2014年拟新开项目（和谐小区五期）中按照一定比例建设社区医院及幼儿园，用以解决小区居民就医、幼儿入学、入托问题；2.在物业用房中安排办公室作为派出所分支机构，以维护小区居民的生命财产安全。

樊建民委员签署了满意意见。

# 第八章 视察调研

清苑县政协自1983年2月成立，历届政协重视难点、热点问题的调查研究和对重点工作、重点领域的视察，多次组织专门委员会和政协委员深入基层，对全县经济、文化、农业农村等方面视察并进行严谨细致的调查研究，撰写了大量调查研究报告，向县委、县政府建言献策，为县委决策提供依据，多次得到县委、县政府的肯定，充分发挥政协参政议政的职能，为促进清苑县各项事业的发展起到了重要作用。

调查研究涉及面广泛，密切关注各个时期的焦点问题，对“三农”、民营经济、环境、金融、民生教育、行政管理、信访稳定等领域进行调查研究，进行系统的分析，并提出建议。

## 三农调研

1989年3月10日，清苑县政协办公室、清苑县农业局和温仁镇政协统战联络组组成联合调查组，到温仁镇对粮食和棉花生产出现萎缩的问题进行了座谈调研。发现3方面的问题：一是农用生产资料供求矛盾十分突出，价格飞涨；二是指令性计划失控，粮棉生产大滑坡。三是唐河开发投入不平衡。

针对存在的问题调研组提出5方面的建议:1.切实加强对农业生产的领导；2.不定期地聘请河北农大、华北电力学院等单位的专家教授讲课；3.搞好在乡中学生的培训；4.搞好浇地服务组织的建设；5.抓好西瓜、菜籽协会的工作。

1996年4月28日，政协办公室组织部分委员，利用一个月的时间，围绕如何稳定农业科技队伍，健全农业科技网络，发挥农业科技人员作用召开了座谈会。

与会人员认为存在4方面的问题。一是农业技术网络不健全。二是农业科技队伍不稳定。三是农技队伍整体素质不高。四是对农业科技投入少。

为改善以上4方面问题，调研组提出4方面建议：1.完善农业技术推广机构。2.稳定农业科技人员队伍。3.增加农业科技投入。4.建立健全农业科技人员激励机制。

2012年5月初，县政协副主席段树立带领部分政协委员就清苑县农业产业化龙头企业发展存在的问题进行调研。

认为龙头企业面临4方面的问题：一是行政服务不足导致企业发展步履维艰。二是资金需求远超金融供给能力。三是中介组织难以支撑企业做大做强。四是商业保险难“保”可持续性发展

针对存在的问题调查组提出3点建议：1.龙头企业支撑农业产业化发展尚需时日；2.着力消除影响龙头企业的长远发展的信贷歧视；3.丰富金融产品以扩大金融支持龙头企业发展的方式。

2012年10月12日，政协办公室组织部分政协委员深入到农村对农业基础设施建设状况进

行走访调研。调查组认为农村基础设施建设存在5方面的问题：1.农村群众宅基住房缺乏整体规划设计。2.农田水利设施老化。3.农村公路整体水平不高。4.文教基础设施不完善。5.农村生态环境建设滞后。

针对存在的问题提出了6点建议：1.提高认识，将农村基础设施建设作为新农村建设的重要内容和有力抓手。2.科学规划，明确农村基础设施建设目标。3.充分发挥农民在农村基础设施建设中的主体作用。4.健全完善多元化的投资机制。5.创新机制，探索新路。6.提高金融部门对农村基础设施建设的支持力度。

## 民营经济调研

1994年4月下旬，县政协个体私营经济调查组会同工商局和个体劳协、工商联等部门，围绕清苑县个体私营经济现状进行了座谈研究。认为个体私营经济存在3方面的问题。针对存在的问题，调查组给县委，县政府提出了4点建议。

1995年11月5日，政协组织调查组就清苑县外向型经济发展状况先后和县计委、二轻局、企业局、外贸局、统计局相关人员进行座谈，并实地考察了童装厂、蚊香厂、风挡玻璃厂、啤酒厂、外贸猪鬃厂、南侯联合制鬃厂、平陵地毯厂、二轻服装厂等16家产品出口企业。

调研组认为清苑县外向型经济存在3个方面的问题。一是产品企业规模较小。二是大多数企业没有直接出口权。三是三资企业没有发挥外向型作用。

结合存在的问题提出了5点建议：1、切实提高对发展外向型经济的认识。2、完善建立职能机构，切实把外向型经济管起来。3、应积极争取外贸出口权。4、应加强对三资企业的宏观管理。5、加强龙头企业和基地建设，推动外向型经济发展。

2007年6月30日至 7月15日，从国栋主席带队到东启纺织有限公司就该企业发展状况进行调研。通过调研发现该企业存在4方面的问题。调研组提出4点建议。

2008年6月30日至7月15日，县政协主席宋静带领调研组到北京大发正大保定分公司围绕“优化发展环境，激活市场主体”这一课题进行蹲点调研。调研组找出影响清苑发展环境的3个方面的问题，并就存在的问题向县委、县政府提出3点建议。

2008年7月2日至7月9日，县政协副主席范同山带领政协调研组到清苑县津苑化工厂进行调研活动。调研组找出企业发展面临着3方面的问题，并就相关问题提出3方面的建议。

2008年7月上旬，县政协副主席闫营志带领调研组利用5天时间到东闾起重设备制造行业进行调研。通过调研发现该行业存在3个方面的问题：一是企业机制不够完善。二是高级人才严重短缺。三是资金短缺，企业融资困难。

调研组提出5点建议：一是积极引导企业机制创新。二是高度重视人才。三是加强银企联合，拓宽融资渠道。四是加快产品升级，提高市场竞争力。五是打造先进文化，提升管理水平。

2008年10月，县政协副主席税国芳带领调研组到保定乾达电气有限公司围绕制约企业发展存在的问题开展调研。调研组认为企业存在2方面的问题。调研组对优化企业发展提出3方面的建议。

## 环境调研

2012年10月初，政协办公室组织相关人员就声环境质量、固体废物处理、农业污染状况进行调研。

调研组针对环境方面存在的3个问题，就建立环境污染综合防治体系提出4点建议；就生态功能区划方面提出6点建议。

### 金融工作调研

1989年8月28日，政协组织部分政协委员及清苑县人民银行行长有关人士，对资金“体外循环”的情况进行调查研究，就存在的5个方面的问题，提出5条治理意见。

### 教育调研

1988年9月中旬，清苑县政协组织有关人员就清苑县中学教育质量情况，分别与清中、臧中两校的领导及部分教师进行座谈调研。

通过调研发现影响清苑中学教育质量的问题主要有8个方面的问题：一是校领导班子不健全。二是思想政治工作薄弱。三是外部干扰大。四是高中布点多，学生素质差。五是教职工编制比例失调。六是办学条件差。七是资金短缺。八是班容量太大。

调研组对如何改进工作，提了5点建议。1.加大教育资金投入。2.整顿学校教学秩序。3.整顿教师队伍。4.适当调整和减少高中布点。5.抓好基础教育。

1989年9月10日，清苑县政协办公室组织人员到何家桥乡中小学就边远乡村教师队伍建设情况进行调研。

调查组发现有两方面问题使民办教师不能安心教育工作。一是清苑县民办教师工资与国办教师相比差距大。二是清苑县教育局忽视对教师队伍的教育和管理。

针对上述两方面的问题，调查组提出3点建议：1.尊师重教，提高教师社会地位和经济待遇。2.加强教师队伍的管理。3.要充实边远乡村国办教师比例。

2012年10月初，政协办公室组织部分政协委员就清苑县公路建设情况进行调研。围绕公路建设与城市化进程不匹配的主要问题经县政府提出7条建议：1.宣传重要性和迫切性。2.完善县乡公路投资政策。3.建立健全县乡公路建设、管理、养护运行机制。4.依靠科技，大力推进公路建设管理的技术进步。5.培育和发展县乡公路建设市场。6.加强县乡公路法规建设，依法治路。7.加强领导，明确责任。

2012年10月初，副主席李志芳一行就清苑县住宅小区物业管理情况进行调查研究。结合调研实际，总结物业管理主要存在3方面的问题，针对存在的问题提出5点建议。

### 行政管理调研

1996年10月中下旬，政协组成调查组，对乡镇企业收费情况进行为期半月的调查。调查采取召开座谈会、查阅收费文件、核对收费单据的方式进行。调查组认为乡镇企业收费工作存在4方面的问题，并就如何抓好此项工作提出4点建议。

## 附：调研报告选辑

### 对清苑县农村经济的调查

（1987年9月27日）

为了解农业生产发展的进程、问题、趋势，提出改革措施，推动农村经济持续、稳定、协调地发展，最近，我们对全县八个乡的九个村进行了分类调查。

**一、八年农村改革的回顾**

我县农村的改革，大体上分两个阶段：第一阶段，从1980年到1984年。由于经济管理体制改革的不断深化，农民长期受到严重压抑的生产积极性、农业生产的潜力和多年积累的物质条件都集中迸发出来，再加上农产品价格的不断调整，使农业生产登上了一个新的台阶。1980年到1984年五年间，年总产值由9177万元增加到24500万元，年增长率在18%—42%之间，农民人均收入由49.6元增加到351元。1985年，农村改革进入第二阶段，增长速度开始放慢，1986年和1985年相比，农业总产值增长7%，人均收入增加45元，近年来的情况说明：农业的高速发展是有一定限度的，鼎盛期过后，必须采取得力措施，才能保证农业持续、稳定、协调地发展。

**二、当前农村改革中存在的几个问题**

调查表明：目前农业总的形势是好的，但是，由于近几年的注意力集中于联产承包责任制的建立、推广和巩固，忽视农业投入，再加上农业生产内部和外部不利环境的影响，发展农业生产受到了多方面错综复杂的矛盾制约。

（一）农产品价格低，生产资料价格高，存在投入与效益不平衡的矛盾。据调查，我县主要粮食作物小麦、玉米的市场价格从1980年到现在基本持平，而农用生产资料不断涨价，农民很难买到平价化肥和柴油，农民反映：“我们是平价出，高价进。当前碳铵每吨高达300元，尿素每吨1000元，柴油每吨1200元，分别比1980年高出76%、120%和330%。”

化肥价格上涨，使直接投入增加；柴油价格上涨，继而又涉及机具作业费上升，加大了农业生产成本，使经济效益降低，以小麦生产为例，我县亩产500斤的亩投资水平一般为：

| 投入名称 | 数量 | 单价（元） | 金额（元/亩） |
|---|---|---|---|
| 碳铵 | 200斤 | 0.15 | 30 |
| 磷肥 | 100斤 | 0.12 | 12 |
| 种子 | 30斤 | 0.3 | 9 |
| 浇地 | 4次 | 2 | 8 |
| 耕地 | 1次 | 5 | 5 |
| 有机肥 | 2万 | 2 | 4 |
| 农药 | | | 1 |
| 人工 | 10个 | 2 | 20 |
| 合计 | | | 89 |

以每斤小麦0.27元计，89元折合小麦330斤，即保本产量为亩产330斤，亩盈利=（亩产-保本产量）×单价，亩盈利为49.9元。如果投到边远次地，产量会明显下降，经济效益会更差，甚至亏损，这是当前农民种田积极性不高的重要原因。

（二）增加产量的需求和生产资料的不足，需求和供给的矛盾。今后我县发展农业靠扩大土地面积的潜力不大，主要提高单位面积产量，而提高单产必须增加投入。农民反映，当前农用生产资料紧张。主要表现在：①电力严重不足。据调查，全县如果达到不停电，共需2400个电流，而目前分配给我县的电流仅437个，占需要量的18%。②化肥、柴油缺口很大。种麦前，全县需要氨肥15500吨。种麦前，县化肥厂生产4625吨，计划采购5060吨，还有5815吨的缺口，缺少37%。种麦前，共需磷肥31000吨，计划采购7450吨，缺少76%。在柴油上，全县全年计划指标3600吨。除去耕、运、脱，仅浇地一项全年共需4428吨，还差628吨。③农膜、农药有时短缺，农业生产资料的不足，直接影响着农业的投入，严重制约着农业生产的发展。

（三）农田需要建设和农业投资不足的矛盾。几年来，对农业的投资是下降趋势。第一，财政投入减少。除国家投资减少30%外，1986年，全县支农资金53.8万元，比1980年的157.5万元减少103.7万元。第二，农民投资的积极性在减弱。表现在：①看“行情”下本钱。经济作物收入高，敢下本钱，粮食作物特别是大秋粮食作物收入低，不愿投入。据调查，今年大秋粮食作物有50%的成了“卫生田”。②投入生活消费的多，投入农业生产的少。目前我县农民的平均生活水平已进入温饱阶段，相当一部分农民生产上安于现状，趋重消费。据70个农户的调查：1985年，农民的消费支出，人均315元，比上年增加48%，特别是用于建房的支出，平均每人67元，比上年增加3.4倍。其他消费也均向中高档发展，且攀比之风盛行，而人均用于农业生产的支出，比上年减少了20%。③短期投入的多，长期投入的少。据调查，农民农业投资的90%以上用于买化肥、农药、柴油等必需的生产资料和浇水、耕地等必要的生产环节，不愿意在农田基础设施上花费资金。

由于上述原因，致使机井报废速度加快（1986年报废机井567眼，比1985年增加64眼）。农田设施失修，有的村沙荒旱地有增无减。如：李庄乡任王村，全村4358亩耕地，仅有水浇地1500亩，占34%。责任制以来，大片沙荒旱地一直没有得到改造，还是一年一季，靠“天收”。

（四）农民相信科学但不懂科学的矛盾。调查表明：农民对科学技术深信不疑，但是由于科技组织不健全，现有的科学技术成果尚未很好地推广应用，或者有的虽已推广，但远没有转化为生产力，这是农业缺乏内在动力的症结所在。主要表现在：一是大水、大肥，大播量的情况还普遍存在。有的不顾地力水力条件，多多益善，高投资、高施肥代替了传统的精耕细作和传统的农家有机肥。如阎庄乡国公营村一农民，一亩麦地施用碳铵300公斤，由于农家肥、磷肥没跟上，致使氨磷比例失调，庄稼长的黑绿绿，亩产只有300公斤。有的不顾品种优劣，发芽率高低，小麦亩播种量竟达到40—50公斤。二是秸秆浪费相当严重。我县生物秸杆资源丰富，但大都作为燃料，有的甚至就地点燃，使有机质白白浪费，又污染了环境。三是病害、虫害的防治不及时，危害没有压到最低限度，有的甚至错用农药，使作物受到损失。

（五）增强社会化服务的需求和集体经济薄弱的矛盾。我县农村经济的特点是：个体发展快，集体发展慢。目前，全县还有三分之一的村集体经济组织基本没有收入，缺乏统一服务和管理协调的能力，有的村是个体富，集体穷。如大庄镇石屯村，全村有50%的万元户，而集体穷的连干部补贴都发不了，有的村原来有集体企业，现在已分光吃净。如石桥乡北石桥村责任制前有集体企业7个，现在都成了集体企业的白点村。该村干部说："钱难敛，事难办，日子难过。"社会化服务受到限制，给规模经营带来了新的问题。

由于上述原因，农民种粮的积极性受到一定影响。再加上政策的刺激力在今后对农业生产的影响程度将逐渐减弱。农业生产后劲不足的问题不同程度的存在，必须采取措施，加以解决。

**三、今后农村改革的几点意见**

为保证农村经济持续、稳定、协调地发展，进一步增强农业后劲，当前应注意解决好以下几个方面的问题。

（一）发展集体经济，增加集体积累，是增强农业后劲的物质基础。在调查中，乡村干部有一个共同体会：增强农业后劲，必须完善双层经营，必须增加集体积累。其途径：第一，调整提留。提留要从健全财会制度入手，要取之于民，用之于民。一是有企业的村，要适当增加企业提留，逐步增加以工补农的比重。二是没有集体企业的村，必须兼顾三者利益关系，不能只顾两头，不顾中间，保证集体经济实力的不断壮大。第二，开展有偿服务。要在服务群众的前提下，提倡有偿服务，合理收费。用有偿服务资金，一方面办其他事业，另一方面也可返还给农民，避免新的大锅饭。第三，发展集体企业，增强"造血"功能。发展村级集体经济，是为了更好地提高家庭经营的积极性。有企业的村，要在原来的基础上扩大、巩固和提高。集体经济薄弱的村，各级要在资金、技术和物资等方面给以必要的扶持。对村级经济的发展，在税收、信贷等方面给以优惠，村干部的报酬要和企业效益挂钩。

（二）政策配套，部门协调，是增强农业后劲的保证。 一是要树立全县一盘棋的思想，为农村服务的各级部门，要树立全局观念、服务观念和经济效益观念，以支援农业为己任，避免部门争利。目前各种形式的联合、联营、联办都是协调利益的好形式，应大力提倡。如：我县化肥的销售问题，化肥厂可以和供销社联营，利润按比例分成。也可直和村级经济组织订立合同，但价格必须控制在允许的幅度之内，这样既有利于工业的发展，又保护了农民利益。同时，还要千方百计筹措资金，扩建县化肥厂，提高生产能力，努力解决化肥不足的矛盾。二是完善服务手段，实现服务规模化。首先要充分发挥职能部门的作用，实现有效的配套服务。其次，要建立起村级经济联合社，做到组织、人员、内容、措施、报酬五落实。其三，要办好业务员、信息员协会，搞活流通，使全县形成一个联生产、联市场的服务网络。三是试行保护价。农民受价格的指挥，当年价格的变动，必然引起下年农民投资行为的变化。如何避免大起大落，是我们改革要解决的问题。当前，物资收购部门应充分利用资金雄厚，流通设施充足的优势，旺季收购，加工储藏，淡季投放市场，既保护了农民的生产积极性，又调节了市场。

（三）普及科学技术，提高技术水平是增强农业后劲的关键一环。当务之急是科技成果的推广和普及，使其有效地转化为生产力。我们的主攻方向是：①建立健全三级（县、乡、村）科技网络，科技人员下乡要形成制度化、规范化。②发展节水农业提高灌溉效率。目前，我县的滴灌，地下管道在试点上已经成功，按试点结果推算：我县如有20%的耕地搞滴灌，可节水4699万吨，节油940吨，可缓解水位下降，能源紧张的矛盾，当前应大力推广。③对农业新技术，要采取试验、示范、推广三步走的办法，通过农技、科技户推广和普及，使精耕细作，植物栽培，科学管理优化施肥，病虫害防治，良种纯度等先进增产技术为广大农民所掌握和运用。④办好各级各类学校。首先，国家要改革招生制度，面向农村办学。其次，办好农干校和农技校，增高农业基础课，使不能继续深造的初、高中毕业生都能掌握一两门农业技术。其三，搞好以乡镇企业为重点的农业技术短期实用培训工作，进一步培养与提高农业技术人员的水平。

（四）合理使用资金，开发新资源，是增强农业后劲的重要途径。三中全会以后，国家的直接投入减少，主要依靠农民的力量改善生产条件，这样就给我们提出了一个新的问题：在新形势下，农业战线组织物质投入，必须十分讲究科学。第一，要教育农民正确处理积累和消费的关系。生活水平低的地方，消费的比重可以大一些。生活水平高的地方积累比重大些，坚持生产上迈大步，生活上迈小步；生产长一寸，生活长一分。逐步增加对农业生产的投资比重。第二，要创造良好的投资环境。首先，农业生产责任制长期不变的政策要进一步向农民讲清，并有一套制度作保证。当前，要用规范性的承包合同把双方的经济利益稳定下来。其次是增加联系物质、技术、资金等投入的承包内容，超奖减罚，进一步使农民放心，使其大胆地向土地投资，向农田基本建设投资。第三：引导农民搞开发性生产。我县沿唐河有28万亩沙荒，半沙荒的拉腿田，如开发水源，增施农家肥，推广秸秆还田，潜力还很大，既可以缓解化肥不足的矛盾，又可培肥地力。不需要太多的资金和太高的技术，主要靠劳动积累，这是符合农民致富的需要，如能充分利用起来，将使唐河沿岸农业生产的面貌大大改观。

（五）加强领导。农业是国民经济的基础，粮食是基础的基础。各级领导不仅在思想上重视，而且在行动上也要落实，增强农业后劲的措施，在物质投放资金使用上也应和农业的基础地位相适应，把无工不富，无商不活，无农不稳有机的结合起来。在农业稳定增长的基础上，在搞好粮食生产的同时，发展多种经营和非农产业，各级有关部门要加强和改善宏观经济调控计划调拨的农用物资要保证供应，避免宏观决策失误。用于农业的投资要保证重点，农业贷款指标也应适当增加，同时，还应适当发展农用工业和农业机械化，不断增强农业发展的后劲。

政协清苑县委员会、清苑县委农村工作部

——联合调查

## 关于清苑县科技现状及改革意见的调查报告

（1988年7月16日）

根据党的十三大提出的“把发展科学技术和教育事业放在首要位置，使经济建设转到依靠科技进步和提高劳动者素质的轨道上来”的要求，县委、县政府作出了“依靠科技进步振兴清苑经济”的战略部署，为了实现这一战略部署，了解我县科技现状，提出改革意见，县政协最近组织召开了部分知识分子座谈会，参加座谈的有农、林、水、畜牧、乡镇企业、经委、二轻、卫生、科协等部门的代表。大家畅谈了十一届三中全会以来我县改革的大好形势，讨论了依靠科技工作中存在的问题，并提出了一些解决问题的办法。

我县共有各类专业技术干部3719人，其中具有高级职称的38人，中级职称的732人，初级职称的2347人，未定职称的720人，其分布情况：党政机关317人，全民企业764人，集体企业53人。自放宽放活科技人员流动以来（1985～1987年），我县调出专业技术干部46名，调入65名，调入多于调出19名。在人才合理流动中，我们取得了可喜成绩。尤其是从大中城市流入我县的科技人员，聪明才智得到了充分发挥，为我县经济建设做出了较大贡献。据调查，还有41名外地科技人员以技术顾问，兼职，业务服务，星期日工程师等形式来我县进行技术服务，给我县的科技事业输入了新鲜血液，由他们扶持的企业，大部分生机盎然，产品具有强大的竞争力，例如蚊香、活性炭已打入国际市场。

几年来，我县积极引进科研成果，开发新项目，新产品，这些新技术，新项目带来了可观的经济效益。例如齐贤庄饮料厂，1985年生产贤龙牌饮料，由于技术不过关，亏损17万元，企业濒临倒闭。在科委的协助下，从北京农科院引进了氨维营养液新项目，1987年通过了省级鉴定，现在产品供不应求，企业已盈利3万元，他们的产品还具有很高的药用价值，现正办理卫生医药批准手续，扩大生产规模。

1985年至1987年取得科技成果18项，通过省级鉴定5项，地市级鉴定13项。今年新上科研项目 16项，列入省科委指令性计划两项，省科委指导性计划4项，列入市科委指导性计划10项，1988年推广普及科技项目4项。科研成果、科学技术越来越被人们所重视，一些集体企业，乡镇企业，联合体，个体户与大专院校、科研单位挂钩，因而获得了雄厚的技术支撑力量。

通过座谈，大家一致认为，在改革开放的大好形势下，我县的科技事业有了一定发展，但还存在着一些问题，主要有以下几点：

一、人才奇缺。现有科技人员远不能满足实际需要，缺人才现象各系统都不同程度存在，尤其是卫生、经委、二轻系统更为突出。自1985年以来，卫生部门没分配到一名大中专毕业生，自己想培训又没法解决就业指标；经委系统不仅缺管理人才，更需要工程技术人员，正在兴建中的万锭纱厂，没有一个专门的工程技术人员；二轻系统只有5名中专生，以上浮二级工资的条件引进人才，都没人为之所动。

二、人才使用不合理。农业部门存在头重脚轻现象。我县是农业县，农业的主战场在农村，可大部分科技人员聚集在县城，乡里没有抓农业的技术人员，只有半脱产的技术员，且待遇偏低，有6个乡甚至连半脱产人员都没有。

三、用非所学。用非所专的问题仍然存在，造成此种局面的原因主要是，由于科技人员普遍待遇低，有些人便抛弃专业，转向待遇优厚条件较好的单位，还有的因无法解决住房问题，于是想方设法进入有住房的单位。

四、没有专长没有技术的人员大批流入业务部门。有些单位进人不是凭个人的专业，而是通过各种渠道疏通关系而进入，所以有些条件稍好的技术部门，许多不懂技术，不懂业务而有关系有门路的人员都安排了许多，致使机构臃肿，人满为患。

五、我县的“双放”政策比较保守。人才没有竞争力，放活人才没有吸引力，大家认为从客观因素上讲，我县贫穷落后，没有一定的经济力量给科技人员更多的实惠，主观因素方面是我们的思想还够解放，缺乏改革的胆识，这样便给人才流动带来了一定困难，如卫生系统自霍庆龙来后，又有父女两个都是高水平的中医，想来我县工作，没有任何特殊要求，只要求40平方米的住房都不能解决，致使招聘人才成了一句空话。县委今年颁发的一号文件，制定了《关于鼓励机关干部和科技人员深入基层搞好服务的十项规定》，截至目前，全县停薪留职的干部职工67人，其中专业技术干部仅有10人，占近15%，总之我县引进、放活人才的优惠条件欠缺，不够具体。

六、现有人才潜力没有充分挖掘出来。科技人员的积极性没有充分调动起来。其原因主要是存在平均主义、大锅饭，科技人员的报酬不能落实到科技人员身上，有些单位搞利益均沾，其次是业务部门的科技人员还缺少一定的压力，各科业务指标定得不严，或者说实际上就没有什么任务指标，没有把责、权、利结合起来，致使科技人员缺乏紧迫感、危机感。

七、知识扩散、技术普及非常薄弱。近几年各业务部门虽然举办了一些各种类型的技术培训班，科学技术有了一定程度的提高和普及，但总的说来，我县劳动者的素质仍然不高，技术普及面仍不够广泛。仅以农民种植西瓜为例，我县今年种西瓜53000亩，雇用了几百名外地瓜农，这就意味着20%的收入要由清苑流入外地。

八、科技人员仍然是部门所有，没有一个比较科学的管理形式，更没有形成技术网络，科技工作交流情况少，存在问题没有专人组织探讨，科技人员缺乏专题研究，没有一个明确的主攻方向。

九、科技人员知识不断老化，缺乏应有的进修和轮训。这对于迎接世界性的新技术革命的挑战潜藏着一定的危机。

十、科学管理水平低，缺乏系统规划。管理薄弱是我县各行业普遍存在的问题。没有按规范化、程序化、科学化的要求进行管理。整体系统规划不够，兴建企业，新上项目，对于它的效益，布局、企业的能源单耗没有全面分析，造成能源的浪费。

根据存在问题，大家提出了几条改进意见：

一、深入学习山东经验，结合我县情况，制定双放、双引的措施。

二、建议县委、县政府制定具有吸引力的政策，引进人才要给予一定的优惠条件。要像南皮县政府、磁县政府、祁各庄乡那样（均见河北日报六月份）开展全方位科技横向联合，面向全社会广招各类能工巧匠。可以借鉴他们的经验，结合我县具体情况做出具体规定。对确有真才实学的拔尖人才，要尽量满足他们的要求，为他们创造良好的工作环境，使他们充分发挥聪明才智。为了防止出现偏差，可考虑推行试用制，根据试用结果，落实不同的优惠条件。

三、加强人才管理。建议组织人事部门在人才使用上严格把关，对专业技术干部，在本专业范围内，可任其合理流动，对改行转业的科技人员应严格控制，不论是外地调入，还是本地调整，都应严格把关。大家还呼吁把用非所学的人员清理一下，让他们归队，做到学用一致，壮大科技队伍。建议县委、政府明确奇缺人才，而且在不能分配的情况下，划拨一定数量的经费，选送适当人员到大专院校和有关单位培训，以适应发展经济和需要。

四、充分调动科技人员的积极性。继续搞好“双放”工作，利用政策导向的办法使科技人员人才积压的密集区域流向缺技术缺人才的薄弱区，从人员闲置的政府机关流向可以发挥专长的第一线；要坚决打破大锅饭，把竞争机制引入科技工作领域，推行招标制和技术合同制，实行优胜劣汰。

五、改革科技干部管理体制，打破部门所有，条块分割现象，加强科技人员的统一管理。同时要把离退休的科技人员组织起来发挥余热。对于管理人才和市场人才，应给予足够的重视。

六、采用系统工程理论进行规划管理。用一盘棋思想指导全县科技工作，实行种、养、加工一条龙，工农业密切结合，较大幅度地提交经济效益和社会效益。

以上报告供县委、政府参考。

政协科技工作组

## 关于清苑县小冶炼的调查报告

（1988年12月）

清苑县是我国品种比较多、规模比较大的一个有色金属市场。它具有采购、加工、经营和销售和与其相配套的机构。到目前为止，它已与全国20多个省市自治区建立贸易关系。它的存在对清苑经济有着举足轻重的作用。1985年由于假铝锭事件的出现，清苑小冶炼曾一度萧条，1986年下半年在县委、县政府的领导下，各有关部门完善管理制度，采取有效措施，给予整顿扶持，开始恢复发展。12月24日至25日，市政协、县政协组成联合调查组带着清苑县小冶炼对国家经济建设有多大贡献；有没有危害；有没有促其发展的必要；发展中存在哪些问题等研究课题……对清苑县的小冶炼行业进行了为期两天的调查。通过调查，对清苑县小冶炼的发展历史，现实状况有了一个概括的了解，同时也发现了其中存在的一些问题。

**一、发展概况**

清苑县有色金属冶炼发源于清苑县何桥乡的几个村子。早在清朝时候，这个乡的李胡桥、张桥、苑桥3个村就有风箱炉、地坑炉加工提炼黄金和白银。解放后，随着工业的逐步发展，何桥乡的能工巧匠在许多冶炼工厂当了技术骨干，据了解，天津、北京、内蒙古、陕西等大冶炼厂都有何桥乡工程师和技术员。

“文化大革命”以前，这里以生产大队为基础搞集体冶炼。当时国家没有政策控制，人们从十来个省、市有色金属工厂买回作为垃圾填坑用的灰土、礁、屑之类的下脚料，利用烧铅罐的形式提炼成马蹄铜，用转角炉分解铝、铅、锌等金属。自1959年小冶炼逐步扩散到了耿家桥、大庄、张村、石桥、望亭、刘口等几个乡。“文化大革命”后，开始以生产队为单位自采、自炼、自销。1981年，实行生产承包责任制后，又逐渐分解为农民一家一户或几家联合冶炼、加工和经营形式。自此，小冶炼更加蓬勃发展，直至现在规模。据不完全统计，目前全县共有集体、个体、联合体冶炼摊点619个，收购摊点82个，大多分布于清苑县的何家桥、耿家桥、大庄、张村、石桥、刘口、望亭几个乡，其中仅何家桥一个乡就有冶炼点300多个，因而被称为“冶炼之乡”。全县每年的有色金属加工销售总量可达18000多吨相当于国内几个大规模冶炼厂年产量的总和，年产值可达两亿元左右，不仅缓解了国家铜、铝、铅、锌需要问题的矛盾，而且使废弃资源又变废为宝，每年还向国家上缴利税60多万元，农民也有了可观的收入。由此看来，在不与国家争矿产资源、技术、设备、基建投资、人才、电力的情况下，为国家创造了一笔很可观的财富。对支持四化建设能做出一定贡献。此外也是农民普遍致富的一个有效途径。如我们在何桥乡史家桥村的调查情况说明小冶炼是治穷致富的一项至关重要的行业。这个村有上百户从事冶炼行业，经常外地采购原料的就有300多人，年收入几万元户约占90%，10万元户约占10%。

根据调查，我们认为清苑的小冶炼目前有如下特点：

1.经营方式多种多样，集体、联合体、个体的形式都有，其中个体经营占比重较大，短时间的一家一户或几家几户为单位的采购、冶炼、销售形式（即一合一散的合伙形式），在人们看来是较好的经营形式，用他们自己的话来说就是“船小好转舵”，其风险、矛盾、困难也少。

2.有色金属种类多，分布较集中，清苑有色金属有铜、铅、铁、锌、银等，主要分布于清苑的东部和东北部，其中炼铜主要分布于何桥乡，炼铝主要分布于望亭乡，炼铁主要分布于清苑镇，炼锌和银分布于耿桥乡。

3.正在向专业化方向发展。从整体来说，上述几个乡分别有90%以上的村在经营有色金属，而这些村90%以上的户在经营有色金属，从时间上来说，这里的农民除了农业季节从事农业生产外，其他时间则全部用于经营有色金属。从经营机制上来说，由过去的既跑原料也搞冶炼的“多重手”，发展到了现在与之相适应的机制，即跑原料的专跑原料，搞冶炼的专搞冶炼，搞购销的专搞购销，开始了专业化系列化的发展。

4.深加工再生产有着很大潜力。小冶炼作为清苑县的传统手工业，多年来都停留在单纯的金属提纯粗加工上。1986年下半年开始，清苑县政府引导农民从深加工入手，搞有色金属再生产。

二、存在问题

1.有些职能部门对小冶炼的支持、扶持、服务方面作的差。特别是假铝锭事件出现以后，一些部门的领导、对冶炼的困难不积极帮助解决，该支持的不积极支持，有的甚至刁难。据一些冶炼户反映，关卡太多，经过保定市就有几处，一些手续齐全，不违反经营规则，也遭到罚款 ，交款就放行，在一定程度上影响了冶炼行业的发展。

2.资金紧张。银行支持的现金很少，冶炼户不能到外地采购原料，收购点因资金缺乏不能开展收购业务，今年十月份以后，大部分冶炼点和收购点处于停业或半停业状态。

3.收购点多。有的违犯规定，超出经营范围。据查不符合规定既收购又冶炼的18户，超出经营范围的4户。

4.一些收购点的人员政治素质差，有的对收购政策和有关规定不清楚，个别的见利忘义，明知赃物也进行收购。被犯罪分子钻了空子。出现了破坏电力设施和盗窃有色金属材料的犯罪活动。

三、几点建议

（一）对清苑县的小冶炼应当加强支持、服务、监督、管理，为使其健康的发展，建议由所在乡的经委部门对企业办购、销售实行统一管理。县级也应该由各有关职能部门抽队组建一个专门机构进行全面管理，既协调关系、支持服务，又加强监督管理。一方面能够保障其有计划，有组织地正常发展，另一方面也可杜绝产品生产及销售中的不正之风和歪门邪道。

（二）完善、健全质量检测机构。在现有的化验、质检基础上成立一个具有权威性的质量检测机构，全县的产品都须经这一机构统一检测，这一机构要对用户负责，保证产品质量，防止假冒产品。

（三）有关部门为小冶炼行业开放绿灯，提供服务。金融、工商、税务及乡镇企业要为冶炼业的发展壮大提供服务。特别是金融部门，要想方设法为其提供贷款，使其能够长期、稳定地发展下去，为国家多创利税。公安、交通、工商部门不要对于手续齐全、合法经营的户，拦路设卡，乱收费，乱罚款。

（四）在现有基础上拓宽经营范围，特别是要进一步发展有色金属的深加工。从调查来看，目前清苑县有色金属行业除屈指可数的十多个金属加工厂外，大部分还停留在粗产品的生产加工上，也就是出售原料，工艺差，效益低。据有关专家反映，如果对这些粗产品搞综合利用，发展配套工业，制造成精细产品，如金属丝、金属零部件、生活用品等，那么效益会成倍增长，如果财力不足，可发挥靠近京津的优势，与北京、天津搞联营，也可与保定市联营建厂。

（5）对冶炼加工、收购摊点要进行整顿，从业员人员要加强教育。冶炼加工点，只搞冶炼加工、不能兼营收购，以防止随收随加工，赃物不易查证，成为销赃点。对现有收购点要进行整顿。根据公安部门关于经营有色金属的规定，除保留供销社、物资系统的办购点外，其他收购点一律取缔，吊销营业证照，以保证收购、销售环节中的经营秩序，并且不再增加新的收购点。对收购点从业人员要加强教育，要按国家规定的政策进行收购。保证质量、严禁销赃。购铜、铝锭必须有验质证明，有铸槽号码。对收购的生产性有色金属，必须持当地公安派出所或本单位的证明信及发货票，方可收购。发现赃物，及时报公安部门查处。

（六）防止污染，加强保健工作。为了解决冶炼污染问题，对设在村镇或密集村较近的冶炼点，在不占耕地的情况下，由村委会统一规划，迁出村外作业，对从业人员采取保健措施，保持身体健康。

总之，清苑县有色金属市场以其悠久的历史，规模庞大，在国民经济的发展中占有重要的地位，要给予大力支持，促其发展壮大，使之为国民经济的发展做出更大的贡献。

政协保定市政委员会、政协清苑县委员会

——联合调查组

## 关于农村小学教师经济待遇情况的调查报告

（1989年11月1日）

为具体了解我县中小学教师的经济待遇情况，政协教体工作组与教育局于今年8月11日至8月18日对清苑镇、大阳乡、白团乡、大魏庄乡、北马庄乡、马庄乡六个乡镇进行了实地调查。现将调查情况报告如下：

**一、基本情况**

（一）党政领导对教师工资发放很重视。发现有拖欠现象，县乡及时召开会议，面对面签订责任书，限期解决。如刘口乡拖欠几个月的工资，由于县、乡领导重视，很快得到解决，在全县引起很大反响。

（二）农村民办教师的待遇逐年提高。根据我县公办教师工资增长幅度和物价上涨因素，我县民办教师由原来月工资40多元增加到57元。有的乡村为了充分调动民办教师工作积极性，采取了一些切实措施。如马庄乡闸板口村，对民办教师工资制度，进行了大胆改革。实行基本工资加奖励的制度，民办教师的基本工资定为58元，奖金每月5至25元。同时对教龄5年以上的民办教师，每月发放3至5元的教龄津贴。这样该村民师月工资最高可达97元，最低77元。

（三）对教育经费的管理比较严格，各乡都有专人负责，开支合理，无挪用现象。

二、存在问题

（一）农民负担逐年增加，筹资越来越困难。以北马庄乡为例：

| 时间 | 任务（万元） | 完成（万元） | 欠收（万元） |
| --- | --- | --- | --- |
| 1985年 | 4.3 | 4.3 | |
| 1986年 | 6.63 | 6.63 | |
| 1987年 | 6.63 | 5.8 | 0.83 |
| 1988年 | 10.33 | 5.93 | 4.4 |
| 1989年 | 16.3 | 7.9 | 8.4 |

（二）教师工资拖欠情况不断出现，通过实际调查，当时有四处小学有拖欠：崔庄小学拖欠8个月，西于庄小学拖欠5个月，詹庄小学拖欠4个月，北马庄小学拖欠3个月。拖欠原因，乡经济情况不佳，教育经费不能及时筹措，故不能按时发放。

（三）各乡中小学民师人均月工资与公办教师人均月工资的差距太大，不利于调动民办教师的积极性。如：

| 单 位 | 民师人均月工资（元） | 民师与公办教师人均工资的差额（元） |
| --- | --- | --- |
| 大魏庄乡 | 68 | 62 |
| 马庄乡 | 66.71 | 78 |
| 白团乡 | 54.50 | 81.70 |
| 清苑镇 | 72.50 | 72.50 |
| 大阳乡 | 83 | 61 |

（四）农村中小学教师医疗费问题亟待解决。

对于公办教师的医疗费，按县有关包干部分，能解决一些外，而超支部分，除清苑镇能妥善解决外，其他各乡，只能是教师个人垫付，年底才能由有关部门解决。例如：

| 单位 | 人数 | 共垫付药费 |
| --- | --- | --- |
| 白团乡 | 7人 | 1400余元 |
| 马庄乡 | 20人 | 7500余元 |
| 大魏庄乡 | 45人 | 3900余元 |

对于民师的医疗费用，还没有具体规定，由此导致一大部分年老体弱教师背上了沉重的经济负担，严重影响了教学工作。

**三、有关建议**

我们通过对全县的调查，对所掌握的材料进行综合分析特提出如下建议：

（一）根据物价上涨和公办教师增资幅度，应适当增加民办教师工资基数。

（二）教育费附加应筹集到县统一发放，以保证按时、如数发放教师工资。

（三）目前代课教师数额1142名，占教师总数的21%，这部分人没有聘用证，不能转公和报考师范，大大挫伤了他们工作的积极性，应根据实际情况，请上级主管部门，在适当的时机，通过适当的考核办法发一部分聘用证，以稳定人心，安心从教。

（四）除基本工资外，有些乡教师无奖金，有的身患重病，垫付药费现象异常严重，应制定切实可行的办法，以解除他们的后顾之忧。

（五）民办教师评定职称，基本结束，应根据上级指示精神，结合我县实际情况，抓紧兑现工资挂钩。

政协清苑县教体工作组、清苑县教育局
——联合调查组

## 对棉花收购情况的调查报告

（1991年11月20日）

1991年11月20日，政协对全县棉花收购情况进行了一次调查，先后深入到阳城、郑各庄、大魏庄、郝庄、魏村、阎庄、马庄等乡镇、村和供销社收棉站及部分交棉农户。同时，调查了毗邻望都县的高岭乡、赵庄乡，和满城县的方顺桥乡收棉站及部分交棉农户。在调查中分别接触了乡镇、村干部，收棉站干部职工和交棉户农民，并查看了交棉户的票据。

通过调查给我们总的印象是：

一是望都、满城两县棉花政策落实得比较好，这两个县在去年种时就狠抓了棉田亩数落实，签订了合同。今年收购时严格兑现，完不成任务的，坚决惩罚，这样就大大促进了收购进度，如满城方顺桥乡收棉站，到11月2日已收购入库五十多万斤，而我们县与其相邻的乡收棉站只收购几万斤，有的几千斤。这两个县由于去年棉田亩数落实，今年各村惩罚面都不太大，群众拿得出，但是据我县七个乡的调查，实播棉田亩数都与原上报亩数有一定差距，甚至有的少二分之一左右，再加上今年棉花受各种灾害影响，一般都减产歉收，这样一来造成棉源不足。如按原规定惩罚，惩罚面都比较大，如按每人少交一斤皮棉计算，少者罚一二十元，多者罚五十元之多，乡、村干部对此都感到很难落实，更值得注意的是，这几个乡今年种植棉田亩数继续减少，因此，给明年棉花收购又带来困难。

二是望都、满城两县收购价格比我们县偏高，以每斤籽棉计算高出我县一角五分左右。满城方顺桥乡收棉站每一斤籽棉加上返还物资（油、饼）和平价供应物资（化肥、柴油），每斤合计一元四角九分左右。另外还有一个农民很敏感的问题，就是扣水分和杂质问题，这两个县都比我们少，这样就造成了棉花大量外流，和外县商贩们到我县境内购买（有的是交棉户），一般每斤籽棉一元五角至一元六角左右。

三是有的对收棉工作抓得不紧，措施不够得力。

首先，关键环节抓得不紧，一般号召多，具体措施少，如种麦以后就应抓住时机及时收购。据邻县群众说：他们县这时抓得很紧，发动了一次大的宣传声势，给群众造成了完不成任务不行的气氛；其次，我们县供销社收棉站存有的单纯盈利观点，用他们自己的话说：“赔钱我们不干。”这样就放松了收棉意识，我们在收棉站看到，有的棉农与棉站为价格问题、为掺杂而发生争吵，有的干脆不交拉回去了。

另外，据调查，现在群众手中还存有一部分棉花，正处于观望状态，如不进一步采取措施，还要流向外县。

鉴于以上情况，提出以下几点建议：

一、采取有力措施，抓紧收购农民手中存棉。要求乡镇、村发动一次大的宣传声势，职能部门要组织力量深入到村、户，进一步摸清存棉底数。对外来购棉人员要坚持予以制止。

二、要按照政策平衡好各收棉站之间的收购价格，解决好价格不统一的问题。不能你高我低，造成内部矛盾，相互冲击，形成棉农乱拉乱交的现象。

三、为给明年棉花收购打好基础，对明年棉花种植任务要及早安排，落实到乡、村、户。职能部门签订合同，明确奖惩办法。

四、职能部门要向棉农发放预购定金，解决农民种植棉花资金不足的问题，奖惩也好兑现。

五、各有关部门要做好棉花生产中的产前、产中、产后服务，要为我县棉花生产贡献力量。

经济科技委员会

## 关于我县小康建设情况的考察报告

（1995年9月10日）

1995年9月10日，县政协组织部分委员和机关干部会同县委、县政府有关领导及小康办的同志，对今年计划实现小康的望亭、何桥、清苑镇、赵庄、孙村、白团、魏村等乡镇进行了考察。之前我们对面上的小康建设也做了一些了解，听取了汇报、察看了小康建设的实际情况。与乡镇、村负责同志一起研究探讨了今后小康建设发展问题。特别是确保今年实现小康的乡镇，还存在哪些需要解决的问题。在此基础上，县政协召开四届十一次常委会议，又专门听取了小康全面情况通报，进行了面对面的讨论协商，大家在肯定我县小康建设工作的同时，提出了一些意见和建议。根据考察和委员们的反映，大家对我县小康建设总的印象是，成果显著，发展健康，前景乐观，差距依然存在，今后尚需努力。

从重点考察的望亭等七个乡镇来看，小康建设抓的主动自觉，经济发展较快，各项指标完成的较好，今年实现小康乡镇较有把握。主要表现是：

1. 这些乡、镇小康建设的意识较强。乡村两级领导中心明确，小康建设总揽全局的思想坚定。他们把小康目标量化、细化、责任到人，实行“双捆绑”，人人有压力，人人有动力，领导、组织、任务、奖惩四落实，形成了真抓实干、上下同心奔小康的局面。立足于本地特色，整体思路明确，具体规划得力。比如赵庄乡按照“东抓粮，西抓钱，南菜北牛大发展；两高一优闯市场，牵动五龙轰冶炼；一桥三线搞开发，计划生育攻坚战；一抓双促掀高潮，实现小康九五年”的思路，小康建设抓得很有成效。这些乡镇对各自的强项、弱项、优势、劣势都有比较清醒的认识。在加强强项和优势的同时，下力量解决弱项，扭转劣势，积极寻找新的经济增长点和致富门路，全面协调高质量地推动小康建设发展。

2. 经济发展较快。这些乡镇始终把发展经济作为小康建设的核心，抓住不放。从考察的情况来看，上半年农民人均纯收入都在1100元（现价）以上，年底实现2200元（现价）以上有把握。他们着力调整经济结构，一、二、三产业协调发展，经济综合实力较快增长。农业基础地位更加牢固，传统农业向高产高效发展，科技含量越来越高。经济作物在种植业中的比重越来越大，养殖业在农民收入中占一定比重。今年农业“五大工程”成效显著，上半年小麦、瓜果、蔬菜全面丰收，秋季作物长势喜人，丰收在即。乡镇企业主导地位更加突出，坚持“继续抓发展，着力抓提高”的方针，企业数量迅速增加，质量进一步提高，进一步向规模化、小区化发展，乡镇企业占国民生产总值的比重越来越大。望亭乡今年乡镇企业总产值有望超双亿元，清苑镇、赵庄、何桥等乡镇超亿元已成定局。第三产业发展迅速，摊点成倍增加，赵庄乡和清苑镇在这方面尤为显著。

3. 软、硬件建设同步发展。这些乡镇人均住房使用面积、通水、通电、居民家庭电视收音机普及率、“五保户”供养率、重大刑事案件发案率、医疗卫生诊所、计划生育率等指标已基本达到小康要求；路面硬化、程控电话、图书室、综合文体场所等硬件，大部分也已完成、个别未完成的也正在抓紧筹建；为普及九年制义务教育，达到“三率”的指标要求，这几个乡镇都不同程度地投资增建了校舍，增加了初一班及招生人数。绿化问题是一个共同的弱项，这些乡镇决心冬季植树完成任务，保证达到小康要求。

在考察七个乡镇和面上的小康建设中，我们也感觉到有一些问题有必要提请注意和解决的主要有：

1. 以小康建设总揽工作全局的思想有些乡镇、村还不明确和牢固。表现在，工作上“兵来将挡，水来土屯”，处于应付状态，不是始终如一的按照小康建设的既定目标和规划主动自觉地去进行，有些事情是群众自发性搞起来的，领导如何去组织引导则不够。有的至今小康建设还没有一个像样的规划，有的有目标而没有具体措施，没有落实责任和实现目标的时间要求，小康建设处于自然状态。

2. 发动还不够充分，工作还不够深入。考察情况表明，现在仍有些乡村存在上边清楚下边糊涂的问题。宣传发动没有真正深入到千家万户，小康指标也没有分解细化到每家每户，不少群众对“小康”的概念还不清楚，积极性和主动性没有充分调动起来。在个别乡村，底数不清、数字不准。心中不明现象仍然存在，有的制定规划了事，没有跟踪落实，缺乏具体工作调度，对小康建设目标的具体运行情况没有切实抓在手上，工作缺乏应有的力度。

3. 今年计划实现小康的乡镇、村一些缺点和弱项，若不抓紧落实有落空的危险。特别是班子力量差、集体经济薄弱的村这个问题尤应引起注意。路面硬化、程控电话、综合文体场所、绿化等硬件建设，都需相当投入，是硬件建设中的难点。尽管都有了计划安排，但如果不切实抓紧，不叫真劲，有的地方很难完成，很可能拖小康建设的后腿。

4. 明后两年实现小康的乡镇、村，有的缺乏紧迫感，认为时间还长，不着急；甚至少数人认为，到时怎么也得实现小康。因此，工作还没纳入小康建设的轨道。越是往后列入实现小康的地方，条件一般较差，基础薄弱，经济发展缓慢，实现小康的困难较大，更应早部署、早安排，早动——从现在起就要坚持不懈地抓下去。这样，才能如期实现小康。

根据考察组和委员们讨论的意见。对小康建设提出如下建议。

1. 建议县委、县政府在种麦结束后，对小康建设进行一次再发动，贯彻省、市小康会议精神，进行总结、部署任务，层层发动。进一步发动群众开展大讨论，修订制定规划，具体落实小康建设任务，把我县小康建设进一步引向深入。

2. 建议对今年计划实现小康的乡镇召开一次专题会议，或逐乡镇进行一次全面督查，研究部署后几个月的工作，对照标准，严格要求，促其如期实现小康。要求这些乡镇要认真进行总结，查补缺项弱项，对于修路，程控电话、植树等硬件任务未完成的，要采取切实措施，确保如期完成，要用两个80%的小康标准衡量各自的工作，务必高标准实现小康。

3. 对小康建设工作要加强动态管理。对已实现小康的乡村，要以更高的标准要求他们，制定新的规划，向更高的目标迈进，向更高层次发展。不能有一劳永逸，小康到顶的思想，这些乡镇要在小康建设上为全县树立更高的样板。

4. 在小康建设中作风要深，工作要扎实，坚持实事求是。不能平均数字代替全面水平，也不能用少数掩盖多数，要着眼于两个80%。既要支持富裕大户，也要注意扶持还比较困难的户，标准是两个80%。要做好对20%的传、帮、带，实现共同富裕。统计工作要在全、准、及时上下功夫。小康建设规划要入户，户户建小康档案的做法应大力提倡。

5. 集体经济普遍薄弱这是我县小康建设中的一个弱点，今后应把发展集体经济作为小康建设的一个重点来抓。集体经济发展了，一些事情才好办。发展集体经济也应列为小康建设的一个硬指标、发展集体经济的路子可因地制宜进行探讨。要多种机制，多种形式，关键是领导要有事业心。各乡镇的引进工作应首先着眼于发展集体经济。

清苑县政协办公室

## 政协清苑县委员会
## 关于全面对接、提速融入、加快清苑发展步伐的建议
（2010年9月1日）

在“解放思想、优化环境、大上项目、加快发展”大讨论活动中，县政协按照县委的统一部署，把大讨论活动作为参政议政、履职尽责的一项重要内容，积极参与，主动作为，围绕加快发展这一主题，对标先进找差距，正视县情求破解，综观大局谋方略。通过学习考察、调研分析和理性思考，我们认为：加快清苑发展，应把全面对接、提速融入、加快保定新区建设步伐作为清苑今后发展的重大战略之一，让保定市推进“一主三次”城市发展战略成为拉动我县经济跃升、实力攀升、品位提升的强力引擎，通过主动融入保定中心城市，全面承接保定市区辐射，最终实现借力发展，借势发展。

对此我们主要基于以下方面的认识和思考：

首先，从历史和现实的角度看，全面对接、提速融入，是清苑加快发展的必然选择。清苑作为保定城郊近县，长期以来受保定“吸附效应”，特别是区划调整的影响，导致大批清苑人到保定娱乐购物、就医就药、购房居住，大量资金流向保定，造成县城建设发展缓慢，基础设施不完善，聚集和辐射功能差。从当前情况看，保定市为加快区域性中心城市建设步伐，拓展城市发展空间，市委、市政府制定了推进“一主三次”城市发展战略，对清苑实行“按区管理”。清苑作为距离保定最近的卫星城，必然成为保定拓展城市发展空间的首选。所有这些，决定了清苑发展脱离不开保定，与其被动受影响，不如主动融入求发展，全面对接保定，化劣势为优势。

其次，站在全市的角度看，全面对接、提速融入，是加快清苑发展的客观要求。当前，保定市实施对接京津、一主三次、工业西进三大战略，各县竞相发展，势头强劲。从学习考察的情况看，我县无论是整体经济实力，还是在财政收入、项目建设等方面，与先进县（市、区）相比都有较大差距。特别是近年来保定市区向北、向西发展迅速，徐水、满城与市区的距离正逐年缩短。全市各县

（市、区）争先恐后的发展态势，给我们带来了严峻挑战，如逆水行舟，不进则退。因此，我们应该树立忧患意识，摒弃长期以来形成的“大树底下好乘凉”的惰性思维，借鉴满城、徐水等地发展经验，顺势而动，发挥独特区位优势，加快与保定的全面对接，提速融入保定市区步伐。

第三，从清苑自身角度看，全面对接、提速融入，是加快清苑发展的必由之路。清苑是农业大县，要饭财政，县域经济整体发展水平与保定市区差距较大，拿不出更多的资金搞建设。加快清苑发展，应该依靠外力，借力发展，根本办法就两个。一个是招商引资，上大项目，建设支撑财政的“四梁八柱”。另一个就是借助保定的力量，以城市相连、产业对接、道路等基础设施贯通为突破口，逐步形成与保定规划相融、市场相通、资源共享、交通共连、人才对流、产业对接的一体化发展格局。通过全面对接，主动承接保定市区产业、项目辐射，带动我县产业升级，项目生根；带动人流、物流、资金流的加速循环，为我县发展注入强劲动力。

综上所述，我县融入保定的各项基础和条件已经成熟，政策环境的大趋势已经形成。我们应充分认识在基础设施、项目建设、产业结构、人才技术、体制机制、思想认识、工作状态等方面存在的差距和不足，以全新的视角审视清苑发展，以超常的举措全面对接保定，加快融入市区步伐。特提出如下建议：

一、坚持规划对接先行，为提速融入、加快清苑发展步伐奠定基础

规划对接是推进“一主三次”战略、提速融入步伐、加快清苑发展的前提和基础。我县两面环保，县城距保定主城区仅4公里，具有融入市区的绝对区位优势。建议成立由县政府牵头的专门工作班子，千方百计邀请国家和省市知名专家学者到清苑调研，为我们出谋划策，指导发展规划的调整，提出全面对接保定的规划建议，努力提升规划对接的针对性和有效性。要通过各种渠道，宣传和推介清苑，以超常的手段，游说和影响市编制机构及有关部门，在“十二五”发展规划的谋划编制中高度重视清苑的发展地位，尽量体现清苑的发展意愿，将清苑纳入保定市规划的重要组成部分，使基础设施布局、产业结构调整、土地开发利用等领域实现有效衔接，实现保定－清苑的一体化发展。

二、加快基础设施对接，实现我县与保定市区一体化发展

基础设施是经济发展的载体，也是融入保定的关键。建议结合“城镇面貌三年大变样”工作和“按区管理”战略，以建设一体化交通圈和生活圈为目标，积极争取市区基础设施向清苑延伸，借势用力实现与保定市区由近变通、由通变畅，为清苑发展加筹码、蓄能量、添后劲。交通、规划等部门应加强与保定市相关部门的沟通联系，以构建大交通、抓好配套建设为重点，加快我县与保定的融入对接，借助保定市区打通西三环、南三环的契机，积极谋划运作清苑北环与保定市区东三环、长城大街、乐凯大街、西二环的对接，加上朝阳南大街、莲池南大街，实现“七路通保”的多角度无缝隙融合。积极谋划朝阳南大街续延至京珠高速联接项目，使清苑成为保定通往外界的便捷通道。结合污水处理厂、大唐清苑热电厂、环保发电厂的建设，加快我县供电、供水、供热、供气等基础设施的全面升级并为市县共享。加强我县的生态环境保护，为保定营造良好的周边生态环境。信息化建设是推动一体化发展的强大动力，应尽快促成与保定网络资源的一体化建设，实现与保定在政治、经济、科技、文化、教育等方面的信息共享。通过开展合作交流等多种方式引进人才技术资源，大力发展教育、卫生、社会保障等公共事业，推进与保定公共

服务的一体化，加快我县融入市区步伐。

三、加大项目对接力度，带动全县招商引资工作实现新的突破

全面对接、提速融入工作最终要落实到项目上。没有项目的落地生根，全面对接、提速融入就是一句空话。建议县委、政府应以项目建设为突破口，以县商务局为主组建专业招商队伍，加强与市商务局的联系与沟通，充分发挥我县区位优势和生产成本低的优势，盯紧受保定高成本困扰且与保定产业关联的大项目，想方设法引入我县。借助保定推进对接京津战略的大势，以京石高铁客运站为金字招牌，规划清苑东北工业园区，争取意向保定发展的京津大项目、好项目落户，全力打造保定东部工业新城。大张旗鼓地支持民间招商，鼓励工商联、各类行业协会、企业家协会、企业团体开展对口联系，通过产业链招商、行业招商、小团组招商等形式，提高招商实效，对做出突出贡献的民间招商人才予以重奖。

四、大力推进产业对接，做大做强我县优势特色产业

推进融市步伐、加快清苑发展，产业对接是重中之重。我县应充分挖掘自身区位和资源优势，优先发展我县有基础、保定有需求的特色产业，积极开展与保定的产业对接。一是抓好工业对接。着力加强与保定大企业、大集团的联系与合作，优化发展以汽车及零部件、热电产业、新型建材为主的现代制造业，力争在引进关联配套产业方面有大的突破。围绕古城香业、有色金属、手拉葫芦等传统产业，集中全县优势资源和生产要素，有目的、有选择地承接保定相关产业的转移，促进传统产业聚集发展，做大做强。二是搞好农业对接。依托丰富的农副产品资源，鼓励和引导县城周边农民大力发展近郊农业和休闲观光农业，重点扩大精品特菜、有机果品、反季果蔬的种植规模和猪、牛、羊、鸡等畜禽养殖规模，建立农超（保定大型超市）对接机制，把我县建设成为保定市区的“菜篮子”“米袋子”“果盘子”，倾力培育保定绿色生态农副产品供应配送基地，并以此为依托，辐射京津石等区域，努力提升清苑农副产品的市场占有率。三是搞好三产对接。制定出台发展县城商业、餐饮、娱乐等优惠政策，加快县城三产发展，激活县城商贸，繁荣县城经济。凭借我县低廉的房价物价、清新自然的空气、优质健康饮用水等资源优势，吸引保定市区的能人、富人来县城居住、创业。大力发展现代物流产业，充分利用我县的区位优势，建立以“政府引导、协会推动、企业参与”的物流产业合作机制，加快构建现代物流产业，使清苑成为保定市生产原材料、工业制成品、生活必需品进出保定乃至京津的中转站和集散地，并由此带动仓储、商贸、运输等相关产业的快速发展。

五、注重人才科技对接，提升我县内生发展动力

人才是第一资源，科技是第一生产力，人才科技对接是提速融入、加快清苑发展的重要支撑。保定高等院校林立，强势企业众多，人才资源充足。我们应充分利用保定科教资源优势，采取有效措施，以县职教中心为依托，吸引保定高校到我县开办分支机构或开展联合办学，共建教育实验基地和职业教育基地，加强劳动力职业培训，提高我县劳动者素质，增强就业能力，以满足与保定产业对接的劳动力需求。劳动、教育等相关部门应建立与保定人才工作联系机制，营造良好的人才发展空间，吸引保定高端人才以各种形式为清苑服务，鼓励我县专业技术人才到保定对口单位进修培训，提高专业技能。应扩大与保定科技人才的合作，推进产学研结合，搞好科技项目对接，促进科技转化成果共享，提升我县的科技创新能力，为又好又快发展提供智力支持。

六、加强体制机制建设，保障提速融入、全面对接工作的高效推进

对接融入工作，在组织领导、体制机制、环境建设等方面至关重要。建议县委、政府成立相应专门组织机构，明确职能权限，在人员、经费、交通通信工具等方面予以保障，充分发挥其统领作用，整合全县资源，努力形成融入市区整体优势，提高对接成效。应建立政府对口部门定期交流制度、高层领导定期会晤制度和相关知名人士定期联谊制度，对涉及对接合作项目的报批和配套申请，优先受理，优先保障。应坚持把营造一流的投资、政务、服务等软环境作为主攻点，全力打造政策最优、服务最好、成本最低、效率最高的环境信誉，真正做到“全面对接无缝隙，优质服务无上限”。按照行政提速、服务提质的总体要求，切实提高行政效能，大力推行“一站式服务”“一个人协调”“一次性收费”的服务机制，为市场主体和资源、信息、技术、人才等各类生产要素的自由畅通流动创造积极条件，切实构筑公开、透明、高效的发展环境，保障对接融入工作高效推进。

## 县政协关于全县婚丧嫁娶现状的调研报告

（2014年11月5日）

2014年10月县政协办公室组织相关人员利用一个多月的时间，对我县婚丧嫁娶情况在不同区域乡村进行了问卷调查和入户走访。从调查结果来看，我县婚丧嫁娶规模和等级办得越来越大、花费越来越多，各种浪费现象却不同程度的存在，究其原因，客观上这几年来人们的收增加了，给大操大办提供了一定的物质基础，一些相关产业的发展在某种程度上也成为了大操大办的幕后推手。主观上大部分群众存在孩子少了，不把事情办得风风光光的会丢面子的心理在做怪。从而导致攀比之风盛行，这与中央提倡的节俭之风和社会主义核心价值观背道而驰，我们的政府应关注和引导群众的价值观、消费观。机关工作人员、党员、村干部及社会各界有影响的人士，应以身作则，大力提倡勤俭办事之风，以实际行动反对侈靡之风。现将具体情况汇总如下：

**一、婚事方面存在的突出问题**

1. 大多数结婚前要求男方必须要有房，结婚后与老人分开住，为婆媳关系更好相处，就意味着男方要花积攒多年的积蓄，盖房装修，村里没地方，就往村外盖，导致耕地被侵占，“空心村”现象日益严重，农户花了钱，有的还违了法，侵蚀了我们的赖以生存了土地。

2. 婚事前聘礼越多越有面子。根据我们调查结果，前几年的聘礼只有壹两万元，而现在少则几万元，多则十多万元，这些彩礼是完全交给女方的，有的没有任何形式的返回，这也无疑给我县农村人均收入只有几千元家庭雪上加霜。

3. 结婚时亲朋好友闹得越欢事就办得越体面，办事正日子前几天男方家里就开始请客包饺子摆宴席，同学、朋友晚上打麻将、玩牌九，赌博现象也“合法化”，结婚正日子，办事主家的各路亲戚都要被“掰叉”，“掰叉”的范围越来越大，钱也从每人几百元到上千元不等，这些钱被管事帮忙者拿去事后到高档洗浴饭店，吃喝玩乐，影响相当坏。

4. 一些婚庆公司搞影楼，也在揣摸人们的心理推出种种套餐，也成为了人们大操大办的幕后推手。

5. 有的各村虽有红白理事会，但在勤俭办事的管理上大部分却未发挥作用，大部分村干部及一些在社会上有影响力的人士，也都没有起到很好的带头作用。

**二、丧葬方面各村火化率虽逐年上升，但都不同程度地存在着问题，主要是：**

1.本来火化后买个骨灰盒入土为安就行了，可大多数家庭还不丢老传统，要再买一口棺材，此外还要雇佣挖掘机挖坟建坟，这无形汉中增加了开支，还浪费了土地资源。

2.不大操大办就对不起已故的人，就没有面子，于是请戏班、歌舞、耍狮子、踩高跷便轮番上阵，除支付高额演出费用外，每个演出队最拿手的绝活是鼓动逝者的亲朋好友争相从口袋里拿钱赏给他们所谓的成功演出，这使得丧葬费用也随之增加。

3.拜灵时已故者的女儿、侄女要在出殡那天摆贡，好多贡品都是花钱租来的，摆一摆就拿走，除让家属们破费外，没有任何实际作用。

4.家属根据逝者的年纪大小，一般将逝者摆放在家中3天、5天、7天不等，以前出殡当日才摆宴席，其余时间以大锅菜为主，而现在一些地方正在兴起每天都要有七凉八热的宴席，有的村一家办事，全村吃喝，并且浪费严重，这无疑给逝者家庭带来更深重的经济负担。

**三、婚葬嫁娶现状的危害**

婚丧嫁娶大操大办、铺张浪费现象，已造成很坏的影响，这种风气同提倡节俭的中华传统美德是背道而驰的，它给社会和家庭带来诸多危害。

1.影响了家庭和睦。婚丧费用开支过大，造成沉重的经济负担，有的家庭办一次事，被债务压得几年抬不起头。因此，许多家庭是“儿子进洞房，父母上债台”。有的兄弟几人在办事上存在差距，而引发纠纷，造成兄弟不和，妯娌反目。

2.影响了婚姻的价值取向。有些家庭对待儿女婚姻，只看经济条件，成婚与否，多看彩礼多少，家产如何，而不顾及儿女是否自愿，严重影响了青年的婚姻价值观。这也是当前农村离婚率上升的原因之一。

3.造成了财力、物力的浪费。一个家庭，为了为儿子娶妻，往往要花光自己多年来的积蓄，有的还因此背上了沉重的债务。使本来辛辛苦苦达到的小康一下子坠入赤贫，严重影响生活质量，更不要说将来支持家庭成员的投资、创业，追求更好地生活。

4.助长了封建迷信活动。丧事大操大办，不仅浪费了大量的人力、物力和财力，而且助长了封建迷信活动，一些陈规陋习死灰复燃。如找阴亲，扎纸人、纸马、纸轿车，扬幡招魂等，还滋生了不少扎制封建迷信用品的“专业户”。

**四、婚葬嫁娶现状的建议**

通过调查，我县有的村红白理事会能发挥很好的作用，村红白理事会由村干部、党员代表和德高望重的人员共同组成，负责村内婚丧嫁娶事务的监督，他们通过两委会、村民代表会，在征求村民意见的基础上，制定出本村标准，并纳入村规民约，两委干部、党员、村民代表带头执行，要求村民自觉执行，无论谁家办事，不论红事、白事，有钱、无钱，不准大操大办，既节省了村民的开支，又遏制了部分群众相互攀比的不正之风，树立了良好的社会风气，受到了群众普遍欢迎。但是，我县大部分农村婚丧嫁娶现状令人担忧，已经影响到了家庭关系和社会和谐。鉴于此，综合上述述的调查分析，在婚丧嫁娶方面提出以下建议：

1.建立起村红白理事会，并使其发挥其应有的作用，在广泛征求村民意见的基础上，制定出适合本村婚丧嫁娶的标准，严格执行。村干部、党员、村民代表、德高望重的人士，要参与管理并监督，村红白理事会要提倡移风易俗，结合新农村建设和当前党的群众路线教育实践活动，把婚事新办，丧事简办，倡导和弘扬文明节约新风尚。

2.村领导班子、党员、村民代表应该起带头作用。严格落实中央八项规定，抵制利用红白事大兴送礼之风，婚丧事尽量从简。杜绝奢靡之风，提倡勤俭节约！办理婚丧事宜应简化仪式，抵制封建迷信陋俗，一切以提高生活质量，追求更加美好的生活为最终目的。

3.强化宣传教育，努力提高人们勤俭办理婚丧事的自觉性。县、乡、村等多级机关应该要充分运用广播、电视、黑板报等形式，大力宣传。引导村民对婚事新办、丧事简办、生前孝养的做法加以提倡鼓励。充分发挥村红白理事会的作用，对婚丧嫁娶大操大办、铺张浪费的要劝阻。通过宣传教育，帮助村民破除封建落后意识，深刻认识勤俭办理婚丧事的重要意义和铺张浪费的危害，自觉同各种陈规陋俗、丑恶现象作斗争，形成一种健康文明的良好乡里风气。

清苑县政协办公室

## 清苑县政协关于化解信访积案的调研报告

（2014年6月15日）

我县开展党的群众路线教育实践活动过程中，县政协积极开展活动平台，按照县委要求，于2014年5月，县政协领导班子利用一个月的时间，分两组到我县19乡镇（城区）召集政协委员座谈会，就我县信访积案化解工作进行了专题调研。各位委员们就我县当前化解信访积案工作积极建言献策。通过召开座谈会，我们传达了县委对委员的期望，政协委员会号召政协委员积极参与“化解信访积案”专项行动倡议，委员们表示要充分发挥位置超脱、联系面广的优势，积极协助当地党委、政府做好信访化解工作，把信访稳定工作作为自己分内之事，主动上手，鼎力相助。这次调研的乡镇、城区挂账信访案件共有61件，通过乡镇党委、责任部门、政协委员及社会各界力量共同努力，目前已化解15件，尚未结案的案件都在积极化解中，在稳控范围内。

通过这次调研发现，各乡镇非常重视信访稳定工作，作为头等大事来抓，乡镇干部对信访稳定工作的观念有了很大的转变，对上访人都能积极带着感情做好矛盾化解的工作，但化解效果存在差异。也发现了一些问题，主要有以下几方面：

（一）党委对案件重视程度不同，对案件发展趋势研判有差异。越是对案件重视程度高的，党委对案件发展趋势判断越有前瞻性，对案件化解的思路越清晰，处理的手段越合理，案件结果越令人满意，而相反，对案件深入不够，只知其一，不知其二，或对案件情况发展变化信息掌握滞后，错过处理案件最佳时机，造成案件复杂化，因而不利于案件的化解工作，建议党委政府主要领导对信访工作高度重视，常抓在手。

（二）乡镇领导班子对部门工作的协调运作能力以及包村干部的工作能力和责任心决定乡镇信访稳定工作的好差。班子的战斗力影响着案件化解工作结果。比如，现在许多乡镇村级工作都是包村干部一包到底工作制，不论是土地纠纷、经济纠纷、计生、民政、选举等等事无巨细，都是包村干部的事，村级事务处理的好坏很大程度上取决于包村干部的工作能力和责任心，而包村干部工作能力体现在对农村各项政策的掌控上，对村情民意的了解程度以及和村干部的关系上，某一个环节处理不好，对一些信访案件的处理就可能错失最佳处理时机，甚至可能会把小事拖大，大事拖难。因此建议各乡镇应组织包村干部认真学习计生、民政、土地、组织发展、选举等各项业务知识，把包村干部打造成一支业务素质过硬的队伍，有助于乡镇各项工作特别是信访稳定工作的开展，关于包村干部责任心的问题，乡镇副职平日付出多，节假日少，工作压力大，偏远乡镇交通费用都是一笔不小的开支。建议各乡镇党政一把手再忙也要多和包村干部加强沟通，多关心他们的生活问题，多关注他们的政治前途，可以因地制宜地制定一些经济奖励政策，将心比心，抓住包村干部的心，稳定基层队伍，激发他们的责任感。

（三）各乡镇抓村级班子建设力度存在差异。同样性质的一件信访案件的化解，在“好村”可能三五天就能解决清，放在“差村”，可能短时期内非但化解不了，甚至被别有用心之人利用，还会矛盾扩大化，成为引发问题的导火索，信访案件化解工作的重心在村级，村班子团结与否，是否有战斗力，直接影响着信访稳定工作。因此，建议乡镇党委要时刻把党建工作放在首位来抓，村级班子抓好了，各项工作都能顺利开展。

（四）信访案件化解时机的把握，也影响着案件化解的结果。有些乡镇平时注重加大信访案件的处理力度，而这时信访人的诉求相对客观，这样的案子处理起来相对容易一些，而有些乡镇，因种种原因未能及时化解，待到敏感日，信访人的诉求很可能大幅提价，此时再处理，难度就大了，这时只能被动地死盯死守了。因此，建议各乡镇平时要加大信访案件处理力度，莫等到“火烧房子了”才着急。

（五）目前信访体制存在的问题。现在的体制强调属地责任、属地管理，谁的人谁负责的管理模式。这种模式存在一定的弊端，如涉法、涉诉、土地纠纷等涉及职能部门的案件，乡镇无权解决，面对信访人做工作时，只能做空洞的思想工作，说好话劝返，给人感觉是敷衍了事，根本解决不了问题，而这些事情处理好坏与职能部门相关人员的利益毫无关联，造成部分职能部门对信访工作的不作为，这就出现了“皇上不急太监急”的现象。一旦稳控出现问题，首先追责的是乡镇责任，给乡镇造成了很大压力，而出现这些问题的原因，往往是由于职能部门的不敢担当责任而造成的不作为。有的上访人长期外地居住，成为外地的常住户，而责任还在户籍地，给所在乡镇问题解决信访稳控造成了很大的困惑。效果也不明显。因此我们建议为更好地解决类似信访案件，应建立责任捆绑机制，信访人反映的问题处理不好，职能部门责任人、乡镇及常住户口所在地政府稳控责任都要有说法，这样既彰显公平，又有利于案件的处理。

（六）党委、政府对坚持信访案件化解导向的力度应进一步加大。化解信访案件牵扯了乡镇的大部分精力，影响了一个村甚至一个乡镇的正常发展。并且现在许多惠农项目都要求乡村稳定的情况下才能实施。因此，我们建议：1. 对该解决的信访案子应抓紧时间解决，解决不好追究相关人员责任。2. 对无理访、非访、缠访、闹访，各级党委政府要态度明确，决不纵容姑息，要从法律角度追究责任，严厉打击。决不能被上访人牵着鼻子走。否则，我们的信访稳定工作将陷入被动局面。

（七）信访考核机制还有需要完善的方面。乡镇信访稳定工作基础好坏，是影响考核结果的重要因素，对信访工作基础差，稳定工作压力大的乡镇，虽然乡镇党委、政府也花了很大精力化解了很多案件，但由于遗留问题多，往往成绩不明显，也得不到应有的鼓励和支持。建议在横向评比的基础上，进行纵向对比，有成绩突出的应予以鼓励表彰。

通过调研，我们认为望亭乡在信访稳定工作上下了功夫，在党委政府的协调下，由政协委员、人大代表、企业家代表及当地一些有威望的人士组成了一支维稳工作小组，每个月维稳小组都要到乡里开一次例会，分析形势，研究对策，在矛盾排查化解上做出了不少贡献，这一做法很值得各乡镇借鉴。

清苑县政协办公室

# 第九章 委组工作

委组工作是人民政协发挥自身优势的一项重要职能。县政协历年组织相关工作人员和政协委员通过视察、调研、咨询、服务、联谊的方式，举行座谈会、茶话会、报告会以及其他活动，紧密联系社会各界人士，举行学习交流活动，促进了县域经济、文化、教育、卫生、科技、经济以及祖国统一工作的深入发展。

## 第一节 科教文卫工作

抓好科教文卫是提高清苑县人文环境水平和促进精神文明建设的一项重要工作。清苑政协一直重视号召政协委员捐资助学、关心教师待遇、征集整理文史资料、卫生防疫、宋祖陵考古发掘、举办书画展等方面的工作。

1987年8月28日，清苑县政协号召委员捐资办学。北沟头村刘华山连同4户股东，捐资8.1万余元为本村修建一座教学楼，韦各庄离休教师马树玲捐资800元修本村小学，大魏庄小学教师赵忠安捐款4300元修本村小学，武安小学教师安跃东捐款1200元修本村小学。

1989年8月11日至8月18日，政协清苑县教师工作组深入清苑镇、大阳乡、白团乡、大魏庄乡、北马庄乡、马庄乡部分乡镇进行调研，形成关于农村中小学教师经济待遇情况的调查报告，并就相关工作提出5点建议。

1989年9月10日，政协办公室在调研的基础上形成关于何家桥乡教师队伍情况的调查报告，针对存在的问题提出3点建议。

1992年政协提案委员会安排县社教办、何桥乡、王盘镇主要负责人汇报第一批社教成果，与会的政协委员们在讨论的基础上对相关工作提出7点建议。

1993年初，政协文史委员会着重整理、征集《清苑文史资料》第三辑文稿，截至1993年6月底征集整理了5万多字。

1994年11月2日，县政协组织召开文化教育协商座谈会，与会人员对文化教育工作提出4条建议。

2003年11月28日，县政协领导丛国栋、胡景山、闫营志、陈克带队同部分政协委员到县卫生局进行视察。县政协主席丛国栋在听取卫生局负责人卫生工作情况汇报后，就卫生工作讲了4点意见。

2008年5月23日，县政协领导宋静、丛国栋、闫营志、范同山、苏秀义、税国芳在相关部门负责人的陪同下，到望亭乡东安村的宋祖陵考古发掘现场视察了进展情况。政协主席宋静一行充分肯定了此次考古发掘工作取得的成绩。

2010年5月13日，县政协领导班子成员先后到清苑二中、实验小学、南大冉小学、清苑中学、幼儿园等学校，就校园安全工作进行视察调研，并组织召开了校园安全工作座谈会。与会人员提出4点建议。

2010年9月29日上午，县政协在县宾馆举办迎国庆暨纪念抗日战争胜利65周年书画展。这次活动营造了祥和的节日氛围，激发了全县人民热爱祖国、建设清苑的热情。

## 第二节 乡镇政协联络组工作

1987年11月，各乡镇建立了政协统战联络组。基层委员定期召开会议，加强了联系与沟通，就基层存在的难点、热点问题撰写提案，为解决基层困难，反映社情民意，促进发展做了大量工作。

1987年11月26日，根据中共清苑县委关于建立政协统战联络组的决定，在清苑县政协的指导下，成立了由各乡镇党委副书记任组长，由本乡镇5～9名政协委员组成的统战联络组，协助党委、政府做统战工作，为两个文明建设献计出力。

1988年12月29日，温仁、王盘的政协统战联络组针对教育工作实际就如何提高教学质量和高中生源不足的问题形成调研报告，并提供给县政府参考。

1989年5月26日至28日，县政协指导各乡镇统战联络组学习国务院总理李鹏、国家主席杨尚昆在首都党政军干部大会上的讲话。委员们一致表示，坚决拥护党中央的重大决策。

## 第三节 学习交流活动

学习交流活动是提高干部队伍自身素质一项重要举措，领导班子成员通过学习党的方针政策、法律法规，增强为人民服务的意识，提升参政议政的能力和委员的履职水平。

1989年6月3日，县政协组织部分委员学习了中共领导的重要讲话，并就稳定当前局势进行讨论。委员们一致表示，坚决拥护党中央的重大决策，坚决在思想上、政治上、行动上与中央保持高度一致。

1989年10月15日，县政协组织机关全体学习江泽民在国庆40周年大会上的讲话。要求把江泽民讲话中有关统一战线和政协工作的精神落实到实际工作中去。

1989年11月15日上午，县政协组织部分委员学习十三届五中全会公报，政协副主席刘俊章主持了这次学习活动。会议学习中共十三届五中全会公报和关于同意邓小平同志辞去中共中央军委主席职务的决定。委员们一致表示，对全会做出的各项决定表示坚决拥护。

1990年7月16日，县政协提案工作委员会召集部分委员学习全国和省市提案工作会议精神。

1994年4月至5月，组织机关工作人员进行税制改革、市场经济、金融体制改革方面的学习。

1994年7月20日，县政协组织召开财政、税收座谈会，大家积极讨论，提出要齐心协力抓收入，节衣缩食过紧日子的建议。

1995年8月3日，县政协组织部分委员在县政府会议室学习清苑县经济形势报告。

## 第四节 “三胞”联谊活动

“三胞”联谊活动是政协工作的重要内容。县政协每年召开联谊会，组织委员给港澳台以及海外亲友发信，介绍国内大好形势以及期盼团聚、期盼统一的愿望。全县共有海外“三胞”数百人，分布在17个国家和地区，“三胞”眷属300多户。1989年12月，县政协出席了省祖统会召开的祖国统一工作交流会，并在会议上介绍了经验。政协委员、侨眷崔立石邀请在美国的兄长崔立柱回乡投资，在兴苑市场第三期投资20余万元；旅美华侨徐振英父子投资150万元进行房地产开发；旅美华侨马树栋为家乡韦各庄捐款90万元修建了教学楼。

1989年7月1日上午，县政协副主席张孝祯主持了24名台侨眷属参加的学习座谈会。会议学习了邓小平的讲话和《中共十三届四中全会公报》，与会人员一致表示，对邓小平的讲话和公报表示坚决拥护。

1991年5月27日至5月30日，政协祖国统一联谊委员会、经济科技委员会、提案委员会，文化委员会，先后召开对口协商联席会议。县直50多个部局委办的负责人及县直统战联络组长参加了会议，各分管主席分别主持会议并讲了意见。

1993年初，海外联谊工作组召开“三胞”眷属座谈会。“三胞”眷属牵线搭桥，引进项目为发展清苑的经济发挥了积极作用。

## 第五节 经贸工作

清苑县的经济基础薄弱，经济的振兴离不开企业的稳健发展。清苑政协为促进本县经济发展多次向县委、县政府建言献策，为支持各类企业做大做强做了大量工作，并取得显著的促进作用。

1989年8月28日，清苑县政协财贸工作组在调研的基础上形成了关于资金“体外循环”情况的调查报告，针对体内失调、体外失控的问题提出5点建议。

1992年5月16日，经济科技委员会组织部分委员听取财税两局就其所属单位1992年以来扶持乡镇企业情况进行通报。与会委员就相关情况进行讨论，并提出3点建议。

1993年4月，清苑县政协组织部分委员深入到东风钢厂、曙光毛纺厂、恒泰铝锭厂等5个乡镇企业进行实地视察，并就人才资金管理方面存在的问题，提出了建议。

1993年5月，清苑县政协组织部分委员深入到乡镇企业进行视察调研，针对企业管理不善、效益不高，小冶炼一哄而上等问题提出意见建议。

1993年9月7日，县政协组织部分委员及机关干部13人，由政协主席张鹤亭带队对东顾庄冷冻厂、北沟头东风钢厂、牛庄庭院葡萄、科协珍禽动物养殖所进行视察，并对这些企业的发展提出意见建议。

1994年7月11日，县政协经济委组织召开乡镇企业代表座谈会。代表们踊跃发言，并提出3点建议。

1995年10月24日，政协组织委员30多人对化肥厂、农机修造厂及部分乡镇企业进行视察，就企业发展提出意见建议。

1996年6月9日，县政协组织部分委员、企业界代表在望亭乡东安村振海铝厂召开座谈会，对“九五”计划及2010年远景规划进行充分协商讨论，提出意见建议。

1996年9月上旬，县政协组织部分委员对交通、地税、工商等行政执法部门进行视察，并就各单位如何开展好各项工作提出建议。

1996年7月中旬，县政协组织部分委员对县工业局的电池厂、化肥厂、工具厂、农机修造厂、童装厂、木器厂、机械厂、清城塑胶有限公司等企业进行视察，并就相关工作提出5点建议。

## 第六节 农业农村工作

清苑县是农业大县，也是国家级商品粮基地县。抓好农业生产，不仅涉及本县千家万户农民的收入，还关系到国家粮食安全战略，因此，清苑政协始终重视清苑县农业生产。

1990年5月9日，县政协组织部分委员到张登镇、大魏村、白团乡实地视察小麦长势，并对春耕工作提出6点建议。

1990年8月8日，县政协组织部分委员到中冉、魏村、郝庄、大魏庄、北店、大庄、南营头、石桥等乡村视察了玉米、棉花长势，为确保秋季丰收提出6点建议。

1991年5月18日，县政协组织部分委员与市政协相关领导到北和庄、南营头、东闾、百冢等村对小麦长势进行视察，为确保夏季丰收提出6条工作建议。

1991年9月5日至6日，县政协组织部分委员与市政协相关部门实地考察唐河、清水河和周边农田水利基本建设情况。考察后提出3点工作建议。

1991年5月15日，县政协副主席霍宗华带队先后到北和庄、南营头、东闾、百冢等村视察小麦管理工作，并就相关工作提出6点建议。

1991年11月25日，县政协经济科技委员会组织部分委员到阳城、郑各庄、大魏庄、郝庄、魏村、阎庄、马庄等乡镇实地视察棉花收购工作进展情况。为防止棉花外流，提出5点建议。

1993年3月，县政协组织部分委员，对“一抗双保”工作和农田基本建设情况进行了视察，涉及19个乡镇，最后在大庄召开座谈会，就相关工作提出意见建议。

1994年3月24日，县政协组织部分政协委员到白团乡、田各庄乡视察春耕工作并就春耕生产管理中存在的问题提出意见和建议。

1994年11月9日，县政协组织部分委员视察小康建设情况，并为县委、县政府相关工作提出意见和建议。

1995年7月，县政协组织部分委员对望亭、何桥、赵庄、清苑镇、孙村、白团等计划实现小康的乡镇进行视察，并就相关工作提出4点建议。

2007年7月6日，县政协领导宋静、闫营志、税国芳及部分政协委员在有关部门的陪同下，视察防汛工作安排情况。县政协主席宋静就防汛工作提出3点意见。

2010年7月19日，政协领导班子成员及部分政协委员就全县防讯工作进行视察。在听取全县防汛汇报后，县政协主席宋静就相关工作提出4点意见。

2013年7月18日上午，县政协及部分政协委员视察防汛工作。水利局负责同志陪同视察。在听取全县防汛总体情况汇报后，县政协主席宋静针对存在的问题提出3点建议。

## 第七节　民生工作

为人民服务，关注民生、关心民生也是政协的一项重要工作。清苑政协历来重视民生问题。

1990年9月20日，县政协组织17名政协委员对清苑县城要办的4件大事（入学难、买煤难、吃水难、行路难）的工作落实情况进行1天的视察，并就存在的问题提出4点建议。

2003年6月5日，县政协主席丛国栋、党组书记胡景山与县人大部分领导共同对我县交通局的公路桥梁建设情况进行视察。参加视察的领导对公路、桥梁的施工建设和工程质量给予肯定。

2011年6月16日，县政协领导班子和部分政协委员视察食品安全工作。在听取县食药监局、工商局、卫生局、质监局、农业局、商业局等部门食品安全工作开展情况后，与会人员进行认真讨论，并就抓好食品安全工作，提出多条建议。

2011年7月15日，县政协领导班子就全县防汛及农田水利建设工作到水利局进行了视察。政府主管县长及有关部门负责人陪同视察。在听取了防汛及农田水利建议有关工作汇报后，县政协主席宋静就做好相关工作提出了意见和建议。

2012年7月10日上午，县政协领导班子及部分政协委员到县防汛指挥部、北店乡视察了防讯工作。在听取汇报后，县政协主席宋静一行实地察看唐河、清水河堤防及冉河头村防汛工作准备情况。县政协主席宋静就抓好防汛工作提出4点建议。

2012年8月9日上午，县政协领导班子及部分政协委员视察县城公园建设情况，视察组一行进行实地查看，听取住建局负责人关于公园建设的工作汇报，县政协主席宋静就县城公园建设提出5点建议。

2013年10月15日，县政协领导班子及部分政协委员视察城市管理“6S”行动开展情况。视察组一行先后到振兴路街头游园、保障住房建设现场、花鸟鱼虫市场、县城集中供热建设工程进行实地查看，并听取了住建部门负责人情况汇报。视察组成员对城市管理“6S”行动短时间内取得的良好效果给予肯定。县政协主席宋静就做好下一步工作提出4点建议。

2013年10月24日，县政协领导班子及部分政协常委到望亭乡视察大气污染治理工作。视察组听取了望亭乡关于近期大气污染治理的工作汇报，视察组对望亭乡大气污染治理工作取得的阶段性成果给予肯定，县政协主席宋静就做好下一步工作提出4点建议。

2014年4月24日，县政协组织部分政协委员视察县城精细化管理情况。视察组先后到农贸市场西口、迎宾西街马路市场、清苑公园、集中供热主管网铺设现场、团结路北沿施工现场、开发区道路建设现场进行实地查看。在听取住建等相关部门的工作汇报后，视察组进行讨论。针对存在的困难和问题提出意见和建议。

## 第八节 综治工作

发展需要有一个稳定的社会环境，清苑政协历任领导都分包乡镇，下基层调研视察稳定工作，甚至亲自上手协助乡镇处理历史难案，并多次倡议全县政协委员要以身作则，协助党委政府抓好稳定工作。在维稳工作方面多次受到县委的肯定。

1992年5月27日上午，县政协组织了部分委员听取治安综合治理情况汇报。与会人员就切实推行打、防、管、教四种措施方面，提出5条意见建议。

1995年4月7日，县政协组织部分委员视察县城内书店、报刊零售点、录像厅、电子游戏厅、营业性歌舞厅等15个文化场所。对文化市场管理工作提出多条意见和建议。

1995年12月13日，县政协组织部分委员对县政府确定的1995年十件大事落实情况进行视察，委员们对县委县政府的工作表示肯定。

2003年10月17日，县政协领导丛国栋、胡景山、闫营志、张焕玲、陈克及部分政协委员，到县公安局视察指导公安工作，县政协主席丛国栋就加强公安工作提出3点意见。

# 第十章　文化建设

清苑县历史悠久，文化底蕴深厚，在仰韶文化时期就有人类生活。清苑县建制始于北魏太和元年（477年），已有1500多年的历史。清苑县历史文化名人众多，有开国皇帝，文臣武将，文学家，书法绘画名家等。清苑县与历史文化名城保定原为一体，中华人民共和国成立后析出，环抱、毗邻保定市城区，地理位置重要。由于历史和地理、人文原因，清苑县文化资源丰富，为文史资料挖掘工作提供了广阔的沃土。县政协对文化建设十分重视，历届政协清苑县委员会始终认真贯彻《中国人民政治协商会议章程》，一直把文化建设作为一项重要工作，并取得丰硕的成果，为推动清苑县的文化建设做出了重要贡献。

## 第一节　文史资料工作

政协清苑县委员会对文史资料的搜集整理坚持“广征博采”与“重点抢救”相结合的原则。至2015年，共出版文史资料8辑。

清苑县政协成立后，办公室副主任郑汉青和办公室工作人员张良生开始搜集文史资料，骑自行车深入到全县各村走访事件经历者和当事人，获取大量宝贵的一手资料。郑汉青在文史资料工作方面做了大量工作，奠定了清苑县政协文史工作的基础。主编了39万字共3辑《清苑文史资料》，其中收录他本人撰写和整理的有17篇。1987年，文史资料委员会共征集整理文史资料11期，其中为纪念抗日战争五十周年而整理的《血泪的控诉》《卢沟桥参战回忆录》等被省市刊物选登。

为了将文史资料编印成册，文史资料委员会集中主要力量和精力进行文史资料的征集整理。经过认真筛选审修，1989年1月，《清苑文史资料》第一辑出版，共35篇，其中有23篇被省、市文史资料专刊采用或备用。

《清苑文史资料》第一辑的出版后，分发到政协委员、知名人士、县直单位及有关兄弟市县政协。读者反映，这部书质量高，差错少，内容丰富，资料宝贵，是一部很有历史参考价值和爱国主义的教材。

1990年，将《清苑文史资料》第二辑的编写工作列入《清苑县政协文化委员会关于一九九零年的工作计划》，并确定具体工作目标、工作方法和具体措施。到1991年，共撰写文史资料26篇，14万字。《清苑文史资料》第一辑参加了省文史资料评选活动荣获优秀奖；《一个黄埔生的曲折经历》被评为优秀文章；《清苑县1963年洪水灾害实录》《我的学徒生活》被《河北省文史资料》一、三期选登。

1992年上半年，完成《清苑文史资料》第二辑的出版工作。

1993年2月26日，政协清苑县委员会将《清苑文史资料》第三辑资料征集工作列为政协清苑县委员会1993年工作要点，提出文史资料征集工作既能留史存鉴，又是联系各界人士以文会友渠道，年内要继续以挽救的精神积极组织撰写文史资料，为出版第三辑文史资料准备材料。换届后，政协文史委员会即着手整理征集《清苑文史资料》第三辑文稿。清苑县委对政协的文史资料资料工作很重视。1993年7月2日，中共清苑县委员会发出《中共清苑县委关于转发县政协党组《关于征集、编辑〈清苑文史资料〉第三辑的报告》的通知。动员各乡镇党委、县委各部委、县直各党委、党组、支部参与并支持文史资料的征集编辑工作，并指出此项工作的意义与重要性。《清苑文史资料》第三辑于1994年11月出版。

政协文史工作曾多次受到省、市政协的表彰，并在市政协文史工作会议上介绍经验。1996年被省市政协评为先进单位，获一等奖。清苑文史资料第四辑《抗战烽火》一书获河北省政协优秀作品二等奖。在文史资料第四辑的基础上，开始进行第五辑的稿件征集工作，1996年底，征集资料达15万字。至1998年，县政协的文史工作在连续三年获省政协系统表彰的基础上，再次获省二等奖。从1998年，《文史资料》第六辑的稿件工作全面展开。经过各方面的不懈努力，《文史资料》第五辑、第六辑于2003年8月完成出版发行。

《文史资料》第七辑《历史名人录》（后更名为《清苑历代名人》）被列入政协清苑县委员会常务委员会2004年工作要点。经过一年的征集编纂，于2004年出版发行，清苑政协被省政协评为文史工作先进单位。

经过主席办公会专题研究，组建《宋太祖故里与宋祖陵》编委会，对位于望亭乡的宋太祖故里和宋祖陵进行考察论证。经过广泛挖掘、多方论证，收集整理大量相关资料。这些史料的收集整理，得到国内知名专家学者的大力支持，为《宋太祖故里和宋祖陵》书稿的出版奠定了基础，对澄清历史、提高清苑的知名度、增强清苑的文化底蕴具有重大的现实意义和深远的历史意义。《宋太祖故里与宋祖陵》于2008年5月由中国档案出版社出版。

2007年，县政协荣获河北省政协系统文史工作一等奖，并被授予文史工作先进单位。

2009年，相继在《全国政协内刊》《乡音》《文史精华》《保定政协》等政协机关刊物发表稿件14篇，被评为保定市政协系统宣传工作先进单位。同年，完成《根治海河》史料征集。

2010年，《乡音》《文史精华》《保定政协》等政协机关刊物发表稿件14篇，被评为保定市政协系统宣传工作先进单位。

2012年，协助市政协文史委编纂《省会在保定》文史资料专辑，整理了一批老同志的回忆文章，其中《难忘的典礼》被采用并获奖。相继在省政协《乡音》《文史精华》和《保定政协》等机关刊物发表14篇，被评为2012年度保定市政协系统宣传工作先进单位。

2013年，组织力量对“地道战”、宋祖陵文化进行挖掘。整理了《司令碗》《堆土借弹》《李永井》等3篇抗战故事。《关于宋祖陵几个问题的思考》被河北大学《宋史论丛》刊载。同时整理了《巾帼先锋·张若名》《毛主席的马前卒·王振海》等清苑县人物资料2篇，被省政协《文史精华》采用。2013年，县政协获河北省政协文史宣传工作先进单位。

2014年，在《共产党员》《保定视界》以及省政协《乡音》《文史精华》和《保定政协》等机关刊物发表稿件14篇，获2014年度河北省政协宣传工作先进单位。

**附：1. 清苑县文史资料**

**《清苑县文史资料》**

（第一辑）

本辑于1989年1月出版，于1992年10月再版。本辑选入文稿35篇，13万多字，既有珍贵的史料价值，也是一部生动的爱国主义教材。抗日时期的回忆录和历史资料22篇，解放战争时期的回忆录和历史资料8篇，其他5篇。本辑中有23篇被省市文史资料专刊采用或备用。其中，郑汉青撰写的《国民党军在清苑挑起内战纪实》刊载于《保定文史资料选辑》第五辑；连泽撰写的回忆录《三民主义青年团在保定地区的兴建及活动概况》刊载于《保定文史资料选辑》第六辑、1992年《河北文史资料》第二辑；李连升撰写的回忆录《回忆解放保定时清苑县大队》刊载于《保定文史资料》第五辑；田振生撰写的回忆录《国民党“中统”河北组织概况》刊载于《保定文史资料选辑》第五辑；陈友宽、金少楠撰写的《金骏声事略》刊载于1988年第2期《保定地方志通讯》。

文史资料研究委员会委员及工作人员

（第一版）

主　　任：白光棣

委　　员：白光棣　赵庆辉

编　　审：张孝祯

主　　编：郑汉青

校　　对：王久艳　张良生

工作人员：张连云　贾树勋　罗振华

文史资料研究委员会委员及工作人员

（再版）

主　　任：白光棣

委　　员：白光棣　赵庆辉

编　　审：张孝祯

主　　编：郑汉青

校　　对：吕立兴　张良生

工作人员：张连云　贾树勋　罗振华

**《清苑县文史资料》**

（第二辑）

本辑于1992年1月出版，于1992年10月再版。本辑选入文稿26篇，12万多字，人物16篇，历史事件4篇，其他6篇。其中，张锡珍撰写的回忆录《我到黄埔军校的前前后后》刊载于《保定文史资料》第八辑；郑汉青撰写的《七天七夜》刊载于1991年第一期《河北文史资料》；张连云撰写的回忆录《我的学徒生活》刊载于1991年第三期《河北文史资料》；王鹏撰写的《杨景山》刊载于《保定党史人物传》第二辑。

政协清苑县文史资料研究委员会

（第一版）

委员：郑汉青　史俊池　秦靖英　贾树勋
　　　赵金纯　白天真　范茂森　冯铸鑫
　　　张连云

编审：李荣久

主编：郑汉青

校对：张胜利　冯新春

政协清苑县文史资料研究委员会

（再版）

委员：郑汉青 史俊池 秦靖英 贾树勋

赵金纯 白天真 范茂森 冯铸鑫

张连云

编审：李荣久

主编：郑汉青

校对：吕立兴 张良生

**《清苑县文史资料》**

（第三辑）

本辑于1994年11月出版，分人物、历史、其他三部分，共21篇，14万字。所记述的内容为本县重要的人物和事件，例如《我到前苏联的八年经历和见闻》《唇枪舌剑在黄陀》《清师学潮》《清苑八年抗战记实》等。重要人物有尺算法发明家于振善、杰出的妇女干部韩启民等。

《清苑县文史资料》第三辑

编辑委员会

主　任：张鹤亭

副主任：胡景山 刘庆刚 徐小国

委　员：张彦武 郑汉青 史俊池

刘今声 路志民

编　审：刘庆刚

副编审：张彦武

主　编：郑汉青

副主编：王喜玲 吕立兴

校　对：张良生 张俊菡 刘永刚

**《抗战烽火》**

（清苑县文史资料第四辑）

本辑于1995年12月出版，冀保出内准字（95）第16001号。本辑亦为纪念抗日战争50周年专辑。录入文稿24篇，抗战歌曲11首，约15万字。

1937年7月7日，日本开始全面侵华，战略要地保定市于9月24日沦陷。清苑县三面环抱保定市区，是被驻保定日军武装占领最早的县。除了东北，华北地区是被日军占领时间最长的地区，抗日环境极为残酷，抗日斗争复杂激烈，民众遭受苦难甚为深重，保定周边涌现出许许多多著名的抗击日寇游击战和英雄人物，谱写出一曲曲自古燕赵多慷慨悲歌之士的历史乐章。英雄的清苑人民在中国共产党的领导下，团结组织一切抗日力量，展开多种形式的游击战、地道战等，长期坚持抗战。整整八年的抗战，他们抛头颅洒热血，奋不顾身，前赴后继，与敌人殊死搏斗，为抗战胜利做出了重要贡献。

本辑录入的文稿回忆录共19篇，其他5篇。回忆录为刘政、费国柱、薛楷、张平、张鹏、刘贵、解英林、刘莲芝、李春溪、刘国钧、张连云等参加和经历抗战人员的亲身经历。

清苑县文史资料第四辑《抗战烽火》

编辑委员会

主　任：张鹤亭

副主任：胡景山 刘庆刚 徐小国

委　员：张彦武 王喜玲 史俊池

刘今声 路志民

顾　问：郑汉青

编　审：张彦武

主　编：王喜玲

副主编：王新喜 吕立兴

校　对：赵永刚 张良生

张俊菡 刘永刚

**《战争年代话清苑》**

（清苑县文史资料第五辑）

本辑于2003年8月出版，正值中国人民解放军建军70周年和抗日战争全面爆发66周年。冀保出准字（97）第000057号，约18万字。收录史料共36篇，历史照片20余幅。主要内容为本县抗日战争和解放战争时期为了人民自由与幸福进行的艰苦卓绝的战斗历程。文稿主要是当事人回忆录和作者搜集整理的资料。

清苑县文史资料第五辑《战争年代话清苑》编辑委员会

主　　任：胡景山

副 主 任：刘文钧　刘庆刚　徐小国

委　　员：张彦武　王喜玲　姜锡先

史俊池　韩三刚　赵树义

王新喜　韩大存

编　　审：张彦武

主　　编：王喜玲

执行主编：韩大存

校　　对：韩大存　王喜玲

**《难忘的岁月》**

（清苑县文史资料第六辑）

本辑搜集整理历时两年，于2003年8月出版，冀出内准字（2003）第A215号，约18万字。收录史料共40篇，主要内容为本县1949年至1966年17年中发生的重大事件、重要运动等方面。其中反映抵御自然灾害和三年困难时期的文稿占1/3，政治运动占1/3，文化教育、文学艺术占1/3。

本辑所记述的历史资料绝大部分为作者亲身经历的回忆以及其他档案资料，大部分作者是领导干部，可以作为研究这个历史时期的重要资料。本辑所记录的主要年限虽然只有短短的17年，但在作者的回忆中却客观、详细、生动、丰富地展现出一幅历史画面，反映了当时的社会生活，其间发生的重要历史事件如“三年困难时期、三反五反运动、整风反右运动、人民公社化运动、农业合作化运动、审干肃反运动、四清运动”等。

清苑县文史资料第六辑《难忘的岁月》

编辑委员会

主　任：丛国栋

副主任：胡景山　闫营志　张焕玲

委　员：贾松林　王喜玲　韩大存

赵树义

编　审：陈　克

主　编：王喜玲

副主编：韩大存　赵永刚

校　对：赵文红　岳志英

**《清苑历代名人》**

（清苑县文史资料第七辑）

本辑于2005年出版，冀出内准字（2005）第AB001号。收录清苑县籍、客籍人物175位。时限上迄西汉，下至当代，时间跨度2000多年。共分8个部分：帝王帝后、文官武将、仁人志士、客籍名人、杏林高手、文化名流、知名学者、军政人物。另附《封爵表》《清苑县文武职官表统计表》《清苑县籍进士统计表》《清苑县籍举人统计表》《明清知县统计表》。

本辑是在查阅大量史志资料的基础上编写的。主要参考资料有《清苑县志》《保定府志》保定市志》《二十五史》《中国名人大辞典》等。

本辑附有画家高洁绘制的38帧历史名人彩

色画像。

清苑县文史资料第七辑《清苑县历代名人》
编辑委员会

主　　任：丛国栋

副 主 任：胡景山　闫营志　张焕玲
　　　　　赵保平　税国芳　陈　克

委　　员：张鹤亭　王喜玲　韩大存
　　　　　李新锁　冯铸鑫　赵树义
　　　　　王玉宝　高　洁　赵永刚
　　　　　张响义

主　　编：王玉宝

编　　审：陈　克

副 主 编：王喜玲　高洁

执行编辑：韩大存

校　　对：赵树伟　岳志英

**《宋太祖故里与宋祖陵》**

（清苑县文史资料第八辑）

宋朝开国皇帝赵匡胤为河北省清苑县望亭乡东安村人，宋、元、明、清的历史典籍、文献资料，以及从明代嘉靖十七年版《清苑县志》，到20世纪代80年代出版的《清苑县志》都有明确记载。其中宋真宗咸平三年（1000年）六月诏书表达的更为具体：保州保塞县丰归乡东安村（河北省清苑县望亭乡东安村），乃宣祖（赵匡胤之高祖）之旧里。由于少数史书记述方式上的原因，叙述历史人物籍贯祖籍的时候，以郡望代称籍贯。如《宋史》中部分章节中将宋太祖祖籍记载为涿郡，周谷城著《中国通史》沿袭郡望的记述方法为涿郡，白祖彝编《中国通史》记述为："宋太祖，祖籍涿郡（今河北涿州）"。涿郡本为汉代行政区划，赵匡胤建立宋王朝之后，其先祖追溯至西汉名臣赵广汉，《汉书》记载赵广汉为涿郡蠡吾人，蠡吾范围包括今望亭乡东安村。清代及民国《涿州志》也将宋太祖祖籍记述为涿州，把涿郡（涿郡为汉代行政区划，范围包括后来的清苑县）等同于涿州，关于宋太祖故里记载的谬误从此开始产生。

对宋太祖故里出现的错误记载，史学界从未予以关注，更没有进行梳理纠正。截至本志截稿前，根据王玉宝提供的资料，最早纠正宋太祖祖籍出现记载错误的是发表于中华民国三十五年十月十一日《保定日报》第三版署名余园题目为《宋三陵》的文章。作者亲身到宋三陵遗址考察，并指出历史记载的错误。王玉宝在任1986年版《清苑县志》副主编期间研究了宋太祖故里与宋三陵。1989年在《保定市报》和《保定市地方志通讯》发表了《宋太祖祖籍考》。1986年版《清苑县志》收录的《宋三陵考》引起中国地方志领导小组顾问傅振伦的高度重视。此后，涿州方面也发表文章阐述宋太祖故里在涿州的主张。王少堂从1983年在编纂《清苑县地名资料汇编》时开始进行关于宋太祖故里的研究，搜集大量史料典籍，对历史资料的记载进行了系统性梳理，并撰写多篇文章发表在省、市报刊以及河北大学、河北师大、保定师院校刊，研究成果得到了宋史学界广泛认可，姜锡东、杨倩描、汪圣铎、张赫、王青松等宋史研究方面的专家为此发表文章。2003年，河北大学宋史研究中心对东安村宋祖陵遗址进行了考古调查。通过对出土文物的鉴别与分析，结合有关文献的记载，宋太祖故里在清苑县这一事实得到确定。

为了发展清苑县的文化事业，保护清苑县历史文化资源，弘扬清苑县人文精神，为了对宋太祖故里之争给予总结，丰富清苑县文史资料，清苑县政协成立《清苑县文史资料》编辑委员会，组织编写《宋太祖故里与宋祖陵》。

于2008年5月由中国档案出版社出版。

《宋太祖故里与宋祖陵》是本志截稿前关于论证宋朝开国皇帝赵匡胤祖籍及其祖陵最系统最详尽的专著。从数百万字的历史典籍以及其他文字资料中筛选出大量证据，收录了出土文物及资料照片，宋史专家的论述，梳理并澄清了宋太祖赵匡胤祖籍为清苑县东安村这一历史事实，结束了关于宋太祖祖籍所谓的“涿州说”“幽州说”的争论。

本书收录照片25帧，考证宋太祖故里文章13篇，研究宋祖陵文章4篇，汇集宋太祖祖籍、祖陵史料、碑记62条。为了体现客观全面反映宋太祖故里之争，其他两种表达不同意见的相关文章资料也收录其中。由于宋太祖祖籍为清苑县的原因，本地流传的一些有关赵匡胤的民间故事也收入其中，共编入25篇。

清苑县文史资料第八辑《宋太祖故里与宋祖陵》编辑委员会

主　　任：宋静

副 主 任：丛国栋　闫营志　范同山
　　　　　苏秀义　税国芳

委　　员：赵永刚　韩大存　王少堂
　　　　　李新锁　张同岳　钱树清
　　　　　张彦敏　臧立国

编　　审：范同山

主　　编：王少堂　李新锁

执行编辑：韩大存

校　　对：葛凤娟　吴红梅

**2. 关于征集、编辑《清苑县文史资料》第三辑的报告**

县委：

文史资料工作是人民政协工作的重要组成部分，是统一战线工作的重要内容之一，也是一项重要的文化建设事业。《清苑文史资料》第一辑和第二辑，在县委、县政府的关怀和广大干部群众的支持下，已分别于1989年和1992年出版与广大读者见面，受到了有关部门和各界人士的欢迎和重视，对宣传清苑、发展清苑、提高清苑的知名度，以及招商引资、资政育人都起到了良好的社会效果。

清苑历史悠久，人杰地灵，蕴藏着丰富的有价值的历史资料。经前一段工作，在出版一、二辑的基础上，又挖掘整理了一部分文史资料，政协正在为出版《清苑文史资料》第三辑积极进行准备工作，设想在1994年底以前编辑出版。

为使文史工作服务于经济建设，适应改革开放形势的发展，趁一些阅历深的老人还健在，应积极挖掘整理我县文史资料，抓紧第三辑的出版工作。对此提出如下意见：

一、成立《清苑县文史资料》第三辑编辑委员会，以加强此项工作的领导。拟由以下人员组成：

主　任：张鹤亭（政协主席）

副主任：胡景山（县委宣传部部长）
　　　　刘庆刚（政协副主席）
　　　　徐小国（政协党组副书记）

委　员：张彦武（政协文化委员会主任）
　　　　郑汉青（政协调研员）
　　　　史俊池（文化局副局长）
　　　　刘今声（教育局党委书记）
　　　　路志民（财政局副局长）

编委会下设办公室，设在政协文化委员会，主任由张彦武兼任。

二、征集时限和范围：

文史资料征集的时间下限至：1966年5月“文化大革命”前。

文史资料征集的内容涉及军政史、群众运动史、文化教育史、工商经济史、社会史、科技、宗教、民族、华侨以及社会上三教九流等。征集范围主要包括以下几个方面。

1.回忆录资料，即亲历、亲见、亲闻的资料。这类资料通过某些历史事件的当事人、目击者、知情者的回忆，再现历史的原貌，从而弥补文献档案的不足。

2.传记资料、英雄模范、仁人志士、专家学者、历史名人、军政要员以及在某些方面有造诣影响的人物的传记。

3.经济发展资料。我县一些历史悠久、源远流长、有影响的行业和产品以及在这方面有作为的实业家和匠人。

4.港澳台同胞及海外华人，华侨在实业、科技、教育、文化等方面有所建树的人物事迹。

5.文献资料。主要包括民间散存的历史文献，如官方文书、布告、碑文、奏折、名人家谱等，也包括一些历史名人或知情者的手稿、札记、信函和日记等。

6.实物资料。即一些重要历史事件、历史人物所用过的各类有研究价值的实物。

三、欢迎各界人士踊跃参与这项工作。

征集出版文史资料是一项严肃而浩瀚的工作，需要各级领导重视和全县人民的支持，需要进行广泛宣传和发动。欢迎我县各界人士以及曾在清苑县工作和生活过的广大干部群众，把亲历、亲见、亲闻以及间接知道的史料，本着存真求实的精神，述诸笔端，不论是笔记、回忆录、短篇叙述还是长篇记载，只要有一定价值，都是我们征集的范围。我们收到稿件后，按类别进行整理，尽量选入《清苑文史资料》，有重要意义的，还要推荐到全国、省、市文史单位和文史刊物发表。

四、征集出版《清苑文史资料》第三辑，需要有一定的经费，有关部门要给予适当支持，以保证该项工作顺利进行。

以上报告如无不妥，请批转，以便使文史资料征集工作顺利开展。

政协党组

一九九三年六月十一日

## 第二节 书画会活动

清苑县自宋代以来，先后出现过一些著名的书法家、画家，如宋代的赵佶、赵元俨、赵令穰、赵伯驹；元代的赵孟頫、赵雍；清代的郭棻、高鐈、田汉卿、周震、沈树楷、张文燮、冯金甲、金镕鼎、敖和、王惟德、姚寿昌。21世纪前后的画家有霍春阳、梁岩、刘全义、谭宝泉、高洁、苏宇光、张杰峰、赵会增、史红梅，书法家有薛兰会、刘德彪、吴占良、谷庆池、胡景山、徐庆山、张锦春、李树清、丁金祥、张嘉祥、李福东、纪双九、王少堂等，书法绘画精英荟萃，青少年和业余书画爱好者众多。

为了弘扬发展清苑县书法绘画事业，清苑县政协书画会于1995年5月3日在政协机关院内成立。出席会员有80余名，保定市书画界知名人士熊任望、靳述凡、赵凤桐等十余人应邀出席，县委常委、宣传部部长胡景山到会祝贺并讲话，满城政协也派人到会祝贺。政协主席张鹤亭主持大会。政协书画会会长为张鹤亭，副会长为徐小国（兼秘书长）、史俊池、张杰峰、高杰，理事有杨恭义、纪双九、丁金祥、李福东、李树清、冯爱群、贾香尔、王喜玲、张连云、袁寒英。会后举办了会员书画展，共展出80余名会员的180多幅作品，年龄最大的80多岁，最小的10岁，共接待参观者2000余人次。

1997年7月15日，政协书画会在县政协会议室召开理事会议，对组织机构进行调整。胡景山任会长，张鹤亭任顾问，徐小国、张杰峰、史俊池、樊新旺任副会长，徐小国任秘书长，张彦武、王喜玲任副秘书长，理事有胡景山、张鹤亭、徐小国、高洁、张杰峰、袁汉英、丁金祥、纪双九、张连云、冯爱群、樊新旺、杨恭义、张锦春、李福东、臧迎新、史俊池、段玉合。

清苑县政协书画会成立后多次举办书画展览。至2002年年底，先后举办大型书画展16次，书画艺术培训班6期，聚集了一批书画艺术爱好者，培养了一批青年书画艺术人才，创作了一批优秀书画作品，丰富了广大群众的文化艺术生活。2003年，组织举办了“十一”迎国庆大型书画展。市政协、蠡县政协等领导及书法爱好者应邀参加，共展出作品200多幅，参观人数达3000余人次。2004年，组织了庆五一“信合杯”书画大奖赛和迎国庆大型书画展。两次共展出作品400多幅，参观人数达6000余人次。2005年，组织举办庆“五一”书画展，参展作者80余人，展出作品150余幅，参观人数达2000余人次。为庆祝抗战胜利60周年，邀请北京、保定等地知名书画家举办大型书画笔会，现场创作书画作品300余幅，并推荐6人12幅书画作品参加市政协组织的庆祝抗战胜利60周年书画展。至2006年，政协书画会于“五一”“七一”“十一”和抗战胜利60周年的节日，组织举办书画展、书画会等文化活动12次。2007年，以迎接党的十七大召开为主题，成功举办两次大型书画展览活动，共展出作品400多幅，参观人数达6000余人次，书画作品形式多样，主题鲜明，表达了全县人民迎接十七大、构建和谐社会的喜悦心情。2008年，为迎奥运、纪念改革开放三十周年，成功举办两次大型书画展览活动，共展出作品400多幅，参观人数达6000余人次。2009年，为隆重庆祝新中国暨人民政协成立60周年，举办了主题书画展、座谈会活动。县政协书画联谊会会员和县内外书画界名人，积极创作参展，共展出作品160多幅，参观人数达3000余人次。2011年，邀请保定知名书画家参与，成功组织举办迎国庆、纪念抗日战争胜利65周年书画大奖赛。2013年，国庆节前夕，县政协组织“庆十一、迎重阳”书画展。县内工人、农民、机关干部、学生等社会各界书画爱好者参加展出，参展作品160幅，参观人数达3000余人次。2014年，举办迎国庆书画展，共展出作品160余幅。社会各界人士近千人次参观。

清苑县政协书画会先后于1998年和2006年，编辑出版两期《清苑书画集》，收入数百位书画作者的书法绘画精品。

### 《清苑书画集》

（第一集）

本集于1998年出版，16开铜版纸彩色印刷。共收入105位作者132幅书法绘画作品，作者范围广泛，既有耄耋老人，也有少年儿童，既有农民，也有城镇职工。所选书法作品，有真草隶篆；绘画作品有工笔写意，国画为主，也有西画。

清苑书画集编委会

主　　编：胡景山

副 主 编：徐小国

责任编辑：张杰峰　高　洁　杨恭义
　　　　　王喜玲　韩大存

委　　员：张彦武　樊新旺　张锦春
　　　　　袁汉英　丁金祥　贾香尔
　　　　　臧迎新　冯爱群　张连云
　　　　　段玉合　纪双九

## 《清苑书画集》
### （第二集）

本集于2006年出版，冀出内准字2006第AB002号，16开铜版纸彩色印刷。本集分为两大部分，一是特邀14位清苑籍保定市书画家的作品，二是111位清苑县作者的书画作品。其中，司景文为中国书画家协会常务理事，刘志英为中国美术家协会会员，一级美术师，刘德彪为中国书法家协会会员，李同惠为中国书画家协会理事，苏宇光为国家一级美术师，吴占良为中国书法家协会会员，薛兰会为中国书法家协会会员；15位省级书法家协会会员、省级美术家协会会员。

王立英

臧俊丽

段 嵘

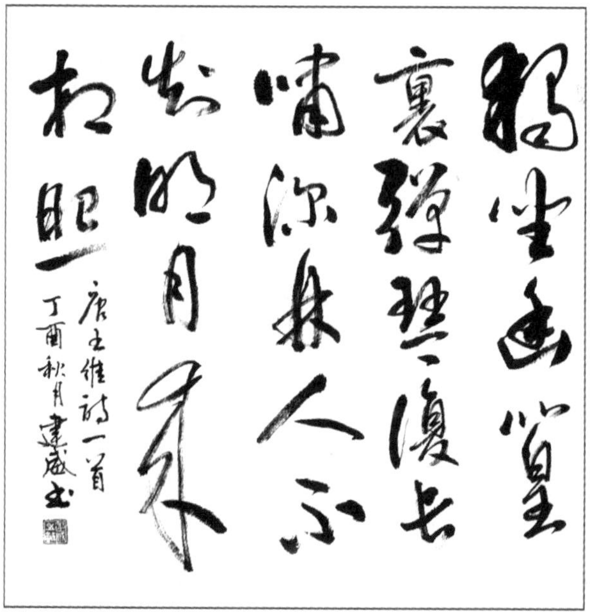


张建威

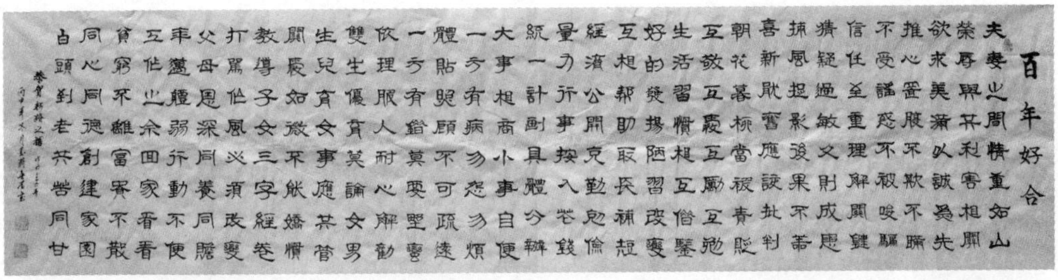


崔春学

史红梅

刘云

刘超

王迎秋

# 第十一章 自身建设

政协清苑县委员会自成立之日起，一直把政协自身建设作为大事、要事来抓。每当改革开放面临新的形势与环境，政协工作担负新的任务时，县政协就积极适应形势发展的要求，有侧重地加强自身建设；县政协每次换届，更是把委员队伍建设作为政协自身建设的重点，加强学习，提高自身政治理论素质和参政议政能力，使每届政协委员都能很快适应政协工作的要求，得以更好发挥政协委员的主体作用。在政协制度建设上，不断建立完善各项规章制度，使政协履行职能有章可循、运作有序。在政协机关建设上，注重强素质、树形象，充分发挥参谋、协调、服务功能，不断加强机关干部的思想、作风、制度建设，在政协机关保持了人人精神饱满、尽职尽责、奋发向上的良好氛围。清苑县政协自身建设是卓有成效的，在加强政协政治协商、民主监督、参政议政等各项职能和团结各界人士一道前进，推进民主政治建设等方面发挥了重要作用。

## 第一节 思想理论建设

组织和推动政协委员加强学习，提高思想理论水平和业务素质，是政协自身建设的重要内容和要求，也是人民政协的优良传统。县政协成立以来，通过座谈会、培训会、报告会、知识竞赛、项目考察等多种途径和方式，定期不定期组织政协委员学理论、学政策、学经济、学法律、学科技，推进了思想解放，提高了理论政策水平，推动了各项工作顺利开展。

以“干部作风建设年”“群众路线教育”“三严三实”等活动为契机，切实提升县政协机关干部的思想道德素质，增强做好工作的责任感和使命感，改进工作作风，树立服务理念，加强与委员、各专委会的横向联系，尽可能地为委员履职创造工作条件，以方便委员们的调研，积极主动地与有关部门和企业沟通联系，保证更好地发挥委员主体作用和专委会基础作用，切实树立起政协机关干部的崭新形象。

## 第二节 制度建设

制度建设是政协自身建设的重要内容和必要措施，是推进政协工作制度化、规范化、科学化的重要保证。为规范政协工作程序，提高工作质量和效率，县政协坚持效率、程序、务实、和谐的原则，不断建立和完善包括常委会工作、提案工作、委员视察工作、机关管理等在内的各项规章制度，逐步形成了系统化、网络化的制度体系，把政协各项工作纳入制度化、规范化的轨道。制定制度的根本目的在于应用。每制定一项制度，县政协都要组织有关人员认真学习，深入讨论，并逐条逐项弄通，变成政协机关、政协委员的行为准则和自觉行动。

## 第三节 队伍建设

为适应新形势，历届政协坚持采取有力措施，从多方面入手抓好自身队伍建设，逐步适应开创政协工作新局面的要求。

组织政协委员和机关干部搞好日常学习。县政协建立健全了各种学习制度，坚持周五学习日雷打不动，利用讲座、座谈讨论、集中学习等形式，增强学习效果。重点学习了马列主义、毛泽东思想、邓小平理论、“三个代表”重要思想、科学发展观、习近平谈治国理政等重要阐述以及党的路线方针政策和新时期统一战线、人民政协理论等内容。通过学习，使政协的整体素质不断提高，同时为委员进一步解放思想、更新观念、知情献计创造了条件。

认真学习贯彻《中共中央关于加强人民政协工作的意见》。一是积极组织政协常委、委员和机关干部，采取集中学习、个人自学和召开座谈会、常委会、举办培训班等形式，开展多层次的学习活动，全面贯彻《意见》的精神实质。二是紧密联系实际，把学习《意见》与政协开展活动结合起来。如在开好政协例会方面，注意与专题议政结合起来，增强例会协商的深度和质量；在视察、调研方面，注重与发挥委员优势办实事结合起来，做到既务虚又务实；在民主监督方面，注意与舆论监督、群众监督、法律监督结合起来，扩大影响，提高实效。三是通过深入学习《意见》，切实解决工作中存在的问题。围绕政协履行职能的“三化”建设，对长期以来制定的一些制度、规定，进行充实完善，规范协商程序，完善民主监督机制，使政协履行职能逐步走向规范化、制度化，程序化。

深入开展了群众路线教育活动。县政协机关把学习教育活动作为提高机关全体党员自身素质的有利时机，按照县委部署，认真地组织政协机关的学习教育活动。在学习过程中，全体党员集中学习达40学时以上，每人学习笔记都在两万字以上。各位主席不仅认真参加中心组的集中学习，还参加所在党支部的学习和民主生活会。多次到联系点上讲党课、作报告、指导工作。在分析评议阶段，县政协广泛地征求离退休老干部、全体委员、县直部门及乡镇干部的意见，制定出相应的整改措施，进行严格的整改，收到了明显的效果。

狠抓作风建设。七届政协成立以来，常委会经过广泛征求意见，重新制定《常委会工作规则》《常务委员会组成人员守则》和《政协委员守则》，对常委会、常委、委员的工作进行明确的规定和要求。严格各项日常工作制度，使机关工作更加有章可循。政协机关根据县委安排，在机关先后开展“三严三实”教育活动和党性党风教育、廉政教育等多项活动，使政协机关干部党性观念更加强化，工作更加主动，作风更加扎实，并在政协机关自觉形成学习之风，团结之风、务实之风、调研之风、廉洁之风、亲民之风。

## 第四节 宣传报道

清苑县政协十分重视宣传报道工作，把它作为宣传政协、推动工作的重要手段来抓，取得了显著成绩。

自县政协成立之初，我们就充分认识到宣传工作的重要性。将宣传当做大事来抓，配备专门工作人员，制定宣传工作制度，把宣传工作列入政协的重要议事日程。充分利用《政协简讯》、电视、报刊等宣传媒介及利用举办培训班、知识竞赛、开办委员风采园地，发放学习资料等多种形式，抓好宣传工作，宣传政协知识，宣传政协工作，宣传政协委员。

1983年4月20日，《政协简讯》正式创刊，发行了第1期，此后长期不定期发行。《政协简讯》是政协清苑县委员会的机关刊物，是宣传党的路线、方针、政策尤其是党的统一战线的政治生活园地。

《政协简讯》遵照政协章程的规定，反映政协委员及各界人士的先进事迹，宣传政协对全县的大政方针和国计民生的重大问题进行政治协商和民主监督的情况，报道政协以及各工作组的活动情况、工作成绩。《政协简讯》对推动政协各项工作、学习交流、调动各方面人士的积极性、促进清苑各项事业的发展起到了重要作用。

**附：　规章制度选编**

### 1. 政协清苑县第六届委员会常务委员会工作规则

第一章　总　则

第一条　为提高议事效率，严格议事程序，推进常务委员会活动的规范化、制度化，特制定本规则。

第二条　政协清苑委员会常务委员会在中共清苑县委的领导下，坚持党的路线、方针、政策，围绕我县“三个文明”建设和统一战线的奋斗目标履行政协职能。常务委员会及工作以《中国人民政治协商会议章程》为活动准则。

第二章　职　权

第三条　根据《中国人民政治协商会议章程》的规定，政协清苑县委员会常务委员会行使以下职权：

（一）决定召集并主持政协清苑县委员会全体会议（每届第一次会议由主席团主持），审议提交全体会议的主要文件。

（二）组织实施人民政协章程规定的任务和县政协全体委员会的决议、决定、工作安排，组织委员进行视察、考察和调查研究等重要活动。

（三）审议通过向中共清苑县委，县人大常委会、县人民政府提出的重要建议案。

（四）根据上级和同级党委、上级政协有关规定，提出本会的贯彻措施，制定重要规章制度。

（五）协商决定本届县政协参加单位、委员名额和人选变更及下届县政协参加单位、委员名额和人选。

（六）任免政协清苑县委员会办公室主任、副主任。

第三章　会　议

第四条　常务委员会会议：

（一）常务委员会议由主席、副主席、常务委员组成，一般每季度举行一次。

（二）会议的日期、议程、日程，由主席会议决定，一般于会前七天发出通知。

（三）会议由主席主持，也可由主席委托的副主席主持。

（四）会议任务：

1. 讨论决定常务委员会会务工作中的重大问题。

2. 听取中共清苑县委、县人大常委会、县人民政府及所属部门关于我县大政方针、群众普遍关心的重大问题的报告或说明，并进行协商讨论，提出意见和建议。

3. 审议以县政协名义向中共清苑县委、县人大常委会、县人民政府提出的重要建议案。

4. 审议重要的视察（考察）报告、专题调查报告、提案和提请常务委员会会议审议的专项工作报告。

（五）本会办公室主任以及与议程有关的人员列席常务委员会会议。

第五条　主席会议

（一）主席会议由主席、副主席组成。会议一般每月一次，特殊情况可临时召集或延期召开。

（二）会议的议程由主席和副主席提出，或由政协办公室主任办公会议提出报主席决定。

（三）会议由主席主持，也可由主席委托的副主席主持。

（四）会议任务：

1. 常务委员会会议闭会期间，讨论处理本会重要的会务工作。

2. 就有关全局性重要工作和群众普遍关心的重大问题，进行协商讨论并提出意见和建议。

3. 审议以县政协名义向中共清苑县委、县人大常委会、县人民政府提出的重要建议案。

4. 研究向常务委员会提出的本会工作机构设置、变动及其领导成员任免的建议。

5. 决定常务委员会会议召开的日期、日程，审议提交常务委员会会议讨论审议的议题。

6. 讨论决定委员视察（考察）、参观、调研等重要活动。

7. 审议政协办公室年度计划。

（五）本会办公室主任以及与会议内容有关的其他负责人列席会议

第六条　主席办公会议

（一）主席办公会议由主席、驻会副主席组成，一般每星期举行一次。

（二）会议议题由主席和副主席提出，或由政协办公室提出，报主席决定。

（三）会议由主席主持，也可由主席委托的副主席主持。

（四）会议任务：

1. 主席会议闭会期间，讨论处理本会重要的会务工作。

2. 讨论决定县政协及政协办公室临时性重大活动。

（五）根据会议内容和需要，与会议内容有关的本会办公室主任、副主任及有关人员列席会议。

第七条　常务委员会专题座谈会

（一）常务委员会专题座谈会不定期举行。座谈会的日期、议题由主席或有关副主席提出，也可由政协办公室主任办公会议根据常务委员的建议提出，报请主席或有关副主席议定。

（二）座谈会由主席或副主席主持。

（三）座谈会的任务：

1.就某项专门工作，听取有关部门的报告，并协商讨论，提出意见和建议。

2.听取重要的视察报告、专题调查报告、提案报告等，并进行座谈讨论，提出修改补充意见和建议。

（四）座谈会根据议题的需要，邀请有关的常务委员、委员和本会办公室有关负责人参加。

第八条　常务委员会会议、主席会议、常务委员专题座谈会，需请中共清苑县委、县人大常委会、县人民政府或有关部门领导作报告和说明情况时，应提前向有关部门提出报告题目和报告人的建议。

第九条　常务委员会会议、主席会议、常务委员会专题座谈会都要发扬民主，进行充分协商讨论，全面反映各方面的意见和建议。需要常务委员会会议、主席会议作出决定的会务工作，按民主集中制原则办理。

第四章　文件审批

第十条　凡属政协全局性的问题，由主席审批或主席会议讨论决定。属于已经确定的方针、原则范围内的日常工作问题，按分工由副主席、办公室主任负责处理。

第十一条　以政协清苑县委员会名义印发的文件，由主席、副主席或办公室主任签发；涉及有关副主席主管的工作，需经有关副主席审阅后签发。

第十二条　经常务委员会会议或主席会议通过的向中共清苑县委、县人大常委会、县人民政府提出的建议案，由主席签发。转送有关部门的视察、专题调查报告，由政协办公室主任或主管副主任签发。

第五章　附　则

第十三条　本工作规则经常务委员会会议通过后施行。

## 2.政协清苑县第六届委员会常务委员会组成人员守则

常务委员会是主持政协清苑县委员会日常会务的常设机构。常务委员会组成人员行使职能状况是关系政协工作全局的大事。为使常务委员会组成人员认真有效地履行职责，依据《中国人民政治协商会议章程》的有关规定，结合我县实际，制定本守则。

第一条　认真学习马列主义、毛泽东思想、邓小平理论和“三个代表”重要思想，认真贯彻执行国家的宪法、法律和各项方针、政策，坚持和不断完善中国共产党领导的多党合作和政治协商制度，积极维护国家和最广大人民的根本利益，团结和带领全县政协委员、人民团体及各界人士，积极致力于全县各项社会主义建设事业。

第二条　努力熟悉统一战线、人民政协理论和知识，学习社会主义市场经济、现代化科学技术、WTO社会知识和法律知识，不断提高参政议政水平，为全面建设小康社会献智出力。

第三条　坚持解放思想，实事求是，与时俱进，开拓创新，创造性地开展工作；坚持光明磊落，夙夜为公，精诚事业，团结合作；坚持廉洁自律，遵纪守法，自觉抵制和反对腐败现象，珍惜人民赋予的权力和荣誉，在广大人民群众中树立良好形象。

第四条　切实加强调查研究，认真听取委员和群众的意见，了解和掌握社情民意，代表最广大人民的根本利益建言献策。

第五条　严格遵守政协会议纪律，按时出席会议，不迟到、不早退，集中精力开会。因病或其他特殊原因不能出席会议的，要提前向政协办公室请假，说明情况。县政协办公室对每名常委出席常委会议的情况进行记录，并健全会议通知及签到档案。本届任期内一次无故不出席会议的通报批评；连续两次无故不出席会议的责令其在会议上作检查；连续三次无故不出席会议的自动辞职。

第六条　在政协会议上，要本着“长期共存，互相监督，肝胆相照，荣辱与共”的方针，围绕会议议题积极发言，充分发表意见和建议。

第七条　积极参加有关人事、决定、决议和建议案的表决，但有保留意见的自由。在重大问题上出现较大意见分歧时，可在充分交换意见后再行讨论表决，决议一经形成，所有常委都要带头落实。

第八条　树立良好的统战风范，密切同本界别、本系统其他委员和各界人士联系，和他们谈心，交朋友，听取他们的意见、要求和呼声，并以书面报告或社情民意等形式及时向县政协反映、报告情况。

第九条　积极参加常委会组织的视察（考察）、检查、调查等活动，关心我县“三个文明”建设，并就重要情况和问题及时向县政协提出意见和建议。

第十条　严守国家有关会议机密，按规定不应公开的内容，不得以任何方式传播。

第十一条　本守则自县政协常务委员会通过之日起施行。

### 3.　政协清苑县第六届委员会委员守则

为增强本县政协委员的光荣感、责任感和使命感，规范委员行为，提高委员履行职责的自觉性，充分发挥委员的作用，根据《中国人民政治协商会议章程》有关规定，特制定本守则。

一、本届县政协委员必须赞成《中国人民政治协商会议章程》，自觉遵守、严格履行本章程义务。

二、要树立坚定正确的政治方向，坚决同以胡锦涛同志为总书记的党中央保持高度一致，坚持和维护

同级党委的正确领导，坚决同法轮功邪教组织作斗争，自觉抵制和反对一切违法乱纪行为。

三、要不断加强自我教育，认真学习马列主义、毛泽东思想、邓小平理论和“三个代表”重要思想，学习党和国家的方针政策，学习统战理论、政协理论，现代科技知识、法律知识、提案知识和与本职工作相关的业务知识，努力使自己的参政议政能力适应形势发展的需要，适应新时期人民政协工作的需要。

四、要积极参加县政协的会议和活动，自觉接受政协工作的指导，认真执行全委会议、常务委员会议、主席会议的决议和决定，认真履行政协委员职责，继承和发扬人民政协的光荣传统，积极参加政协组织和提倡的捐资助教、支援灾区、扶贫助困等社会公益活动，努力践行“三个代表”重要思想。

五、要带头贯彻执行党的基本理论、基本纲领、基本路线和各项方针、政策，带头遵纪守法，带头参加改革开放和社会主义现代化建设的实践，带动群众为打造开放的新型工业卫星城、全面建设小康社会艰苦奋斗，在生产、工作、学习和“三个文明”建设中起模范作用，树立政协委员的良好形象。

六、要密切联系群众，注意了解和倾听

群众意见和要求，通过县政协组织的培训、调研、视察、例会、研讨会、座谈会等，积极进言献策，积极撰写提案，积极反映社情民意，并善于做群众工作，积极向群众宣传共产党的方针、政策和主张，为巩固和发展政治安定、社会稳定做贡献。

## 4. 政协清苑县委员会关于进一步加强班子自身建设的意见

为贯彻落实党的十六大精神，全面完成县委第九次党代会和县政协六届一次全会提出的各项任务，本届委员会必须高举邓小平理论伟大旗帜，努力实践“三个代表”重要思想，艰苦奋斗，发奋图强，以昂扬的姿态、饱满的热情、扎实的工作，努力把政协班子建成一个朝气蓬勃、锐意创新、团结一致、充满活力的战斗集体。特提出以下意见。

一、加强学习，与时俱进，不断提高参政议政水平。

加强领导班子建设最根本的是搞好思想理论建设。要解放思想，实事求是，与时俱进，在继承传统的基础上不断探索政协工作新思路，创新政协工作新经验，切实提高领导班子的政治理论水平，领导驾驭能力和决策能力。全体班子成员要自觉养成良好扎实的学习习惯。坚持用马列主义、毛泽东思想、邓小平理论和“三个代表”重要思想武装头脑，结合“学、创、促”活动，深入系统地学习十六大精神，党的路线、方针、政策和政协统战理论。特别要针对我国加入WTO，全球经济一体化和国际、国内政治、经济的新形势、新动态以及市场经济、法律、法规、涉外经济等内容的学习，增强领导班子成员政治上的敏锐性和坚定性，全面提高服务全县工作大局的能力和水平。要坚持和树立学以致用、理论联系实际的良好学风。不断扩大学习领域，提高学习效果，使政协机关的整体素质产生新的飞跃。

一、解放思想，开拓创新，努力开创政协工作新局面。

县政协要在县委的领导和上级政协的指导下，紧紧围绕县委、政府的中心工作，认真履行政协章程规定的权利和义务。时刻高举团结、民主两大旗帜，切实履行“政治协商、民主监督、参政议政”三大职能，团结和带领广大政协委员和社会各界人士，调动一切积极因素，与时俱进，开拓创新，为全面推进“三兴”主战略，打造开放的新型工业卫星城献计出力，营造良好社会氛围，全面开创政协工作新局面。

三、强化纪律，顾全大局，确保与各级党委保持一致。

要严肃政治纪律，县政协领导班子和领导干部必须自觉做到“四个服从”，必须在政治上、思想上、行动上与各级党委保持高度一致，坚决维护县委的核心领导地位，确保中央和省、市、县委政令畅通，做到令行禁止，一切行动听指挥。要严格落实好请示报告制度，对涉及全县性的重大事项、重要情况、重点问题，要及时向县委报告。对贯彻落实中央和省、市、县委重要工作部署、决定、决议情况，每半年向县委进行一次专题报告。

县政协领导班子和领导干部要努力强化经济工作中心意识，紧紧围绕打造开放的新型工业卫星城、全面建设小康社会的总体目标开展各项工作，积极推进“三兴”主战略的实施。要根据职能要求，组织和发动政协委员和各界人士围绕县委、县政府的工作中心建言献策，向县委提出一批推动全县经济健康、快速发展的意识超前、切实可行、科学严谨的创新性建议。

四、规范有序，团结协作，充分发挥政协机关的综合效能。

步调一致，整齐划一，按照精简、统一、效能的原则，进一步更新观念，努力形成行为规范、运转协调、公开公正、廉洁高效的行政管理机制。

团结是加强班子建设的关键。团结就是力量，团结出凝聚力，团结出战斗力。政协机关要形成“树正气、讲团结、谋发展”，争一流班子，创一流业绩的良好风气。领导班子成员之间要协调一致，分工不分心，劲往一处使，汗往一处流，互相帮助，携手共进，形成合力。班子成员要自觉加强党性修养，大事讲原则，小事讲风格，相互信任，相互支持，要积极开展批评与自我批评，积极开展谈心活动，加强理解，互通信息，增进友谊，确保班子团结。

五、转变作风，求真务实，全面提升工作效率。

要认真履行“政治协商、民主监督、参政议政”三大职能，牢固树立大局意识，自觉服从服务于改革、发展、稳定大局。做到权为民所用，情为民所系，利为民所谋。要切实转变工作作风，深入基层，深入实际，积极开展调研和视察活动，为推动我县改革开放和现代化建设献计出力。切实增强政协履行职能的实效性。充分发扬民主、集思广益，不断提高参政议政的水平和质量。积极推动以协商讨论和批评建议为主要形式的民主监督工作，推进社会主义政治文明建设。

六、廉洁自律，艰苦奋斗，自觉树立人民政协的良好社会形象。

为政之要，贵在清廉。要认真落实廉洁自律的各项规定，规范自己的从政行为，谦虚谨慎，克己奉公，自觉地与各种腐败现象做斗争。按照党风建设责任制的要求管好机关干部和身边工作人员。时刻牢记“两个务必”的要求，反对制止各种形式的奢侈浪费行为，禁止用公款大吃大喝、游山玩水和进行高消费娱乐活动，力戒形式主义和官僚主义。严格管理，坚决防止和杜绝为政不廉行为的发生，使政协班子和每个成员切实做到廉洁、勤政、务实、高效。

## 5. 政协清苑县第七届委员会常务委员会工作规则

（2007年6月12日七届一次常委会议通过）

### 第一章　总则

第一条　为严格议事程序，提高议事效率，推进常务委员会活动的制度化、规范化、程序化，特制定本规则。

第二条　政协清苑委员会常务委员会在中共清苑县委的领导下，坚持党的路线、方针、政策，围绕我县经济社会发展和统一战线的奋斗目标履行政协职能。常务委员会工作以《中国人民政治协商会议章程》为活动准则。

### 第二章　职权

第三条　根据《中国人民政治协商会议章程》的规定，政协清苑县委员会常务委员会行使以下职权：

（一）决定召集并主持政协清苑县委员会全体会议（每届第一次会议由主席团主持），审议提交全体会议的主要文件。

（二）组织实施人民政协章程规定的任务和县政协全体委员会议的决议、决定、工作安排，组织委员进行视察、考察和调查研究等重要活动。

（三）审议通过向中共清苑县委、县人大常务委员会、县人民政府提出的重要建议案。

.

（四）根据上级和同级党委、上级政协有关规定，提出本会的贯彻措施，制定重要规章制度。

（五）协商决定本届县政协参加单位、委员名额和人选变更及下届县政协参加单位、委员名额和人选。

（六）任免政协清苑县委员会办公室主任、副主任。

第三章　会议

第四条　常务委员会会议：

（一）常务委员会议由主席、副主席、秘书长、常务委员组成。一般每季度举行一次。

（二）会议的日期、议程、日程，由主席会议决定，一般于会前七天发出通知。

(三)会议由主席主持，也可由主席委托的副主席主持。

（四）会议任务：

1. 讨论决定常务委员会会务工作中的重大问题。

2. 听取中共清苑县委、县人大常委会、县人民政府及所属部门关于我县大政方针、群众普遍关心的重大问题的报告或说明，并进行协商讨论，提出意见和建议。

3. 审议以县政协名义向中共清苑县委、县人大常委会、县人民政府提出的重要建议案。

4. 审议重要的视察（考察）报告、专题调查报告、提案和提请常务委员会会议审议的专项工作报告。

（五）与会议议程有关的人员列席常务委员会会议。

第五条　主席会议

（一）主席会议由主席、副主席、秘书长组成。会议一般每月一次，特殊情况可临时召集或延期召开。

（二）会议的议程由主席、副主席、秘书长提出，或由政协办公室主任办公会议提出报主席决定。

（三）会议由主席主持，也可由主席委托的副主席主持。

（四）会议任务：

1. 常务委员会会议闭会期间，讨论处理本会重要的会务工作。

2. 就有关全局性重要工作和群众普遍关心的重大问题，进行协商讨论并提出意见和建议。

3. 审议以县政协名义向中共清苑县委、县人大常务委员会、县人民政府提出的重要建议案。

4. 研究向常务委员会提出的本会工作机构设置、变动及其领导成员任免的建议。

5. 决定常务委员会会议召开的日期、日程，审议提交常务委员会会议讨论审议的议题。

6. 讨论决定委员视察（考察）、参观、调研等重要活动。

7. 审议政协办公室年度工作计划。

（五）政协办公室主任以及与会议内容有关的其他负责人列席会议

第六条　主席办公会议

（一）主席办公会议由主席、驻会副主席、秘书长组成，一般每星期举行一次。

（二）会议议题由主席和副主席、秘书长提出，或由政协办公室提出，报主席决定。

（三）会议由主席主持，也可由主席委托的副主席主持。

（四）会议任务：

1、主席会议闭会期间，讨论处理本会重要的会务工作。

2、讨论决定县政协临时性重大活动。

（五）根据会议内容和需要，与会议内容有关的政协办公室主任、副主任及有关人员列席会议。

第七条 常务委员会专题座谈会

（一）常务委员会专题座谈会不定期举行。座谈会的日期、议题由主席或有关副主席、秘书长提出，也可由政协办公室主任办公会议根据常务委员的建议提出，报请主席或有关副主席议定。

（二）座谈会由主席或副主席主持。

（三）座谈会的任务：

1.就某项专门工作，听取有关部门的报告，并协商讨论，提出意见和建议。

2.听取重要的视察报告、专题调查报告、提案报告等，并进行座谈讨论，提出修改补充意见和建议。

（四）座谈会根据议题的需要，邀请有关的常务委员、委员和政协办公室有关负责人参加。

第八条 常务委员会会议、主席会议、常务委员专题座谈会，需请中共清苑县委、县人大常务委员会、县人民政府或有关部门领导作报告和说明情况时，应提前向有关部门提出报告题目和报告人的建议。

第九条 常务委员会会议、主席会议、主席办公会议、常务委员会专题座谈会都要发扬民主，进行充分协商讨论，全面反映各方面的意见和建议。需要常务委员会会议、主席会议作出决定的会务工作，按民主集中制原则办理。

第四章 文件审批

第十条 凡属政协全局性的问题，由主席审批或主席会议讨论决定。属于已经确定的方针、原则范围内的日常工作问题，按分工由副主席、秘书长（办公室主任）负责处理。

第十一条 以政协清苑县委员会名义印发的文件，由主席、副主席或秘书长（办公室主任）签发；涉及有关副主席主管的工作，需经有关副主席审阅后签发。

第十二条 经常务委员会会议或主席会议通过的向中共清苑县委、县人大常务委员会、县人民政府提出的建议案，由主席签发。转送有关部门的视察、专题调查报告，由秘书长（办公室主任）或主管副主任签发。

第五章 附则

第十三条 本工作规则经常务委员会会议通过后施行。

## 6. 政协清苑县第七届委员会常务委员会组成人员守则

（2007年6月12日七届一次常委会议通过）

常务委员会是主持政协清苑县委员会日常会务的常设机构。为使常务委员会组成人员认真有效地履行职责，依据《中国人民政治协商会议章程》的有关规定，结合我县实际，制定本守则。

第一条 努力学习马列主义、毛泽东思想、邓小平理论和“三个代表”重要思想，认真贯彻执行国家的宪法、法律和各项方针、政策，坚持和不断完善中国共产党领导的多党合作和政治协商制度，积极维护国家和最广大人民的根本利益，团结和带领全县政协委员、人民团体及社会各界人士，努力打造“大而强、富而稳、和而美”的保定新兴工业卫星城。

第二条　认真掌握统一战线、人民政协理论和知识，学习社会主义市场经济、现代化科学技术和法律知识，不断提高参政议政水平，为全县经济社会发展献智出力。

第三条　坚持解放思想，实事求是，与时俱进，开拓创新，创造性地开展工作；坚持光明磊落，一心为公，精诚事业，团结合作；坚持廉洁自律，遵纪守法，自觉抵制和反对腐败现象，珍惜人民赋予的权力和荣誉，在广大人民群众中树立良好形象。

第四条　切实加强调查研究，认真听取委员和群众的意见，了解和掌握社情民意，代表最广大人民的根本利益建言献策。

第五条　严格遵守政协会议纪律，按时出席会议，不迟到、不早退，集中精力开会。因病或其他特殊原因不能出席会议的，要提前向政协办公室请假，说明情况。县政协办公室对每名常委出席常务会议的情况进行记录，并健全会议通知及签到档案。本届任期内一次无故不出席会议的通报批评；连续两次无故不出席会议的责令其在会议上作检查；连续三次无故不出席会议的按自动辞职处理。

第六条　在政协会议上，要本着“长期共存，互相监督，肝胆相照，荣辱与共”的方针，围绕会议议题积极发言，充分发表意见和建议。

第七条　积极参加有关人事、决定、决议和建议案的表决，但有保留意见的自由。在重大问题上出现较大意见分歧时，可在充分交换意见后再行讨论表决，决议一经形成，所有常委都要带头落实。

第八条　树立良好的统战风范，密切同本界别、本系统其他委员和各界人士的联系，和他们谈心、交朋友，听取他们的意见、要求和呼声，并以书面报告或社情民意等形式及时向县政协反映、报告情况。

第九条　积极参加常委会组织的视察（考察）、检查、调研等活动，关心我县经济和社会发展，并就重要情况和问题及时向县政协提出意见和建议。

第十条　严守国家有关会议机密，按规定不应公开的内容，不得以任何方式传播。

第十一条　本守则自县政协常务委员会通过之日起施行。

## 7. 政协清苑县第七届委员会委员守则

（2007年6月12日七届一次常委会议通过）

为增强本届政协委员的光荣感、责任感和使命感，发挥委员作用，规范委员行为，提高委员履行职责的自觉性，根据《中国人民政治协商会议章程》有关规定，特制定本守则。

一、本届政协委员必须赞成《中国人民政治协商会议章程》，自觉遵守、严格履行《章程》规定的义务。

二、要树立坚定正确的政治方向，坚决同党中央保持高度一致，坚持和维护同级党委的正确领导，自觉抵制和反对一切违法乱纪行为。

三、要不断加强自我教育，认真学习马列主义、毛泽东思想、邓小平理论和“三个代表”重要思想，学习党和国家的方针政策，学习统战知识、政协理论，学习现代科技知识、法律知识、提案知识及与本职工作相关的业务知识，努力使自己的参政议政能力适应形势发展的需要，适应新时期人民政协工作的需要。

四、要积极参加政协的会议和活动，自觉接受政协的工作指导，认真执行全委会议、常务委员会议、主席会议的决议和决定，认真履行政协委员职责，积极参加政协组织和倡导的捐资助教、扶贫济困、支援灾区等社会公益活动，努力践行“三个代表”重要思想。

五、要带头贯彻执行党的基本理论、基本纲领、基本路线和各项方针、政策，带头遵纪守法，带头参加改革开放和社会主义现代化建设的实践，带动群众为建设“大而强、富而稳、和而美”的保定新兴工业卫星城和实现全县经济社会更好更快发展贡献力量，在生产、工作、学习中起模范作用，树立政协委员的良好形象。

六、要密切联系群众，注意了解和倾听群众意见和要求，通过政协组织的培训、调研、视察、例会、研讨会、座谈会等形式，积极反映社情民意，认真撰写提案，努力谏言献策，积极向群众宣传中国共产党的方针、政策和主张，为巩固和发展政治安定、社会稳定做贡献。

## 8. 政协清苑委员会 关于政治协商、民主监督工作实施细则（试行）

为了进一步改进和加强政治协商、民主监督工作，逐步使其经常化、制度化，健全社会主义民主，更好地为两个文明建设服务，根据《宪法》和《政协章程》的有关规定，特制定本实施细则。

### 总则

第一条 政治协商和民主监督是人民政协的基本职能，是共产党领导下的多党合作的重要形式和实际体现，是具有中国特色的社会主义政治制度的一个重要特征，对于促进社会主义两个文明建设，促进社会主义民主政治建设和法制建设，推进“一国两制”方针的实施，实现祖国统一大业，具有十分重要的意义。

第二条 各级各部门要从政治体制改革的高度来认识协商、监督的重要性，以严肃、认真的态度支持政协开展协商、监督活动，应该协商的事宜，积极主动地提交政协进行协商，并虚心诚恳地接受政协的民主监督。

第三条 搞好政治协商、民主监督要切实做到协商于决策之前，监督于执行之中，特殊情况也要事后通报，向政协讲明情况，征询意见。

第四条 政治协商、民主监督分三个层次进行（即县、局、乡（镇））。

### 第一章 县一级协商

第五条 协商内容:

1. 贯彻党和国家大政方针的部署和重大措施;

2. 全县性的改革方案;

3. 全县城乡建设总体规划和重大建设项目;

4. 全县国民经济和社会发展的中长期计划和年度计划;

5. 人大常委会或政府制定的执行有关法规的重要暂行办法、实施细则;

6. 有关群众生活重大问题;

7. 精神文明建设的重要事项；

8. 主要机构和重要人事安排；

9. 县委需要和各界人士通气和协商的问题；

10. 其他需要协商的事宜。

第六条 协商形式：

1. 县政协定期召开全体会议、常委会议、主席会议、各委员会、工作组会议以及列席县人民代表大会，对国家和地方事务重要问题参予讨论，进行协商；

2. 县政协主席或主持工作的副主席列席县委有关常委会、人大常委会、政府有关工作会议；

3. 县委、县政府及有关部门，就有关事项召开各界人士协商会、座谈会、论证会；

4. 定期举行有县委和政府领导同志参加的意见听取会或对话会；

第七条 协商方法：

1. 建立县委、人大、政府、政协办公室主任联席会议制度，每季首月由县委办公室主任牵头召开一次联席会，商讨协商内容、时间、方法、协调关系、解决协商中的问题；

2. 凡涉及全县各界人士参加的全县重大事项的协商会，请县委主持召开，属于县人大、县政府提交协商的事项，由县政协召集并主持召开协商会议；

3. 政府有关部门提请县长办公会审定的涉及全局性的重要事项，应协商而未协商的，建议政府不予受理；县政府提请县人大审定执行有关法规的暂行办法、实施细则，应协商而未协商的，建议人大不予受理；

4、县政协全会召开于人大会议之前，提前协商讨论县政府提交人大审议的各项报告。

第二章 局一级协商

第八条 政府各有关局与政协各专门委员会开展对口协商，接受有关专门委员会的民主监督。

第九条 协商内容：政府各部门的重大决策、长远规则、年度计划、重大改革措施、关键性技术引进等，应邀请政协对口专门委员会进行协商论证。

第十条 协商的形式和方法：

1. 政府各部门邀请对口政协专门委员会或有关成员参加重要会议；

2. 政府各部门和政协各专门委员会就有关部门联合进行调查研究、座谈、论证；

3. 政府各部门向党政机关报送的报告、总结、简报、资料汇编等文件和材料，抄送县政协对口专门委员会代人参阅；

4. 政府各部门对政协的调查报告、咨询建议、考察意见、委员提案等，应认真负责地研究办理，并将结果及时回复县政协。

第三章 乡（镇）一级协商

第十一条 协商的内容：各乡（镇）的重大决策、长远规划、两个文明建设和涉及群众生活的大事；及其他需要协商的事项。

第十二条 协商的形式和方法：

1. 乡（镇）党委、政府可请联络组的正副组长或其他成员列席有关会议，对有关事项进行协商讨论；

2. 乡（镇）领导可建立走访委员及各界人士制度，广泛听取他们的意见和建议；

3. 鼓励委员和各界人士提合理化建议，充分发挥他们的才智，为改革、开放和四化建设服务。

第四章 民主监督

第十三条 民主监督的目的，就是协助党和政府改进工作，提高工作效率，克服官僚主义，端正党风，落实党的各项方针、政策。

第十四条 民主监督的基本方法是批评、建议。

第十五条 民主监督的主要内容:

1.对县委和县政府及各部门在执行党和国家各项方针、政策中的不足之处提出批评和建议;

2.对全县各级干部在遵纪守法方面的问题，特别是不正之风、渎职等问题提出批评和建议;

3.对全县两个文明建设的内容、措施和存在问题提出建议和批评;

4.对全县各项改革措施及存在问题提出建议和批评;

5.对全县其它需要改进的问题提出建议。

6.每月下旬各政协统战联络组开展一次活动;

7.建立走访委员制度，政协机关从主席到一室四委工作人员要都要坚持走访委员制度，及时听取和反映委员的意见和要求。

第五章 委员知情问题

第十七条 为了做到协商有据，监督有理，要认真解决好委员知情问题:

1.由县政协邀请县有关领导同志向委员和各界人士做专题报告，通报情况;

2.由县政协组织委员听取中央领导同志以及专家学者的有关录音报告和讲话;

3.向委员寄发有关学习资料和《政协简讯》;

4.委员所在单位，要按照有关规定，使政协委员看到应该看到的文件，参加应该参加的会议;

5.政协办公室可将中央的方针、政策、县委的指示精神，我县的重大事项、工农业生产情况以及其它有关事项，通过“政协简讯”的形式，及时向委员通报。

第六章 工作机构及其他

第十八条 县级协商、监督工作由政协办公室负责组织，局、乡（镇）级的协商与监督工作，由政协各专门委员会和乡（镇）政协统战联络组负责，工作开展情况要报政协办公室。

第十九条 要切实加强反馈工作，使委员及时了解他们提出的意见和建议的办理情况，对每项意见和建议，都要作出认真负责的答复。

第二十条 对政治协商、民主监督的典型经验，通过《政协简讯》随时向委员和有关部门通报。

第二十一条 本实施细则不妥之处和未尽事宜，由县政协修改补充。

一九八八年四月一日

## 9. 政协清苑县委员会<br>关于政协委员提案工作实施细则<br>（试行）

为了逐步实现政协委员提案工作的制度化、规范化，充分发挥委员提案的作用，根据政协《章程》的有关规定，特制定本实施细则。

提案的意义

一、政协委员提案是委员们通过书面形式向党和提出的意见和建议，它是人民政协发挥政治协商、民主监督作用的一个重要内容；是政协委员行使民主权利、参与管理国家事务的一个重要方式，也是党和政府听取人民群众意见的一条重要渠道，它对于建设社会主义民主政治、实现领导决策民主化、科学化，改进政府工作、提高工作效率、推进四化建设和祖国统一大业具有重要作用。

办理提案的机构

二、县政协提案工作委员会，负责提案工作，建议县政府责成专人负责此项工作。

三、政协提案工作委员会，是政协委员会领导下的常设机构，主任由政协副主席兼任，副主任及成员由政协常委和委员选配。

四、提案工作委员会的工作人员，应具有较高的政治、业务素质，善于联系群众和认真负责的工作作风。

提案的收集

五、委员提案实行“三不限”原则，即：时间不限、人数不限、内容不限。

六、提案的重点应围绕两个文明建设和有关人民生活应兴应革的大事，尽量做到：案由有理、案情真实，建议可行，批评有据。

一般批评和个人要求（属于落实政策除外），可做为人民来信、来访或直接找有关单位办理为宜。

七、写提案，一律用政协统一印制的提案用纸，按格式填写，字迹要清楚、工整，要一事一案，不要一案多事。

八、全会召开之前，要把提案纸发给每个委员，并附发通知，提出提案的重点和质量要求。

九、为使委员知情，写出更多更好的提案，全会前要请县委和政府领导通报上年政治、经济形势和当年工作要点；组织委员就单位、就近进行一次考察活动；平时要通过《政协简讯》及时向委员通报各方面情况和信息。

十、全会期间，在政协提案工作委员会领导下负责全会期间委员提案的收集审理、编号登记、复制交办工作，紧急提案要立即办理。

十一、提案审查情况，由政协提案工作委员会向全会做出报告。

十一、委员平时提出的重要建议，亦应填写提案纸，由政协提案委员会审理，交政府有关单位，按提案程序办理。

提案的办理

十二、全会后，请政府领导主持召开政协提案交办会，向各承办单位提出办复时间和质量要求。

十三、各承办单位要把办理委员提案作为一项长期性任务，由一名领导分管，确定专人负责，限期办复，严格把关，每件提案都要做出认真负责的答复，能办的，写出办理意见；不能办的，申明理由。

十四、强调登门办案，面对面协商。每件提案办复后，由承办单位当面征求提案人意见。同意复文的，签署意见；不同意的，进一步申述理由，重新商讨办理，或者在办案过程中，由承办单位会同提案人共同研讨情况，商讨解决办法，由承办单位办理，而后把办理情况复告提案人。

十五、涉及几个部门的提案，请政府确定

主办单位；复杂提案由政府或政协主持召开有关部门协商会，共同商讨处理意见。

十六、重要提案，政协要组织有关工作组进行专题调查，完善和补充提案内容，提出切实可行的建议，提交有关部门参阅或提请领导机关批转。

提案的反馈

十七、重要提案和办得好的典型提案，要通过《政协简讯》随时向委员通报。

十八、每年由县政府和政协牵头吸收部分提案人和承办单位参加、组织一两次提案落实情况的实地考察、检查提案落实情况，考察情况向提案委员会和承办单位通报。

十九、提案全部办复后，由政府联合召开总结会，表彰先进，探索提案工作经验。

二十、每年的提案办理情况，由提案工作委员会向下次全会汇报，提请审议。

二十一、本实施细则不妥之处和未尽事宜，由县政协修改补充。

一九八八年四月一日

## 10. 政协清苑县委员会<br>关于建立县直有关部门与政协<br>各专门委员会对口协商制度的意见

县政协各专门委员会与县委、县政府各职能部门进行对口协商，是政治协商的一个重要层次。为充分发挥政协“政治协商，民主监督”的职能作用，根据《中共清苑县委关于认真学习贯彻中央14号文件，进一步加强政治协商，民主监督的通知》精神，特提出关于建立县直有关部门与政协各专门委员会对口协商制度的意见。

一、对口协商的内容。

1.贯彻落实党的路线、方针、政策和国家法律、法规的情况。

2.对县委、县政府及上级主管部门的重要决策贯彻执行情况。

3.各部门有关政治、经济、文化、教育、科技、卫生、城建等体制改革的方案、意见。

4.社会主义精神文明、民主与法制建设的重要事项。

5.党政机关密切联系群众，加强廉政建设的情况。

6.有关群众生产、生活中的重大问题。

7.其他需要协商的重要问题。

二、对口协商形式。

1.定期召开联席会议。县委、县政府及有关职能部门的主要领导与对口协商的县政协专门委员会主任每季度召开一次联席会议，半年通报一次本部门工作情况，互通信息，交换意见协商解决有关问题。

2.组织调查、视察。县政协各专门委员会组织政协委员视察调查，或通过提案、举报等形式向对口职能部门提出意见和建议。

3.根据协商内容，县政协专门委员会可提出召开专题研讨会、论证会、意见听取会、协商座谈会。协商议题由双方商定，协商应在决策之前进行。

4.交流双方有关文件、简报等。

三、对口协商单位。

县政协学习委员会——县委宣传部、县委党校。

县政协提案委员会——县委办、政府办、县纪委、县劳动人事局、监察局、审计局、统计局、计量局、土地局、工商局、税务局、物价局、民政局、公安局、检察院、法院、司法局。

县政协经济科技委员会——县计委、经委、科委、财政金融、建委、交通局、农委、农业局、林业局、畜牧局、水利局、粮局、县社、商业局、企业局、二轻局。

县政协文化委员会——县文化局、广播电视局、计生委、卫生局、教育局、爱卫办、体委、工会、团委、妇联、党史研究室、地名办、档案局。

县政协祖国统一联谊委员会——县委统战部、对台办、侨办、青联、工商联、民宗委。

四、对口协商的有关事项。

1. 县委、县政府职能部门召开重要会议，应邀请政协有关专门委员会负责人参加，县政协专门委员会召开重要会议，应邀请县委、县政府有关职能部门负责人参加。

2. 县委、县政府有关部门印发的重要文件，简报、资料应抄送县政协对口的专门委员会。

3. 县委、县政府各部门制定重要的计划和措施，应提前与县政协对口的专门委员会协商，或共同研讨、论证。

4. 县政协各专门委员会组织的考察、视察、调查活动，县委、县政府有关部门应给予支持和配合，各对口的双方也可联合开展上述活动。

5. 县政协各专门委员会的调查报告，建议，县委、县政府有关部门，要认真研究处理，并及时反馈处理情况。

一九九一年四月十七日

# 第十二章 人物简介

清苑县政协自1983年2月20日成立至2015年5月撤县设区，共32年，其间共历8届，历任主席10人，副主席30人。

## 第一节 主 席

历届清苑县主席10人：张润仁、丁文哲、程瑞田、张孝祯、李荣久、张鹤亭、胡景山、丛国栋、宋静、王振起。

### 张润仁

张润仁（1923.10-1984.1.18），良寨村人，初中文化。1940年4月加入中国共产党。清苑县政协第一届主席。

1940年至1946年，任良寨村青会主任、支部民连委员、宣传委员、抗联主任。1946年6月至1948年10月，任郝王力小学教员、清苑县财政科协助员、清苑县二区财政助理员。1948年11月至1956年2月，任清苑县财政科科员、副科长、科长。1956年2月至1958年3月，任清苑县财贸部副部长。1958年4月至1958年10月，任清苑县工业部副部长。1958年11月至1959年10月，任唐县钢铁厂厂长。1959年11月至1960年2月，任清苑区工业部副部长。1960年3月至1962年8月，任满城县工业部副部长、财贸部副部长，任清苑县财贸部副部长、部长。1962年9月至1965年6月，任清苑县供销社主任、计财委主任。1965年6月至1983年1月任清苑县副县长、县委常委。1983年2月至1983年10月，任清苑县政协主席。1983年10月离休。

### 丁文哲

丁文哲（1926.12.30-2018.1.31），河北省新乐市东王村人，初中学历，师范肄业。1943年9月加入中国共产党。清苑县政协第一届主席。

1943年9月至1948年5月，在家务农、任村青会委员、公安员、支部宣传委员。1948年5月至1949年3月，在新乐县七区做青年工作。1949年3月至1950年5月，在新乐县团县委会做宣传工作。1950年5月至1951年2月，在中央团校学习。1951年2月至1951年10月，任无极县团委宣传部长。1951年10月至1953年1月，任无极县团委副书记。1953年1月至1954年2月，任无极县团委书记。1954年2月至1955年7月，任定县团委会第二书记。1955年7月至1958年10月，任清苑县团委会书记。1958年10月至1959年11月，任唐县县委组织部副部长。1959年11月至1960年3月，任保定市清苑区组织部部长。1960年3月至1962年1月，任清苑县东闾区区委书记和公社书记。1962年1月至1962年8月，任清苑县委书记处书记。1962年8月至1966年11月，任清苑县委组织部部长。1966年11月至1967年1月，任徐水县委代副书记。1967年5月至1973年1月，任徐水县革委会副主任。1973年1月至1981年12

月，任徐水县委副书记。1981年12月至1983年12月，任清苑县委副书记。1983年12月至1987年4月，任清苑县政协主席。1988年1月离休。

### 程瑞田

程瑞田（1936.10–2017.3.18），雄县八东庄村人，大专学历。1966年3月加入中国共产党。清苑县政协第二届主席。

1954年10月至1958年4月，任雄县板家窝小学教师。1958年5月至1958年11月，任雄县教育局教研室视导员。1958年12月至1960年8月，任教导主任昝岗中学教师。1960年9月至1962年7月，在保定师范学院政治专科学习。1962年8月至1970年6月，任雄县昝岗中学政治教师、团总支书记。1970年7月至1971年11月，任雄县法院秘书、县委宣传部干事。1971年12月至1972年4月，任雄县中学党支部书记。1972年5月至1973年3月，任雄县文教局副局长。1973年4月至1981年6月，任雄县县委组织部副部长。1981年7月至1984年9月，任雄县教育局副局长、局长。1984年10月至1986年5月，任涿县副县长。1986年6月至1992年，任清苑县委副书记、清苑县政协主席（1987.4–1989.2）、保定市教育局局长、清苑县县长。1992年至1998年3月，任雄县人民政府顾问，县人大常委会主任。1998年3月退休。

### 张孝祯

张孝祯（1931.12–2003.10.26），北和庄村人，初中学历。1950年5月加入中国共产党。清苑县政协第二届副主席、主席。

1948年10月至1958年10月，任清苑县供销社会计、大庄办事处会计、县供销社办公室资料员、秘书科科长。1958年10月至1961年9月，任唐县商业局秘书、副局长、唐县人民委员会办公室副主任。1961年9月至1977年，任清苑县农业局副局长、海河指挥部主任、科学技术委员会副主任。1978年至1981年3月，任南大冉区委书记、县委常委、县委办公室主任。1981年4月至1987年4月，任清苑县人民政府副县长。1987年4月至1990年4月，任清苑县政协副主席、主席。1990年4月至1992年3月，任政协党组顾问。1992年3月离休。

### 李荣久

李荣久，生于1935年11月，北李庄村人，中专学历。1959年1月加入中国共产党。清苑县政协第一届副主席、第三届主席。

1951年9月至1954年7月，在清苑县师范学习。1954年7月至1960年2月，在清苑县孟庄小学、大魏庄中学任教，县肃反审干办公室干部。1960年2月至1967年12月，任清苑县委宣传部干事。1967年12月至1973年5月，在清苑县革委宣传组、海河办、党校工作。1973年5月至1978年12月，任清苑县委办公室秘书、副主任。1978年12月至1983年12月，任清苑县委宣传部副部长。1984年1月至1987年4月，任清苑县县委统战部部长、政协副主席。1987年4月至1990年1月，任清苑县委常委、政府常务副县长。1990年4月至1993年1月，任清苑县政协主席。1993年1月至1995年12月任清苑县政协顾问。1995年12月退休。

### 张鹤亭

张鹤亭，生于1935年8月，南蛮营村人，中专学历。1960年5月加入中国共产党。清苑县政协第二届副主席、第四届主席。

1951年3月至1953年6月，任清苑县大柳树村小学教师。1953年6月至1957年9月，因病回家疗养。1957年9月至1961年8月，经组织保送保定农专学习。1961年8月至1969年10月，任农林局科员。1969年10月至1973年1月，任县委宣传科办事员。1973年1月至1979年9月，任县委办公室干事、副主任。1979年9月至1983年1月，任县政府办公室副主任。1983年1月至1985年9月，任县委农村工作部部长。1985年9月至1986年7月，任县委组织部部长。1986年7月至1987年4月，任县委统战部部长。1987年4月至1990年4月，任县政协副主席，其间从1989年1月至1990年1月兼任农业局局长。1990年4月至1993年1月，任清苑县人民政府副县长。1993年1月至1997年3月，任清苑县政协主席。1997年4月退休。

### 胡景山

胡景山，生于1946年9月，魏村南街人，大专学历。1983年10月加入中国共产党。清苑县政协第四届、第五届主席。

1971年3月至1972年6月，在县文化馆工作。1972年6月至1975年1月，任牛庄小学教师。1975年1月至1978年3月，任大魏庄中学教师。1978年3月至1980年3月，在保定师专学习。1980年3月至1980年9月，任李庄中学教师。1980年9月至1982年3月，任县委宣传部干事。1982年3月至1983年1月，任清苑县计生办副主任。1983年2月至1984年11月，任县委办公室副主任。1984年11月至1987年12月，任县委组织部副部长。1987年4月至1992年10月，任五尧乡党委书记。1992年10月至1997年3月，任县委常委、宣传部部长。1997年4月至2003年4月，任清苑县政协主席。2003年4月，任清苑县政协党组书记。2006年10月退休。

### 丛国栋

丛国栋，生于1950年10月，蠡县西柳青村人，大专学历。1984年12月加入中国共产党。清苑县政协第六届主席。

1971年10月至1982年3月，任清苑县财政局会计。1982年3月至1987年6月，在县司法局任律师。1987年6月至1990年1月，任县人民检察院副检察长、党组成员。1990年1月至1994年1月，任县人民法院院长、党组书记。1994年1月至1998年1月，任副县长。1998年1月至2003年3月，任副县长、县委常委、常务副县长。2003年3月至2003年4月，任县政协党组常务副书记。2003年4月至2007年5月，任清苑县政协主席。2007年5月，任县政协党组副书记。2010年11月退休。

### 宋 静

宋静，生于1956年12月，胡指挥村人，大学学历。1983年12月加入中国共产党。清苑县政协第七届、第八届主席。

1980年8月至1980年9月，在大庄小学任教。1980年9月至1984年1月，任赵庄乡团委书记。1984年1月至1985年9月，任县委办公室秘书。1985年9月至1987年8月，在保定地委党校理论班脱产学习。1987年8月至1990年4月，任县委研究室副主任。1990年4月至1991年3月，任县委办公室副主任。1991年3月至1992年8月，任县委研究室主任。1992年8月至1994年2月，任清苑镇党委书记。1994年2月至1996年8月，任县委办公室主任。1996年8月至1997年3

月，任县委常委、县委办公室主任。1997年3月至2002年6月，任县委常委、县委秘书长。2002年6月至2007年5月，任县政府副县长。2007年5月至2015年4月，任县政协主席、党组书记。2015年4月至2015年5月，任县政协党组书记。2015年5月，清苑撤县设区，续任保定市清苑区政协党组书记。2017年1月退休。

### 王振起

王振起，生于1960年9月，郝王力村人，大学学历。1986年12月加入中国共产党。清苑县政协第八届主席。

1981年8月至1983年3月，任魏村小学教师。1983年3月至1985年1月，任清苑小学教师。1985年1月至1985年9月，在县教育局工作。1985年9月至1987年7月，在保定地委党校理论班脱产学习。1987年7月至1992年8月，任县委组织部科员。1992年8月至1997年3月，任县委副科级组织员。1997年3月至1998年3月，任清苑镇党委副书记、人大主席团主席。1998年3月至1999年10月，任清苑镇党委副书记、镇长。1999年10月至2003年3月，任张登镇党委书记。2003年3月至2004年2月，任县总工会主席（副县级）、张登镇党委书记。2004年2月至2004年4月，任县总工会主席（副县级）。2004年4月至2005年8月，兼任县总工会党组书记。2005年8月至2007年5月，兼任县委农工委书记。2008年11月至2011年8月，任县委办主任、县总工会党组书记、主席（副县级）。2011年8月至2011年9月，任县政府党组成员、县政府负责人、县委办主任、县总工会党组书记、主席。2011年9月，不再兼任县委办主任职务。2011年10月至2012年2月，任县政府党组成员、县政府负责人。2012年2月至2015年3月，任县政府党组成员、副县长。2015年3月至2015年4月，县政协主席候选人。2015年4月至2015年5月，任县政协主席。2015年5月，任政协党组副书记，同月，清苑撤县设区，续任保定市清苑区政协主席。2017年1月任区政协党组书记。

## 第二节 副主席

清苑县政协自1983年2月20日成立至2015年5月撤县设区，共有30名副主席。

### 王 杰

王杰（1929.6.10–2006.11.19），张登村人，初中学历。1948年10月加入中国共产党。清苑县政协第一届、第二届副主席。

1945年8月至1949年6月，任张登村教育委员会委员、小学教员。1949年6月至1952年12月，任七区教育助理、县教育科科员、副科长。1952年12月至1958年10月，任保定地区建筑公司第一工地副主任、县教育科科长、县文教局副局长。1958年10月至1960年1月，任唐县文教卫生部教育科长、清苑县王盘中学副校长。1960年2月至1960年7月，任保定市清苑区文教科科长、县委政策研究室副主任。1960年

7月至1983年12月，任县农技校、南大冉中学校长、县文教卫生局副局长、县教育科长、大庄区委委员、副书记、县委党校副校长、县委统战部部长；1983年2月，任政协清苑县委员会副主席。1990年5月离休。

## 刘俊章

刘俊章（1929.3–2008.12.30），大魏庄村人，初中文化。1947年10月加入中国共产党。清苑县政协第一届、第二届副主席。

1946年9月至1951年6月，在羊庄、北辛力小学任教。1951年6月至1964年4月，任一区委组织干事、县委宣传部宣传干事、四区委宣传委员、李庄公社党委第二书记、清苑县理论研究室副主任、清苑县冉庄公社副书记、李庄公社书记、冉庄区委副书记。1964年4月至1964年10月,任清苑县委宣传部副部长。1964年10月至1966年8月,在安新、涿县、易县搞四清，任团长。1966年8月至1969年9月,因病休养。1969年9月至1971年10月，先后在保定中层干部班学习、大庄区下乡、五七干校劳动、冉庄地道战纪念馆整理资料。1971年10月至1977年8月，离职。1977年8月至1983年2月，在清苑县委党校工作、任李庄公社“一批三打”队长、海河指挥部政委、冉庄公社书记、冉庄区委书记。1983年2月至1990年4月，任清苑县政协副主席。1990年7月离休。

## 白光棣

白光棣（1927.8–2004.9.18），天津市宝邸区人，中专学历。无党派人士。清苑县政协第一届、第二届、第三届副主席。

1949年6月至1953年7月，任清苑师范教师。1953年7月至1966年2月，任清苑中学教师。1966年2月至1969年6月，任王盘中学教师。1969年6月至1983年4月，任清苑中学教师，其间：1973年被选为先进工作者，出席保定地区先进代表大会；1977年被选为模范教师，出席清苑县先进代表会；1979年编写的生物教材发放到保定地区各县。1983年2月至1990年4月，任清苑县政协副主席。1993年12月离休。

## 王洪秀

王洪秀（1918–1985.9.17），大李各庄村人，高小学历。无党派人士。清苑县政协第一届副主席。

1938年10月至1940年11月，参加大李各庄青救会，任青年小队指导员、文教部工作兼教育主任。1940年11月至1941年4月，任罗家营初小教员。1941年6月至1943年2月，回家作隐蔽工作。1943年2月至1945年3月，任大李各庄初小教员并配合治安工作。1945年4月至1946年3月，任县教育科科员。1946年3月至1947年2月，任县议会副议长。1947年2月至1948年7月，回大李各庄组织剧团做宣传工作。1948年9月至1949年8月，任大李各庄初小教师，兼剧团导演。1949年9月至1950年3月，任西马庄初小任教员，其间：1949年10月被选为清苑县各界人代会副主席。1950年3月，兼任清苑县文化馆馆长。1953年再次当选为人代会驻会常委、副主席。1958年10月，清苑县、唐县、望都县合并，任唐县文化馆馆员。1961年12月至1979年5月，患病回家休养。1979年5月，恢复工作，任清苑县文化馆副馆长。1982年10月，主持县文化馆全面工作。1983年2月至1983年12月，任清苑县政协副主席。

### 曲百荣

曲百荣，生于1930年 11 月，河北省沧县埠陈庄村人，中专学历。无党派人士。清苑县政协第一届副主席。

1951年8月至1954年8月，在宁晋农校工作。1954年9月年至1958年1月，在保定农校工作。1958年1月至1983年12月，在清苑县大阳公社工作、任农业局局长。1983年12月至1987年4月，任清苑县政协副主席。1987年4月至1993年12月，任清苑县人大常委会副主任。1993年12月退休。

### 卢宗明

卢宗明（1932.8-2009.2.7），台湾省花莲县吉安乡庆丰村人，中专学历。无党派人士。清苑县政协第一届、第二届、第三届副主席。

1949年5月至1952年1月，在上海、南京三野司令部任教导师。1952年1月至1955年5月，在张家口外语学校日语班学习。1955年5月至1955年10月，在河北省转建委员会待分工作。1955年10月至1983年3月，在保定电影队、清苑电影队工作，任电影公司发行组长、副经理。1983年3月至1984年7月，任县政协常委。1983年12月至1993年1月，任清苑县政协副主席。1993年1月至1998年3月，任人大常委会副主任。1998年3月离休。

### 杨怀珍

杨怀珍（1910.12-1991.3），谢庄村人，大学学历。宗教界人士。清苑县政协第一届、第二届副主席。

1919年至1924年，先后在谢庄、张登小学读书。1925年至1940年9月，在保定大修道院、北京修道院学习。1940年9月至1943年，在江苏徐州砀山县天主堂传教。1943年至1945年，在保定南关公教医院养病。1945年至1948年，在保定总堂真道小学任教员。1948年回谢庄务农兼神甫。1983年12月至1990年4月，任清苑县政协副主席。

### 刘庆刚

刘庆刚，生于1937年7月，东王力村人，大学学历。无党派人士。清苑县政协第二届、第三届、第四届副主席。

1960年10月至1964年4月，在清苑县东王力村务农。1964年4月至1966年8月，任唐山工学院教师。1966年8月至1973年10月，在清苑县东王力村务农。1973年10月至1979年10月，在清苑县北王力中学代课。1979年10月至1987年4月，任河北轻工业学校教员、清苑中学教员。1987年4月至1998年2月，任清苑县政协副主席。1998年3月退休。

### 霍宗华

霍宗华（1939.8-1994.10.13），女，北马庄村人，高中学历。1956年10月加入中国共产党。清苑县政协第三届副主席。

1954年8月至1955年9月，任北马庄高级农业社社长、北马庄农业技术股副股长。1955年9月至1956年10月，任北马庄共青团副支书。1956年10月至1958年5月，在西李庄供销社任售货员、统计员。1958年5月至1959年2月，在县畜牧场做统计工作。1959年2月至1959年7月，在唐县商业局任档案员。1959年7月至1961年8月，在温仁商店做统计工作。1961年8月至1961年11月，在北王力商店任资料员。1961年11月至1973年8月，先后任北王力公社妇联主任、共青团书记、党委副书记。1973年8月至1977年8月，任田各庄公社党委副书记。1977年8月至1984年12月，任田各庄公社党委书记。1984年12月至1990年6月，任县计生委主任。1990年4月至1993年1月，任清苑县政协副主席。1993年1月至1994年10月任人大常委会副主任。1994年10月去世。

## 吴志杰

吴志杰（1929.11–1998.2.19），蠡县万安乡东辛庄村人，大专学历。无党派人士。清苑县政协第三届副主席。

1950年至1958年，在清苑县农业局工作。1958年至1960年，在清苑农业技术学校工作。1960年至1962年，在满城县农业局工作。1962年至1966年，在清苑县农业局技术站工作。1966年至1982年7月，在清苑县农业局工作。1982年7月至1986年10月，任县科委副主任。1986年10月至1990年10月，任科委主任。1990年4月至1993年1月，任清苑县政协副主席。1993年12月退休。

## 张孟乾

张孟乾，生于1943年12月，北邓村人，大专学历。1966年10月加入中国共产党。清苑县政协第三届、第四届、第五届副主席。

1965年1月至1968年2月，工程兵216团战士。1968年2月至1969年12月，任工程兵216团1营4连班长。1969年12月至1970年5月，任工程兵建筑第216团1营4连排长。1970年5月至1973年3月，任工程兵建筑第216团1营4连副政治指导员。1973年3月至1979年4月，任工程兵建筑第216团1营4连政治指导员。1979年4月至1980年6月，任工程兵建筑第216团1营副政治教导员。1980年6月至1982年5月，任工程兵建筑第216团1营政治教导员。1982年5月至1983年11月，任县检察院检察员。1983年11月至1990年4月，任县法院副院长、院长，其间：1985年9月至1988年9月在全国法院干部业余法律大学学习。1990年4月至1990年12月，任清苑县政协党组成员。1991年4月至1992年8月，任县委统战部部长、清苑县政协副主席。1992年8月至2003年4月，任清苑县政协副主席。2003年4月至2003年12月，保留副县级待遇（二线）。2003年12月退休。

## 赵丛仁

赵丛仁，生于1940年1月，西白城村人，初中学历。1963年6月加入中国共产党。清苑县政协第四届副主席。

1959年1月至1959年3月，石家庄民警教导队战士。1959年3月至1962年6月，转业到北京钢厂，工人。1962年6月至1964年4月，第二次入伍，江西公安总队通信员。1964年4月至1965年10月，江西公安总队1团10连给养员。1965年10月至1968年9月，江西公安总队1团10连司务员。1968年9月至1969年2月，任江西独立师2团2连副指挥。1969年2月至1972年1月，任江西独立师2团干部股干事。1972年1月至1976年3月，任福州军区13团组织股副股长。1976年3月至1979年11月，任福州军区13团干部股股长。1979年11月至1984年3月，任五尧乡党委副书记、石桥乡党委书记。1984年3月至1984年11

月，任石桥乡党委书记。1984年11月至1987年12月，任五尧乡党委书记。1987年12月至1992年8月，任清苑县委组织部副部长（正局级）。1992年8月至1993年1月，任清苑县委统战部部长。1993年1月至1996年9月，任清苑县委统战部部长、政协副主席。1996年9月至1998年2月，任县政协副主席。1998年2月至2000年2月，保留副县级待遇（二线）。2000年2月退休。

## 刘志宏

刘志宏，女，生于1954年4月，南邓村人，大学学历。无党派人士。清苑县政协第四届副主席。

1970年11月至1974年12月，保定市化工一厂工人。1974年12月至1984年9月，县农机局工人。1984年9月至1986年6月，任县农机管理站副站长。1986年6月至1989年6月，任县农机管理站站长。1989年6月至1992年9月，任县农业局副局长。1992年9月至1993年3月，任县农机局副局长。1993年1月至1994年4月，任县政协副主席兼县农机局副局长。1994年4月至1996年10月，任县政协副主席兼县农机局局长。1996年10月至1998年2月，任县政协副主席兼县农机总公司总经理。1998年2月至1998年5月，任县政府副县长兼县农机总公司总经理。1998年5月至2006年3月，任副县长兼教育局局长。2006年3月至2011年8月，任县人大常委会副主任。2011年8月至2014年5月，保留副县级待遇（二线）。2014年5月退休。

## 徐小国

徐小国，生于1943年12月，徐庄村人，中专学历。1982年12月加入中国共产党。清苑县政协第五届副主席。

1965年5月至1970年7月，任大庄公社农技站站长。1970年7月至1978年9月，任县农机修造厂统计员。1978年9月至1979年11月，任大庄区农机管理站站长。1979年11月至1981年3月，任县农机修造厂业务员、供销科长、办公室副主任。1981年3月至1982年3月，任县农机局秘书、办公室主任。1982年3月至1983年3月，任县政府办公室秘书。1983年3月至1984年8月，任县政府办公室副主任。1984年8月至1985年11月，任温仁区委副书记、区长。1985年11月至1987年6月，任温仁区党委书记。1987年6月至1990年8月，任县委党校校长。1990年8月至1992年10月，任县委常委、宣传部部长。1992年10月至1998年1月任县政协党组副书记。1998年2月至2003年4月任县政协副主席。2003年4月至2003年12月保留副县级待遇（二线）。2003年12月退休。

## 苑进祥

苑进祥，生于1945年6月，保定市竞秀区苑七里店村人，大学学历。无党派人士。清苑县政协第四届副主席。

1970年9月至1986年11月，在保定市郊区经济委工作。1986年11月至1988年6月，任保定市郊区政协副主席。1988年6月至1993年1月，保定市政协经济委正科级待遇。1993年1月至1994年11月任清苑县政协副主席。1994年11月至2001年2月，任保定市北市区政协副主席。2001年2月至2005年7月，新市区副县级待遇（二线）。2005年7月退休。

## 闫营志

闫营志，生于1954年2月，河北省平乡县人，大专学历。1986年4月加入中国共产党。清苑县政协第四届、第五届、第六届、第七届副主席。

1981年7月至1984年9月，任涞源县政府办公室秘书。1984年9月至1987年12月，任清苑县政府办公室秘书。1987年12月至1992年3月，任县政府办公室副主任。1992年3月至1993年4月，任县政府办公室副主任、政府研究室主任。1993年4月至1995年4月，任县政府办公室主任、侨办主任、政府党组成员。1995年4月至1996年9月，任县政府办公室主任、政府党组成员。1996年9月至1997年5月，任县委统战部部长。1997年5月至2003年4月，任县委统战部部长、县政协副主席。2003年4月至2007年5月，任县政协副主席、党组成员。2007年5月至2014年3月任县政协副主席、党组副书记。2014年3月退休。

## 徐安梓

徐安梓，生于1947年2月，徐庄村人，大专学历。1984年7月加入中国共产党，清苑县政协第五届副主席。

1967年9月至1970年9月，任望都县柳坨小学教师。1970年10月至1971年7月，清苑县大汲店小学负责人。1971年7月至1972年12月，任清苑县北蛮营小学教师。1973年1月至1974年1月，任清苑县白城社中教导主任。1974年2月至1983年2月，任清苑县教育局教研室教导员。1983年3月至1984年8月，任清苑县政府办秘书。1984年9月至1987年6月，任清苑县政府办副主任。1987年6月至1990年5月，清苑县政府办主任。1990年5月至1994年1月，任清苑县政府办主任、侨务办主任。1994年1月至1995年9月，任清苑县政府副县长。1995年9月至1997年7月，在河北农大领导干部脱产班学习。1997年7月至1998年1月，任清苑县政府副县长。1998年2月至2003年4月，任清苑县政协副主席。2003年4月至2007年4月，保留副县级待遇（二线）。2007年4月退休。

## 张焕玲

张焕玲，女，生于1951年3月，东闾村人，大专文化。无党派人士。清苑县政协第五届、第六届副主席。

1971年9月至1972年8月，县农机修造厂工人。1972年8月至1987年4月，任县农机修造厂统计员、团支书、厂妇联主任、办公室主任。1987年4月至1994年4月，任县乡镇企业局办公室秘书、主任、企管股股长。1994年4月至1998年1月，任县乡镇企业局副局长。1998年2月至2002年5月，任县政协副主席，兼县企业局副局长。2002年5月至2007年5月，任县政协副主席。2007年5月保留副县级待遇（二线）。2011年4月退休。

## 赵保平

赵保平，生于1956年8月，南侯村人，大学学历。1984年8月加入中国共产党。清苑县政协第六届副主席。

1975年1月至1978年3月，在南侯小学任教。1978年3月至1979年12月，在保定市第一师范学校学习。1979年12月至1980年9月，在清苑镇大福村学校任教。1980年9月至1983年3月，任团县委干事。1983年3月至1984年9月，任耿桥乡管委会副主任。1984年9月至1986年7月，在河北农业大学农经系学习。1986年7月至1987年2月，在县农村工作部工作。1987年2月至

1992年3月，任耿桥乡党委副书记、乡长。1992年3月至1996年6月，任石桥乡党委书记。1996年6月至1996年9月，任县计经委主任。1996年9月至1998年3月，任县计划局局长。1998年3月至1999年5月，任县计划局局长、党组书记。1999年5月至2001年2月，任县粮食局局长、党委书记。2001年2月至2003年3月，任县粮食局局长、党委副书记。2003年3月政协副主席候选人，2003年4月至2007年6月，任县政协副主席、党组成员，兼县粮食局局长、党委副书记。2007年6月至2015年5月，任县人大常委会副主任、党组副书记。2016年9月退休。

**税国芳**

税国芳，女，生于1963年9月，重庆市綦江县人，大学学历。1992年10月加入中国共产党。清苑县政协第六届、第七届、第八届副主席。

1982年5月至1989年12月，在西藏阿里地区计委工作。1989年12月至1996年8月，任西藏阿里地区扎达县计财局统计员。1996年8月至1998年9月，任西藏阿里地区扎达县计财局副局长。1998年9月至1999年12月，任西藏阿里地区扎达县计委主任。1999年12月至2001年6月，任西藏阿里地区扎达县政府副县长（其间：2000年10月至2001年2月挂职清苑县政府县长助理）。2001年6月待分配。2001年8月至2002年9月，任清苑县委正科级组织员。2002年9月至2003年3月，任清苑县卫生局党委书记、副局长。2003年3月至2003年4月，任清苑县政协党组成员，兼卫生局党委书记、副局长。2003年4月至2004年5月，任清苑县政协党组成员、副主席，兼卫生局党委书记、副局长。2004年5月至2007年3月，任清苑县政协党组成员、副主席，兼卫生局党委书记。2007年3月至2007年6月，任清苑县政协党组成员，兼卫生局党委书记(保留副县级待遇)。2007年6月至2008年12月，任清苑县政协党组成员(保留副县级待遇)。2009年1月至2015年5月，任县政协副主席、党组成员。2015年5月，清苑撤县设区，续任保定市清苑区政协副主席、党组成员。

**陈　克**

陈克，女，生于1966年5月，南营头村人，研究生学历。无党派人士。清苑县政协第六届副主席。

1985年8月至1987年10月，在北大冉中学任教。1987年10月至1989年7月，在清苑中学任教。1989年7月至1998年9月，在县职教中心任教。1998年9月至2001年2月，任县劳动人事局干部。2001年2月至2003年3月，任县妇联副主席。2003年3月任县妇联副主席，提名为县政协副主席候选人。2003年4月至2006年5月，任清苑县政协副主席。2006年5月至2006年6月，清苑县副县长人选，2006年6月至2015年5月任清苑县副县长，其间：2004年9月至2007年7月，在省委党校在职研究生班法学专业学习。2015年5月，清苑撤县设区，续任保定市清苑区副区长。

**范同山**

范同山，生于1957年11月，李庄村人，大专学历。1984年12月加入中国共产党。清苑县政协第七届副主席。

1976年3月至1980年8月，任李庄中学教师。1980年8月至1984年1月，在团县委工作。1984年1月至1989年1月，在县政协工作。1989年1月至1990年11月，在县土地局工作。1990年11月至1992年11月，任土地局代理副局长、副局长。1992年11月至1994年7月，任中冉乡党委书记。1994年7月至2005年7月，任县国土资源局局长、党组副书记。2005年7月至2007年5月，任县国土资源局局长、党组书记。2007年5月至2007年6月，任县政协副主席、党组成员，兼县国土资源局党组书记、局长。2007年5月至2011年8月，任县政协副主席、党组成员。2011年8月至2012年2月，任县政协副主席、人大党组成员、人大常委会副主任候选人。2012年2月至2015年5月，任县人大党组成员、副主任。2015年5月，清苑撤县设区，续任保定市清苑区人大党组成员、副主任。2017年12月退休。

### 苏秀义

苏秀义，女，生于1966年11月，武罗侯村人，大学学历。无党派人士。2015年12月加入民建。清苑县政协第七届副主席。

1989年7月至1996年10月，任县农委科员。1996年10月至1997年7月，任县农业开发办公室科员。1997年7月至1999年1月，借调县委宣传部。1999年1月至2001年2月，任魏村镇人大主席团副主席。2001年2月至2004年5月，任县广电局工会主席。2004年5月至2007年5月，任县工商联主任科员、驻会副会长。2007年5月至2011年8月，任县政协副主席。2011年8月至2012年2月，任县政协副主席、县人大常委会副主任候选人。2012年2月至2015年5月，任县人大常委会副主任。2015年5月，清苑撤县设区，续任保定市清苑区人大常委会副主任。

### 张同岳

张同岳，生于1956年5月，北和庄村人，大学学历。1976年12月加入中国共产党。清苑县政协第七届副主席。

1973年12月至1977年12月，新疆哈密军区巴里坤中队战士。1977年12月至1978年8月，清苑县鼓风机厂工人。1978年8月至1983年8月，任县法院书记员兼法警。1983年8月至1984年9月，任县委组织部组织组副组长。1984年9月至1986年7月，在保定地委党校大专理论班学习。1986年7月至1988年5月，任县委组织部组织组副组长。1988年5月至1990年9月，任五尧乡党委副书记。1990年9月至1993年4月，任五尧乡乡长。1993年4月至1996年9月，任五尧乡党委书记。1996年9月至1998年5月，任县交通局党委书记、副局长。1998年5月至2008年12月，任县交通局党委副书记、局长。2008年12月至2009年1月，任县政协党组成员，2009年1月至2012年1月，任县政协副主席、党组成员。2012年2月至2016年6月，任政协党组副书记。2016年6月退休。

### 段树立

段树立，生于1960年3月，西臧村人，大学学历。1985年3月加入中国共产党。清苑县政协第八届副主席。

1981年5月至1982年3月，县工具厂职工。1982年3月至1987年8月，任县委办公室办事员。1987年8月至1989年12月，任大阳乡党委副书记。1989年12月至1993年4月，任望亭乡党委副书记、乡长。1993年4月至1996年1月，任马庄乡党委书记兼乡长。1996年1月至1997年2月，任东闾乡党委书记。1997年2月至1999年3月，任大阳乡党委书记。1999年3月至2000年12月，任孙村乡党委书记。2000年12月至2011年8月，任县民政局党组副书记、局长。2011年8月至2012年2月，任县政协党组成员、副主席候选人、县民政局党组副书记、局长。2011年10月至2012年2月任县政协党组成员、副主席候选人。2012年2月至2015年5月，任县政协党组成员、副主席。2015年5月，清苑撤县设区，续任保定市清苑区政协副主席、党组成员。

## 李志芳

李志芳，女，生于1974年4月，北段庄村人，大学学历。无党派人士。清苑县政协第八届副主席。

1996年8月至1997年9月，在北店乡林水中学任教。1997年9月至2004年7月，任县委宣传部科员。2004年7月至2008年10月，任地道战管委办副主任。2008年10月至2011年8月，任县档案局局长。2011年8月至2012年12月，任县政协副主席候选人、县档案局局长。2011年12月至2012年2月，任县政协副主席候选人。2012年2月至2015年5月，任县政协副主席。2015年5月，清苑撤县设区，续任保定市清苑区政协副主席。

## 张　琳

张琳，女，生于1981年11月，牛庄村人，研究生学历。无党派人士。清苑县政协第八届副主席。

2000年10月至2006年3月，任世纪中学、清苑二中教师。2006年3月至2008年9月，任县教育局科员。2008年9月至2012年3月，任县教师进修学校副校长。2012年3月至2014年2月，任清苑县科协主席。2014年2月至2015年5月，任县政协副主席。2015年5月，清苑撤县设区，续任保定市清苑区政协副主席。

# 附　录

## 1. 历届政协全会工作报告

### 【一届一次会议】

#### 新时期人民政协的性质、地位、作用和主要工作任务

张润仁

（1983年2月20日）

各位委员、各位同志：

我受中共清苑县委的委托，就人民政协在新时期的性质、地位作用和主要工作任务，向本次会议做以下报告。

**一、新时期人民政协的性质、地位和作用**

新时期的人民政协，是中国人民在长期的革命和建设进程中结成的，由中国共产党领导的，有各民主党派、无党派民主人士、人民团体、少数民族人士和各界爱国人士参加的，由全体社会主义劳动者，拥护社会主义的爱国者和拥护祖国统一的爱国者组成的，包括台湾同胞、港澳同胞和国外侨胞在内的最广泛的爱国统一战线组织。

根据中国共产党同各民主党派和民主人士"长期共存，互相监督""肝胆相照，荣辱与共"的方针，对国家的大政方针和群众生活的重要问题进行政治协商，并通过建议与批评进行民主监督。人民政协在国家生活中具有重要地位。

人民政协利用自己这个最广泛、最重要的统一战线组织形式，以它强有力的联系纽带和广泛多样的联系渠道，最广泛、最紧密地联系和团结一切拥护社会主义、拥护祖国统一的各界人士和广大知识分子，为四化建设和祖国统一大业出力、献策，这就是人民政协在新的历史时期要发挥的重要作用。

去年党中央发出指示，为适应新时期统一战线工作发展的需要，要求县普遍建立人民政协组织。全国人大五届五次会议通过的新宪法，明确规定了政协在国家生活中的地位。全国政协五届五次会议通过的章程，清楚地写明了政协在新时期的性质、地位、作用和任务。同时写上了县和市辖区建立人民政协的规定，并且规定了上下级政协业务上的指导关系。所有这些都说明新时期统一战线的对象不是越来越少，而是越来越多；统一战线工作的范围不是越来越狭窄，而是越来越宽广。随着统一战线的不断发展，人民政协的地位和作用将得到不断的加强与提高。我们的统一战线，正像邓小平同志所指出的那样"前程远大，大有可为"。

我县统战工作，由于各级党委的重视，做了大量的工作。党的三中全会以来，我们在广大干部中反复进行了统战政策的再教育，认真地贯彻落实了党的各项统战政策，取得了很大成绩。

认真贯彻了党的民族团结政策和帮助少数民族发展民族经济的政策。我县现有回、满等八个少数民族，共4460人。几年来，民族关系和睦融洽，民族经济都有了新的发展。有两个大队成为出席省的先进单位。

深入贯彻了党的案教信仰自由政策，我县有天主教徒一万二千多人，伊斯兰教三千多人，另外还有少量的基督教。对天主教在宗教活动上实行了“三定”，即定活动场所、定神职人员、定活动内容，比较好的满足了广大信教群众的正当宗教生活要求。伊斯兰教恢复开放了清真寺。调动了宗教界人士为四化服务的积极性。

认真落实了党对知识分子的政策。我县现有中级专业技术职称的知识分子七十人，一般知识分子1200多人。几年来，平反了知识分子中的所有冤假错案，确定和晋升了一部分人的技术职称，解决了一部分夫妻分居、住房困难等方面的问题，还提拔了十名党外知识分子担任了科局级领导，提拔了104人担任了基层的领导职务。

积极落实了对台胞、台属和侨眷的政策。据初步摸底，我县现有台胞一人，台属75户，侨眷128户。通过各种途径，向他们广泛宣传了党的政策，推翻了在“左”倾错误下强加在他们头上的种种罪名，极大地激发了他们为四化建设和祖国统一积极开展活动的热情。

解决了在宗教界人士、民族党派成员和起义投诚人员中存在的政策不落实的问题，调整了各方面的关系。

另外还改正了353名错划右派，对58名原工商业者中的劳动者进行了区分。

总之，通过落实党的统战政策，密切了党同知识分子的关系，改善与加强了党同党外人士的合作共事关系。

但是形势在发展，时代在前进。目前的状况已经远远不能适应历史赋予我们的使命。因此在去年九月县委统战部建立后，又抓紧进行了政协的筹建。我们相信，随着党的路线的深入人心，统战政策的进一步落实和统战机构的建立健全，必将进一步打开我县统战工作的新局面。广大知识分子和各界人士，必将和全县人民更加紧密地团结起来，在加速我县四化建设步伐，开创我县社会主义现代化建设新局面的进程中，发挥更大的作用，做出更大的贡献。

**二、明确政协在新时期的任务，努力做好政协工作，充分发挥政协作用**

党的十二大和新宪法规定：我国各族人民在新时期的总任务是自力更生，艰苦奋斗，逐步实现工业、农业、国防和科学技术现代化，把我国建设成为高度文明、高度民主的社会主义国家。同时还要争取实现包括台湾在内的祖国统一和反对霸权主义、维护世界和平的斗争。政协的工作就是要以十二大精神为指针，以宪法规定为准则全面开展活动。具体到我县，就是要在中共清苑县委的领导下，在省政协的指导下，认真学习、宣传、贯彻、落实党的十二大精神和宪法规定的各项任务，协助县委和县政府做好我县的各项工作。为此，对政协今后的工作提出以下意见：

**（一）加强政治协商，搞好民主监督**

人民政协的主要任务是政治协商、民主监督。今后我们要与县人大和县政府以及有关部门加强联系，列席人大会议，邀请县政府负责同志作工作报告，积极参与国家大政方针和我县重大问题的协商讨论。

县委在安排我县今年工作重点时提出：全县党员、干部和广大群众，要把学习十二大文件，贯彻落实十二大精神和学习、贯彻新宪法，作为头等大事来抓，推动我县物质文明建设、精神文明建设和民主法制建设，全面开创我县工作新局面。进一步完善农业责任制，努力实现农业的全面丰收，工业要打翻身仗，财政收支平衡有余，精神文明出现一个新气象，各行各业都有一个新发展，在争取“三个根本好转”上迈出新步伐。我们政协组织要围绕着县委的中心工作和全县人民关心的大事，积极发挥作用。开好各种不同类型的座谈会，深入基层搞好调查研究，广泛听取各方人士的意见，广开言路，集思广益，把各方面的意见、要求、批评、建议反映出来，以利党和政府改进工作，充分发挥民主监督作用，把我县的各项事业推向前进。

**（二）搞好政协组织的自身建设**

一是加强思想建设。主要是组织好委员和各界人士的政治理论、时事政策和经济、技术等方面的学习，不断提高各位委员和各界人士的政治思想水平与业务技术能力。当前，主要是要学习好、宣传好党的十二大文件和新宪法，把我们的思想统一到党的十二大精神上来，统一到宪法规定的任务上来。今后我们要建立委员学习制度，采取定期集中和分散自学相结合；会内会外相结合；理论与实践相结合等多种学习形式，并根据形势发展变化的需要，适当的组织一些学习心得交流会、座谈会、报告会、专题讨论会等，把学习引向深入。在学习中坚持自愿的原则和“三不”的方针（即不打棍子、不抓辫子、不扣帽子）。自觉改造世界观。使我们在思想上和政治上同党中共保持一致，在技术业务上适应形势发展的要求，并以我们的实际行动支持和推动我县广大职工、干部和群众的学习，促进我县精神文明建设的深入发展。

二是加强组织建设。为了使政协组织能够更好地发挥政治协商和民主监督作用，在实际工作中做到任务明确，分工清楚。同时，还要根据委员们的工作性质建立各类工作组。在各类工作组之间既有分工，又有合作。并且要根据情况的发展变化，不断搞好组织的整顿和建设，始终保持旺盛的战斗力。

三是加强作风建设。为了能够得到各界人士和广大群众的意见与反映，及时向县委和县政府提供情况和建议，要求各位委员在日常生活和实际工作中，要注意往常深入基层，广泛接触群众，深入调查研究，搞好走访、座谈和接待，及时发现新情况，分析新形势，总结新经验，解决新问题，以便有力的配合县委和政府进行工作，充分发挥政协组织的职能作用。

**（三）高举爱国主义旗帜，积极开展对台对外宣传工作**

台湾回归祖国，实现祖国统一，是我国人民八十年代的三大任务之一，也是政协的一项重要工作。今后我们要把宣传党的对台政策、做好对台工作作为一件重要任务来抓。特别是要广泛联系台属、侨眷，联系原国民党军政人员和起义投诚人员，落实对他们的政策，做好对他们的政治思想工作，使他们解除顾虑，放下包袱，积极主动地同去港澳台和在海外的亲友取得联系。我们还要配合有关部门不定期地召开台属、侨眷座谈会，必要时组织他们参观、视察，开阔政治眼界，增强爱国热忱，自觉地为实现祖国统一大业做出自己的贡献，为争取海外侨胞支持祖国统一和支持祖国建设做出自己的贡献。要求各位委员，积极带动各界人士，为推动对台对外工作的开展出力献策。

**（四）协助党和政府继续落实好党的各项政策，处理好人民来信来访**

党的三中全会以来，落实党的各项政策的工作取得了很大的成绩。但是落实政策的任务并没有全面完成，还有一些问题需要继续加以解决。特别是党的知识分子政策，要进一步检查落实。知识分子是社会主义现代化建设的依靠力量。帮助他们解决工作上学习上和生活上的问题，使他们解除后顾之忧，更加专心致志的工作，更加充分地发挥作用。人民政协要利用广泛联系各界人士的渠道，深入了解知识分子落实政策的情况，及时向县委和有关部门反映存在的问题，以便及时加以解决。同时要注意发现人才，对于那些确有真才实学和技术专长的，要及时推荐，唯贤是举，选才任能，把他们提拔到各级领导岗位上来，发挥更大的作用。

处理好委员的提案和人民群众的来信来访，是政协的一项日常重要工作，要热情接待，认真处理，做到件件有着落，事事有交代。帮助党和政府及时解决群众提出来的问题，进一步密切党群关系，巩固和发展安定团结的政治局面，充分调动起各方面的积极性，为社会主义现代化服务。

**（五）认真做好文史资料的征集和编写工作**

文史资料工作是我国社会主义文化建设事业的组成部分，它有着承前启后，教育群众、教育子孙后代，直接间接地为四化建设服务的重要意义。我县历史悠久，革命史料比较丰富，国内革命战争和抗日战争中有不少有名的革命先烈和英雄人物，有流传千古的历史事件，还有一些有历史价值的文化轶事。这些可贵的文史资料，过去一直缺乏系统的搜集整理，亟待我们去“抢救”。我们要趁一些知情者还健在的机会，抓紧挖掘他们脑子里的“活资料”。根据全国政协第三次文史资料工作会议精神，安排好我县的征集计划。首先摸清两个底码，一是摸清重大历史事件、重要历史人物和历史上的革命活动，包括政治、军事、文化、教育、科技、宗教和社会等方面的史料；二是摸清能提供情况的人。然后研究题目，明确任务，确定方法，提出要求，有成效地进行工作。这是一项光荣的任务。我们政协委员和各界人士都要积极参加这一活动，为我县今后编写现代史料和县志打好基础。

各位委员，各位同志，我们现在正处在一个伟大历史转变的新时期，党的十二大精神和新宪法的诞生，正在鼓舞着全国人民为实现新时期的三大任务而奋斗。我们正在做我们的前人从来没有做过的极其光荣伟大的事业。在这个伟大的事业中，人民政协肩负着光荣的使命。让我们更加紧密地团结在党中央的周围，高举马列主义、毛泽东思想的旗帜，坚持四项基本原则，在县委的领导下，认真学习、宣传、贯彻、落实十二大精神，全面贯彻宪法的要求，团结起来、同心同德，振奋精神，努力工作，为打开我县统战工作新局面，为取得我县物质文明和精神文明建设的新胜利而奋斗。

最后祝同志们精神愉快，身体健康！

## 【一届二次会议】

### 中国人民政治协商会议<br>清苑县第一届委员会常务委员会工作报告

刘俊章

（1984年5月14日）

各位委员、各位同志：

现在我受常务委员会委托，向大会做工作报告，请审议。

我县政协是一九八三年二月建立的，一年多来，在县委直接领导和省政协的指导下，贯彻执行“长期共存、互相监督”，“肝胆相照、荣辱与共”的方针，发挥委员的积极性和主动性，团结一致，大胆探索，工作取得了初步进展。现就主要方面回顾如下：

## 一、推动和组织委员学习，积极开展宣传工作

政协建立以后，鉴于任务新，工作生，有些同志对政协的性质、任务、地位和作用缺乏认识，我们重点抓了党的统一战线、方针、政策和有关新时期人民政协工作理论的学习，利用主席会、常委会、全委会和座谈会等形式，反复学习政协章程和全国政协、省政协有关文件。全国政协六届一次会议期间还增订了《人民政协报》发给委员自学。通过学习，逐步提高了对人民政协工作的认识，增强了责任感和光荣感，激发了做好政协工作的积极性和主动性。

为推动政治理论学习，政协委员会确定一名副主席分管，并规定了学习制度。按照县委部署在抓好《邓小平文选》学习的同时，传达学习了党的十二届二中全会精神、《中共中央关于整党的决定》和邓小平、陈云同志的讲话，通过联系实际，认真讨论，使大家对三中全会以来的路线、方针、政策，对党的重大决策，理解更加深刻，贯彻执行更加自觉，今年春季，以学习中央1号文件为重点，结合学习了地、县委有关文件，分区召开了委员和各界人士学习座谈会。通过学习，大家解放了思想，开阔了视野，明确了方向，摆脱了“左”的影响和小生产习惯势力的种种表现，表示决心动脑筋，想门路，学技术，学经验，甩开膀子发展商品生产，当勤劳致富的带头人和先行者。

在学习提高的基础上，积极开展了宣传活动，及时印发了《政协简讯》和文件，并以请县委领导做报告、转发政协党组文件和请广播站录音、报道等方式，向干部群众宣传了政协性质、任务、作用和工作组活动，表彰了委员的崇高思想和先进事迹。此外，在工作实践中，通过与委员所在单位党政领导的联系，征求意见。开展了不同形式的宣传活动，使党的统战政策日益为广大干部群众所理解，使人民政协工作得到了各个部门的协助和支持。

## 二、积极开展政治协商和民主监督活动

为发挥人民政协政治协商和民主监督的职能作用，主要进行了以下工作。

1. 领导同志列席有关会议，一年多来，政协领导同志曾分别列席了县委、县人大、县政府召开的重要会议，就我县的重要的人事安排、贯彻落实中央1号文件和大力发展商品生产、进行教育改革和供销社体制改革、开展计划生育工作以及推动社会主义精神文明建设向横宽纵深方向发展等重大问题，进行了协商讨论。

2. 以政协工作组为主体，开展专题调查。农业、医药卫生、妇女、财贸、民族宗教等工作组，在县直等有关部门配合下，分别就农村实行承包责任制后集体提留与使用情况，防疫工作情况、阎庄乡维护妇女儿童合法权益方面存在的问题，县工具厂深水泵生产情况和头台村饲养奶牛重点户的情况等五个专题进行了调查，并写出书面报告。得到了县委、县政府及有关部门领导同志的重视。对推动工作的开展起到了重要作用。

3. 一年多来，以召开常委会、小组会、茶话会、座谈会和来信来访等机会和形式，买卖房基地歪风，解决农民浇地难，提高中、小学生教师的政治地位和生活待遇。进行教育改革，建立县中医院或中医门诊部以及合理使用，抓紧培训中医人才等有关两个文明建设和人民生活的重大问题，搜集、整理了意见，建

议35条，分别及时转送政府有关部门处理。

4. 征集、处理委员提案，一届一次全委会期间，共收集提案42件，内容涉及“四化”建设和人民生活的许多方面，现已全部处理完毕，并已作出答复。

**三、发挥委员和各工作组的专长，开展灵活多样的活动**

1. 举行各类知识讲座、座谈会六次。中学生物教学座谈会、中医座谈会、雏鸡饲养和产蛋鸡疫病防治知识讲座、西瓜地膜覆盖技术讲座、秦爱陆稻栽培管理技术讲座等。这些讲座、座谈、通俗实用，效果显著，深受有关部门的支持和广大干部群众的欢迎。

2. 去年，工商财贸工作组在县政府有关部门协助下，向商业战线干部职工和个体商业户发出《倡议书》。对推动商业改革，进行商业道德教育，维护消费者利益，起到了积极作用。今年春季，教育（含体育）工作组成员，撰写整理了《初中植物学》名词解释；并与文化局配合举行了武术进城表演。祖国统一工作组部分成员，积极给去台和国外亲友写信，并主动同附近村台属、侨券联系，宣传党的方针、政策、解除疑虑，启发他们的觉悟，推动他们为祥瑞祖国统一大业做贡献。

3. 开展咨询服务活动。法制、医药卫生、科技等工作组部分成员。分别结合部门业务，开展咨询服务活动，收到了较好的效果，受到干部群众的赞扬。

4. 为配合打击刑事犯罪活动和维护妇女儿童合法权益法制“宣传月”活动，分别印发了《关于严厉打击刑事犯罪活动的决议》和《关于积极行动起来，推入维护妇女儿童合法权益法制“宣传月”活动的通知》，推动委员在这两项工作中发挥专长，做出了了积极贡献。

5. 为表彰先进，推进各界人士为四化建设贡献力量，去年十月，与县委统战部共同召开了130多名同志参加的各界人士为四化服务经验交流会。有13名同志口头和书面介绍了先进事迹和经验，并向全县各界人士发了《倡议书》。会议结束时，县委、县人大、县政府、县政协的领导为出席会议的全体人员举行了茶话会。会议收效显著，反映强烈。大批非党知识分子和各界人士的崇高思想及献身精神，不仅激励着各界人士的革命热情，而且使广大党员、干部受到极大的启示和鼓舞。通过会议，各界人士深感党的无限关怀和党的政策的温暖，倍觉重任在肩，前程远大，大有可为。决心为振兴清苑，献计献策，大展才华。

总之，一年来的实践表明，政协人才聚集的优势，已得到初步发挥，委员和各界人士为实现四化和祖国统一大业做出了重大贡献。

**四、协助党落实各项统战政策**

遵照全国政协会议精神，在县委领导下，会同县委统战部检查了统战政策的落实情况，在此基础上，协同、督促有关部门解决了五名委员的复职、恢复生活补贴和清档问题。

**五、加强政协机关的建设**

政协机关在抓紧思想建设的同时，认真加强了有关政协业务的学习，通过外地走访，学习兄弟县政协工作经验和上级人民政协文件，开阔了视野，受到了启发，推动了工作的开展。今年以来，经过机构改革和整顿，进一步健全和完善了各项制度，初步改进了工作作风。实行了干部岗位责任制，机关面貌一新，被评为地、县精神文明建设的先进单位。

总之，由于全体委员的共同努力，政协工作取得了初步成效。在工作实践中我们体会较深的：一是，主动争取党的领导是开创政协工作新局面的关键。平时，政协党组主动向县委请示报告工作，坚持每季、年终汇报制度，从而得到了县委的重视和支持，推动了工作的开展；二是，紧紧围绕党的中心任务和群众普遍关心的重大问题开展活动，政协工作才会生气勃勃，富有成效；三是，深入实际，调查研究，是搞好工作的基础。工作细活动实践表明，调查研究工作越扎实越认真，成绩也就越显著，县委、县政府越重视。

一届一次会议以来，我们的工作虽然取得了初步成效，但与兄弟市、县，和上级要求相比，还存在着一定的差距，如：政治协商、民主监督活动还不够经常化、制度化；工作组活动开展不平衡；专题调查还不够深入扎实，工作组内委员联系较差等。有待于我们在今后工作中加以改进和提高。

同志们，大家都知道：新时期爱国统一战线和人民政协的根本任务，就是要最大限度地团结一切可以围绕的力量，调动一切积极因素，发展和加强中华民族的大团结大统一，努力为实现本世纪末工农业年总产值翻两番的宏伟目标，建设高度的社会主义物质文明和精神文明，实现八十年代的三大任务而奋斗。当前，我们正处在迎接新的经济振兴和新的技术革命的伟大时代，我们要紧紧围绕社会主义经济建设这个核心和县委县政府提出的今年全县工农业总产值要力争达到35172万元，农村产值翻一番，人均收入达到420元的奋斗目标，以教育、卫生、科技为重点，继续把政协工作推向前进。据此，今年要努力做好以下工作：

**一、加强学习，深入开展宣传工作**

各委员应继续加强马列主义、毛泽东思想和党的路线、方针、政策的学习。当前在学习《邓小平文选》《中共中央关于整党的决定》和中央（84）1号文件以及大力发展商品生产有关材料的同时，要重点加强党的统一战线方针、政策和人民政协工作的理论学习。要认真学习邓小平同志关于《新时期的统一战线和人民政协的任务》的讲话，学习胡耀邦同志在一九八三年全国统战工作会议的讲话和邓颖超同志在全国政协六届二次会议上的讲话等。号召各委员自费订阅《人民政协报》。通过学习，真正实现在政治上、思想上与党中央保持一致。不断增强爱国主义、社会主义觉悟。清除“左”的影响，以实际行动支持、扶植“两户一个体”，做发展商品生产的促进派和带头人，要进一步提高对新时期人民政协和统一战线工作重要性的认识，深刻理解新时期人民政协的性质、任务、地位和作用，培强光荣感和自豪感，充分发挥积极性，主动性。为活跃政协工作，推动我县的两个文明建设贡献力量。同时，要加强业务学习。不断丰富更新科学技术、文化知识和经济管理知识，以适应四化建设新形势的需要。

为加强领导，政协委员会确定一名副主席分管、办公室由一名副主任具体抓，有针对性地加强具体指导，并有计划地举行学习心得交流会，座谈会和组织辅导报告等，不断提高学习效果。

要积极配合各级党的组织，抓好宣传工作，政协机关要采取“请进来，走出去”的办法，与有关部门保持密切的联系。各位委员也要密切联系各界人士，开展宣传工作。同时，可采用请县委领导做报告和请县委党校开设统战理论课，以及邀请广播站录音、报告等形式，对广大干部、群众进行统一战线方针、政策的再教育。进一步提高对搞好统战工作重要性的认识。要继续办好《政协简讯》，丰富内容，提高质量。

## 二、大胆探索，搞好政治协商和民主监督

要以改革的精神，解放思想，勇于探索，开辟多种渠道，使政治协商民主监督活动更加活跃，参照外地经验，具体方法可以有以下几种:

1. 举行政协全委会、常委会、主席会议；2. 由县委或政府出面举行民主协商会；3. 列席县委、县人大、县政府的有关会议；4. 请有关部门领导同志做报告；5. 主动向县委、县政府提出协商建议等。此外，各委员应联系本界人士，经常开展调查研究，就全县两个文明建设和有关人民生活的重大问题搜集意见和建议，除利用会议提出外，可随时提出提案，以使政治协商和民主监督经常化。下半年，我县将开始整党，希望委员和各界人士要以《中共中央关于鉴党的决定》为指针，敞开思想，消除疑虑，大胆负责地提出批评意见，协助各级党组织做好整党工作。

## 三、发挥委员的作用，切实活跃工作组活动

工作组是政协的工作机构，工作是否活跃，对开创政协工作新局面至关重要。工作组活动仍坚持每季举行一次，活动内容要围绕经济建设这个中心和县委提出的奋斗目标。方法要灵活多样。如：举行学术报告、科技讲座、座谈会、参观访问，开展技术和业务咨询服务活动、进行专题调查等。其中搞好专题调查尤为重要。调查题目要密切服务于发展商品生产这个中心，如：智力开发、教育、供销社和商业改革，合理使用人才等。为搞好调查，必须注意选准题目，充分准备，掌握真实材料，提出具体建议，今年，每个工作组都要搞一至二个专题调查，在实际中不断摸索经验，提高质量和实效。

为活跃工作组活动，政协机关要按照分工，加强指导督促和帮助，各组长要解放思想，大胆探索，以高度的政治责任感和革命热情，团结带领本组成员，并吸收有威望的人士参加，努力把工作活跃起来。要精心制订计划，及时进行总结，并分别书面报告办公室。此外，各位委员要官切联系各界人士在自己的工作岗位上，发挥聪明才智，争取为两个文明建设做出更大贡献。同时，号召开展“每年为振兴清苑做一件事”的活动。下半年与县委统战部共同召开各界人士为振兴清苑县做贡献经验交流会，希望大家继续努力，争先进，争上游，做开创新局面的改革者和促进派。

## 四、进一步协助党落实各项统战政策和知识分子政策

根据胡耀邦同志关于党外人士“能知情”“能出力”“能落实”的指示，今年要把落实政策的工作作为政协工作的重点之一认真抓好。上半年要协助有关部门尽快落实委员政策，同时，要检查新任委员的政策落实的情况，发现问题，及时协助有关部门解决。要积极协助有关部门检查和落实好知识分子政策。认真贯彻执行中共河北省委统战部转发上海市委办公厅、统战部《关于担任领导职务的党外人士阅读、传达中央和市委文件、资料问题的通知》精神。

此外，要认真贯彻执行政协印发的《搞好文史资料征集工作的通知》，努力做好文史资料的搜集撰写工作。

## 五、做好对台和侨务工作

台湾回归祖国是八十年代以至九十年代的三大任务之下、是海峡两岸各族人民的共同心愿。要充分发挥我县去台人员亲属、侨眷较多的优势、积极把对台、侨务工作活跃起来。祖国统一和侨务工作组的委员要通过走访，书信来往等方式密切与台属、侨眷、归侨的联系。政协机关要有计划地举行座谈会、学习会、参观访问等。组织学习党的台湾回归祖国的方针和侨务政策，帮助他们提高觉悟、解除疑虑，动员鼓励他们 采取多种形式，与去台和侨居国外亲人联系，宣传党和国家的方针政策。激发爱国之心和报国之情。鼓励和推去去台人员和侨胞回祖国大陆观光，探亲，洽谈贸易、投资兴办企事业等。为家乡、祖国四化建设贡献力量。此外，要做好去台人员、侨胞回祖国的接待工作。

**六、加强机关自身建设**

政协机关要继续贯彻改革精神，结合整党工作，进一步加强政治思想和作风建设，不断改进工作作风，深入进行调查研究。主要领导成员每年要有三个月的时间，深入到工作组和委员中去，具体帮助，分类指导，了解新情况，解决新问题，总结新经验，要发扬统一战线的优良传统和作风。政协机关和委员中的共产党员尤其是领导干部，要主动同党外同志交朋友，委员和工作人员都要密切联系各界人士，结交三至五个朋友，经常沟通思想，征求意见和要求，增强团结，使政协机关成为委员和各界人士之“家”。

要自觉地把工作置于党的绝对领导之下，除及时向县委请示报告外，每季、年终要向县委汇报工作。此外，在机构改革和整顿的基础上，要严格执行各项规章制度。健全和完善干部岗位责任制，使政协机关各项工作更加富有生气。

各位委员，同志们！回顾过去，催人奋进，展望未来，前程远大。我们要在县委的领导下，振奋精神，团结一致，勇于探索，开拓前进，争取在新的一年里使各项工作取得较大的进展，为振兴清苑，开创我县社会主义现代化建设的新局面而努力奋斗！

## 【一届三次会议】

### 中国人民政治协商会议<br>清苑县第一届委员会常务委员会工作报告

丁文哲

（1985年4月12日）

各位委员、各位同志:

我受常务委员会委托，向全体会议做工作报告，请审议。

政协第一届委员会第二次会议到现在已将近一年了。一年来，我县各条战线呈现出一派繁花似锦和开拓前进的大好形势。政协工作在县委的领导下，由于各位委员和各界人士积极努力，围绕经济建设这个中心取得了新的成绩。人民政协在新的历史时期的地位和作用进一步显示出来，政治协商、民主监督的职能作用得到了比较充分的发挥。各位委员在各自的工作岗位上，认真学习，勤奋工作，为振兴清苑做出了应有的贡献。

一年来，政协一届常委会主要抓了以下几方面的工作:

**一、加强了对政治理论的学习与宣传工作**

一届二次会议以来，我们认真抓了委员们

的政治学习。为了学习贯彻好六届人大二次会议和党的十二届三中全会文件精神，我们订购了《文件汇编》和《决定》，分发给委员进行学习。在学习讨论中，委员们结合农村改革的经验，加深了对经济体制改革的认识，坚定了大于社会主义四化建设的信心。中发（85）1号文件下达后，我们召开了各工作组会议。组织委员进行了学习。并结合农村实际情况进行了反复讨论，从而进一步加深了对党的政策的理解，解放了思想，克服了政治迟钝、思想保守的问题，大家决定为繁荣农村经济献策出力。

根据县委指示，我们及时组织全体委员学习了有关否定“文化大革命”的文章，进一步认清了“文化大革命”造成的危害性、否定文革的重要性和必要性，进一步清理了“左”的思想影响。

为加强政协业务学习，政协一届二次会议期间，对邓颖超同志在全国政协六届二次会议上的讲话和胡子昂同志所做的工作报告以及政协章程，及时组织委员进行了学习。对高扬同志在市、县政协工作经验交流会上的讲话和兄弟市、县开展政协工作的先进经验也及时进行了传达贯彻。为了提高业务水平，还给常委和工作组组长订阅了《人民政协报》，除平时个人学习外，还有计划地组织了各区政协委员，学习有关文件。

为加强统战理论政策的宣传，编写了《人民政协工作对话》，由广播站播放。七月，政协会同县委统战部，在县党校对区、乡和县直中层领导干部及时上了统战理论政策课，进行了统战理论政策的再教育，宣传了人民政协的性质、任务、地位与作用及新时期做好统战、政协工作的重要性。同时，印发了八期政协简讯，向广播站投稿2.0多篇，及时报道了政协工作和委员们的先进事迹。政协领导和机关工作人民还通过与委员所在单位联系的方法，宣传政协工作的重要性。通过宣传，各级党委、各单位的领导进一步提高了对政协工作的认识，不少单位领导，在研究工作时，征求政协委员的意见，有力地推动了政协工作的开展。

**二、狠抓了委员的商品生产**

根据县委指示发动委员发展商品生产，是一届二次会议以来的中心工作。除了组织委员学习有关文件外，还注意充分调动委员发展商品生产的积极性。地区各界人士为振兴保定做贡献经验交流会结束后，政协和统战部及时分区传达了会议精神，并召开了发展商品生产经验交流会，冉庄、大庄、臧村区的委员还参观了“两户一体”先进典型，使委员们深受启发和鼓舞。

为了学习兄弟县政协抓商品生产的经验，我们有计划地组织了文教、卫生、财贸、科技工作组成员和各工作组组长分别到定县、涿县参观学习，开阔了视野，学到了经验，推动了工作。

为加强对商品生产的领导，一届八次常委会议做出了关于发动委员发展商品生产的决议，调整了工作组，将财贸工作组改为财贸信息工作组，成立了种植、养殖、加工业领导小组。政协领导成员经常深入委员之中，提供信息，推广经验。帮助解决具体问题。如：通过调查和有关部门协商，帮助头台大队解决了盖牛棚所需木材和贷款期限短的问题。帮助五名委员解决了近万元的贷款。帮助两名种花开和育苗圃的委员解决了土地问题，并会同科委主任、政协委员吴志杰同志引进巨峰葡萄秧，帮助33名委员解决了种葡萄难的问题。

为推动一九八五年的商品生产，三个专业领导小组召开了会议，研究了一九八五年的工作意见。事后又以工作组为单位召开了会议，总结了一九八四年的情况和经验，每个委员都制订了一九八五年的奋斗目标和措施。政协机关对每个委员的商品生产情况进行了调查摸底。截至一九八四年年底。据40个农村委员和家在农村委员的统计，人均收入已达597.5元，五名委员人均收入超千元。同时，涌现出九个专业户和联合体，脱产干部、职工委员，也积极提供信息、技术、资金，帮助500多户农民搞起了商品生产。

**三、积极开展政治协商，较好地发挥了民主监督的作用，主要采取了以下形式：**

（一）列席会议。政协一届二次全会期间。全体委员列席了县九届一次人代会，就政府工作和人事问题进行了协商，同时。政协领导成员曾多次列席县委、县人大等有关重要会议。就精神文明建设、经济体制改革、人事问题进行了协商讨论。

（二）认真处理委员提案和来信来访。

一届二次全会以来，共收到委员提案意见86件，对我县经济体制改革、精神文明建设、落实政策等方面提出了许多兴利除弊的建议。通过召开会议和与有关部门联系。现已全部处理完毕，并将处理结果当面或书面回答了提案人，做到了事事有交待、件件有着落。

（三）开展专题调查工作。一届二次全会以来，从主席到委员写出调查材料17篇，政协机关分别转送有关领导，有的通过政协简讯转发。这些调查对我县工作起到了一定的指导和推动作用，如张庆达《关于议价采购木材的调查报告》，对我县有关部门盲目采购木材造成的损失和失误进行了分析，提出了建议，引起了领导的重视，县政府予以转发。

（四）召开政协主席会议、常委会议、工作组会议和一届二次全委会，就政协工作和调整委员、增选领导成员等事宜进行了协商讨论。

**四、充分发挥委员作用，为振兴清苑奋发努力**

我县政协委员都是各行各业有影响、有代表性的人士，在“四化”建设中，在各自的岗位上，发挥了自己的作用，作出了应有的贡献。一届二次会议以来，举办了各种类型的专题讲座、座谈会19次，如：政协常委石哲义，积极举办了两次老年卫生保健知识讲座。政协委员屈成功曾多次到耿桥乡、西顾庄、东林水、田各庄屯、黄信庄、小汲等传授雏鸡饲养，提高母鸡产蛋率和鸡只防疫等知识。并解答了群众提出的问题，对推动我县养鸡事业的发展，起到了积极作用。

不少委员利用自己的专长，开展咨询服务活动。王秀荣不但到外地传授食用菌种植技术，还利用一定形式解答了550名群众提出的问题，李树国为培育和种植河北大青杨以及传播管理技术，曾跑遍了三个县的七十多个村庄，为大青杨的发展做出了艰苦的努力。

为调动各界人士建设“四化”、振兴清苑的积极性，我们协助县委、县政府筹备召开了知识分子、各界人士向“四化”进军汇报大会。438名代表中，有政协委员33名，26名发言代表中，有7名政协委员，汇报了他们向“四化”进军的成绩和先进经验。

文史资料工作委员会搜集整理了《浅谈哈哈腔》《冉庄地道战斗争史》《薛庄战斗》等文史资料，并及时上报了政协。

**五、积极落实党的各项统战政策**

有四名政协委员存在着政策不落实的问题，涉及工资补发修房补助费等方面。为加快落实政策的步伐，我们召开了有关部门参加的落实政策交办会。并责成专人经常督促检查。目前，除一人须等乡自筹下放后解决外，其他已全部落实。

为使政协委员及时了解党的政策，政协党组向县委写出了《关于政协委员阅读文件和列席有关会议的请示报告》。县委及时转发各区、乡（镇）党委、县委各部委、县直各党组执行，从而对搞好政协工作创造了有利条件。

去年八月，和县委统战部在农业局进行了党与非党知识分子合作共事座谈。农业局党组对非党知识分子政治上关心，工作上支持，与非党知识分子一视同仁，使非党知识分子倍感党的温暖，一致表示要为四化做出更大的贡献，以回答党和政府对知识分子的关怀。

**六、开展了对台对外工作**

完成祖国统一大业是八十年代乃至九十年代的三个任务，是政协的重要工作任务之一。为做好对台对外宣传工作，一九八四年七月我们召开了台属侨眷座谈会。鼓励他们加强与海外亲人的联系，开展向海外亲人写一封信活动，宣传祖国社会主义建设的大好形势，为祖国早日统一做出贡献。第九次常委会上又明确提出要求，凡与海外亲人有通信联系的委员都要加强联系。会后，副主席卢宗明，经多方帮助，终于与台湾亲人取得了联系，并交换了照片。不少委员也在各自的工作岗位上做出了努力。如：赵忠安、赵启营联系了附近村的台属、侨眷，帮助寻找亲人，亲自代笔写信等。从而，推动了对台对外工作的开展。

为做好对台对外宣传工作，领导成员多次访问台属、侨眷，利用各种场合宣传党的对台政策。春节前夕，结合县委统战部对20户台属、侨眷、起义投诚人员进行了慰问，并召开了由三十名代表参加的新年春节茶话会。县委、县政府领导到会并讲了话。不少人在会上表示要以实际行动回答党和政府的关怀。

七、加强了机关自身建设，机关作风有了明显转变

机构改革后，机关制定了主席、副主席、常委和办公室人员岗位责任制，做到了有章可循。一年来，领导和办公室人员积极工作，基本上完成了计划规定的任务。“七一”评选出一名优秀党员，年终评选出三名优秀干部、职工，政协机关继续保持着文明单位的光荣称号。

根据县委部署，一九八四年七月进行了机关整顿。学习了报刊登载的“省委第一书记”“十倡十戒，开拓前进”“领导就是服务”等文章，机关作风有了较大改变。领导带头经常深入基层，调查研究，与委员交知心朋友，帮助解决发展商品经济中的实际困难。体现了省委领导就是服务的要求。

总之，在县委的正确领导下，由于同志们的共同努力，较好地完成了县委分配的各项工作任务，使政协工作取得了一定成绩，但还有不足之处。如：对推动委员发展商品生产还缺乏经验；工和组活动开展的不平衡；与委员联系和走出去学习外地经验还不够；有的工作制度执行的还不够认真等，都有待于在今后的工作中加以改进和提高。以上是一九八四年工作的基本估价。下边讲下一九八五年工作设想。

各位委员：一九八五年是经济体制全面改革的一年，是我县创优增百迈大步跨入全区先进行列的一年。我们的工作必须服务于经济建设这个中心，围绕县委提出的人均收入再增百

元的目标，发挥人民政协的优势，团结各界人士，解放思想，放开胆量，锐意进取，开拓前进，努力开创政协工作的新局面，为祖国统一大业，为振兴清苑做出积极贡献。为此，结合我县的实际情况，特提出如下主要工作任务。

**一、继续深入学习贯彻好《中共中央关于经济体制改革的决定》和中发（85）一号文件**

同时还需认真学习邓小平在全国科技工作会议上的重要讲话和全国人大六届三次会议、全国政协六届三次会议文件，各位委员要深入学习，深刻领会，在学懂弄通上下功夫，在贯彻执行上花力气。干部、职工委员的学习，按县委的要求办。农村委员要在自身的基础上，在区集中学习会上认真讨论，不断深化理解。要注意发挥理论联系实际的学风，通过学习，要从思想上清“左”破旧，在行动上加快步伐，在效果上做到高功效，自觉做改革的促进派，做有理想，有纪律的带头人，在搞好改革、务实、创新增百跨入先进行列中做出自己的贡献。

**二、要继续加强政协、统战理论政策的宣传教育工作**

在八四年的基础上，建议县委党校继续开设统战理论政策教育课。同时，要利用下乡、走访、会议等机会宣传人民政协在新的历史时期的重要地位与作用，并不断结合广播，宣传报道政协工作和委员中的先进事迹，以提高广大干部群众对统战政策以及政协性质、地位、任务与作用的认识。特别是结合香港主权将收回国有及有关祖国统一问题。把我国提出的“一国两制”的政策宣传好，并要求所有有海外关系的委员，继续开展与台湾和国外亲友的通信活动，及时地、经常地联系宣传好我国的各项方针政策，为发展我县商品经济出力，为祖国统一贡献力量。

**三、充分发挥政协人才优势，在我县两个文明建设中献计出力**

一九八四年，我县两个文明建设取得了巨大成就。一九八五年县委提出了经济收入指标保证人均500元，力争550元和把我县初步建成文明县，使我县工作跨入全区先进行列的要求，我们要紧紧围绕县委的要求开展工作。充分利用政协人才优势，为发展清苑经济服务。各工作组、各委员要根据自己的特点和专长，搞好调查研究，有效地开展活动，要配合科委、科协、农业、林业、畜牧、乡镇企业局等部门重点在培训人才、提供信息，引进优良品种等方面 做文章，尤其是咨询服务工作要针对在发展商品生产、技术等方面存在的问题，及时做好工作，并总结推广这方面的典型经验，为我县工农业和商品生产产前、产中、产后服务。政协机关的物质文明建设要体现在扎扎实实搞好本职工作上，精神文明建设要落实到礼貌待人，文明办公等方面。认真纠正新的不正之风，思想要树立在全心全意为人民服务上，劲要使在创新增百争上游上，并要继续保持文明单位的光荣称号。

**四、继续抓好商品生产的发展，让委员及各界人士尽快富裕起来**

县委提出的一九八五年人均收入指标我们要力争超过，农村委员和家在农村的委员都要有商品生产项目，在新的基础上，力争人均再增百元，经过努力要涌现出部分超千元户。这就要求我们在商品生产上，在种植、养殖、加工一条龙上下功夫。特别是养殖业，要结合有关部门抓出成绩。商品生产搞得好的委员，还要帮助一至二名搞得差的委员或周围各界人士，搞起一至二项商品生产项目。脱产干部职工政协委员，要为农村委员和群众提供生产门路，技术和信息。政协机关要搞好调查研究。不断宣传推广先进经验，给委员提供信息、技术和致富门路。组织有关委员参观学习发展商品生产较好的典型。适时开好小型座谈会，及时开好发展商品生产经验交流会，组织现场参观，总结致富经验等，以更好地推动委员和各界人士发展商品生产。

**五、动员各界人士帮助整好党**

我县将要开始整党。中央早已表示，欢迎各界人士帮助整好党，县政协将根据县委的安排和要求，广泛听取和搜集委员及各界人士的意见和呼声，以帮助县委和政协党组搞好整党工作。

**六、继续抓好有关委员的落实政策工作**

要协助县委统战部做好落实统战政策的进展和验收工作，彻底解决委员的遗留问题，以充分发挥知识分子和各界人士在四化建设中的积极作用。

**七、改进工和作风和工作方法**

为了适应新的形势和新的要求，政协的领导作风、工作作风要有新的改进，要求做到：

1. 牢固树立领导就是服务的指导思想，端正业务指导思想。无论是领导还是机关工作人员，都要从这一指导思想出发，当好人民的服务员，为基层、为群众提供服务。

2. 为更好地发挥"政治协商、民主监督"的职能作用，政协领导除了参加各种形式的会议进行协商和民主监督外，更重要的还要走出机关，深入基层，亲自动手搞好调查研究。要围绕经济体制改革和发展商品生产的中心及有关国计民生的重大问题，写出一二份有分量的调查报告，向县委和政府提出意见和建议，以便更好地发挥"政治协商和民主监督"的作用。

3. 加强与工作组、委员和各界人士的联系，及时沟通情况。要求政协领导、委员密切各界人士的联系，广交朋友，互相帮助，取长补短，和衷共济，同心同德，为振兴清苑出力献计。

4. 为了搞好工作，要努力学习兄弟市、县开展政协工作的经验，适时搞好去有关市、县参观考察活动，以开阔视野，解放思想，改进工作。

各位委员：我们要充满信心，对社会主义的伟大事业树立高度的责任心和光荣感，在县委领导下，继续解放思想，创新务实，加快步伐，为使我县跨入全区先进行列、开创政协工作新局面，为实现县委、县政府提高的各项任务而奋斗！

## 【一届四次会议】

### 中国人民政治协商会议<br>清苑县委常务委员会关于一届三次全会以来的工作报告

王杰

（1986年5月23日）

各位委员、同志们、朋友们：

我受政协清苑县常务委员会的委托，作一届三次全会以来的工作报告，请审议。

一九八五年四月一届三次全会以来，在中共清苑县委的领导下，在省政协和地委统战部的指导及有关部门的大力支持下。我县政协认真贯彻执行"两个文明"建设一起抓的方针，紧紧围绕服务于经济建设这个中心，充分发挥政协"综合人才库"的优势，务实创新，大胆探索，作了大量工作，取得了显著成绩。

**一、认真学习党的路线、方针、政策，积极宣传了党的统战理论**

为了认真贯彻胡耀邦同志关于“知情、出力”的指示，不断提高政策和业务水平，更好地开展政协工作，我们把委员的学习作为一项经常性的重要工作来抓，除号召全体委员坚持自学外，还通过各种会议组织委员和各界人士学习，并规定每逢单月的十五日以县直和区为单位组织委员和各界人士学习。一年来，我们重点学习了中共中央一九八五、一九八六年一号文件，中共中央关于经济体制改革的决定，党的十二届四中、五中全会和党的全国代表会议文件，学习了党的有关统战理论和方针政策，学习了党的有关整党文件，我们还积极响应全国政协和中共中央统战部的号召，在全县政协委员和各界人士中，开展了向潘恩良同志学习的活动，通过学习，大家对党的路线、方针和政策有了更加深刻的认识和理解，进一步提高了服从和服务于经济建设的积极性，大家积极为经济体制改革献策献计，为我县的“两个文明”建设做出了应有的贡献。

为提高广大干部群众对政协性质、地位和作用的认识，我们通过各种形式，宣传党统战理论政策，首先在县委党校开设了统战理论课，一年来先后举办三期，培训区乡和县各科局主要负责同志达三百多人次。为取得各级党组织对政协工作的支持，我们会同统战部通过召开区乡书记和县直有政协委员单位的党组书记会议，共同学习了统战政策和政协的性质、地位和作用的文章，统一了认识，明确了任务，提出了要求。我们还以政协简讯、县人民广播电台宣传政协工作和有关政协委员的先进事迹，以扩大影响。在基层整党期间，会同统战部编发了以“提高认识，做好统战工作”为题的宣传提纲，发至各区、乡（镇）党委和基层支部，在农村基层整党党员登记阶段以支部为单位向广大党员上一次党的统战理论课，大大提高了广大党员干部特别是各级领导干部对政协、统战工作重要性的认识。同时，我们还在台、侨眷属中继续开展了对外亲人发“一封信”的活动，加强了对台、对外的宣传工作，增进了友好往来，扩大了海外联系。今年四月会同县人大和统战部的领导同志去东石桥拜访了我县从台湾回国定居的杨建章先生，进行了真挚热情地交谈，了解了情况，宣传了党的政策。

**二、积极开展了政治协商、民主监督活动**

政治协商、民主监督是政协的基本职能，一年多来，我们主要做了以下工作：

1.列席会议。政协一届三次会议期间，全体与会委员列席了县九届二次人代会，就政府工作进行了协商讨论，政协主要领导列席县委常委会，人大常委会和政府的重要会议，就我县“两个文明”建设、人事等重大问题进行了协商和讨论。

2.征集处理委员提案和来信来访。一届三次会议以来，共收集委员提案68件。涉及“两个文明”建设、落实政策等各个方面，我们及时召开了办理提案的工作会议，有关部门认真地进行了办理，做到了事事有交代，件件有着落，交办情况及时答复了本人。

3.召开专题座谈会进行协商。去年，我们围绕我县教育体制改革，县城住房建设改革的问题两次召开专题座谈会，就我县教育体制改革、住房建设的改革提出了建设性的意见和建议，在整党期间，先后两次组织部分政协委员、各界人士参加了县委召开的整党座谈会，对我县的整党工作提出了许多批评意见和建议，对提高整党质量起到了重要作用。

4.进行专题调查。为搞好政治协商和民主监督，政协机关和委员就全县广大人民关心的几个问题进行了专题调查，写出调查报告八篇。诸如《关于农民负担过重的调查》、《关于农村精神文明建设中存在问题的调查》，政协常委张庆达同志针对不法分子生产、倒卖假铝锭的问题提出《冶炼产品必须打上生产单位标记的建议》；针对县糖厂面临倒闭的现状，提出《关于召开糖厂经营决策论证会的建议》等等。这些都得到了县委、县政府的重视和有关部门的欢迎，县委、县政府对政协提出的开发唐河的建议认真地进行了研究和讨论，并列入了一九八六年工作纲要，目前正在付诸实施。

## 三、积极发动委员为四化建设做贡献

充分发动委员为四化建设献计出力，是政协的主要任务。一年多来，我们主要做了以下工作：

1.发动委员积极为振兴清苑做贡献。农艺师张永太委员，去年深入推广24D丁酯灭草剂，为今年我县大面积使用灭草剂起了很大的推动作用。李树国同志自己富了不忘大家，扶困济贫，为“让大青杨扎根在千家万户”，他积极推广和普及育苗技术，热情扶持育苗重点户并做到提供优质树苗，传授管理技术，现已普及全县各区并建立了六个联系点，此外，还有许多委员和各界人士为“四化”积极做贡献的精神都是很感人的。

2.加强了对政协委员发展商品生产的指导。如何使农村委员和机关干部职工家在农村的委员尽快脱贫致富，这一直是县政协重视和关心的大事。一年多来，积极帮助委员及群众发展养殖业，种植业，在引进优良品种，疫情防治，解决资金等方面都做了大量工作，委员们在致富的道路上人均收入都有不同程度的提高。一九八五年年底据40名农村和机关干部职工家在农村的委员统计：现有专业户联合体10个，全年收入在八千元以上的8个，人均收入在千元以上的10个，还有20多名委员积极帮助乡亲邻里寻找致富门路。

为让台属、侨眷尽快富起来，县政协会同统战部、侨办，发动群众集资，帮助台、侨眷属办起了“清苑县侨联经销公司”，分别在石家庄和清苑镇设店营业，情况良好，受到广大台、侨眷属的欢迎。

3.发挥人才优势，搞好咨询服务。去年科委、农业局、畜牧局等单位相继建起了科技咨询服务站，为群众做了大量服务工作。政协常务委员李永还整理了《清苑县农业局是这样搞好咨询服务的》报告。不少委员还结合自己的业务工作积极开展活动。政协委员、县医院主治医师石哲义先后在各区和县直举办了老年卫生防疫知识讲座。今年春天为发挥“综合人才库”的整体功能作用，经过充分协商和积极筹划，建立了政协清苑县咨询服务委员会，下设办公室和十三个服务站，将全县的科技人员都组织起来，使咨询服务活动形成网络化、制度化，当前，咨询服务活动情况良好。

4.发动委员撰写文史资料。为纪念抗战胜利四十周年，发动委员撰写了《小王庄歼灭战》《抗日同盟军片断回忆录》《黔桂战役一幕》以及《被日寇折磨不死的劳工》等史料。在撰写文史资料工作中，年逾古稀的吴鹤亭委员作出了一定贡献。此外，文化组同志在全国文物普查中，在东臧村发现了仰韶遗址，中林水战国墓群和其他文化遗址，为考古研究和撰写文史资料提供了丰富的资料。

**四、积极参加了社会主义精神文明建设活动**

为把我县精神文明建设搞好，广大委员积极献策献计，县直委员所在单位大部分被评为先进文明单位，广大农村委员也在文明建设中作出了应有贡献。文化工作组为振兴和繁荣我县文学创作，积极组织全组同志，辅导和培训了大批业余作者，并创作了不少好的作品，大大丰富了人民的文化生活。在全区评比中，不论在数量上还是在质量上，均列全区首位。为加强在校学生的政治思想工作，教育体育工作组的同志，曾先后三次邀请老山前线英模人物到学校报告，大大提高了广大青少年、教职员工的爱国主义思想和共产主义思想，收到了良好效果。为提高广大青少年和人民的体质，还多次举办了各级各类体育比赛，大大提高了广大青少年的道德情操，丰富了广大人民群众的体育生活。

**五、认真落实了党的统战政策**

对落实统战政策工作，做到了领导重视，一抓到底，对李树国委员补发了“文化大革命”期间扣发的补助工资，施建英委员在“文化大革命”期间被查抄的医疗器械的退还等人的问题，逐一落实。此外，还积极协助侨办、统战部做了华侨房产落实和起义投诚人员发证等大量工作。

**六、加强政协机关自身建设**

政协机关十分重视自身建设工作。特别是在整党期间，按照县委的统一部署，政协机关认真进行了整党工作。在学好文件提高觉悟的基础上，认真进行了对照检查。根据存在的问题，制定了整改措施，进一步建立与健全了机关的规章制度。通过整党，党员干部觉悟大大提高，进一步增强了党的观念，严格了党的组织纪律，领导班子更加团结，思想作风和工作作风都发生了新的变化，在机关革命化的道路上又迈出了新的一步，加强了“三访”活动工作。据不完全统计，一年多来领导成员慰问活动达300多人次，进一步加强了同群众的联系，密切了党群和干群关系。

总之，一年多来，我县政协做了大量工作，较好地完成了一届三次全会以来的工作任务，开创了政协工作的新局面，取得了很大成绩，这成绩的取得主要有三点：一是县委的重视和支持是做好政协工作的重要保证，二是充分发挥委员的专长是做好政协工作的关键。三是紧紧围绕党的总目标和总任务开展“协商”和“监督”，才能更好地服务于四化建设。同时，我们也清楚地看到政协工作中存在的问题。主要是：县政协工作重点不突出，工作组活动缺乏经验，委员的作用发挥得不够充分，思想还需要进一步解放，视野还需要进一步放开，这都有待于今后工作中不断改进和提高。

一九八六年是全县人民在党中央的领导下，全面实施“七五”计划的第一年，也是党的十二大提出的五年内实现财政经济、党风和社会风气根本好转的关键一年。在新的一年里，县政协的指导思想应该是以全国党代会精神为指针；以翻番奔小康为中心；以社会主义精神文明建设为重点，团结奋斗，再展宏图。进一步开创政协工作的新局面，一九八六年的主要工作任务是：

一、经常地、不失时机地组织政协委员及各界人士开展学习活动。要继续发扬人民政协的优良传统，在自愿的基础上学习马克思列宁主义、毛泽东思想，学习时事政策。继续加强对党的统一战线理论和政策的学习和宣传，充分认识在新的历史时期党的统战工作的地位和作用。当前要抓紧学好全国人大六届四次会议上的《关于第七个五年计划的报告》，学好全国政协六届四次会议工作报告和省六届人大四次会议、省政协五届四次会议精神，并深刻领会文件精神实质。最近胡耀邦同志对我们太行山区视察时的重要讲话，是对我区人民的最大关怀和鼓舞。我们要认真学习深刻领会，积极宣传，坚决贯彻执行，并在自己所担负的工作中有所建树。

二、要把协助党和政府加强精神文明建设作为政协的重要任务，在端正党风扭转社会不良风气方面要发挥政协的民主监督作用，勇于暴露这方面存在的问题，提出批评和建议。要有计划地举行座谈会，报告会就如何加强和改善思想政治工作，开展爱国主义教育、“四有”教育和法制教育等问题，献计献策，政协委员要在精神文明建设中起表率作用，做遵纪守法的模范。

三、进一步发挥“政治协商、民主监督”的作用。政协委员和各界人士要就全县“两个文明”建设和广大人民群众关心的重大问题积极献策献计，要及时搜集和整理提案，并注意提高提案质量。认真做好交办和处理工作。县委和政府为广泛争取委员和各界人士的意见，规定今后“每季召开一次政协委员和各界人士的意见听取会”，并形成制度，经常坚持下去。

四、进一步发挥政协人才优势，围绕我县“七五”计划和县委、县政府的中心工作献计出力。各工作组和各委员，要根据本组和本人的特长，继续协助有关部门搞好在乡中学生的培训及养殖、种植和加工等培训班，为开发智力，为致富翻番培训人才。要继续搞好咨询服务工作。各服务站除做好正常咨询服务工作外，还要有针对性的扶持一、两个专业户或单位，直接为发展商品生产服务。要继续协助县政府搞好唐河沿岸的开发利用工作。

五、认真落实党的各项统战政策和有关政协委员政策不落实的问题，同时积极协助县委落实好各项有关政策，使党的统战政策的落实工作善始善终。

六、继续高举爱国主义旗帜，加强同“三胞”的联系，搞好对台对外宣传工作。为实现祖国统一大业，推进“一国两制”的发展贡献力量。

七、继续做好我县的文史资料征集整理工作。

八、要继续加强政协机关自身的思想建设和组织建设，严格党的组织纪律，加强革命团结，努力提高工作效率，不断改进思想和工作作风，继续保持文明单位的光荣称号，并使之发扬光大。

同志们、朋友们！一届三次全会以来，我们取得了重大成绩。今后的任务又摆在我们的面前，任务是艰巨而光荣的，让我们认真回顾和总结过去的一年，发扬成绩，克服缺点。在新的一年里，大胆探索，不断创新，为实现我县党风和社会风气的根本好转，为搞好我县的“两个文明”建设，为实现县委和县政府提出的一九八六年人均收入460元的指标而努力奋斗。

## 【二届一次会议】

### 中国人民政治协商会议<br>清苑县第一届委员会常务委员会工作报告

王杰

（1987年4月18日）

各位委员、各位同志:

我受政协清苑县第一届委员会的委托，向政协清苑县第二届委员会第一次会议，做上届的工作报告，请予审议。

政协清苑县第一届委员会第一次会议，是一九八三年二月召开的，至今已经四年了。在这四年多的时间里，县政协在党的十一届三中全会精神的指引下，在县委的领导和省、市政协的指导下，在各级各部门的大力支持下，围绕党和国家的中心任务，积极开展工作，充分发挥政治协商、民主监督的作用，较好地完成了政协清苑县一届会议提出的各项任务，开创了我县政协工作的新局面，这是大家团结一致，共同努力的结果。

四年以来，我们根据政协的职能和特征，高举爱国主义旗帜，紧紧围绕党的三大任务，团结全县各界人士和广大台、侨、眷属和台湾同胞、港澳同胞和海外侨胞，为我县两个文明建设，为社会主义民主和法制建设，为促进祖国统一服务，做了大量工作。主要工作有：

**一、认真地进行了党的统战理论、方针、政策的学习和宣传**

组织好委员学习，是政协一项经常性的工作。政协建立以后，政协机关和广大干部中有相当一部分同志对新时期政协的性质、任务、地位和作用缺乏足够的了解。为此，我们首先组织政协机关干部，对党的统战理论、方针、政策和人民政协的重要作用进行了学习。四年来，利用主席会、常委会、全委会及其他各种机会，反复学习中央和中央领导同志有关统战和政协工作的文件和讲话，学习政协章程、全国政协和省政协的有关文件，还给每个常委和学习小组订阅了《人民政协报》，并规定单月“十五”日为政协委员学习日，以县直和区为单位分别组织委员和各界人士学习。通过学习，逐步提高了广大政协委员及机关工作人员对人民政协的认识，加深了对党的路线、方针、政策的理解，增强了责任感和光荣感，激发了做好政协工作的积极性和主动性。

在搞好自身学习的同时，积极开展了宣传活动。县政协及时编写了《人民政协工作对话》，不定期地印发了《政协简讯》，并以请县委领导做报告和广播站录音、通讯等多种形式，同广大干部群众进行了广泛地宣传。此外，在工作实践中，通过与委员所在单位党政领导的联系，征求意见，开展了不同形式的宣传活动。

建立政协以来，在县委党校开设了统战理论课，先后举办了五期培训班，培训区乡和县直各科局主要负责同志达四百多人次。为取得各级党组织对政协工作的支持，我们会同县委统战部召开了区乡书记和县直有政协委员的单位的党组书记会议，共同学习了党的统战理论政策，统一了认识，明确了任务，提出了要求。在基层整党期间，我们会同统战部编发了以“提高认识，做好统战工作”为题的宣传提纲，发至各区、乡（镇）党委和基层支部，在农村基层整党党员登记阶段，以支部为单位，向广大党员上了一次统战理论课，通过学习和宣传大大提高了广大党员特别是各级领导干部对政协、统战工作重要性的认识。为政协工作的开展提供了有利的条件。

**二、充分发挥政协的职能作用，积极开展政治协商，民主监督活动**

“政治协商，民主监督”是人民政协的基本职能。在发挥政协职能作用方面，主要采取了下列形式：

一是列席会议。全体委员列席了一年一度的清苑县人民代表大会，听取讨论了“一府两院”的工作报告，政协的主要领导成员还列席了县委常委会、人大常委会和县政府主要会议。参与了我县两个文明建设等重大事情的研究和讨论。

二是发动委员写提案。政协一届委员会期间，政协委员以高度的政治热情和为四化建设服务的责任感提出了大量的、内容丰富的提案，充分反映了人民群众的意愿和要求，体现了委员们关心国家大事的主人翁态度，对我县两个文明建设，各方面的体制改革，端正党风，改进政府工作等起到了积极作用。四年来，共收到委员提案315件。委员提案内容广泛，涉及政治、经济、文化、教育和社会生活的各个方面。就我县两个文明建设、工农业生产、经济体制改革及我县整党工作等方面提出了有益的意见和建议。对这些提案，我们及时进行了研究，分别送有关部门承办，并将处理情况通知提案人。对一届四次全会以来的提案，我们还打印成册，分发给各委员。

三是协助县委、政府开好意见听取会。县委、县政府经常就我县的重大事项如两个文明建设、经济体制改革、有关人事安排等问题，邀请政协委员进行协商。仅一九八六年，县委和县政府先后就"七五"规划、村级整党等重大事项邀请部分政协委员座谈，听取意见，到会委员以党的诤友的身份，积极献计献策，提供了许多好的意见和建议。为县委和政府对重大问题的决策提供了可靠的依据。极大地调动了委员及各界人士的积极性，增强了大家的主人翁责任感。

### 三、积极发动委员为两个文明建设做贡献

发动委员为两个文明做贡献，是政协的主要任务。四年多来，我们结合政协工作的特点，积极发动委员做了大量工作，在两个文明建设中，充分发挥了政协综合性人才库的作用。

在精神文明建设中，政协积极配合教育部门，对青少年进行坚持四项基本原则、做"四有"新人的教育。我们多次邀请老山战斗英雄龙朝频和全国老民兵英雄苑祥到学校作报告，并组织放映冉庄地道战录像。使三千多名师生受到一次深刻的革命传统教育，并激发了广大师生的爱国热情。政协财贸组还以《倡议书》的形式，在全县商业战线的干部职工中，开展了职业道德教育活动。我们响应全国政协的号召，在政协委员中开展了向潘恩良学习的活动。使委员和各界人士受到了一次深刻的教育和启发。如：政协委员、助理畜牧兽医师杨国勇，以潘恩良为榜样，带病忘我工作，他前不久做了胃切除手术，只休息了一个月就走上了工作岗位，他的模范事迹先后受到县、市的表彰，在保定市报和省电视台进行了宣传。政协常委、育树苗专业户李树国，致富不忘他人，救济困难户，资助本村修路。政协委员、侨眷安跃东、将华侨房产政策落实款1200元全部捐献给本村小学。

一九八四年十月，我们会同统战部协助县委召开了清苑县各界人士向四化进军汇报大会，与会代表和政协委员在大会上献计献策，交流了经验。通过这次会议，进一步调动了政协委员及各界人士为四化服务的积极性。

在发动委员为四化建设做贡献中，主要抓了以下几点：

#### 一、积极组织和发动委员开展调查、视察活动

四年来，我们先后组织委员就我县工农业生产、精神文明建设以及与人民生活有关的问题积极开展调查。主要有：关于议价采购木材的调查；维护妇女合法权益的调查；当前我县中小学教师思想状况的调查；中小学教学质

量的调查；农民负担过重的调查；关于农村精神文明建设中存在问题的调查；冶炼产品必须打上生产单位标记的建议；关于召开糖厂经营决策论证会的建议等三十多项调查，并写出了调查报告，提出了建议。这些报告有的被县委、县政府转发或采纳。我县唐河沿岸的开发工作，就是县委、县政府采纳政协建议后列入了我县“七五”重点开发项目，目前正付诸实施。

二、搞好科技咨询服务活动

为充分发挥政协人才优势，为四化服务。我们多次组织有技术专长的委员培训人才，开展咨询服务活动。四年来，我们组织政协委员先后召开了中学生物教学座谈会；老中医座谈会和老年人冬季保健知识讲座；雏鸡饲养和产蛋鸡疫病防治知识讲座；西瓜地膜覆盖技术及秦爱稻栽培管理技术知识讲座。为给驻军51030部队培育军地两用人才，政协委员还到部队讲授了农业、音乐、美术等方面的专业知识。为充分发挥政协“综合性人才库”的整体功能作用，一九八六年，经过充分协商和积极筹划，建立了政协清苑县咨询服务委员会，下设办公室和十三个服务站。使咨询初步形成了网格化、制度化，受到了各界的欢迎。

三、发动委员，为致富翻番做贡献

如何使农村中的政协委员及家在农村的委员尽快脱贫致富，一直是我们重视和关心的事情。在致富翻番活动中，我们积极发动委员寻找致富门路，带头致富，大力发展养殖业，种植业和加工业，同时积极协同有关部门引进了西瓜、果树、长毛兔等优良品种，帮助解决了疫情防治、资金不足等许多困难。为了扩大视野、启迪思想，我们还组织委员开展了参观学习，交流经验等活动。在全体委员共同努力下，各自在致富道路上人均收入均有不同程度的提高。据八六年底的统计，在40名农村委员和家在农村的委员中，有专业户和联合体10个，年收入在八千元以上的8个，人均收入千元以上的10个，有20名委员帮助300名群众搞起了商品生产。

此外，为让台、侨眷属尽快富裕起来，我们会同统战部、侨办，发动委员群众，集资四万多元，解决贷款十万多元，兴办了“清苑县侨联经销公司”，经营情况良好，受到了台属、侨眷的欢迎。

四、认真落实党的统战政策，调动各界人士的积极性

政协建立以后，就把落实政协委员政策工作列入重要议事日程。遵照上级指示精神，在调查摸底、了解情况的基础上，协同有关部门，着手落实了八位委员的政策问题。这些问题涉及复职、恢复生活补助、清理档案、补发工资，退还查抄物资等诸方面。为加快落实政策的步伐，我们召开了落实政策交办会，并及时督促有关部门抓紧落实。到一九八六年年底，委员的全部落实政策工作已圆满完成。此外，我们还协助侨办、统战部做了华侨房产落实及起义投诚人员发证等大量工作。我们还协助县委、政府落实了有关人员的其他政策。

委员政策的落实，进一步改善了党和党外人士合作共事的关系，调动了各界人士为四化服务的积极性，不少同志表示，为四化竭尽全力，以报答党和政府对自己的关怀。进一步巩固和扩大了党的爱国统一战线。

五、积极促进祖国和平统一的工作

台湾回归祖国，促进祖国统一，是全国人民八十年代乃至九十年代的三大任务之一，做好台侨眷属和海外华侨的工作，又是实现上述

任务的一个重要方面。因此，建立政协以来，我们首先做了台侨眷属的摸底工作。在此基础上，我们通过走家串户、召开座谈会等形式，和重点户谈心、交朋友，积极宣传党的有关统战政策，介绍祖国的大好形势，不断解决其思想疑虑，关心他们的生产生活，帮助解决包括落实政策在内的一些实际问题，鼓励他们为祖国统一，亲人团聚做贡献。同时，我们还在台、侨眷属中开展了对海外亲人发“一封信”活动，特别是结合香港主权将收归国有及“一国两制”的政策进行了重点宣传。扩大了海外联系，增进了友好往来。四年来，我县百分之七十的台属和百分之九十以上的侨眷与海外亲人建立了联系。不少在台人员和海外人员向大陆亲人投书、汇款、寄物，有的冲破各种困难回大陆，回祖国，探望亲人。我们会同有关部门做了接待，宣传了党的政策，打消了不必要的疑虑，增强了他们对祖国的了解。

**六、发动委员撰写文史资料**

根据全国政协第三次文史资料工作会议精神，县政协在人员缺少的情况下，组织力量，发动委员大力开展了撰写文史资料的工作，到目前为止，已写出《哈哈腔音乐概论》《哈哈腔的由来与发展》《冉庄地道战斗争史》《薛庄战斗》《小王庄歼灭战》《抗日同盟军片断回忆录》《黔桂战役一幕》《被日寇折磨不死的劳工》及《彭越墓的传说》等十多篇史料。这些文史资料，有的被省、市政协文史资料所采用。

**七、加强了政协机关的自身建设**

在新的历史时期，党的统战和政协工作的范围更加广泛，任务更加繁重，而从事政协工作的绝大部分人员来自党政机关，业务十分生疏。为做好政协工作，从一开始，我们注意抓了政协机关的自身建设。积极组织机关工作人员认真学习党的路线、方针、政策，学习党的统战理论和政策，学习政协业务，帮助大家克服政协工作可有可无和无所作为等错误观念。提高思想认识水平，掌握基本知识，提高业务能力。在作风建设上，狠抓了整顿纪律，建立了岗位责任制，严格了考勤制度。使全体同志的精神面貌发生了深刻的变化，干部素质大大提高，严格了组织纪律，加强了团结合作，工作效率明显提高，经过整党，机关全体党员进一步增强了党性观念，全心全意为人民服务的思想更加牢固，认真坚持党的四项基本原则，大大提高了同党中央保持高度一致的自觉性。四年来，在我县社会主义精神文明建设中，连续四年被评为社会主义精神文明单位。

为了丰富做好政协工作的经验，开阔视野，我们还组织了机关工作人员及部分政协委员先后到徐水县政协、定县政协、涿县政协、安国县政协及承德地区围场县政协进行了参观学习。同时，为及时交流政协工作情况，我们除与本地区各市县政协建立联系外，还与辽宁省的锦西市及北镇政协建立了关系，及时沟通活动情况，有力地推动了我县政协工作的开展。

总之，政协建立以来，在县委的领导下，经过全体委员和工作人员的共同努力，取得了很大成绩，较好地完成了我县政协一届委员会的各项工作任务。四年来的工作实践使我们体会到：一、县委的正确领导和支持是做好政协工作的重要保证；二、只有紧紧围绕党的四化建设这个中心任务开展活动，政协工作才能方向明确，重点突出，工作也才有成效；三、组织和发动委员开展调查、考察活动，是活跃政协工作，实行“政治协商、民主监督”，为两个文明建设服务的根本途径；四、自始至终组织好委员学习，经常使大家“知情”，是调动委员积极性的重要方法。

总之，四年来所做的工作是大量的，取得的成绩是显著的，但是形式发展还有不少不适应的地方，与上级要求还有一定差距。主要是“政治协商、民主监督”的职能作用发挥的还不够充分，社会调查活动不够全面和扎实；各工作组活动的程度和效果也不平衡，所有这些，都应在今后工作中加以改进和提高。

各位委员，中共中央和国务院指出，今年要集中力量抓好两件大事：一是在经济领域，坚持正确的建设方针，广泛开展增产节约，增收节支运动，深入体制改革和扩大对外开放，努力保证整个国民经济的持续稳定发展；一是在政治思想领域，深入进行坚持四项基本原则的教育，旗帜鲜明地反对资产阶级自由化，加强社会主义精神文明建设，进一步巩固和发展安定团结的政治局面。根据中央制定的方针和县委、县政府两个文明建设的总体规划，我县政协今后工作总的指导思想是：继续高举爱国主义的旗帜，坚持四项基本原则，以统一祖国、振兴中华为总目标，紧紧围绕县委、县政府的工作重心，广泛团结全县各界爱国人士，为推进“一国两制”的实施，促进我县两个文明建设做出新的贡献。现仅就一九八七年的政协工作提出以下几点意见：

### 一、加强坚持四项基本原则的学习和宣传

要发扬自我教育的优良传统，组织和推动全体委员和各界人士在自愿的基础上，学习马列主义，毛泽东思想，认真学习中央和各级党委有关文件，使大家深刻理解和充分认识这场斗争的性质、重大意义和方针政策，科学地分析我国的国情，客观地考察我国的历史和现状，从理论和实践的结合上，搞清坚持四项基本原则的客观必然性，深刻揭露资产阶级自由化的实质和危害。这场斗争严格限于党内，而主要在政治思想领域内进行，重点解决根本政治原则和政治方向问题，不涉及民主党派和党外知识分子。反对资产阶级自由化的目的，是为了更正确、更全面地贯彻执行三中全会以来的路线、方针、政策。既要反对妨碍改革、开放、搞活的错误倾向，更要反对否定四项基本原则的错误倾向。既要态度坚决、又要注意政策和方法，要界限分明，论证充分，实事求是。同时积极做好宣传工作，努力提高辨别真与假，美与丑、善与恶的能力，增强维护安定团结，坚持四项基本原则的自觉性，理直气壮地坚持四项基本原则，旗帜鲜明地反对资产阶级自由化。

### 二、充分发挥政治协商，民主监督的职能作用

加深对政治协商，民主监督的重要性、必要性的认识。同时要不断丰富协商内容，改进协商形式，使协商监督活动经常化，制度化、多样化。今后，重点搞好以下几方面工作：一是要改变过去坐等协商的被动状态，主动加强与人大、政府及有关部门的联系，及时提出和安排协商问题；二是坚持协商于决策之前、咨询于决策之中，监督于决策之后的原则，力争做到对该协商的事项认真协商，不搞形式主义；三是要为委员知情创造条件，努力提高协商质量，要有计划地组织参观视察活动，大兴调查之风，及时通报情况，沟通信息，使委员及时了解中央和省、市、县委指示精神及基层情况，以提高协商质量；四是要按期举行全委会、常委会和主席会，并列席人大代表会议及有关常委会议，参与全县重大问题的讨论，同

时要求科局和单位委员要对口协商，并逐步向乡镇发展，不断扩大协商层次；五是继续做好委员提案的处理，不断总结经验，使之日臻完善，提高办案效率和办案质量，在办理提案的过程中，要求提案承办单位面对面答复本人，使政协的政治协商和民主监督工作走上规范化、程序化的轨道。

**三、发挥政协人才优势，为我县两个文明建设献计出力**

各委员要在出色地创造性地完成本职工作的同时，积极参加各种社会活动，传播知识，培训人才，为四化建设多做贡献。在物质文明建设方面，我们要突出搞好为我县治穷致富献计出力活动，多提合理化的建议。各条战线的委员和各界人士要把做好本职工作与振兴清苑紧密联系起来，充分发挥各自的专长，竭力为增加社会财富，增产、增收、节约开支，反对浪费做出贡献，并围绕此内容献计献策，同时，要组织大家围绕“七五”期间两个文明建设奋斗目标，出主意，想办法，争做改革的促进派和各种社会活动的带头人。各咨询服务站，要以协助县委、政府搞好唐河开发为综合服务中心，本着“巩固、完善、提高”的原则，实行“三定”（定项、定点、定人），在原有基础上，总结经验，发扬成绩，做出新的贡献。在精神文明建设方面，要在请英模报告的同时，还要组织委员中的模范典型做报告，让有理想的同志讲理想，以现身说法，提高干部职工的觉悟。还要组织县直广大干部职工，开展一次以“一国两制”为主要内容的统战政策教育活动，坚持两个文明一起抓，在新的时期，迈出新的步伐，取得新的成绩，使政协组织更好地为两个文明建设服务。

**四、大力加强祖国统一工作**

为适应统战工作的新形势、新任务，要根据“一国两制”的构想，运用各种宣传手段，采取多种宣传形式，通过各种渠道，大力发展爱国统一战线。鼓励并支持与海外有关系的委员主动同亲友加强联系，欢迎他们回国探亲、参观、经商、讲学或进行文化交流，尤其做好对台宣传工作，做好台属台胞和台归人员的工作，为推动“一国两制”的实施，促进祖国统一大业做出新的贡献。

**五、继续做好文史资料征集工作**

要继续贯彻广征博采的方针，抓好重点文史资料的征集。同时，提高撰写质量，注重史料的社会效果，努力使其向系统化、专题化方向发展。

**六、搞好机关自身建设**

在机关建设方面，今后要主要抓好三个方面的工作：一是加强思想建设，要认真开展反对资产阶级自由化的斗争，全面正确地理解和贯彻党的十一届三中全会以来的路线、方针、政策，同时，进一步加强精神文明建设，树立职业道德，提高干部素质。二是狠抓业务知识的学习，不但要学习理论还要学习现代文化知识，科学管理知识，以适应新形势、新任务的需要。三是继续搞好整章建制，完善岗位责任制，建立机关工作的优良秩序，争创文明单位。

各位委员、各位同志：我们今后的任务是光荣而艰巨的，我们要胜利完成各项任务，必须发扬艰苦奋斗、勤俭建国精神，在市、县委的领导下，团结一切可以团结的力量，调动各方面的积极因素，群策群力，和衷共济，坚持改革，锐意进取，不断开拓新领域，为进一步开创我县政协工作的新局面，为四化建设、祖国和平统一大业而奋斗！

## 【二届二次会议】

### 在党的十三大精神指导下
### 进一步做好政协工作

张孝祯

（1988年2月27日）

各位委员：

我受县政协第二届委员会常务委员会的委托。向大会作工作报告，请审议。

（一）

一九八七年，我县政协工作，在县委的领导下，县政府的重视、支持下，上级政协的指导下，认真贯彻新时期政协、统战工作的方针、政策，坚持为改革、开放服务，为祖国统一服务，为一个中心、两个基本点服务。努力行使“政治协商、民主监督”的基本职能，积极调动政协委员和各界人士参政议政的积极性，在发展我县经济，坚持四项基本原则和改革、开放两个基本点的前提下，对我县的政治、经济、科技、文教及社会生活等重要问题进行了广泛的协商、监督活动，在建设社会主义民主政治、建设物质和精神文明，维护安定团结等方面发挥了重要作用，做出了积极贡献。

一、广泛宣传新时期人民政协的性质、地位和作用。去年四月份县政协换届以后，充实了一些新的委员，需要进行政协章程和统战理论、政策的学习。原来从事政协工作的同志，也需要根据形势的发展，进一步学习、研究、探讨根据人民政协的性质和特点开展工作的问题。党政部门和各人民团体也需要进一步提高对人民政协的性质、地位和作用的认识，创造政协开展工作的外部环境和条件。为此，我们一方面组织全体委员认真学习《建设有中国特色的社会主义》（增订本）、《坚持四项基本原则，反对资产阶级自由化》两本书和赵紫阳总书记《在宣传、理论、新闻、党校干部会议上的讲话》。党的十三大会议以后，还组织委员认真学习十三大文件，深刻领会十三大精神。为了学好、学深、学透，县委书记刘德忠同志向六十多名政协委员和各界人士传达了十三大会议盛况和主要精神。通过学习，使委员提高了思想认识，明确了工作方向，增强了参政议政意识，提高了协商监督质量。为了提高业务素质，组织委员学习政协章程和上级政协的重要文件以及报刊上的重要文章，不断加深委员对人民政协基本职能的理解，按政协的性质和特点开展工作。县委对政协工作加强了领导，县政府重视、支持政协工作，县委以正式文件下发了“关于进一步加强政协工作意见”和“乡镇建立政协统战联络的通知”。去年六月份，县委在召开的统战工作会议上，进一步明确了统战工作的方针、政策、理论、任务，县党校还举办两期培训班进行统战理论政策教育。为了做到决策科学化、民主化，凡是重大决策县委、政府都事先争取政协有关人士的意见，县政府一九八七年工作计划安排，经过政协全委会讨论协商确定下来。上半年计划执行情况和下半年工作安排也向政协二届二次常委会议进行了通报并争取了意见。为了振兴清苑经济，县委、政府于去年十二月二十二日召集十四个单位二十二名政协委员和各界人士参加的“经济发展战略研讨会”。党政领导的重视和支持，激发了委员和各界人士参政议政的积极性。

二、充分发挥人民政协“政治协商民主监督”的基本职能，为了搞好协商和监督，提高质量和效果，在政协二届二次常委会议上，重点讨论研究了协商监督的指导思想，方法和内容。

在指导思想上，提出了三个转变：

（1）由微观就事论事向宏观参政议政转变。议大事，抓关键，提有价值、有分量的意见和建议。

（2）由单纯的政治领域协商向政治、经济领域协商转变。在搞好政治协商的同时，要加强经济领域的协商监督，注重我县经济的发展。

（3）由单纯的学习、知情向学习与实践、知情与出力相结合方面转变。学习的目的在于运用，知情的目的在于出力。以上三个转变，提高了协商监督的质量和效果。

在协商监督方面，实行了多层次，多渠道、多形式的协商监督活动。在协商层次上，一是政协全委会、常委会和主席会与县委、政府开展协商，二是各工作组与职能部门协商，三是有政协委员的乡镇与乡镇党委、政府协商。加强了协商、监督的广泛性，而且，正向经常化、制度化方面迈进。

在协商和监督内容上坚持了“配合中心，突出重点、发挥优势、讲求实效”的工作方针，就我县发展经济的战略思想、战略布局、战略措施、重大问题的决策、民主与法制建设、社会生活中的重大问题以及重要的人事安排等方面都进行了协商监督，提出了许多好的意见和建议，对两个文明建设起了很大的促进作用。

三、尊重委员的民主监督权利，认真做好提案办理工作。政协委员的提案，是人民政协发展职能作用的一个重要方面，是尊重人民民主权利的具体体现。政协提案工作委员会对每件提案都认真研究，抓紧催办。二届一次会议以后，共收到委员提案六十八件，分门别类进行整理后，于六月七日与人大、政府共同召开了有关部门参加的提案交办会议。会后各承办单位积极办理，出现了办案快、质量高的局面，其中被承办单位采纳，已经或正在落实的有三十二件，占提案总数的48%，已被采纳但需要创造条件逐步落实的有二十六件，占提案总数的38%，其余十件因政策规定不允许或者条件所限未被采纳，占提案总数的14%，现已打印成册，对紧急提案采取紧急办理的办法，使委员提案得到及时处理，充分发挥了民主监督的作用。

四、学先进人物，作先进事迹。去年五月份，市政协、市委统战部作出了“向优秀知识分子、人民教师杨文衡同志学习的决定”以后，县政协、县委统战部联合召开了有八十多名政协委员和各届人士参加的“学习杨文衡先进事迹典型报告会”，有四人作了典型发言。政协二届二次常委会议议定号召每个委员，在物质和精神文明建设中，至少要提一条有价值的合理化建议，献一条好的计策，搞一项有说服力的调查研究报告，做一件群众公认的先进事迹。各位委员，在各自的岗位上，根据自己的专长和特点，发挥自己的聪明才智，为两个文明建设，积极进言、献计、知情、出力。北沟头村政协委员刘华山带动六户农民办企业，富了不忘集体，捐资八万元，为本村建起一座教学楼，韦各庄村政协委员马树珍将落实侨房政策的八百元捐献给学校，改善办学条件。政协常委吴树楷爱好农业科技，采用先进种植技术，创亩产吨粮田，并影响和带动了全村科学种田。政协常委李树国将几乎绝种的河北白毛杨雄株优质树种，研究出快速育苗法，分布全县十二个育苗点，已育苗十二万多株，对发展林业作出了贡献。还研究出阳光晒薯育苗法，对消灭甘薯黑斑病有一定作用，被评为出席市的劳动模范。政协常委赵忠安组织六十户入股集资十二万五千元，办起一个民间金融服务社，存贷金额已达六十五万元，支持了农业和乡镇企业的发展。受到保定市报表扬三次，全国农民报表扬一次。政协委员王福斗带领全家六口人从事种、养、加工业，年收入连续三年超万元，是全村有名的勤劳致富的带头人。农业、科技工作组，为发展我县农业和乡镇企业，积极向农民宣传科技知识，推广新技术成果，引进技术人才，提供信息。去年从大专院校和科研单位引进小麦、玉米、西瓜等优良品种二十四个，推广地膜覆盖、模式化栽培、稀土大田应用等先进农业技术七项，为乡镇企业提供信息一百一十二条，被采纳三十条，引进技术人才二十七名，有力地促进了农业和乡镇企业的发展。典型事例很多，不再一一列举。

咨询服务是政协的一项重要工作。利用政协“综合人才库”的优势，组织政协委员和各界人士，积极开展了咨询服务活动。去年通过短期培训，集市摆摊、走村串户、提供信息等多种形式，对党的方针、政策，统战理论、政策，经济体制改革，科学技术、法律知识等方面咨询服务达一万多人次，对两个文明建设和法制建设起到了很大作用。

调查研究，考察论证，是政协协商监督的基础工作。去年完成了发展我县农业后劲和九年制义务教育的调查报告，其中发展农业后劲的调查报告被市农委转发。我们还组织委员和各界人士考察撰写十八篇以农业生态观点，发展农业后劲的论文，其中有三篇被市评选报省。

在完成本职工作的同时，还积极配合党政的中心工作，如十三大文件的宣传贯彻、发展乡镇企业，唐河开发、抗旱防汛、植树造林、计划生育、货场定位、计量物价检查等多项工作，为我县两个文明的建设作出了积极贡献。

五、文史资料征集工作，是人民政协的重要工作之一，是一项记载前辈，有益当代、惠及后世的文化事业。政协文史资料委员会，在人少工作量大的情况下，积极组织有关人士进行文史资料的征集、整理工作。现已征集、整理十一篇。其中，为纪念抗日战争五十周年而整理的“血泪的控诉”和“卢沟桥参战回忆录”等四篇文章，被省、市刊物选登。

六、我县是海外侨胞、眷属比较多的一个县，他们当中有许多是知名人士和有影响的人物，我们的工作做好了，对完成祖国统一大业将起到重要作用。为此，积极向社会和“三胞”眷属宣传党的政策，特别是“一国两制”实行祖国统一的政策，宣传“三胞”眷属中的好人好事，解除他们的思想顾虑，为实现祖国统一做贡献。还到部分“三胞”眷属家中，走访谈心，了解情况，解决了一些具体问题，落实了应该落实的政策。支持他们发展商品生产。台湾当局在国内外的压力下，允许一些人回祖国大陆探亲后，积极做好接待台湾同胞回祖国大陆探亲的准备。去年十月二十二日和县委统战部一起召开有四十五名台胞眷属参加的座谈会，传达了上级有关做好接待工作的精神，介绍了台湾目前的形势和我县接待工作意见。到目前为止已有三名去台人员来我县探亲，我们作了热情的接待，此外海外联络工作进一步加强，我县140多户台湾有联系的已有70多户。

七、加强政协自身建设，提高政治业务素质，是作好政协工作的关键。协商和监督的效果取决于提意见和建议的质量。因此，换届后注意了政协的自身建设。一是组织委员学习党的路线方针、政策，学习有关业务知识，特别是党的十三大文件，不断提高政治思想水平和参政议政的能力。同时还努力使委员自重自爱，树立荣誉感和责任心，增强参政议政的意识。在组织建设上，根据形势发展的需要，政协新组建了祖国统一工作委员会。经请示县委批准，对政协工作组进行了调查。以乡镇为单位建立政协统战联络组。使协商监督向基层延伸。县直按系统划分十一个工作组，有利于与部门工作紧密结合，便于开展政协工作。

一年来，虽然取得了很大成绩，但与上级要求和先进县相比，还存在很大差距；政协的协商和监督基本职能作用还没有充分发挥出来；协商监督的经常化、制度化、规范化还没有建立健全起来，有些已经规定了的制度也没有很好地落实；对政协工作组的活动抓的不紧不细，在一定程度上影响了政协委员和各界人士参政议政的积极性。这些，都需要在今后工作中加以研究改进。

## （二）

一九八八年是深入学习贯彻党的十三大精神的一年，在新的一年，县委要求各条战线的工作，在十三大精神指引下，勇干创新开拓前进。人民政协的工作，要在县委的领导下，认真学习贯彻十三大精神，以发展经济为中心，坚持四项基本原则和改革、开放两个基本点、充分发挥“政治协商、民主监督”基本职能，团结各界人士，积极参政议政，为建设社会主义民主政治服务，为实现祖国统一服务，为改革、开放和建设物质、精神文明服务。为振兴清苑积极作出贡献。

（一）认真学习贯彻十三大精神。当前，要按着县委的部署，联络自己的思想、工作实践，认真学习、深刻领会十三大精神。深入进行党的基本路线教育，树立新思想、新视野、新观念，新境界。努力开创政协工作的新局面。

党的十三大对人民政协工作提出了更高的要求。这充分肯定了人民政协对国家的政治、经济、生活进行协商监督的作用，政协的任务越来越重，地位日益提高，作用需要进一步发挥。因此，要作好广泛的团结工作，广交朋友，联络情意，调动委员和各界人士参政议政的积极性。真正把委员和各界人士凝聚到振兴清苑这一宏伟事业中来。

党的十三大提出“建立社会协商对话制度”。这是新时期党为加快实现社会政治民主化的重大决策，是正确处理和协商各级不同社会利益矛盾的有效方法，也是维护安定团结，巩固和发展爱国统一战线的有力措施。人民政协是各人民团体、各界人士协商议政、知情出力的场所，政协的政治协商是社会协商对话的重要形式。我们可以运用具有中国特色的民主渠道，积极主动的参政议政，扩大协商范围，提高协商质量，切实落实县委去年十九号文件关于进一步加强政协工作意见，完善协商监督制度，努力使之经常化制度化，使委员和各界人士对我县的政治、经济、社会生活等重大问题的决策，活动和遇到的困难能够及时准确的了解，以便献计出力。这样，就能使政协工作的范围更加广泛，质量更加提高，形式更加完善，内容更加充实。

要进一步加强民主监督的职能。十三大报告中提出：“群众的要求和呼声，必须有渠道经常地顺畅地反映上来，建议有地方提，委屈有地方说”。人民群众对党和政府的各项方针、政策以及工作方法、工作作用方面的意见、批评、建议、要求，是人民政协进行民主监督的社会基础。把群众的意见，建设、要求加以审理概括，用口头、信件、提案的形式，迅速传达给党委、政府及有关职能部门，及时办理，发扬成绩，改正不足。这就起到了民主监督的职能作用。因此，政协要从建设社会主义民主政治的高度出发，真正成为各界人士行使民主权利，了解民情，反映民意，献计出力的场所，让更多的人信任政协、理解政协、主动到政协反映情况、协商议事，使人民政协真正成为党和政府团结各界人士的纽带、桥梁，成为党和政府的参谋助手。

（二）搞好调查研究，提高协商监督质量。调查研究是搞好协商监督的基础。只有加强调查研究，掌握第一手材料，才能做到协商有据，监督有理，知情才能有的放矢的出力，因此，今年要组织委员和各界人士，围绕党的中心工作和群众迫切要求解决的重大问题，开展深入的调查研究，在一个时期内，力求抓住一两个关系全局的、具有重要意义的问题，下大力气调查研究，写出有情况、有分析、有论据、有可行性措施的调查报告。这是政协发挥整体功能，提高协商监督质量的有效措施。政协要组织有关委员，搞三至五次大型的、综合性的调查报告。各政协工作组和乡镇政协统战联络组，要根据本系统、本单位、本地区的特点，搞一两项调查报告，政协委员在各自的工作岗位上，至少搞一两项调查研究。通过调查研究，进一步提高协商监督的质量和效果。组织委员视察工作，是了解民情，反映民意的一个好的方法，今年的政协要组织委员有计划，有重点的进行两次工作视察。以便使委员意见、建议更切合实际，协商监督的质量更加提高。

（三）加强政协工作组和乡镇政协统战联络组的领导。这项工作抓好了，能够有效地把委员和有关的各界人士吸引和组织对政协的日常活动中来，发挥参政议政的积极性、主动性和创造性，活跃充实和强化政协的经常工作，是政协工作的重要支柱。因此，必须加强领导。一是政协各位主席和常委按工作分工抓好各个工作组，按包片抓好政协统战联络组。及时指导、组织、协调、检查活动情况，创造工作条件，解决存在的问题。二是工作组、联络组坚持每月下旬抽一天时间总结上月安排下月活动的制度。三是在活动形式要灵活掌握，不断创新，比如：学习座谈、考察访问、专题调查、专题研讨、技术讲座、咨询服务、评政议政、文史资料征集等，务求活动要坚持经常化、制度化。四是注意总结经验，适当时机召开工作组、联络组活动经验交流会议，探索适合委员特点的活动形式和方法，以提高能力活动质量和效果。

（四）作好“三胞”眷属工作，对实现祖国统一有重要作用。要经常到“三胞”眷属家中走访谈心，宣传党的政策。帮助解决是非问题，支持发展商品生产。凡侨居国外回国观光、探亲的，我们都表示欢迎，热情接待。随着台湾当局放宽对民众回大陆探亲的限制，必将有大批台胞来大陆探亲旅游。这是我们对台开展工作的好时机，要本着“来去自由”的原则和热情欢迎的态度作好接待工作。使他们处处感到祖国大陆的温暖。在接触中，政治上不强加于人，经济上不随便要钱要物，参观访问不弄虚作假。很自然的向他们介绍祖国大陆和我县改革、开放的新形势、新成就和党对台湾的方针政策。对至今没有取得联络的，要积极帮助寻找线索，争取早日与亲人取得联系。

五要切实加强政协的自身建设。十三大对人民政协提出了更高的要求。政协必须进一步加强思想、组织和作风建设。不断提高政治、业务素质，提高参政议政的能力。从事政协工作的同志，要认真学习党的方针政策，学习统战理论政策，学习政协业务知识，树立与人民政协性质、地位和作用相适应的思想作风和工作作风，进一步增强民主意识、团结意识和善于同各界人士合作的意识，勤奋工作，完成各项任务，以改革精神、不断探索和总结新时期人民政协工作的新途径和新经验，努力开创政协工作的新局面。使政协工作更加适应时代要求，开展的更加活跃、广泛、深入。

## 【二届三次会议】

### 中国人民政治协商会议
### 清苑县第二届委员会常务委员会工作报告

张孝祯

（1989年3月25日）

各位委员、各位同志：

政协清苑县第二届委员会第三次会议是在全县人民深入学习党的十三届三中全会精神，认真进行治理、整顿和深化改革的新形势下召开的。这次会议的中心任务是：认真学习贯彻党的十三届三中全会精神和县委五届三次全委（扩大）会议精神，总结去年的工作，明确今年的工作任务，协商讨论县政府工作报告、一九八八年国民经济与社会发展计划执行情况和一九八九年国民经济和社会发展计划（草案）的报告和一九八八年财政决算和一九八九年财政预算（草案）的报告，高举爱国主义和社会主义两面旗帜，进一步团结全体委员和各界人士，更好地履行政治协商、民主监督的职能，为物质和精神文明建设服务，为社会主义民主政治建设服务，为祖国和平统一服务。现在我受本会第二届委员会常务委员会委托，向大会报告工作，请审议。

### 一九八八年主要工作情况

一九八八年，政协清苑县委员会，在县委的正确领导和上级政协的指导下，在县政府的重视支持下，紧紧围绕改革、开放和经济建设这个中心，充分发挥政治协商、民主监督的职能，在促进我县的物质文明和精神文明建设，维护全县安定团结的政治局面，加强海峡两岸同胞和海外侨胞的交往等方面取得了很大成绩。

**一、充分发挥政协的“政治协商、民主监督”职能作用方面有了新的进展**

一年来，我们把发挥“政治协商、民主监督”基本职能作用作为中心环节，把事关我县的重大问题作为协商、监督的重要内容，在不同的范围和层次，开展了多种形式的协商、监督活动。为了使协商、监督活动日趋经常化、制度化，不断提高协商、监督质量，根据《中国人民政治协商会议章程》的有关规定和党的十三大对人民政协提出的要求，在总结我县政协多年工作经验的基础上，经政协二届六次常委会讨论制定了“关于政治协商、民主监督工作实施细则（试行）”。县委以正式文件转发给县直各单位和乡镇党委贯彻执行。这个细则，对政治协商、民主监督的目的、内容、形式和程序，分别作了明确的规定，使协商、监督工作有章可循。在执行中虽然有的不尽落实。但是，这个细则，对于我县的社会主义民主政治建设，完善协商、监督制度，充分发挥政协在政治生活和经济建设中的作用，是一个较大的促进。

在协商、监督方法上，主要采取了以下两种方法：

一是利用会议形式进行协商、监督。去年二月五日县委、县政府召开有65名政协委员和各界人士参加的一次对话会。会上对委员和各界人士提出的有关工农业生产发展、教育、科技、电力、柴油、化肥的供应、物价、党政机关的廉洁等方面的问题及所要采取的解决办法分别作了说明。二月二十七日县政协二届二次全委会议，协商讨论了县政府的工作报告，一九八八年财政预算和国民经济与社会发展计划安排。委员们提出了一些补充修改的意见和建议。三月底召开了一次有政协委员、农、林、牧、科技界和乡镇企业知名人士共27人参加的意见听取会，县委书记刘德忠、县长王英哲亲自到会听取了有关经济发展的意见和建议。十二月九日在县政协二届八次常委会议上，县委、县政府领导通报了一九八八年主要工作完成情况和一九八九年治理、整顿和深化改革方面所采取的方针、政策和措施，并征求了政协常委的意见。政协副主席还多次列席县委常委会、人大常委会、县长办公会和县委、县政府召开的重要工作会议，提出了很多意见和建议。政协的全委会、常委会、主席会都是围绕县委、县政府的中心工作，把政治协商、民主监督作为重要内容。一年来，共召开一次全委会，五次常委会、七次主席会。就我县政治经济和社会生活等各个领域的重要问题进行了协商讨论。重要工作还专门召开常委会讨论研究。如去年九月份，县委在全县范围内开展商品经济大合唱动员大会以后，县政协召开了二届七次常委扩大会议，工作组长和乡镇政协、统战联络组长共85人参加了会议，号召政协委员和各界人士，为发展我县商品经济献良谋、出大力。党的十三届三中全会召开之后，召开了政协二届八次常委扩大会议，认真学习了赵紫阳同志的报告，传达讨论了县委五届三次全委（扩大）会议精神，并做出“学习、宣传、贯彻中共十三届三中全会精神的决议”。号召委员和各界人士正确认识当前形势，充分肯定十年改革的成果，明确指出了当前面临的困难和问题，坚定改革信心，积极协助党委和政府搞好治理经济环境。整顿经济秩序和全面深化改革工作，同心协力，艰苦奋斗，共渡难关。

二是利用提案形式进行协商、监督。提案是委员参政议政和对我县重大问题实行民主监督的一个重要渠道。县政协二届二次会议以来，共收到委员提案67件。提案工作委员会进行审查整理后，于六月七日与政府共同召开有关职能部门负责同志参加的提案交办会议。各承办单位按照县委转发县政协讨论制定的《关于提案工作实施细则》的要求，认真进行办理，已全部办理完毕。作到了件件有答复，事事有回音，委员们感到满意。通过提案办理，对于进一步激发委员参政议政的积极性，改革党政部门的工作，加强我县民主政治建设等方面起了重要作用。

**二、充分发挥人才优势，为我县的改革和经济建设服务**

随着我国工作重点的转移，政协和工作重点也转移到了以改革和经济建设服务为中心上来。并把为改革和经济建设服务作为政协组织考虑问题的出发点和检验工作的标准。人民政协拥有密集的、多学科的、知识水平高的、经验丰富的各方面的人才。去年广大政协委员，在不同的工作岗位上，根据自己的专长和特点，为我县的改革和经济建设，发挥了自己的聪明才智，积极进言、献计、知情、出力。

（1）根据自己的专长和特点，率先发展商品经济。政协委员杨金庆通过参观学习，聘请专家，刻苦钻研，科学攻关，研制出22个蚊香新产品，其中18种产品已打入国际市场。远销14个国家和地区，去年为国家创汇50多万美元。他创办的“古城蚊香厂”已名闻中外，产品供不应求。政协委员刘华山与六户农民合资建了一个冶炼厂，年产值300多万元，获利20多万元。政协委员赵振奎和十户农民联营办起一个猪鬃加工厂。在他组织和带动下，全村710户，从事猪鬃加工业的占80%以上，去年向国家提供猪鬃3200箱，获利320000多元。并在本村建立了一个初具规模的畜产品专业市场。市政协委员杨泉，从一九八五年开始养鸡和孵化小鸡，去年已养到10000只，向社会提供鸡蛋222100斤，提供优种小鸡40000多只，收入累计410000元。政协常委李树国，为望都县柳坨部队农场搞技术服务，推广科学种田新技术，去年使这个农场增产小麦210000多斤，还为部队育优种树苗20亩。政协常委赵忠安办起民间金融服务社，吸收社会闲散资金，支持经济发展，已拥有流动资金200多万元。政协委员带头发展商品经济的事例很多，不再一一列举。

（2）委员利用自己工作的职能，积极为改革和经济建设服务。农业、科技、畜牧、群众团体等工作组，为发展我县粮棉油生产和乡镇企业，积极向群众宣传科技知识，推广新技术成果，引进科技人才，开展咨询服务。去年通过走乡串村、集市摆摊、短期培训等形式，向一万四千多人次宣传了科技知识、印发技术资料3500余份。为乡镇企业引进技术人才154人，其中工程师就有44人。县委作出技术干部带头下乡搞技术承诺的决定后，政协委员高顺利，组织47名技术人员，结合162名领导干部，下乡承包小麦6万亩，受到省、市表扬，还搞好生态环保和地膜覆盖对土壤变化的两项试验。畜牧战线的政协委员，向局领导提了承包养殖大户，推广优良品种，搞好畜牧防疫等八条有价值的合理化建议，均被采纳。承包22个养殖专业大户，其中承包黄陀四户农民投资110000元建的养猪场，一年猪只出栏280头，获纯利22000元。推广优种鸡120000只，对175万只家舍进行了防疫，促进了畜牧业的发展。政协常委县妇联会主任张兰霞和政协委员科协主任位志国，共同抽人下乡，在全县成立缝纫蔬菜等35个协会，有力地促进了妇女参加商品生产的积极性。从事标准计量工作的政协委员徐守明，结合标准计量人员，对我县的小冶炼、砖厂、罐头厂、面粉厂等产品实行抽样检查。对供应的化肥、农药等生产资料重点进行标准检查，有效地控制了假劣产品的生产和销售。

（3）组织委员进行视察、考察活动。重点是乡镇企业、工农业生产、教育、科技、物价等，参加视察和考察的委员有80多人，写出调查报告九份。《温仁镇中学如何提高教学质量的调查报告》《关于高中生源不足问题的调查报告》《如何提高教学质量的调查报告》《中小学生视力情况的调查报告》《关于我县科技工作的现状及改革意见的调查报告》《关于乡镇企业的现状及其发展方向的调查报告》《关于乡镇企业行业技术力量情况的调查报告》和市政协联合对我县小冶炼进行了检查并写出

《关于清苑小冶炼情况的调查报告》《婚姻法执行情况及存在问题的调查报告》。这些调查报告，从不同角度反映了我县教育、科技、乡镇企业、婚姻法贯彻落实等方面取得的成绩和存在的问题，并提出了建设性意见，供领导决策时参考。

（4）在完成本职工作的同时，还积极配合党的中心工作，开展了多种多样的社会活动。如中共十三届三中全会精神的宣传贯彻，抽调60多名委员，协同行政、工商、物价等部门，进行物价大检查，直接参与治理经济环境、整顿经济秩序工作，在发展乡镇企业、抗旱防汛、计划生育、粮油征购、货场筹建等工作中也积极配合县委、县政府顺利完成了任务。

以上这些活动，受到了县委、县政府的重视，群众的好评，给政协工作也注入了新的活力，显示了强大的生命力，提高了社会影响。实践证明，政协不仅是发扬社会主义民主，实行各界人士合作共事的主要组织形式，而且在两个文明建设中是一支很重要的力量。

**三、加强海外联谊活动**

我县是海外侨胞、眷属比较多的一个县，他们当中有许多是政治上有影响、经济上有实力的人物。我们的工作做好了，对促进祖国统一、发展外向型经济将起到很大的作用。因此，政协同对台办、侨办、侨联加强了海外联谊活动，我们的指导思想是：面向海外、广交朋友，宣传政策、促进统一，交流信息，繁荣经济，开展了以下三个方面的工作。①加强海外联谊，开展“五个一”活动。即：向海外亲朋发一封信；为发展我县外向型经济传播一条信息；提一条有价值的合理化建议；办成一件实际事情；有条件的开办一个企业。据统计，去年向海外亲朋寄信205封，传播经济信息40条，提出合理化建议38条，有43户台、侨眷属办了企业。②热情接待回大陆探亲的台湾同胞和海外侨胞。向他们宣传国家政策，介绍家乡变化情况，帮助解决他们的实际困难和合理要求，取得了较好的效果。结合统战部、侨办共接待回大陆探亲的台胞和海外侨胞79人。其中台胞60人。有影响的人物县委、政府领导都出面接见。为激发他们的爱国思乡热情，接待时做到了热情、周到、适度，采取“五不”原则，即不强加于政治观点，不索要钱物，不弄虚作假，不刁难歧视，不翻历史旧账，还向有影响的人赠送健身球14付，名人字帖10册。元旦前夕，向海外寄送挂历和贺年片130份。由于热情接待，许多人来时忧心忡忡，走时满意。有的表示为家乡建设做贡献。大庄镇徐庄村海外侨胞徐振英，向县政府赠送轿车一辆。苏联华侨张连登赠送照相机一个，正洽谈向苏联劳务输出事宜。大庄村侨胞史连祥，已谈妥在大庄镇投资建侨丰裕贸易公司。近期开展进出口业务。还有5户侨胞正在商谈投资办企业事宜。③积极向“三胞”眷属宣传党的政策，支持他们发展商品生产。解决资金不足的困难，银行向台属贷款350000元，支持33户台属办企业。去年九月份，政协与统战部召开有四家银行、三家营业所、八户办企业的台属参加的座谈会，当场解决贷款170000元。

**四、做好文史工作，提高文史资料的撰写质量**

文史资料的征集是政协的重要工作之一，是一项有益当代、惠及后世的文化事业。政协文史资料研究委员会，在人少工作量大的情况下，坚持了“广征博采”与“重点抢救”相结合的原则，经过认真筛选，审修、编入《清苑文史资料》第一辑的稿件三十五篇，共十三万余字，正在排印，不久即将出版。其中有二十三篇被省、市文史资料专刊采用或备用。这些文史资料有的生动地记述了全县军民与敌浴血奋战的壮烈情景，有的揭露国民党覆灭前夕的内幕，具有珍贵的史料价值，是一部爱国主义的教材。

**五、加强政协的自身建设，提高委员素质**

加强政协自身建设，是搞好政治协商、民主监督的重要前提。因此，把加强政协自身建设，提高委员政治和业务素质作为政协的重要工作来抓，组织委员学习党的路线、方针、政策，学习有关业务知识。参加应该参加的重要会议。向委员印发文件1680份，使委员知情出力，提高思想水平和参政议政能力。为了搞好乡镇政协统战联络组成员的素质和参政议政意识。去年四月份与县委统战部联合对乡镇政协、统战联络组分五片进行了培训。参加培训人员共141人。通过培训，使之进一步认识到新时期政协、统战工作的重要性，明确了方向和活动方法。调动了参政议政的积极性。同时，还努力使委员加强自尊、自强、自重、自爱。树立荣誉感和责任感。强化参政议政意识，积极参加社会活动。还加强了政协机关的建设，这是圆满完成各项任务的关键。去年按县委的要求进行了共产党员形象的讨论，完善了目标岗位责任制，规定了出勤、值班、考评、奖惩制度，开展了下评上活动，使干部的精神面貌发生了很大变化，工作效率提高，在人少事多的情况下，各项任务完成得较好。政协办公室在全县机关评比中被评为优秀单位。

去年的工作，虽然取得了很大成绩。但也存在着不足之处，主要是政治协商、民主监督的制度落实得不够，存有很大的随意性；对政协工作组和乡镇政协统战联络组的活动抓得不够，影响了委员参政议政的积极性；对委员的提案、建议处理情况跟踪反馈做得不够；政协机关的机构设置和工作人员已远远不能适应形势发展的需要。急需加以调整充实等等，这些有待于今后去改进提高。

## 一九八九年主要工作任务

党的十三届三中全会明确把治理经济环境、整顿经济秩序和深化改革作为今明两年的主要任务。县政协一九八九年总的指导思想是：以党的十三届三中全会精神为指针；以治理、整顿和深化改革为重点；以发展经济为中心；以祖国统一、振兴中华为目标；强化协商、监督职能，高举社会主义和爱国主义两面旗帜，调动各方面积极因素，为落实县委五届三次全委（扩大）会议提出的各项任务做出积极贡献。下面，我就县政协的几项主要工作提出以下意见：

**一、加强学习，提高素质**

加强委员学习，是提高素质，搞好协商、监督的关键。因此，各位委员要增强学习的自觉性，坚持每月下旬集体学习一次的制度，平时要加强自学。学习的重点，要把学习党的十三届三中全会文件放在首位，反复学习，深刻领会，以党的十三届三中全会精神指导我们开展工作。同时，还要学习各级党委、政府的重要文件，提高参政议政能力，对各级政协的重要文件，也要认真学习，增强业务素质，提高对政协地位、作用的认识。要认识到人民政协在新时期肩负着重要的政治任务，前程远大，大有可为，使每位政协委员，既感到光荣，又感到责任重大。从而经常以政协委员应尽的职责来要求自己，强化参政议政意识，积极参加社会活动，为两个文明建设做出新的贡献。

**二、强化政治协商、民主监督职能，向协商、监督经常化、制度化迈进**

（1）要把政治协商、民主监督提高到完善我国政治制度，推进民主政治建设的高度来认识，从而提高协商、监督意识，克服消极等待思想，主动与党政部门联系，争取协商、监督的主动权。

（2）加强制度建设，克服随意性。进一步宣传贯彻县委转发县政协《关于政治协商、民主监督工作实施细则（试行）》和《提案办理工作实施细则（试行）》。这两个细则要落实到实处，力争今年的协商、监督工作和提案的办理工作提高到一个新的水平。

（3）建议党政机关和有关职能部门，增强民主意识和机关活动的开放程序，协商的事宜要主动找政协协商。政协也要根据政协委员和各界人士的要求，主动提出议题，找有关部门协商。

（4）县委、人大、政府、政协四家办公室主任每季一次联席会议的制度要坚持，认真协商好有关协商事宜。

（5）建立反馈制度。政协要及时反馈委员和各界人士的意见、建议，加工整理，及时反映给有关党政部门，并将处理情况及时向委员和各界人士反馈。

**三、充分发挥政协人才优势，为治理、整顿和深化改革献计出力**

（1）加强调查研究。这是提高协商、监督质量的有效方法。政协各委员会、工作组和乡镇政协统战联络组要根据各自的专长和特点，围绕深化改革、发挥经济、教育、科技、农业、控制物价以及推进社会主义民主政治建设等重大问题，选定一些专题，深入进行调查研究，提出切实可行的建议和措施，提供县委、政府决策时参考。

（2）针对我县治理、整顿中迫切需要解决和群众反映强烈的“热点”问题，组织一些座谈，开展一些视察、考察活动，对那些破坏改革深入发展，扰乱社会秩序的各种违法活动和腐败现象，要敢于直言，敢讲真话，敢于揭露，敢于斗争，如实向有关部门举报，这是对社会主义事业的热爱和关心的表现，也是保证治理、整顿任务顺利完成的一项重要措施，是政协委员参政议政的一项重要内容。要运用政协的协商、监督职能，在治理、整顿中积极做出贡献。

（3）组织委员开展咨询服务活动。重点一是为农业大上服务；二是为教育、科技改革提出咨询建议；三是为控制物价乱涨提出咨询建议。

（4）政协要积极主动地参与县委、政府重要改革方案和措施的协商讨论。

**四、加强海外联谊工作**

重点抓好三项：（1）发动海外有亲朋的委员和台侨眷属，加强与海外亲朋的联系，继续开展“五个一”活动。（2）为发展我县外向型经济，拟近期召开一次海外亲朋有经济实力的委员和台侨眷属参加的座谈会，通过牵线搭桥，尽快在引进方面搞出一些成效。（3）加强政协祖国统一委员会的工作，密切与对台办、侨办、侨联的联系，不断研究如何搞好对台和海外的联谊工作。力争今年的海外联谊活动有个新的突破。

**五、加强文史资料的征集工作**

全年的文史工作，除完成《清苑文史资料》第一辑出版工作外，同时着手进行第二辑文史资料征集工作，文史资料研究委员会，尽快确定文史征集内容，明确专人搜集整理，努力使文史资料提高到一个新的水平。

**六、加强政协的自身建设**

适应形势的发展，完成各项任务，必须加强政协的自身建设，提高委员的素质。（1）加强思想建设，主要认真学习党的十三届三中全会精神，积极开展形势教育，开展“讲文明，比贡献”活动，树立良好的思想品质和道德风尚，处处起表率作用，积极参政议政。（2）加强组织建设，各专门委员会、工作组和乡镇政协、统战联络组要切实负责，积极组织成员参政议政和参加社会活动。同时对政协机关也要按照“四化”标准和统战工作特点，选调一些知识面广，开拓精神强而又热心政协工作的同志到政协工作，充实政协机关力量。（3）加强制度建设，进一步完善目标岗位责任制。建立健全工作、会议等必要的制度。以做到职责分明、制度健全、团结协作、提高工作效率。

各位委员、各位同志：

一九八九年政协的工作是艰巨而又繁重的，要胜利完成各项任务，各位政协委员，要振作精神，勤奋工作，同心同德，和衷共济，在党的十三届三中全会的指导下，积极参与治理、整顿和深化改革工作，为完成县委五届三次全委（扩大）会议提出的各项任务做出积极的贡献。

## 【三届一次会议】

### 中国人民政治协商会议
### 清苑县第三届委员会常务委员会工作报告

张孝祯

（1990年4月1日）

各位委员、各位同志：

政协清苑县第三届委员会第一次会议，是在全县人民深入学习贯彻中国共产党的十三届四中、五中、六中全会精神和中共清苑县委五届五次全委（扩大）会议精神，进一步进行治理整顿和深化改革，维护全县安定团结的新形势下召开的。这次会议的中心任务是：高举社会主义和爱国主义两旗帜，认真学习贯彻党的十三届四中、五中、六中全会精神，学习贯彻《中共中央关于坚持和完善中国共产党领导的多党合作和政治协商制度的意见》。积极协助党委、政府进一步搞好治理整顿和深化改革，维护全县安定团结的政治局面，总结县政协三年来的工作。选举政协新的领导班子，明确今年的工作任务，进一步强化“政治协商、民主监督”职能，为促进我县经济持续、稳定、协调发展作出贡献。现在，我受本会第二届常务委员会的委托，向大会报告工作，请审议。

**三年工作的回顾**

一九八七年县政协二届一次会议以来，在县委的正确领导、人大、政府的大力支持、市政协的有力指导下，我们认真贯彻党的十三大以来的路线、方针、政策，遵照《政协章程》的基本原则，坚持“一个中心、两个基本点”的路线，充分发挥政协的“政治协商、民主监督”的职能，积极调动全体政协委员和各界人士参政议政的积极性。对我县的政治、经济、科技、文教及社会生活等重大问题进行了广泛的协商、监督活动。在全体委员、各界人士和政协机关工作人员的共同努力下，政协的工作越来越活跃，社会地位越来越高、社会影响越来越大、起到作用越来越显著。三年来，在巩固和发展我县安定团结的政治局面、治理整顿和深化改革、物质和精神文明建设、社会主义民主政治和法制建设，加强海外侨胞的联谊等方面都发挥了重要的作用。

### 一、认真组织委员的政治学习，不断提高政治素质

组织好委员的政治学习，是人民政协的一项优良传统，是提高委员素质的重要途径。几年来，凡涉及党和国家的大政方针、政策及全局性的重大问题，都不失时机地组织委员进行学习。在学习内容上，主要有党的十三大及中央全会的重要文件，全国及省、市人大、政协会议的重要文件。中央[1987]1、2、3、4号文件、中央有关治理整顿和深化改革的重要文件、《邓小平文选》、党和国家领导人的重要讲话。特别是去年春夏之交北京发生动乱和反革命暴乱期间，更加积极认真地组织委员学习党中央制止动乱，平息反革命暴乱的一系列方针、政策和措施，学习邓小平、李鹏、杨尚昆及中央其他领导人的重要讲话，《人民日报》社论及有关重要文章，统一委员的思想认识，为了不断把学习引向深入，从去年3月22日至6月27日，先后召开主席学习会28次。通过学习，加深了委员对两乱起因、性质及其危害的认识，在这关系党和国家前途命运的大是大非面前，全体委员立场坚定、旗帜鲜明。坚决同党中央在政治上、思想上、行动上保持了高度一致，没有一名政协委员及其家属子女参加游行、请愿、静坐。广大委员还采用多种形式、多种渠道，耐心细致地作青年学生和自己所联系的一部分群众的工作。为维护我县安定团结的政治局面发挥了积极作用。同时，还注意加强委员的马克思列宁主义的基本理论和毛泽东思想的学习，努力提高委员的理论水平，提高分析问题、认识问题、辨别是非的能力，运用马克思主义的立场、观点、方法观察问题、分析问题、提出意见和建议。改进和提高了政协工作，提高了参政议政水平，较好地发挥了协商、监督的职能作用。

### 二、充分发挥“政治协商、民主监督”职能作用，为两个文明建设服务

“政治协商、民主监督”是人民政协的基本职能，是参政议政的主要形式。三年来，我们把充分发挥协商、监督职能作用放在政协工作的首位，把事关我县的重大问题作为协商、监督的重要内容。在不同的范围和层次，开展了多种形式的协商、监督活动。为了使协商、监督活动日趋经常化、制度化。根据《政协章程》的有关规定和我县政协多年的工作经验，经政协二届六次党委会讨论制定了《关于政治协商、民主监督工作实施细则（试行）》，县委以正式文件转发县直各单位党组和乡镇党委贯彻执行。这个细则，对“政治协商、民主监督”的目的、内容、形式、程序分别作了明确的规定。使协商、监督工作有章可循，为了进一步开展政协工作，县委于一九八七年八月二十五日，向各乡镇党委、县委各部委、县直各党委、党组、总支、支部印发了“关于加强政协工作的意见”的文件。一九九〇年三年七日县委又发了“关于认真学习贯彻中央14号文件，进一步加强政治协商、民主监督的通知”。对促进协商、监督制度的经常化、制度化，加强政协的工作起了决定的作用。为了提高协商、监督质量和效果。在协商、监督的指导思想上政协二届常务委员会提出了三个转变。即：由微观就事论事，回宏观参政议政转变。议大事、抓关键、提出有价值、有分量的建议和意见；由单纯的政治领域协商向政治、经济领域协商转变，既重视政法协商，又重视经济发展方面的协商；由单纯学习、知情，向学习与实践、知情与出力相结合的方面转变。三年来，对党委、政府制定的重大方针、政

策、实施重要的工作部署、经济发展战略、规划部局、体制改革、教育、科技发展规划、倡廉反腐措施、社会治安综合治理，重要的人事变动和涉及人民群众利益的重要问题，都较好地进行了协商、监督。提出意见、建议800余条，有相当一部分被采纳，为党政部门决策科学化提供了依据。促进了社会主义民主政治建设。在协商、监督的方法上，主要有以下三种形式：

（1）利用会议形式进行协商、监督。政协的全委会、党委会、主席会都是围绕县委、政府的中心工作和重要工作部署作为协商、监督的重要内容。三年来，共召开全委会3次、常委会20次、主席会32次，就我县的政治经济和社会生活等方面的重要问题进行了广泛地协商讨论。政协主席、副主席还多次列席县委常委会、人大常委会、县长办公会和县委、政府召开的重要工作会议。还召开各界人士座谈会13次，每次会议都对党政部门的中心工作，提出了许多有价值的意见和建议。

（2）利用提案形式进行协商、监督，提案是委员参政议政、实行民主监督的一个重要渠道，县政协二届一次会议以来，共收到委员提案185件，提案委员会进行审查整理后，与政府共同召开有关职能部门负责同志参加的提案交办会议。各承办单位按照县委转发政协二届六次常委会讨论制定的《关于政协委员提案工作实施细则（试行）》的要求，认真进行办理，做到了件件有答复，事事有回音，委员们感到满意，通过提案办理，对改进党政部门的工作，激发委员参政议政的积极性起了重要作用。

（3）协商、监督活动向基层延伸。在39个乡镇组建了政协统战联络组，县直政协委员组建了11个工作组，用不同形式开展了协商、监督活动。提出意见和建议200多条。

**三、充分发挥政协的人才荟萃的优势，为我县的经济建设服务**

人民政协拥有密集的、多学科的、知识水平较高的、经验较丰富的各方面人才。充分利用这个智力优势，为我县两个文明建设服务，是政协工作的一项重要内容，也是发挥协商、监督职能作用的实际体现。几年来，广大政协委员，在不同的工作岗位上，发挥自己的专长和特点，为两个文明建设积极进言、献计、知情、出力，从不同角度展示了各位委员热爱祖国，振兴清苑，献身四化的精神面貌。

（1）根据自己的专长和特点，发展商品经济。政协委员杨金庆，通过参观学习，聘请专家，刻苦钻研，科学攻关，研制出22个蚊香新产品，其中18种已打入国际市场，远销14个国家和地区。几年来创汇130多万美元，缴税金17万元。是省级先进企业，市级劳动模范。委员刘华山与六户农民合资兴建的冶炼厂年平均产值300多万元，创利税15万元，他们捐资8万元为村建起了一座教学楼，受到各级领导和广大群众的好评。委员赵振奎，积极组织群众从事猪毛加工业，全村710户有80%以上的户常年从事这种副业，家家丰衣足食，户户有存款，在本村还建立了一个初具规模的畜产品专业市场。政协常委李树国研究出快速育苗法，并在全县建立了12个育苗点，使将要绝种的“河北大青杨”优良树种，迅速向全县普及。他还为部队农场提供小麦种植技术，一年就使这个农场增产小麦10多万公斤，这个部队农场去年为我县提供小麦良种7.5万公斤。政协常委赵忠安，办起了一个集体股份金融服务社，二年时间，存贷金额达到200多万元，有效地支持了当地农业和乡镇企业的发展。委员的先进事迹很多，不再一一列 举。

（2）委员利用自己的工作职能，积极为经济建设服务。

**四、加强海外联谊工作，增强“三胞”爱国热情**

我县现有海外“三胞”348人，主要分布在17个国家和地区。有“三胞”眷属380户1237人。

五、（略）

六、（略）

总之，三年来的政协工作，取得了一定成绩。提高了政协的社会影响，人们对政协的认识也发生了很大变化。但同县委的要求，和先进县政协相比，在不少方面还存在差距，主要是“政治协商、民主监督”的制度化落实的不够；乡镇政协统战联络组和工作组的活动不够平衡；与委员联系的少；工作方法和作风在某些方面还不适应形势发展的需要；政协的自身建设有待进一步加强。所有这些，在今后工作中都应引起重视，加以改进。

## 一九九〇年工作建议

一九九〇年是跨入九十年代的第一年，也是治理整顿和深化改革的关键一年，在新的一年里，政协工作总的指导思想应该是：以学习贯彻党的十三届四中、五中、六中全会精神和《中共中央关于坚持和完善中国共产党领导的多党合作和政治协商制度的意见》为指针，以落实县委五届五次全委（扩大）会议精神为重点，高举社会主义和爱国主义的两面旗帜；在县委的领导下，充分发挥“政治协商、民主监督”的职能作用，维护和发展我县安定团结的政治局面，为治理整顿和深化改革，促进我县经济持续、稳定、协调发展做出新的贡献，使政协工作提高到一个新的水平。根据这个指导思想，对今年的工作提出几点建议，供三届委员会参考。

**一、要认真组织委员学习**

当前，要重点学习党的十三届六中全会精神，学习《中共中央关于坚持和完善中国共产党领导的多党合作和政治协商制度的意见》。学习党的方针政策，学习马克思列宁主义和毛泽东思想，学习《邓小平文选》。在学习中开展四个教育活动。即：以坚持四项基本原则、反对资产阶级自由化为中心的爱国主义教育；以治理整顿和深化改革为基本内容的经济形势教育；以共产党领导的多党合作和政治协商为重点的统战政策教育；以党的密切联系群众的优良传统和政治优势为内容的马克思主义的群众观点和群众路线的教育。树立坚定的社会主义、共产主义理想，树立社会主义必胜的信心，树立密切联系群众、走群众路线、全心全意为人民服务的思想，增强坚持四项基本原则，反对资产阶级自由化的自觉性，在任何风浪曲折面前，要经得起历史的考验。要增强参政议政意识，积极协助党委、政府，搞好治理整顿和深化改革，为我县经济持续、稳定、协调发展作出贡献。

**二、在稳定全县局势上贡献力量**

实现我县经济持续、稳定、协调发展，关键问题是有一个稳定的政治环境。保持稳定是全县人民的根本利益所在，没有稳定，什么事情也搞不成。因此，政协要发挥联系面广的优势和协调职能，围绕稳定经济，稳定人心，稳定局势这个大局，“量力而行、尽力而为”地协助党委、政府正确处理和协调解决好社会存在的主要矛盾，增强全县人民的大团结，在社会治安综合治理方面，多提一些意见和建议。

为巩固和发展我县安定团结的政治局面贡献力量。

**三、充分发挥政协的协商监督职能作用，提高协商监督水平**

一是抓“政治协商民主监督”的经常化，制度化建设。二是根据抓大事、抓重点、抓超前、抓实效的原则，紧紧围绕治理整顿、深化改革和群众关心的热点问题，组织委员开展视察、考察、调查活动，掌握第一手资料，做到协商有理、监督有据。力争做到每次协商都能提出一些有价值的意见和可行性建议。三是对委员的意见、建议、提案要抓紧落实，及时反馈。四是进一步密切与委员的联系，建立每季一次联系委员日制度。五是对政协各专门委员会和乡镇政协统战联络组的活动要加强指导，依据自己的特点和优势，做出年度工作计划，积极主动地开展活动。发挥出应有的作用。六是增强委员的监督意识，鼓励委员敢于监督，讲真话，讲实话，随时对那些违背党的方针、政策国家的法律、法令以及工作中存在的严重问题提出批评意见和建议，政协要切实保障委员在政协各种会议上有提出批评的自由和发表不同意见的自由，以调动委员参政议政的积极性。

**四、继续发挥委员和各界人士的智力优势，为治理整顿、深化改革贡献力量**

人民政协是广泛的爱国统一战线组织，是各界代表人士团结合作参政议政的重要场所，它吸收了各界的先进代表人士，具有较高的参政议政能力。因此，号召各位委员，要在政协组织中发挥重要作用。要增强做好政协工作的事业心和责任感。树立自尊、自重、自爱、自强的精神，开展“学雷锋、树新风、比贡献、作模范”活动。结合自己的本职工作，围绕治理整顿和深化改革，至少搞一次调查研究，办一件群众公认的先进事迹，提一条有价值的合理化建议，搞一次技术或业务咨询服务工作。农业战线的委员，要在稳定和完善承包制，发展适度规模经营，加强科技组织和服务体系的建设，增加农业投入，搞好海河开发低产农田改造，合理利用和保护好耕地，吨粮田和高效益农田的建设等方面，搞一些调查研究，提出切实可行的建议。工商企业战线的委员，要在端正经营思想和作风，提高管理和技术水平，搞好产业、产品结构调整，提高产品数量和质量，提高经济效益和社会效益等方面考察论证，提出一些好的意见和建议。文教卫生战线上的委员，要在繁荣我县文化事业，提高教育质量，培训“四有”新人，树立新的医德、医风等方面提出一些意见和建议。民族、宗教战线的委员，要在全县各民族之间的大团结，宗教活动在宪法、法律允许的范围内正常活动等方面献计出力，党政部门的委员，要在我县两个文明建设上多献良谋、出大力。总之，各位委员要充分发挥自己的聪明才智，在治理整顿和深化改革方面作出应有的贡献。

**五、继续加强海外的联谊工作**

祖国统一联谊委员会要和有关部门加强联系，在现有经验的基础上，探索进一步与海外扩大联系增进友谊的办法，唤起“三胞”的爱国热情，为祖国统一，振兴中华贡献力量。

**六、切实加强政协的自身建设**

十三届五中、六中全会及江泽民同志的几次重要讲话对政协工作提出了更高的要求，政协必须进一步加强思想、组织和作风建设，不断提高政治、业务素质，提高参政议政能力。要认真学习党的方针、政策，学习新时期统战理论，学习政协业务知识，树立与人民政协性质、地位和作用相适应的思想和工作作风，进一步增强民主意识，团结意识和参政议政的意识，振奋精神，勤奋工作，同心同德，和衷共济，不断探索和总结新时期人民政协工作的新途径和新经验，努力开创政协工作的新局面，使政协工作更加适应时代的要求。

各位委员，政协清苑县第二届委员会已完成了历史使命，我们相信，第三届委员会在县委的正确领导下，经过全体委员的共同努力，政协的各项工作，一定会迈出新的步伐，取得新的、更大的成绩。

## 【三届二次会议】

### 中国人民政治协商会议
### 清苑县第三届委员会常务委员会工作报告

李荣久

（1991年4月8日）

各位委员：

我受政协清苑县第三届委员会常务委员会的委托，向大会报告工作，请审议。

### （一）一年来的工作

政协清苑县第三届委员会自去年换届以来，在县委的领导和县政府的支持下，认真贯彻中共中央[1989]14号和[1990]10号文件精神，积极组织发动委员和各界人士，围绕县委、县政府的工作中心，认真行使协商监督职能，参政议政，献计出力，为我县两个文明建设做出了积极贡献。

现将一年来的工作报告如下：

**一、深入学习，认真贯彻中央文件精神，把政协工作不断引向深入**

中共中央[1989]14号文件是新时期统战工作的纲领性文件，规定了党和各民主党派合作共事共同遵守的准则。全国统战工作会议的召开，进一步总结了爱国统一战线工作的历史经验，对统战政协工作提出了新的更高的要求。对此，县委专门召开了全县统战工作会议，制发了《进一步加强政协统战工作的意见》。根据县委要求，县政协及时印发了《贯彻落实〈中共中央关于坚持完善中国共产党领导的多党合作和政治协商制度的意见〉的措施》，积极组织政协机关工作人员、全体委员和各界人士认真学习中共中央14号文件和全国统战会议精神，武装头脑，提高认识，努力把中央精神贯彻到实际工作中去。一是扩大了政协的组织机构，由原来的一个办公室增设为一个办公室及文化、提案、经济科技、祖国统一联谊、学习五个专门委员会，人员编制由原来的11人增加到25人。二是会同县委统战部对原有各乡、镇政协统战联络组进行了健全调整，在县直各系统和较大单位建立了政协统战联络组，制发了《关于开展基层政协统战活动的意见》，目前，全县共有政协统战联络组49个，共有成员311人。三是在建立健全政协统战联络组的基础上，积极开展了培训、走访、送情上门活动。去年八月，县政协、县委统战部联合对政协统战联络组成员进行了培训，主管此项工作的各乡镇党委书记和县直有关单位的党组书记也参加了培训，重点学习了14号文件、统战理论政策、政协的基本知识及联络组的性质、任务、活动方法、活动内容等知识，通过培训，各单位加强和完善了对联络组的领导，积极为联络组活动提供了活动场所、活动经费，为联络组活动创造了良好条件。去年十一月，县政协、县委统战部利用近一个月的时间，对全县49个联络组和全体政协委员进行了走访，通过走访，达到了送情上门、听取意见、安排工作的目的，一年来，各联络组在活动中共提出各种意见建议193条，为贯彻落实好中共中央14号文件精神，还积极配合市委统战部对张登镇党委和农业局党组等单位的政协统战基层工作进行了检查，并认真总结了经验，在市召开的经验交流会上进行了介绍。

为广泛深入宣传统战工作方针、政策、理论，提高认识，县政协会同县委统战部、宣传部、县广播电视局于去年十二月下旬，联合举办了清苑县“金山杯”政协统战理论知识竞赛。我县还按市政协的要求，完成了清苑县政协统战工作成果展，得到市、县领导的好评与表彰。

一年来，通过对中央文件精神的学习、宣传和贯彻落实，政协工作不断深入，得到县委、县政府的重视和社会各方面的理解、支持。

**二、发挥政协职能，搞好协商监督**

一年来，县政协紧紧围绕县委、政府工作中心，充分发挥政协职能，积极开展了协商监督活动。三届一次会议期间，全体委员就县政府的工作报告、财政预决算的报告和国民经济发展计划的报告进行了认真协商讨论，提出了建设性意见和建议30余条，同时，继续坚持了政协主席列席县委常委会、人大常委会、县长办公会制度，较好地参与了我县大政方针的协商与监督工作。

为协助县委贯彻落实好《中共中央关于加强党和群众联系的决定》，县政协及时组织委员认真进行了学习，并组织部分委员就当前影响和障碍党群关系的问题进行了座谈，争取意见，向县委提出了“改善党群关系，要为群众办实事”的建议，为县委五届五次全委扩大会议制定的《加强党同人民群众联系的几项规定》提供了重要依据，为协助县委落实好这一规定。去年九月，我们组织部分政协委员，对在县城要办的四件实事（即：解决入学难、买煤难、吃水难、行路难）的落实情况进行了视察，提出了有分量的意见和建议，得到了有关单位的重视和采纳，促进了几件实事的落实。

围绕经济建设，搞好调查研究。去年五月，县政协邀请有关同志，配合市政协农业专家视察小组，对我县小麦长势、棉花种植和中低产田改造情况进行了视察，提出了建议，对夺取小麦丰收，搞好棉花管理起到了积极作用。去年八月，我们组织农业、科技界的委员对我县玉米、棉花丰收竞赛活动视察之后，提出了认真解决的“丰收在望，管理到头”思想的建议，县政府立即采取措施，通过召开电话会予以贯彻，为我县“粮增亿、棉增百”做出了贡献。为振兴清苑经济、大力发展县办工业和乡镇企业，去年十二月，县政协会同县人大组织有关政协委员、人大代表及各界人士300多人，对我县的县办工业，乡镇企业进行了全面的大型考察活动，针对我县工业企业目前面临的严峻形势提出了意见建议，并为县委、县政府采纳。

为协助县委、县政府抓好我县教育事业，县教育动员大会以后，县政协及时印发了《关于贯彻落实全县动员大会精神的意见》，发动委员及各界人士，认真贯彻会议精神，牢固树立百年大计、教育为本的思想，推动广大知识分子、各界人士积极为发展我县教育事业服务，为全县教育大会精神的进一步贯彻发挥了积极作用。

**三、提案工作有了新的发展**

委员提案是人民政协发挥职能作用的一个重要方面，是尊重人民民主权利的具体表现。

三届一次会议以来，共收到委员提案84件，目前已全部办理完毕。同往年相比，这次的提案办理工作有了新的提高：（1）对委员提案，领导亲自阅审，分门别类报送县委、县政府的领导批示后再开交办会，增强了承办单位的重视程度。（2）提案办理过程中追踪落实。（3）办理结果和提案人见面并签署意见，达到了领导、承办单位、提案人三满意。办案速度和质量大大提高。

**四、积极协助和参与我县综合治理，推进精神文明建设**

去年，我们积极协同文化教育部门，对文化市场进行了综合治理，积极开展了扫黄工作和形式多样的宣传教育活动。先后邀请北京儿童话剧团等文艺团体来我县演出了《学雷锋、学赖宁专场文艺晚会》、《焦裕禄》等，举办了“五·四”青年赛诗会，受教育者达3000多人，收到了良好的社会效果。

文史资料工作也有了新的进展。积极组织有关人士进行文史资料的征集、整理工作，一年来共征集文史资料十期十五篇，约九万多字，其中2篇被市选用，一篇被省选用。

**五、继续开展了统一联谊工作**

我们按照党和国家“和平统一祖国、一国两制”的大政方针，积极开展了祖国统一联谊工作，增加了友好往来，去年共接待来自七个国家和地区的海外侨胞十四起52人次，其中台胞28人，接待中，逐步由单纯服务型转为工作型，并取得一定成绩。旅美侨胞徐振英捐资15万元人民币为家乡营建教学楼，并准备投资办企业，表达了爱乡爱国之情。

回顾一年的工作，虽取得一定成绩，但仍有一定不足，主要是协商监督的深度和广度不够，联络组活动不够全面均衡，全方位发挥委员作用及有关单位对口协商还有差距。所有这些，都需在今后的工作中加以研究改进。

## （二）今后工作的意见

一九九一年，是深入学习贯彻党的十三届七中全会精神，落实十年规划、“八五”计划的头一年。在新的一年里，政协要在县委的领导下，认真贯彻中共清苑县委六届二次全会精神，紧紧围绕县委关于“立足清苑、外引外联、稳农兴工、富民强县”的经济发展战略，充分发挥“政治协商，民主监督”的职能，积极组织政协委员和各界人士参政议政，并努力协助县委、县政府搞好各项中心工作，为清苑的稳定与发展做出积极贡献。

**一、认真学习党的十三届七中全会精神**

党的十三届七中全会通过的《中共中央关于制定国民经济和社会发展十年规划》和“八五计划”的建议认真总结了八十年代的实践经验。实事求是地提出了今后十年和第八个五年计划时期我国国民经济和社会发展的基本任务、方针政策，是指导我们把建设有中国特色的社会主义事业推向前进的纲领性文件。它直接关系着我国的经济振兴和社会的进步，关系着社会主义制度的盛衰兴亡和中华民族的前途命运。为此，在新的一年里，我们一定要把学习贯彻十三届七中全会精神作为头等大事抓紧抓好，认真学习，深刻领会，提高认识，增强责任感和紧迫感，鼓舞干劲，从政协的实际出发，研究总结工作，明确方向，坚定信心，紧紧围绕县委、县政府的经济发展战略，积极参与经济大合唱。同时，要继续深入贯彻落实中央（1989）14号文件，全国和省市统战工作会议精神，完善协商监督制度，使委员和各界人士对我县的政治、经济、社会生活中重大问题的决策，能够及时的了解，积极参政议政，为清苑的稳定与发展做出积极贡献。

**二、围绕县委、县政府的工作重心，积极开展调查、视察、考察活动**

今年是实施十年规划，“八五”计划的头一年，县政协要积极组织发动全体政协委员和各界人士，以振兴清苑经济，落实“富民强县”发展战略为重点，围绕党的中心工作和群众迫切要求解决的重大问题，开展深入的调查研究，在一个时期内，力求抓住一两个关系全局的重要意义的问题，下大力调查研究，写出有分量的调查报告，为县委研究决策提供依据。一年内，县政协要组织有关委员，搞三至五项重点调查。各政协统战联络组要根据本系统本单位、本地区的特点，搞一至两项调查，政协各专门委员会至少搞一项专题调查研究。根据县委、县政府工作进展情况，今年内，政协还要有计划，有重点的组织委员进行几次考察活动，以便使委员的意见、建议更切合实际，不断提高监督质量。

此外，县政协还要继续配合市政协，农大搞好唐河故道开发改造，中低产区改造示范及唐河截流的论证等工作。

**三、进一步加强政协统战联络组的工作**

政协统战联络组，是县政协的一级基层组织，联络组活动状况如何，直接关系着政协工作的开展。为把政协统战联络组工作做好，今年着重抓好三点：一是根据县委意见，配备好各乡镇专职联络组长。二是积极开展政协统战联络组活动，要坚持月末活动一次的制度，各政协统战联络组要根据本系统、本单位、本地区实际情况，做出安排，坚持下去。三是在全面开展活动的基础上，抓好典型，总结经验，指导全面，真正发挥其基层组织的独立作战能力，逐步把统战政协联络组工作纳入制度化、经常化的轨道。

**四、搞好对口协商，发挥政协及各专门委员会的职能和委员参政议政的作用**

几年来，我们在加强与政府所属部门的对口协商工作比较薄弱，为此，县政协要把加强各专门委员会与各职能部门的对口协商，作为今年的工作重点之一，努力探讨联系的形式和方法，研究制定好对口协商规定，发挥其对对口协商的职能作用，各专门委员会在工作中，认真总结经验，结合工作实际，探讨出一条能够真正发挥自身作用的路子，各分管主席要切实加强对分管委员会的工作指导，充分发挥其作用。

**五、办好委员提案，不断提高提案质量**

今年，要认真组织委员学习《全国政协提案工作条例》，不断增强参政议政意识，紧紧围绕县委、县政府“富民强县”的经济发展战略和热点、难点问题，提出意见和建议，严格程序，使提案的提出、办理和反馈逐步制度化，同时，要选择重点提案，列为政协有关组、委的考察题目，进行考察论证，推动工作开展。

**六、搞好联谊工作**

进一步搞好对外和以对台为重点的海外联谊工作，充分发挥在台湾社会关系较多的委员的作用，采取灵活多样的方式开展联谊活动，加强重点联系户的工作，继续开展“五个一”活动，为繁荣清苑经济牵线搭桥，把“三引进”活动搞出实效来。

**七、搞好自身建设**

新时期统一战线的任务，对人民政协提出了更高的要求，政协必须进一步加强思想、组织和作风建设，不断提高政治、业务素质、提高参政议政的能力。从事政协工作的同志，要认真学习党的方针政策，学习统战理论政策，学习政协业务知识，树立与人民政协性质、地位、作用相适应的思想作风和工作作风，进一步增强民主意识、团结意识和善于同各界人士合作的意识，以改革精神，不断探索和总结新时期人民政协工作的新途径和新经验，把政协机关建设成务实、高效、廉洁、勤政的机关，使政协工作更加适应时代的要求，更加活跃、广泛、深入。

各位委员，十三届七中全会通过的国民经济发展十年规划和八五计划，是全国人民的共同事业，县委六届二次全会规定的各项任务和县委、县政府制定的一九九一年工作计划，是全县人民共同完成的光荣任务，我们要在十三届七中全会政精神的指引下，在建设有中国特色的社会主义旗帜下，在统一祖国振兴中华的爱国主义旗帜下，加强协商监督意识，积极参政议政，献策献计，为振兴清苑经济，搞好两个文明建设做出积极贡献。

## 【三届三次会议】

### 中国人民政治协商会议<br>清苑县第三届委员会常务委员会工作报告

李荣久

（1992年3月10日）

各位委员、同志们：

我受政协清苑县第三届常务委员会的委托。向大会报告工作，请予审议。

**一九九一年工作回顾**

政协清苑县第三届委员会。自三届二次会议以来，在县委的领导和县政府的支持下，团结和带动委员和各界人士，认真贯彻落实省、市委政协工作会议精神，紧紧围绕经济建设这个中心充分发挥爱国统一战线组织的优势。积极发挥协商监督职能作用，扎实有效地开展工作，为维护我县的安定团结，推动两个文明建设和社会民主政治建设做出了积极贡献。

**一、认真贯彻落实中央、省市会议精神，推动政协工作进一步开展**

党的十三届七中全会和省、市委召开的政协工作会议，对进一步加强和完善新时期的政协工作，具有重要的指导意义。能否贯彻好会议精神，直接影响着政协工作的开展。为此，我们突出抓了两个会。一是去年四月召开了政协三届二次全会；二是筹备了县委召开的政协工作会议。通过“两会”，突出解决了三方面的问题。

1. 提高了认识，增强了压力感。三届二次全会期间，深入学习贯彻了党的十三届七中全会精神，重点讨论了我县“八五”计划和十年规划，听取了县委领导讲话及政协工作报告。通过学习讨论，提高了三个方面的认识，一是对风云变幻的国际形势和人民政协面临的任务有了深刻认识，通过剖析西方资产阶级和平演变图谋，更加坚定了在共产党的领导下，走建设有中国特色的社会主义道路的信心和决心。二是清楚了我县的实际情况和面临的严峻的经济形势。增强了压力感。三是认识到作为人民政协和政协委员，必须同全县人民一道，为实现国民经济发展的宏伟目标，献计出力。

2. 进一步明确了以经济建设为中心的指导

思想，面对我县实际，积极投身献计献策于脱贫致富奔小康的经济建设中，是我县政协的重要任务和发挥人才优势的重要课题。一九九一年，县政协积极参与经济大合唱，围绕县委、县政府的工作中心，广泛开展工作，取得了明显成效。

3.进一步推动和加强了制度建设。一是县委政协工作会议期间，县委做出了《关于进一步加强政协工作的决定》，进一步完善了参政议政五项制度，即会议参与制度、通报情况制度、协商监督制度、办理委员提案和政协建议制度、听取意见制度，二是由于各项制度的落实，扩大了政协工作的范围，促进了政协工作向深层次、全方位方向发展。

此外，为更好地学习研究统战理论政策，指导政协工作。九月，会同县委统战部联合举办了清苑县政协统战理论研讨会。县直政协委员、政协统战联络组长及有关单位的负责同志共六十多人参加了会议。与会同志作了《论统一战线与党的建设的关系》《谈政协如何为经济建设服务》等十篇学术报告。这些报告内容充实，涉及面广，大家以马列主义基本原理为依据。紧紧围绕统战理论研究如何为党的中心工作服务的问题进行了学习探讨，为在新时期做好统战工作，提出了许多好的意见和建议，与会人员受到了一次对统战理论的再学习、再教育，大大推动了政协工作的开展。

**二、围绕县委、县政府的工作中心，找准自己的位置和着力点，积极开展协商监督活动，较好地发挥了整体功能作用**

1.发挥整体功能，积极参与我县十年规划和“八五”计划的制定。九一年的政府工作报告及我县十年规划和“八五”计划讨论稿，政协对此十分重视，及时组织了政协常委进行了专题讨论，提出了具体的修改意见，并以书面形式呈报县委县政府。为充分发挥政协的整体功能，三届二次全会期间，又组织全体政协委员参与协商了“一府两院”工作报告、财政预决算报告及我县“十年规划”和“八五计划”。全体委员以实事求是的态度，进行了深入地讨论。提出了许多重要的意见和建议，使决策更加科学和完善。

2.立足全局，广泛开展视察、调查等社会活动。一是对我县农业生产形势的调查，去年，我们会同市政协及有关单位的领导、专家，于五月、九月、十一月份分别对我县小麦、棉花、中低产田改造、农田水利建设及棉花收购等情况进行了调查和视察，并及时写出调查报告给县委、县政府。为挖掘农业生产潜力，促进我县农业丰收做出了贡献。二是对乡镇企业、县办工业进行调查，为促进我县工业企业的发展，改善我县经济的严峻形势，我们按照县委的统一部署，组织政协委员及有关单位的负责同志，对我县乡镇企业、县办工业发展状况及各职能部门为发展工业企业服务的情况进行了调查。为县委、县政府发展乡镇企业、县办工业和政府主要职能部门更好地为发展经济服务制定政策，进行决策提供了重要依据。三是积极参与我县重大措施的制定。为摆脱我县面临的经济困境，政协积极配合县委、县政府到外地参观考察，参与了我县重大经济发展战略的研究制定工作。四是开展广泛的法律咨询服务活动，去年四月、十一月，我们会同市政协法制委员会、县司法局、人武部、计生委、民政局、土地局等部门，利用集日、庙会的机会，广泛开展了法律咨询服务活动，共接待群众750多人，发放宣传材料1563份，播放录音5盘，发放避孕药30瓶，受教育面达15000多人，收到了良好的社会效益。

3.搞好祖国统一联谊，为经济建设服务，一年来，会同县委统战部、侨办对台办，在继续做好接待工作的基础上，把重点转移到经贸工作上。通过穿针引线，铺路搭桥，办起一个厂，扶植一个企业，引进一个项目，引进台资175万元人民币。其中，海藻酸钠生产项目，填补了我县、我省的空白。

4.文史资料工作有了进一步发展。一年来，共撰写文史稿件26篇，14万多字。《清苑县文史资料》第二辑已经交付印刷，此外，我们还参加了全省文史资料的评选活动，《清苑县文史资料》第一辑荣获优秀奖。《一个黄埔生的曲折经历》被评为优秀文章。《清苑县1963年洪水灾害实录》《我的学徒生活》被《河北省文史资料》一、三期选用。

**三、认真办理委员提案，注重提案的实效性**

政协三届二次全会以来，共收到委员提案102件，经审查立案85件，涉及27个单位。为了保证提案的落实，真正发挥提案的实效，我们在去年5月同政府、人大一起召开提案交办会后，狠抓了提案的追踪落实工作。收到了良好的经济效益和社会效益。如：“关于电价高及停送电不正常”一案，电力局长亲自办理，在深入基层调查研究之后，每年节支电费650万元。目前，已有12个乡镇的电价由原来的0.5—1.0元降到0.35元，仅此一项，就为农民节约开支80万元，受到了广大群众的好评。

去年七月，省政协在唐山召开的北片提案工作座谈会上，我县介绍了经验。九月，省政协领导在对我县提案工作检查后，又充分肯定了我县提案工作的成绩和经验。

为充分发挥提案的作用，一九九一年第四季度，积极开展了评选优秀提案和承办提案先进单位活动。经上下结合，综合平衡，共评选出十名优秀提案人和八个先进承办提案单位，予以表彰。

**四、不断完善协商监督制度，为参政议政创造条件**

1.贯彻《中共清苑县委关于进一步加强政协工作的决定》，完善各种规章制度。一年来，我们在工作中注意把县委《决定》落到实处，严格执行列席会议制度、联席会议制度、协商监督制度，逐步实现政治协商、民主监督制度的经常化、制度化、规范化。

2.进一步完善对口协商制度，根据中共清苑县委关于认真贯彻中央14号文件，进一步加强政治协商、民主监督的通知和政协清苑县委员会《关于建立政协各专门委员会与县直各有关部门对口协商制度的意见》，政协四个专门委员会先后两次召开了对口协商联席会，50多个单位及县直政协统战联络组参加了会议，进一步完善了对口协商制度，为政协工作向深层次发展打下了基础。

3.建立委员知情制度。去年，我们除通过不同会议邀请政府及有关部门通报情况外，还充分利用简讯的形式，先后就《全县计划生育工作进度》《农业生产情况》《财政收支状况》《国营企业效益完成情况》《社教工作》等进行了通报，为委员知情提供了良好的服务，为委员出力创造了条件。

**五、适应新形势需要，不断加强机关自身建设**

由于任务重，人员少，加强自身建设就更为重要。一年来，在机关自身建设工作中，突出抓了两方面的工作：一是学习，二是务实，在继续完善机构建设的同时，把学习放在了突出位置。去年上半年，重点学习了党的十三届七中全会文件。下半年学习了江泽民总书记“七一”讲话和省市委政协工作会议文件及党的十三届八中全会精神，并联系实际选学了毛泽东的有关著作，积极组织全体工作人员参加全国政协主办的统战理论知识竞赛等，通过学习和活动，进一步提高了对政协在新时期地位、作用的认识，坚定了做好政协工作的信心和决心。

深入基层，转变作风，加强机关与委员联系。坚持“走访委员送情上门”制度。去年12月，政协领导及机关工作人员，还利用一个月的时间，全面走访了委员，通报了情况，听取了意见。

回顾一年的工作，县政协在县委的领导下，步子是坚定的，工作是有成效的，但仍有一定不足，主要是协商监督的深度和广度不够，调查研究“少而精，少而高”的程度不够，联络组活动不够活跃等，所有这些，都需要在今后工作中加以研究和改进。

### 一九九二年主要工作设想

一九九二年，是我国十年规划，“八五”计划的第二年，在坚持党的基本路线前提下，进一步解放思想，扩大改革开放是摆在我们面前的主要任务。今年县政协工作的指导思想是：以中央十三届八中全会精神为指针，高举社会主义和爱国主义两面旗帜，深入贯彻县委六届三次会议精神，紧紧围绕县委、县政府的工作中心，积极参政议政，为我县经济建设、民主与法制建设和促进祖国统一服务，努力开创政协工作新局面。

**一、加强学习，深入贯彻中共中央十三届八中全会精神**

党的十三届八中全会通过的《中共中央关于进一步加强农业和农村工作的决定》，总结了八十年代农村改革和发展的巨大成就和基本经验，分析了当前农村面临的形势，提出了深化农村改革和农村发展的方向和任务，是动员全党和全国人民，努力实现“八五”计划和十年规划的纲领性文件。县委召开的六届三次全会所制定的经济发展战略和一九九二年各项工作任务，是贯彻党的八中全会精神的具体体现，为此，在新的一年里，我们一定要把学习宣传贯彻八中全会《决定》和县委六届三次会议精神作为首要任务抓紧抓好，要充分发挥自己的优势和特点。紧密联系我县实际，积极开展工作，为开创我县农业和农村工作新局面做出贡献。

**二、围绕县委、县政府的工作中心，充分发挥政协的优势，积极参政议政**

一九九二年，是我县经济摆脱困境的关键一年，为此，政协要积极为我县经济建设服务，围绕我县经济发展，开展广泛的调查视察活动。主要包括：

1. 邀请财政局、税务局通报扶植企业的计划、安排及落实情况，今年，县政府要求财政局要扶植利税20万元以上的企业五个，每个财政所和税务所要重点扶植一个产值10万元以上的乡镇企业，为促进这一计划的落实，政协要组织委员听取有关单位通报扶植企业的计划安排和落实情况，提出意见和建议。

2. 围绕县办工业中化肥厂“一、二”网络改造、工具厂回火窑扩建。二轻机械厂塑料折合门投产、童装厂扩建等几个项目的完成情况，开展调查视察。

3. 对县办工业的企业内部管理情况进行一

次调研，发现问题，提出建议，促进县办工业深化改革，强化管理，转换机制，焕发企业内部活力。

4. 结合乡镇和乡镇企业两个升级竞赛活动，开展一次调查视察活动。

5. 对农业综合开发情况进行一次视察，视察重点是中低产田改造和农业开发区建设情况。

6. 做好台侨眷属工作，为发展清苑经济服务。

7. 对社教工作开展情况进行一次视察，促进农村工作开展。

此外，县政协还要继续配合市政协开展好有关我县情况的调查视察活动。

**三、继续做好委员提案工作**

认真贯彻落实省提案工作会议精神，坚持“少而精，少而高”的原则，狠抓提案质量，注重提案效益。并根据我县情况，增加建议案的数量和质量。充分发挥集体参政议政的作用，同时，积极开展评选优秀提案和承办提案先进集体的活动。

**四、做好文史资料征集工作**

今年上半年要完成《清苑县文史资料》第二辑的出版发行工作。同时，继续挖掘整理我县文化遗产，争取文史工作中新的进展。

此外，要积极协助县委、县政府进行教育、卫生事业的建设、协助文化、宣传部门，进行广泛的爱国主义、社会主义和共产主义思想教育活动，促进我县精神文明建设。

**五、完善对口协商制度，拓宽参政议政领域**

今年，要进一步完善对口协商制度，加强同人大、政府及有关部门的联系，使对口协商制度化、经常化。要在围绕经济建设参政议政的同时，积极围绕公安、司法、民主法制建设、社会综合治理等，搞好协商监督。各专门委员会要加强局级对口协商，逐步拓宽参政议政领域，努力使协商监督向深层次延伸。

**六、根据政协章程，县政协将于明年进换届，我们要认真做好换届的各项准备工作。**

**七、加强自身建设**

新的形势，对政协工作提出了更高的要求，政协必须进一步加强思想、组织和作风建设，不断提高政治、业务素质，提高参政议政能力。在新的一年里，我们要下大力加强自身建设。一是加强学习，要认真学习马列主义、毛泽东思想，学习党的各项方针政策，统一思想，提高认识，坚持党的领导，坚持社会主义，不断增强抵制资产阶级自由化和抵御和平演变的自觉性。二是继续完善机关规章制度，不断理顺内部关系，充分发挥政协整体功能。三是改变作风，深入基层，调查研究，及时掌握委员和基层工作情况。四是加强对联络组的指导工作，活跃基层政协工作，五是加强与兄弟县区的联谊活动，学好用好外地经验。努力把政协机关建成廉洁、勤政、高效的机关，使政协工作更加适应新形势的要求，更加活跃、广泛、深入。

各位委员、同志们：最近，中央领导同志就加大改革开放步伐提出了要求，又是我县实施“八五”计划和十年规划的第二年，摆在我们面前的任务艰巨而又繁重，我们一定要在县委的领导下，在新的一年里，牢牢抓住经济建设这个中心，解放思想，放开胆量，奋发进取，开拓前进，为巩固和发展安定团结的政治局面，为使我县经济的早日腾飞，为实现国民经济和社会发展的第二步战略目标，促进祖国和平统一做出新的贡献，以优异成绩迎接中国共产党第十四届代表大会的召开！

## 【四届一次会议】

### 以党的“十四大”精神为指针
### 充分发挥人民政协的基本职能
### 为加快清苑的发展做出新贡献

李荣久

(1993年1月3日)

各位委员：

我受政协清苑县第三届委员会常务委员会的委托，向大会做工作报告，请予审议。

### 三年来主要工作回顾

县政协三届一次会议以来，在县委的领导下，认真贯彻执行党的路线、方针和政策，坚持党的“长期共存，互相监督”“肝胆相照，荣辱与共”的方针，高举社会主义和爱国主义的两面旗帜，紧紧围绕经济建设这个中心，认真履行“政治协商、民主监督”职能，积极组织委员为改革开放和两个文明建设服务，为和平统一祖国服务。

**一、认真学习，深刻领会中央各项指示精神，牢固树立中心意识，增强为经济建设服务的观念**

为了提高全体委员的思想政治水平，增强参政议政能力，深刻领会上级指示精神，县政协积极组织全体委员对中共中央（1989）14号文件、全国统战工作会议精神、邓小平同志南巡谈话和江泽民同志在中央党校的重要讲话等，都进行了认真学习。党的十四大以后，又及时组织委员进行学习。学习中紧紧抓住强化中心意识不放，把服从、服务于经济建设放在政协工作的首位。为了提高委员和机关工作人员为经济建设服务的自觉性，广泛开展了生产力理论的学习和以经济建设为中心的大讨论。尤其是通过对党的“十四大”文件和邓小平同志南巡谈话的学习，广大委员解决了长期以来的模糊认识，从僵化、陈旧的思想束缚中解放出来，进一步增强了改革开放意识，建立市场经济意识和服务于经济建设这个中心的意识。三年来，县政协在工作中，较好地坚持了协商议事抓住中心，开展活动围绕中心，献计出力突出中心。

**二、加强理论研究，广泛宣传统战工作方针、政策，提高社会各界对政协统战工作的认识，把握政协工作的主动性**

为使政协工作更好地适应新时期的需要，加强了对政协统战理论的学习和研讨工作。一九九一年九月会同县委统战部组织召开了“清苑县统战政协理论研讨会”，县直三十多个单位参加，十六人分别就《统一战线与党的建设》《基层统战工作特点》《新时期统战工作特点》等问题，阐述了自己的观点，从理论上说明了做好新时期政协工作的必要性和重要性。其中五篇论文参加了保定市政协理论研讨会，两篇论文分获二、三等奖。几年来，共写出理论研讨文章11篇，大大提高了全体委员做好政协工作的自觉性。我们还通过县电台、电视、报刊、会议、党校开设统战理论课等，进行了大量宣传工作。一九九〇年与县委统战部、宣传部、县广播电视局联合举办了清苑县“金山杯”政协统战知识竞赛。一九九一年初，参加了由市委举办的“政协统战工作十年成果展”。这对提高社会各界对政协工作的认识，增强委员的荣誉感和责任感，都起到了良好的作用。

**三、紧紧围绕县委经济工作中心，认真履行**

**“协商监督”职能，为振兴清苑、发展清苑做贡献**

1.就我县重大问题进行协商讨论，为县委决策提供依据。

县政协较好地坚持各项例会制度和列席县委常委会、人大常委会、县长办公会制度，参与全县大政方针和重大问题的协商监督工作。一九九〇年在调查研究的基础上，政协常委会向县委提出的“改善党群关系，为群众办实事”的意见，为县委制定《加强党同人民群众联系的几项决定》提供了重要依据。为发展我县乡镇企业，一九九一年，政协提出了工商和企业管理部门要变过去的“你找我办、我为你办”的建议，对我县乡镇企业的发展发挥了积极作用。我县十年规划和“八五”计划的制定，政协积极组织政协常委专题讨论，提建议，使县委决策更加科学和完善。

2.围绕发展清苑经济，广泛开展视察、调查活动。

为了提出有分量的意见和建议，就必须经常深入基层，深入实际了解和掌握一手材料。几年来，政协常委会就农业、工业、财政、金融、文教卫生、环境保护、社会治安、社教等方面积极组织委员广泛地开展了调查、视察活动，写出调查报告十五篇，提出建议八十多条，为县委和政府贯彻中央关于进一步加强农业的决定，确定“稳农兴工、科技兴县”的发展战略和做好各项工作提供了重要依据。

在农业生产方面，县政协适时邀请有关专家，组织有关政协委员对小麦、棉花、玉米的种植、管理、中低产田改造、农田水利建设和“小麦、玉米丰收竞赛”活动等，进行了反复多次的视察考察，提出意见和建议，为我县农业跃上新台阶做出了贡献。

为了促进我县工业企业的腾飞，改善我县经济面临的严峻形势，县政协先后两次分别会同县人大和保定市有关专家，组织委员代表三百多人，进行了视察活动。经过分析论证，找出症结，指出障碍工业和乡镇企业发展的主要问题，提出了许多重要意见和建议，为县委、政府发展乡镇企业和县办工业制定政策，召开发展乡镇企业和县办工业两个动员大会，解决好政府职能部门为经济建设服务问题，促进我县企业发展起到了重要作用。

3.围绕经济建设，做好提案工作。

委员提案是政协行使协商监督权利的重要方式，也是为经济建设服务的重要途径。为做好提案工作，县政协积极组织委员学习全国及省提案工作会议精神，学习提案工作条例和提案实施细则，提高大家对提案工作的认识，增强责任感。我们还印发大量有关资料，引导广大委员紧紧围绕经济建设这个中心，提出意见和建议，不断提高提案的质量。政协三届期间，共收到委员提案209件，其中以经济建设为内容的占60%以上，采纳率和效率大大提高。路志民委员针对一些科技人员学非所用等现象，提出的“县级领导包片、科技人员包厂”的提案被采用。对调动科技人员为经济建设服务的积极性，促进我县工业企业的发展做出了贡献。我县提案工作和政协工作曾先后在省市政协召开的提案工作经验交流会上和市召开的政协工作交流会上介绍了经验。

**四、积极组织和发动委员，为我县两个文明建设献计出力**

政协是人才荟萃的综合智力库，蕴藏着巨大的智能潜力。为了充分发挥委员的聪明才智，极大地调动委员的积极性，我们利用不同形式，为委员献计出力创造条件，取得了较好的效果。

一是注意让委员及各界人士知情。知情是献计出力的前提，只有知情才能出力。在工作中，我们对县委、政府在经济方面的重大举措，县政府的工作总结和安排，通过召开常委会、委员座谈会通报情况；召开意见听取会，邀请县委、政府的领导和有关职能部门的负责同志通报情况，听取意见。三届二次全委会上，我们组织召开了有县政府主要领导及有关九个单位的主要负责同志参加的意见听取会。与会委员就群众普遍关心的难点、热点问题提出的意见、批评和建议，有关领导当场作答，广大委员十分满意；利用《政协简讯》印发有关资料，几年来共印发情况通报三十六份。这样广大委员及时了解我县的大政方针和各项工作进展情况，为更好地献计出力创造良好的条件。

二是注意调动委员及各界人士参与经济建设的积极性。为了贯彻落实县委有关开展经济大合唱的指示精神，我们及时向委员、各界人士及政协统战联络组发出积极投身我县经济大合唱活动的号召，积极开展了“五个一”活动。广大委员利用自身优势，积极开展技术咨询和技术服务。几年来，许多委员会同本单位举办技术培训、技术讲座三十多次，技术承包二十余项，利用集市、庙会进行咨询服务近百次。在献计出力活动中，涌现出许多先进人物和模范事迹。政协委员刘华山思想解放，有胆识，有魄力，坚持自力更生，勤俭办厂，自筹资金480万元，将建成一座生产国家标准A3型钢锭的大型氧气顶吹转炉钢厂。该厂预计年产18000吨，利税百万元，将成为我县的支柱企业；五尧乡李杰委员艰苦创业，勤奋工作，先后办起建筑材料、拔丝、酱菜、木器加工、农机修配、冷食等八个企业，拥有固定资产220万元，年创产值200多万，年创利税7万多元，一九九〇年，他捐资13万元建起乡中教学楼一座，还为乡村办电、修路、活跃文化、体育活动捐款20余万元，他本人获省政府助教模范的光荣称号；马庄乡小东庄的杨木森委员，致富不忘乡亲，不忘国家，先后为乡、村修路，帮助贫困户捐款10万多元，为学校捐资18000多元，一九九一年又捐献面粉五千斤支援灾区。他曾多次被评为省市个体劳协十佳会员、市县劳动模范和双拥模范；常委李迎春经营啤酒厂，精心管理，艰苦创业，今年上交利税110万元；常委李树国为绿化祖国，积极改良培育优良树种，为全县和各地提供优种树苗8万株，并积极传授技术，帮助和指导专业户和单位培育树苗，为绿化祖国大地做出了积极贡献；政协常委吴树楷为发展农业，积极参加小麦、玉米丰收竞赛，培育良种，科学种田，玉米、小麦高产丰收，受到县的表彰和奖励，为我县大上农业做出努力；常委杨国永，在畜牧战线辛勤工作，为全县的畜禽防疫灭病做出了显著成绩；阳城镇的孙占义委员，利用资源优势，带领群众共同致富，办起了粉丝加工厂，现已有固定资产六十多万元，依法经营、照章纳税。他还捐献了价值3万多元的物资支援灾区，受到市、县政府的表彰。政协常委、人行行长张庆达为支持、搞活企业，四处奔走，先后筹措融通资金200多万元，救活了三个倒闭企业，支持一个新上企业。政协常委、古城工艺香厂厂长杨金庆刻苦钻研，忘我工作，在连续攻关的基础上，今年又与四川中医学院联合研制出无烟灸条，并完成了国家级新型无烟蚊香的研制项目，使企业年增利润30%，创利税60多万元，几年来，先后受到国家、省、市多种奖励和荣获多种光荣称号。

第三、注意培养发展商品经济的带头人。几年来，我们会同县委统战部注意做好发展经济拔尖人才的发现与培养教育工作。原来委员会委员中经济界人士较少，为了更进一步增强广大委员的市场观念和商品经济意识，三届二次会议又将二十多名厂长、公司经理吸收到政协组织中来。三届委员会中经济界委员达到56人。这样不仅为其进一步施展自己的才能提供了又一广阔天地，也对带动和影响广大委员和各界人士积极投身改革浪潮起到了良好作用。

此外，为了帮助委员发财致富，发展我县经济，政协还为委员跑资金、跑项目，排忧解难，进行了大量工作。

**五、努力做好祖统联谊工作，为发展我县经济积极牵线搭桥**

我县共有“三胞”眷属一千五百多户。我们充分发挥这一优势，为发展外向型经济牵线搭桥做出了许多努力。一是与三胞眷属广交朋友。会同县委统战部对所有“三胞”的各自政治倾向、经济实力、学术造诣、社会地位以及与大陆亲友的关系逐一掌握清楚，确定其中一百一十户为重点联系户，推心置腹，谈心交友，为他们排忧解难，鼓励他们牵线搭桥。二是利用每年的元旦、春节传统节日，举办茶话会，介绍改革开放的大好形势、党的经济政策、海峡两岸交流情况、我县投资环境、优惠政策等有关情况资料，启发大家做好海外亲友工作，争取亲友在家乡投资办企业，为繁荣清苑经济奉献赤子之心。三是做好对“三胞”的接待工作，以情促联，广交朋友，激发海外侨胞赤子之心、报国之志。侨眷崔立石曾几次邀请其在美国的哥哥回家乡考察投资项目。我县农贸市场第三期工程筹建开始，我们及时把信息传达给崔立石委员。他连夜打电话给在美国的哥哥崔立柱。三天后其兄从美国归来，决定在市场三期工程中投资二十万元，兴建一座酒店。旅美华侨徐振英先生，曾多次率儿子回乡探亲，政协同党政领导每次都予以热情接待。通过交往，他们父子亲身感受到了故乡的真诚与温暖，决心为家乡建设出力。近期投资一百五十万元在我县搞经济建设。三年中，我们先后接待探亲“三胞”达百余人次，对“三胞”支援家乡建设起到了很大的促进作用。

**六、文史资料征集工作取得可喜成果**

征集整理文史资料是一项惠及子孙后代的重要工作。三届期间，我们坚持实事求是原则，以抢救的精神，在印刷出版《清苑文史资料》第一辑的基础上，又整理文史资料27篇，35万多字，出版了《清苑文史资料》第二辑。由于两集文字翔实，价值比较珍贵，作用重大，又对两辑文史资料予以再版。

各位委员，几年来，县政协三届委员会在县委的正确领导下，在全体委员的一致努力下，步子是坚实的，工作是有成效的。但仍存在一定的不足，主要是基本职能作用仍需进一步发挥； 民主监督领域应进一步拓宽，调查研究“少而精、少而高”的程度不够；联络组活动不够活跃等。这些问题，有待于在今后的工作中加以解决。

## 对政协工作的几点建议

我们现在正处在一个新的历史时期，中共“十四大”已经召开，对把建设有中国特色社会主义伟大事业继续推向前进做了战略部署。江泽民同志在“十四大”报告中明确提出了九十年代改革和建设的主要任务。为了贯彻落实“十四大”精神，我县召开了党的七届一次会议，研究确定了我县今后五年的奋斗目标和战略措施。为认真贯彻落实党的十四大精神和中共清苑县委七届一次全会精神，县政协要以党的十四大精神为指针，紧紧围绕县委工作中心，充分发挥政协的协商、监督职能，为清苑的两个文明建设做出新贡献。为此，我代表清苑县政协三届常委会对今后政协工作提出以下六点建议。

**一、认真学习和贯彻中共“十四大”和县委七届一次会议精神，进一步解放思想，提高为发展市场经济服务的自觉性**

人民政协历来有学习的优良传统，为适应改革开放，发展市场经济的新形势，要认真学习邓小平同志关于社会主义市场经济理论，学习中共“十四大”和县委七届一次会议精神，提高认识，解放思想，进一步澄清长期以来的模糊认识，消除僵化陈旧的思想束缚，建立新的思维方式，进一步增强改革开放意识，提高执行党的路线、方针和政策的自觉性，为贯彻落实党的“十四大”精神和中共清苑县委七届一次全会确定的各项任务做出贡献。

**二、围绕县委工作中心，充分发挥协商监督职能作用**

江泽民在中共十四大报告中明确提出要“完善共产党领导的多党合作与政治协商制度，巩固和发展新时期的爱国统一战线，充分发挥人民政协在政治协商和民主监督中的作用。”要充分发挥人民政协“政治协商、民主监督”的基本职能，进一步完善协商监督制度，就本县大政方针，改革开放和发展商品经济中心重大问题和广大群众普遍关心的问题，积极参政议政，认真搞好调查、视察，积极开展咨询服务活动，不断提高协商监督质量。真正做到协商于决策之前，监督于落实之中，把握政协工作的主动性，使协商监督工作经常化、制度化、规范化。

**三、发挥人才优势，为两个文明建设献计出力**

四届委员当中，不乏有识之士和有一技之长的能人，广大委员要充分发挥自己的优势，为两个文明建设服务。一是县政协要积极创造条件，为各条战线委员一展才华提供有效的服务，通过登门走访，召开座谈会，经验交流会等形式，及时总结成绩，推广经验。广大委员要以改革进取精神和饱满的政治热情，积极投身于社会主义市场经济建设，加快发展清苑。二是广大委员要充分发挥主观能动作用。各位委员要紧密结合自己的本职工作，搞好调查研究，尤其要抓住发展商品经济中关系全局的问题，提出意见和建议。科技战线的委员，要充分发挥科技的先导作用，利用自己的知识与技术，认真开展咨询服务活动，不断充实服务内容，增强服务深度，活跃服务形式。农业战线的委员，要在积极搞好粮食生产的同时，大力发展商品生产，使自己成为勤劳致富的带头人，并在自己富裕的同时，带动群众共同富裕。文化教育战线的委员，要立足本职，用社会主义思想影响和教育下一代，要把培养“四有”新人和提高人民素质作为工作的立足点和着眼点。

**四、认真做好政协提案工作**

提案工作是政协工作的重要组成部分，是体现政治协商、民主监督职能和充分发扬社会主义民主的一条重要渠道，也是委员为两个文明建设献计出力的重要手段。因此，我们要继续贯彻落实政协提案工作条例和提案实施细则，坚持“少而精、少而高”的原则，在提高提案质量，提高办案质量上下功夫。广大委员要充分认识提案工作的重要性，深入调查研究，掌握一手材料，经过分析论证，提出高质量、高水平的提案。适时开好委员意见听取会，积极开展评选优秀提案活动。对提案办理要抓好追踪、落实和反馈，以提高提案的经济效益和社会效益，促进我县的两个文明建设。

**五、做好祖统联谊工作，为祖国和平统一做贡献**

完成祖国统一大业，是中华民族的根本利益所在，是全中国人民包括台湾同胞、港澳同胞和海外侨胞的共同愿望。我们要积极宣传党和国家“和平统一，一国两制”的方针，积极促进祖国统一，全体委员要广交朋友，积极做好海外亲朋回乡探亲的各项工作，为“四引进”牵线搭桥，为发展我县经济服务。

**六、抓好政协自身建设**

政协机关是政协组织的办事机构。在新的历史时期，政协工作任务更加繁重，加强机关自身建设尤为重要。因此，在提高委员整体素质的同时，要不断提高机关干部的政治素质，思想素质和业务素质，坚定政治方向、熟悉自己的工作，热爱自己的工作，要加强政协、统战理论的学习，充分认识党的统战政协工作的地位和作用，振奋精神，认真做好政协工作。要进一步健全各项制度，严格组织纪律，克己奉公，全心全意为人民服务。政协要带头贯彻落实，中央关于机构改革的指示精神，积极创办经济实体，为精简机构，分流人员做好准备。

各位委员，目前全国上下正在认真学习贯彻党的“十四大”精神，县委七届一次全会提出了今后五年的奋斗目标和措施。我们政协肩负的任务是艰巨而光荣的，让我们在党的“十四大”精神指导下，在县委的正确领导下，同心同德，群策群力，团结一致，开拓进取，为实现九十年代的各项任务和县委制定的奋斗目标而努力奋斗。

## 【四届二次会议】

## 中国人民政治协商会议清苑县第四届委员会常务委员会工作报告

张鹤亭

（1994年3月2日）

各位委员：

我受政协清苑县第四届委员会常务委员会的委托，向大会做工作报告，请审议。

### 一年来工作的回顾

1993年，是我县进一步深化改革、扩大开放的一年，经济快速发展的一年，也是政协工作继续取得新成绩的一年。在小平同志南巡重要谈话和十四大精神指引下，在县委的正确领导下，全县人民以建设经济强县为目标，解放思想，艰苦奋斗，政治、经济和社会各项事业都取得了长足进步。政协工作紧紧围绕经济建设这个中心，以民主团结为主题，认真履行协商监督职能，积极参政议政、献计出力。全体政协委员，在各条战线上，胸怀全局，立足本职，勤奋工作，为我县各项事业做出了突出的贡献，充分显示了人民政协在政治生活和经济建设中的重要作用。政协工作进一步开创了新局面。

——发扬政协优良传统，把学习放在首位，政治思想、认识水平有了新提高。

一年来，政协利用常委会、座谈会、机关学习日、印发学习资料等形式，组织委员和机关工作人员，对上级有关文件及领导重要讲话都进行了认真的学习。深入学习贯彻了全国、省、市政协全会和县委七届一次会议精神。《邓小平文选》第三卷出版后，县政协积极按照中央关于认真学习《邓小平文选》第三卷的决定精神和县委部署，及时召开主席会、常委会研究制定了学习制度，作出了《关于学习〈邓小平文选〉第三卷的决定》，要求全体委员和机关工作人员，认真研读原著，深刻领会精神实质，用邓小平有中国特色的社会主义理论武装自己的头脑，并发扬理论联系实际的学风，学以致用，真正把《邓小平文选》学深学透，在全体政协委员和机关人员中很快掀起了学习《邓小平文选》第三卷的热潮。中共十四届三中全会召开以后，大家围绕《关于建立社会主义市场经济体制若干问题的决定》精神，把学习进一步引向深入，使委员及机关干部对建立社会主义市场经济的重要性、必要性以及政协工作的总体目标有了更加深刻的认识。

在学习中，我们还对统战理论和政协知识进行了深入学习和广泛的研究探讨。去年十二月份，在纪念毛泽东诞辰100周年活动中，县政协会同县委统战部联合组织召开了“纪念毛泽东诞辰100周年统战理论研讨会”。统战系统和有关单位共写出20多篇论文，有11篇在会上进行了宣读，收到了很好的效果。

通过学习和理论研讨，大家的改革开放意识进一步增强，对建设有中国特色的社会主义理论和新形势下政协统战工作的地位、作用的认识有了进一步提高，从而为进一步搞好政协工作奠定了思想理论基础。

——围绕经济建设和社会重大问题抓重点热点，使政治协商，民主监督工作有了新发展。

一年来，我们不仅通过列席县委常委会、人大常委会、政府常务会等形式参政议政进行常规性的协商监督，而且在以下四个方面做了大量工作。

**一、围绕重大举措进行协商监督**

“3113”工程是我县发展的战略决策，是人们普遍关心的问题。对此，县政协多次组织委员、常委进行协商，提意见、出良谋。在第一、二次常委扩大会和第四次常委会议上，县委、县政府及部门负责同志，多次就“3113’工程建设情况向与会人员进行通报，征求意见。政协还组织常委及部分委员到开发区和综合市场工地进行视察，大家以认真负责的精神，提出了许多积极宝贵的意见和建议，受到县委、政府领导的好评。

反腐败斗争和党风廉政建设是当前政治生活中的一个重点，也是人们普遍关注的一个热点。为了协助党委把这项工作搞得扎实彻底更富有成效，县政协结合统战部协助县委，在10月下旬组织召开了“各界人士党风廉政建设座谈会”。会上县委主要领导就我县反腐倡廉的阶段性成果进行了通报，并就如何进一步搞好党风廉政建设征求了与会人员的意见。在座谈会上，与会委员尽职尽责，倾诉肺腑之言，对我县党风廉政建设提出了许多诚恳的意见和建议。这些意见和建议会后县委进行了转发，对我县反腐斗争和廉政建设起到了积极的推动作用。

**二、围绕发展我县经济，广泛深入地开展视察调查活动**

视察调查是委员参政议政的一个重要方式。去年，县政协多次组织有关委员，对我县农业、乡镇企业、文化教育、经济开发、市场建设等方面进行视察调查活动。在农业方面，先后视察了抗旱浇麦、植树造林，“两高一优”、庭院经济，羊庄开发区及百家洼开发区。委员们对我县农业发展和推广普及庭院经济向有关部门和当地乡镇提出了许多建设性的意见。在乡镇企业方面，组织部分政协委员对个体私营企业及小冶炼进行了多次视察活动，并分片召开座谈会，进行调查，深入了解情况。通过视察调查，委员们一致感到我县乡镇企业发展速度快，势头好。但也存在一些问题，有的企业项目缺乏科学论证，有一定的盲目性；有的企业由于管理不善影响了效益；有的上项目一哄而起，对市场缺乏全面了解等等。针对这些问题，委员们建议县政府及有关部门应做好宏观调控和市场信息等方面的工作，以引导乡镇企业健康发展；对重点企业则应大力扶持，以发挥龙头作用；对小冶炼要注意引导，寻找出路，以适应市场发展，减少不必要的损失。在视察中委员们还就人才、资金、管理等问题与乡镇企业进行了研究磋商，提出了建议。通过视察调查活动，发挥了政协的优势，对发展我县经济起到了有益的促进作用，同时为委员们知情出力、进言献计提供了良好的机会。

**三、走访联系委员，广泛搜集群众意见**

为了充分发挥政协民主渠道作用，广泛征求委员及广大群众意见。一年来，县政协组织部分常委及机关全体干部，对委员进行了多次走访活动。特别是十月中、下旬，在主席、副主席的带领下，走遍了全县39个乡镇，对农村的近百名政协委员进行了走访；对在县城的政协委员按照系统和界别，分别召开座谈会征求意见。在走访座谈中，全体委员以主人翁的姿态、积极负责的精神，参政议政，进言献计，对我县经济建设和人们关心的问题发表了许多诚恳且有见地的意见和建议。这次活动，共搜集整理8个方面的意见30多条，分别报送了县委、县政府。委员们参政议政的高度热情，受到领导的赞许。

**四、充分发挥委员提案的参政议政作用，搞好民主监督**

政协委员提案是发扬社会主义民主、汇集群众意见、实施民主监督的重要渠道，也是政协委员履行自身职责的重要形式。四届一次会议以来，共收到委员提案35件，经审查立案25件。对此，县委、县政府领导及有关部门非常重视。县政协同县政府及时召开交办会，按照提案办理程序顺利移交有关部门办理。在办理期间，提案委员会对提案办理情况及时跟踪、催办和检查，使委员提案件件有着落，事事有回音，截止12月底提案基本办理完毕。

——发挥整体功能，政协委员人人为振兴清苑建功立业，在两个文明建设中作出了新贡献。

在过去一年里，全体政协委员在各自的工作岗位上，勤勤恳恳，兢兢业业扎实工作，为我县的两个文明建设做出了新的贡献，尽到了政协委员的光荣职责，涌现出一批先进模范人物，充分发挥了政协的整体功能。王宗委员精明强干，不辞劳苦，“跑部进厅”，多方寻求支援，去年与山东招远金矿联合投资建起了我省少有的稀有金属冶炼厂，此厂已列为市重点企业，受到市领导的关注；李杰常委投资几百万元，办起了十来个企业。其中预制构件厂，由于求质量、讲信誉，几乎占据保定市整个建材市场。他所经营的企业一直效益很好，去年又有新的发展；李迎春常委，作为一个女同志，不怕困难，顽强进取，刻苦学习，精心管理。她经营的奥莱啤酒厂，历久不衰，获得了很好的经济效益，去年上缴税金150万元，成为我县头一个缴税大户，为我县做出了贡献；郭长顺常委是县童装厂厂长。他领导的这个企业，在县办工业中一直居于领先地位，效益年年增长，规模不断扩大，在国内外享有很高声誉。去年又和日本合资组建了保定市东苑服装有限公司，投资100多万元，更新设备，实行技术改造，并成为我县唯一使用微机自动化管理的企业。杨金庆常委经营的蚊香厂驰名中外，生产的产品一直畅销，获得了可佳的经济效益和社会效益。去年他的又一项无烟蚊香科研成果通过国家技术鉴定，技术水平又有新的提高。刘华山委员思想解放，有胆有识，艰苦创业，在原小冶炼厂的基础上，到处求援，多方集资，投资近1200万元建成一座年产2万吨的大型氧气顶吹转炉炼钢厂，正式投产后年可创利税800万元，现已进入试产阶段。于凤祥委员努力发展外向型经济。他经办的马尾纱厂目前产品在国外十分走俏，前景广阔。崔彩莲委员不畏艰辛，勇与沙荒作斗争，率领全家在承包的200亩沙荒地上，以辛勤的汗水，坚韧的毅力，换取了丰硕的果实。去年又向国家交售粮食2.5万公斤。她的事迹在《河北日报》上进行了表彰和报道。杨国永常委，是历经几届政协的老委员。他不但忠于职守，勤勤恳恳地做好本职工作，而且热心政协工作，积极参政议政，能够坚持原则，大胆提批评建议，为认真履行政协监督职能发挥了积极作用。广大政协委员为振兴我县经济，还表现出了无私的奉献精神，对我县及本地教育、优抚等公益事业给予了大力支援。特别是对拓宽保清公路，广大委员踊跃慷慨解囊，捐资助路，在社会上产生良好影响。个体私营企业界的委员捐款万元以上的有常委李杰、李迎春、杨金庆、杨木森，有委员刘华山、杨球尔、王宗、李树芝等。张永军委员为捐资修路，一次就拿出30000元，受到群众的赞誉。关于委员们的事迹还有很多，这里不再一一列举。

为了展示政协委员的先进事迹，弘扬政协委员的奉献精神，提高全社会对政协的认识，五月份，我们会同县委统战部、县电视台对部分政协委员的典型事迹进行了采访，编辑、制作了《政协委员风采录》电视系列片，七月份在县电视台连续进行了播放，收到了较好的社会效果。

——坚持为宣传清苑、发展清苑出发，文史工作和海外联谊工作取得了新进展。

文史资料的征集、整理是政协工作的一项重要任务。换届后，县政协即着手征集、整理《清苑文史资料》第三辑文稿，做了大量艰苦细致的工作。县委对该项工作非常重视，转发了县政协征集编辑《清苑文史资料》第三辑的报告，并成立了编委会，具体负责征集编辑工作。经过一年的努力，挖掘抢救了一批珍贵的文史资料，征集整理文稿数十篇，近十万余字。待进一步征集整理后，力争今年出版。在纪念毛泽东诞辰100周年之际，县政协文化委员会还会同县委宣传部、县文化局共同举办了“纪念毛泽东诞辰100周年书画展”，共展出作品百余幅，丰富了纪念毛泽东诞辰100周年活动内容。

海外联谊工作坚持服务于对外开放、发展经济的方针，积极开展联络接待和对外经贸活动。我们对来自海外和港澳台的60多名同胞及外籍华人进行了热情的接待。在接待中做到了文明、礼貌、热情、周到，同时注重向他们介绍清苑的良好投资环境和安定的政治环境，向他们了解海外各方面的信息，加强了联系，促进了友谊，促进了经济往来。为了将这项工作做得更好，去年我们成立了有海外侨胞参加的“海外联谊会”这一民间组织，有力地推动了海外联谊工作。去年以来，通过三胞眷属和有关部门牵线搭桥，引进项目20多个，合同利用外资7000多万美元。通过对外联谊，我县银侨经贸公司与俄方签订出口120吨水果罐头的合同，为我县五尧、赵庄几个罐头企业的产品打入国际市场，开拓了一条渠道。刘王力去台人员刘文学多次回乡探亲后，决心为家乡的繁荣做贡献，去年为家乡修路捐资20多万元。为了充分发挥台侨眷属在发展外向型经济中的特殊作用，我们还先后组织他们召开了两次座谈会，都收到了良好的效果。

——总结经验，开阔思路，完善制度，政协工作有了新改进。

去年政协换届后，政协机关和委员变动较大，许多委员对政协工作较为陌生。如何组织委员有条不紊地开展工作是一个需要解决的关键问题。通过总结上届政协工作和学习外地政协经验，对如何做好今后政协工作进行了研究探索。经主席会、常委会研究，进一步制定了政协工作的有关规定和制度，进一步完善、印发了《政治协商，民主监督实施细则》《政协委员提案实施细则》及《对口协商制度》等。为了加强政协机关与委员、委员与委员之间的联系，还建立了委员走访制度。同时，对政协机关的工作制度也进行了进一步的修订，并整顿了机关工作作风。这些制度的建立和完善，为政协、更好地开展工作，充分发挥职能作用，创造了有利的条件。

为了学习外地兄弟政协的经验，一年来，我们还采取“走出去，请进来”的方法，先后赴安国、蠡县及东北三省九市政协进行了考察学习，并邀请石家庄郊区政协、满城及保定市三区政协来我县传经送宝，介绍经验。通过学习借鉴外地经验，使我们开阔了眼界，增长了知识，促进了我县政协工作的开展。

回顾过去的一年，我县政协工作进一步取得了新成绩，有了新发展，充分显示了在新的历史时期政协工作的重要意义。但我们的工作还有差距，对历史赋予政协的工作任务完成得还不够好。主要反映在以下三个方面：一是对政协在新的历史时期的地位、作用和重大意义宣传得不够，社会对政协还缺乏全面的认识，因而在客观上影响了政协工作的开展；二是在改革开放、经济建设中，特别是在建立社会主义市场经济体制的转变中，对如何使政协工作更好地发挥作用，更好履行协商监督职能，探索研究不够；三是由于经济条件所限，影响了政协工作的开展，影响了与委员之间的联系，为委员服务工作做得还不够好；这些都有待于在今后的工作中努力和解决。

## 一九九四年工作任务

1994年政协工作总的指导思想是：以邓小平同志建设有中国特色的社会主义理论和党的基本路线为指导，深入贯彻落实中共十四届三中全会和中共清苑县委七届二次会议精神，围绕加快建立社会主义市场经济体制，以建设经济强县为目标，选准角度，发挥优势，履行职能，多办实事，为促进我县改革开放、经济发展、社会稳定做出新贡献。重点做好以下五方面的工作。

**一、进一步加强学习，用邓小平建设有中国特色的社会主义理论和中共十四届三中全会精神武装头脑，树立新观念，拓宽新思路，开创新局面**

加强自我教育，是人民政协一贯的优良传统，必须进一步发扬光大，把学习放在重要位置，切实抓紧抓好。1994年，是我国全面推进改革，经济高速发展的重要时期。面对这一新的形势，我们全体政协委员和全体机关干部，必须把中央的精神学习领会好，才能跟上时代的步伐，完成党赋予政协的工作任务。中共十四届三中全会是我国改革开放和社会主义现代化建设进程中一次重要会议。会议作出的《关于建立社会主义市场经济体制若干问题的决定》是对建国以来历史经验，特别是十五年改革开放经验的深刻总结，是我国建立社会主义市场经济体制的总体规划，是90年代经济体制改革的行动纲领。贯彻落实《决定》是全党、全国人民的中心任务，也是政协工作的中心任务。为了保证顺利完成建立社会主义市场经济体制的历史性任务，我们必须全面领会中共十四届三中全会精神，把《决定》努力学深学透，同时我们要努力学习社会主义市场经济知识和即将出台的各项改革的知识，以便为建立社会主义市场经济体制打下基础。我们必须用邓小平同志建设有中国特色社会主义理论武装头脑，把学习《邓小平文选》第三卷长期持久地坚持下去。这是我们建立社会主义市场经济体制的思想理论基础。我们要继续认真刻苦地研读原著，学习邓小平同志的立场、观点、方法和风格，提高我们认识世界、改造世界的能力和水平。我们要发扬理论联系实际的学风，不断总结经验，增强坚持党的基本路线一百年不动摇的自觉性。通过学习，牢固树立解放思想，实事求是的思想路线，促进各项改革措施顺利实施，为逐步建立起社会主义市场经济体制发挥政协应有的作用。

在学习中，我们要特别学好邓小平同志关于新时期统一战线、人民政协一系列重大问题的精辟论述，正确认识统一战线在建设有中国特色的社会主义事业中的特殊重要性，以进一步提高做好政协工作的自觉性，克服不正确的认识，摆脱陈旧思想的束缚，强化政协工作的市场意识、创新意识、团结民主意识，更加自觉地坚持和完善共产党领导的多党合作和政治协商制度，以新的工作思想和精神风貌开展政协工作，为建立社会主义市场经济体制献计出力。

**二、围绕建立社会主义市场经济体制和县委确定的奋斗目标，充分发挥政协职能**

实行政治协商、民主监督是政协的基本职能，也是政协的一项基本任务。这个问题搞好了，才能有效地推进民主政治建设，政协也才能发挥应有的作用。市场经济的确定，对政协的工作提出了更高的要求，县委确定的九四年奋斗目标，为政协的工作指明了方向。政协实施政治协商，民主监督，必须围绕贯彻落实中共十四届三中全会和县委七届二次全会精神，有效地推动改革开放、发展经济和社会稳定，政协的工作才能真正到位，才能发挥应有的作用。在新的一年里，要求全体政协委员要树立强烈的参政议政意识，在发挥政协职能上有新的突破，收到积极的效果。

政协参政议政、进行协商监督，要根据自身特点，选好角度、找准位置，做到协商而不决策，监督而不指挥，尽职而不越位。在这方面我县政协创造了许多有效的形式，积累了一定的经验，并形成了一系列制度。在新的一年里，我们要进一步总结已有的经验，进一步完善现行规章制度，围绕社会主义市场经济体制建设，着眼于我县重大方针、重大战略、重大决策、重大举措和人民群众普遍关心的热点问题进行协商监督。不断拓展参政议政渠道，改进参政议政工作，提高参政议政质量，使政治协商逐步纳入经常化、规范化、制度化的轨道。为了让委员知情，要有计划地召开情况通报会，请县委、县政府领导通报情况，报告工作，为委员参政议政提供条件。要充分发挥政协常委会的参政议政作用，争取每次常委会除处理重要事务外，选择一两个重要问题开展协商讨论。要进一步健全委员视察制度，采取多种形式组织委员开展视察活动，尽可能多地了解实际情况，掌握第一手材料，以便更好地参政议政，提出更加符合实际的意见和建议。今年要继续坚持少而精的原则，积极开展专题调研活动。这项工作要由有关专门委员会牵头，会同有关部门组织熟悉情况的委员参加，选择某一课题深入进行调查研究，提出有创见的思路和可操作的意见，提供给县委、政府在工作中参考。

政协要进一步强化民主监督职能，加大民主监督力度，积极投入反腐败斗争。要强化委员的权利意识，增强委员敢于监督、善于监督的勇气和信心，支持和鼓励委员敞开思想，讲真话，讲心里话，勇于揭露问题，同各种消极腐败现象做斗争。要充分听取并反映政协委员和各界人士对反腐败斗争的意见和呼声，使党政领导了解、掌握各界的动态和意见，及时采取措施，解决存在问题，使反腐败斗争不断取得新成果。

**三、发挥政协优势，积极为建设经济强县和推进社会主义市场经济体制的建立服务**

政协工作总的出发点是为建设经济强县搞好服务。政协具有能人荟萃、智力密集、联系广泛的优势。建立社会主义市场经济体制，不仅为经济快速发展注入了强大的活力，而且也为政协发挥优势提供了难得的机遇。人民政协要想经济、议经济，想方设法促进经济，要注重发挥政协整体功能、各专门委员会的群体功能和委员的个体功能，全方位为繁荣我县经济做好服务，在新的一年进一步取得新成绩。

要继续深入开展政协委员建功立业活动。要求每一位政协委员根据自己的优势和特长，在自己的岗位上，要上新台阶，创出新成绩，求得新发展，做出新贡献。从事农业的委员，要带头农村深化改革，积极在发展“两高一优”上做文章，带领群众齐心奔小康；从事乡镇企业的委员，要适应市场经济，进一步扩大规模，调整结构，提高质量，增强效益，努力做出新贡献；从事个体私营企业的委员，要继续发扬敬业守法精神，模范维护市场秩序，依法纳税，使自己的企业不断发展壮大；从事县办工业的委员，要带头进行体制和机制转变，以改革求出路，下力量扭亏增盈，使县办工业重显生机；从事科技和有专长的委员，要发挥智力优势，开展智力支农、支工，提供多层次的技术、管理、信息、法规或系统的咨询服务。其他岗位的政协委员，也要发挥自己的优势，勤奋学习，努力工作，争取创造出一流工作成绩，建立新的功业。政协是各界人士活动的大舞台。政协委员不仅展现勇于参政议政的风采，而且在现代化建设上要大显身手，以充分发挥政协的整体功能。

加强海外联谊活动，充分利用海外资源，为我县对外开放、经济建设服务，是政协工作的一个重要方面。我们要利用一些政协委员与海外和港澳台有广泛联系的优势，动员他们多做宣传，牵线搭桥，配合政府经济部门做好招商引资工作。要加强对“三胞”重点人物的工作，通过联谊，深入接触，争取其来我县经商办企业，为家乡作贡献。要加强“三资”企业海外投资者的联谊工作，帮助他们协调好各方面的关系，为之排忧解难。通过海外联谊活动，争取在联系大客户、引进大项目，促进大联合方面取得突破性进展。

**四、发挥政协团结协调功能，为创造团结稳定，民主和谐的社会环境做积极的努力**

1994年对于我国改革开放和现代化建设是非常关键的一年。党中央号召我们要坚持贯彻党的十四大和十四届三中全会精神，紧紧围绕经济建设这个中心，努力把社会主义市场经济、社会主义民主政治、社会主义精神文明全面推向前进。改革、发展、稳定是今年三大主题，要正确处理三者的辩证关系。我们政协的一项重要任务，就是发挥政协优势，帮助县委、政府做好团结稳定的工作，为改革和发展提供良好的社会政治条件。因此，我们在新的一年里，一方面要充分发挥桥梁纽带作用，认真听取各方面人士的意见、建议、要求和呼声，及时反映民意，使党和政府的各项政策，具有广泛的社会基础和群众基础，更加符合实际，符合广大人民群众的利益；另一方面，随着改革的进一步深入，国家一系列改革新措施的出台，必然会引起社会结构的调整，社会利益分配的差距和矛盾，因而不可避免地会使部分人产生这样或那样的思想情绪。对此，政协要运用自身组织特点和功能，动员各方面的力量，协助党和政府做好协调关系、化解矛盾、增进共识、凝聚人心的工作，搞好方方面面的团结，处理好改革、发展和稳定的关系，处理好各方面的利益关系，调动一切积极因素，为改革开放和经济建设创造一个稳定的政治环境，保证国民经济的健康发展。

**五、努力加强自身建设，不断提高素质水平**

政协的工作特点和肩负的基本职能，要求委员和机关工作人员要有良好的素质与较高的水平，加强自身建设是做好政协工作的先决条件，也是我们一项经常性的任务。随着形势的发展和改革的不断深入，工作中会出现许多新情况，遇到许多新问题。我们必须在新的起点上不断提高，才能适应新形势新任务的要求。在新的一年里，我们要在以下几方面做出努力。一是要不断更新观念，开阔思路。事物在发展，社会在前进。头脑僵化，因循守旧，固步自封，都会阻碍我们前进。因此，我们必须深入、刻苦地学习《邓小平文选》第三卷，坚持用邓小平建设有中国特色的社会主义理论武装自己的头脑，不断学习上级的有关指示，树立新观念，接受新事物，跟上时代新步伐，站在时代的潮头，做改革开放的带头人；二是要认真学习党的方针政策和与自身联系密切的业务知识、法律、法规，不断提高参政议政水平和工作水平。三是要发扬主人翁精神，勇于履行政协委员的职责。要求每个政协委员和做政协工作的同志，要有强烈的事业心、责任感，对政协的地位、作用和意义首先要有正确的认识，要自尊、自爱、自重、自强，珍惜党和人民赋予我们的崇高使命，努力发挥好应有的作用；四是进一步搞好机关建设，努力提高工作效率和工作质量。政协干部要具备较高的理论政治水平、文化科学水平和做好政协工作的基本知识，要具有较强的分析、判断、概括、文字、组织能力，成为思想、纪律、作风及效率过硬，善于学习，广交朋友。乐于服务，勇于进取的合格的政协工作者。

各位委员、同志们，1994年是大改革之年，大发展之年，是推进建立社会主义市场经济体制改革的关键一年，前途光明，任重道远。让我们紧密团结在以江泽民为核心的党中央周围，在县委的正确领导下和全县人民一道，克服困难，开拓前进，抓住机遇，加快发展，在创造光辉未来的伟大事业中贡献我们应有的力量！

## 【四届三次会议】

### 中国人民政治协商会议清苑县第四届委员会常务委员会工作报告

张鹤亭

（1995年2月12日）

各位委员、各位同志：

我受政协清苑县第四届委员会常务委员会的委托，向大会作工作报告，请审议。

一九九四年，是我县进一步深化改革、扩大开放、经济快速发展的一年，也是政协工作取得新成绩的一年。在邓小平同志建设有中国特色社会主义理论和党的十四大、十四届三中全会、四中全会精神指引下，在县委的正确领导下，全县人民以建设经济强县为目标，解放思想，艰苦奋斗，政治、经济和社会各项事业都取得了长足进步。县政协的工作，紧紧围绕经济建设中心，认真履行基本职能，在推动我县两个文明建设，维护安定团结的政治局面，促进社会主义民主与法制建设方面，做出了应有的贡献。

——围绕经济建设和事关全局的重大问题积极参政议政，做了大量工作

一年来，县政协以经济建设为中心，以强县富民为目标，通过例会、座谈会、视察、调查等方式进行了深入广泛的参政议政活动，为县委、县政府决策提出了许多有价值的意见和建议，充分发挥了政协的职能作用。一年来协商的内容有：县政府的年度工作计划、“两高一优”农业、乡镇企业、个体私营经济、三资企业、财政税收、廉政建设、小康建设、开放引进、市场建设、文化教育、以及社会治安综合治理等。政协委员对每项工作都进行了认真地讨论，充分地协商，提出的意见和建议，引起了县委、县政府领导高度重视，有的进入了领导决策，产生了很好的经济效益和社会效益。组织部分政协委员，结合有关部门，对三资企业、个体私营经济、农业科技工作进行了专题调查，向县委、县政府做了报告，县委领导对报告非常重视，及时批示有关部门落实，收到较好的效果。

政协提案工作，发挥了很好的参政议政作用。四届二次全会以来，收到的75件委员提案，截至去年12月底已全部办理完毕。提案工作呈现了委员积极，领导重视，承办单位主动的特点，有力地推动了有关工作的开展。

——把小康建设列入政协全年工作的重点，积极进行参与，做了有益的促进工作

根据县委部署，县政协及时发布了《号召全体政协委员积极投身农村小康建设的意见》，要求全体政协委员率先奔小康，积极带动和帮助周围群众奔小康。并围绕小康建设，组织政协委员参政议政、献计献策，促进小康建设的发展。下半年，组织部分政协委员对十六个乡镇小康建设进行了广泛深入的视察、考察活动，与当地领导和群众共同讨论了小康建设的措施。县委领导对这次活动给予充分肯定和赞许，并责成小康办以简报形式转发了政协的报告，请乡镇和有关同志研究参考。

在政协委员中，涌现出不少小康建设的先进模范人物。中天集团总经理王宗委员，他经营的有色金属冶炼厂，上规模增效益，投资400多万元上了炼铅厂，今年可望产值过亿元，利税过千万元，它将成为我县的一个骨干企业，

对我县小康建设将做出更大的贡献，李迎春委员经营的啤酒厂，产值效益同步增长，94年向国家交税253万元，是我县第一个纳税大户，做出了重大贡献。杨木森、王文仓委员是小康建设的带头人，他俩出任村支部书记和支部副书记后，更是全身心地投入本村小康建设，千方百计带领全村群众奔小康，全村经济有了迅速发展。崔桂兴委员带头办起了乡农技职中，培养了大批技术人才，大大促进了本乡镇“两高一优”农业的发展。冯铸鑫委员办起了眼科学校，为我县民间办学闯出了一条新路。郭长顺、王福才、杨金庆、李杰、李惠田、杨球尔、孙占义、霍洪社等委员，再接再厉，在94年又创造出新的成绩，为发展清苑，促进小康建设做出进一步贡献。王永昌、苏玉荣、魏文皓、钟金庄等委员，主动深入偏远农村为群众进行义诊，受到群众的热情欢迎。以上先进事迹，充分显示了政协委员在小康建设中的模范带头作用。

——多方位发挥政协职能作用，促进了工作和经济的发展

一年来，海外联谊工作积极开展了联络接待和对外经贸活动。全年共接待八个国家和地区的三胞和外籍华人40多名。通过海外联谊会，积极扩大联络交往，在台湾的台北、高雄两市建立了“清苑同乡会”联谊点。中秋节，会同侨办、台办召开了三胞眷属联谊会。联谊工作促进了经贸工作。我县五尧食品厂与俄罗斯签定了出口130吨水果罐头合同；台胞刘文学先生捐资22万元人民币，修建了温仁至刘王力公路；徐振英先生在开发区的投资也有了实质性的进畏。

完成了《清苑文史资料》第三辑的编撰、印刷出版工作。本辑共选入21篇文稿，约14万余字，内容比较翔实，为我县开展爱国主义和革命传统教育增添了新的内容，也为弘扬宣传清苑起到一定作用。为纪念中华人民共和国和全国政协成立45周年，94年9月举办了大型书法展，展出我县书法名流作品100余幅，通过书展，与书法界人士开展了联谊活动，加强了团结，进一步拓展了政协职能范围。

政协还配合有关部门对文化市场和物价进行监督检查，部分政协委员担任义务监督员，监督电价管理，维护群众利益。这些都为保持社会稳定发挥了一定作用。

——注重提高政协整体素质，自身建设有了进一步加强

一年来，利用常委会、座谈会、机关学习日、印发学习资料等形式，组织委员和机关工作人员深入学习了邓小平同志建设有中国特色的社会主义理论，中共十四届三中全会、四中全会精神和上级有关文件精神。为了学习新的政协章程，去年七月还邀请省政协的领导同志专程来我县作辅导报告。为纪念人民政协诞生45周年，政协机关召开了政协统战理论研讨会，去年十月还参加了省政协工作研讨会，九月在市纪念政协成立45周年大会上介绍了经验。政协机关还邀请金融，财税、计划等部门领导进行专题讲座，学习有关市场经济知识。还完善制定了乡镇政协委员参政议政制度和提案工作制度，促进了政协工作的制度化、规范化。

回顾过去的一年，经过全体委员的共同努力，政协各项工作都取得了可喜成绩，但我县政协工作还存在一些差距，协商还不够制度化、规范化，质量还不高；监督工作还是一个薄弱环节，政协委员的作用发挥得还不够充

分；政协工作如何更好地为经济建设服务还需进一步探索。这些都是我们今后研究和解决的问题。

## 一九九五年工作任务

各位委员，1995年是我国经济继续持续健康快速发展的一年，是我县小康建设关键性的一年。在新的一年里，县政协工作总的指导思想是：以邓小平同志建设有中国特色社会主义理论和党的基本路线为指导，全面贯彻中共十四届三中、四中全会和中共清苑县委七届三次全会精神，按照县委、县政府的总体部署和工作中心，紧紧围绕“抓住机遇、深化改革、扩大开放、促进发展、保持稳定”这个工作大局，选准角度，发挥优势，切实履行政治协商、民主监督、参政议政的职能，为加快我县经济建设和小康建设步伐做出新贡献，进一步开创政协工作新局面。根据这一指导思想，1995年要突出抓好以下几项工作：

**一、进一步发扬政协优良传统，深入学习邓小平同志建设有中国特色社会主义理论和中共十四届四中全会精神，树立新观念，拓展新思路，创出新成绩**

我们要继续把学习放在首位，努力提高思想认识，把握工作大局，为政协工作的发展奠定坚实的思想基础。邓小平同志建设有中国特色社会主义理论，是当代中国的马克思主义，是指引我们建设社会主义市场经济体制、改革开放、发展经济的行动指南，是我们各项工作不断取得胜利的根本保证。要求政协委员在以往学习的基础上，要深入学习《邓小平文选》一、二、三卷，认真研读原著，掌握精神实质，联系思想和工作实际，用邓小平建设有中国特色社会主义理论指导自己的行动和工作。要深入学习邓小平同志关于新时期统一战线、人民政协一系列重大问题的精辟论述，深刻认识统一战线和中国共产党领导的多党合作和政治协商制度，在建设有中国特色社会主义事业中的重要地位，进一步提高对政协工作的认识，增强做好政协工作的积极性。

党的十四届四中全会通过的《中共中央关于加强党的建设几个重大问题的决定》，对保证党和国家长治久安将会产生深远影响，其基本精神不但适用于党的建设，而且也适用于政协建设和政协工作，我们要认真学习，深刻领会。政协工作要坚持党的领导，自觉维护党中央的权威。在搞好自身建设的同时，积极帮助党搞好建设，进一步提高党的自身素质和执政水平。

要提倡在自我教育和个人学习的基础上，充分利用学习日、报告会、座谈会、举办短训班等形式进行学习。学习要生动活泼，扎扎实实，注重实效。通过学习，进一步提高自身素质，全面推动政协工作的开展。

**二、进一步发挥政协职能作用，围绕我县经济建设和县委、县政府的重大工作部署积极有效地参政议政**

这是政协工作全年的重心。我们一定要发挥优势，精心组织，卓有成效地开展政协工作，在帮助领导决策和为我县重大工作服务上有更大作为。政协要继续围绕改革、发展、稳定，选准角度，抓住难点、热点，帮助县委政府谋划方略，开展工作。要坚持少而精、重实效的原则，深入切实地搞好调查研究，力争使调研成果进入县委决策和政府行为，能发挥较好的经济效益和社会效益。要充分发挥政协例会的协商主渠道作用，努力提高会议质量，真正使例会成为进言献计、参政议政的场所。要充分发挥政协的整体功能和政协委员的个体功能，有计划地组织委员进行视察、考察活动，为委员知情出力提供条件。每个政协委员都要关心本乡镇本单位的工作，增强参与意识，及时向领导进言，帮助领导开展工作。要进一步搞好提案工作，要求每位政协委员一年至少要撰写一两份质量较高的提案，切实发挥提案参政议政的作用。对重大问题政协还将以建议案形式提交县委、政府研究。请各有关单位要进一步提高对政协提案工作的认识，进一步提高办案质量，互相配合，把提案工作搞得更好。

**三、进一步发挥政协优势，宏观献策，微观出力，大力推动我县小康建设工作的开展**

小康建设是推动我县经济迅速发展，社会全面进步，总揽全局的一项重要工作。为保证1997年把我县建成小康县，在95年取得突破性的进展，政协要发挥影响面大、人才荟萃、智力密集的优势，在小康建设中发挥更大的作用，做出更大的贡献。要认真贯彻县委、县政府关于小康建设的重大部署，继续贯彻县政协《关于号召全体政协委员积极投身农村小康建设的意见》，凡没有达到小康水平的政协委员，要求今年都要达到小康水平，实现政协委员率先奔小康，同时要积极带动周围群众奔小康，走共同富裕的道路。县政协和每位政协委员，要把小康建设作为参政议政的重要内容，及时向县委、政府和当地乡镇领导提出建议，供领导决策参考。要求政协委员要发挥自身优势，积极开展为小康建设咨询服务、技术培训、帮困扶贫、义诊看病、“手拉手”结对子等活动。为推动政协委员带头奔小康活动的开展，今年要在政协委员中总结经验、树立典型，宣传先进模范事迹，拟于年终召开总结评比表彰大会，把政协委员带头奔小康活动不断推向前进。

**四、进一步扩大政协影响，不断拓展政协工作范围，广泛开展联谊活动，为改革发展创造宽松和谐的外部环境**

在新旧体制转换的过程中，随着改革不断深入，利益格局不断调整，开放不断扩大，必然会出现一些新的矛盾、新的问题、新的摩擦，甚至会出现一些不安定因素。因此，要求政协委员要发挥联系面广，辐射力强，地位超脱等特点和优势，积极协助党和政府，搞好协调关系，宣传政策，化解矛盾，凝聚人心的工作，促进安定团结，为改革发展创造稳定的社会政治环境。要勇于进行监督活动，协助党和政府深入开展反腐败斗争，搞好廉政建设。要协助有关部门进一步开展扫黄打非活动，净化社会环境，切实监督检查物价工作，保持社会稳定。要深入实施落实《爱国主义教育实施纲要》，协助有关部门开展抗日战争胜利五十周年纪念活动，促进全民族的团结。要进一步做好民族宗教工作，进一步维护民族团结和社会稳定。

要进一步加强海外联谊活动，充分发挥我县海外资源的优势，为实现祖国统一，对外开放；经济建设服务。动员和支持有海外关系的政协委员，积极与海外亲友联络交往，牵线搭桥，做好招商引资工作。加强三资企业联谊工作，帮助他们协调好各方面的关系，为其排忧解难，通过他们联系大客户，引进大项目，在招商引资方面取得更大进展。

要继续做好宣传清苑、弘扬清苑的工作，在出版《清苑文史资料》第三辑的基础上，组织好《清苑文史资料》第四辑的搜集、编纂工作。今年要把清苑政协书画协会组建起来，争取“五一”节搞一次大型书画展，以此促进精神文明建设，团结书画界人士，广泛开展联谊活动。

**五、进一步加强政协整体建设，不断提高政协委员和机关工作人员素质水平，全面推进政协工作**

政协委员是人民政协的主体，政协工作开展得如何，主要取决于政协委员素质水平的高低。因此，政协整体建设，首先是政协委员自身建设。政协委员是各界人士的代表人物，负有代表各界参政议政的重要使命。要求政协委员要善于学习，不断提高自己参政议政水平；要热爱政协工作，积极参加政协的各项活动；要广泛联系团结群众，积极向领导反映民情民意；要敢于直言，勇于献策，积极帮助领导不断改进工作；要积极建功立业，在经济建设中起模范表率作用。只有这样，才不愧于政协委员的光荣称号，充分发挥政协委员应有的作用。政协委员在各自不同的岗位上做出了很大的贡献，得到了社会的好评。为了适应形势发展的要求，做出更大贡献，要求全体政协委员要进一步加强自身建设，创造更加辉煌的业绩，进一步做出自己应有的贡献。

政协机关是政协的重要组成部分，负责组织、联系、协调、服务工作。工作效率和服务水平对政协工作的开展关系很大。在新的一年里，政协机关要努力适应形势任务要求，切实加强思想、作风、组织、制度建设，使之成为服务质量好，办事效率高的委员之家。机关工作人员要树立全心全意为政协工作服务，为委员服务的思想，大兴敬业之风，学习之风，调查研究之风，务实求实之风，和团结协作之风，要成为政治业务素质高，思想作风纪律过硬，广交朋友，乐于服务，勇于进取的政协工作者。要加强乡镇政协统战联络组的建设，使政协工作进一步向基层延伸。要加强与兄弟县市政协的横向联系，取长补短，互相学习，交流经验，促进我县政协工作的开展。

各位委员、同志们，1995年，前途光明，任重道远。让我们紧密团结在以江泽民为核心的党中央周围，在县委的正确领导下，认真贯彻党的基本路线和改革、发展、稳定的方针，坚持以经济建设为中心，同心同德，振奋精神，开拓进取，为加快建设经济强县步伐而努力奋斗！

## 【四届四次会议】

### 中国人民政治协商会议<br>清苑县第四届委员会常务委员会工作报告

张鹤亭

（1996年3月12日）

各位委员、各位同志：

我受政协清苑县第四届委员会常务委员会的委托，向大会作工作报告，请审议。

#### 一年来主要工作回顾

1995年，是“八五”计划的最后一年，是清苑政治经济和社会各项事业取得长足进步的一年，也是政协工作开创新局面的一年。在邓小平同志建设有中国特色社会主义理论和党的十四届三中、四中、五中全会精神指引下，在县委的正确领导和县政府及有关部门的大力支持下，在上级政协的积极指导下，政协工作牢牢把握民主和团结两大主题，认真学习、深入贯彻中共中央有关要求和《政协全国委员会关于政治协商、民主监督、参政议政的规定》，紧紧围绕县委、县政府的工作部署，选准角度，发挥优势，开拓进取，为促进我县两个文明建设，维护安定团结的政治局面，推进社会主义民主与法制建设等方面，做出了积极贡献。

**——紧紧围绕农村小康建设，充分发挥政协职能作用**

一年来，县政协继续坚持以经济建设为中心，始终把小康建设列为工作重点，做了大量工作。多次听取小康办和有关单位的情况通报，组织政协委员献计献策，协商讨论小康建设问题。7月，县政协会同小康办和县委、县政府有关领导视察了1995年计划实现小康的原望亭、何桥、赵庄、孙村、白团，魏村、清苑镇等7个乡镇的小康建设情况，与乡、村领导、群众进行了座谈，共同研究加快小康建设问题。在此基础上，召开了四届十一次政协常委会议，县委主管领导通报了全县小康建设情况，与政协常委进行了充分协商，大家认真讨论，提出了许多积极建议。会后向县委提交了小康建设的专题报告，引起县委领导的重视。在1994年的基础上，继续在全体委员中深入开展了带头奔小康、带动周围群众奔小康的“两带”活动，收到显著效果，农村委员已全部率先实现小康，并涌现出不少“两带”先进典型。李迎春常委经营的奥莱啤酒厂效益连年递增，是我县的明星企业和纳税首户，1995年上缴税金210万元。为带动周围群众奔小康，先后出资数万元为村里修桥修路，1995年她又捐资30余万元为本村小学建高标准教学楼一座，改善了该校办学条件，受到社会和当地群众的好评。去年12月，她作为我县代表参加了河北省各界人士为两个文明建设服务经验交流会，受到了表彰。崔桂兴委员担任温仁片成教校长的几年来，积极发展农村职业教育，他以农技校为基地，为农村培养了大量致富人才，产生了重大的社会效益和经济效益，为小康建设做出了积极贡献。杨木森常委任村党支部书记以来，团结带领支部一班人积极发展农村经济，组织村民大搞竹编加工等工副业，增加了农民收入，他是本村经济发展的带头人、领头雁。崔彩莲委员作为一名普通农村妇女，勇于承包沙滩荒地，辛勤耕作，结出累累硕果，1995年粮、油菜全面丰收，年收入10万多元，不仅自己富了，而且为国家也做出了积极贡献。在她的带动下，该村的大面积沙荒地纷纷被村民承包，产生了可喜的经济效益，推动了当地小康建设进程。王宗、杨金庆，岳振海、臧立根、霍洪社、于凤祥等委员所经营的企业都是我县立县企业或龙头企业，他们致富不忘乡亲，积极带头扶持周围群众致富，捐款捐物，受到群众赞扬。

**——积极围绕“农业五大工程”建言献计，参政议政效果明显**

1995年年初，县政协参与了“农业五大工程”的谋划工作，与农口有关部门进行了对口协商，召开了多次座谈会，研讨农业发展问题。并协同农业部门制定“农业五大工程”具体实施方案，经县委、县政府研究，以(95)12号文件下发，要求全县贯彻落实。根据县委、县政府农业工作部署，政协还及时组织部分委员和机关工作人员进行了一系列调查和视察活动。4月，针对养鸡业滑坡的严峻局势，及时会同畜牧部门深入原孙村、望亭、张村等乡镇，对巩固和发展我县养鸡业进行了专题调查研讨；5月组织委员对原南段庄、郑各庄、郝庄等11个乡镇进行了视察、考察活动，与这些乡镇的领导群众一同研讨了争取夏季丰收、玉米丰产及白色革命等工作，具体听取和视察了农业会议的落实情况；还与水利、林业部门及有关乡镇对堤坊绿化问题进行了专题座谈协商。在此基础上，召开了县政协四届十次常委会，听取了县政府和有关部门关于“农业五大工程”开展情况的通报，并就农业和养鸡业的发展专题进一步协商研讨，向县委、县政府提出了《关于我县农业发展问题的建议案》和《关于巩固和发展我县养鸡业的建议案》。四届十二次常委会又听取了县政府关于“农业五大工程”全年运行情况，并对1996年农业发展提出了建议。一年来，县政协把农业作为主题，做了大量参政议政工作，其中有的转化为政府行为和党委决策，发挥了应有的作用，收到了一定的效果，如养鸡业建议案，县政府非常重视，及时采取促销措施，并供应了部分低价饲料，使我县养鸡业迅速得到了回升。

**——认真办理委员提案，广泛收集社情民意，进一步促进了领导决策的科学化、民主化**

四届三次全会以来立案的59件提案，截止去年5月底已全部办理完毕。提案工作呈现出提案质量高、办理速度快、落实效果好三个特点。史俊池委员“县图书馆选址问题”的提案，王兰荣委员“抓紧搞县城建设规划问题”的提案，李明月委员“关于早婚和计划生育工作”的提案，吴树楷委员“加强小麦管理”的提案，张连云委员“电力部门对农电设备老化问题应给予重视”的提案，臧立根、岳振海委员“关于东安建镇问题”和“程控电话问题”的提案，这些提案引起了有关方面的重视，通过办理都收到了较好的经济效益和社会效益。县委、县政府对委员提案办理工作都非常重视，及时进行审批，责成专人负责，限期承办落实。各承办单位认真负责，不敷衍了事，尊重委员意见，召开专门会议研究，能够办的事情立即着手办，有些因客观因素不能及时办理的，也及时向委员说明了原因。其中建委、交通局、工商局、粮食局、政府办等单位办理积极，效果显著。本次会议将对优秀提案人和先进办理单位予以表彰。

收集社情民意是去年政协工作的一个发展。按照李瑞环关于社情民意工作的讲话精神，年初县政协向全体委员及时发出了《关于广泛开展收集了解社情民意活动的通知》，要求每位委员深入实际，深入群众，收集了解本界别和周围群众的意见和呼声，及时向政协或当地领导反馈，帮助领导了解下情做好工作。我们在县直按界别按系统连续多次召开座谈会进行收集了解工作，还结合一年两次的走访委员活动进行收集，不少委员还通过信件等形式反映来许多情况。一年来，共收集来自政协委员和民间的各种意见、建议、信息动态150余条，经认真筛选整理，以政协《社情民意》专刊形式及时供县委、县政府领导参考。县领导对这些意见和建议很重视，第一期《社情民意》刊出后，县委书记张志文作了重要批示，赞扬这件工作很有意义，并要求有关领导根据社情民意认真检查做好分管工作。通过这项工作的开展，委员与群众的联系更紧了，关系更密切了，委员的代表性更强了。不仅为政协参政议政拓宽了渠道，还为县委、县政府领导了解下情，发现问题，指导工作，科学决策，提供了情况和依据，对改进工作，密切干群关系起到了积极作用。

**——切实履行民主监督职能，促进了我县的民主政治建设**

县政协在民主监督方面做了大量工作。主席、副主席列席县委、人大、政府会议，参予重大决策和研究，代表政协提出意见、建议或批评，发挥了积极作用。通过全会、常委会、主席会向县委、县政府提出意见和建议；通过组织委员调查、视察或研讨，提出建议或报告：通过委员提案和社情民意提出批评和建议。会同有关部门组织城镇建设、小康建设、文化市场等调查和检查活动，提出了批评建议。听取了县政府1995年十件大事工作进度情况，发挥民主监督职能，促进了工作进展。县政协还积极参与了“四职一纠”评比活动，听取了国税、地税、人行、农行，交通、公安、电力、卫生、工商、商业等部门的“四职一纠”工作汇报，对上述部门的工作进行了评议。受电力、金融、税务等部门之邀，部分委员和机关同志担任了义务监督员，促进了廉政建设，维护了群众利益，为保持社会稳定发挥了一定作用。

**——积极开展文史工作，多方联谊，广交朋友，祖统工作有了进一步开展**

1995年的文史工作比较活跃。成立了政协书画协会，先后举办了两次书画展。召开了纪念抗日战争胜利五十周年座谈会。征编出版了清苑抗战专辑《抗战烽火》，即清苑文史资料第四辑，该书共收集文稿25篇，计16万余字，真实地反映记录了我县军民英勇抗战的大量史实，是进行传统教育和爱国主义教育的好教材。目前已与读者见面，社会反映较好。同时，还协助省、市政协发行《侵华日军暴行总录》，由于发行数量大进度快，受到市政协表扬。另外，还组织钟金庄、魏文皓、苏玉荣、刘振东、路广杰等医疗卫生界委员到南段庄进行了义诊。这些活动的开展，活跃了我县文化生活，使广大群众受到了爱国主义教育，促进了我县精神文明建设，进一步拓宽了政协工作的领域。

在祖统联谊工作上，组织三胞委员学习了江泽民关于祖国和平统一问题的八点主张，召开了三胞委员迎春、迎中秋茶话会，鼓励三胞委员进行招商引资活动。据不完全统计，一年来县政协委员引进资金500余万元，为发展我县经济做出了积极贡献。9月，县政协还对我县外贸出口企业进行了调查，并写出了调查报告，县政府有关领导及时作了批示，对推动我县外向型经济的发展产生了良好的作用。

一年来，我县政协还与一些兄弟县、市、区政协进行了联谊活动，相互学习交流了政协工作经验。8月，还参加了贵州黄果树政协为经济工作服务研讨会，开阔了眼界，学习了经验。

**——努力提高委员和机关工作人员素质，进一步加强了政协自身建设**

一年来，县政协始终把提高委员和机关工作人员素质当作一件大事来抓，坚持把学习放在首位，通过学习统一政协委员的思想，提高委员素质，推动政协工作。运用多种形式，组织全体委员和机关工作人员学习了中共十四届四中、五中全会精神；邓小平建设有中国特色的社会主义理论；李瑞环在全国政协会议上的重要讲话；全国政协关于政治协商、民主监督、参政议政的规定；省五次党代会和市委七届三次全会精神。还在委员中开展了向孔繁森，马恩华学习活动。通过学习，委员参政议政水平和机关整体素质有了进一步提高，对做好政协工作奠定了思想基础。

为规范政协工作，制定了《常委会工作规则》《专委会工作简则》《常委守则》，同时还对机关的工作、学习、值班、文秘、车辆管理等制度进行了修订，使机关工作效率进一步提高。

为宣扬政协委员参政议政的先进事迹，宣传政协，提高社会对政协工作的认识，我们会同县电视台开办了《委员之声》专题节目，去年共播放6期，并被市电视台选播2期。

回顾过去的一年，经过全体委员和机关同志的共同努力，在县委领导和各方面的大力支持下，政协各项工作都取得了可喜的成绩。但仍存在着不少差距：工作还不规范，职能发挥得还不够充分，参政议政活动还不够广泛；收集社情民意还仅是开始，缺乏一套有力机制；政协整体素质有待进一步提高，参政议政的外部环境有待进一步改善，这些问题需要我们今后继续研究和探讨。

## 一九九六年工作任务

1996年，是实施“九五”计划的开局之年，也是实现15年奋斗目标的奠基之年。开好头，起好步，对于巩固和发展“八五”期间取得的重大成果，保持改革，发展、稳定的良好势头：顺利完成“九五”计划和2010年远景目标的各项任务，具有重大意义。人民政协应积极适应新形势的要求，在实施宏伟目标中发挥更大的作用。在新的一年里，县政协工作总的方针是：以邓小平同志建设有中国特色的社会主义理论和党的基本路线为指导，全面贯彻“抓住机遇，深化改革，扩大开放，促进发展，保持稳定”的基本方针，进一步推进政协工作的规范化、制度化建设，围绕我县“九五”计划和2010年远景目标的制定和实施，围绕县委七届四次全会确定的工作任务，充分发挥作用，切实履行政协职能，为推动我县各项事业的发展，确保97年实现小康县，2000年经济总量达到全市1/12，建设经济强县，做出应有的贡献。据此，1996年要突出抓好以下几项工作：

**一、描绘跨世纪宏伟蓝图，围绕制定和实施我县“九五”计划和2010年远景目标，搞好献计献策**

我县“九五”计划和2010年远景目标，是县委、县政府对全县未来发展的重大部署，体现了全县人民的根本利益，反映了社会各界的共同愿望。在不久前召开的全国统战部长会议上，李瑞环指出：“当前统一战线工作的主要任务，就是最大限度地团结一切可以团结的力量，调动一切可以调动的积极因素，为实现‘九五’计划和2010年远景目标而共同奋斗。”协助县委、县政府绘制实施我县“九五”计划和跨世纪蓝图，是政协的一项重要任务，我们必须积极献策献计，充分发挥政协职能。一是要认真贯彻落实中共十四届五中全会和县委七届四次全会精神，谋划落实好我县“九五”计划和2010年远景目标。在这次政协全会上，我们要认真审议协商县政府关于我县“九五”计划和2010年远景目标规划（草案），切实提出意见和建议，使我县中长期计划和规划更加完善合理。二是紧紧围绕“九五”计划和2010年远景目标安排部署政协工作，为促进和实施，“两大战略”“两大转变”，选准突破口，抓大事、议大事。围绕优化农业内部结构、提高乡镇企业规模水平、县办工业改造、第三产业发展、城镇化建设、招商引资工作、科教兴县战略进行协商研讨，搞好调查视察，向县委、县政府进言献计。三是加强计划和规划实施过程中的民主监督。搞好跟踪调查，经常听取有关部门的工作进度情况，提出意见、建议或批评，做到经常性监督，对重大事项和重点项目要重点监督，以确保计划和规划的顺利实施。四是要求每位委员按照计划和规划的要求情神做好本职工作。尤其是企业界委员，不要满足于已取得的成绩，要制定出本企业的发展计划和远景目标，要有“敢为天下先”的争先意识和气魄，使企业上台阶、上等级，起表率，争一流，为全县整体计划和远景目标的实现贡献力量。

**二、以建设经济强县为目标，围绕县委七届四次全会确定的经济工作重点参政议政**

“集中精力抓经济，建设经济强县”是县委七届四次全会确定的中心任务，我们要紧紧围绕这个中心参政议政，围绕县委提出的“六个突破”作文章。一是立足增产增收实现重点突破，围绕优化农业内部结构，提高农业集约程度发挥政协职能。积极发展高产、优质、低耗、高效农业，实现我县从农业大县向农业强县的转变。农业产业化是农业的根本出路。我们要立足于政协工作职能，从促进“两大转变”入手，在继续推进我县“农业五大工程”的基础上，加快我县农业产业化进程，发展我县特色经济，在现有的基础上，使我县农业尽快形成市场联龙头，龙头联基地，基地联千家万户，种养加、产供销、科工贸一体化经营格局，进一步优化农业结构，使农村经济有一个迅速发展。二是立足质量和效益的重点突破，围绕乡镇企业上规模上水平发挥政协职能。坚持大规模、高科技、外向型的指导思想和“继续抓发展，着力抓提高”的方针，组织好乡镇企业的调查研究，推动“星月战略”的实施；组织好对立县企业和龙头企业及重点乡镇的调查研究，推动“亿元工程”的实施；组织好对小型同类企业集团化发展思路的调查研究，推动规模企业和集团企业的形成；组织好区域经济的调查研究，推动我县工业小区建设的迅速发展。三是立足在素质和活力上实现重点突破，围绕县办工业的发展壮大发挥政协职能。按照“抓技改、增实力；抓改革、活机制；抓产品、占市场；抓管理、增效益”的基本思路进行调查研究，促其实行改组、改制、联合、兼并、股份合作、租赁承包、破产拍卖，进一步转换企业经营机制，重振县办工业雄风。四是全体政协委员要树立强烈的经济中心意识，立足本职工作，充分发挥自身优势，为我县的经济建设谋求大发展，贡献大力量。要充分发挥政协联系面广的优势，进一步加大海内外联谊力度，积极引进资金、项目、技术、人才，为我县招商引资、扩大全方位对外开放贡献力量。

**三、发挥政协桥梁纽带作用，围绕“鱼水工程”，做好团结稳定的工作**

江泽民要求全党要讲政治，指出：“什么叫政治？从根本上说，政治问题主要是对人民群众的态度问题，同人民群众的关系问题。”为贯彻落实这一重要指示，省、市委相继召开了以坚持党的根本宗旨，实施“鱼水工程”，密切同群众联系为主题的政治工作会议。县委七届四次全会上，县委书记张志文向全县党员和各级领导干部提出了十项要求，号召全县认真贯彻省、市委指示，切实实施“鱼水工程”，端正对群众的态度，进一步密切同群众的关系，为改革发展营造团结稳定的政治氛围。在“鱼水工程”中，政协具有特殊重要位置，我们应充分发挥职能作用，为密切党群干群关系，维护社会稳定做出积极贡献。首先政协工作和每位委员要讲政治，要克服不讲政治的糊涂观念，提高对讲政治重要性的认识；克服思想麻痹、政治迟钝的倾向，提高政治鉴别力和敏感性；克服知之不深、认识肤浅的问题，提高从政治上分析问题的能力和本领。政协工作讲政治，就是要坚持邓小平理论和党的基本路线为指导，坚持共产党的领导，在县委的领导下，为我县改革、发展、稳定开展工作，发挥职能。政协委员讲政治，就要充分认识自身所处的位置和应发挥的作用；就要当好本界别的代表，密切同群众的关系，及时反映社情民意，帮助党委和政府出谋划策改进工作；就要自重、自省、自警、自励，严格要求自己，坚持正确的政治方向、政治立场、政治观点，模范执行党和国家的方针政策和法令法规。二是在实施“鱼水工程”中要发挥好政协的桥梁纽带作用。李瑞环同志讲：“统一战线的本质就是大团结、大联合。”政协具有联系面广、位置超脱的特有优势。在党委和政府面前，政协委员是群众的代表；在群众面前，又是人民政协委员，在某种程度上体现着党和政府的形象。在实施“鱼水工程”中，政协具有特殊位置，负有特殊任务。要求全体政协委员要当好模范贯彻党的路线、方针、政策的带头人，要加强与本界别及周围群众的联系，宣传群众、教育群众，大力宣传我县改革开放所取得的巨大成就和今后发展的宏伟蓝图，以提高其思想认识，理顺其思想情绪。随着经济体制和利益格局的不断变化，特别是今年我县并乡扩镇这一举措的实施，必然会出现一些新矛盾、新问题，我们要积极协助领导多做理顺关系、化解矛盾、凝聚人心、维护稳定的工作。要敢于直言，及时反映群众的意见和要求，大力推进社会主义民主政治建设，帮助领导实现决策的民主化、科学化。三是在“鱼水工程”中，发挥民主监督作用。县委对干部提出了“十不准”；对执法执纪部门提出了“严格执法、热情服务”；对基层提出了“六公开、两民主”的纪律要求。对这些我们要做好跟踪监督工作，确保县委指示落到实处，促进党风廉政建设。对腐败行为要敢于揭发，敢于斗争，坚决维护党和群众的利益。全体委员在“鱼水工程”中要起到表率作用，发扬社会主义和集体主义精神，走共同富裕的道路，时刻关心群众冷暖，做好扶贫解困工作，以实际行动促进“鱼水工程”。

**四、进一步拓宽参政渠道和领域，逐步实现履行职能的规范化、制度化，全面深入地开展政协工作**

今年是政协工作大有作为的一年。随着经济发展和社会进步，必须进一步推进社会主义民主政治建设，对政协工作提出更高的要求。政协工作前途广阔。要认真贯彻落实中央通知精神和中央批转的全国政协《关于政治协商、民主监督、参政议政的规定》和省委、市委关于加强政协工作的决定，讲政治，议大事，抓住我县宏观性、全面性、社会性问题选准重点，下力量提高参政议政质量，形成“全委会整体协商、常委会专题协商、主席会重点协商”的参政议政格局，使政协工作更加切实，更有成效。为推进政协工作规范化、制度化建设，要研究制定《政协清苑县委员会关于政治协商、民主监督、参政议政的实施细则》，进一步规范政协工作。建议县委年内召开一次全县政协工作会议，贯彻中央和省、市委关于政协工作的指示精神，提高全社会对政协工作的认识，为开展政协工作创造条件。调查研究是参政议政的基础，今年要继续坚持少而精的原则，选准题目，组织委员和政协机关深入调查研究，为县委和县政府决策提供依据。要落实省政协《提案工作条例》，使提案工作进一步规范化、制度化，进一步提高提案质量和办案质量，充分发挥提案工作参政议政的作用。要进一步加强收集社情民意的工作，建立完善的社情民意收集、整理、报送机制，确保重要社情民意和各界人士的真知灼见及时上达，帮助领导掌握实情，科学决策，改进工作。要进一步开展文史工作，广泛开展联谊活动，增进团结，广交朋友，推进精神文明建设。要进一步开展祖统工作，促进祖国统一，为经济建设服务。政协工作内容丰富，领域广阔，在新的形势下，我们要努力探索，使之开展得生动活泼，卓有成效。

**五、继续加强自身建设，努力提高政协工作的整体水平**

政协自身素质水平，决定着政协工作的水平。因此，在新的一年里，我们继续把加强政协自身建设作为一件大事来抓。全体委员首先要加强学习。在继续深入学习建设有中国特色社会主义理论的同时，重点学习中共十四届五中全会精神和省、市、县委全会精神，提高广大委员和机关干部坚持党的基本路线的自觉性，提高履行职能职责的自觉性和积极性。二要努力塑造新时期政协委员的良好形象。每位委员都要以“唯全局是举、唯事业是重、唯一流是争、唯振兴是图”的保定精神要求自己，要“围着中心转，照着职能干”，想大事、议大事、抓大事，既服从又服务，既参谋又参与。发挥团结协调功能，做维护稳定的促进派；发挥参政议政作用，做民主决策的参谋员；发挥咨询服务作用，做科学技术的带头人；发挥外引内联作用，做扩大开放的排头兵。公正无私、胸怀全局，坦率直言，在现代化建设和社会主义民主政治建设中发挥积极作用。三要进一步加强政协机关建设。政协机关是委员之家，要做到团结、和谐、热情、周到，开拓进取，优质高效。要继续完善和改进工作制度，进一步密切与委员的联系，融洽与委员的感情，尊重委员的权利，为委员知情出力创造条件。机关工作人员要讲政治、讲学习，热爱政协工作，与委员广交朋友，做好为委员服务的各项工作，力求做一个政治思想强、政策水平高、工作作风好的政协工作者。四要进一步加强宣传工作。继续办好《委员之声》电视栏目，利用报刊广播等多种形式宣传政协的性质、地位和作用，宣扬政协委员的模范事迹，增强委员的光荣感、使命感和责任感，唤起全社会对政协委员的重视，对政协工作的支持。我们要继续与兄弟政协加强联谊，学习经验，促进我们的工作。

各位委员、同志们，1996年，任务艰巨，前景光明。我们要有时不我待的紧迫感，要振奋精神，抓住机遇，促进发展，充分发挥政协应有的职能作用。风雨同舟荣辱与共，团结奋斗再创辉煌。让我们在邓小平有中国特色的社会主义理论指导下，紧紧团结在以江泽民为核心的党中央周围，在县委的正确领导下，励精图治，埋头苦干，扎实工作为加快建设经济强县步伐，为胜利实施“九五”计划和2010年远景目标而努力奋斗！

## 【四届五次会议】

### 中国人民政治协商会议<br>清苑县第四届委员会常务委员会工作报告

张鹤亭

(1997年3月3日)

各位委员、同志们：

我受政协清苑县第四届委员会常务委员会的委托，向大会做工作报告，请审议。

**一年来的工作回顾**

1996年，是我县进一步深化改革、扩大开放，经济快速发展的一年，也是政协工作取得新成绩的一年。在邓小平建设有中国特色社会主义理论和党的十四届五中、六中全会精神指引下，在县委的正确领导下，我县制定并开始实施国民经济和社会发展“九五”计划和2010

年远景目标规划，全县人民以建设经济强县为目标，解放思想，开拓进取，自加压力，艰苦奋斗，政治、经济和社会生活各项事业都取得了长足进步。县政协的工作，紧紧围绕经济建设这个中心，认真履行三大职能，在推动我县两个文明建设，维护安定团结的政治局面，促进社会主义民主与法制建设方面，做出了应有的贡献，较好地完成了四届四次全会确定的各项任务目标。

**——围绕制定和实施我县“九五”计划和2010年远景目标规划，积极献计献策**

一年来，县政协把制定和实施我县“九五”计划和2010年远景目标规划作为政协参政议政的一件大事，组织发动政协委员和各界人士围绕计划和规划建言献计，开展了一系列活动。首先是搞好计划和规划制定过程中的献计献策。年初，县政协在望亭乡东安召开了企业界委员和有关人士参加的恳谈会，县委、县政府的主要领导亲自到会听取了意见，就制定我县“九五”计划和远景目标规划与委员们坦诚交换了意见，与会委员畅所欲言，对我县“九五”计划和远景目标的制定进行了充分的协商、论证，提出了很多建设性的意见。其次是搞好决策过程中的政治协商，在县政协四届四次全会上，全体委员就我县“九五”计划和远景目标规划与县委、政府的领导面对面的进行了认真的协商，开展了广泛地讨论，提出了有见识的意见和建议，得到了县委、政府领导的重视。全会还做出了决议，号召全体政协委员为实现我县“九五”计划和2010年远景目标规划而努力奋斗！三是在计划和规划实施过程中进行协商和监督，中秋节期间，县政协再次召开企业界委员恳谈会，县委、县政府的主要领导到会通报了情况，就我县“九五”计划和远景目标的进展情况和实施过程中的一些问题，和委员们交换了意见。一年来，县政协围绕“九五”计划和远景目标规划进行协商，每次都受到县委、县政府领导的支持和重视，都亲自到会，听取情况，参加讨论。与会委员以高度的政治责任感参政议政，踊跃发言，积极献计献策，充分发挥了政协职能，对完善和实施“九五”计划和2010年远景目标规划贡献了力量.

**——发挥政协优势，围绕经济建设，积极参政议政**

四届四次全会以来，县政协围绕经济建设这一主题，多次进行协商，组织委员和机关工作人员广泛深入地开展视察考察，进行调查研究，多渠道、多角度参与我县经济建设。四届十五次常委会、专题听取了农委、农业局、畜牧局负责人关于全年工作安排的通报，四届十六次常委（扩大）会议，听取了县长韩小平关于96年上半年全县经济运行情况的报告。四届十七次常委会，听取了副县长董宝堂关于1996年县政府确定十件大事落实情况的报告。每次常委会之前，都组织委员和机关人员，对会议议题进行视察、调查活动，掌握实情、征求意见，为会议协商讨论做好充分准备，以求向县委、县政府提供有参考价值的意见。

一年来，县政协还先后对农业科技队伍状况，县办工业企业，乡镇企业以及企业收费情况进行了专题调查。每次调查都深入基层、接触实际，与单位、企业的干部职工进行座谈，在掌握实际情况的基础上，提出有针对性的建议，并以调查报告的形式报送县委、县政府，这些调查报告，引起了领导及有关部门的重视，有的被列入决策内容。如县办工业的调查报告，张兴堂书记作了重要批示：县政协的报告很有价值，请政府认真研究，充分利用机遇，把县办工业搞上去。这个报告对县办工业改革起到了一定的参考作用。

一年来，还组织部分政协委员先后对工商、交警、财政、税收、交通等职能部门的行政执法情况进行了视察和考察，开展了评议活动，对各部门的职业道德建设和维护经济运行秩序起到了促进作用。在招商引资工作中，充分发挥了政协联系面广、引资渠道多的优势，在宣传清苑投资环境，引进资金项目，协调海内外客户关系方面作了大量工作。据有关委员提供政协系统全年共引进资金两千多万元，为我县经济发展作出了贡献。

**——发挥政协优势，积极推进我县社会主义精神文明建设**

在这方面政协作了大量工作：一是深入开展文史资料的征集编纂工作，政协文史工作曾多次受到省、市政协的表彰，在市文史工作会议上介绍了经验，1996年又被省、市政协评为先进单位，获一等奖。去年在出版发行文史资料第四辑的基础上，着手进行第五辑稿件征集工作，目前已征集资料15万余字，1997年可望出版。8月，在北京举行的清苑籍同乡联谊会上，政协文史资料三、四辑，作为礼品赠送给与会同乡，受到广泛好评。二是积极开展书画活动。利用政协委员中书画名人多的优势，依托政协书画协会，举办了四次大型的书画艺术活动，元月份举办了迎新春书画展，五月在保定莲池举办了清苑书画展，八月组织书画界名人召开了书画艺术研讨会，十月又协办了我县残疾人画家刘政涛的个人画展。这些富有民族特色的高雅、文明的艺术活动，在清苑乃至保定市的范围内引起了很大反响，起到了宣传清苑、弘扬清苑的良好效果。三是组织文化下乡和义诊活动，组织医务界政协委员赴冉庄为老区群众进行了义务医疗和咨询服务。政协书画会还组织会员赴东吕参观、考察，并当场进行了书法表演，这些活动，有效地密切了党群干群之间的关系，受到了上下一致赞扬。四是积极参与我县形象建设，协助县委、政府开展了建文明县城，塑清苑形象，征集清苑形象标志的工作。同时对我县“普六”“普九”工作，也积极参与，帮助县委、政府作了一些工作。

党的十四届六中全会召开以后，县政协及时召开了四届十七次常委会，认真学习全会精神，并审议通过了《关于贯彻党的十四届六中全会精神，加强社会主义精神文明建设的意见》，号召全体政协委员和政协工作人员，认真学习六中全会精神，把思想认识统一到《决议》精神上来，更好地履行政协职能，进一步投身于社会主义精神文明建设。为更好地贯彻《决议》精神，提高学习效果，12月，组织召开了政协委员学习六中全会《决议》精神报告会，请县委宣传部负责同志到会作了辅导报告。在组织委员加强学习的同时，县政协又组织部分政协委员和机关工作人员，深入实际，了解情况，进行座谈，对我县精神文明建设现状进行了调查，写出了《关于我县精神文明建设的几个问题的建议》，以主席会议建议案的形式报送领导参阅，县委、县政府领导对这个报告非常重视，及时作了批示，要求有关领导和部门认真研究报告提出的几个问题，采取具体措施，加以切实解决大力推进我县社会主义精神文明建设。

**——积极拓宽民主渠道，委员提案和社情民意工作进一步提高**

县政协四届四次会议以来，共收到委员提案108份，立案99件。四届四次会议之前，很多政协委员主动深入基层、深入群众，开展调查和座谈，为撰写提案作了充分准备。96年委员提案不仅数量多，而且在质量上也有了很大提高。多数提案都是经过调查研究后提出的，意见中肯，内容充实，建议具体，抓住了群众关注的热点，难点和我县国计民生的大问题。这些提案受到县委、县政府的高度重视，及时进行了审批，并召开提案交办会议，责成专人负责，限期落实。各承办单位认真负责，办理迅速，县政协与各办案单位密切配合，协同联动，使绝大部分提案得到了较好的落实，产生了良好的经济效益和社会效益。截止到11月中旬，提案已全部办理完毕，委员们对提案办理情况绝大部分比较满意。

社情民意工作迈上了新台阶。去年县政协制定并实施了《关于社情民意工作实施办法（试行）》，县委进行了批转，并召开会议进行了传达贯彻，为做好收集反映社情民意工作，县政协组建了社情民意工作专门班子，在社会各界聘请了特邀信息员，完善了网络，制定了制度，健全了机制和程序，使社情民意工作得到了进一步深化，政协的职能得到进一步延伸和拓展。在收集的社情民意中，不少具有真知灼见，对领导有较高的参考价值，对推动我县工作产生了积极的影响。如人们对建立、健全县城居民办事机构要求迫切，这一情况以《社情民意》专刊形式报送县委、县政府领导后，引起了高度重视，并及时进行了研究。形成了建立居民管理机构的意向。县政协关于社情民意工作的一些经验、做法，在市政协召开的研讨会上进行了介绍，受到了好评。

**——积极配合县委部署，为维护我县安定团结做了大量工作**

在“五月制非”期间，广大政协委员和政协机关工作人员，立场坚定、旗帜鲜明，在县委的统一领导下，发挥政协职能优势，积极参与了制非工作，政协领导率领部分工作人员进驻宗教重点村开展工作，宣传政策，进行疏导，日夜坚守在制非斗争的第一线；机关留守人员始终坚守在工作岗位，努力作好后勤保障工作。全体政协委员发挥自身影响大，工作便利的优势，以不同方式主动配合制非工作，发挥了积极作用。张双榜、李迎春、王宗、臧立根、岳振海、杨金庆、杨木森、杨国胜等企业界委员，主动捐款捐物，慰问制非第一线的同志们，对制非工作给予了大力支持，在“制非”斗争中，全体委员和政协干部，讲政治、讲大局，表现了人民政协高度的政治觉悟，为“制非”工作取得决定性胜利做出了积极贡献。

县政协还积极配合了“严打”工作。8月组织部分委员对温仁刑警队，魏村派出所，城关派出所进行了视察，听取了汇报，慰问了战斗在第一线的公安干警，对他们提出了勉励和希望。在四届十六次常委（扩大）会议上，还专题听取了县委副书记、政法委书记李同聚关于“严打”办案会战情况的报告，与会委员就事关我县政治稳定，社会安定方面的问题提出了建议。

**——加强政协自身建设，为争创一流工作创造条件**

一年来，我们认真探索新时期政协工作的新特点，不断优化政协组织的整体功能，内强素质，外塑形象，促进了政协履行职能的规范化、制度化建设。首先是组织委员和机关人员不断深入学习建设有中国特色社会主义理论和政协统战政策理论，积极开展“三三三一”活动，学习江泽民《领导干部一定要讲政治》

《建设一支高素质的干部队伍》等一系列重要讲话，进一步提高了委员和机关工作人员的政治业务素质。其次是加强了制度建设，制定了《政协清苑县委员会关于政治协商、民主监督，参政议政的规定》，使政协工作进一步实现了规范化、制度化，保证了政协职能较好地发挥。第三是结合机构改革和“三三三一”活动的开展，加强了机关思想组织作风建设，进一步完善了机关的工作、学习、值班、文秘等规章制度，同时还进一步改善了机关办公条件，使机关的工作效率和服务意识得到进一步提高。第四是加强了宣传工作，充分利用《政协委员之声》这一宣传阵地，广泛宣传政协委员的模范事迹和敬业精神，树立政协委员的良好形象。去年，结合县电视台制作电视专题片3期，为市电视台选送委员专题节目4期，选送数量和采用率居全市各县（市）区之首。第五是加强联系，扩大交往。为学习兄弟县、市政协的先进经验，先后赴定州、高阳、博野、满城、新市区、南市区、北市区等政协开展了联谊活动，进行了广泛的交流，拓宽了视野，开阔了思路，促进了我县政协工作。

一年来，县委、县政府对政协工作给予了高度重视和大力支持，县委专门召开了政协统战工作会议，并作出了《关于加强人民政协工作的决定》。县委、县政府的领导对政协的工作经常过问，对政协的建议、报告及时进行批示，对政协遇到的困难积极帮助解决，这些都为县政协开展工作创造了有利条件。县政协工作一年来取得的成绩，是全体委员团结奋进、积极工作的结果，是县委正确领导，县政府大力支持的结果。对此，我代表县政协表示衷心地感谢！

回顾一年来的工作，我们虽然取得了一些成绩，但与党和人民的要求相比，还存在着一定的差距。新的一年，我们要戒骄戒躁、总结经验、克服不足，奋力拼搏，扎实工作，争取在97年创造出更加优异的成绩。

## 一九九七年的工作任务

1997年，是我们党和国家发展史上不寻常的一年，我们将迎来香港回归祖国的历史性时刻和党的十五次代表大会的召开。1997年，是我县政治、经济发展的关键一年，全县人民将在县委、县政府的带领下，大力推进两个文明建设，向如期实现小康县目标发起最后的冲刺。1997年也是县政协四届委员会工作至关重要的一年，政协将对四届一次会议以来的工作进行认真总结，进一步探索新形势下做好政协工作的新经验，为明年政协换届工作打下一个坚实的基础。新的一年，政协肩负的任务更加繁重，工作更加艰巨。今年政协工作的指导思想是：以邓小平建设有中国特色的社会主义理论和党的基本路线为指导，认真学习和贯彻党的十四届五中、六中全会精神和县委七届五次全会精神，服从服务于全县工作大局，促进两个根本转变，积极围绕我县两个文明建设，履行政协三大职能，继续推进政治协商、民主监督、参政议政的规范化、制度化建设，充分发挥人民政协在团结稳定、协调关系中的重要作用，为我县1997年实现小康县作出新贡献。

## 1997年，重点做好以下工作：

**一、全面贯彻落实县委七届五次全会和县政府经济工作会议精神，以确保实现小康县为目标，继续紧紧围绕经济建设参政议政**

1997年，是我县实现小康建设的攻坚年、冲刺年，政协要站在小康建设全局的高度，充分认识自己肩上所担负的重任，把握大局，善谋大事，围绕小康建设，做好政协工作。一是每位政协委员要积极投入到小康建设中去。继续在政协委员中开展“带头奔小康、带动周围群众奔小康”活动。要立足本岗，发挥优势，献计出力，为小康建设作出贡献，有经济实力的委员，要带头发展壮大自己的事业，同时要主动扶持带动周围群众，特别是那些比较贫困的群众，使他们尽快实现小康。二是围绕农业、农村工作参政议政。农业既是我县经济工作的重点，又是实现小康、共同富裕的主要载体。要围绕科技兴农，农田水利基本建设，农业资源开发、畜牧养殖、农业产业化等问题调查研究，建言献计，发挥优势，促进农业由粗放经营向集约经营、低效农业向高效农业转变。三是以提高县办工业运行质量和效益为目标，围绕县办工业深化改革，建立现代企业制度，转变经营机制，调整产业结构，参政议政。为县委、县政府放开搞活国有企业提供决策依据，扭转我县办工业的被动局面。四是以促进乡镇企业上台阶为目标，围绕乡镇企业的进一步发展与提高参政议政。按照转换经营机制，提高整体素质，拓宽发展空间的思路，深入调查研究，为县委、政府领导出谋划策，做好服务工作。经企界委员要努力搞好自身企业，不断提高企业的规模水平和效益水平，为发展我县经济作出更大的贡献。五是围绕巩固财政自立成果，积极推动财政工作再上新台阶参政议政，在加强财源建设，培育新的经济增长点上积极建言献计，对财政运行情况加强民主监督，逐步实现我县由“吃饭财政”向“建设财政”转变。

**二、深入学习贯彻党的六中全会精神，大力推进我县社会主义精神文明建设**

深入学习、贯彻六中全会精神，搞好我县社会主义精神文明建设，是今年政协的一项重要工作，我们必须认真落实六中全会《决议》精神，按照县委九七年精神文明建设的要点和县政协关于精神文明建设的意见，切实做好我们的工作，为推进社会主义精神文明建设作出贡献。

搞好精神文明建设，首先全体委员要提高思想认识，把思想统一到六中全会《决议》上来，提高对邓小平“两手抓、两手都要硬”方针贯彻执行的自觉性，深刻认识精神文明建设的重大意义，从而到两个文明一起抓，协调发展，在提高思想认识的基础上，全体政协委员要身体力行，以自己的行动，在精神文明建设中作出表率，模范遵守社会主义的职业道德，社会公德和家庭美德，全面提高自身的道德素质，自觉抵制腐朽思想和不正之风，这样我们才能塑造高尚的政协委员形象，在群众中建立崇高的威信，才能发挥一名政协委员应有的影响和职能作用，才无愧于政协委员的光荣称号。精神文明建设重在参与，全体委员都要关心我县精神文明建没，积极参与精神文明建设的各项工作，积极开展创建文明户、文明村镇、文明单位的活动要摆正位置，选准角度，积极反映群众的意见和要求，提出意见，帮助领导及时解决精神文明建设中出现的问题。年内我们将评选在精神文明建设中涌现的模范政协委员，总结经验，进行表彰。为发挥政协民主监督职能作用，年内还将对一些单位文明建设情况，开展民主评议活动，提出批评建议，以推动精神文明建设的健康发展。县政协进一步开展文史、书画等方面的工作，继续组织文化、卫生、科技下乡等活动，发挥政协优势，推动精神文明建设。

**三、努力工作、积极开拓、全面发挥政协职能作用**

今年政协工作要紧紧围绕深化改革、发展经济、政治稳定等重大问题，选准角度，摆正位置，在“尽职不越位、帮忙不添乱，切实不表面”的原则指导下，积极开展工作，全面发挥“政治协商、民主监督、参政议政”三大职能，为胜利完成我县今年确定的各项任务，开拓进取，努力工作。

要继续运用全会、常委会、主席会等例会履行政协职能，进一步加大视察、考察、调查研究工作的力度。视察、考察要多层次、抓重点，要把县委、县政府确定的重大工作，重大项目、重大部署作为视察、考察内容，以促进全年工作任务的实现。调研工作要从政协实际出发，坚持“少而精”的原则，要坚持超前性，实用性，科学性，要抓住群众关心的热点、难点问题，要与有关部门紧密配合。通过调查研究给领导提供有参考价值的建议，力争进入决策内容。

要在委员中广泛开展撰写提案的活动，充分发挥这一有效形式参政议政。积极撰写提案是发挥政协整体功能，发动全体委员参政议政的重要途径。我们近200名政协委员，如果每人一份提案，大部分能被采纳，那将是对我县民主政治建设的有力推动，对我县经济发展将是一大贡献。政协章程规定：积极撰写提案是政协委员的职责和任务。县委、县政府领导非常重视提案工作，各承办单位办理提案严肃认真，这些都为开展提案工作创造了十分有利的条件，要求全体委员按照提案工作的有关规定，精心选择题目，深入调查研究，积极认真撰写提案，以发挥政协委员应有的作用。

积极收集和反映社情民意，是全体委员的责任，是深化和延伸政协职能的一项重要任务。在去年的基础上，今年要继续把这项工作深入开展下去。社情民意是把握大局，制定政策的政治基础，是政协参政议政的客观依据。政协委员是各界人士的代表，群众的情绪，群众的意见，社会动态，我们有责任有义务收集上来，反映给各级领导和领导机关，提请注意或在工作中参考，以帮助领导改进工作，实现领导决策的民主化、科学化。希望各位委员提高认识、深入群众、多了解情况，把收集反映社情民意工作做好。

**四、围绕香港回归，立足政协职能，积极开展工作，进一步促进祖国和平统一大业**

今年七月一日，我国将对香港恢复行使主权，一洗中国历史上这百年的耻辱，这是一件举世瞩目、彪炳史册的大事，每一位中华儿女都为此感到自豪。我们要围绕香港回归，积极开展工作，为祖国统一，振兴中华贡献力量。要积极完成上级交给的有关任务，主动协调有关部门举办各种形式的庆祝活动，召开香港问题的报告会，座谈会，茶话会，举办电视讲座，图片展览、香港问题知识竞赛等活动，广泛深入地开展香港回归的宣传，庆祝活动，要利用香港回归祖国的契机，深入学习、宣传邓小平关于“一国两制”的伟大构想和理论，深刻认识其远见卓识的伟大意义，进一步认识“一国两制”符合民心，切实国情，是实现祖国和平统一的强大思想武器。要深入开展爱国主义教育，爱我中华强我中华，高举爱国主义、社会主义两面旗帜，把海内外炎黄子孙团结起来，为建设强大的社会主义祖国而共同奋斗。还要深入开展祖国近代史的教育，使人们懂得贫穷落后就要挨打的道理，只有富强，才能独立，才不受别人欺负，才能自立于世界之林，从而奋发图强，加快建设，使祖国进一步强大起来。香港回归祖国为我国开放引进创造了条件，要利用这一契机，进一步加强与香港同胞和海外侨胞的联谊工作，介绍我县的投资环境，进行牵线搭桥，为我县开放引进，多做工作，贡献力量。

**五、进一步提高政协队伍的整体素质，为胜利实现九七年确定的各项工作任务，提供组织思想保障**

我县的全年工作，县委、县政府已经作了全面部署，为政协履行职能提了丰富的内容和更为广阔的舞台。政协的历史责任就是紧紧围绕和把握县委、县政府的总体思路，主攻方向和决策意图，自觉服从服务于这个大局，按照职能要求，积极主动地做好各项工作，为我县的发展和稳定做出应有的贡献。做好全年的工作，关键是要建设一支高素质的政协队伍，全体政协委员要进一步加强自我完善，自我提高的意识，努力提高自身素质和参政议政能力，做一名高水平的政协委员。要认真学习党的十四届六中全会精神，加强思想道德修养，讲学习、讲政治、讲正气，牢固树立建设有中国特色社会主义的共同理想，坚持党的基本路线不动摇。要克服拜金主义、享乐主义、个人主义，坚决抵制腐朽思想的侵蚀和“黄赌毒”等丑恶现象的泛滥，做社会主义精神文明建设的模范。要发扬政协工作贵在参与的精神，自觉地服从服务大局，关心全县经济发展和社会进步，主动参政议政，献计出力，积极为建设经济强县作出贡献。

政协机关担负着服务、协调、组织、联络等工作任务，是政协工作的重要组成部分，必须进一步加强机关建设，以适应新形势、新任务的需要。今年要开展创建“三讲”（讲学习、讲政治、讲正气）文明机关活动，以“三讲”促进带动“服务优质、作风优良、环境优雅”的文明机关建设，为政协履行职能和委员参政议政提供可靠保证。政协机关工作人员要具有坚定的政治立场，主动的服务意识，开拓进取的精神，奉公守法的品德，好学敬业的作风，文明高尚的礼貌，围绕我县两个文明建设做好大团结、大统一、大联合的工作。积极促进各界人士、各团体、各部门的团结、努力形成一个团结民主、合作共事的氛围，使政协机关成为联络各界人士肝胆相照，坦诚共事的委员之家。

今年是四届县政协的最后一年，筹备换届工作是今年政协的一个重要工作。县政协将按照县委统一部署，从提高下届政协参政议政水平出发，作为政协自身建设的一件大事，积极参予县政协换届的各项筹备工作，确保换届工作的胜利完成。

各位委员、同志们，充满希望的1997年已经到来，中华民族发展史上新的光辉的一页已经掀开。时代对人民政协提出了新的更高的要求，也为全体政协委员提供大显身手的良好机遇。“春来万物竞风正千帆悬”。让我们更加紧密地团结在以江泽民为核心的党中央周围，在县委的正确领导下，把握大局，再接再厉，同心同德，开拓奋进，共铸新的辉煌，迎接党的十五次代表大会胜利召开！

## 【五届一次会议】

### 中国人民政治协商会议<br>清苑县第四届委员会常务委员会工作报告

胡景山

（1998年2月14日）

各位委员、同志们：

正当全国人民在以江泽民同志为核心的党

中央领导下，高举邓小平理论伟大旗帜，全面贯彻落实十五大精神，把我国现代化建设全面推向新世纪的重要时期，政协清苑县第五届委员会第一次会议开幕了。当此新春佳节之际，我谨代表政协清苑县第四届委员会，向全体与会同志表示节日的祝贺。

我受县政协四届委员会常务委员会的委托，向大会作工作报告，请审议。

## 五年工作回顾

过去的五年，县政协四届委员会坚持以邓小平理论和党的基本路线为指针，深入学习贯彻十四大和十五大精神，在县委的正确领导和县政府及有关部门的大力支持下，团结带领全体政协委员，始终围绕全县的工作中心，找准位置发挥优势，认真履行政治协商、民主监督、参政议政的职能不断探索新时期政协工作的新思路，新途径，为我县的社会稳定和两个文明建设做出了积极的贡献，使人民政协在全县社会生活中的地位不断提高，社会影响不断扩大，形成了日益活跃的工作局面。

**——紧紧围绕我县经济建设中心积极献计出力**

五年来，县政协牢牢把握经济建设这一中心，积极组织委员全方位服务、多角度参政，共组织委员视察40多次，搞大型调研活动12次，写调查报告12份，其中7份县委、县政府领导作了批示，绝大多数意见被采纳，为我县经济的振兴做出了积极的贡献。

一是抓住涉及全局的问题进行参政议政。县政协多次召开各界人士参加的恳谈会和座谈会，并邀请县委、县政府及有关部门的主要领导到会，就制定、实施我县“九五”计划和2010年远景目标规划进行协商论证，为计划和规划的制定与实施，提供了科学的依据。

二是抓住经济建设的重点问题进行参政议政。本届政协委员和机关干部，结合有关部门，多次深入基层进行调研，召开各种形式的专题座谈、研讨会35次，直接调查400余人次，并先后撰写了《对六家三资企业考察情况的报告》，《关于个体私营经济座谈调查情况的报告》，提交县委、县政府领导参阅。县委、县政府领导对两份报告做了重要批示，并将建议内容列入决策议程。

三是抓住难点问题献计献策。几年来，先后对我县电池厂、童装厂等县办工业企业进行了视察调研，并针对其改革前景提出建设性意见，被政府采纳。

四是围绕农业、农村工作参政议政。94年春，组织有关人员对农业科技队伍进行了调查，向县委、县政府提交了《农业科技队伍现状的调查报告》，在全县引起反响，县委书记，县长相继作出批示，并认真组织落实，稳定了农业科技队伍。1995年年初，政协对我县农业结构进行了长达七个半月的调查，提出了在全县实施五大科技兴农工程的战略，得到县委、县政府的采纳。1995年春，我县养殖业因市场原因出现滑坡。县政协及时组织了调查，提出了开拓市场，共渡难关的五条建议，使我县的养殖业很快走出了低谷，焕发了生机。

五是积极推进小康县建设。几年来，县政协先后四次在政协常委会上专题听取了小康建设的进展情况，并进行协商；组织有关委员先后18次深入乡（镇）、村，对小康建设进行视察和督导。还专门下发通知，要求全体委员积极为小康建设献计献策，并在委员中开展了以“带头奔小康，带动周围群众奔小康”为内容的“两带”活动，活动中涌现出了很多小康建设的带头人。目前，全县已有80多名农村委员达到或超过小康标准，同时带动千余户群众提前进入小康。

**——紧紧围绕我县精神文明建设广泛开展有益的文化工作**

党的十四届六中全会以后，县政协组织专门力量对我县精神文明建设的现状进行了调查，针对我县精神文明建设的几个热点问题提出建议。并以主席会建议案的形式提交县委，县委采纳了这些建议。本届政协十分重视文史工作。五年间，先后筹集资金10万余元，编辑出版文史资料3集，共收集整理文稿150余篇，60余万字，使大批散存于民间的珍贵史料得以保存，为全县人民积累了一批宝贵的文化财富。我县的文史工作也连续三年获省政协系统一等奖。

政协清苑县书画协会成立于94年。目前，发展会员100多人，举办书画活动10余次，展出各种风格的作品千余幅。1997年，我们又着手筹备出版《清苑书画集》，为弘扬传统书画艺术，培育艺术人才做出积极贡献。

本届政协还充分发挥政协人才济济的优势，连续多年大力开展文化、科技、卫生“三下乡”活动。五年来先后组织”三下乡”活动16次，服务群众上万人次。

**——紧紧围绕群众关心的热点问题抓好委员提案和社情民意工作**

四届政协采取有效措施，积极引导政协委员紧紧围绕我县党和政府的中心工作，以及群众普遍关心的热点难点问题采用提案形式，履行政协职能，使我县政协提案工作迈上一个新台阶，四届一次会议以来，共收到委员提案395件，其中立案342件。目前，这些提案已全部办理完毕，占立案总数的100%。

我们制定实施了《关于社情民意工作实施办法》，由县委进行了批转，并召开专门会议进行传达贯彻。县政协组建了社情民意工作的专门班子，在社会各界聘请了特邀信息员36名，完善了网络，健全了制度，并创办了《社情民意》专刊，使社情民意工作得到了进一步深化，政协职能得到进一步拓展和延伸。几年来，共收集反映社情民意信息200余条，编辑、报送《社情民意》专刊12期。

**——紧紧围绕团结稳定的大局充分发挥政协优势**

几年来，四届政协充分发挥政协优势，积极协助县委.县政府做好沟通思想、理顺关系、化解矛盾、凝聚人心的工作，正确处理新时期人民内部各种矛盾，消除各种不稳定因素，为进一步巩固和发展我县政治安定。社会稳定的良好局面做出了贡献。

针对当前广大农村存在的不稳定因素，县政协向全体委员发出了《关于政协委员要充分发挥桥梁纽带作用，协助基层党组织，做好群众思想政治工作的通知》，要求委员发挥自身影响大、工作便利的优势，做好农村的团结稳定工作。

本届政协还积极发挥民主监督职能，努力推进我县民主法制建设。几年来，多次组织委员对政法、行政等部门的工作进行视察和评议、定期听取有关部门的汇报，并就育关我县政治稳定、社会安定方面的问题提出了很多富有建设性的意见。

**——紧紧围绕整体素质的提高加强政协队伍建设**

四届一次会议以来，县政协深入、持久地开展了“做三讲文明个人，创三讲文明机关活动”，大力加强了委员、政协机关的思想建设、理论建设、组织建设和作风建设，不断提高政协队伍的思想觉悟和政治素质。在去年市政协组织召开的“三讲”活动总结表彰会上，我县政协机关被市命名为“三讲”文明机关。

本届政协始终把学习工作放在突出重要的位置，常抓不懈。四届一次会议以来，逐步建立和完善了一整套学习制度。几年来，组织广大委员和机关干部系统学习了马列主义、毛泽东思想、邓小平理论，学习了党的重要会议和领导重要讲话精神，学习了党在新时期关于统战政协工作的方针政策，并结合实际工作的需要，邀请有关人员向委员和机关人员讲解金融、财税、经贸等相关知识。先后邀请省、市、县有关领导和专家为委员做辅导报告7次，印发学习资料4000余份。

大力加强了宣传工作。会同电视台开辟了《委员之声》专栏，共制作播放了20多位政协委员的先进事迹，其中8人被选送市电视台《委员风采》栏目播放。几年来，在新闻媒体发稿100多篇，扩大了政协的社会影响。

四届政协在履行主要职能的过程中，积累了一些行之有效的经验，我们的主要体会是：（一）政协工作必须坚持党的领导。只有坚持党对政协工作的领导，政协工作才会有正确的方向，才会有作为，才能不断开创政协工作的新局面。（二）政协工作要牢牢把握工作中心，树立中心意识，紧紧围绕党委、政府的工作大局和中心工作履行职能，参政议政。（三）政协工作必须体现本身的地位职能，要在政协工作中发挥政协优势，体现政协特色，选准位置和角度，做政协能办得到，做得好的事，努力做到“尽职不越位，帮忙不添乱”。（四）政协工作既要在宏观上积极参政议政，又要在微观上积极出力。政协的工作不能仅仅停留在协商监督上，停留在提建议上，更要做好自身工作，尤其是在本职岗位上要有所贡献，有所建树，这样政协说话才有说服力。（五）必须不断加强委员队伍建设。政协委员是政协工作的主体，政协的活动力在委员，只有不断提高委员素质和参政议政能力，政协的职能才能充分发挥。

## 今后工作建议

各位委员、同志们，当前，我们正处在世纪之交，改革开放和现代化建设进入新的历史发展时期，县政协工作总的指导思想是：高举邓小平理论伟大旗帜，认真学习贯彻党的十五大精神，团结全县各界人士，紧紧围绕县委、县政府总体工作部署和经济建设这个中心，认真履行政协职能，充分发挥政协优势，为把我县建成经济强县，开创政协工作新局面做出新贡献。

**一、深入学习邓小平理论和中共十五大精神，为做好政协工作奠定坚实的思想基础**

1998年，是我国全面推进改革，经济高速发展的重要时期。面对这一新的形势，我们全体政协委员和全体机关干部，要做学习邓小平理论的模范，掀起学习邓小平理论的新高潮。学习中，要完整准确地把握这一理论的科学体系，深刻领会精神实质。要发扬理论联系实际的优良学风。尤其注意学好邓小平同志关于新时期统一战线、人民政协等一系列重大问题的精辟论述，深刻认识统一战线在建设有中国特色社会主义中的重要地位和作用，用邓小平理论指导政协工作，更加自觉地坚持和完善共产党领导的多党合作和政治协商制度。

**二、认真履行政协职能，紧紧围绕县委、县政府的工作和经济建设这个中心，积极有效地参政议政**

在今后政协工作中，要继续加大参与经济工作力度，继续发挥政协人才荟萃、智力密集、联系广泛的优势，为繁荣我县经济做出贡献。

为经济建设搞好服务，首先、注意发挥政协的整体功能，要充分利用政协全会、常委会、主席会、专题协商会等形式积极参与我县经济工作。要把握经济工作的主要矛盾，选准主攻方向，针对我县经济运行中的深层次问题，有力地实施协商与监督职能。要积极参与我县经济建设的发展规划、目标、结构、速度等重大问题的决策，要围绕我县改革开放和经济运行中出现的新情况、新问题，深入实际调查研究，力求为县委、县政府提出有较大价值的意见和建议。

要继续发挥人民政协的人才智力密集优势。政协委员是各界别的拔尖人才，具有一定专长，今后要继续发挥自己的优势和专长，在各个岗位上创出新成绩，做出贡献。经济企业界委员要谋划好自身企业，努力提高企业规模效益，规范维护市场秩序，争取为振兴清苑、发展清苑作出更大贡献。来自农村和农业界委员要大力发展农村经济，发展乡镇企业和私营企业，积极带领群众奔小康。科技教育界委员要大力实施科教兴农战略，积极探索智力开发，技术推广的新途径。开展科技下乡、技术培训和咨询服务等活动，努力为社会多培养一批有用人才，政协委员要大力推动“光彩事业”的开展，积极开展扶贫帮困活动。力争为社会为群众的公益事业多做一些贡献。三胞眷属委员要加强与海外或港、澳、台亲友的通信联系。利用各种渠道宣传清苑。宣传我们的招商政策，力争为我县引进资金、项目和人才做出更大贡献。

**三、大力推进我县社会主义精神文明建设，为建设经济强县提供强大的精神动力**

在今后政协工作中，要继续协助县委、县政府搞好我县社会主义精神文明建设，为推进我县两个文明建设做出应有的贡献。政协委员要加强思想道德素质修养，要树立正确的世界观、人生观、价值观。树立高尚的职业道德、社会公德和家庭美德。政协委员要积极参与精神文明创建活动。

**四、发挥政协团结协调功能，为创造团结、稳定、民主、和谐的社会环境做出积极贡献**

政协委员要发挥联系面广，辐射力强，位置超脱等特点和优势，积极协助当地党委、政府做好宣传政策，协调关系，化解矛盾，凝集人心的工作。少数民族委员要积极带动本民族群众发展经济，协助政府维护好民族团结，要努力推进祖统联谊工作，进一步加强海峡两岸人民的来往与交流，为祖国和平统一做出贡献。

**五、认真做好提案工作和社情民意工作，全面发挥政协职能作用**

在今后政协工作中，继续抓好委员提案工作，把提案工作提高到一个新水平。力争多为党政机关提供一些有分量的意见和建议，要进一步落实省政协《提案工作条例》，严格提案承办程序，提高办案质量，加大政协督办力度，使提案工作逐步走上规范化、制度化。

要进一步加强收集和反映社情民意工作。这是深化和延伸政协职能的一项重要任务，是领导机关把握大局、制定政策的政治基础，政协委员是各界人士的代表，群众情绪、群众意愿、社会动态，我们有责任有义务收集上来反映给各级领导机关，以帮助领导改进工作。

**六、进一步加强政协队伍建设，为认真履行政协职能提供有力的组织保障**

全体政协委员要进一步加强自我完善，自我提高意识，努力提高自身素质和参政议政能力，争做一名高素质、高水平、高贡献的政协委员。要努力学习党的方针政策和政协统战理论，学习政协章程和政协有关知识，不断提高政治水平和业务能力。努力加强思想道德修养，克服拜金主义、享乐主义、个人主义，抵制腐朽思想的侵蚀。

政协机关必须进一步加强机关建设，以适应新形势、新任务的需要。继续开展创建“三讲”文明机关活动，机关要加强思想、组织、作风、制度建设，努力提高政策水平和能力，不断提高工作效率和服务水平。

各位委员、同志们，今后五年，将是世纪之交的关键时期，将是全面完成九五计划，为实现2010年远景目标奠定基础的五年，各位委员肩负的责任十分重大，时代对人民政协提出了新的更高要求。让我们在县委领导下，高举邓小平理论伟大旗帜，认真学习贯彻十五大精神，继承和发扬人民政协的优良传统，团结带领各族各界群众，解放思想，艰苦创业，拼搏进取，扎实工作，为开创政协工作新局面，为建设文明、开放、富裕、繁荣的经济强县而努力奋斗！

## 【五届二次会议】

### 中国人民政治协商会议<br>清苑县第五届委员会常务委员会工作报告

胡景山

（1999年2月24日）

各位委员、各位同志：

我受政协清苑县第五届委员会常务委员会的委托，向大会作工作报告，请审议。

#### 一年来的工作回顾

1998年，是全国各族人民在中国共产党的领导下，全面贯彻落实中共十五大精神，经历严峻考验，并取得改革和建设重大胜利的一年。回顾刚刚过去的一年，县五届政协委员会在县委的正确领导下，在县政府及有关部门的大力支持下，紧紧围绕党的十五大提出的各项战略任务和县委、县政府的中心工作，以谋大事、办实事为着力点，认真履行政协职能，充分发挥政协优势，圆满完成了全年的各项任务，取得了可喜的成绩。

一年来，主要做了以下几方面的工作：

**——加强学习，提高素质，进一步加强了政协队伍建设**

去年政协换届以后，新任委员占多数，许多委员对人民政协的性质、地位、作用了解不多，对政协的工作方法、内容、程序不够熟悉，针对这一实际情况，县政协强化了委员的学习和培训工作。县政协五届一次会议期间，利用以会代训的方式，组织委员重点学习了政协《章程》，统战政策和人民政协的基本知识；会议结束以后，我们又组织编写了有关政协工作的学习资料，及时印发给全体委员。同时，县政协进一步加强了对委员学习的指导，去年四月份，以乡镇为单位，分别组织召开了学习培训会议，由县政协主席、副主席带队，深入到全县十九个乡镇，为委员授课，同委员进行座谈，指导委员进行学习，收到了良好的效果。

邓小平理论是新时期做好政协工作、提高履行职能水平的根本指导思想，也是委员学习的重点内容，为推动委员学习理论活动的开展，提高委员学习效果，去年六月，县政协组织召开了委员学习报告会，邀请县委宣传部的领导为委员作了学习邓小平理论的专题报告，对委员学理论、用理论活动起到了良好的促进作用。全体县政协委员紧密联系工作实际，立足本职岗位，开展了学习邓小平理论活动，通过学习，广大委员进一步增强了政治责任感和紧迫感，提高了参政议政能力。

县政协机关建设取得了明显成效。换届以来，我们不断适应新形势、新任务的需要，进一步加强了机关建设。去年年初，根据上级的指示精神和县委的安排部署，县政协机关进行了机构改革，对原有的机构进行了撤并，人员进行了调整；按照县委的要求和机关自身的需要，认真开展了机关思想、纪律、作风整顿，全面加强了机关的思想政治建设，大力提倡和树立了政协机关工作人员的“十种意识”，建立健全了各项规章制度，进一步形成了讲质量、讲效率、讲规范、讲团结、讲协作的良好风气，推进了机关工作的规范化、制度化。一年来，政协机关先后承担了接待全国政协委员视察团和省、市政协委员视察团的任务，政协机关的优质服务和工作效率，受到了各级领导的一致好评。

**——把握中心，服从大局，围绕我县的发展和稳定参政议政**

一年来，县政协紧紧围绕经济发展这一中心，强化例会协商，深入开展调查研究，多渠道、多角度地参与我县的经济建设。县政协五届四次常委会议，专题听取了我县招商引资和城建规划工作情况的汇报，并进行了协商，会议期间，还组织与会委员深入到企业和施工现场进行了视察，当场提出了意见和建议；一年来，县政协还先后对我县的农业、林业、乡镇企业、三资企业等重点工作，组织委员开展了多次视察活动，并就视察中发现的问题，向县委、县政府及有关部门提出了意见和建议；围绕国有企业改革和下岗职工再就业问题，县政协多次组织召开协商座谈会，邀请劳动、经贸等部门的负责同志及企业的厂长、经理进行协商，深入到企业进行调研，寻求解决的办法，并及时将有关情况反馈给县委、县政府，为领导的科学决策和问题的解决提供了依据。

稳定是发展的前提和基础，一年来，县政协积极协助党委、政府做了大量增进团结、维护稳定的工作，为进一步巩固和发展我县政治安定、社会稳定的局面做出了积极贡献。县政协五届二次常委会议，专题听取了我县政法系统执法大检查情况的汇报，并针对我县政法工作情况进行了协商，提出了意见和建议；十一月份，省政协委员视察团，专程来我县检查了我县政法工作和社会治安综合治理工作，我县部分政协委员也随团进行了视察，并提出了许多富有建设性的意见和建议，促进了我县的政法队伍建设。针对当前我县农村的社会稳定中面临的一系列新问题，县政协专门发出了通知，要求全体政协委员充分利用位置超脱、代表面广、影响力大的有利条件，做好沟通思想、协调关系、理顺情绪、化解矛盾的工作。广大县政协委员，带头积极执行国家的政策，积极宣传党在农村的路线、方针、政策，协助党委、政府做了大量工作，对维护当地的社会稳定起到了积极作用。

**——认真办理提案，严格民主监督，推进履行职能的规范化、制度化**

去年的提案工作呈现出提案质量高、办理速度快、落实效果好的显著特点。县政协五届一次会议以来，共收到委员提案87件，其中立案67件。许多委员的提案是在深入调查研究的基础上提出的，因此，这些提案的质量和规范化程度较高，具有较强的科学性和实用性。提案的内容丰富，涉及方方面面，集中反映了人民群众关心的热点、难点问题，抓住了党委、政府的工作中心，体现了政协委员对全县各项事业无比关心的政治热情，引起了县委、政府领导的高度重视。在提案办理过程中，县政协进一步加大了提案督办力度，对部分重点提案，县政协领导亲自进行督办。去年10月，组织召开了部分委员和提案承办单位参加的提案工作座谈会，协调了各方面关系，促进了提案的办理落实。县政协五届三次常委会议，专题听取了县委、县政府关于提案办理情况的汇报，对提案办理工作实施了更高层次的监督。各提案承办单位，在办理委员提案过程中，认真负责，不敷衍、不推托，充分尊重委员意见，严格按照提案工作《条例》办理，能够办的事情立即着手办，有些客观因素不能及时办理的，也向委员说明了原因。截至去年九月底，委员提案已全部办理完毕，大多数委员对办理结果表示满意。通过提案办理工作，使许多委员的意见和建议在实际工作中得到了较好的落实，产生了良好的社会效益和经济效益，对促进我县的改革开放、经济建设和社会稳定发挥了重要作用。

一年来，县政协还积极发挥民主监督职能，先后组织委员听取了邮电、公安、税务等职能部门的工作汇报，对有关部门的工作进行了评议，提出了意见、建议和批评，进一步促进了这些部门的工作；部分政协委员还应邀担任了公安、检察院、法院、邮电、技监等职能部门的社会监督员，对这些部门的工作进行了监督。

**——选准角度，发挥优势，组织发动委员深入开展“帮困难户、交穷朋友”活动**

在九八年的政协工作中，县政协坚持解放思想，开拓创新，在政协工作的内容上不断开创履行职能的新途径，把协助党委、政府做好下岗职工再就业和扶贫帮困作为履行职能的重点，在委员中开展了“帮困难户、交穷朋友”活动。去年四月，县政协向全体委员发出了开展“帮困难户、交穷朋友”活动的通知，要求每个政协委员根据各自实际，加强与贫困户和下岗职工的联系，帮助他们解决好生产生活中的实际困难，带领他们走共同富裕的道路。

通知发出之后，县政协领导多次深入到基层，深入到委员中，了解活动的开展情况，检查指导工作；县政协机关也积极与劳动、经贸、民政等部门取得联系，为委员吸纳下岗职工再就业和扶贫帮困提供服务。广大政协委员在接到通知后，积极行动起来，参与了“帮困难户，交穷朋友”活动，宋学良、杨盒庆、臧锦忠、黎小玲、吴小娟、彭瑞宗、霍洪社、李喜发等委员，或积极吸纳下岗职工和贫困户子女到自己的企业就业，或在资金、技术上帮扶困难户，为带动一方群众共同致富，做出了积极贡献。

为推动“帮困难户、交穷朋友”活动的深入开展，去年十二月，县政协组织召开了“帮交”活动经验交流会，对“帮困难户、交穷朋友”活动进行了总结。据不完全统计，“帮困难户、交穷朋友”活动开展以来，广大政协委员通过各种渠道和方式，共安排下岗职工250余人次，安排贫困户子女就业、扶助贫困户300余人次。“帮困难户、交穷朋友”活动的开展，在全县干部群众中引起了强烈反响，保定市报、清苑电视台、清苑报等新闻媒体相继做了宣传报道，市政协简讯也介绍了我们的经验，使县政协的社会影响进一步扩大，委员的良好社会形象得到树立。通过开展“帮困难户、交穷朋友”活动，许多委员对政协的工作有了更深的了解，对政协的职能有了更高的认识，参政议政的热情也更高了。

去年夏季，我国的长江、松花江流域发生了历史罕见的特大洪水，抗洪救灾形势十分严峻。县政协及时向全体委员发出了支援抗洪救灾斗争的通知，全体政协委员积极响应县政协的号召，发扬伟大的抗洪精神，踊跃为灾区捐款、捐物，为灾区人民恢复生产、重建家园、奉献爱心。全县各界政协委员和政协系统共捐款物达6万余元，有力地支援了抗洪救灾斗争。

**——文史交友、书画联谊，积极参与我县精神文明建设活动**

通过开展文史工作和书画活动，广交朋友、多方联谊，为我县的两个文明建设服务，为促进社会各界的大团结、大联合服务，是去年政协工作的特色和优势。

一九九八年县政协的文史工作在连续三年获省政协系统表彰的基础上，再次获省二等奖；《文史资料》第六辑的稿件征集工作于去年全面展开，为该书的尽快出版奠定了基础；通过开展文史工作，旅美侨胞马树栋先生与县政协取得联系，并通过县政协捐款97万元人民币为其家乡韦各庄村修建的教学楼于去年十月如期竣工并交付使用，县政协在韦各庄小学举行了隆重的落成典礼。

政协书画会的工作日渐活跃，经过多方筹措资金和紧张的筹备，《清苑书画集》第一辑于九八年出版并发行，这本书画集共收录了我县100多位书画爱好者的130余幅书画作品，充分反映了我县人民的文化品位和艺术追求，代表了我县的书画艺术水平。它的出版发行，填补了我县文化生活的空白，引起了社会各界的强烈反响，受到了有关专家和上级领导的一致好评。此外，政协书画会还举办了多次书画展，既活跃了政协的工作，又丰富了我县人民的文化生活。

一九九八年，县政协还组织文化、电力、科技、卫生界委员赴李庄开展了“三下乡”活动，为当地群众提供了文化、科技、卫生服务，受到了当地广大干部群众的欢迎。

1998年是县五届政协工作的第一年，一年来，县政协的各项工作在原有的基础上取得了新的进展，迈出了坚实的步伐，开好了局，起好了步。一年来各方面成绩的取得，是县委正确领导和县政府及有关部门大力支持的结果，是全体政协委员、各界人士共同努力的结果。借此机会，我代表政协清苑县第五届委员会常务委员会，向一年来支持、关心政协工作的县委、县政府、有关部门及各人民团体、各界人士表示衷心的感谢和崇高的敬意！

回顾一九九八年的工作，我们在取得喜人成绩的同时，工作中仍存在不少问题和不足，许多薄弱环节亟待加强，许多规章制度需要进一步完善，许多经验教训需要及时总结。所有这些，有待在今后的工作中加以改进。

**一九九九年的工作任务**

1999年，是我们党和国家历史上极为重要的一年，共和国将迎来50周年大庆，澳门将回归祖国怀抱。1999年，也是县委实施关于建设繁荣、富强、文明的新清苑“三步走”战略的第一年，是实现我们各项工作跨世纪发展的关键一年。做好今年的工作，关系重大，意义深远。根据新的形势和任务，今年县政协工作总的指导思想是：高举邓小平理论伟大旗帜，认真贯彻党的十五大和十五届三中全会以及县委八届四次会议精神，在上级政协的指导和县委的领导下，牢牢把握团结和民主两大主题，紧紧围绕县委、县政府的中心工作，全面履行政协职能，不断提高工作质量，以崭新的姿态把政协工作全面推向二十一世纪，为建设繁荣、富强、文明的新清苑做出新的贡献。

**1999年，要重点做好以下工作：**

**一、大兴学习之风，以邓小平理论指导政协工作的开展**

深入学习邓小平理论，是面向新世纪推进伟大事业的战略需要，是中央贯彻落实十五大精神的一项重要部署，也是我们做好新时期人民政协工作，不断开创政协工作新局面的根本保障。要按照中央和各级党委关于深入学习邓小平理论的要求，不断增强学习的自觉性，通过开展灵活多样的活动，组织和推动委员深入学习邓小平理论，进一步兴起学习邓小平理论的新高潮。

学习邓小平理论，要在全面准确把握和理解邓小平理论的科学体系和精神实质上下功夫、用真劲。学习邓小平理论，要与学习贯彻党的十五大精神和十五届三中全会精神紧密结合起来，科学把握中共十五大把邓小平理论确立为全党指导思想的重大意义，充分认识中共十五届三中全会对于全面推进我国农村经济、政治、文化建设，加快建设社会主义新农村，胜利实现跨世纪宏伟目标的现实意义和长远意义。学习邓小平理论，要与正确分析我县当前经济、政治形势结合起来。通过学习，把委员的思想和行动进一步统一到中共十五大精神上来，把委员的智慧和力量进一步凝聚到建设繁荣、富强、文明的新清苑的伟大实践上来。

今年，县政协将进一步加强对委员学习的指导工作，在去年委员培训的基础上，继续运用办班培训、举办学习报告会、印发学习资料等形式，推动委员学习活动的深入开展，切实提高委员的学习效果，使委员通过学习，在认识上有新的提高，思想上有新的解放，作风上有新的转变，实践上有新的成就。要在理论的应用上抓落实，组织引导委员紧紧围绕县委八届四次全体会议提出的各项任务，围绕我县改革、发展、稳定中出现的热点、难点、焦点问题，参政议政，献计出力；继续开展以“帮困难户、交穷朋友”活动为主要内容的学理论、用理论、实践理论的活动，把政协的学习工作推向一个新的高度。

**二、以经济建设为中心，全面履行政协职能**

今年是我县进一步深化改革、扩大开放，实现经济持续、快速、稳定、健康发展的关键一年。县政协将进一步加大协商参与经济工作的力度，组织、发动政协委员，为经济建设服务，为发展我县经济做出贡献。

要紧紧围绕县委八届四次全体会议确定的全县经济的指导思想、奋斗目标和总体要求，密切联系政协工作实际，充分发挥政协优势，就我县今年经济工作中的重要举措、重大问题实施政治协商，及时了解和反映各界人士的意见和建议，协助党委、政府搞好宏观决策，并为确保这些决策的贯彻、实施发挥好民主监督作用。围绕县委、县政府的中心工作，组织和发动政协委员，选择国有企业改革、乡镇企业、个体私营经济、城镇基础设施建设、市场建设、招商引资、科教兴县等重大课题，进行广泛深入的调查研究，组织好视察、监督活动，提出意见和建议。特别要把贯彻落实党的十五届三中全会决定作为突出重点，围绕我县实现农业增产、农民增收和农村稳定，积极进言献策，做出应有的贡献。

要充分发挥人民政协人才荟萃的优势，在为经济建设献计出力方面有所作为。广大政协委员，要发挥自身在经济建设方面的优势和专长，在各自的岗位上创造出新的业绩，做出新的贡献。经济企业界委员，要把握住经济结构调整，国内需求扩大的有利时机，发展壮大自己的企业，提高经济效益，增强市场竞争力；科技教育界委员，要大力实施科教兴县战略，走科技与市场结合的路子，做好农业科技开发与推广，农业产业化、企业技术创新等项工作，为经济的发展提供强大的动力；“三胞”眷属委员要进一步加强与海外亲属的联系与交流，宣传我县的招商环境和政策，力争为我县引进资金、项目和人才做出贡献。

**三、充分发挥政协优势，积极参与我县精神文明建设活动**

今年是建国50周年和人民政协成立50周年，澳门也将在今年回归祖国，这一年里，大事多、喜事多、热点多。根据形势的需要和政协工作的实际，我们将积极参与和组织好各项庆祝活动。协调各方面力量，围绕不同的主题，通过组织召开报告会、茶话会、座谈会、举办电视讲座、书画展览、征文比赛等形式，广泛深入地开展宣传庆祝活动，在全县城乡营造团结奋进、昂扬向上、欢庆祥和的社会氛围；充分利用政协的优势，开展文化、科技、卫生“三下乡”活动和书画活动等，进一步丰富和活跃人民的文化生活，为社会主义精神文明创建活动做贡献。

继续开展“文史交友，书画联谊”工作。进一步做好文史资料第六辑的稿件征集、整理工作，为该书的出版做好准备；继续做好《清苑书画集》的出版发行工作，繁荣书画艺术创作，扩大书画会的社会影响，团结培养书画艺术人才，弘扬我国传统文化；重点做好《委员风采录》的出版筹备工作，通过该书的出版发行，展示政协委员的形象，迎接人民政协成立五十周年。

广大政协委员要积极投身社会主义精神文明的创建活动，不断加强思想道德修养，积极参与创建“十星级”文明户活动，在创建文明家庭、文明单位、文明城镇、文明行业的活动中起到模范带头作用，带头破除封建迷信，婚丧嫁娶大操大办等陈规陋习，淳化社风民风，弘扬社会主义新风尚，以崇高的人格魅力和良好的社会形象，推动全县的精神文明建设。

**四、把握团结、民主两大主题，协助党委、政府维护好团结、稳定大局**

今年我县的改革和发展任务十分繁重，特别是区划调整又给我县造成巨大困难。随着改革进入攻坚阶段和一些重大工作的强力推进，不稳定因素会进一步增多，积极协助党委、政府维护团结、稳定大局，为建设新清苑创造良好的社会环境，是今年政协工作的一项重要任务。

在今年的政协工作中，各位委员要高举社会主义和爱国主义两面旗帜，按照县委确定的抓稳定、求发展的总体要求，维护好政治安定和社会稳定。针对改革发展过程中出现的新矛盾、新问题，要加强同周围干部群众的相互沟通和思想交流；积极向人民群众宣传党的路线、方针和政策，并及时将了解到的情况和群众的意愿、要求反映给各级党委、政府；协助党委、政府做好协调关系、化解矛盾、增进共识、凝聚人心的工作；同时，要做到不参与上访，不参与闹事，为维护社会稳定和政治安定，促进各项工作的开展，做出自己的贡献。

**五、不断提高工作质量，做好新形势下的政协工作**

一九九九年，要认真学习和贯彻落实全国

政协《关于政治协商、民主监督、参政议政的规定》，进一步推进履行职能的规范化、制度化，不断总结经验，提高工作质量，开创政协工作的新局面。

要充分发挥政协全会、常委会、主席会在参政议政中的主渠道作用，特别要在发挥常委会作用，提高常委会质量上有突破性进展。在常委会议题的选择上，要紧紧围绕我县经济、社会发展规划、改革方案、重点建设项目以及加强农业基础地位、深化国有企业改革、城市管理建设等重大内容，精心选择，充分协商，真正做到“参政参到点子上，议政议出水平来”。

要把专题调查、视察作为参政议政的重点，本着“少而精、超前、实效”的原则，精心选择题目，围绕涉及经济和社会发展问题、群众关切的难点问题开展工作。要通过开展视察、调查和召开专题会议，就一些经济发展面临的问题提出切实可行的意见和建议，为县委、县政府决策提供科学依据。

政协工作要坚持县委的领导，政协组织开展的重大活动、重要工作，要主动向县委请示、汇报，强化党委对政协工作的领导；加强同政府及有关部门的合作与配合，争取他们对政协工作的支持，求得方方面面的共识；强化与人大、纪委、监察部门的联系合作，对群众反映强烈的一些行业和部门开展监督评议活动，加大民主监督力度。

要注重提高提案质量，认真搞好提案的征集和筛选工作，确保提案重点突出、言之有据、切实可行；要积极配合党委、政府做好提案办理工作，加强与承办单位的联系，搞好督办；做好重点提案的跟踪督办工作，提高办理质量；加强对提案工作人员的教育和培训，不断提高他们的业务能力，推动提案办理工作的制度化、规范化。

**六、扎扎实实抓好自身建设，争创一流工作**

新的形势与任务对政协自身建设提出了新的更高的要求。政协机关担负着服务、协调、组织、联络等工作任务，要切实加强政协机关的思想、组织、作风和制度建设，在政协机关工作人员中开展“三讲”教育，树立“十种意识”，发扬“四办”精神，不断提高政协机关工作人员的政治业务素质，提高工作质量和办事效率，充分发挥政协机关的协调、服务功能。与此同时，要进一步加强同上级政协和兄弟政协的联系，主动接受上级政协的指导，与兄弟政协沟通情况、交流经验，推进政协工作的开展。

政协委员是政协工作的主体，要自觉地把社会荣誉和社会责任统一起来，努力增强责任感、使命感，识大体、顾大局、讲奉献，既要在各条战线上作表率，又要做热心政协工作的模范，积极参加政协组织的各种会议和活动，履行好委员的职责。要求每位政协委员每年至少写一件提案，提一项建议，反映一条社情民意，参加一次政协组织的活动。

加强对政协的宣传工作，结合庆祝人民政协成立五十周年，进一步加大对政协知识、统战理论和政协会议以及重大活动的宣传报道工作力度，主动争取宣传部门、新闻单位的支持，扩大政协在社会上的影响。

各位委员、同志们，今年是本世纪的最后一年，二十世纪即将过去，二十一世纪就要到来，伟大的时代赋予我们光荣而艰巨的使命。让我们高举邓小平理论伟大旗帜，在党的十五大精神指引下，在县委的正确领导下，团结一心，奋发有为，不断开创政协工作的新局面，为建设繁荣、富强、文明的新清苑，为迎接光明、美好的二十一世纪而努力奋斗！

## 【五届三次会议】

### 中国人民政治协商会议
### 清苑县第五届委员会常务委员会工作报告

胡景山

（2000年2月12日）

各位委员、各位同志：

我受政协清苑县第五届委员会常务委员会的委托，向大会作工作报告，请予审议。

**一年来主要工作回顾**

回顾刚刚过去的一年，县政协在县委的正确领导下，在县政府及有关部门的大力支持下，高举邓小平理论伟大旗帜，紧紧围绕全县的中心工作，切实履行政协职能，全面落实县政协五届二次会议确定的奋斗目标，各项工作都取得了新的进展，为我县的改革、发展、稳定和两个文明建设做出了积极贡献。

一年来，主要做了以下几方面工作：

**——加强理论学习和研究，打好思想政治基础**

按照江泽民同志“学习、学习、再学习”的重要指示精神，县政协五届二次会议提出了加强理论学习的要求。一年来，组织全体委员和机关干部认真学习了邓小平理论、中共十五大、十五届三中、四中全会精神和党的各项方针政策。结合政协工作的性质和任务，重点组织学习了江泽民同志在庆祝人民政协成立五十周年大会上的讲话，以及省政协工作会议有关精神。同时，根据当前中国即将加入世贸组织的新形势，加强了对市场经济知识和国际国内形势学习的辅导，去年下半年，我们组织了农业经济发展战略及企业管理知识讲座，邀请有关专家和优秀企业家为委员授课，讲解WTO的有关知识和现代企业管理知识，受到了广大委员的普遍欢迎，取得了较好的学习效果。县政协还就在全县领导干部中加强市场经济知识和企业管理知识的学习向县委提出建议，得到了县委领导的肯定。县委书记杨新建作了重要批示：政协的做法具有超前性，建议很好，并指示有关领导和部门具体落实。

通过学习，增进了委员在一系列重大问题上的共识，使委员进一步解放了思想，开阔了眼界，为做好政协工作打下了坚实的思想政治基础。

**——团结经济建设中心，积极参政议政**

围绕县委八届五次全体会议确定的集中精力发展经济这一中心任务，组织开展了“为建设新清苑建一言、献一策活动”，号召全体政协委员为清苑的经济发展献计出力。广大政协委员结合自身工作实际，围绕我县的国企改革、农业结构调整、城镇建设等重大问题，提出了许多建设性的意见和建议，为县委、政府的决策提供了参考依据。

深入开展视察活动。先后组织委员就我县城市建设、市场开发、土地、环保、唐河治理等工作进行了视察，并针对工作中的具体问题，提出了一些有深度、有力度的意见和建议，引起了有关部门的重视。

参与我县重大经济问题的协商。根据县委的安排。县政协各位主席分别参与了工业改革、财税、党建等战线的领导工作，就事关全县经济发展的重大问题参政议政，有力地推动了这些方面工作的开展。

发挥例会在参政议政中的主要渠道作用，围绕经济建设的热点、难点问题进行参政议政。去年四月份，组织部分政协委员就我县粮食流通体制改革问题进行了专题调研，在此基础上，五届七次常委会专题听取协商了粮食工作，并向县政府提交了《关于推进我县粮食体制改革的建议案》，指出了粮食工作面临的严峻形势，提出了意见和建议，引起了政府领导的高度重视，使一些深层次问题得到了较好的解决。县政协五届九次常委会议听取和协商了我县财税工作情况，会议就进一步加强我县财税管理工作提出了许多意见和建议，有的已被有关部门采纳并得到较好的落实，发挥了积极作用。

**——把握团结和民主两大主题，维护团结稳定大局**

坚持正确的政治方向，配合重大政治斗争开展工作。以美国为首的北约悍然轰炸我驻南联盟大使馆事件发生后，县政协及时召开了各界人士座谈会，表示强烈抗议和严厉遣责，坚决拥护和支持我国政府的严正声明和正义立场；面对李登辉的“两国论”，县政协组织委员通过各种形式进行了声讨和批判，揭露了李登辉分裂祖国的政治野心，表达了政协委员维护祖国统一的坚定信心；在揭批“法轮功”邪教组织的斗争中，县政协及时向全体政协委员发出了不准修炼“法轮大法”的通知，全县广大政协委员坚决拥护中央英明决策，全县二百多名委员没有一个“法轮功”练习者，同时，还积极协助党委、政府做了大量教育、转化的工作。履行了政协委员严肃的政治责任，为维护安定团结的政治局面做出了应有的贡献。

积极配合县委、县政府的中心工作。根据县委的安排部署。认真开展了“1十1”帮扶、攀穷亲、谈心交友等活动，并结合政协工作实际，继续在委员中深入开展了“帮困难户、交穷朋友”活动。一年来，广大政协委员充分发挥了自身优势，利用多种渠道和形式，开展了“帮交”活动，据不完全统计，1999年县政协委员为教育事业和其他公益事业捐款26万余元，帮扶困难户资金达13万余元。在三提五统征收、清理整顿基金会、清理周转金等中心工作中，县政协机关与所包乡镇密切配合，推动了工作的开展，受到所包乡镇的好评。

**——充分发挥政协优势，参与精神文明创建活动**

围绕建国五十周年，人民政协成立五十周年和澳门回归祖国，组织了一系列丰富多彩的庆祝活动。召开了各界人士庆祝人民政协成立五十周年座谈会和庆祝澳门回归名人书画联展。表达了政协委员拥护共产党的领导，热爱祖国，欢庆澳门回归的喜悦心情。

积极开展文史资料的收集、整理工作，为《文史资料》第六辑征集稿件20篇，10余万字；组织《委员风采录》的出版工作，采访撰写稿件35篇，12余万字，摄制图片近300幅，为该书的出版做好了充分准备。坚持开展“三下乡”活动。组织文化、电力、科技、卫生界委员，深入到李庄等乡村，为当地群众提供文化、科技、卫生服务，受到当地广大干部群众的欢迎。

加强宣传工作。在宣传部门、新闻媒体的大力配合下，加大了对政协知识、统战理论、政协会议和重大活动以及政协委员先进事迹的宣传报道力度，一年来，共在省、市、县级宣传媒体上刊登、播发稿件60余件，进一步扩大了政协的影响。

**——发挥职能作用，推进民主政治建设**

认真办理委员提案。县政协五届二次会议以来，共收到委员提案61件，提案内容涉及党风廉政建设、城镇建设、公路交通、文教卫生、农村经济发展等方方面面，集中反映了人民群众关心的热点、难点问题，体现了政协委员参政议政的热情。在提案办理过程中，县委、县政府领导对提案办理工作给予了高度重视，实行了全员办理制度：县政协进一步加大了提案督办力度，县政协领导亲自督办了部分重点提案，加强了对提案办理工作的指导，促进了提案的办理和落实；县政协五届十次常委会议还专门听取了提案办理工作情况的汇报。截至去年10月底，委员提案已全部办理完毕，办复率和委员满意率均达100%，实现了提案质量和办理效果新的突破。提案中许多意见和建议在实际工作中得到了较好的落实，发挥了良好的社会效益和经济效益。

切实开展民主监督。组织委员对法院、检察院、税务、交警等职能部门的工作进行视察，就这些部门的干部队伍建设和文明执法情况进行评议。同时，部分政协委员还应邀担任了环保、邮政、电信、税务、检察等部门的执法监督员，对这些部门的依法行政情况进行了民主监督，进一步促进了职能部门工作的改进。

各位委员，回顾一年来的工作，我们圆满完成了县政协五届二次会议确定的工作目标，取得了可喜的成绩。同时，我们的工作上仍存在一些问题和不足，与形势的发展、时代的要求和人民的期望尚有一定的差距，有待在今后的工作中进一步研究和改进。

## 2000年的工作任务

二〇〇〇年是世纪之交的一年，是我县实现“三步走”发展战略第一步目标的重要一年。新的一年，我们既面临着不少困难和挑战，也面临着机遇和希望。做好今年的工作，意义重大、影响深远。今年县政协工作的指导思想是：以邓小平理论和党的基本路线为指导，深入贯彻中共十五大、十五届三中、四中全会精神，在上级政协的指导和县委的领导下，紧紧围绕县委八届六次全会确定的工作任务。牢牢把握团结和民主两大主题，认真履行政治协商、民主监督、参政议政职能，创新求实、开拓进取，为清苑的改革、发展、稳定贡献力量。

根据这一指导思想，今年要重点抓好以下工作；

**一、以邓小平理论为指导，推动我县政协工作的开展**

高举邓小平理论伟大旗帜，用邓小平理论指导和推动政协工作，是做好新时期政协工作，不断开创政协工作新局面的根本保障。要按照中央和各级党委关于加强理论学习的要求，有计划、有步骤地组织委员和机关干部系统地学习邓小平理论。学习中，要坚持把理论学习与学习贯彻中共十五大、十五届三中、四中全会精神结合起来，与学习贯彻江泽民《在庆祝人民政协成立五十周年大会上的讲话》和省政协工作会议精神结合起来，通过报告会、研讨会、座谈会、印发学习资料等多种渠道和形式，推动委员学习活动的深入，提高学习的效果。同时，要进一步加强委员对业务知识和其他现代专业知识、现代科学知识的学习，不断丰富和更新知识。

**二、围绕中心履行职能，为我县的经济发展献计出力**

组织和发动全体政协委员，围绕县委八届六次会议确定的今年经济工作的任务，参政议政，献计出力，是今年政协工作的重点。

发挥政协全体会议、常委会议、主席会

议及各种专题会议等重要协商形式的作用，就我县经济工作中的重大问题、重要举措进行协商，提出意见和建议，协助党委、政府搞好宏观决策；组织和发动政协委员、围绕农业结构调整、企业改革、城镇建设、市场建设、财政建设、对外开放等中心工作，进行广泛深入的调查研究，开展视察、监督活动，提出意见和建议；发挥政协自身优势，选择我县改革、发展中的突出的问题以及“入世”后经济发展战略的调整等宏观性课题，进行专题研讨，力求提出有启发性的思路和切实可行的对策。

广大政协委员要不断加强对经济理论、经济法规、经济政策、经济动态的学习和研究，不断提高参与经济建设的能力和服务中心的水平。充分发挥自身在经济建设方面的优势和专长，服从、服务于全县经济发展的大局，把握县委、县政府经济工作的中心，在个自岗位上创造出新业绩、做出新贡献。

**三、参与精神文明建设活动，推动社会事业全面进步**

县委已经做出决定，确定2000年为“思想作风建设年”，政协委员要积极参与和推动“思想作风建设年”活动，针对党风廉政建设，干部队伍建设等群众普遍关注的热点、难点问题，通过组织委员视察、提出提案、反映社情民意等形式，提出意见和建议、实施民主监督，促进社会风气的进一步好转。

发挥政协整体优势，多渠道、多形式地推进社会主义文化建设。继续开展文化、科技、卫生“三下乡”活动，为基层群众搞好服务；加强文史资料征编工作，树立“精品”意识，提高稿件质量，更好地发挥文史资料在存史、资政、团结、育人方面的作用；做好《委员风采录》的出版发行工作；进一步活跃政协书画会的工作，通过书画艺术创作和交流，繁荣艺术创作，培养人才，弘扬传统文化。

**四、发挥政协优势，积极维护社会稳定**

各位委员要认真贯彻落实《中共中央关于加强和改进思想政治工作的若干意见》和县委八届六次会议提出的“稳定抓治本”的要求精神，积极协助党委、政府做好群众的思想政治工作，协调关系，化解矛盾，增进团结，维护社会政治隐定。进一步密切同各界群众的联系，做好反映社情民意工作，及时掌握社会各界的思想动态，多渠道汇集社会情况和群众意见，迅速而准确地反映给党政部门，成为党和政府联系各界群众的桥梁的纽带。

政协委员要不断增强政治责任感和敏感性，坚持正确的政治方向，作维护团结、稳定的模范、敢于同各种不良思想政治倾向和错误言行做斗争，要协助党委、政府继续做好“法轮功”练习者的教育、转化工作，坚持不懈地同“法轮功”邪教组织进行斗争，为维护和发展我县团结稳定的政治局面贡献力量。

**五、进一步加强自身建设，努力提高政协工作水平**

深入开展“三讲”教育活动，不断加强领导班子建设。按照县委的绕一部署，集中精力，扎扎实实地搞好政协领导班子和领导干部的“三讲”教育活动，通过班子成员的共同努力，塑造好人民政协政治坚定、思想解放、埋头苦干、团结向上、开拓创新的整体形象、带动整个政协工作全面开展。

政协委员是政协工作的主体。政协委员要珍视自己的社会责任和政治使命，认真履行政协《章程》规定的各项义务；遵守各项规章制度，积极参加政协组织的活动，尽职尽责地履行职责、参政议政。县政协要切实保障政协委员的各项民主权利，进一步加强与委员所在单位的联系，精心组织好调查、视察、座谈活动，为委员知情出力、履行职责创造条件。在适当的时机，对热心政协工作，参政议政效果显著的优秀委员进行表彰。

充分发挥提案在履行政协职能中的作用，组织和引导委员就事关我县改革、发展、稳定方面的重大问题提出提案，并切实提高提案质量；加大提案督办力度，通过领导包案督办、联台办案、重点提案跟踪督办等方式，提高提案办理质量，推动提案工作的规范化、制度化。

切实加强政协机关建设。不断加强政协机关的思想、组织、作风建设，提高机关工作人员的思想理论素质和业务水平、工作能力，进一步完善和落实各项规章制度，充分发挥政协机关的协调、服务工能，推进政协工作的规范化、制度化。

加大对政协工作的宣传力度，为政协履行职能营造良好的社会舆论环境。密切与新闻单位的联系，积极宣传、报道县政协履行职能的重大活动，政协委员参政议政的重要成果和先进典型事迹，进一步扩大人民政协的社会影响。

各位委员，二十一世纪的到来，是人类新的纪元第三个千年的开始，我们正处在改革开放和社会主义现代化建设的关键时期。世纪之交的伟大任务在召唤着我们，人民政协的责任在激励着我们，让我们更加加紧密地团结在以江泽民同志为核心的党中央周围，高举邓小平理论伟大旗帜，在县委的正确领导下，在县政府及有关部门的大力支持下，同心同德。奋发进取，努力开创我县政协工作新局面，为全面实现我县“三步走”发展战略目标，建设繁荣、富强、文明的新清苑而努力奋斗！

## 【五届四次会议】

### 中国人民政治协商会议<br>清苑县第五届委员会常务委员会工作报告

胡景山

(2001年2月9日)

各位委员、同志们：

我受政协清苑县第五届委员会常务委员会的委托，向大会作工作报告，请予审议。

#### 一年来主要工作回顾

2000年，是世纪交替之年，也是我县经济和社会发展取得显著成绩的一年。一年来，全县人民在以江泽民同志为核心的党中央的坚强领导下，同心同德，艰苦奋斗，改革开放和各项建设事业都取得了新的成就。回顾刚刚过去的一年，县政协在上级政协的指导和中共清苑县委的正确领导下，在县政府及有关部门的大力支持下，高举邓小平理论伟大旗帜，深入贯彻中共十五大和十五届四中、五中全会精神，努力实践江泽民总书记“三个代表”的重要思想，紧紧围绕全县的中心工作，切实履行政协职能，全面落实县政协五届三次会议确定的奋斗目标，积极探索，大胆创新，为我县的改革、发展、稳定和两个文明建设做出了积极贡献。

一年来，主要做了以下几方面工作：

**——加强理论学习，提高委员素质**

按照县政协五届三次会议提出的加强理论学习和研究，打好思想政治基础的工作思路。一年来，我们进一步加强了学习工作，通过多种渠道和形式，有计划、有步骤地组织广大委员和机关干部系统地学习了邓小平理论、中共十五届四中、五中全会精神、江泽民总书记“三个代表”的重要思想以及省、市政协工作会议的有关精神。同时，我们结合政协工作面临的新形势、新情况，加强了对市场经济知识、国际国内形势的学习和辅导，深入细致地学习了改革开放、加入世贸组织、农业结构调整、现代企业管理等方面的知识。

政协委员是政协工作的主体，一年来，我们从提高委员参政议政能力入手，进一步加强了对委员的学习、培训。去年四月，我们分十八个乡镇对基层政协委员进行了培训，各位主席分别带队深入各乡镇，检查指导委员学习情况，并亲自为委员授课，取得了良好的效果。为进一步提高委员学习效果，激发委员的学习积极性，县政协创办了《政协委员参阅资料》专刊，精心选编了贯彻落实全市2.29广播电视大会精神、加入世贸组织、农业结构调整等有关学习内容，编印学习资料三期，共1000余份，印发给全体政协委员，为委员了解上情、熟悉县情、知情出力提供了方便。在认真学习的基础上，县政协加强了对政协工作的理论研究，在市政协组织召开的政协理论研讨会年会暨跨世纪政协工作理论研讨会上，我县政协撰写的论文《高举团结民主旗帜，做好新时期人民政协工作》，在会上进行了研讨和交流，受到了与会各级领导和专家的好评，并先后被《保定政协》《保定日报》等报刊选登。

通过学习，使广大政协委员进一步加深了对政协工作的认识，加深了对国际、国内形势的了解，增强了履行职责的积极性，提高了参政议政水平。

**——以经济建设为中心，积极参政议政**

围绕党委、政府的中心工作，围绕发展经济这一中心开展工作，是人民政协履行职能的主旋律。全市2.29大会的召开，在我县兴起了一个新的优化环境、扩大开放、加快发展的高潮。会后，县政协及时向委员发出了积极为我县优化环境、扩大开放、加快发展贡献力量的倡议书，号召全体政协委员认真学习、贯彻、落实大会精神，增强开放的紧迫感和发展的责任感，为我县的经济发展做贡献。

充分利用常委会议、主席会议以及专题会议等形式，就事关我县经济建设的重大事项进行协商讨论。县政协五届十三次常委会议，专题听取了我县对外开放工作情况的汇报；县政协五届十四次常委会议，又专题就我县农业结构调整工作进行了协商；县政协五届十五次常委会议，专题听取了我县二〇〇〇年“八件大事”落实情况的汇报。会上，与会人员就工作中的问题和不足提出了许多建设性的意见和建议，推动了各项工作的顺利开展。

大兴调查研究之风，深入开展视察活动。一年来，先后组织委员就我县的城镇建设、唐河治理、农业结构调整、市场建设、公路交通、农网改造等项工作进行了视察，并对工作中的具体问题，提出了一些有深度、有力度的意见和建议，引起了有关部门的重视。如：在去年夏季组织的农网改造视察中，我们通过深入调研，发现农网改造工作存在工期紧、任务重等突出问题，并就此向县委、县政府提出建议，引起了县政府主管领导的重视，县政府专门召开会议研究农网改造工作，有力地推动了工作的开展。

**——把握团结民主两大主题，精心维护团结稳定大局**

坚持正确的政治方向，配合重大政治斗争开展工作。针对李洪志及其邪教“法轮功”的歪理邪说，针对李登辉等“台独”势力的“两国论”，针对梵蒂冈教会组织炮制的“封圣”事件，全县广大政协委员始终和党中央保持高度一致，坚持正确的政治方向和坚定的政治立场，充分利用自身优势，团结和宣传广大群众，与之进行坚决斗争，履行了政协委员严肃的政治责任，为维护安定团结的政治局面做出了应有的贡献。

积极配合县委、县政府的中心工作，维护我县的政治安定和社会稳定。在三提五统征收、清理整顿基金会、“制非”等中心工作中，县政协机关与所包乡镇密切配合，积极开展工作，受到所包乡镇的好评。为配合中心工作的开展，县政协还专门下发了《政协委员要积极协助党委、政府做好三提五统征收工作的通知》，并由主席带队，组成下乡工作组分赴各乡镇，深入到委员家中，检查落实“三提五统”的交纳情况。广大政协委员不仅带头积极交纳提留统筹，还充分发挥自身优势，积极宣传党在农村的路线、方针、政策，主动做好亲友、邻里及周围群众的思想工作，理顺情绪，化解矛盾，反映社情民意，推动了工作的顺利开展。

**——充分发挥政协优势，参与精神文明创建活动**

利用政协书画会人才荟萃的优势，积极开展健康向上的文化活动。去年10月，在中华人民共和国成立五十一周年之际，县政协成功地举办了庆国庆金秋书画展和清苑广场落成典礼书画展，受到了县委、县政府领导和广大干部群众的一致称赞。

积极开展文史资料的征集、整理工作。为《文史资料》第六辑征集文稿近20篇，10余万字，为文史资料的编辑出版工作做好了充分的准备。

联合县政协委员、保定市裕东心脑血管病医院院长杨玉东，为县政协离退休老领导组织了义务体检，得到老干部们的一致好评。与县政协委员张春奇联合县乒乓球协会举办了“清源杯”乒乓球比赛，支持了北京申办奥运会和我县全民健身运动的开展，活跃了广大群众的文化生活。

坚持开展“三下乡”活动，组织文化、电力、科技、卫生界委员，深入到李庄、东吕等乡村为当地群众提供文化、科技、卫生服务，受到了当地广大干部群众的热烈欢迎。

**——积极开展宣传活动，树立政协良好社会形象**

组织召开了县政协宣传工作会议，进一步密切了与宣传部门、新闻媒体的联系与合作。在宣传部门、新闻媒体的支持配合下，加大了对政协知识、统战理论、政协会议和重大活动以及委员先进事迹的宣传报道力度。一年来，共在省、市、县级宣传媒体上刊登、播发稿件70余篇，并被市政协授予宣传工作先进单位称号。

成功地完成了《政协委员风采录》第一辑的出版发行工作。在该书的编辑出版过程中，采编人员先后50余次深入到委员所在乡村、企业、单位进行调查采访，召开各种形式座谈40余次，经过一年多的艰苦努力，这本汇集了38名政协委员先进事迹、12万字、300余幅图片的大型画册，于去年8月正式出版发行。现在，该书已通过多种渠道流传到美国、日本、东南亚、港、澳、台和全国20多个省、市、自治区。该书的出版和发行，不仅宣传了政协委员的先进事迹，树立了政协的良好形象，开辟和拓展了政协宣传工作的新渠道，更对宣传清苑、发展清苑起到了巨大的推动作用。

**——加强和改进提案工作，实施协商监督职能**

政协提案是人民政协实施协商监督职能的一个重要方面，是发挥委员参政议政作用的一条重要渠道。县政协五届三次会议以来，共收到委员提案47件，经审查立案41件，内容涉及农村基层组织建设、公路交通、城镇建设、农业和乡镇企业、文教卫生、工商税收等经济发展和社会进步的方方面面，集中反映了人民群众关心的热点、难点问题，体现了政协委员参政议政的热情。在提案办理过程中，县委、县政府领导和各提案承办单位对提案办理工作给予了高度重视，实行了全员办理和“三亲自”制度，狠抓落实，责任到人；县政协进一步加大了提案督办力度，对部分重点提案，县政协领导亲自进行了督办、多次深入到交通局、城建局、农林局等提案承办单位和提案委员家中，协调关系，了解情况，指导提案办理工作；县政协五届十五次常委会议，专题听取了县委、县政府关于提案办理工作情况的汇报，促进了委员提案的办理和落实。截至去年10月，委员提案已全部办理完毕，办复率和委员满意率均达100%。通过提案办理工作，使许多委员的意见和建议在实际工作中得到了较好的落实，取得了良好的社会效益和经济效益，为促进我县的经济发展和社会全面进步发挥了重要作用。

积极探索民主监督的有效形式和途径，从多方面强化民主监督。组织部分政协委员对工商、电力、交通、卫生等职能部门进行了视察，就这些部门的干部队伍建设、依法行政等情况进行评议；组织召开县政协五届十三次常委会议，专题听取县公安队伍建设情况的汇报，并提出了意见和建议；推荐部分政协委员担任法院、检察院、技术监督、税务、电信等部门的执法监督员；积极配合市委、市政府开展“下评上”民主评议活动等。

**——加强自身建设，增强工作活力**

扎实开展“三讲”教育，搞好领导班子建设。按照中央、省、市委关于开展县级“三讲”教育活动的部署，县政协领导班子及领导干部以高度的政治责任感和良好的精神状态，认真进行了以“讲学习、讲政治、讲正气”为主要内容的党性党风教育活动。活动中，县政协领导班子和领导干部认真学习理论，努力提高认识，以整风精神开展批评与自我批评，广泛征求意见，深刻剖析班子和个人在党性党风方面存在的突出问题，认真制定了班子整改方案和个人整改措施。通过“三讲”教育，使政协领导班子和领导干部受到了一次深刻的马列主义、毛泽东思想、邓小平理论的再教育和党性党风锻炼，思想上有了明显提高，政治上有了明显进步，作风上有了明显转变，纪律上有了明显增强。在“三讲”教育满意度测评中，县政协领导班子的满意率达到100%，受到了全县广大干部群众的一致肯定。

加强机关思想纪律作风教育。根据县委的统一安排，以县级“三讲”教育为契机，在政协机关深入开展了“思想作风建设年”活动，组织机关干部进行了理论学习、思想教育和纪律整顿，并结合政协工作实际，建立和完善了机关的有关规章制度，使政协机关干部队伍的服务意识、工作作风和精神面貌有了进一步提高。

同时，我们还注意积极争取上级政协的指导，加强与兄弟市、县政协的交流。接待了辽宁省葫芦岛．安徽铜陵、河南兰考等外地政协视察、调查、来访近10批。并组织有关人员赴任丘、河间等兄弟政协进行学习、考察，开阔了眼界，交流了经验。

各位委员、同志们，2000年是县政协工作取得突出成绩的一年，我们圆满完成了县政协五届三次会议确定的各项任务，许多工作取得了新的进展。一年来，各方面成绩的取得，是县委正确领导、县政府及各部门大力支持的结果，是全体政协委员、社会各界人士团结奋进、积极工作的结果。借此机会，我代表政协清苑县第五届委员会常务委员会，向一年来关心、支持政协工作的县委、县人大、县政府、及有关部门、各人民团体、社会各界人士表示衷心的感谢和崇高的敬意！

回顾一年来的工作，我们虽然取得了一些成绩，但我们的工作中仍存在一些问题和不足，与县委的要求、政协章程的规定和广大人民群众的期望，还有一定的差距，需要在今后的工作中进一步研究和解决。

## 2001年的工作任务

2001年是新世纪的起点，是“十五”计划的开端，也是我县实施“三步走”战略目标第二步目标的开局年、起步年。根据新的形势、新的任务，今年县政协工作的指导思想是：高举邓小平理论伟大旗帜，努力实践江泽民总书记“三个代表”重要思想，全面贯彻落实党的十五届五中全会精神，在上级政协的指导和县委的领导下，紧紧围绕我县制定和实施“十五”计划和县委、县政府工作中心，牢牢把握团结和民主两大主题，充分调动广大委员的创造性和积极性，切实履行政治协商、民主监督、参政议政职能，创新求实，开拓进取，为清苑的改革、发展、稳定和社会全面进步做出新的贡献。

2001年，要重点做好以下几项工作：

**一、以邓小平理论和江泽民总书记“三个代表”重要思想为指导，加强学习，提高素质，迎接新世纪的机遇和挑战**

高举邓小平理论伟大旗帜，按照“三个代表”的要求，不断加强理论学习，是做好新时期政协工作，不断开创政协工作新局面的根本保证。随着新世纪的到来和改革开放的不断深入，国际国内形势正发生着深刻的变化。我们必须紧跟时代潮流，加强学习，提高素质，增进共识，以适应形势发展的需要。新的一年，县政协要继续运用印发学习资料、组织研讨、座谈、专题报告会等形式和渠道，组织和推动广大委员认真学习马列主义、毛泽东思想、邓小平理论和党的路线方针政策，学习市场经济理论和现代科学知识，学习政协统战理论，贯彻落实好省、市政协工作会议精神。特别要把江泽民总书记“三个代表”重要思想和中共十五届五中全会精神作为学习重点，全面正确地领会其精神实质。

学习中，要坚持理论联系实际，特别要注意联系政协工作实际，联系改革开放和经济建设的实际，联系自己的思想、工作实际，切实提高学习效果；要坚持学以致用的方法，坚持实践与发展的观点，用科学理论的立场、观点、方法研究和解决履行职能中的各种实际问题，推动政协工作再上新台阶。

**二、围绕中心，服务大局，履行职能，为我县经济发展献计出力**

县委八届八次全体（扩大）会议，通过了《中共清苑县委关于制定国民经济和社会发展第十个五年计划的建议》，提出了今后五年我县经济和社会发展的奋斗目标、战略重点和主要任务，紧紧围绕“十五”计划的制定和实施，选好切入点，行使职能，是今年政协工作的重点。

要组织和动员广大委员深入基层，深入群众，开展调研、视察活动，重点围绕我县农业结构调整、城镇建设、市场建设和管理规模企业群体建设、优化经济发展环境等重大问题积极参政议政，为“十五”计划的制定和实施献计献策。

要充分发挥政协人才智力优势，通过科技示范、科技咨询，加快先进生产力的推广和应用；充分发挥政协渠道畅通的优势，广泛开展内引外联、招商引资活动，宣传清苑，推动清苑的对外开放；充分发挥政协位置超脱的优势，协助党委政府做好化解矛盾、理顺情绪、反映民意的工作，为清苑的发展创造良好的社会环境。

广大政协委员都要立足本职岗位，以良好的精神状态投身到落实“十五”计划中去，发挥模范作用。党政机关的委员，要带头谋划组织落实好县委提出的各项任务，发挥表率作用；经济界委员要在建设规模企业群体、增强企业实力、加快民营企业发展中做出新成绩，发挥主力军作用；农业界委员要在农业产业结构调整、农业高新技术推广方面发挥典型示范作用；科教界委员要在培育人才、传播知识，特别是在科技为经济建设服务方面发挥带头和骨干作用。全体政协委员都要更新观念、深入实际，改进工作方法，团结和动员广大人民群众在实现“十五”计划和完成全年各项任务的工作中，选准位置，积极进取，再创佳绩。

**三、发挥政协优势，参与精神文明建设活动，推动社会事业全面进步**

充分发挥政协整体优势，多渠道、多形式地推进社会主义文化建设。继续开展文化、科技、卫生“三下乡”活动，为基层群众搞好服务，把党的温暖送到基层群众身边；加强文史资料征编工作，树立“精品”意识，提高稿件质量，更好地发挥文史资料的续史、存鉴、资政、育人作用；进一步活跃政协书画会的工作，通过开展书画艺术活动，繁荣艺术创作，培育艺术新人，弘扬传统文化，丰富人民群众的文化艺术生活。

进一步加强政协宣传工作。及时宣传政协工作的新进展，新成果以及政协委员的新贡献、新风采，要在巩固现有宣传阵地的基础上，不断开辟新的宣传领域。密切与新闻单位的联系与合作，努力提高宣传报道的质量和效果，使政协宣传工作经常化，不断扩大政协的社会影响力，树立政协良好的社会形象。

政协委员作为各界别群众的优秀代表，要坚持“以现代文明塑造人”的方针，积极投身社会主义精神文明创建活动，不断加强思想道德修养，树立正确的世界观、人生观、价值观。要带头搞好“致富思源，富而思进”的思想教育活动，继续深入开展“帮困难户、交穷朋友”活动，弘扬中华民族的传统美德，做精神文明的楷模。

**四、增进团结，发扬民主，协助党委、政府维护改革、发展、稳定大局**

人民政协是爱国统一战线组织，具有上通下达、渠道畅通的独特优势。要充分利用这一优势，紧紧围绕团结和民主这两大主题，不断用党的大政方针和县委、县政府的重大决策去宣传群众、教育群众、引导群众、提高群众，统一思想，凝聚民心，激励斗志，主动做好团结稳定工作。政协委员作为来自各方各界的代表，要密切与本界别群众的联系，认真做好反映社情民意工作，做党和政府联系各界群众的桥梁和纽带，既快速准确地把人民群众意见反映上来，又及时准确地将党委、政府的决策宣传、贯彻到群众中去。对在团结和稳定中出现的一些矛盾和问题，要正确引导，主动疏通，协助党委、政府多做增进了解、加深理解、消除误解的工作，把广大群众的思想和行动统一到发展清苑经济这一共同目标上来。

政协委员要不断增强政治责任感和敏锐性，坚持正确的政治方向，敢于同各种不良思潮和错误言行作斗争。要坚决与“法轮功”邪教组织划清界限，坚持不懈地同“法轮功”邪教组织进行斗争，并协助党委、政府做好“法轮功”练习者的转化、教育工作，为维护我县安定、团结的政治局面贡献力量。

**五、加强建设，搞好服务，争创一流工作水平**

要按照江泽民总书记“三个代表”的重要思想，加强政协领导班子建设，认真搞好“三讲”教育“回头看”活动，巩固和发展“三讲”教育成果，总结和运用“三讲”教育的成功经验，全面加强政协领导班子的思想政治建设；按照“精简、统一、效能”的原则，搞好机关思想作风建设，树立和弘扬敬业、服务、协作、务实、创新精神，转变工作作风，改进工作方法，提高机关工作效率和服务水平，保证全年各项任务的完成。

加强政协建章立制工作，扎实推进政协工作的规范化、制度化建设。要认真贯彻落实省、市政协工作会议精神，进一步建立、健全政协工作汇报制度、协商议事制度、工作例会制度、工作联系制度等一系列规章制度，并狠抓规章制度的落实，切实提高政协工作质量和水平。进一步加强提案工作，发挥提案在履行职能中的重要作用。要学习贯彻落实好《保定市政协提案工作实施细则》，努力提高提案质量和提案办理质量，促进提案工作的制度化、规范化建设。

各位委员、同志们，人类已跨入新的世纪，我国的社会主义现代化建设已进入新的发展阶段。新世纪、新起点，我们又踏上了新的征程。让我们更加紧密团结在以江泽民为核心的党中央周围，高举邓小平理论伟大旗帜，在县委的正确领导下，同心同德、奋发图强、扎实工作、拼搏进取，努力开创我县政协工作新局面，为全面完成“十五”计划，建设繁荣、富强、文明的新清苑而努力奋斗！

## 【五届五次会议】

### 中国人民政治协商会议
### 清苑县第五届委员会常务委员会工作报告

胡景山

（2002年1月20日）

各位委员、同志们：

我受政协清苑县第五届委员会常务委员会的委托，向大会作工作报告，请予审议。

**一年来的工作回顾**

2001年是新世纪的开端之年，也是我国实施“十五”计划和现代化建设第三步战略部署的第一年。在这一年里，我们伟大的祖国发生了许多举世瞩目的大事，到处呈现出生机勃勃的喜人景象：中国共产党八十华诞、加入世贸组织、北京申奥成功、APEC会议的成功举办，在中国共产党的领导下，全国各族人民同心同德，艰苦奋斗，夺取了改革开放和现代化建设的新胜利。一年来，全县人民在县委、县政府的统一领导下，认真实践“三个代表”重要思想，更新观念，转变作风，优化环境，开拓创新，全县各项事业都取得了新的突破，为实现跨越式发展奠定了强有力的基础。回顾刚刚过去的一年，县政协在县委的领导和上级政协的指导下，高举邓小平理论伟大旗帜，深入学习贯彻江泽民“七一”重要讲话和中共十五届六中全会精神，坚持以“三个代表”重要思想贯穿工作始终，紧紧围绕全县中心工作，全面履行政治协商、民主监督、参政议政职能，积极探索，大胆开拓，为我县的改革、发展、稳定和社会全面进步做出了积极贡献。一年来，主要做了以下几方面工作。

**一、实践“三个代表”重要思想，围绕中心，服务大局，为经济发展和社会进步建言献策**

“三个代表”重要思想的核心是代表先进生产力的发展要求。县政协在工作中紧紧围绕经济建设这一中心，服从服务于建设经济强县的大局，发挥优势，履行职能，积极促进党政决策的科学化、民主化、代表先进生产力的发展要求。

充分发挥人民政协在经济建设中的整体优势，组织和动员广大政协委员为经济发展做贡献。去年四月，县政协向全体政协委员发出了《关于为实施“十五”计划、建设经济强县建功立业的倡议》，得到了广大委员的积极响应。广大政协委员积极深入基层、深入实践，围绕农业结构调整、城镇建设、市场建设、优化经济发展环境等重大问题，开展调查研究，积极参政议政，提出了许多建设性的意见和建议，推动了县委、县政府各项方针政策的贯彻落实；全体委员充分发挥自身在经济建设中的优势和专长，立足本职岗位，以良好的精神状态积极投身经济建设，开展科技示范，招商引资、农业技术推广等活动，发展壮大自己的事业，成为我县县域经济发展的一支生力军，为推动我县经济发展做出了积极贡献。

充分发挥政协例会在参政议政中的主渠道作用，围绕经济生活中的热点、难点问题履行职能。年内召开的五届十九、二十次常委会议分别就我县农业结构调整、财税工作进行了专题协商。县政协五届二十次常委会议在对我县财税工作进行充分协商的基础上，向县委、县政府提交了《关于进一步加强财税工作的建议案》，建议县委、县政府采取有力措，加大清收基金会贷款和零散税收的工作力度，缓解我县财政紧张状况。《建议案》引起了县委、县政府领导的高度重视，县委书记宋文同志亲自做出重要批示，并在县委常委会上进行了专门研究，对有关建议进行了采纳，有力地推动了工作的开展。

充分发挥政协组织人才荟萃、智力密集的优势，精心选择事关全县经济发展的更大问题，开展专题研讨、咨询、讲座、调研和视察活动。去年九月，县政协举办了农业结构调整工作咨询会，邀请有关部门负责同志和农业、科技界委员共同探讨农业结构调整工作，交流经验，沟通信息，取得了良好的效果。我们还组织委员就我县土地、环保、卫生、法院、检察院、税务、物价、交通等部门工作进行视察调研16次，提出了许多意见和建议，为党政决策的科学化、民主化提供了参考依据。

**二、实践“三个代表”重要思想，发挥政协优势，弘扬先进文化，为促进精神文明建设尽智出力**

先进的文化能够为经济发展、社会进步提供强大的精神动力和智为支持。县政协坚持“两手抓、两手都要硬”的工作方针，积极关心、支持、参与精神文明建设工作，进一步活跃了政协工作。

围绕庆祝建党八十周年、庆“十一”和

北京申奥成功，积极开展了丰富多彩的庆祝活动。成功举办了庆祝建党八十周年书画展和庆“十一”金秋书画展，共展出书画作品400余幅，参观人数达5000余人次。我们还邀请保定书画名家来我县举办书画艺术培训班，推动了我县书画艺术人才的进步和提高。为庆祝北京申奥成功，政协委员张春奇会同县文体局、县乒乓球协会，联合举办了第二届“清源杯”乒乓球比赛。通过开展丰富多彩、健康向上的文体活动，丰富了广大人民群众的文化艺术生活，提高了城镇居民的文化品位，为促进社会文化进步起到了积极的推动作用。

积极开展文史资料的征集、整理工作。目前，已为《文史资料》第六辑征集文稿20余篇，近13万字，为文史资料的编辑出版做好了充分的准备。

开展“三下乡”活动。联合市政协组织河北农大、市科委、市医院和市妇幼保健院等单位的专家、教授及我县有关科技、医务工作者，深入到东吕村，为当地群众提供科技、文化、卫生服务，受到当地干部群众的热烈欢迎。

加大政协工作宣传力度，在宣传部门和新闻媒体的支持配合下，加强了对政协知识、统战理论、政协会议和更大活动以及委员先进事迹的宣传报道。全年共在省、市、县级媒体上刊登、播出稿件60余篇，其中省级报刊6篇。县政协也连续三年被市政协评为“宣传工作先进单位”和“信息工作先进单位”。一年来，我们还积极配合省、市政协，较好地完成了《保定市政协委员风采录》和《河北省政协委员风采特刊》的稿件采访编写任务，配合市电视台《委员风采》栏目拍摄了部分政协委员的专题片，并在市电视台播放，讴歌了广大政协委员的典型事迹和高尚情操，也为我县增添了一部有益的社会主义精神文明教材。

**三、实践“三个代表”重要思想，体察民情民意，反映群众呼声，积极维护广大群众的根本利益**

始终代表最广大人民的根本利益，是我们党的宗旨的体现。积极体察群众情绪、反映群众呼声、解决群众疾苦是人民政协的重要职责。工作中，我们努力做到多渠道了解群众的要求，多途径反映群众的呼声，多方式实现群众的利益。

委员提案是政协委员参政议政议政的重要方式，也是各界别群众意愿的集中体现。在工作中，我们进一步加大了提案办理力度。县政协五届四次会议以来，共收到委员提案61件，经审查立案57件，提案内容涉及党的基层民主政治建设、城镇建设、公路交通、文教卫生、农村经济发展等方方面面，集中反映了广大人民群众关心的热点、难点问题，县委、县政府对委员提案高度重视，对提案办理工作提出了具体要求，县政协进一步加大了提案督办力度，政协领导亲自督办部分重点提案，各承办单位都将承办工作列入重要议事日程，责任到人，狠抓落实，保证了承办质量和效果。截至去年10月底，委员提案已全部办理完毕，按时办结率委员走访率和答复函规范化率达到100%，委员满意率真达98.2%。通过提案的办理，使许多群众关心的热点、难点问题得到了解决，维护了广大群众的根本利益。

社会稳定和政治安定是人民群众的根本利益，政协的一切工作，都必须从维护团结稳定的大局出发，把维护安定团结的政治局面作为重要任务。一年来，我们坚持教育和引导广大政协委员，坚持正确的政治方向，时刻保持高度的政治敏感性，同党中央保持一致，充分利用自身优势，团结群众，教育群众、宣传群众，同“法轮功”邪教组织进行坚决的斗争。五届四次会议期间，组织政协委员开展了反对“法轮功”的职合签名活动，深入揭批了“法轮功”的异端邪说及其反科学、反人类、反社会的本质。我们还利用召开座谈会等形式大力弘扬科学精神，崇尚科学思想，传播科学知识，反对迷信、克服愚昧。同时，我们还积极配合县委、县政府的中心工作，积极开展清理整顿基金会，三提五统征收、五月制非、县城拆迁改造等工作，广大政协委员不仅在工作中以身作则，起模范带头作用，还充分发挥自身位置超脱、社会威望高的优势，协助党委政府做了大量增进了解、化解矛盾、协调关系、理顺情绪的工作，有力地推动了各项中心工作的开展。

**四、实践“三个代表”重要思想，深入开展“帮困难户、交穷朋友”活动，充分发挥委员主体作用，进一步活跃政协工作**

政协的主体是委员，政协的优势在委员，政协的工作靠委员，做好政协工作的关键在于充分发挥委员的作用。一年来，我们将深入开展“帮困难户、交穷朋友”活动作为实践“三个代表”重要思想、发挥委员主体作用的有效载体，进行了积极的探索。

县政协自一九九八年在全县政协委员中开展“帮交”活动以来，得到了广大政协委员的积极响应，取得了良好的社会效果。为适应形势发展的需要，把“帮交”活动不断引向深入，去年6月，我们再次向全体委员发出了《继续深入开展“帮困难户、交穷朋友”活动的通知》，要求全体委员把开展“帮交”活动作为一项长期任务，深入持久地开展下去。通知发出后，广大政协委员积极行动，开展了不同形式的“帮交”活动。一年来，臧立根、杨金庆、王宝成、王造忠等政协委员积极开展了扶贫助困、安置下岗工人、兴办公益事业、捐资助教等多种形式的“帮交”活动，有力地推动了“帮交”活动的深入开展。去年6月，原政协机关工作人员张胜利（已故）之子张腾因患肝病生命垂危，县政协得知这一情况后，发动政协委员和机关干部为张腾母子捐款3000余元，解决了他们母子的生活急需；政协常委王宝辰多年来热心家乡的教育事业，多次捐资助教，去年8月，他又主动资助本村贫困学生张霞进入清中深造；臧立根、杨金庆、王造忠、吕建国等20多名委员积极开展了救助失学女童的活动，去年年底，县政协举行了政协委员结对帮扶特困儿童仪式，刘宝庆、贾联营、李洪跃、高学军、张静杰委员分别与五名特困儿童结成帮扶对子，建立了长期的帮扶关系。

据不完全统计，一年来，全县政协委员在捐资助教、扶贫助困、支援灾区、安置下岗职工再就业、兴办公益事业等活动中，共捐出款物合计20余万元，扶持30余户贫困家庭脱贫致富，解决了近百户家庭的实际困难，求助失学或困难学生100余名，安置下岗职工和贫困人口就业300余人次。去年10月，市政协常务副主席李森专程来我县，就“帮交”活动的开展情况进行调研，并给予了高度评价和充分肯定。

政协委员开展“帮交”活动，是落实“三个代表”重要思想的具体体现，不仅丰富了政协工作，更在社会上树立了政协委员良好的社会形象，扩大了政协的社会影响，赢得了社会各界的广泛赞誉。

**五、实践“三个代表”重要思想，加强自身建设，提高服务水平，努力开创政协工作新局面**

全面加强政协队伍建设，不断提高政协工作的水平和质量，是实践“三个代表”重要思想，坚持与时俱进，开拓创新，开创政协工作新局面的根本保障。

注重理论学习和研究，为政协工作提供理论指导。一方面，我们在全县政协系统大兴学习之风，通过多种渠道和形式，组织委员和机关工作人员认真学习马列主义、毛泽东思想、邓小平理论和“三个代表”重要思想以及统战政协的基本知识，为开展政协工作打下了良好的理论基础。去年4-5月，我们分别在十八个乡镇召开了委员培训会议，由各位主席亲自授课，辅导委员学习，取得了良好的效果；根据新形势新任务的需要，我们还精心选择一些委员关心的热点和需要了解、掌握的有关世贸组织、农业技术、企业管理等方面知识，编印成《委员参阅资料》、《政协简讯》，发放给每位委员，为他们了解上情、熟悉县情、参政议政提供便利；另一方面，加强理论研究。在去年保定市人民政协理论研究会第三次年会上，我县政协选送的论文《按照“三个代表”要求，积极推进县级政协工作》在年会上进行了交流，受到与会领导和专家学者的一致好评，并被市政协专刊《保定政协》刊登。

加强政协机关建设，为政协履行职能提供优质、高效的服务。按照县委的统一部署，县政协机关深入开展了“三个代表”学习教育活动和思想纪律作风教育整顿活动。活动中，县政协机关干部职工严格按照县委统一要求，认真组织开展以“三个代表”重要思想为主要内容的学习活动，全面提高理论水平，并按照“三个代表”的要求，切实转变工作作风，深入基层，深入群众，开展调查研究，同时进一步健全和完善各项机关工作规章制度，使机关工作人员的服务意识、服务水平有了显著提高，为政协工作的全面开展提供了坚强有力的保障。

各位委员、同志们，回顾一年来的工作，我们较好地完成了县政协五届四次会议确定的工作目标，许多工作取得了新的进展。各方面成绩的取得，是县委正确领导、县政府及各部门大力支持的结果，是全体政协委员、社会各界人士团结奋进、积极工作的结果。借此机会，我代表政协清苑县第五届委员会常务委员会，向一年来关心、支持政协工作的县委、县人大、县政府及有关部门、各人民团体、社会各界人士及离退休的县级老领导，表示衷心的感谢和崇高的敬意！

在一年的工作中，虽然我们取得了一些成绩，但仍存在一些问题和不足，与县委的要求和广大人民群众的期望还有一定差距。我们将在今后的工作中，发扬成绩，克服不足，扎实工作，努力开创县政协工作的新局面，把我县政协工作全面推向前进。

## 二〇〇二年的工作任务

2002年是我们党和国家历史上非常重要的一年，我们将迎来中国共产党第十六次全国代表大会的召开；2002年也是我县实现跨越式发展的关键一年，我国加入世贸组织、奥运经济、大北京经济圈和保定“一城三星”建设规划的提出，为我县加快发展提供了前所未有的历史机遇，同时，我们又面临着日益激烈的竞争和更为严峻的挑战。根据新形势新任务，今年县政府工作的指导思想是：高举邓小平理论伟大旗帜，深入学习江泽民“七一”重要讲话，努力实践“三个代表”重要思想，认真贯彻落实中共十五届六中全会和省市县委重要会议精神，在县委的领导和上级政协的指导下，紧紧围绕县委、县政府的中心工作，牢牢把握团结、民主两大主题，切实履行政协职能，坚持与时俱进，开拓创新，全面推进政协工作，为建设繁荣、富强、文明的新清苑做出新的更大的贡献。今年要重点做好以下几方面工作：

**一、深入学习江泽民同志“七一”重要讲话，用“三个代表”重要思想指导政协工作**

“三个代表”重要思想是我们党的立党之本、执政之基、力量之源，江泽民在庆祝中国共产党成立八十周年大会上的重要讲话，全面深入地阐述了“三个代表”重要思想的科学内涵，进一步指明了中国共产党在新世纪的奋斗目标和前进方向，对于全面推进建设有中国特色的社会主义事业，具有重大而深远的意义。人民政协事业作为党的事业的重要组成部分，必须把“七一”重要讲话作为行动指南，积极实践“三个代表”重要思想。广大政协委员和政协工作者，一定要深刻认识学习讲话的重要意义，通过扎实深入有效地学习，把思想和行动真正统一到讲话精神上来，用“三个代表”重要思想指导工作，努力把县政协工作提高到一个新水平。

深入学习讲话，要掌握科学方法，领会精神实质。要在反复研读的基础上，深刻领会，真正弄懂弄通，吃准吃透，要坚持和发扬理论联系实际的学习，把学习讲话与学习马列主义、毛泽东思想、邓小平理论结合起来，与自身工作、生活实践结合起来，进行深层次的理性思考；深入学习讲话，要加强指导，抓好落实。政协机关要积极组织理论辅导和委员培训，通过开展研讨、座谈、专题报告、编印学习资料等形式，为委员学习提供条件，把学习引向深入。同时，要把学习讲话，与总结经验、研究问题、推动工作结合起来，以“三个代表”重要思想指导政协工作的开展，在工作方式方法上不断创新，在工作作风上不断改进，努力使政协的各项工作都有新的气象、新的提高、新的发展。

**二、全面履行政协职能，为推动我县改革开放和现代化建设献计出力**

组织和发动广大政协委员，紧紧围绕实施“十五”计划、建设经济强县的大目标，选准角度，针对入世经济、奥运经济、保定“一城三星”建设、农业结构调整、促进非公有制经济健康发展、整顿和规范市场经济秩序等重点、热点问题，开展深入的调研和视察活动，选择若干重大问题，通过常委会和主席会等形式，进行深层次的协商，提出有针对性的意见和建议，促进工作的开展。

切实增强政协履行职能的实效性，认真改进协商活动，努力搞好对重大问题的协商，充分发扬民主，集思广益，不断提高参政议政的水平和质量。积极推进以协商讨论和批评建议为主要形式的民主监督工作。采取有效措施，加强提案办理工作，促进提案的办理落实，使政协的民主监督更加有效的发挥作用。

发挥政协委员位置超脱、社会威望高的优势，协助党委、政府做好团结稳定工作。政协委员要进一步增强政治敏感性，同“法轮功”邪教做坚持不懈的斗争；要精心维护团结稳定的大局，支持配合县委、县政府中心工作的开展，多做国家方针政策的宣传解释、增进理解、扩大共识的工作，多做协调关系、化解矛盾、理顺情绪的工作，作维护团结稳定的模范。

**三、发挥政协优势，全面活跃政协工作**

充分发挥政协委员的主体作用，注重总结和推广“帮困难户、交穷朋友”活动的先进经验，发现和宣传典型事迹，在适当时机对先进个人进行表彰，积极提倡和引导政协委员开展捐资助教、帮扶困难户、大兴办公益事业等活动，把“帮交”活动不断引向深入，扩大政协组织和政协委员的社会影响。

充分发挥政协人才荟萃、智力密集的优势，多渠道、多形式地推进社会主义文化建设。继续组织和开展文化、科技、卫生“三下乡”活动，为基层群众搞好服务，把党的温暖送到千家万户；加强文史资料的征编工作，树立精品意识，提高稿件质量，更好地发挥文史资料的续史、存鉴、资政、育人作用；进一步活跃政协书画会工作，通过开展书画艺术活动，繁荣艺术创作，培育艺术人才，弘扬传统文化，丰富人民群众的文化艺术生活。

要积极宣传《公民道德建设实施纲要》，促进思想道德建设。政协委员作为各界别群众的优秀代表，要深入贯彻落实《纲要》，身体力行爱国守法、明礼诚信、团结友善、勤俭自强、敬业奉献的基本道德规范，以良好的社会形象出现在群众中，在贯彻实施《纲要》中起到带头作用，以实际行动来教化广大民众，为社会文明进步做出应有的贡献。

进一步加强政协的宣传工作。及时宣传政协工作的新进展、新成果及政协委员的新贡献、新风采，要进一步密切与新闻单位、新闻媒体的联系与合作，不断开辟新的宣传领域，努力提高政协宣传工作的质量和效果。

**四、加强和改进作风建设，努力提高政协工作的质量和水平**

在政协机关经常开展全心全意为人民服务的宗旨观念教育、党的统战政策教育和职业道德教育，增强干部职工的统战观念和服务意识，形成人人爱岗敬业、无私奉献、开拓进取的工作局面。结合机构改革，努力实现人员和岗位的优化组合，建立起精干、务实、高效、科学、合理的工作机构，并不断完善激励机制，充分调动机关干部职工的积极性，使政协机关真正成为思想过硬、作风扎实、精神饱满富有战斗力的坚强集体，为政协履行职能提供优质、高效的服务。

大力提倡求真务实的工作作风，防止和克服形式主义，把精力集中到扎扎实实地参政议政，脚踏实地地办实事，实事求是地搞好服务上来，真正做到“切实不表面”。进一步健全和完善协商议事、工作例会、工作联系等规章制度，以适应新形势、新情况的需要，努力把全县政协工作提高到一个新水平。

各位委员、同志们，我们已经迈进二十一世纪，进入了社会主义现代化建设的新阶段。新形势新任务为人民政协提供了更加大有可为的广阔舞台。让我们更加紧密地团结在以江泽民同志为核心的党中央周围，高举邓小平理论伟大旗帜，按照“三个代表”要求，在县委的正确领导下，抓住机遇，团结一心，开拓进取，为实现我县跨越式发展和社会全面进步的宏伟目标而努力奋斗！

## 【六届一次会议】

### 中国人民政治协商会议<br>清苑县第五届委员会常务委员会工作报告

丛国栋

（2003年4月5日）

各位委员：

我受政协清苑县第五届委员会常务委员会的委托，向大会做工作报告，请审议。

**五年来主要工作回顾**

过去的五年，政协清苑县第五届委员会坚持以邓小平理论、“三个代表”重要思想为指导，认真贯彻落实党的十五大以及中央、省、市、县委的一系列重要指示精神，在县委的正确领导和上级政协的指导下，在县政府及有关部门的大力支持下，团结带领全体政协委员，紧紧围绕全县的工作中心，牢牢把握团结和民主两大主题，找准位置，发挥优势，认真履行政治协商、民主监督、参政议政职能，创新求实，开拓进取，开创了县政协工作的崭新局面，为清苑的改革、发展、稳定和社会全面进步做出了积极贡献。

**一、围绕中心，服务大局，为促进县域经济发展建言献策**

五年来，县政协紧紧围绕经济建设这一中心，服从、服务于“实现跨越式发展、建设经济强县”大局，组织和发动政协委员参政议政，为县域经济的发展献计出力。

充分发挥人民政协在经济建设中的整体优势，组织和动员政协委员为经济发展做贡献。五年来，我们先后在政协委员中开展了“为建设新清苑建一言、献一策”、“为我县优化环境、扩大开放、加快发展贡献力量”和“为实施‘十五’计划、建设经济强县建功立业”等活动，广大政协委员积极响应号召，结合自身工作实际，深入基层、深入实践，围绕我县农业调整、城镇建设、优化经济发展环境等重大问题，开展调查研究，提出了许多建设性的意见和建议，推动了县委、政府各项方针政策的贯彻落实；全体政协委员充分发挥自身在经济建设中的优势和专长，立足本职岗位，积极投身经济建设，开展科技示范、招商引资、农业技术推广等活动，发展壮大自己的事业，成为我县县域经济发展的一支生力军，为推动我县经济发展做出了积极贡献。

充分发挥政协例会在参政议政中的主渠道作用，围绕经济生活中的热点、难点问题履行职能。每年一次的县政协全体会议，我们都组织委员对我县经济建设的全局性问题开展协商活动。在县政协五届四次会议上，我们组织委员对我县“十五”计划的制定和实施进行了协商讨论，提出了许多有参考价值的意见和建议，为“十五”计划的制定和实施提供了科学依据。本届内召开的27次常委会议，其中有15次就我县的经济发展问题进行专题协商。县政协五届第七次常委会议和第二十次常委会议，分别对我县粮食流通体制改革、财税工作进行了专题协商，并根据协商讨论情况向县委、政府分别提交了《关于推进我县粮食体制改革的建议案》和《关于进一步加强财税工作的建议案》，引起了县委、政府的高度重视，县委、政府主要领导亲自做出重要批示，采纳了有关建议，推动了工作的开展。

充分发挥政协组织人才荟萃、智力密集的优势，精心选择事关全县经济发展大局的重大问题，开展专题研讨、视察活动。五年来，我们共组织委员对我县交通、粮食、电力、物价、技术监督、工商、税务、土地、环保等项工作进行视察50多次，开展专题调研11次，召开专题研讨会5次，针对工作中的具体问题，提出意见建议200余条，为推动各方面改进工作提供了参考依据。如在2000年，我们组织委员深入乡镇农村视察农网改造过程中，发现农网改造工作存在工期紧、任务重等突出问题，就此向县政府提出了针对性建议，县政府专门召开会议研究农网改造工作，使问题得到了较好的解决。

**二、发挥政协优势，打造文化精品，为推动**

**精神文明建设尽智出力**

积极参与精神文明创建工作，通过开展文史工作和书画活动，广交朋友，多方联谊，为促进社会各界的大团结大联合服务，为开创政协工作新局面服务，是本届政协工作的一个突出特色。

积极开展文史资料的收集、整理、出版、发行工作。1998年出版发行了文史资料第五辑——《抗战风火》，2002年又完成了文史资料第六辑稿件的征集工作，为该书的出版发行做好了准备。县政协也连续7年被市政协评为文史工作先进单位，2002年又被省政协授予文史工作二等奖。通过开展文史工作，不仅收集、保存了珍贵的史料，更扩大了政协的社会影响，活跃了政协的工作。1998年，我们通过开展文史工作与旅美侨胞马树栋先生建立了联系，马树栋先生通过政协为其家乡韦各庄村捐款97万元，修建高标准教学楼一座，已于98年10月建成并交付使用。

政协书画会的活动日益活跃。五年来，政协书画会先后举办大型书画展览16次，书画艺术培训班6期，通过这些活动，团聚了一批书画艺术爱好者，培养了一批青年书画艺术人才，创造了一批书画艺术精品，丰富了广大城镇居民的文化艺术生活。1998年年底，县政协经过多方努力，出版发行了《清苑书画集》，共收录我县100多位书画爱好者的130余幅书画作品，充分反映了我县人民的文化品味和艺术追求，集中展示了我县的书画艺术水平，在社会上引起了强烈反响，受到了有关专家和上级领导的一致好评。

积极开展“三下乡”活动。五年来，我们先后组织科技、文化、卫生“三下乡”活动12次，多次深入到东闾、李庄、冉庄等乡村，为当地群众提供科技、文化、卫生服务，受到当地广大干部群众的热烈欢迎。

加大政协工作宣传力度。2000年8月，正式出版发行了《政协委员风采录》第一辑，该书汇集了38名政协委员的先进事迹，共12万字，300余幅图片。该书的出版发行，不仅宣传了政协委员的先进事迹，树立了人民政协的良好形象，开辟和拓展了政协宣传工作的新渠道，更对宣传清苑，提升清苑的知名度，推动清苑的发展起到了巨大的推动作用。2001年县政协召开了宣传工作会议，进一步密切了与宣传部门、新闻媒体的联系与合作。在宣传部门和新闻媒体的支持与配合下，加强了对政协知识、统战理论、政协会议和重大活动以及政协委员先进事迹的宣传报道。五年来，共在省、市、县级新闻媒体上刊登、播出稿件280多篇，其中省级20多篇。县政协连续四年被市政协评为“宣传工作先进单位”和“信息工作先进单位”。

**三、高举团结民主旗帜，履行协商监督职能，推动社会主义民主政治建设**

政协委员提案是人民政协实施协商监督职能的一个重要方面，是发挥委员参政议政作用的一条重要渠道。县政协五届一次会议以来，共收到委员提案311件，经审查立案274件。提案内容涉及公路交通、城镇建设、文教卫生、农村经济发展、农村基层组织建设等经济发展和社会进步的方方面面，集中反映了人民群众关心的热点、难点问题，体现了政协委员参政议政的热情，引起了县委、县政府领导的重视。在提案的办理过程中，县政协进一步加大了提案督办力度，选择一些重点提案，由县政协领导亲自督办。同时，严格执行《提案工作条例》有关规定，加强了同县委、县政府及各提案承办部门的协调联络，及时了解提案办理进度，协调各方面关系，指导提案办理工作。截止2002年10月份，五届一次会议以来的委员提案已全部办理完毕，按时办结率、委员走访率、答复函规范化率均达100%，委员满意率达到99.6%。通过提案办理工作，使许多委员的意见和建议在实际工作中得到了较好的落实，产生了良好的社会效益和经济效益。

积极探索民主监督的有效形式和途径，从多方面强化民主监督。组织委员对工商、物价、电力、卫生等职能部门进行视察，就这些部门的干部队伍建设、依法行政等情况进行评议；通过召开常委会、主席会、委员座谈会等多种形式，听取有关职能部门的工作汇报，提出意见和建议；推荐部分政协委员担任法院、检察院、交通局、税务局等职能部门的执法监督员，认真开展行风评议活动，推动职能部门工作作风的改进和全县经济发展环境的进一步优化。

配合重大政治斗争开展工作，维护安定团结的政治局面。1998年以来，县政协坚持团结和引导广大政协委员，在针对“法轮功”邪教组织、“台独”分裂势力、天主教地下势力的斗争中，始终和党中央保持高度一致，坚持正确的政治方向和坚定的政治立场，充分发挥自身优势，团结群众、教育群众、宣传群众，为维护社会稳定、政治安定做出了应有的贡献。

积极配合县委、政府的中心工作，精心维护我县的团结稳定大局。团结和动员广大政协委员，积极协助党委、政府开展了清理整顿基金会、“三提五统”征收、县城拆迁改造、农村税费改革等项中心工作。广大政协委员不仅在工作中以身作则，起模范带头作用，还充分发挥自身位置超脱、社会威望高的优势，积极宣传党和政府的路线、方针、政策，主动做好化解矛盾、理顺情绪、协调关系的工作，有力地推动了各项中心工作的开展。

**四、实践“三个代表”重要思想，发挥委员主体作用，深入开展“帮困难户，交穷朋友”活动**

政协工作的主体是委员。五年来，我们坚持解放思想、开拓创新，将深入持久地开展“帮困难户、交穷朋友”活动作为实践“三个代表”重要思想，发挥政协委员主体作用的有效载体，积极探索了做好新时期政协工作的新途径。

1998年4月，我们向全体政协委员发出了开展“帮困难户、交穷朋友”活动的通知，要求政协委员根据各自实际，发挥自身优势，积极协助党委、政府做好扶助社会弱势群体的工作，帮助他们解决好生产生活中的实际困难，带领他们走共同富裕的道路。通知发出后，得到了广大政协委员的积极响应，仅1998年一年时间内，全县政协委员就通过各种方式和渠道，安排下岗职工再就业250余人次，安排贫困户子女就业、扶助贫困户300余人次，捐资助教、支援灾区捐款达20余万元。

为了把“帮交”活动引向深入，我们先后两次召开了“帮交”活动经验交流会，对活动的开展情况进行总结。2001年6月，我们再次向全体委员发出了《继续深入开展“帮困难户、交穷朋友”活动的通知》，要求全体政协委员把开展“帮交”活动作为一项长期任务，深入持久地开展下去。

据不完全统计，自1998年县政协开展“帮困难户、交穷朋友”活动以来，全县政协委员在捐资助教、扶贫助困、支援灾区、安置下岗职工再就业、兴办社会公益事业等活动中，共捐出款物合计120余万元，扶持200余户贫困家庭脱贫致富，解决了600余户贫困家庭的实际困难，救助失学或困难学生500余名，安置下岗职工和贫困人口就业1000余人次。“帮困难户、交穷朋友”活动的开展，在全县干部群众中引起了强烈反响，保定市报、清苑电视台、清苑报等媒体相继作了宣传报道，市政协也专门在全市政协系统介绍了我们的经验，并给予了高度的评价。

开展“帮困难户，交穷朋友”活动，是落实“三个代表”重要思想的具体体现。通过开展“帮交”活动，不仅使广大政协委员提高了对人民政协的认识，激发了政协委员履行政协职能的热情，更在社会上树立了政协委员良好的社会形象，扩大了政协的社会影响，进一步丰富和活跃了政协工作。

**五、加强自身建设，提高工作水平，努力开创政协工作新局面**

县政协五届一次会议以来，我们坚持把全面加强政协队伍建设，提高政协工作水平和质量作为一项基础工程来抓，为开创政协工作新局面提供了根本保障。

我们从提高委员参政议政能力入手，强化了对委员的学习培训工作。针对我县政协委员多数工作在基层的实际情况，建立和完善了基层委员学习培训制度。五年来，坚持每年的四、五月，由县政协主席、副主席带队，分别深入到全县十八个乡镇，组织召开委员学习培训会议，由县政协领导亲自为委员授课，辅导委员学习，取得了良好的效果。为进一步指导委员学习，激发委员学习的积极性，我们还创办了《政协委员参阅资料》专刊，精心选编一些委员关心的热点和委员需要了解、掌握的有关党和国家的大政方针政策、经济知识、政协统战理论等方面的知识，印发给全体政协委员。五年来，共编发《委员参阅资料》专刊12期，共3000余份，为政协委员了解上情、熟悉县情、开阔视野、知情出力提供了便利。根据形势的需要，利用召开专题报告会的形式，把委员集中起来进行培训，先后举办了学习邓小平理论、WTO知识讲座、现代企业管理知识讲座等专题报告会，受到了广大委员的普遍欢迎。通过对委员的学习培训，进一步提高了委员的素质和参政议政水平，为政协工作的开展打下了良好的基础。

不断适应新形势、新任务对政协工作的需要，进一步加强了政协机关建设。2000年，按照中央、省、市委的统一部署，县政协领导班子及领导干部认真开展了以“讲学习、讲政治、讲正气”为主要内容的党性党风教育活动。通过“三讲”教育，使政协领导班子及领导干部在思想上有了明显提高，政治上有了明显进步，作风上有了明显转变，纪律上有了明显增强。在“三讲”满意度测评中，县政协领导班子的满意率达到100%，受到了全县广大干部群众的一致肯定。按照上级的要求和机关工作的需要，我们在政协机关定期开展了机关思想、纪律、作风整顿活动，建立和逐步完善了各项规章制度，进一步形成了讲质量、讲效率、讲规范、讲团结、讲协作的良好的风气，提高了机关工作的规范化、制度化程度。

各位委员、同志们，回顾刚刚过去的五年，县政协的整体工作取得了显著的成绩，跨上了一个大的台阶。五年来各方面成绩的取得，是县委正确领导和县政府及有关部门大力支持的结果，是全体政协委员、社会各界人士共同努力、团结拼搏的结果。借此机会，我代表县政协五届委员会常务委员会，向几年来关心、支持政协工作的县委、县人大、县政府领导、有关部门和单位及各人民团体、社会各界人士表示衷心的感谢！向为政协工作作出重大贡献、因年龄关系或工作需要先后退出县政协的各位主席、副主席、常委、委员表示崇高的敬意！

五年来，我们在政协工作的实践中，不断探索、总结人民政协工作的规律，深化对履行政协职能的认识，积累了十分宝贵的经验：（一）必须不断加强政协自身建设。政协工作的主体是委员，政协工作的活力在委员，只有不断加强政协委员队伍建设提高委员的素质和参政议政能力，充分发挥广大政协委员的积极性、主动性、创造性，政协的职能作用才能得到充分发挥。（二）政协工作要树立中心意识，紧紧围绕党委、政府的工作大局和工作中心，履行职能、参政议政，这是对政协工作的根本要求。（三）政协工作要坚持解放思想、与时俱进、开拓创新，要根据形势与任务的需要，不断探索新形势下做好政协工作的新途径，大胆探索，不断开创政协工作的新局面。（四）政协工作必须体现本身的地位职能，要在政协工作中发挥政协优势，体现政协特点，选准位置和角度，做政协能办得到、做得好的事。

回顾总结五年来的工作，我们在取得成绩的同时，工作中仍存在一些不足，与县委的要求、政协章程的规定和广大群众的期望还有一定的差距，有待在今后的工作中加以研究和改进。

## 今后工作的建议

各位委员、同志们，我国已经进入了全面建设小康社会、加快推进社会主义现代化建设的新的发展阶段。新形势下，人民政协肩负的任务更加繁重，工作更加艰巨，根据新的形势和任务，今后政协工作的指导思想是：高举邓小平理论伟大旗帜，认真学习贯彻党的十六大精神，努力实践“三个代表”重要思想，在县委的领导和上级政协的指导下，紧紧围绕县委、县政府的工作中心，牢牢把握团结、民主两大主题，切实履行政协职能，坚持与时俱进、开拓创新，不断开创政协工作新局面，为实现我县经济跨越式发展，全面建设小康社会做出积极贡献。

今后一个时期，要重点做好以下几方面的工作：

### 一、深入学习贯彻十六大精神，努力实践“三个代表”重要思想

党的十六大是我们党在新世纪召开的第一次代表大会，也是我们党开始实施社会主义现代化建设第二步战略的新形势下召开的一次十分重要的会议，必将对我们党和国家事业的发展产生重大而深远的影响。要把学习、宣传、贯彻、落实十六大精神作为当前和今后一个时期的首要政治任务，切实抓紧、抓好，努力把思想和行动统一到十六大精神上来，把智慧和力量凝聚到实现十六大确定的各项任务目标上来。

江泽民代表十五届中央委员会所作的报告，深刻阐明了我们党在新世纪坚持举什么旗、走什么路、实现什么目标等重大问题，对我国改革开放和社会主义现代化建设作出全面部署，是我们党团结带领全国各族人民在新世纪新阶段奋勇前进的政治宣言和行动纲领。学习贯彻十六大精神，重点是学习贯彻落实江泽民同志的报告，全面准确领会好十六大的精神实质。要抓住学习贯彻“三个代表”重要思想这个中心环节，全面深入地领会其科学内涵和

精神实质，牢牢把握贯彻“三个代表”重要思想的根本要求，进一步增强贯彻“三个代表”重要思想的自觉性和坚定性。

学习贯彻党的十六大精神，要坚持理论联系实际的马克思主义学风，与当前的工作和自身的思想实际联系起来，努力用十六大精神指导实践，推动工作。广大政协委员要带头深入学习贯彻十六大精神，实践“三个代表”重要思想，努力成为勤奋学习、善于思考的模范，解放思想、与时俱进的模范，勇于实践、锐意创新的模范。

## 二、全面履行政协职能，为推动我县改革开放和现代化建设献计出力

要紧紧围绕发展这一执政兴国的第一要务，组织和发动广大政协委员，牢牢把握“实现跨越式发展，建设经济强县”这一中心任务，选准角度，针对“一融三化”战略的实施、卫星城建设、工业园区建设、招商引资工作、城乡路网建设、优化经济发展环境、推进农业资源整合等重点、热点问题，开展深入的调研和视察活动，选择若干重大问题，通过常委会、主席会等形式，发挥好参政议政的主渠道作用，进行深层次的协商，提出有针对性的意见和建议，促进工作的开展。

切实增强政协履行职能的实效性，认真改进协商活动，努力搞好对重大问题的协商，充分发扬民主，集思广益，不断提高参政议政的水平和质量。积极推进以协商讨论和批评建议为主要形式的民主监督工作，推进社会主义政治文明建设。采取有效措施，加强提案办理工作，促进提案的办理落实，使政协的民主监督更加有效的发挥作用。

发挥政协委员位置超脱、社会威望高的优势，协助党委、政府做好团结稳定工作。政协委员要进一步增强政治敏感性，同“法轮功”邪教做坚持不懈的斗争；要精心维护团结稳定的大局，支持配合县委、县政府中心工作的开展，多做国家方针政策的宣传解释、增进理解、扩大共识的工作，多做协调关系、化解矛盾、理顺情绪的工作，作维护团结稳定的模范。

## 三、发挥政协优势，全面活跃政协工作

“帮困难户、交穷朋友”活动是充分发挥政协委员的主体作用，开创政协工作新局面的一个新途径，是人民政协实践“三个代表”重要思想的一个新创举。今后的工作中，要注重总结和推广“帮困难户、交穷朋友”活动的先进经验，发现和宣传典型事迹，在适当时机对先进个人进行表彰，积极提倡和引导政协委员开展捐资助教、帮扶困难户兴办公益事业等活动，把“帮交”活动不断引向深入，扩大政协组织和政协委员的社会影响。

充分发挥政协人才荟萃、智力密集的优势，多渠道、多形式地推进社会主义文化建设，努力成为先进文化的创造者、传播者。继续组织和开展文化、科技、卫生“三下乡”活动，为基层群众搞好服务，把党的温暖送到千家万户；加强文史资料的征编工作，树立精品意识，提高稿件质量，更好地发挥文史资料的续史、存鉴、资政、育人作用；进一步活跃政协书画会工作，通过开展书画艺术活动，繁荣艺术创作，培育艺术人才，弘扬传统文化，丰富人民群众的文化艺术生活。

进一步加强政协的宣传工作。及时宣传

政协工作的新进展、新成果及政协委员的新贡献、新风采，要进一步密切与新闻单位、新闻媒体的联系与合作，不断开辟新的宣传领域，努力提高政协宣传工作的质量和效果。

**四、加强和改进作风建设，努力提高政协工作的质量和水平**

在政协机关经常开展全心全意为人民服务的宗旨观念教育、党的统战政策教育和职业道德教育，增强干部职工的统战观念和服务意识，形成人人爱岗敬业、无私奉献、开拓进取的工作局面。建设一支精干、务实、高效、科学、合理的政协工作队伍，并不断完善激励机制，充分调动机关干部、职工的积极性，使政协机关真正成为思想过硬、作风扎实、精神饱满、艰苦奋斗、清正廉洁、富有战斗力的坚强集体，为政协履行职能提供优质、高效的服务。

大力提倡求真务实的工作作风，防止和克服形式主义，把精力集中到扎扎实实地参政议政，脚踏实地地办实事，实事求是地搞好服务上来，真正做到“切实不表面”。进一步健全和完善协商议事、工作例会、工作联系等规章制度，以适应新形势、新情况的需要，努力把全县政协工作提高到一个新水平。

各位委员、同志们，今后的五年，将是我国全面建设小康社会，加快推进社会主义现代化建设的关键时期。新形势、新任务对人民政协提出了新的更高的要求，同时，也为人民政协提供了新的历史机遇。形势逼人，不进则退，让我们在县委的正确领导下，高举邓小平理论伟大旗帜，在“三个代表”重要思想和十六大精神的指引下，继承和发扬人民政协的优良传统，解放思想、与时俱进、开拓创新，为实现我县经济跨越式发展和社会全面进步、为全面建设小康社会而努力奋斗！

## 【六届二次会议】

### 中国人民政治协商会议<br>清苑县第六届委员会常务委员会工作报告

丛国栋

（2004年2月15日）

各位委员、同志们：

我受政协清苑县第六届委员会常务委员会的委托，向大会作工作报告，请审议：

### 一年来主要工作回顾

刚刚过去的2003年，是县政协六届委员会的开局年，也是县政协工作史上不寻常的一年，我们克服了诸多难以预料的困难，圆满完成了县政协六届一次会议确定的任务目标，县政协各项工作取得了长足的发展。一年来，在县委的正确领导和上级政协的指导下，在县政府及有关部门的大力支持下，县政协常委会团结带领全体政协委员，深入贯彻党的十六大、十六届三中全会、省委六届三次、四次全会精神以及市、县会议精神，坚持把“三个代表”重要思想和党的十六大精神作为行动指南，坚持把“树正气、讲团结、求发展”作为主旋律，坚持把加快发展作为履行职能的第一要务，坚持把解放思想、与时俱进作为创新工作的关键，牢牢把握团结和民主两大主题，找准位置，发挥优势，认真履行政治协商、民主监督、参政议政职能，以创新的精神推进政协各项工作的开展，为全县的改革、发展、稳定和全面建设小康社会做出了积极的贡献。

**一、维护广大人民的根本利益，发挥人民政协的光荣传统，迎难而上，无私奉献，积极投身抗击“非典”斗争**

2003年春，无情的“非典”悄然降临。面对突如其来的灾难，县政协领导班子和全体政协委员紧密配合县委的部署，坚决贯彻落实“一防五促三确保”的战略决策，和全县人民一起，同舟共济、迎难而上、全力以赴，积极投身于抗击“非典”的特殊战斗之中。

县“防非”工作会议召开后，县政协立即召开主席会议和全体干部会进行传达贯彻，并向全县各级政协委员发出了关于《带头做好非典防治工作，积极建言献力，协助党和政府做好群众工作》的公开信。公开信发出后，得到了全县广大委员的积极响应，在政协系统迅速掀起了抗击“非典”的高潮。

在“抗非”斗争中，工作在全县各条战线上的广大政协委员积极响应县委和县政协的号召，义无反顾地投身到“抗非”之中，他们一手抓“抗非”，一手抓发展，在坚守工作岗位，克服种种困难，努力完成生产经营任务的同时，积极捐款捐物献爱心，为我县“抗非”、发展双胜利贡献力量。5月1日，“抗非”战役刚刚打响，县政协就组织经济界委员开展了捐款活动，来自全县经济界的30多名政协委员，纷纷慷慨解囊，仅用半天时间就捐款12万元。省政协委员、县政协常委杨金庆积极响应党中央、国务院“一手抓防非，一手抓生产”的号召，在“防非”期间组织职工加班加点进行生产，并带头捐款捐物达18万元；县政协常委、新立食品公司董事长王造忠，先后多次捐款捐物，总计达10余万元。“抗非”期间，全县各级政协委员和政协机关工作人员为抗击非典捐款捐物总计达70余万元，充分体现了新时期政协委员高尚的政治情操和“国家有难，匹夫有责”的无私奉献精神。面对日益严峻的抗非形势，按照县委的统一部署，县政协领导不计个人安危，深入一线，靠前指挥，多次深入到所包乡镇检查、督导“非典”防治工作，及时发现问题、解决问题，圆满完成了县委交办的防非工作任务；为贯彻落实好党中央“万众一心抗非典，迎难而上促发展”的总体部署，县政协主要领导先后深入到立中集团、古城香业、昌隆公司、德润达印刷等十几家重点企业走访慰问，一方面指导企业防非工作，一方面鼓励企业克服困难，迎难而上，努力生产。5月中旬，县政协和县人大共同组织工商企业界人士召开座谈会，号召他们坚定信心，搞好经营，和衷共济，多做贡献。19位企业界人大代表、政协委员积极响应，联合向全县企业界同仁发出了倡议书，对我县民营企业扩大经营，恢复生产，抢占市场先机起到了积极的推动作用。“防非”工作期间，县政协机关全体党员干部在坚守工作岗位，确保政令畅通的同时，及时总结机关“防非”工作的经验，结合机关工作的实际，制定实施了《六要六不要》等规章制度，县委书记李国英对政协机关的做法给予了高度评价，并批示在全县机关进行推广。

**二、顺应先进生产力的发展要求，履行人民政协的整体职能，深入调研，建言献策，围绕我县经济发展献计出力**

发展是执政兴国的第一要务，一年来，县政协坚持围绕服务经济建设履行职能的工作方针，抓住县域经济发展中全局性、战略性问题及群众普遍关心的热点、难点问题，聚精会神为搞建设出力，一心一意为谋发展服务，组织和引导广大政协委员，紧紧围绕县委提出的“实施‘三兴’主战略，打造开放的新型工业卫星城”的总体目标，参政议政，献计出力。

充分发挥人民政协在经济建设中的整体优势，组织和动员政协委员为经济发展做贡献。一年来，我们充分利用会议培训、印发学习资料等多种形式，向委员传达贯彻了《中共中央关于完善社会主义市场经济体制若干问题的决定》等文件精神，通报了我县经济建设中的新进展，使委员进一步掌握了党中央以及各级党委的方针政策，了解了我县经济建设的现状和方向，大大增强了广大委员加快发展的紧迫感，知情出力的责任感。广大政协委员结合自身工作实际，围绕我县的农业结构调整、国企改革、城镇建设、交通运输等重大问题，积极参政议政，建言献策，提出了许多富有建设性的意见和建议，为县委、县政府的科学决策提供了参考依据。

充分发挥政协组织人才荟萃、智力密集的优势，深入开展调查研究，先后组织委员对我县税务、交通、工商、卫生、水利、公安、法院、检察院等部门进行了视察，针对工作中的具体问题，提出意见和建议25条，为推动各方面工作的改进提供了参考依据。同时，我们还积极与上级政协进行联系与沟通，配合市政协开展民营经济和职业教育的专题调研，市政协领导和参加视察的有关专家、学者分别深入到我县的企业和学校实地参观考察，提出有针对性的指导意见。通过调研，进一步加强了市、县两级政协的沟通与交流，真实准确地反映了我县的情况，在参政议政水平方面有了深层次地提高。

充分发挥政协例会在参政议政中的主渠道作用，围绕经济生活中的热点、难点问题开展高品质和参政议政活动。县政协六届二次常委会议，专题听取了我县民营经济发展情况的汇报，与会常委纷纷围绕我县民营经济发展的现状和方向发言，提出了许多有参考价值的意见和建议；县政协六届三次常委会议就2003年度全县财政工作情况和2003年度大事实事调整及完成情况等事关全县经济发展大局的问题进行了专题协商。委员们结合实际提出了许多意见和建议，有力地推动了工作的开展。

充分发挥民主监督职能，不断推进行风建设工作。一年来，先后推荐100余名政协委员担任法院、检察院、邮政、电信、税务、交通等职能部门的执法监督员，积极配合有关部门开展行风评议活动，有力地促进了我县各职能部门行业工作的好转。

**三、沿着先进文化的发展方向，发挥人民政协的整体优势，广泛参与，力求突破，不断推进社会主义精神文明建设**

积极开展文史资料的征集、整理、出版工作。2003年9月，经过多方努力，成功出版发行了《文史资料》第六辑《难忘的岁月》，本辑收录了我县解放后至文革前17年中发生的重大事件、重要运动和困难时期的社会风貌等方面的史料共40篇，约18万字。此书内容真实、丰富，反映了我县党员干部在抗洪斗争和三年困难时期同人民群众同甘共苦、艰苦奋斗的模范事迹，是一本践行“三个代表”重要思想、开展传统教育的好教材，具有深远的现实意义和历史意义，。

利用政协书画会人才荟萃的优势，积极开展健康向上的文化活动。成功组织了“十一”迎国庆大型书画展。市政协、蠡县政协等有关市、县的领导及书法爱好者应邀参加了这次活动，共展出作品200多幅，参观人数达3000余人次，丰富和活跃了广大人民群众的文化艺术生活，受到县委、县政府领导和广大干部群众的一致称赞。

充分发挥县政协的桥梁纽带作用，加强与海外人士的联系合作，巩固爱国统一战线，扩大招商引资范围。圆满地完成了市政协主编的《港澳台名人录》一书组稿任务，选送稿件的数量、质量均在我市名列前茅，受到市政协领导的肯定和赞扬。在稿件征编过程中，我们主动向有关海外人士、港澳台同胞介绍清苑、宣传清苑，使他们进一步了解清苑，通过这些交流与沟通，进一步加强了与海外人士的联系，增进了感情，建立了友谊，为巩固与发展爱国统一战线工作开辟了新的领域。

进一步密切同宣传部门、新闻媒体的联系与合作，在宣传部门和新闻媒体的支持配合下，及时对政协知识、统战理论、政协会议和重大活动以及委员先进事迹、创业经历进行宣传报道。一年来，先后在省、市、县级宣传媒体刊登播发稿件40余篇，受到了上级主管部门的表彰。

**四、牢牢把握团结、民主两大主题，坚持人民政协正确的政治方向，顾全大局，维护稳定，不断推进社会主义民主政治建设**

提案工作是政协委员参政议政的重要方式。县政协六届一次会议以来，共收到委员提案96件，立案82件。提案内容涉及党风廉政建设、城镇建设、公路交通、文教卫生、国企改革和农村经济发展等方方面面，集中反映了人民群众关心的热点、难点问题，体现了政协委员参政议政的热情。在提案办理过程中，县委、县政府对提案办理工作给予了高度重视，实行了全员办理和“三亲自”制度，狠抓落实，责任到人；县政协进一步加大了提案督办工作力度，对群众关心、社会关注的涉及城建、交通、市场建设等方面的重点提案，县政协领导亲自过问，并在提案办理过程中召开提案督办会，协调关系，进行督办，有力地促进了提案的办理和落实。截至2003年10月底，所有委员提案已全部办理完毕，办结率、走访率、答复函规范化率、委员满意率均达100%。提案中许多意见和建议在实际工作中得到了较好地落实，取得了良好的社会效益和经济效益，为促进我县的经济发展和社会进步发挥了重要作用。

“帮困难户、交穷朋友”活动是县政协坚持多年的一项活动，也是县政协践行“三个代表”重要思想的具体体现。县政协换届以来，新一届政协常委会坚持继续深入开展了这项活动。一年来，我们坚持把开展“帮交”活动和市政协提倡的“两争两为”活动及县委开展的“三个一”活动相结合，不断探索开展“帮交”活动的新途径，在广大政协委员中开展“致富思源，富而思进”教育活动，大力提倡和引导政协委员开展捐资助教、扶贫济困、兴办公益事业等活动，得到了广大委员的积极响应。广大政协委员充分发挥自身的优势，立足本职工作岗位，在实际工作中，积极为人民群众办实事、解难事、做好事。据不完全统计，去年全县广大县政协领导和政协委员共帮扶贫困户、城镇困难职工、贫困学生150余人，安排就业人数400余人，兴办公益事业，捐资城镇下岗职工和贫困人口20余万元，受到了广大群众的一致称赞。

积极配合县委、政府的中心工作，精心维护我县的团结稳定大局是人民政协义不容辞的政治责任。一年来，我们充分发挥政协组织和政协委员位置超脱、视野宽阔、社会威望高的优势，团结和动员广大政协委员，积极协助党委、政府开展宗教依法管理、农业税征收、保衡路拓宽改建、第六届村委会换届选举等中心工作。专门下发了《政协清苑县委员致全县各级政协委员的公开信》等文件，要求广大政协委员发扬政协优良传统，做好思想、宣传工作，积极发挥模范带头作用，主动做好收集、反映社情民意等工作。在各项中心工作中，广大政协委员积极发挥自身作用，带头响应党委号召，积极行动，紧密配合各项工作的开展。不仅带头支持党委、政府的工作，还主动协助党政有关部门向周围群众做深入细致的思想政治工作，帮助人民群众解决困难，实事求是地反映人民群众的意见，有力地推动了各项中心工作的开展，充分展示了人民政协和政协委员讲政治、顾大局的良好社会形象。

**五、不断加强自身建设，提升人民政协工作水平，提高素质，转变作风，推进履行职能的制度化、规范化、程序化**

针对换届后新委员较多，对政协工作缺乏深入了解的实际情况，我们于去年7月集中开展了委员学习培训活动。县政协领导分组带队，分别深入全县十八个乡镇和城区办事处，对基层政协委员进行学习培训。为保证学习效果，办公室人员加班加点，编印了《政协委员手册》等学习参考资料，收集、整理了人民政协基本知识和政协工作方法、规章制度等，并准备教案为委员授课，使全县工作在基层的160多名政协委员全部得到了培训。通过培训，使委员们很好地了解和掌握了人民政协的基本知识，提高了理论知识水平和参政议政能力，激发了委员们履行职能的积极性和主动性。

为全面提高理论水平，在政治业务理论的指导下把握政协工作方向，成立了清苑县政协理论研究会。为委员积极开展理论研究、研讨活动创造条件，为提高政协工作水平发挥了指导作用。县政协领导带头开展理论研究工作，我们撰写的理论研讨文章《以“三个代表”重要思想为指导，做好新时期的政协工作》一文被选送参加保定市政协学习贯彻“三个代表”重要思想，做合格政协委员理论研讨会进行了大会交流，受到了与会领导和专家的好评。

全面加强了领导班子和政协机关思想作风建设，切实转变了工作作风。根据县委统一安排，结合县政协工作实际，我们认真开展了“树正气、讲团结、求发展”“学、创、促”“争创好班子、争当好班长、争当好助手”“两讲一建”和民主集中制学习教育活动。活动中，县政协领导带头认真学习，认真剖析存在问题，认真进行整改。通过学习，进一步提高了政治理论水平，增强了大局观念和团结意识，作风上有了明显转变，工作效率、工作质量、服务水平有了明显提高。

进一步完善了各项规章制度，以政协《章程》为依据，制定和完善了《常委会工作规则》《常委会组成人员守则》《委员守则》《进一步加强领导班子建设的意见》《机关工作制度》等一系列规章制度，明确了政协履行职能的任务、方法和遵循的工作准则，规范了委员的行为标准，在工作中做到了有章可循，进一步推进了县政协工作的制度化、规范化、程序化。

回顾一年来的工作，县政协的整体工作开局良好，进展顺利，取得了可喜的成绩。各方面成绩的取得，是县委正确领导、县人大、县政府及各部门大力支持的结果，是全体政协委员、社会各界人士团结奋进、积极工作的结果。借此机会，我代表政协清苑县第六届委员会常务委员会，向一年来关心、支持政协工作的县委、县人大、县政府及有关部门、各人民团体、社会各界人士及离退休的县级老领导，表示衷心的感谢和崇高的敬意！

在过去一年的工作中，我们在取得了一些成绩的同时，仍存在一些问题和不足，与县委的要求和广大人民群众的期望还有一定差距，如：理论知识学习和理论研究做得还不够；调查研究还不够深入；提案的质量和水平还有待进一步提升等等。今后，我们将发扬成绩，克服不足，扎实工作，把政协工作全面推向前进。

## 2004年工作任务

2004年是我县发展史上极为重要的一年，是继续推进"三兴"主战略、进一步树立"工业首位"意识，建设开放的新型工业卫星城的关键年。根据新的形势、新的任务，2004年县政协工作的指导思想是：高举邓小平理论伟大旗帜，努力实践“三个代表”重要思想，认真学习贯彻中共十六届三中全会和省委六届四次全会精神，在县委的领导和上级政协的指导下，紧紧围绕县委、县政府的中心工作，牢牢把握团结、民主两大主题，切实履行政协职能，坚持与时俱进、开拓创新，不断开创政协工作新局面，为我县打造开放的新型工业卫星城，全面建设小康社会做出积极贡献。

2004年，要重点做好以下几方面的工作：

**一、紧紧抓住发展这个执政兴国的第一要务，围绕经济发展这一中心履行职能**

要以党的十六大提出的全面建设小康社会总体目标和"三个代表"重要思想为指针，紧紧围绕县委九届二次代表大会提出的"坚持工业为首，推进'三兴'并举、打造开放的新型工业卫星城"的总体思路，组织和发动广大政协委员，集中精力，选准角度，发挥优势，大力推进"开放兴县、工业兴城、项目兴业"主战略，积极唱响大上工业的主旋律，认真落实"首抓工业，以工促农"的兴县方略，针对"三兴"主战略的实施、卫星城建设、招商引资工作、城乡路网建设、优化经济发展环境等重点、热点问题，开展深入的调研和视察，提出有针对性的意见和建议。

发挥好参政议政的主渠道作用，通过常委会、主席会等形式，进行深层次的协商，提出有针对性的意见和建议，促进工作的开展。广大政协委员要有大局意识，增强加快发展的紧迫感，充分发挥政协人才荟萃、智力雄厚的优势，紧紧抓住第一要务，积极关心和参与“三兴”主战略的实施，积极落实优化环境、发展经济大会精神，发挥自身的优势和专长，立足本职岗位，发展和壮大自己的事业，做实施“三兴”主战略的实践者，做招商引资的带头人，做优化环境的执行人，为打造开放的新型工业卫星城做出应有的贡献。

切实增强政协履行职能的实效性，认真改进和完善协商活动，努力搞好对重大问题的协商，团结一切可以团结的力量，调动一切积极因素，深入调查研究，积极建言献策，发扬民主，集思广益，不断提高参政议政的水平和质量。积极推进以协商讨论和批评建议为主要形式的民主监督工作，推进社会主义精神文明、物质文明和政治文明建设。采取有效措施，加强提案办理工作，促进提案的办理落实，使政协的民主监督更加有效的发挥作用。

**二、心系人民群众，深入开展调查研究，使参政议政水平再上新台阶**

密切联系群众是中国共产党的优良传统，

也是人民政协的一贯工作方针。政协工作要做到权为民所用、情为民所系、利为民所谋，必须要牢固树立全心全意为人民服务的宗旨观念。一切为了人民，一切服务于人民，只有走下去，亲自接触人民群众，和普通群众进行沟通和交流，才能更好地掌握事物动态，才能在履行职能过程中表有所言，言有所指，参政参到点子上，议政议出水平来。

人民政协为人民，就是要在参政议政中为民服务，就是要在批评、监督中帮助我们的干部用好权。全体委员来自社会各界，代表着不同的层面和不同的界别，是广大人民群众在政协组织的代言人。在履行职能过程中要牢牢把握社情民意这一关键环节，带着感情做好群众工作，想人民之所想，做人民之所盼，献人民之所求，真正了解人民的疾苦，真心实意反映人民群众的意愿和要求，实实在在地帮助人民群众办好事做实事，使政治协商、民主监督、参政议政真正成为听取人民群众意见和建议，推动关系民生问题得以解决的过程。

**三、突出团结、民主两大主题，精心维护全县政治安定、社会稳定的良好局面**

人民政协是最广泛的爱国统一战线组织，团结和民主精神始终贯穿政协工作的各个方面。要发挥政协委员位置超脱、社会威望高的优势，协助县委、政府做好团结稳定工作。政协委员要进一步增强政治敏感性，坚持中国共产党的领导不动摇，同社会上一切反动势力和不良倾向做斗争；要精心维护团结稳定的大局，支持配合县委、县政府中心工作的开展，继续担当起协助党委、政府协调关系、化解矛盾这一重任，为维护全县稳定做出积极贡献。要多做沟通感情、理顺情绪、增进理解的工作，尽可能地消除不利于团结和稳定的因素，为发展减少阻力，增加动力，形成合力，做维护团结稳定促进经济发展的模范。

积极配合县委、县政府开展各项中心工作，团结和动员广大政协委员，积极协助党委、政府大力宣传党的方针政策，自觉做好信访工作和矛盾纠纷的排查、调处工作，标本兼治，疏堵结合，为党委、政府解决大事、难事当好参谋助手，为我县新型工业卫星城的建设工作保驾护航。在农业税征收、兴办社会公益事业等项工作中，广大政协委员更要积极主动，以身作则，充分发挥模范带头作用，树立政协良好形象。

**四、解放思想、与时俱进，不断创新政协履行职能的内容和形式**

“帮困难户、交穷朋友”活动是充分发挥政协委员的主体作用，开创政协工作新局面的一个新途径，是人民政协实践“重要思想”的一个新创举。今后的工作中，要结合县委提出的关于开展“三个一”活动的指示精神，继续把“帮交”活动作为一项长期任务，深入持久地开展下去。并注重总结和推广"帮困难户、交穷朋友"活动中涌现出的先进经验，发现和宣传典型事迹，在适当时机对先进个人进行表彰，积极提倡和引导政协委员开展捐资助教、帮扶困难户、兴办公益事业等活动，把"帮交"活动不断引向深入，扩大政协组织和政协委员的社会影响。

充分发挥政协人才荟萃、智力密集的优势，多渠道、多形式地推进社会主义文化建设，努力成为先进文化的创造者、传播者。继续组织和开展文化、科技卫生”三下乡”活动，为基层群众搞好服务，把党的温暖送到千家万户；加强文史资料的征编工作，树立精品意识，提高稿件质量，更好地发挥文史资料的续史、存鉴、资政、育人作用；进一步活跃政协书画会工作，通过开展书画艺术活动，繁荣艺术创作，培育艺术人才，弘扬传统文化，丰富人民群众的文化艺术生活。

进一步加强政协的宣传工作。及时宣传政协工作的新进展、新成果及政协委员的新贡献、新风采，进一步密切与新闻单位、新闻媒体的联系与合作，不断开辟新的宣传领域，努力提高政协宣传工作的质量和效果。

**五、不断加强政协自身建设，努力创建学习型政协组织**

注重提高政协队伍整体素质，进一步加强政协理论研究工作，发展和壮大政协理论研究会，适时开展政协理论研讨活动，通过理论研究，宣传和普及政协知识、统战理论，探索和总结政协工作的新途径、好经验，推动政协整体工作的顺利开展；从提高委员参政议政能力入手，进一步强化委员的学习培训工作，坚持和完善委员学习培训制度，加强对委员学习的指导，激发政协委员学习的积极性。同时，结合政协工作实际，通过印发学习参考资料、组织学习讲座、举办专题报告会等形式，组织和引导委员学习和掌握党和国家的大政方针政策、经济知识、政协统战理论，为委员了解上情、熟悉县情、开阔视野、知情出力提供便利，提高委员素质，为政协工作的开展打下良好的基础。

进一步加强政协机关建设，经常性地开展宗旨教育、统战政策教育和职业道德教育，健全和完善协商议政、工作例会、工作联系等一系列规章制度，在机关形成人人爱岗敬业、无私奉献、开拓进取的工作局面，建设一支精干、务实、高效、科学、合理的政协工作队伍，使政协机关真正成为思想过硬、作风扎实、精神饱满、艰苦奋斗、清正廉洁、富有战斗力的坚强集体，为政协履行职能提供优质、高效的服务。

各位委员、同志们，我国已经进入全面建设小康社会、加快推进社会主义现代化建设的新的历史时期，时代赋予了我们新的历史使命，让我们紧密团结在以胡锦涛同志为总书记的党中央周围，高举邓小平理论伟大旗帜，在县委的正确领导下，以"三个代表"重要思想、"十六大"和县委九届二次全会精神为指导，继承和发扬人民政协的优良传统，解放思想、与时俱进、开拓创新，以崭新的姿态和昂扬的斗志，为实现建设开放的新型工业卫星城的宏伟目标而努力奋斗！

**【六届三次会议】**

## 中国人民政治协商会议
## 清苑县第六届委员会常务委员会工作报告

丛国栋

（2005年2月25日）

各位委员：

我受政协清苑县第六届委员会常务委员会的委托，向大会做工作报告，请审议：

### 一年来主要工作回顾

2004年，在上级政协的指导和县委的正确领导下，在县政府和有关部门的大力支持下，县政协常委会把握团结和民主两大主题，紧紧围绕县委中心工作，积极履行政治协商、民主监督、参政议政职能，发挥优势，团结合作，求真务实，开拓创新，各项工作取得了新的进展，为我县全面建设小康社会作出了新的贡献。

**一、围绕中心，服务大局，为全县小康建设献计出力**

深入开展调查研究，围绕全县中心工作建言献策。一年来，先后组织有关委员就落实中央一号文件、中央及省委关于农业和粮食工作会议精神、农业产业化、文明生态村创建等问题开展专项调研5次。在调研过程中，我们坚持深入基层，深入群众，充分掌握第一手资料，并通过常委会、主席会、专题座谈会等形式，开展充分的协商讨论，提出切合实际的意见和建议。主动配合省、市政协共同开展我县农业产业化和农村公共卫生体系建设的专项调研，加强了与上级政协组织的联系和沟通，提高了县政协参政议政的水平。

注重发挥政协例会在参政议政中的主渠道作用，紧紧围绕我县发展和稳定这一大局，精心选择会议议题，分别确定文明生态村创建、防汛工作、便民利民十件实事完成情况等群众关注的重大问题，作为县政协第七次、第八次常委会的重要议题，进行协商讨论，提出意见和建议，有力地推动了我县各项工作的顺利开展。

充分发挥政协组织人才荟萃、智力密集的优势，组织和引导委员积极参与全县经济建设。充分利用会议培训、印发学习资料、召开专题座谈等多种形式，向委员宣传政策法规，提供信息服务，通报我县经济发展的新动态，使委员进一步增强了加快发展的紧迫感。广大委员特别是企业界委员充分发挥在经济建设中的优势和专长，立足本职岗位，积极投身经济建设，不断发展壮大自己的事业，成为引领我县县域经济发展的一支生力军，为推动我县经济发展做出了积极的贡献。县政协常委杨金庆的古城香业集团，经过不断发展，已成为我县首屈一指的纳税大户；县政协常委德润达印刷有限公司董事长王永学，在企业的发展壮大过程中，吸纳安置了大批下岗职工再就业；县政协委员清源实业公司董事长张春奇，投入大量资金发展奶牛养殖业，带动了当地养殖业的快速发展；县政协常委农村高优专业社主任袁凤岐，坚持服务“三农”，促进农民增收，得到了国务院有关部门的高度重视和原中央老领导宋平同志的高度评价。

按照县委安排，认真做好文明生态村联系点工作。县政协领导多次深入分包的6个文明生态示范村，检查指导工作，并多方协调帮建资金近30万元，政协机关为分包示范村捐赠爱国主义教材和科普图书600余册。县政协还专门向全体委员下发了《关于积极参与推进全县文明生态村建设的通知》，广大委员积极响应，特别是农村委员带头参与文明生态村创建活动，捐款捐物，献计出力，有力地推动了创建活动的开展。

**二、发扬民主，促进团结，为全县和谐稳定贡献力量**

提案工作取得新进展。县政协六届二次会议以来，共收到委员提案76件，立案60件。在提案办理工作中，我们坚持把提案办理过程转化为维护群众利益，为群众办实事、办好事的过程。为促进提案的办理落实，鼓舞先进，鞭策落后，我们适时召开了提案办理工作经验交流会，这一做法得到了市委考核组的高度评价和充分肯定。通过提案办理工作，使委员的意见和建议在实际工作中得到了较好的落实，赢得了群众的赞誉，为促进我县的经济发展和维护社会稳定发挥了重要作用。

民主监督工作切实有效。先后组织委员对路桥建设、工商管理、卫生体系建设、药品监督、公安等重点工作进行视察，并针对工作中的具体问题，提出意见和建议26条，为推动相关工作的改进提供了参考依据。积极参与行风评议活动，推荐80余名政协委员担任有关执法部门的特邀监督员和行风评议代表，通过积极参与行风评议，提出批评和建议，进一步促进了各部门工作作风的转变。

社情民意工作有新突破。按照县委的统一部署，县政协积极参与了“制非”、农业税征收、粮食企业改革、道路拆迁改造、后进支部转化、下访等全县中心工作，县政协领导多次深入到基层，面对面地做群众工作，疏导思想，化解矛盾，维护稳定。广大政协委员充分发挥位置超脱、联系面广、社会威望高的优势，积极宣传党的方针政策，协助党委、政府做了大量理顺情绪、凝聚人心、协调关系的工作，为维护全县的团结稳定做出了积极贡献。

扶贫帮困、社会公益活动取得好成绩。以开展“帮困难户、交穷朋友”活动和市政协提倡的“两争两为”活动以及县委开展的“三联济困”活动为载体，组织和引导政协委员奉献爱心，回报社会，大力提倡和引导委员广泛开展捐资助教、扶贫济困、兴办公益事业、安置下岗职工再就业、支援灾区等活动，邢志清、钟金庄、张静杰、郝东方等10余名委员积极参与了县妇联组织的“春蕾计划”捐助特困女童活动，共捐款1万余元，政协机关为印度洋海啸灾区捐款3千余元。徐新革、王大宽、戎长龙、张春奇四名委员被市政协评为“两争两为”活动先进个人。积极开展“三下乡”服务活动，2004年6月，县政协组织农业、科技、电力、卫生等界别的委员，深入到革命老区冉庄，为群众提供文化、科技、医疗服务，义诊病人160余人次，发放科技资料15000余份，受到了当地群众的热烈欢迎。

**三、发挥优势，体现特色，为社会主义精神文明建设尽智出力**

积极开展文史资料的编辑、出版工作。经过一年来的紧张征编工作，县政协文史资料第七辑《清苑历代名人》一书，已于近期出版发行。《清苑历代名人》一书，是在反复查阅大量史志资料、广泛征求意见、多次修改的基础上，编辑而成的。该书绘制图片38幅，约15万字，是一部了解、研究清苑的不可多得的教材，对于挖掘清苑历史文化、树立清苑形象、扩大清苑影响将发挥积极作用。2004年，县政协再次被省政协评为文史工作先进单位。

进一步做好宣传工作。加强与新闻媒体的联系，加大对政协工作的宣传力度，使统战理论、政协知识、委员先进事迹、政协工作成果通过新闻媒体得以广泛宣传，扩大了政协的社会影响。一年来，共在河北电视台、省政协《乡音》杂志、《保定日报》、保定电视台、清苑电视台等新闻媒体刊登、播发稿件26篇。由县政协会同河北电视台拍摄的专题片《轮椅画家刘镇涛》，在河北电视台“百味人生”栏目播出，被市政协评选为2004年度好新闻三等奖。2004年，县政协被评为保定市政协系统宣传工作先进单位。

利用政协人才荟萃的优势，积极开展健

康向上的文化活动。成功组织了庆五一“信合杯”书画大奖赛和庆“十一”迎国庆大型书画展。两次共展出作品400多幅，参观人数达6000余人次，丰富和活跃了广大群众的文化生活，为弘扬祖国的传统文化，培养清苑艺术新人做出了积极贡献，受到县委、县政府领导和广大人民群众的一致称赞。

**四、强化学习，与时俱进，以自身建设为政协工作增添活力**

从加强学习入手，全面提高政协队伍素质。按照创建学习型政协组织的要求，通过以会代训、专题讲座、印发学习资料等多种形式，组织委员深入学习邓小平理论和“三个代表”重要思想，学习中共十六届四中全会、省委六届六次会议等重要会议精神，并结合政协工作实际和形势发展的需要，组织委员学习了《中华人民共和国宪法》、《政协章程》、中央一号文件、《中华人民共和国行政许可法》等内容。2004年7月，县政协领导带领机关工作人员分别深入到18个乡镇和城区办事处，为基层委员讲解《政协章程》。一年来，共印发参考资料四期，计2000余份，组织学习培训5次，有力地推动了学习活动的开展。

重视和加强政协理论研究工作。以《政协章程》的修订为契机，在认真学习、全面领会、准确把握《政协章程》主要内容和精神实质的基础上，深入开展对政协工作和统战理论的研究，县政协组织撰写的《关于改革和完善政协组织建设的思考》和《社会主义政治文明建设与人民政协》两篇理论研讨文章，被选送参加了市政协组织的学习贯彻《政协章程》理论研讨会，受到了与会领导和专家的一致好评。

大力加强政协机关建设。按照县委的统一部署，政协机关深入开展了“两教育一转变”、民主集中制学习教育和党员整训活动，政协领导带头参加活动，有效地推动了机关各项活动的扎实开展，使机关工作人员的精神面貌、工作作风有了明显转变，服务意识、工作效率有了显著提高。认真贯彻落实省、市委政协工作会议精神，依据《政协章程》，按照省、市委《关于进一步加强和改进人民政协工作的意见》要求，及时修订和完善了政协常委会工作规则和政协机关工作的有关规章制度，并狠抓落实，在政协履行职能规范化、制度化和程序化建设上迈出了新的步伐。

各位委员、同志们，回顾总结一年来的工作，我们圆满完成了县政协六届二次会议确定的各项任务，政协整体工作水平有了显著提高。各方面成绩的取得，是县委正确领导、县人大、县政府及各部门大力支持的结果，是全体政协委员、社会各界人士共同努力、团结奋进的结果。借此机会，我代表政协清苑县第六届委员会常务委员会，向关心、支持政协工作的县委、县人大、县政府领导、有关部门、各人民团体、社会各界人士以及离退休的县级老领导表示衷心的感谢和崇高的敬意！

在总结成绩的同时，我们也清醒地认识到，县政协的工作与形势的发展、县委的要求和广大人民群众的期望相比，还存在一些差距和不足，需要在今后的工作中认真研究，并加以解决。

## 2005年工作任务

2005年是实施“十五”计划的最后一年，也是继续推进“三兴”主战略、建设开放的新型工业卫星城的关键一年。面对新形势、新任务，县政协2005年工作的指导思想是：以邓小平理论和“三个代表”重要思想为指导，贯彻落实县委九届三次全会、县委政协工作会议精神，高举团结和民主两面旗帜，牢固树立和落实科学发展观，紧紧围绕县委提出的“抓住机遇，加快发展”这一主题，切实履行政治协商、民主监督、参政议政职能，调动一切积极因素，谋创新、谋发展、谋作为，努力推动政协工作取得新进展，为促进全县经济社会的大发展、快发展，建设和谐稳定清苑做出新贡献。

**一、加强理论学习，充分认识人民政协的地位和作用**

中共十六届四中全会作出了《关于加强党的执政能力建设的决定》，提出了一系列新思想、新举措，都是广大委员非常关注、与人民政协履行职能密切相关的。我们要以《决定》为重点内容，通过集中学习、专题辅导、印发宣传材料等有效形式，组织好政协常委的学习和委员培训，提高学习的实效性；按照县委部署，开展好政协委员中党员的先进性教育活动，认真解决党员和党组织在思想、组织、作风以及工作方面存在的突出问题，进一步发挥党员委员在各项工作中的先进模范作用，把协助县委、县政府贯彻落实好《决定》精神作为履行职能、发挥作用的重要着力点。

积极开展政协理论学习和宣传工作。以《政协章程》和胡锦涛总书记讲话为重点，年内组织政协委员集中学习2－3次，深入学习和掌握中共十六大以来中央提出的关于统一战线和人民政协工作的一系列新思想、新观点和新要求，把握新时期政协工作的特点和规律，不断深化对人民政协地位和作用的认识。要以落实县委政协工作会议精神为契机，继续加强政协工作的宣传报道，积极参与省、市政协组织的政协工作理论研讨，突出反映政协履行职能的实效。

**二、紧紧围绕中心，认真履行政协职能**

深入调研，努力使政治协商更加切合实际。要按照县委提出的“抓住机遇，加快发展”的总体目标，重点开展好全县“十一五”规划、重点专项规划编制工作的总体协商，坚持以人为本、推动全县经济社会科学快速发展为原则，组织委员进行深入调研，广泛论证，提出带有方略性的思路和主张，确保我县“十一五”规划的实用性、科学性。作为农业大县，要继续把“三农”作为重点，就我县推进农业增效、农民增收的“四个重点、四大体系、三项工程”和文明生态村建设等工作的开展，组织委员进行视察、协商，提出有针对性的意见和建议，推进中央“两减免、三补贴”及各项支农政策的落实，维护好广大农民群众的根本利益。

加大力度，确保民主监督更加切实有效。根据实际，今年重点开展好三个方面的工作：一是围绕县政府提出的十项“民心工程”，对承担“民心工程”建设的政府部门进行民主监督，促进政府部门对“民心工程”的建设实施定措施、抓落实，确保按期完成。二是以贯彻落实中央《建立健全教育、制度、监督并重的惩治和预防体系实施纲要》为重点，充分发挥政协特邀监督员在反腐倡廉中的作用，通过建议和批评的方式，开展关于党风廉政建设方面的民主监督；三是继续参与机关作风民主评议，以优化我县经济发展环境为目标，把协助部门、行业改进作风、提高效率，作为民主监督的主要内容，并积极探索民主监督的有效形式，努力把民主监督工作提高到一个新水平。

建言献策，促进参政议政更加富有成果。

一是要把政协提案和社情民意工作作为建言献策的基础环节和重要手段，不断提高提案质量，畅通反映社情民意的渠道，进一步规范提案答复和社情民意反馈制度；二是针对群众关注的热点问题、委员提案集中反映的难点问题和县委、政府确定的全年工作重点，如就业再就业和社会保障、企业改革、安全生产、工业企业升级再创业、农业结构调整、三产规划、项目建设、城镇和路网建设等问题，组织委员进行调研视察活动，提出建设性意见和建议；三是要紧扣县委“抓住机遇，加快发展”这一主题，加强与京津冀政协组织之间的联系与交流，围绕“大北京经济圈”的构建、河北省“一线两厢”战略的实施、保定市“一城三星”的定位发展，积极推介清苑，牵经济线，搭人才桥，寻求项目合作，推进我县“三兴”主战略的实施，加快新型工业卫星城的建设步伐；各位委员也要抢抓机遇，倾心尽力，带头招商引资，努力把自己的企业做大做强，全方位参与全县的经济大合唱。

**三、发挥政协优势，为建设和谐稳定清苑服务**

要充分发挥人民政协联系面广、代表性强、智力密集的优势，团结一切可以团结的人，调动一切积极因素，为建设和谐社会献计出力。一是要进一步加强同社会各界、各阶层的广泛联系，努力做好促进团结、凝聚人心、集聚人气的工作，把方方面面的智慧和力量最大限度的凝聚到发展清苑、建设家乡上来，为建设和谐稳定清苑提供可靠的政治保障；二是要发动委员和机关干部进企业、进社区、进农村，深入开展“结缘工程”、“三联济困”活动，为困难群众提供救助；动员委员大力发展经济，办好企业，促进就业再就业，减轻社会压力，协助党委政府搞好文明生态村创建活动，为建设和谐稳定清苑提供深厚的群众基础；三是要牢牢把握社会主义先进文化的前进方向，组织政协委员积极参与社会主义精神文明建设，协助县委、政府抓好红色旅游基地建设，继续做好政协特色的文史资料工作，组织开展好以法律知识、科学技术、卫生保健、文化艺术为主要内容的“四下乡”活动，继续开办好多形式的书画艺术活动，繁荣艺术创作，推进社会主义文化建设，为建设和谐稳定清苑提供有力的精神支撑。四是要发挥委员的桥梁纽带作用和位置超脱的优势，积极协调关系，协助县委、政府正确处理影响团结的各类矛盾，竭力消除影响社会稳定的各种因素，减少阻力，增加助力，形成合力，为建设和谐稳定清苑提供广泛的力量支持。

**四、加强自身建设，进一步夯实履行政协职能的基础**

继续推进政协工作“三化”建设。政协履行职能的制度化、规范化、程序化建设是一项长期任务，需要我们在实际工作中不断完善，不断创新。我们要按照《政协章程》和省、市、县委政协工作会议要求，进一步研究和规范政协“三化”工作，健全政协全会、常委会、主席办公会、专题会议制度，对政协履行三大职能的指导思想、主要内容、基本形式、工作程序、保障措施等进行全面审视、修改和完善，使政协工作制度更加健全、程序更加明确、活动更加规范。

充分发挥委员主体作用。政协委员是政协工作的主体，政协领导、组织机构和工作人员，要做到尊重委员，重视委员提出的问题，充分调动委员的积极性，发挥委员的聪明才智。要为委员发挥作用提供服务，为委员知情明政、知情议政创造条件。广大委员要增强履行职能的责任感，不断提高履行职能的能力。

加强政协机关建设。政协机关是政协的工作机构，也是为委员服务的机构，要切实加强机关党的建设，扎实开展保持党员先进性教育活动，提高机关党员干部的整体素质。要加强机关作风建设，树立围绕中心、服务大局的观念，树立为委员服务的观念，积极开展创新工作方法的研究，不断提高办事效率、工作水平和服务质量，努力使政协机关成为“委员之家”。

加强政协基层组织建设，按照县委政协工作会议要求，各乡镇（城区）要建立政协联络组织。联络组织要充分发挥好组织、联络、协调作用，尽快建立制定各项工作制度，为基层委员知情出力、参政议政提供条件，搞好服务。

各位委员，在新的一年里，我们要以邓小平理论和“三个代表”重要思想为指导，在中共清苑县委的领导下，高举团结和民主两面旗帜，团结一心，真抓实干，与时俱进，锐意进取，以更加振奋的精神，更加昂扬的斗志，更加扎实的工作，更好地履行政协职能，为清苑县全面建设小康社会而共同奋斗！

## 【六届四次会议】

### 中国人民政治协商会议
### 清苑县第六届委员会常务委员会工作报告

丛国栋

（2006年3月18日）

各位委员：

我受政协清苑县第六届委员会常务委员会的委托，向大会报告工作，请审议。

### 2005年主要工作回顾

2005年，在上级政协的指导和县委的正确领导下，在县人大、县政府和有关部门的大力支持下，县政协常委会团结带领全县政协委员，践行“三个代表”重要思想，落实科学发展观，围绕“实现更快更好发展、建设开放的新型工业卫星城”的总目标，以创新的精神履行职能，推进工作，为全县的改革、发展、稳定和打造“率先发展清苑、和谐稳定清苑、特色文化清苑”做出了积极贡献。

**一、树立科学发展观，卓有成效地履行政协职能**

坚持把服务和促进发展作为政协工作的第一要务，把科学发展观贯彻于履行职能之中，紧扣“三兴”主战略，充分发挥政协优势，思富民之举，谋强县之计，献发展之策，积极为全县经济社会发展献计出力。

选择事关全县发展稳定的重大问题开展协商。在六届十一次常委会上，听取协商了我县2005年上半年财税工作情况和2005年防汛工作情况的汇报，针对我县财政紧张状况，积极协调做好税案工作，探索有色金属冶炼行业发展，寻求加大税收工作力度的突破口，为增加财政收入、缓解财政压力出主意、想办法、提建议；针对2005年防汛工作，正确分析严峻形势，提出切实的汛期防范意见，受到了县委、县政府的高度重视。在六届十二次常委会上，听取协商了我县2005年项目建设情况的汇报，与会委员围绕项目引进建设中的土地利用、防止环境污染、注重项目效益等问题，积极发表个人见解，提出了许多有针对性的意见和建议。针对县委制定的“十一五”规划的建议，县政协组织委员认真讨论，广泛征求意见，通过梳理分析，从应对宏观环境、加强规划配套、完善工作机制、健全保障体系等方面提出修改意见16条，引起了县委、县政府的高度重视，在修改过程中给以采纳或统筹考虑。

充分发挥政协的智力优势，抓住经济建设和人民群众关心的重点、难点、热点问题，开展深入广泛的视察调研活动。2005年6月份，县政协配合市政协开展了下岗职工再就业、农村特困户、优抚户救助问题的调研，会同县民政、劳动等部门的负责同志，多次座谈交流，掌握真实资料，形成了高水平的调研报告，提出了有针对性的意见和建议9条，反映到县委、县政府及有关部门，受到了高度重视。在深入实际、广泛调研的基础上，组织撰写的《把握重点、创新形式，积极推进民主监督工作》和《在构建和谐社会中如何发挥政协优势》两篇论文，选送参加市政协“创新政协工作、拓展政协舞台”理论研讨会，受到了与会人员好评。

充分发挥民主监督职能，通过召开座谈会、实地查看等形式，组织委员先后对交通、工商等部门的工作进行了视察，针对道路征地拆迁补偿、乱收费、打假等工作中的具体问题，提出对策和建议12条，得到了县委、县政府的高度重视，推动了部门工作的改进。一年来，先后推荐100余名政协委员担任法院、检察院等职能部门的执法监督员，积极配合有关部门开展行风评议活动，有力地推动了全县各职能部门的行风建设工作。

政协提案集聚了委员的智慧，反映了各界的意见，是委员参政议政的重要渠道。县委、县政府高度重视，主要领导亲自批，分管领导抓督办，各承办部门一把手亲自抓，明确专人限期办，有效地促进了提案的办理和落实。县政协紧紧抓住提案办理落实这个关键环节，对涉及全县中心工作、群众关注度高的重点提案实行主席分工督办，并适时组织召开了全县提案办理工作督办暨经验交流座谈会，有效地推动了提案办理工作进度。截至到2005年9月底，六届三次全会以来的42件提案全部办复，多数提案得到了较好的落实。通过提案办理工作，一是激发了委员参政议政的热情，二是促进了全县各项工作的落实，对经济社会更快更好地发展起到了推动作用。

**二、发挥政协优势，为建设和谐稳定清苑服务**

恪守为民之责，善谋利民之策。县政协把了解百姓疾苦、反映群众意愿、帮助农民致富，贯穿于履行职能全过程，为建设和谐稳定清苑服务。

2005年，县政协多次组织机关干部和部分委员深入到分包文明生态村视察指导工作，积极投身文明生态村建设，帮助制定创建规划，协调帮建资金30余万元，协调筹集物资折合人民币20余万元，捐赠图书2000余册。广大政协委员积极投身到创建活动中来，竭尽所能为农民增收、农村建设贡献力量，充分体现了委员的高度责任感和奉献社会的崇高精神，树立了良好的社会形象，对全县的文明生态村建设起到了促进和推动作用。

结合领导干部下访、后进支部转化等工作，组织委员深入信访户、联系点，主动协调关系、理顺情绪、化解矛盾、增进和谐，帮助群众解决生产、生活中遇到的实际困难，实事求是地反映群众的意见和要求。一年来，共收集社情民意85条，经过归纳汇总，及时向县委、县政府进行了反馈，推动了一些社会热点、难点问题的有效解决。

2005年3月，会同市、县卫生局、市传染病医院等部门，在我县小望亭村开展了肝病普查活动，义务为该村390名群众提供了价值10万余元的疾病普查项目，受到了当地群众的热烈欢迎。五月“制非”期间，由县政协领导带队，组织政协委员赴东闾前线指挥部开展慰问活动；同时组织相关界别的委员到东闾村开展科技、文化、卫生、法律“四下乡”活动，为当地群众提供义诊180余人次，科技、法律、健康咨询300余人次，发放科技、法律等宣传资料6000余份，既服务了群众，又增强了委员的职能意识。

五一期间，组织举办了庆五一书画展，参展作者80余人，展出作品150余幅，参观人数达2000余人次。为庆祝抗战胜利60周年，邀请北京、保定等地知名书画家举办大型书画笔会，现场创作书画作品300余幅，并推荐6人12幅书画作品参加市政协组织的庆祝抗战胜利60周年书画展，丰富活跃了广大群众的文化生活。

**三、加强自身建设，履职水平得到进一步提高**

充分发挥人民政协自我学习、自我教育的优良传统，通过集中培训、以会代训、印发学习资料等形式，组织政协委员重点学习党的方针政策、中央“十一五”规划建议、赵金铎在省政协成立55周年庆祝大会上的讲话等内容。2005年11月份，县政协领导组织机关工作人员分别深入到18个乡镇和城区办事处，对基层委员进行培训指导，有力地推动了学习活动的开展。12月，县政协组织开办了一场全体政协委员参加的大型法律知识讲座，邀请专业律师结合案例现场讲授，取得了很好的效果，受到了委员的高度评价。

2005年，县政协加大宣传工作力度，组织专门人员，历时5个月编辑出版了《清苑县政协委员风采录》第二辑。此书收录委员事迹58例，拍摄图片600余幅，有效地弘扬了政协委员艰苦创业、奉献社会的高风亮节。一年来，共在河北电视台、省政协《乡音》杂志、河北法制报、保定日报、清苑电视台等新闻媒体播发稿件26篇；在庆祝抗战胜利60周年之际，协调有关部门配合河北电视台《红色回忆》节目组完成了对革命老区的拍摄录制工作，宣传了清苑，弘扬了革命老区的光辉形象。连续四年被评为省市政协系统宣传工作先进单位。

为进一步落实县委政协工作会议的要求，各乡镇政协联络组围绕工作建规章、突出特点搞活动，职能作用明显增强。为进一步规范管理，在六届十一次常委会上，讨论并通过了《政协清苑县委员会关于建立委员活动小组及有效开展活动的意见》，按照《意见》的要求，各委员活动小组积极开展调研、视察、联谊等项活动，既为委员提供了更多的活动机会，又有效地保证了委员活动效果。

扎实开展保持共产党员先进性教育活动，政协机关党组织坚持把加强学习贯穿始终，把解决突出问题贯穿始终，把健全制度贯穿始终，圆满完成了先教活动的各项工作任务。参加先教活动的党员委员，在本部门和乡镇、村积极参与集中学习、查摆问题、整改提高等各项活动，受到了教育，提高了自己，履职尽责意识明显增强，政治业务素质有了新的提高。政协机关结合效能、诚信建设年和“学、谈、转”、“两争两为”活动的开展，对各项规章制度进行了修订和完善，机关作风明显好转，办事效率、服务水平明显提高。

各位委员，2005年，我们圆满完成了六届三次会议确定的各项任务，许多工作取得了新的进展。成绩的取得，是县委正确领导，县人大、县政府大力支持的结果，是县政协常委会、全体政协委员共同努力，各有关部门、各人民团体、各界人士积极参与的结果，也是各位老领导、老同志长期关心帮助的结果。对此，我代表政协清苑县第六届委员会常务委员会，表示崇高的敬意和衷心的感谢！

回顾一年来的工作，虽然取得了一定的成绩，但仍存在一些问题和不足，与县委的要求、政协章程的规定和广大人民群众的期望还有一定差距，需要我们在今后的工作中认真加以改进和解决。

## 2006年工作任务

2006年是实施“十一五”规划的开局之年，也是进一步开创我县政协工作新局面的重要一年。新的一年，政协工作的指导思想是：以邓小平理论和“三个代表”重要思想为指导，深入贯彻党的十六届五中全会精神，牢固树立和落实科学发展观，以《中共中央关于加强人民政协工作的意见》为统领，按照县委九届四次全会的总体部署，认真履行政协职能，统一思想、凝神聚力，围绕中心、服务大局，发挥优势、体现特色，努力推动政协工作取得新进展，为推动我县更快更好地发展和构建和谐社会做出新贡献。

**一、坚持围绕中心，自觉服务于经济和社会发展大局**

把开展好全县“十一五”规划制定的协商工作，列入本次会议议程的重中之重。全体委员要集中精力，把规划稿讨论好，议论好，提出切实可行的修改意见，使“十一五”规划制定得更能顺应时代要求，体现人民意愿，符合清苑实际。围绕“更快更好地发展和构建和谐社会”两大主题，就我县“建设资源节约型、环境友好型社会”开展协商，组织委员深入调研，对发展循环经济、生态建设、治污环保等问题提出切实可行的建设性意见和建议，确保“十一五”规划实施开好局、起好步。继续关注“三农”，围绕推进社会主义新农村建设，就如何建立健全“以工促农，以城带乡”的长效机制，统筹城乡发展，壮大农村经济进行总体协商。按照县委提出的“固基、强龙、壮身、富民”四大目标，组织委员进行协商研讨、建言献策，推动文明生态村建设上档次、上水平。

要充分运用政协例会、调研视察等形式，对国家重大方针政策的落实、县委政府重大决策的贯彻执行情况和群众关心的热点、难点问题，如就业再就业和社会保障、弱势群体救助、县、乡、村三级农村医疗卫生体系建设、企业改革、安全生产、占地拆迁、城镇化建设等问题，组织委员开展多层次视察活动，通过视察，提出有针对性的对策建议，帮助视察对象解决一些实际问题，督促重点工作的落实。今年继续选择一些与经济社会发展密切相关、工作涉及面广、社会各界关注的政府部门或公共服务单位作为民主评议对象，组织委员认真开展民主评议，促使评议单位改进作风，提高工作效率。

要按照科学施政、民主施政、依法施政和权力公开透明的要求，围绕招商引资、项目建设、发展民营经济、加快县域经济发展、城镇规划建设、“环境规范提升年”等重点工作，组织委员开展广泛深入的调查研究，提出建设性的意见和建议，推动重点规划项目的启动和建设进度。要把提案工作作为参政议政的重要渠道，进一步提高提案质量和办理质量，加大提案办理工作力度。通过立意新、针对性强的高质量提案，建好言，献好策。要紧紧围绕我县“开放兴县、工业兴城、项目兴业”的发展战略和建设新型的工业卫星城的发展布局，在优化经济发展环境、增强自主创新能力、提升核心竞争力等方面选题调研，进行专题论证，提出真知灼见。

## 二、坚持以人为本，为构建和谐清苑献计出力

政协要始终坚持以人为本，倾情维护广大群众的切身利益，把人民群众关注的热点、难点作为履行职能的重点，扎扎实实推动群众关注问题的解决。就涉及群众切身利益的问题，协助党委政府做好协调关系、化解矛盾、维护稳定、扩大共识、增进和谐的工作。

要充分发挥人民政协作为最广泛的爱国统一战线组织的作用，进一步增进各族各界人士的团结，把团结新的社会阶层作为一项重点工作来抓，不断巩固党的执政基础；充分发挥民族宗教界委员的作用，促进民族团结，引导宗教与社会主义社会相适应；不断扩大群众工作的覆盖面，密切与各界别群众的联系，使政协组织真正成为党联系各界群众的桥梁和纽带，努力营造和谐社会的良好氛围。

继续把反映社情民意作为政协的一项“民心工程”，抓实抓好；加强反映社情民意的规范化、制度化建设，畅通反映社情民意信息渠道。要把反映社情民意的着力点放在县委、县政府的工作重点上，放在党政领导关注的重大问题上，放在人民群众反映强烈的焦点问题上，使社情民意真正发挥参谋作用，使群众的意愿和呼声得到及时反映。

广大政协委员要带头弘扬中华民族宽容谦和的和谐传统，带头树立诚信友爱的和谐理念，带头营造讲求公德、文明守法的和谐氛围，让和谐理念深入人心，靠社会公正赢得人心。要不断创新工作载体，积极组织委员开展“四下乡”和各类社会服务活动，更多关注弱势群体，多做群众欢迎的好事和实事，为建设和谐清苑凝心聚力。

## 三、坚持广扩平台，充分调动委员参政热情

要充分利用委员视察、调研、对口协商等形式，帮助委员知上情、知下情、知实情，不断扩大知情权；要进一步激发委员的工作活力，将其全部智慧和力量凝聚到我县经济建设上来。要通过定期向委员发放学习参考资料、召开专题报告会等形式，进一步丰富全体委员的知识，使广大委员更好地知情出力。

要进一步重视发挥委员的优势和专长，以课题为纽带，发掘委员的潜力和实力，提高政协调研工作的质量；以视察等活动为载体，更多地组织委员参与全县中心工作和基层活动。进一步加强对委员的管理，完善政协委员活动小组管理制度；继续加强对政协重大活动和委员先进事迹的宣传报道，为充分发挥委员主体作用营造良好的舆论氛围。

政协委员承担着双重责任，既要在本职工作中大显身手，又要在政协工作中有所作为，这就要求政协委员在做好本职工作的同时，充分发挥自身的优势和特长，运用到经济建设和为民服务上来。今年要在全体委员中深入开展“四个一”活动，即：每位委员一年中至少提一件有质量的提案，反映一条有价值的社情民意，参加一次社会公益活动，为群众办一件实事。通过方法灵活、形式多样的活动，真正展现政协委员良好的社会形象。

## 四、坚持与时俱进，不断提高政协工作整体水平

坚持不懈地组织和推动委员学习，全面提高自身素质。今年要以学习贯彻《中共中央关于加强人民政协工作的意见》为重点，努力提高学习效果，积极探索适合政协特点的学习方式，逐步把政协建成学习型组织。要把学习和深入实际调查研究紧密结合起来，推动委员发扬求真务实作风，深入基层，深入群众，了解真实情况，倾听各方面意见，努力提高参政议政的能力和水平。

要进一步巩固保持共产党员先进性教育活动的成果，把“为政协履行职能服务，为委员发挥作用服务”作为政协机关工作的重要目标，要进一步创新和完善政协各项工作制度，建立健全必要的规范和程序，使政协的会议、调研、视察等方面的工作都规范有序，行之有效。要进一步提高机关服务质量，政协机关工作人员要树立爱岗敬业、乐于奉献的精神，为广大委员服好务，为政协工作做贡献。

各位委员，新的一年，新的任务，期待着我们再创新的辉煌。让我们在县委的正确领导下，搭好团结与民主的舞台，集聚建设与发展的才智，团结一心，凝神聚力，振奋精神，开拓创新，为把政协工作提高到一个新的水平，为推动我县更快更好地发展和构建和谐社会谱写新的篇章！

## 【七届一次会议】

### 中国人民政治协商会议<br>清苑县第六届委员会常务委员会工作报告

丛国栋

（2007年5月20日）

各位委员：

我受政协清苑县第六届委员会常务委员会委托，向大会报告工作，请予审议。

#### 六届政协工作回顾

政协清苑县第六届委员会任期的四年，是清苑经济发展和社会进步的四年，也是清苑县政协在继承中创新、在开拓中前进、各项工作取得丰硕成果的四年。四年来，在上级政协的指导和县委的正确领导下，在县人大、县政府和有关部门的大力支持下，县政协常委会团结带领广大政协委员，坚持以邓小平理论和“三个代表”重要思想为指导，全面落实科学发展观，紧紧围绕打造“大而强、富而稳、和而美”的保定新兴工业卫星城的目标，认真履行政治协商、民主监督、参政议政职能，充分发挥人民政协的作用和优势，为构建和谐清苑作出了应有的贡献。

**一、围绕中心，服务大局，政治协商取得新进展**

发展是执政兴国的第一要务。四年来，六届政协坚持围绕经济建设履行职能的工作方针，抓住县域经济发展中全局性、战略性问题及群众普遍关心的热点、难点问题，按照科学发展、提速发展、和谐发展的要求，组织政协委员立足本职，充分发挥自身优势，采取不同形式，对事关全县改革发展的重大事项，认真进行协商讨论，努力在建言立论上下功夫，为推进清苑经济社会全面发展献计出力。

四年来，我们围绕事关全县发展和稳定的大局，精心选择会议议题，作为协商讨论重点。一是认真开好每年一度的全体委员会议，就我县“十一五”发展规划的制定，每个年度的政府工作报告等进行认真的协商讨论，提出有针对性的意见和建议；二是先后召开政协常委会18次，主席办公会23次，委员座谈会8次，对事关全县的工业园区建设、项目建设、民营经济发展、便民利民实事完成情况、“三农”政策落实情况、文明生态村建设、防汛和信访稳定工作等重大问题开展协商讨论，听取有关部门汇报，提出大量建设性意见和建议，引起了县委、县政府的高度重视，为领导决策提供了重要的参考依据；三是通过组织委员座谈、实地察看等多种形式，适时对税务、工商、公安、物价、卫生、环保等15个部门的工作视察30多次。通过座谈视察活动，使委员们进一步开阔眼界，切实增强了广大政协委员融入发展、响应发展、献身发展的信心和决心，积极有效地推动了全县各项工作的顺利开展。

**二、积极探索，拓展渠道，民主监督获得新突破**

民主监督是人民监督的重要组成部分，同国家权力机关的监督相辅相成。四年来，六届政协着眼于民主政治建设，注重发挥优势，努力探索和创新民主监督的有效途径，把民主监督融入政协各项工作之中，使民主监督工作有了新的突破。

视察是了解和反映社情民意，加强民主监督的重要渠道。四年来，我们通过召开座谈会、实地查看等形式，组织政协常委和委员先后对全县农村道路建设项目，公安、工商、物价等部门的执法工作以及电力、农资、卫生、教育等事关民生的重点单位进行了视察，针对工作中的具体问题，提出对策和建议56条，得到了县委、县政府的高度重视，推动了部门工作的改进。

特邀监督员是加强民主监督的有效途径。四年来，我们先后推荐100余名政协常委、委员担任公安、法院、税务、交通等12个职能部门的执法监督员，积极参与政府有关部门开展行风评议活动，有力地促进了全县各职能部门行业作风的转变。

政协提案集聚了委员的智慧，反映了各界人士的意见，是加强民主监督的重要形式。我们按照“围绕中心、服务大局、提高质量、讲求实效”的工作方针，充分运用提案形式，积极履行政协职能。六届一次会议以来，共收到委员提案318件，立案230件，转为委员来信88件。在提案办理过程中，县委、县政府高度重视，实行全员办理和“三亲自”制度。六届政协创新工作思路，以每年召开提案办理工作经验交流会的形式，加大提案督办力度，有效地促进了提案办理工作进度。这一做法得到了市政协的充分肯定，并在全市进行了推广，在市委组织的政协提案办理工作考评中，我县连续三年被评为优秀承办单位。县政协六届一次会议以来，委员提案办复率、按时办结率、答复函规范化率、走访率、委员满意率均达100%，赢得了群众的赞誉，为促进清苑经济发展和社会稳定发挥了重要作用。

**三、发挥优势，集中民智，参政议政做出新贡献**

参政议政是政治协商、民主监督的延伸。搞好参政议政的基本途径和有效方法就是强化政协机关的基础作用和突出委员的主体作用。

六届政协紧紧围绕发展这个第一要务，按照“关注热点、突出重点、解决难点、发现亮点”和“贴近中心工作、贴近清苑实际、贴近群众利益”的原则，紧扣全县经济社会发展中的突出问题，精选课题，开展专题调研，献发展之计、立发展之论、谋发展之策、促发展之实。四年来，结合县委开展的干部下访、攻坚克难、“一教四联”、“驻联帮解促”新农村建设等中心工作，分别就农业产业化、“三农”问题、劳动社会保障、文明生态村建设、落实中央一号文件、“十一五”规划的制定等事关经济建设和人民群众关心的热点、难点问题开展专项调查研究18次，并积极配合上级政协就民营经济发展、职业技术教育、农村公共卫生体系建设、下岗职工再就业、新农村建设等问题开展专题调研8次，调研过程中，坚持深入基层，了解真实可靠的信息资料，形成高水平的调研报告，提出了有针对性建议。

抓住县委县政府关注和人民群众普遍关心的问题，广泛反映社情民意。四年来，六届政协组织常委和委员深入基层走访，广泛收集社情民意，倾听百姓心声，反映百姓疾苦，共搜集社情民意158条，经过归纳汇总，及时向县委、县政府进行了反馈，受到了县委、县政府高度重视，促进了一些社会热点、难点问题的有效解决。

**四、发扬民主，突出重点，构建和谐清苑做出新成绩**

团结和民主是政协工作的两大主题。四年来，六届政协充分发挥统一战线组织的优势和整体功能，以县委工作为中心，充分拓展渠道，积极开展多种形式的活动，为建设和谐清苑做出积极贡献。

充分发挥政协优势，全力推进重点工作。按照县委统一部署，县政协积极参与了保衡路拓宽改建、保沧路拆迁占地补偿、粮食企业改革、村委会换届选举、后进支部转化、乡镇人大政府换届选举、社会抚养费征收、文明生态村建设、信访稳定、制非等全县中心工作，精心维护全县社会稳定。几年来，县政协组织常委和委员为先后分包的8个乡镇，15个文明生态村，20个党建后进村，6个宗教村，筹集物资、款项、捐赠图书等，帮助做好整改计划和发展规划；经常深入企业视察调研，为分包的16个民营企业出谋划策，牵线搭桥，谋划发展；深入基层、深入群众，主动帮助群众解决生产、生活中遇到的实际困难，实事求是地反映群众的意愿和要求。组织和引导委员充分发挥自身优势，积极宣传党的方针政策，协助党委政府做好协调关系、化解矛盾、理顺情绪、凝聚人心的工作。

积极参与社会公益活动。以开展“帮困难户、交穷朋友”活动和市政协提倡的“两争两为”活动以及县委开展的“三联济困”活动为载体，组织和引导政协委员奉献爱心、回报社会，大力倡导委员广泛开展捐资助教、扶贫济困、兴办公益事业、安置下岗职工再就业、支援灾区等活动。四年来，组织政协委员和机关工作人员积极为抗击“非典”、印度洋海啸、“春蕾计划”捐助特困女童、帮扶困难户等捐款捐物，总计120多万元，充分体现了新时期政协委员的高尚情操和无私奉献精神。

文史工作精彩纷呈。六届政协以来，组织出版发行了文史资料第六辑《难忘的岁月》、第七辑《清苑县历代名人》和《清苑县政协委员风采录》第二辑，并高质量地完成了市政协组织的《港澳台名人录》组稿任务，有力地弘扬了清苑历史文化，树立了清苑的良好形象。几年来，县政协书画会以“五一”“七一”“十一”和抗战胜利60周年的庆祝活动为契机，组织举办书画展、书画笔会等文化活动12次，出版发行了《清苑书画集》第二辑，既弘扬了祖国的传统文化，培养造就了书画艺术新人，也丰富和活跃了广大人民群众的文化艺术生活，受到县委、县政府领导和广大干部群众的一致称赞。

媒体宣传亮点突出。四年来，六届政协主

动加强与新闻媒体和宣传部门的联系与合作，在河北电视台、省政协《乡音》杂志、《河北法制报》、《保定日报》等新闻媒体播发、刊登各类稿件120余篇。在庆祝抗战胜利60周年之际，协调有关部门配合河北电视台《红色回忆》节目组完成了对革命老区的拍摄录制工作；积极协调配合，完成了中央电视台四套《走遍中国－走进保定》专题片在清苑的拍摄工作，为宣传清苑、弘扬清苑文化和提高清苑知名度做出了突出贡献。县政协文史宣传工作连续四年被评为省、市政协系统先进单位。

“四下乡”活动开展得有声有色。四年来，先后组织相关界别的委员深入到东闾、冉庄、望亭、田各庄屯等村开展科技、文化、卫生、法律“四下乡”活动8次，为当地群众提供义诊1900余人次，无偿提供科技、法律、健康咨询12000余人次，发放科技、法律、健康知识等宣传资料24000余份。2005-2006连续两年，与市政协会同市卫生局、市传染病医院等部门联合在小望亭村、田各庄屯开展肝病普查及健康普查活动，义务为590多名群众提供价值30余万元的疾病普查项目，把党的温暖送到了老百姓的家门口，既服务了群众，又增强了政协委员的责任感与使命感。

**五、强化学习，提高素质，自身建设展现新面貌**

加强自身建设，是适应新形势、新任务的要求，六届政协紧紧围绕加强自身建设的关键环节，积极探索，务求实效。

坚持不懈地组织和推动委员学习，全面提高整体素质。六届一次会议以来，政协常委会通过组织集中培训、分组分片培训、专题讲座、召开会议等形式，在全县各级政协委员中开展广泛的学习培训活动，组织委员学习党的方针政策、《中华人民共和国宪法》、《政协章程》、政协知识和统战理论、《中华人民共和国行政许可法》、中央一号文件、“十一五”规划的建议等，重点就《中共中央关于加强人民政协工作的意见》召开主席会议、常委会议进行专题学习研讨，在全县分片组织委员收看全国政协录制的辅导报告，有效地增强了基层委员的自身素质。按照县委统一部署，认真组织开展了委员队伍中党员的“保先”教育活动。几年来，县政协举办大型法律知识讲座2次，专题座谈会6次，集中培训5次，编制印发了《政协委员手册》、委员参考资料18期，4万余份，为政协委员献计出力打下了良好的理论基础。

积极推进政协工作“三化”建设。加强政协履行职能的制度化、规范化、程序化建设，是做好政协工作的制度保证。按照《政协章程》和县委《关于进一步加强和改进人民政协工作的意见》要求，我们进一步研究和规范政协“三化”工作，健全了政协全会、常委会、主席办公会、专题会议制度，对政协履行职能的指导思想、主要内容、基本形式、工作程序、保障措施等进行了全面审视、修改和完善，使政协工作做到了制度更加健全、程序更加明确、活动更加规范。

加强政协基层组织建设。为落实县委政协工作会议要求，各乡镇建立了政协联络组，由乡镇党委副书记任联络组长，并制定了各项工作制度。为进一步加强规范管理，六届政协十一次常委会讨论并通过了《关于建立委员活动小组及有效开展活动的意见》，按照《意见》的要求，各委员活动小组积极开展调研、视察、联谊等活动，既为委员提供了更多的活动机会，又有效地保证了委员活动效果。

重视和加强理论研究工作。四年来，在认真学习，广泛调研的基础上，县政协组织撰写的《关于改革和完善政协组织建设的思考》、《把握重点、创新形式，积极推进民主监督工作》等12篇理论研讨文章，被上级政协选送并参加经验交流，受到了与会领导和专家的一致好评。

不断加强政协机关建设。六届政协围绕“学习型、调研型、服务型”机关建设目标，进一步完善规章制度，规范工作程序，切实加强机关管理。四年来，按照县委统一部署，在政协机关认真开展“三个代表”“学、创、促”“两讲一建”、民主集中制、“两教育一转变”“学、谈、转”、保先教育、“学树保促”、机关作风整顿、优化环境、掀起责任风暴和推进效能革命等学教活动，对照查摆存在的问题，有针对性地制定整改措施，提高了机关工作效率和服务水平。

各位委员，县六届政协已经完成了它的历史使命。四年来，我们坚持以邓小平理论为指导，按照“三个代表”重要思想的要求，围绕县委中心，服务全县大局，与时俱进，开拓创新，积累了一些值得我们珍视的经验和体会。概括起来，主要有以下几个方面：

（一）坚持和依靠党的领导，积极争取政府的支持，是做好政协工作的重要保证。中国共产党领导的多党合作和政治协商制度是我国的基本政治制度。六届政协始终自觉地、主动地坚持和服从党的领导，认真贯彻县委的重大决策，重要问题和重大活动及时请示汇报；注重加强与政府及各部门的联系与沟通，营造和谐的工作环境，使政协工作与县委、县政府中心工作保持一致。四年来，我们在实践中探索，在探索中创新，以工作实绩赢得了县委的重视和政府的支持，树立了政协的良好形象。

（二）坚持围绕中心，服务大局，是履行政协职能的根本途径。紧紧围绕党委和政府的中心工作开展活动，是人民政协的重要任务。四年来，六届政协立足于政协特点，按照“尽职而不越位，帮忙而不添乱，切实而不表面”的要求，始终坚持把县委、县政府阶段性工作作为政协工作的切入点，把县委、县政府的工作中心作为政协工作的着力点，把县委、县政府工作中的重大问题作为政协工作的关注点，力争使政协所提意见、建议、提案、报告进入决策程序，发挥实际效用。实践证明，围绕中心，服务大局，是政协履行职能的出发点，是获得实际成效的根本途径，也是政协应该坚持的工作方向。

（三）深入调查研究，切实提高参政议政质量，是政协工作取得实效的有效办法。调查研究是“谋事之基、成事之道”，是政协履行职能的基本工作方法和重要前提。六届政协始终坚持以知上情为前提，以知实情为基础，以高质量为标准，以见成效为目的，开展调研活动，形成了许多内容翔实、观点鲜明、论证周密的调查报告。这些调研成果的转化，促进了我县经济社会发展和民主政治建设。

（四）保持奋发有为的精神状态，勇于开拓创新，是做好政协工作的不竭动力。创新是我们党在新的历史时期对政协工作的基本要求。六届政协树立“有为才有位”，以辛劳换实绩、以实绩树形象的观念，坚持与时俱进，开拓创新，保持奋发有为的良好精神状态，积极建言立论，主动参政议政，使我县政协工作形成了新气象，开创了新局面。

（五）团结各界人士，充分发挥委员主体作用，是政协工作活跃有序的重要基础。六届政协始终牢牢把握团结和民主两大主题，争取人心，凝聚力量，充分发挥各界别委员主体作用，积极组织委员活动，通过开展“四下乡”、“四个一”活动，不断增强委员的“主体”意识和“主人翁”意识，使全体委员珍惜政治荣誉，自觉围绕全县热点、难点问题履行职能，向党委和政府建言献策，为政府和百姓排忧解难，形成了工作层次有重点、层层工作有亮点的良好局面。

（六）贯彻协商精神，营造民主和谐氛围，是政协工作的特色和优势。六届政协始终注重保持和发扬人民政协的优良传统，努力维护能够广开言路、直抒胸臆的民主环境。既尊重多数，也尊重少数，以己心换人心，以自重获尊重，以民主求团结，在履行职能中始终贯彻协商精神，提倡知无不言，言无不尽，为委员提供一个充分发挥专长、施展才干的自由空间，从而更好地集中了民心、民意、民智，发挥了“人才库”“智囊团”的优势和作用，活跃了政协工作。

各位委员，六届政协工作之所以能够有所创新，有所作为，从根本上讲，靠的是邓小平理论和“三个代表”重要思想的指导，靠的是中共清苑县委的坚强领导和县人大、县政府的支持配合，靠的是县政协各参加单位和广大委员的共同努力。同时，也离不开历届政协打下的良好基础，离不开各界人士和离退休老领导的关心和帮助。在此，我谨代表县政协第六届委员会常务委员会，向大家表示衷心的感谢和崇高的敬意！

## 今后工作建议

各位委员，新一届政协的任期，是我县全面实施“十一五”规划，推进经济社会科学发展、提速发展、和谐发展的关键时期。面对新的形势和任务，新一届政协工作要以邓小平理论和“三个代表”重要思想为指导，以科学发展观统领政协工作全局，坚持围绕中心，服务大局，带领全体政协委员，团结各界人士，议大事，谋要事，督难事，办实事，切实发挥政治协商、民主监督和参政议政作用，不断提高履行职能的实效和水平，为建设“大而强、富而稳、和而美”的保定新兴工业卫星城做出新的贡献。为此，建议新一届政协常委会要围绕“四个建设”，努力提高履职能力，进一步开创政协工作新局面。

——建设“务实政协”，围绕中心发挥作用。要在全县政协委员中努力形成想干事、会干事、干成事的浓厚氛围，切实做好求实、务实、落实的文章。要围绕县委、县政府的中心工作，精心选题，认真组织调研视察，力促提案、调研报告出精品，见实效。广大政协委员要积极主动地深入基层，考察调研，撰写提案，创造性地开展工作，做加快发展的功臣，当干事创业的模范。

——建设“和谐政协”，营造团结民主氛围。构建和谐政协，是广大政协委员义不容辞的责任。我们要珍惜政协大家庭的浓厚氛围，共同营造宽松、包容、和谐、民主的环境；在政协大家庭中要坚持“和而不同”，“求同存异”，让各界人士真正通过政协组织平等议事，畅所欲言。

——建设“特色政协”，推动工作开展。人民政协的产生和发展，是中国共产党推进社会主义民主政治的一大创造、一大特色。我们要从这个特色来把握，通过提案这个特有形式，例会这个重要舞台，调研视察等重要活动，推动履行职能的不断深化。要借鉴历届政协的成果和经验，让老经验出新成果，新思路有大作为。

——建设“创新政协”，开创工作新局面。要紧密结合我县实际，围绕如何更好地用科学发展观统领政协工作全局，在和谐社会建设中发挥政协的独特作用，要紧紧围绕政协的基本职能，调查研究求真，提案办理求实，委员活动求活。通过创新，开创政协工作的新局面。

总之，要通过五年的努力，真正把政协的有为有位体现出来，把政协的智慧贡献出来，把政协的优势发挥出来，使之成为党团结各界人士的重要渠道，在社会上的影响力进一步扩大，促使政协工作迈上新台阶。为实现上述目标和要求，建议新一届政协常委会在2007年要紧紧围绕县委十届二次全会提出的目标和任务，着重做好以下几项工作：

**一、加强学习，增进共识，奠定政协工作基础**

继续把理论学习不断引向深入。一是要认真学习统一战线和人民政协理论，继续把《中共中央关于加强人民政协工作的意见》作为学习重点，特别是胡锦涛总书记关于人民政协工作的一系列重要指示精神，充分认识人民政协在我国政治生活中的重要地位和作用，充分认识坚持和完善中国共产党领导的多党合作和政治协商制度的重要意义。二是党的十七大召开后，要在全县政协委员中迅速掀起学习贯彻热潮，通过学习，统一认识，提升素质，为更好地履行职能夯实理论和思想基础。

**二、围绕中心，共谋发展，认真履行政协职能**

努力提高政治协商水平，促进科学决策、科学发展。要围绕“大而强、富而稳、和而美”的战略目标，组织委员和各界人士开展好保定新兴工业卫星城建设规划的总体协商，重点针对城乡规划、产业规划、基础设施规划进行协商讨论，提出建设性意见和建议。针对我县“十一五”规划实施过程中遇到的困难和挑战，重点就新农村建设、推进资源的节约和综合利用等问题，精心组织协商讨论，积极建言献策，促进科学发展。

努力提高民主监督实效，为提速发展营造良好环境。要围绕县委、县政府重大决策和重要工作部署的贯彻执行情况，围绕群众关心的热点难点问题，开展民主监督，推动相关工作的落实和有关问题的解决。要进一步加大提案督办力度，提高提案办理实效；继续开展对政府部门的行风民主评议，履行好民主监督职能。

努力提高参政议政质量，为和谐发展献计出力。要拓宽知情议政渠道，加强与党政工作的沟通与联系，以调研、视察、提案、反映社情民意等多种形式参政议政。要选择加快城镇化发展、深化产业升级、高效农业生态示范建设、农村卫生合作医疗管理机制等课题，组织好专项调研和视察活动，提出建设性意见和建议，为推动全县经济社会和谐发展献计出力。

**三、发挥优势，履职为民，促进社会和谐发展**

和谐是当今社会的最强音，促进经济社会和谐发展是当前政协工作的主旋律。要充分发挥政协组织在团结各界、凝聚人心方面的独特优势，积极促进我县经济社会的科学发展、快速发展、和谐发展。要充分发挥政协联系广泛、上下通达的优势，切实做好反映社情民意工作，不断健全政协组织密切联系群众的工作机制。要充分发挥政协代表面广、包容性强的优势，团结各方力量，凝聚各方智慧，协助党委政府做好团结群众、化解矛盾、维护稳定的工作，进一步营造民主、和谐的政治氛围。要充分发挥政协组织位置超脱、视野开阔的优势，进一步树立群众观点，深怀爱民之心，恪守为民之责，善谋富民之策，多办利民之事，围绕群众最现实、最迫切、最直接、最关心的问题，积极组织委员开展好科技扶贫、送医下乡、扶危济困、捐资助学等社会公益活动，为人民群众办实事、解难事、做好事，让全社会都体验到党和政府的温暖，享受到改革开放和经济发展的成果，为全县经济社会的科学发展、提速发展创造和谐的发展环境。

**四、健全机制，创新理念，不断提高整体水平**

做好政协工作重在创新。要进一步加强政协机关建设。以县委开展的责任风暴、效能革命为契机，改进工作作风，提高工作效率，努力建设高效率的服务型机关。要进一步加强委员队伍建设。适时开展委员培训活动，强化委员的学习培训；加强同委员的联系，关心委员的工作和生活；努力为委员履行职能创造条件，充分调动委员的积极性和主动性。要加强履行职能的制度化、规范化和程序化建设。认真贯彻落实《中共中央关于加强人民政协工作的意见》，进一步健全各项规章制度，逐步形成完善的制度体系，使政协工作行而有据，活而有序，切实增强政协工作实效，不断提高政协工作的整体水平。

各位委员，在新的历史起点上，人民政协肩负着光荣而艰巨的历史使命。新一届政协承前启后，继往开来，任重道远。我们衷心地祝愿新一届政协，在邓小平理论和“三个代表”重要思想指导下，高举团结和民主的伟大旗帜，在县委的正确领导下，同心同德，开拓创新，积极发挥优势，切实履行职能，为把我县建设成为“大而强、富而稳、和而美”的保定新兴工业卫星城做出新的更大的贡献！

## 【七届二次会议】

### 中国人民政治协商会议<br>清苑县第七届委员会常务委员会工作报告

宋静

（2008年3月26日）

各位委员：

我受政协清苑县第七届委员会常务委员会的委托，向大会报告工作，请审议。

### 一年来主要工作回顾

2007年，在上级政协的大力指导和县委的正确领导下，在县人大、县政府和有关部门的大力支持下，政协常委会高举中国特色社会主义伟大旗帜，以贯彻落实科学发展观为统领，以党的十七大精神为动力，团结带领广大政协委员，紧紧围绕全县中心工作，牢牢把握团结民主两大主题，按照“政治协商有高度、民主监督有力度、参政议政有深度、团结联合有广度、自身建设有强度”的要求，切实履行政协职能，各项工作取得了显著成绩，实现了七届政协工作的良好开局，为建设“大而强、富而稳、和而美”的保定市清苑新兴工业卫星城做出了积极贡献。

**一、围绕中心，服务全局，在促进发展上做出了新贡献**

一年来，始终围绕建设新兴工业卫星城这一大局，围绕推进清苑科学发展、提速发展、和谐发展这一中心，想全局、议大事、谋发展、献良策，凝心聚力促进发展。

紧扣第一要务，协商议政谋发展。把政协例会作为履行职能的基本形式和凝聚力量、促进发展的有效途径。一年来，共召开全委会1次，常委会议4次，主席会议10次。县政协七届一次会议期间，组织全体委员认真学习讨论“一府两院”等工作报告，紧紧围绕卫星城建设、项目建设、新农村建设、园区建设、城镇发展规划等事关全县发展大局的中心工作，协商议政，建言立论。充分发挥政协常委会在协商议政中的突出作用，就环保整治、防汛渡汛、民心工程完成情况等重点工作多次召开常委会，听取了县政府有关部门的情况通报，就事关全县发展的重点、热点、难点问题进行讨论，认真听取委员发言，积极采纳委员意见，激发了广大委员谋求发展的热情。

服从第一要务，解放思想促发展。坚持把解放思想作为推动发展的“总阀门”。8月，我们组织企业界常委、委员召开了解放思想学习座谈会，开展了广泛而深刻的讨论，并发出了倡议书，在广大委员中掀起了“学山东、找差距、促发展”的热潮。12月，根据省市县委的统一安排，在县政协机关和全体政协委员中深入开展了解放思想大讨论活动，政协常委会专题研究，制定活动方案，政协班子成员深入基层，督导检查。通过以上活动的开展，引领委员解放思想，学习先进，找准差距，树立雄心，委员们发展创业的意识得到了进一步加强，为促进我县经济社会全面发展奠定了良好的思想基础。

服务第一要务，主动参与求发展。一年来，广大政协委员和县政协机关积极参与新兴工业卫星城建设，在招商引资、项目推进工作中充分发挥联系广泛的优势，为招商引资提供信息，为项目推进悉心服务。政协领导班子按照县委统一安排，严格落实项目保障“三个一”机制，真包真联真引，和企业家结对子、交朋友，经常深入企业了解经营情况，关注建设进度，研究问题，化解矛盾，提供服务，帮助企业项目解决生产建设中的问题。企业界委员立足本职，在经济建设的主战场上勇于挑大梁，争当领头雁，千方百计做大做强企业，为推动全县经济社会提速发展做出了应有的贡献。

**二、关注民生，议政为民，在履职尽责上取得了新进展**

关注民生是党的十七大报告的一大亮点，也是政协组织密切关注、跟踪监督的重要课题。政协常委会始终坚持为民宗旨，以例会、提案、调研、视察等有效形式，对县委、县政府有关民生的各项重大决策、重大部署的落实情况，加强民主监督，积极议政建言，为构建和谐社会贡献力量。

开展视察调研，积极促进重点工作的开展。2007年，我们围绕全县的中心工作、大事实事、群众普遍关注的热点、难点问题，组织委员先后到第三工业园区、防汛物资储备点和新农村电气化村实地参观视察3次，对我县专项工作的开展提出了有针对性的意见和建议。特别是针对新农村建设、新型农村合作组织等重大课题，联合市政协开展专题调研两次，分别深入到大福村、南辛店等乡村，了解一线实情，分析现实问题，从完善规划、健全功能、加强管理、和谐发展等方面，提出了一些有价值的意见和建议，得到了县委、县政府的充分肯定。在环保整治专项行动中，针对我县环保工作面临的严峻形势，专门召开七届二次常委会，邀请相关企业负责人列席会议，对严重影响我县环境的有色金属、小塑料行业的污染治理、规范发展问题开展讨论，充分发表意见，共同谋划治理污染、规范发展的思路和举措，促进了市委、县委重点工作的落实。

狠抓督办落实，积极促进民生问题的解决。提案是政协履行职能的重要形式和载体。七届一次会议以来，共收到委员提案85件，立案40件。在提案办理过程中，县政协采取多种措施，加大提案督办力度，县委、县政府领导高度重视，相关承办部门认真办理，使一批社会关注、群众关心的民生问题得到了较好地解决，产生了良好的社会效果，为促进清苑的经济发展和社会稳定发挥了重要作用。截至2007年10月底，所有提案全部办理完毕，提案办复率、按时办结率、答复函规范化率、走访率均达100%，提案委员对提案承办单位办理结果的满意率达到100%。

加强监督评议，积极促进行风政风的好转。政协常委会坚持把开展民主监督工作作为关注民心、服务发展的有效形式，组织政协委员配合县纪委开展了行风评议活动，委员们认真负责，充分发挥监督作用，围绕优化环境、转变作风、提高效能等内容，对各职能部门的整体工作提出了评议意见，为加强行风建设、促进党风廉政建设发挥了积极作用。一年来，推荐35名政协委员担任了公安、工商、税务等执法部门的特邀监督员，对各职能部门工作情况进行了深层次民主监督，在建立民主监督的长效机制上进行了有益的探索。

全面知情出力，积极促进社会和谐。充分发挥政协组织位置超脱、联系广泛的优势，政协常委会积极参与县委开展的“驻联帮解促”活动、文明生态村建设及信访稳定等全县中心工作，发动广大政协委员积极发挥下情上察、上情下达的“连心桥”作用，密切关注群众反映强烈的热点、难点、焦点问题，深入社会基层，倾听群众呼声，反映百姓意愿，畅通社情民意，积极主动协助党委政府，认真做好理顺情绪、增进团结、化解矛盾、维护稳定的工作，为保持全县安定团结的政治局面做出了积极贡献。

**三、发挥优势，拓宽渠道，在凝聚合力上取得了新成效**

充分发挥人民政协人才荟萃、智力密集、联系广泛等独特优势，不断拓展履行职能的新方法、新途径，积极为清苑的提速发展营造和谐氛围。

扩大对外宣传，树立良好形象。一年来，我们积极加强与各级新闻机构的联系与合作，向各类新闻媒体报送宣传稿件24篇，提高了清苑的社会影响力。热情接待湘潭、包头等兄弟单位来我县参观考察，为宣传清苑、扩大开放发挥了应有的作用。积极协调配合中央电视台，完成了《走遍中国－走进保定》专题片在清苑的拍摄工作，该专题片在中央电视台四套播出后，引起了强烈的社会反响，为宣传清苑、弘扬清苑传统文化和提高清苑的知名度起到了积极的推动作用。

深入挖掘史料，丰富文化底蕴。为了发挥文史资料“存史、资政、团结、育人”的作用，主席办公会专题研究，组建了《宋太祖故里和宋三陵》编委会，对位于我县望亭乡的宋太祖故里和宋祖陵进行考察论证。经过广泛挖掘、多方论证，目前已收集整理相关资料40篇

20余万字。这些史料的收集整理，得到了国内知名专家学者的大力支持，为《宋太祖故里和宋三陵》书稿的出版奠定了基础，对澄清历史、提高清苑的知名度、增强清苑的文化底蕴具有重大的现实意义和深远的历史意义。2007年，县政协荣获河北省政协系统文史工作一等奖，并被授予文史工作先进单位。

广泛开展活动，营造和谐氛围。一年来，县政协以重大节庆活动的开展为契机，以迎接党的十七大召开为主题，成功举办两次大型书画展览活动，共展出作品400多幅，参观人数达6000余人次，书画作品形式多样，主题鲜明，表达了全县人民迎接十七大、构建和谐社会的喜悦心情；邀请离退休老领导、老干部，举办座谈会、迎新春茶话会，征求意见建议，推动政协工作的改进；回首峥嵘岁月，展望未来美好前景，营造了健康向上、和谐共处的良好氛围。

**四、注重学习，健全制度，在自身建设上有了新提高**

加强自身建设是做好政协工作的基础和前提。一年来，我们以县政协换届为契机，组织各种学习教育活动，切实加强规范化、制度化、程序化建设，政协队伍整体素质和履行职能的水平不断提高。

以学习十七大精神为重点，理论素养得到进一步加强。把学习贯彻十七大精神作为首要政治任务，通过召开常委（扩大）会、座谈会、学习培训会等形式，深研细读报告原文，深刻领会精神实质，使学习贯彻十七大精神的过程，成为统一思想、提高认识的过程，成为研究问题、改进工作的过程，成为增进团结、凝聚力量的过程，成为创造新业绩、开创新局面的过程，广大委员进一步明确了职责，增强了参政意识，进一步解放思想、振奋精神、转变作风，提高了整体素质。

以制度建设为重点，常委会工作得到进一步加强。县政协换届后，第一次常委会议就推进政协常委会工作的制度化、规范化、程序化建设问题进行了充分协商，讨论通过了《常务委员会工作规则》《常务委员会组成人员守则》《委员守则》等一系列规章制度，明确了政协常委会履行职能的任务、方法和工作准则。积极探索提高常委会协商议政质量的新途径，实行常委会议邀请联络组长列席制度，扩大了协商范围，促进了常委会议定事项在基层委员中的贯彻落实，使政协常委会的协商工作达到了一个新水平。

以走访培训活动为重点，委员队伍建设得到进一步加强。换届后，对全县19个乡镇（城区）的政协委员进行全面的走访培训，组织委员重点学习了《政协章程》、《中共中央关于加强人民政协工作的意见》等内容，并组织编印发放了《政协委员手册》。通过走访培训工作，使委员掌握了政协理论，拓宽了知识视野，提高了思想水平，明确了地位职责，坚定了正确的政治方向，为更好地履行政协职能奠定了坚实的基础；七届一次常委会议讨论通过了《关于建立委员活动小组及有效开展活动的意见》，并切实加强了对小组活动的指导，由于委员的主体作用发挥充分，我县被市政协评为“2006－2007年度先进委员活动小组”。

以提高服务水平为重点，机关建设得到进一步加强。政协机关以开展“效能革命”、“责任风暴”、“为民、务实、清廉”、“解放思想大讨论”等教育活动为契机，采取积极措施，强化工作举措，建立健全各项规章制度，加强机关工作人员的思想、组织、纪律、作风教育，形成了作风扎实、爱岗敬业、团结协作的良好局面，服务水平和工作效率明显提高。

各位委员，通过一年的工作，我们加深了对政协工作的理解，深化了对政协工作服务大局和谋发展、倡民主、促团结、建和谐的认识。我们深刻地体会到：坚持党的领导，维护核心，是做好政协工作的本质要求；突出服务中心，以为立位，是做好政协工作的基本原则；尊重群众意愿，关注民生，是做好政协工作的落脚点；团结社会各界力量，凝聚人心，是做好政协工作的属性所在；加强政协自身建设，充分发挥委员主体作用，是做好政协工作的前提和原动力。一年来，政协常委会团结带领广大政协委员不辱使命，履职尽责，各项工作取得了显著成绩。履行职能有了新的起色，推进全面发展有了新的建树，促进社会和谐有了新的作为，自身建设有了新的风貌。这些成绩的取得，得益于县委的高度重视和坚强领导，得益于县人大、县政府及有关部门和社会各界的大力支持配合，得益于全体县级离退休老领导的倾心关注、悉心指导。在此，我谨代表县政协第七届委员会常务委员会，向大家致以崇高的敬意和衷心的感谢！

回顾一年来的工作，在肯定成绩的同时，也清醒地认识到，政协工作与县委的要求和人民的期望还有一定的差距。政治协商经常化、规范化的机制有待进一步健全完善；政协民主监督职能作用还需进一步强化；委员主体作用还需要进一步发挥，委员履行职能的积极性、主动性还需进一步加强等，这些都需要在今后的工作中认真研究和改进，使政协工作再上新台阶、再创新业绩。

## 2008年工作思路

2008年是全面贯彻落实党的十七大精神的第一年，是在新的历史起点上推进实施十一五规划承上启下的关键一年，同时也是展现中华民族风采的奥运之年，展现30年改革开放辉煌成就的庆典之年，这都对加强新时期人民政协工作提出了新的任务和要求。2008年我县政协工作的基本思路是：以全面贯彻落实党的十七大精神为主线，高举团结和民主两面旗帜，认真履行政协三大职能，充分发挥在协调关系、汇聚力量、建言献策、服务大局中的重要作用，围绕“四心一加强”（即维护核心、服务中心、关注民心、凝聚人心、加强自身建设）的总体要求，坚持解放思想，团结全县广大政协委员和社会各界人士，为建设“大而强、富而稳、和而美”的保定市清苑新兴工业卫星城做出新的贡献。

根据这一基本思路，2008年重点做好以下五个方面的工作：

### 一、发挥优势，维护核心，把握政协工作正确的政治方向

坚持中国共产党的领导，是巩固和发展爱国统一战线的根本保证，是我国多党合作和政治协商的首要政治前提。

准确把握政协工作方向。广大政协委员要在县委的正确领导下，认真学习十七大精神，深刻领会党的十七大对人民政协事业发展和人民政协工作提出的新要求，把思想统一到县委十届三次全会做出的重大决策上来，把智慧和力量凝聚到建设清苑新兴工业卫星城的奋斗目标上来，为做好新时期政协工作奠定思想基础，保证政协工作正确的政治方向。

切实维护县委领导核心。县政协常委会要主动接受县委的领导，扎实完成县委赋予的各项任务，要按照十七大报告提出的“对干部实行民主监督，必须作为发展社会主义民主政治的基础性工程重点推进”的要求，通过民主监督途径，加强对干部和职能部门的民主监督，

确保全县政令畅通，全力维护县委的核心领导地位。

积极维护和谐稳定局面。要发挥人民政协位置超脱、联系广泛的独特优势，协助党委政府做好理顺情绪、化解矛盾、维护稳定、凝聚人心的工作；围绕县委十届三次全会确定的奋斗目标，协商议政谋发展，建言献策促和谐，努力为我县的改革、建设和发展创造生动活泼、安定和谐的政治局面。

**二、突出重点，服务中心，为全县经济提速发展献计出力**

在县委十届三次全会暨全县经济工作会议上，县委、县政府提出了提速发展的明确要求。政协的一切工作都要围绕这个中心，服务于这个中心，推进全县提速发展。

围绕提速发展，开展协商议政。要把县城总体规划和县城控制性详细规划的修订完善、工业园区项目谋划建设作为协商重点，通过主席会议和常委会议协商讨论，提出具有前瞻性、科学性和可操作性的意见建议，促进县委、政府决策的科学化、民主化。闭会期间，举办1－2次政情通报会和政府工作协商会议，形成党政部门坦陈情况和政协委员各抒己见的良性互动局面，促进全县经济社会又好又快发展。

突出项目建设，组织视察调研。围绕县委提出的项目建设三大任务，重点针对项目建设的进度和质量进行视察和监督，围绕污染治理开展调研。年内组织有关委员进行一次在建项目的专项视察，听取一次政府部门关于项目建设和项目引进整体情况的通报，针对企业污染治理、传统行业上档升级、规范发展等方面开展调研。要把调研成果的转化作为委员参政议政的重要途径，为推进我县项目建设、实现提速发展建言献策。

发挥自身优势，投身创业突破。广大政协委员要不断强化发展意识和服务意识，特别是企业界委员要充分发挥自身优势和潜力，主动参与县委开展的“项目建设二次创业突破”活动，带头开展招商引资，积极推进项目建设，努力实现创业突破；要立足本职，以商招商，以诚招商，吸引更多的合作伙伴到清苑共同创业，共同发展，在服务发展、投身发展中施展才华，建功立业。

**三、倾心尽力，关注民心，以改善民生为重点履职尽责**

关注民生、改善民生是党的十七大和省市委全会的一个鲜明特点，也是新兴工业卫星城建设的一项重要任务。要围绕改善民生这一重点，发挥优势，倾心尽力，促进改善民生工作的落实。

履职尽责为民生。要把提案工作作为政协委员关注民心、改善民生、促进解决人民群众切身利益问题的重要途径，积极引导委员围绕道路建设、农村义务教育、合作医疗、环境保护、社会治安和安全生产等关系改善民生的重大问题提出提案，进一步加大提案督办力度，围绕提案涉及的民生问题听取部门工作汇报，开展视察调研，提出意见和建议，推动各项民生工作的真正落实。

真诚回报解民忧。广大政协委员要树立高度的社会责任感，积极响应县委提出的“以人为本、民生至上、改善民生”的号召，主动参加政协组织的“献爱心、解民忧、促和谐”活动，以县委开展的“一对一”岗位援助、残疾人扶助“阳光工程”“结缘工程”“寒门学子”资助等活动为载体，倾心关爱社会弱势群体，为困难群众献爱心，为社会和谐聚人心。

发挥优势保民利。认真组织各界别委员，选择与群众生活密切相关的重点行业和执法部门开展民主评议，引导委员积极反映群众意见，切实表达群众诉求，促使职能部门改进工作作风；积极组织科技、文化、法律、卫生等界别的委员开展好“四下乡”活动，给基层群众带去社会关爱，带去知识财富，带去文明新风，让全社会共享改革开放和经济发展的成果。

**四、弘扬主题，凝聚人心，为清苑提速发展营造和谐氛围**

和谐是当今社会的最强音。要准确把握人民政协工作的特点和优势，按照县委十届三次全会要求，积极做好和谐稳定的各项工作，努力为提速发展营造良好氛围。

发挥作用，畅通民意渠道。积极动员政协参加单位和全体政协委员努力做好群众工作，进一步畅通下情上达和民意表达的渠道，注重了解深层次的矛盾和问题，切实架起人民群众与党和政府之间的桥梁。每位委员每年至少要上报或提供1条社情民意，及时有效地向党委政府反映社会各界的意愿和呼声，努力使党委、政府的决策，使政协的各项工作真正体现群众愿望，符合群众利益，为我县的提速发展凝聚人心。

加强宣传，展示清苑形象。继续加强与各新闻媒体的联系与合作，宣传政协工作，展示清苑形象；要加快信息网络建设，进一步拓展政协工作宣传平台；继续做好文史工作，年内完成《宋太祖故里和宋三陵》书稿的编辑出版，把宋史研究成果转化为弘扬清苑文化的有效载体，提高清苑文化软实力，为我县招商引资、项目引进、提速发展打造文化品牌。

借助载体，推动文化建设。以迎接北京奥运会召开、庆祝改革开放30周年活动为载体，继续开办好书画艺术活动，繁荣艺术创作；以召开茶话会、座谈会的形式，组织委员和离退休老领导回顾我县改革开放30年来的光辉历程和巨大变化，畅想未来的美好前景。通过各种活动的开展，营造万众一心创伟业、凝心聚力谋发展的良好氛围。

**五、完善机制，增强活力，全面加强政协自身建设**

切实加强政协自身建设，充分发挥政协整体功能，是推动政协工作再上新台阶的重要条件和保证。要主动适应新形势，按照党的十七大提出的新要求，进一步加强自身建设。

加强思想作风建设。要以学习宣传贯彻十七大精神为主线，进一步解放思想，不断研究新情况、总结新经验、解决新问题，在履行职能的各项活动中、各个环节上不断创新工作机制，改进工作方法，提高履行职能的水平和成效。要按照“形象好、人缘好、富有人格力量”的要求，加强教育和培训工作，使广大委员、政协工作者，牢固树立遵章守法、讲信修睦、以德修身、以德立业的形象，增强政协工作的感召力、亲和力和凝聚力。

加强政协组织建设。深入开展“政协组织建设年”活动，基层委员以乡镇为单位、县直委员突出界别特点，建立委员活动小组，开辟“委员活动室”，健全完善委员小组活动机制。积极探索对委员小组活动和委员参加政协活动的量化考核机制，倡导和鼓励全体委员开展“提一件提案、反映一条社情民意、办一件实事或参与一次公益活动”为主题的“三个一”活动，营造委员发挥主体作用的良好氛围。政协委员要增强主体观念和责任意识，珍惜荣誉，不辱使命，发挥优势，不断提高履行职能的能力和水平。

加强政协机关建设。要以“搞好服务、当好参谋”为目标，按照“团结、勤政、务实、高效”的要求，切实加强对机关工作人员的教育和管理。要大力倡导自觉学习、研究问题之风，牢固树立为政协履行职能服务，为政协委员服务的意识，不断完善机关为政协工作服务的各项工作制度，要团结互助，体谅包容，努力创建学习型、效能型、服务型、和谐型的“四型机关”，使广大政协委员和各界群众愿进政协门、愿见政协人、愿听政协言，把政协机关真正建设成为“委员之家”。

欣逢盛世，清苑百业俱兴；展望未来，我们任重道远；新形势，新任务，新使命，为人民政协开展工作提供了大有作为的广阔天地，也对人民政协提出了新的更高的要求。让我们更加紧密地团结在以胡锦涛同志为总书记的党中央周围，在县委的正确领导下，认真贯彻党的十七大精神，进一步解放思想，同心同德，振奋精神，扎实工作，为进一步开创政协工作新局面，为建设“大而强、富而稳、和而美”的保定市清苑新兴工业卫星城做出新的更大的贡献！

## 【七届三次会议】

### 中国人民政治协商会议<br>清苑县第七届委员会常务委员会工作报告

宋静

（2009年1月6日）

各位委员：

我受政协清苑县第七届委员会常务委员会的委托，向大会报告工作，请审议。

### 2008年工作回顾

2008年，是极不寻常的一年。南方雨雪冰冻灾害历史罕见，汶川特大地震震惊世界，全球金融危机实难预料，北京奥运百年期盼。在这特殊年份，政协常委会在县委的领导下，在县人大、县政府和有关部门的大力支持下，牢牢把握团结和民主两大主题，团结带领广大政协委员，全力维护县委领导核心，全力配合县政府中心工作，切实履职尽责，为促进全县经济社会全面协调可持续发展积极做贡献。

**一、始终把服务中心作为履行职能的第一要务，为实现清苑又好又快发展献计献策**

经济社会又好又快发展，是全县的头等大事。一年来，政协常委会始终围绕县委“建设保定市清苑新兴工业卫星城”这一总体思路，凝聚社会各界力量，协商议政，建言献策。

为加快推进卫星城建设建言。政协常委会始终把政协例会作为委员议政建言、促进发展的有效途径。在七届二次会议上，组织委员认真学习讨论“一府两院”等工作报告，重点围绕新兴工业卫星城建设、工业园区规划、招商引资、项目建设、传统行业升级再创业、优化环境等问题，协商议政，建言立论，共提交提案建议60多件，为县委、县政府科学决策提供依据。年内共召开常委会5次，主席会议15次，围绕推进县城“北移南扩、东西崛起”发展格局，听取园区发展规划和项目建设情况。组织委员对农村电气化、农村饮水、“村村通”、农村文体站室建设等组织视察6次，为新农村建设献计。积极协调有关部门，动员广大政协委员为全县文明生态村建设筹资捐款180多万元，有力支持了新农村建设。

为项目建设二次创业建言。一年来，广大政协委员积极参与“全民创业暨项目建设二次创业”活动，立足本职，发挥优势，以商招商，洽谈、引进、建设项目16个。政协班子成员严格落实项目保障“四个一”机制，盯紧所包项目，帮助解决项目建设中的问题。积极参与第三工业园区、保清路改造、振兴路南延及砖窑革命等涉及全县经济发展的重大项目建设，协调各方关系，化解村企矛盾，有力促进了项目建设进度。各委员小组认真开展“优化发展环境，激活市场主体”活动，提出建议56条，为推动全民创业发挥了积极作用。

为积极应对金融危机建言。去年以来，由美国次贷危机引发的全球金融危机，传导迅速、冲击力强、波及范围广，对我县主导产业造成了重大影响。为保持全县经济平稳运行，政协班子成员分两组深入基层，就如何应对挑战、寻找机遇、调整结构、进一步把企业做大做强等问题，召开8次委员座谈会，辨形势，讲政策，稳定情绪，鼓舞干劲。广大政协委员积极发言，提出了做好长期应对准备，潜心研究国家政策，化挑战为机遇，变压力为动力，把不利影响降到最低等建议。面对县财政十分困难的情况，企业界委员积极响应县委号召，依法纳税，应交尽交，为遏制经济下滑、缓解财政压力尽了最大努力。

**二、始终把改善民生作为履行职能的重要内容，为凝聚清苑发展合力履职尽责**

一年来，政协常委会按照县委“以人为本，统筹推进”的要求，利用委员提案等形式，积极关注民生，开展公益活动，繁荣清苑文化，为凝聚全县发展合力发挥独特优势和作用。

在狠抓提案落实方面尽责。提案是政协履行职能最直接有效的一种方式。七届二次会议共收到委员提案63件，经主席会议审查立案25件。政协常委会站在对委员负责、对人民负责的高度，在提案办理过程中，采取领导包案、跟踪督办、年中调度等多种形式，有效地克服了提案办理重答复、轻落实等问题。通过政府各部门的不懈努力，使一批社会关注、群众关心的民生问题得到了较好地解决，产生了良好的社会效果。提案按时办结率、答复函规范化率、走访率均达100%，提案委员均签署了满意意见。

在维护群众利益方面尽责。政协常委会始终坚持为民宗旨，通过多种形式，听取有关部门民心工程建设进展情况，促进了县委、县政府民生工作和民心工程的落实。针对“三鹿奶粉”事件，组织召开委员座谈会，就做好农产品污染源头治理、推进农业标准化生产、提高农产品质量安全水平等问题进行了座谈讨论。按照县委统一安排，组织奶农外出参观学习，协调解决牛奶销售，为全县儿童健康成长和奶牛业发展做出了贡献。

在组织社会公益活动方面尽责。汶川特大地震发生后，政协常委会紧急响应县委号召，发出倡议书，各政协参加单位和全体委员纷纷捐款捐物。担任政协委员的企业界人士及其员工慷慨解囊，回报社会。宗教界委员及其联系的宗教团体和信教群众乐行善举，奉献爱心。全县各界政协委员通过不同方式、不同渠道累计捐款83万元，在社会各界起到了带头作用。认真开展“亲民爱民”活动，政协班子成员和政协委员走访慰问贫困户256户、城镇困难家庭85户、贫困学生420名。广大政协委员积极参与“一对一”岗位援助、“寒门学子”资助等活动，共资助困难学生56人，吸纳下岗职工再就业90人，充分展示了政协委员良好的社会形象。

在繁荣清苑文化方面尽责。文化建设，应以深厚的历史文化资源为依托。宋太祖赵匡胤故里在清苑，多少年来众说不一。去年以来，政协把还历史以真实面目、提高清苑地域文化软实力，列入文化建设的重点来抓，协调河北大学宋史研究中心专家学者和县内关注宋太祖故里研究的有关人士，投入大量财力物力，辩史析典，收集民间传说，编辑出版了《宋太祖故里和宋祖陵》一书，得到了国内众多专家权威的肯定，为宋祖陵的考古挖掘提供了依据，为提高清苑知名度做出了贡献。2008年，县政协荣获河北省政协文史工作一等奖。为迎奥运、纪念改革开放三十周年，成功举办两次大型书画展览活动，共展出作品400多幅，参观人数达6000余人次，活跃了群众文化生活，为繁荣清苑文化发挥了积极作用。

**三、始终把维护稳定作为履行职能的重要责任，为促进清苑社会和谐贡献力量**

关注热点、化解矛盾、畅通民意诉求、维护社会稳定是构建和谐社会的基础，也是政协工作的出发点和落脚点。

在信访稳定工作中出力。按照县委“六抓六制”的总要求，一年来，政协班子成员严格落实“四明确”，主动接访、下访和约访，带着感情做好群众工作，协同乡村干部共同处理解决了58起信访案件。广大政协委员积极发挥下情上察、上情下达的“连心桥”作用，密切关注群众反映强烈的热点问题，主动协助党委政府，认真做好理顺情绪、化解矛盾的工作，协调解决了40余件涉及干群、群企和群众之间的不协调事件。

在解决社会热点问题上出力。社会热点往往诱发不和谐因素，甚至酿成不稳定事件。按照县委安排，政协领导参加了市重点项目搬迁征地协调工作组，与其他县领导一起，耐心细致地做好群众工作，使占地136亩、涉及农户173户的市重点项目得到妥善处理。去年5月，张登村部分村民先后到镇、县、市集体上访，反映甜瓜假种子问题。该案涉及张登、东闾、北店等7个乡镇34个自然村791户群众。时值奥运会召开前期，稳定压倒一切。按照县委要求，政协领导直接参与处理涉假甜瓜种子案件，带领工作队驻村入户，坚持特事特办，公开透明办案，历时一个月，使这起重大坑农害农的群体性事件得到圆满解决，为奥运安保和保持全县安定团结的政治局面发挥了应有的作用。

在畅通民意诉求上出力。有序反映民意诉求，是政协的一项基础性工作。政协常委会始终紧扣党委、政府中心工作，关注热点难点问题，利用委员走访、组织座谈等形式，广泛收集社情民意。去年5月，政协领导与机关干部一起，对全县19个乡镇（城区）的委员进行走访，收集了一大批有价值的社情民意，其中涉及文教卫生、农村电网、宗教民政、道路交通等多个方面，经过归纳整理，送交县委、县政府领导参考。同时，注意倾听政协离退休老同志的意见和建议，发挥老干部余热，关心老干部生活。一年来共组织老干部座谈会、茶话会3次，健康体检1次，使老领导们既能及时了解全县工作情况，有针对性的参政议政，也使老领导们心情愉悦地安享晚年生活。

**四、始终把自身建设作为履行职能的重要保障，为提高政协履职水平夯实基础**

政协常委会把2008年作为“政协基层组织建设年”，修章建制，广搭平台，充分调动了委员参政议政的积极性，提高了委员履职尽责的能力和水平。

建立健全委员活动机制。为搭建委员活动平台，县政协4次组织不同界别委员、各委员活动小组组长赴山东、定州、满城等地参观学习，制定了《关于建立政协委员活动室的实施方案》和《委员活动小组工作规则》，完善规范了组长职责、主席会议成员分工督导等工作机制。在全县19个乡镇（城区）和县直三个活动小组建立了高标准委员活动室，做到了委员风采上墙，制度展板上墙，委员活动建档，进一步增强了委员的参政意识和荣誉感。委员活动拥有了阵地，活动次数明显增多。一年来，全县各委员小组共开展活动30多次，使委员活动逐步走上了经常化、制度化、规范化轨道。

建立健全委员考核机制。为提高委员参政议政意识和履职尽责水平，政协常委会制定了《关于加强委员队伍管理、推行委员述职考核的意见》，同时制发《关于在全体政协委员中开展“三个一”活动的意见》、《关于在政协委员中深入开展“献爱心、解民忧、促和谐”活动的意见》等几个专件，明确了委员履行职能的工作准则，丰富了委员活动内容。一年来，全体委员在招商引资、拉动就业、扶贫济困、化解矛盾等方面发挥了积极作用，涌现出了一大批优秀政协委员，赢得了乡镇党委政府和有关部门的一致好评。

建立健全政协机关工作机制。根据县委安排，县政协机关扎实开展了解放思想大讨论活动，组织机关人员认真学习了党的十七大、十七届三中全会精神和政协统战知识。进一步修改完善了政协机关的学习、调研、值班、廉政等工作制度，切实转变工作作风，提高服务水平，为建设“学习型、服务型、廉洁型”机关奠定了基础。

各位委员，县政协一年来取得的工作成绩，是县委正确领导的结果；是县人大、县政府及有关部门大力支持的结果；是各人民团体、工商联及社会各界和全体委员共同努力的结果，也是全体县级离退休老领导关心关注的结果。在此，我谨代表县政协第七届常委会，向多年来一直关心支持政协工作的各位领导和同志们，表示衷心的感谢和崇高的敬意！

在肯定成绩的同时，我们也清醒地认识到，与党的要求、政协章程的规定和人民群众的期望相比，我们的工作还有一些差距和不足。如民主监督依然是薄弱环节，建言成果的跟踪督办机制还不健全，对委员活动小组的指导还需拓宽思路。这些，都需要在今后工作中认真研究，加以改进。

## 2009年工作重点

2009年是新中国成立60周年和人民政协成立60周年，也是应对危机保增长、推进“十一五”规划顺利实施的关键一年。新的形势，新的任务，对人民政协工作提出了更高要求。2009年政协工作的基本思路是：全面贯彻党的十七大和十七届三中全会精神，以邓小平理论和“三个代表”重要思想为指导，深入贯彻落实科学发展观，高举团结和民主两面旗帜，认真履行政协三大职能，继续按照“四心一加强”（即维护核心、服务中心、关注民心、凝聚人心、加强自身建设）的总体要求，围绕经济平稳较快发展、改善民生、保持稳定、提高履职水平，建言献策，履职尽责，为建设保定市清苑新兴工业卫星城贡献力量。

重点做好四个方面的工作：

### 一、切实维护核心，全面履行好政协的政治责任

坚持党对政协工作的领导，是人民政协性质的必然要求，也是确保人民政协正确的政治方向、做好一切工作的首要前提。切实维护县委领导核心。政协常委会要主动接受县委的

领导，扎实完成县委赋予的各项任务。通过民主监督途径，加强对干部和职能部门的民主监督，确保全县政令畅通，全力维护县委的核心领导地位。准确把握政协工作方向。全县政协委员要树立核心意识，在政治上、思想上、行动上与县委保持一致，服从和服务于全县工作大局，使县委的工作部署成为各族各界人士的共识，保证县委的决定在政协工作中贯彻落实。

**二、积极应对危机，为全县经济社会平稳较快发展献计出力**

2009年，将是金融危机对中国实体经济冲击更大的一年。全县政协委员特别是企业界委员，既要对当前形势有足够的认识，又要坚定信心，化危机为挑战，变压力为动力，把自己的企业搞好。同时更要围绕全县经济平稳发展，积极献计出力。为促进新兴工业卫星城建设献策。围绕实施“北移南扩、东西崛起”战略，主动参与城镇“三年大变样”工作，针对县城整体规划、园区规划、项目建设提出意见和建议。按照保定“一主三次”发展规划，立足我县工业卫星城发展方向，针对完善城市功能、提升城市品位开展协商议政。围绕新农村建设组织视察，针对农产品质量安全、农村基础设施建设开展调研，提出建议。为促进社会事业发展鼓劲。以建国60周年和人民政协成立60周年系列庆祝活动为载体，加大宣传力度，组织开展群众文化活动；对宋祖陵开发保护和地展馆工程建设进行视察；积极配合省市政协做好根治海河史料征集工作。为促进全县重点工作出力。积极参与项目建设“四个一”活动，广泛发动委员招商引资。围绕县域经济工业化、农业产业化、农村城镇化等课题调查研究，为县委、县政府提供施策依据。

**三、全面履职尽责，为维护和谐稳定的社会局面发挥作用**

广大政协委员要牢固树立以人为本的理念，坚持把人民群众最关心、最直接、最现实的问题作为履职重点。高度关注民生。适时组织委员对县政府实施的民心工程进行视察，针对涉及群众利益的文教卫生、医疗保障、路网建设等民生工作开展民主监督。畅通民意渠道。把委员提案作为反映社情民意的重要渠道，切实提高委员提案质量和办理质量；继续开展委员走访活动，积极营造广开言路、畅所欲言的氛围，广听民声，反映民意，为民参政。开展公益活动。继续组织科教文卫“四下乡”活动，为群众生产生活提供服务；组织委员积极参与“亲民爱民”活动，开展“一对一”岗位援助、“寒门学子”活动，让群众深切感受到社会大家庭的温暖。组织广泛联谊。继续组织好老干部联谊会，为他们发挥余热搭建平台；加强与上级政协和兄弟政协组织的联谊，宣传和展示清苑；加强与各族各界的联系，维护他们的合法权益，引导各界人士增进团结，共谋发展，为维护和谐稳定的社会局面凝聚力量。

**四、加强自身建设，进一步提升政协履职水平**

深入贯彻落实《中共中央关于加强人民政协工作的意见》，适应新形势、新任务，大力加强政协自身建设。突出抓好学习。把学习贯彻十七届三中全会精神与贯彻落实县委、县政府总体工作部署结合起来，增强大局意识，明确履职重点，使政协工作更好地融入到全县中心工作中去。不断完善机制。进一步规范政治协商程序，完善民主监督机制，丰富参政议政形式。继续推行委员述职考核制度，通过从制度上对委员参加活动、履行职能提出规范性要求，促使委员自觉恪尽职守，积极承担义务。扎实开展委员活动。充分发挥委员活动小组的基础作用，把委员活动室作为委员学习、知情、履职的平台，组织开展丰富多彩的委员活动，引导委员勤于参政，乐于出力，立足本职，建功立业。加强政协机关建设。要大兴学习之风、调研之风、求真务实之风，不断强化服务意识、创新意识、团结合作意识，努力提高干部职工的政治素质、工作效率和服务水平，进一步开创政协工作新局面。

各位委员，困难和挑战考验着我们，责任和使命激励着我们。让我们在县委的领导下，高举中国特色社会主义伟大旗帜，深入贯彻落实科学发展观，切实履行政协职能，同心同德，开拓创新，为加快推进新兴工业卫星城建设贡献力量！

## 【七届四次会议】

### 中国人民政治协商会议<br>清苑县第七届委员会常务委员会工作报告

宋静

（2010年2月24日）

各位委员：

我受政协清苑县第七届委员会常务委员会的委托，向大会报告工作，请审议。

### 2009年工作回顾

2009年，是新世纪以来我县经济社会发展最为困难的一年，也是大事多、喜事多、难事多的一年。面对严峻复杂形势，县委、县政府带领全县人民，坚定信心、迎难而上，积极应对国际金融危机影响，在攻坚克难中开创了经济社会发展的新局面。一年来，县政协常委会在县委的领导下，牢牢把握团结和民主两大主题，紧紧围绕全县“保增长、保民生、保稳定、保根本、保争先”的总体要求，团结带领广大政协委员，充分发挥优势，认真履职尽责，为加快新兴工业卫星城建设做出了积极贡献。

**一、深入开展学习实践科学发展观活动，进一步巩固团结合作的思想政治基础**

按照县委确定的“落实‘五保’要求、实践科学发展、全力推进新兴工业卫星城建设”的主题，县政协严格按照“学习调研、分析检查、整改落实”的规定动作，扎实开展学习实践科学发展观活动，努力把科学发展观贯穿到履行政协职能的全过程。

在学习实践科学发展观活动中，认真组织调查研究，撰写了“我为清苑发展建言献策”文章，对科学发展的认识有了新提高。重新修订了政协规章制度，履行职能的制度化、规范化、程序化有了新推进。有计划地组织各界人士参加政协开展的调研、视察、考察活动，鼓励、支持各界人士通过政协各种会议发表见解和主张，民主协商局面有了新拓展。

结合学习实践科学发展观活动，大力加强委员的学习引导，通过多种形式，组织委员深入学习胡锦涛总书记在庆祝人民政协成立六十周年大会上的重要讲话，学习中共中央和省、市、县委一系列会议精神和方针政策，引导广大委员把思想和行动统一到科学发展观的要求上来，不断巩固团结合作、促进发展的共同思想政治基础。

**二、积极应对国际金融危机，为保持全县经济平稳较快发展建言献策**

政协常委会坚持把应对危机保增长，作为落实科学发展观的重要内容。一年来，我们密切关注经济发展态势，紧紧围绕县委保增长的总体思路，凝聚社会各界力量，协商议政，建言献策。

围绕财税工作鼓劲。过去的一年，国际国内经济形势险象环生，由于我县产业结构不尽合理，受市场制约和国内外环境变化影响大，传统行业和支柱产业受到了严重冲击，上半年财税严重短收。对此，政协常委会对全县财税工作给予了特别关注。去年7月份，我们组织财税专题视察调研，在听取上半年财税收入完成情况后，提出了在特殊时期必须采取超常举措，千方百计内涵挖潜，堵漏增收，盯大抓小，既抱西瓜、也捡芝麻的建议。强调了树立过紧日子的思想不能动摇，完成全年收入任务的信心和决心不能动摇，为财税部门加油鼓劲。视察后，县政协组织相关委员跟踪调研，与财税部门座谈2次，分析形势，查找不足，想办法、出主意。同时，分片召开委员座谈会，号召企业界委员体谅政府的难处，依法纳税，应交尽交，共克时艰。可以说，2009年我县财税任务圆满完成，是县委、县政府及有关部门齐心协力、艰苦工作的结果，也是广大政协委员识大体、顾大局、回报社会、无私奉献的结果。

围绕“三农”工作建言。全球金融危机来势凶猛，在对工业经济造成重创的同时，也对农业生产造成严重影响。去年初，大宗农产品和经济作物价格普遍偏低，农民务工收入明显减少，农民增收难度进一步加大。4月份，县政协就落实中央一号文件，促进农民持续增收，进行了专题视察，提出了不折不扣把中央惠农政策落到实处，加大农业项目资金争跑力度，巩固粮食大县地位，抓好农业产业化经营，确保农业安全等五个方面的意见建议，形成了《落实一号文件、促进农民持续增收工作情况的调查报告》，为农口部门完善工作思路、制定工作措施，提供了参考。针对近年来假农资坑农事件连续发生的问题，在去年春耕备播时节，县政协组织农口委员就农资市场监管工作进行了专题调研，形成了《关于强化农资市场监管、建立农资坑农事件应急处置机制的建议》。农业、工商、技术监督等有关部门积极采纳委员建议，联合执法，拉网检查，取缔黑窝点，规范了农资市场，保护了农民利益。

围绕重点项目建设出力。项目建设是保增长的核心之举，是增后劲的关键所在。一年来，广大政协委员积极参与项目建设二次创业，为招商引资牵线搭桥，洽谈引进建设项目16个。政协班子成员严格落实项目保障“四个一”机制，盯紧所包的7个项目，21个企业，帮助解决项目建设中的困难。按照县委安排，政协领导参与了第四工业园区、保清路改造等重大工程建设，为打好项目建设主战场发挥了积极作用。

围绕全县经济发展协商。政协例会是委员议政建言、促进发展的有效途径。在七届三次会议上，组织委员重点学习讨论政府工作报告，围绕新兴工业卫星城建设、工业园区规划、招商引资、项目建设、传统产业升级再创业、优化环境等问题，协商议政，建言立论，共提交提案建议100多件，为县委、县政府科学决策提供了重要参考。去年11月，政协常委会专题协商讨论1－3季度经济运行情况，提出了做好年前各项经济工作，抓好传统行业企业恢复生产，调整产业结构，转变发展方式等四个方面20多条建议，促进了我县经济企稳向好，健康发展。

**三、始终坚持贴近社会、关注民生，为凝聚**

**清苑发展合力履职尽责**

科学发展观的核心是以人为本。政协常委会按照县委“保民生”的根本要求，利用委员提案等形式，高度关注群众利益，积极参与公益活动，凝聚发展合力。

狠抓提案工作落实。政协提案是委员参政议政的重要形式。七届三次会议以来，共收到委员提案98件，立案47件。县委、县政府领导高度重视，主要领导多次调度并做出重要批示，主管领导亲自安排、挂帅督办，各承办部门认真承办，抓好落实。县政协第十二次常委会议专题协商讨论县政府承办委员提案办理情况，加大督办力度。截止到去年9月底，委员提案已全部办理完毕，委员满意率、答复函规范化率均达到了100%。2009年的提案工作，与往年相比是办理速度最快的一年。随着提案办理质量和办理实效的新提高，大量民生工程得到了有效落实。

努力维护群众利益。针对我县地理位置特殊，近年来气候不确定因素增加、极端天气事件增多的状况，在汛期来临之际，组织部分委员对全县防汛工作进行了视察，提出了克服麻痹思想和侥幸心理、细化预案、突出重点、落实责任等意见建议。去年春天，甲流在全球暴发，迅速蔓延，甲流病例逐渐增多，防控形势严峻，广大群众普遍存在恐慌心理。县政协及时组织卫生界委员对全县甲流防控工作进行了专项视察，提出了高度重视、加大宣传、科学防控、逐级落实的建议，被县防控领导小组采纳，为保障全县人民身体健康做出了贡献。

高度关注民生。政协常委会坚持为民宗旨，通过多种形式，专题听取县政府及有关部门民心工程进展情况，促进了全县民生工作和民心工程的落实。面对经济危机下严峻的就业形势，县政协号召企业界委员“不裁员、不减薪”，积极吸纳下岗职工再就业190多人，缓解了社会就业压力。

积极开展公益活动。广大政协委员充分发挥自身作用，尽其所能，出资出力，积极参与捐资助教、修桥铺路、扶危济困等社会公益活动。一年来，共捐资38万多元，修整、硬化乡间道路6000米。解决村民吃水问题，协调打深水井3眼。深入开展亲民爱民活动，救助失学儿童30多名，帮扶困难家庭、贫困学生、计生困难户126户。关心关注民生健康，协调组织提供免费健康体检600人次。通过各项公益活动的开展，充分展示了政协委员良好社会形象。

**四、牢牢把握团结和民主两大主题，为促进全县和谐稳定凝心聚力**

一年来，我们畅通民意诉求，倾力解决社会难点问题，在团结各界、凝心聚力、维护稳定上做了大量工作。

认真参与信访稳定工作。按照县委“六抓六制”的总要求，政协班子成员严格落实“四明确”，主动接访、下访、约访，带着感情和责任做好群众工作。政协机关在工作人员少、经费紧张的情况下，派出专人专车进驻群众工作站，排查信访苗头，代理信访案件。县政协班子成员深入分包乡镇，督导群众工作站工作，协调化解矛盾纠纷。广大政协委员积极发挥上情下察、下情上达的“连心桥”作用，密切关注群众反映强烈的热点、难点、焦点问题，协助当地党委、政府化解了50余起信访隐患和苗头事件。

全力以赴参加国庆安保百日会战。去年是新中国成立60周年，做好国庆安保工作，是压倒一切的政治任务。县委召开动员大会后，政协班子成员迅速深入所包乡镇，组织乡村干部会议，进行动员部署，把县委“全力以赴、一切让路”的动员令，迅速传达到了最基层。为确保不出问题，政协班子成员一线坐镇，挂帅出征。政协常委会还印发了《致全县政协委员的公开信》，号召政协委员充分发挥联系广泛、位置超脱的优势，协助当地党委政府理顺群众情绪，化解信访隐患，做好安全生产、维护稳定的工作。广大委员积极响应，既当宣传员，又当义务调解员。为全县国庆安保实现“三个零指标”尽了心，出了力，保了驾。

倾力解决社会热点问题。按照县委安排，政协领导参与组织了分包乡镇农村两委换届工作，既圆满完成了任务，又确保了重点村、难点村的稳定。京石客运专线建设是国家重点工程，拆迁占工作是一场硬仗。政协领导分包征地最多、补偿难度最大的两个乡镇，带领工作队驻村入户，讲清上级的政策和形势，亮明县委的态度和决心，跟进各项有力措施，迅速化解了矛盾，为全县率先完成拆迁任务，受到市委、市政府表扬，发挥了应有的作用。

隆重庆祝新中国暨人民政协成立60周年。举办主题书画展、座谈会活动。县政协书画联谊会会员和县内外书画界名人，积极创作参展，共展出作品160多幅，参观人数达3000余人次。举办老干部座谈会、茶话会2次，回顾建国60周年的光辉历程，展望伟大祖国美好前景。同时还组织机关干部赴易县狼牙山进行爱国主义教育。这些庆祝活动的举办，营造了隆重热烈、喜庆祥和的节日氛围，进一步激发了广大政协委员和各界人士热爱祖国、建设清苑的热情。

**五、大力加强自身建设，努力提高政协工作能力和水平**

深入开展“干部作风建设年”活动，认真落实省、县“双十规定”，讲程序、立规矩、严要求，完善机关工作制度，强力打造“委员之家”，机关面貌发生了明显变化。高度重视宣传和文史工作，相继在《全国政协内刊》《乡音》《文史精华》《保定政协》等政协机关刊物发表稿件14篇，被评为保定市政协系统宣传工作先进单位。文史工作取得新成果，完成了《根治海河》史料征集。通过集中收看警示教育片，学习模范先进事迹，进一步激发了政协工作人员饱满的工作热情，为建设“学习型、服务型、廉洁型”机关奠定了基础。

为充分发挥委员主体作用，县政协深入开展了“争做优秀政协委员、争创先进活动小组，为发展清苑做贡献，为人民政协添光彩”为主题的“两争两为”活动。加大对委员活动小组的联系指导力度，建立委员实绩台帐，推进委员活动室建设，号召广大委员立足本岗、建功立业、服务大局、履职尽责，得到了委员们的积极响应。企业界委员积极参与招商引资，为促进我县经济早日回升向好献计出力；医卫界委员奋战在抗击甲流第一线；农业界委员积极服务于农业增产、农民增收；工会界委员大力促进“劳动关系和谐型企业”建设；青联、妇联、残联、科技等界别委员踊跃开展志愿者服务、帮残助困、“三下乡”等社会公益活动；稳定战线的委员为创建和谐清苑做贡献。县政协按照“一年一表彰”规定，对13个先进活动小组和118名优秀委员进行了表彰，进一步调动了广大委员履职尽责、争先创优的积极性。

为增强参政议政的针对性，政协班子深入10个乡镇，集中看望和走访委员，围绕县委提出的“五保”目标，听取乡镇工作情况，了解存在的热点、难点问题，使参政议政更加切合党委、政府中心工作，更加切合稳定发展的形势需要，更加切合人民群众的所思所盼，赢得了乡镇党委政府的赞同。

回顾一年来的实践和探索，我们对做好新形势下的政协工作有了更加深刻的认识：只有自觉用邓小平理论、“三个代表”重要思想和科学发展观统揽政协工作全局，坚持中国共产党的领导，人民政协工作才能保持正确的政治方向，沿着正确的道路不断前进；只有围绕中心，服务大局，凝聚各方面的力量和智慧，才能更好地服务于清苑的科学发展、提速发展、和谐发展；只有大胆创新，勇于开拓，谋求新思路，探索新形式，人民政协工作才能与时俱进，蓬勃发展；只有坚持实践第一的观点，通过深入细致的调查研究，把握事物发展的内在规律，人民政协工作才能参政参到点子上，议政议到关键处；只有充分发挥政协委员的主体作用，把委员参政议政的积极性调动起来，人民政协工作才能夯实基础，保持旺盛的生机和活力。

各位委员，一年来取得的成绩，是县委正确领导的结果，是县人大、县政府及各部门和社会各界大力支持的结果，是广大离退休老领导的热情关怀和帮助的结果，是县政协各参加单位和广大政协委员共同努力的结果。在此，我谨代表县政协常委会向大家表示崇高的敬意和衷心的感谢！

肯定成绩的同时，我们也清醒地认识到，与科学发展观的要求相比，与新形势下人民政协承担的职责相比，在创新政协工作机制和形式、提升履行职能的质量和效果、发挥委员小组的优势和作用等方面，还存在着一些差距和不足，我们将在今后的工作中认真加以改进。

## 2010年主要任务

2010年是实施“十一五”规划的最后一年。做好今年各项工作，对应对更加复杂的社会形势，保持经济平稳较快发展，为“十二五”发展奠定良好基础具有十分重要的意义。春节前，县委召开了十届五次全体（扩大）会议，对我县经济和社会发展做出了全面部署，面对新的形势和任务，今年县政协工作的指导思想和总体要求是：深入学习实践科学发展观，高举团结和民主两面旗帜，继续按照“四心一加强”（即维护核心、服务中心、关注民心、凝聚人心、加强自身建设）的总体要求，紧紧围绕县委“一促五保”总体部署，认真履行政协职能，为加快建设保定市清苑新兴工业卫星城做出新的更大贡献。

一、维护核心，全面履行好政协的政治责任。坚持党对政协工作的领导，是人民政协性质的必然要求，也是确保人民政协正确的政治方向，做好一切工作的首要前提。政协常委会要主动接受县委的领导，扎实完成县委赋予的各项任务，全力维护县委的核心领导地位。全县广大政协委员要认真学习贯彻县委十届五次全体(扩大)会议精神，多做宣传引导、凝心聚力的工作，团结动员全县各族各界人士，紧紧围绕“一促五保”(促转变，保增长，保变样，保稳定，保民生，保根本）总目标协商议政，建言献策，切实把思想和行动统一到县委的重大决策部署上来，真正形成同心同德、迎难而上、共促发展、共创和谐的强大合力。

二、服务中心，围绕全县经济建设议政建言。今年经济工作的核心，就是把“促转变”与“保增长”有机统一起来，既要保持经济平稳较快发展，又要在转变发展方式上取得突破。广大政协委员要围绕“促转变”，重点就加快培育新兴产业、园区规划、项目引进等问题，深入调研，建言献策，打造议政精品；围绕做大做强主导产业，组织委员深入有色金属、手拉葫芦、钻井机械、塑料加工等传统行业企业开展视察调研，就产业升级、资源整合、生态保护、节能减排、技术创新、科学规划等课题进行广泛论证，为县委、县政府科学决策提供参考。继续关注项目建设，适时组织委员对大唐清苑热电厂建设项目进行学习观摩，激发招商热情，鼓舞创业干劲；围绕“保增长”，重点就优化经济发展环境、破解项目建设用地难、征地难、融资难的问题进行民主监督，协商议政，为打造“实力清苑”尽责出力。紧紧围绕县委对农村改革发展做出的重要部署，组织委员就加强农村基础设施建设、推进现代农业、壮大农业龙头企业、农业生产安全等问题，深入开展视察，积极建言献策。

三、关注民心，为促进社会事业全面进步献计出力。坚持为民宗旨，实现好、维护好、发展好最广大人民群众的根本利益，是人民政协履行职能的出发点和落脚点。广大政协委员要树立高度的社会责任感，围绕“保变样”，针对县城建设和新民居建设等问题开展调研，就迎宾街西延等重点工程搞好视察，为打造“宜居清苑”提出建设性意见和建议。围绕培树文明之风，动员广大政协委员积极参与“城乡面貌大变样、群众素质大提高”等主题教育和精神文明创建活动；围绕活跃文化生活、丰富文化底蕴、建设文化名城，重点就乡镇文化站和“新农村书屋”建设及地展馆新馆布展工作进行视察；切实做好清苑政协史料编辑出版工作，充分发挥文史资料“存史资政、团结育人”的作用，为创建“文化清苑”尽责出力。要把委员提案工作作为关注民心、促进解决群众切身利益问题的重要途径，引导委员围绕道路交通、卫生防疫、文化教育、社会治安、环境保护、就业和社会保障等关系民生的重大问题提出提案，加大提案督办力度，推动民生工作的落实。各委员活动小组要积极组织委员开展科技、文化、法律、卫生“四下乡”活动，引导委员积极参与社会公益活动，为群众办好事，办实事。

四、凝聚人心，为维护全县和谐稳定发挥作用。人民政协作为最广泛的爱国统一战线组织，在增进团结、凝聚力量、维护稳定、促进和谐中负有重要责任。全县广大政协委员要牢固树立以人为本理念，协助党委政府做好凝心聚力的各项工作，充分调动方方面面的积极性，为打造“和谐清苑”贡献力量。要积极探索群众参与、反映实情、服务决策、体现政协特色的工作机制。广大政协委员要充分发挥联系面广、影响力大、位置超脱的优势，积极做好协调关系、化解矛盾、维护稳定的工作，团结一切可以团结的力量，调动一切积极因素，努力为构建和谐社会提供广泛的力量支持。各委员活动小组要有计划地组织开展政协委员进社区、下基层活动，悉心体察社情，真情反映民意，使委员真正成为联系社会各界的纽带和桥梁，为巩固发展安定和谐的社会局面凝聚人心。

五、健全工作机制，切实加强政协组织自身建设。自身建设是政协履行职能的重要基础，必须持之以恒，稳步推进。要建立健全人民政协履行职能的工作机制，注重发挥委员活动小组的优势和广大委员的主体作用，继续深入开展“两争两为”活动，不断创新活动方式，丰富活动内容，提升活动效果。要巩固“学习实践科学发展观”和“干部作风建设年”活动成果，健全协调统一、规范有序、灵活高效的机关运转机制，为提高全县政协工作水平提供有力保障。

各位委员，新的一年任务繁重，政协工作使命光荣。让我们在县委的领导下，高举中国特色社会主义伟大旗帜，团结一切积极力量，调动一切积极因素，同心同德，开拓进取，为全面实现“十一五”经济社会发展目标，建设保定市清苑新兴工业卫星城做出新的更大贡献！

## 【七届五次会议】

## 中国人民政治协商会议<br>清苑县第七届委员会常务委员会工作报告

宋静

（2011年2月21日）

各位委员：

我受政协清苑县第七届委员会常务委员会的委托，向大会报告工作，请予审议。

### 2010年工作回顾

2010年，是清苑历史上不寻常、不平凡的一年。一年来，县政协常委会在县委的领导下，牢牢把握团结和民主两大主题，紧紧围绕县委、县政府工作大局，团结各界人士，凝聚各方力量，发挥优势，履职尽责，为全县经济社会又好又快发展做出了积极贡献。

**一、坚持把“大讨论”活动作为参政议政的着力点和落脚点，为加快清苑发展献计献策**

开展“解放思想、优化环境、大上项目、加快发展”大讨论活动，是县委、县政府作出的一项具有战略和全局意义的重大工作部署，是清苑加快发展的序曲和前奏。县政协按照县委的统一安排，迅速行动，及时召开专题常委会，学习传达全县动员大会精神，协商通过《关于在全县政协系统开展“大讨论”活动的意见》。县政协班子成员深入基层，分片组织委员座谈，就开展“大讨论”活动深入学习讨论，使广大委员切实感受到了县委、县政府抓发展、促发展、快发展的信心和决心，了解到了大干工业、大上项目的政策和措施，加快发展的愿望更加强烈，干事创业的热情更加高涨。

在“大讨论”活动中，县政协以解放思想为先导，以优化环境为重点，以大上项目为核心，以加快发展为总目标，把每位委员提一条建议作为检验标准和硬性要求。6－9月，各委员活动组积极组织委员开展学习调研，广大委员围绕全县大局，结合自身实际，共提出意见建议120多条，归纳整理为4个方面24条，报送县委、县政府决策参考。县委、县政府主要领导高度重视并给予充分肯定，在县委常委会和政府常务会上进行专题研究，立项分解，责成有关部门落实。目前，京石高速清苑站口迁址的建议，已经得到省交通厅的批准；市乐凯南大街南延至清苑县城的建议，已经得到市委、市政府同意。其他建议有的已经落实或正在办理之中，有的列入了县委2011年工作要点，有的编入了“十二五”规划纲要，为完善全县重大工作决策和“十二五”规划的科学编制，发挥了参谋智囊作用。

特别是县政协党组紧紧抓住市“一主三次”、“一城三星一淀”规划深入实施的重大机遇，通过学习考察、调研分析和理性思考，形成了《关于全面对接、提速融入、加快清苑发展步伐的建议》。提出应把全面对接保定、主动融入市区作为加快清苑发展的重大战略之一，在县城规划、基础设施、项目建设、产业发展、人才科技、体制机制等6个方面与保定市全面对接，加快融入市区步伐，实现借力发展，借势发展。得到了县委、县政府的充分肯定和高度评价，县委李书记和政府吴县长分别作出重要批示，对政协党组尽职尽责、主动作为予以表扬，两办全文转发，要求有关单位和部门在实际工作中借鉴，为完善对接保定、融入市区的政策措施提供了重要参考。

**二、坚持把服务中心作为履行职能的第一要务，为实现全县经济又好又快发展建言出力**

工业立县、开放兴县、产业化富县、城镇化强县，是县委、县政府统筹全县经济社会发展的战略决策。一年来，县政协围绕这一重大战略谋划制定了许多协商建议，并积极参与到工作实践之中。在政协全会召开前，除了印发通知，要求全体委员开展调研外，还拟定委员提案参考题目，确定协商议政主题。会议期间，组织委员认真学习“一府两院”等工作报告，通过分组座谈讨论，进行全面协商议政，坦诚发表意见和建议，重点围绕招商引资、项目建设、优化环境、改善民生等问题，建言立论，献计献策。年内共召开政协常委会4次，主席会议16次，就经济运行情况、传统产业发展、调整产业结构、转变发展方式、委员提案办理等重点工作进行专题协商，提出意见和建议。12月初，针对我县严峻的财税形势，向企业界委员发出倡议，倡导他们提高认识、顾全大局，大上项目、加快发展，依法纳税、多做贡献，为保持全县经济发展良好势头尽了心，出了力。

去年春季，针对气候异常、持续低温、农业生产形势严峻的情况，与县人大一起对涉农部门进行视察调研，提出了加强小麦中后期管理、重视农产品推介、建设农产品供应基地、重视农业安全、巩固粮食大县地位、提高清苑农业大县知名度等6个方面的意见建议，为农口部门完善工作思路、制定工作措施，提供了重要参考。农口部门积极采纳建议，组织技术人员通过电视讲座进行技术培训，深入田间地头，加强小麦中后期管理技术指导，在大灾之年争取了夏粮好收成，为确保我县粮食丰产丰收发挥了积极作用。

大干工业、大上项目是县委、县政府的主攻重点。县政协班子成员认真落实“三领三追”和“一个项目两个责任人”机制，深入20多家对口联系企业走访调研，积极协调解决难题，保障项目质量和进度，为加快项目建设做了大量工作。12月，县政协组织部分市县企业界委员，召开大干工业、大上项目座谈会，介绍项目建设和招商引资《优惠政策及奖励办法》，通报全县发展环境治理情况。企业界委员深受鼓舞，信心倍增，对县委、县政府的科学决策有了更为深切的认识。

企业界委员利用人脉优势和资金实力，积极参与招商引资和项目建设。白团乡委员牛新立，在第四工业园区新建钻井机械项目；北店乡委员赵更申投资1000万元，新建轻钢生产项目；孙村乡委员李雄投资1000多万元，新上一诺制香项目；大庄镇委员刘占东依托自身企业引进省外资金1500万元，扩大企业生产规模；何桥乡委员刘建普从天津引进项目资金3000多万元。9月，阳城镇委员小组带领部分企业主赴浙江台州参加第十届中国塑料交易会，学习先进地区塑料加工企业的管理经验和产品加工技术，开阔了眼界，解放了思想，更新了观念。在全县经济建设的各条战线和各个领域，都活跃着政协委员履职尽责、献智出力的身影，充分展现了政协组织围绕中心、服务大局的独特优势和重要作用。

**三、坚持把改善民生作为履行职能的根本要求，为凝聚清苑发展合力尽职尽责**

校园安全涉及千家万户，广大群众特别关注。5月份，由于全国频繁发生校园重大安全事故，学校、家长、师生普遍担忧。为确保我县校园及周边正常的社会秩序，建设平安校园，县政协领导班子就校园安全工作进行了视察调研。在实地察看部分学校安全防护措施后，召开了校园安全工作座谈会，听取全县校园安全工作开展情况。针对我县学校多、分布广、普遍存在校园保卫人员配备不足等问题，提出了切实加强校园周边治安巡逻、对周边环境进行彻底整治、严厉打击各类违法犯罪活动、把重点隐患纳入视野、全力化解矛盾纠纷、设立校园安全预算经费、在县城学校集中区域成立学校派出所、尽快解决学校保安配备不足问题、提高应对和处理突发事件的能力、建立健全校园安全长效机制等意见建议。公安、教育等部门认真采纳，迅速行动，采取措施，将校园安全任务层层分解，责任到人，拴桩定位，调动力量，狠抓落实，确保了广大师生的人身安全。

针对多年气候异常、极端天气增多、自然灾害频发的状况。7月下旬，在主汛期来临之际，县政协领导班子就全县防汛工作进行了视察调研。在听取全县防汛总体情况后，认为全县防汛工作谋划早、动作快，财政资金投入大，前期准备工作扎实。同时提出了思想上一定要重视，预案、物料、清障、通信等各项准备工作一定要到位，防汛责任一定要明确，工作摆布一定要突出重点等4条建议。有关部门认真把握重点部位，查漏补缺，完善预案，确保了防汛工作的有备无患。

注重发挥委员提案作用，积极引导委员就群众普遍关注的民生问题提出提案。七届四次会议以来立案的38件提案全部按时办复，其中涉及民生问题的提案达24件。政协常委会议在听取提案办理情况后，常委们一致认为：对于2010年政协提案办理，县委、县政府的重视程度高于往年，督办力度大于往年，提案办理的效率和质量高于往年。委员满意，群众称快。这充分表明了县委、县政府对政协工作的高度重视，心系百姓、关注民意的指导思想更加明确，各部门求真务实促和谐、竭心尽力惠民生的工作作风进一步好转。

扶危济困、关爱弱势群体是中华民族的良好风尚，更是政协组织和政协委员义不容辞的责任和义务。玉树地震和舟曲特大泥石流灾害发生后，政协常委会紧急响应县委号召，发出倡议书，政协各参加单位和全体委员纷纷捐款捐物，奉献爱心。通过不同方式、不同渠道为灾区捐款30多万元，在社会各界起到了带头作用。多方争取资金33.4万元，救助残疾人540名；争取省财政贴息小额贷款100万元，扶持贫困残疾人家庭22户，把党和政府的关怀与温暖送到了残疾人的心坎上。

认真开展“亲民爱民”活动。一年来，政协班子成员和政协委员走访慰问贫困户256户、城镇困难家庭85户、资助困难学生56人，吸纳下岗职工再就业90人，组织医疗界委员为群众提供免费健康体检6000多人次，充分展示了政协委员良好的社会形象。

**四、坚持把维护稳定作为履行职能的重要责任，为促进清苑社会和谐贡献力量**

县政协充分发挥党委、政府与人民群众之间的桥梁纽带作用，积极畅通民意诉求，深入解决重点信访案件。一年来，政协班子成员按照县委“一个核心、四个到位”和“两手抓、两手硬、强责任”的总要求，严格落实重点信访案件“四明确”，主动接访、下访和约访，带着感情做好群众工作，协助分包乡镇妥善处理了温仁镇大柳树、王盘村两具死尸案、石桥乡东石桥村医疗事故引发的重大信访案件，成功化解因非正常死亡、宅基纠纷、群体食物中毒等因素造成的信访隐患、历史积案50多起。政协机关派出专人专车进驻群众工作站，代理信访案件，化解矛盾纠纷，协调解决问题。一年来协同乡村干部，共同处理解决信访案件28起。广大政协委员积极发挥上情下察、下情上达的“连心桥”作用，密切关注群众反映强烈的热点、难点、焦点问题，协助当地党委、政府化解信访隐患和苗头事件，为维护全县政治安定、社会稳定做出了积极贡献。

倾心关注社会热点难点问题，全身心投入县委部署的重点工作。7－9月，在基层组织建设百日攻坚会战中，政协班子成员深入分包后进村、难点村，走访调研，找出问题症结，明晰思路，采取有力措施，抓民生促和谐，解难题保稳定，狠抓后进支部整顿，下大力解决党员群众关注的热点难点问题，如期完成了后进村转化工作，为基层组织建设发挥了积极作用。按照县委安排，政协领导参加京石高铁拆迁占扫尾、县医院扩建、县城公园建设领导小组，与其他县领导一起，耐心细致地做好群众工作，确保了工程项目的如期施工。

尊老爱老是中华民族的传统美德。中秋节前夕，县政协邀请20多名市县戏曲表演艺术名人，到白团养老院进行文艺演出，为老人们送上了一台精彩的文艺节目，让他们度过了一个欢乐祥和的中秋佳节。同时，注重倾听政协离退休老同志的意见和建议，关心老干部生活。一年来共组织老干部座谈会、茶话会2次，健康体检1次，为老干部发挥余热提供了平台。

**五、坚持把文史宣传作为履行职能的主要任务，为推进清苑文化大县建设增光添彩**

依托清苑深厚的文化底蕴，建设文化大县，是县委、县政府提出的一项重要任务。县政协充分发挥职能特点和人才优势，联合市政协，组织部分委员和文艺界专家，就我县哈哈腔的传承与保护进行深入调研，通过实地察看、座谈分析、专家论证，提出了制定长远规划、加大资金投入、深入挖掘整理、加强改革创新等4条意见，争取到市文化广播新闻局20万元资金支持意向。邀请保定知名书画家参与，成功组织举办迎国庆、纪念抗日战争胜利65周年书画大奖赛，活跃了群众文化生活。积极参与保定市十大文化精品影视剧《树大根深》的策划和筹拍，在文化大县建设的生动实践中发挥了积极作用。

高度重视文史、宣传工作，组织完成了《政协委员风采录》第三辑的编写，展示了新时期政协委员的新风貌。主动加强与新闻媒体的联系，一年来，相继在《乡音》《文史精华》《保定政协》等政协机关刊物发表稿件14篇，全方位展示了我县政协工作，被评为保定市政协系统宣传工作先进单位。

以联谊活动为载体，广泛宣传我县的历史文化底蕴和文化建设成果。积极参加全市政协主席联谊会等横向联谊活动，组织机关干部到唐县、满城等县市进行学习交流。积极参与全国政协民宗委就“少数民族企业发展情况”的考察调研、省政协主席刘德旺率省政协委员对味群公司的视察。主动邀请来保定联谊的五省二十地市州政协联席会成员、中国世界遗产地政协主席联席会成员到清苑参观考察。热情接待新疆、山西、内蒙、海南等全国各地政协参观考察60多批次，广泛宣传推介清苑，进一步扩大了“保定新区、魅力清苑”的知名度和美誉度。

**六、坚持把自身建设作为履行职能的重要保障，为提高政协履职水平夯实基础**

县政协把“两争两为”活动作为发挥委员主体作用的重要抓手，继续深入开展“争做优秀政协委员、争创先进活动小组，为发展清苑做贡献、为人民政协添光彩”活动。加大对委员小组的联系指导力度，建立委员实绩台帐，强化委员小组活动管理和保障机制，号召广大委员立足本岗建功立业、服务大局履职尽责，得到了委员们的积极响应。企业界委员带头招商引资，大上项目；卫生界委员主动为群众提供免费健康体检，宣传保健知识；农业界委员积极服务于农业增产，农民增收；工会、共青团、妇联、残联等界别委员踊跃开展志愿者服务、扶贫助困、送温暖献爱心等公益活动；政法战线的委员在严打整治专项行动中发挥了重要作用。县政协按照“一年一表彰”规定，对133名优秀委员和15个先进活动小组进行通报表彰，进一步调动了广大委员履职尽责、创先争优的积极性。

政协机关建设的成效，直接影响着政协工作的质量和水平。一年来，按照县委的统一部署，县政协党组深入开展创先争优、政德建设和“大讨论”活动，干部的政治意识、大局意识、责任意识和服务意识进一步增强，党组织的战斗堡垒作用、党员的先锋模范作用进一步提升。按照县委“六项制度”的要求，扎实推进“学习型、和谐型、服务型”机关建设，规范工作程序，严肃工作纪律，健全协调统一、规范有序、灵活高效的运转机制，为提升全县政协工作水平提供了有力保障。

我们一年来取得的成绩，是县委正确领导的结果，是县人大、县政府及各部门和社会各界大力支持的结果，是广大离退休老领导关怀和帮助的结果，是县政协各参加单位和广大政协委员共同努力的结果。在此，我谨代表县政协常委会，向所有关心、支持政协工作的各级领导，向辛勤工作在各条战线的全体政协委员，表示崇高的敬意和衷心的感谢!

肯定成绩的同时，我们也清醒地认识到，与科学发展观的要求相比，与新形势下人民政协承担的职责相比，在创新政协工作机制和形式、提升履行职能质量和效果、发挥委员小组优势和作用等方面，还存在着一些差距和不足，我们将在今后的工作中认真加以改进。

## 2011年工作任务

2011年是中国共产党成立90周年，也是实施“十二五”规划的开局之年和实现清苑又好又快发展的突破之年。面对新的形势和任务，今年政协工作的指导思想和总体要求是：高举中国特色社会主义伟大旗帜，以邓小平理论和“三个代表”重要思想为指导，认真贯彻落实科学发展观，深入学习胡锦涛总书记在保定考察工作时的重要讲话精神，紧紧围绕县委全会确定的“六个一”总体发展思路，继续按照“四心一加强”（即维护核心、服务中心、关注民心、凝聚人心、加强自身建设）的总体要求，团结动员各界人士，以服务科学发展为主题，以促进经济发展方式转变为主线，以推动清苑又好又快发展为目标，同心协力，锐意进取，为建设全市经济发展强县，打造“保定新区、魅力清苑”做出积极贡献。

**一、切实维护核心，自觉坚持党对政协工作**

的领导

中国共产党是中国特色社会主义事业的领导核心。坚持党对政协工作的领导，是政协的政治原则，也是政协履行职能的根本要求。县政协常委会要把学习贯彻胡锦涛总书记在保定考察工作时的重要讲话精神作为当前首要政治任务，同贯彻落实县委十届六次全会精神结合起来，把总书记的重要讲话精神转化为落实县委全会工作部署的强大动力，主动接受县委领导，坚决维护县委权威，保证县委的决议、决定在政协工作中贯彻落实。要紧紧围绕“稳增长、调结构、控物价、惠民生”的主攻方向，把“突出抓发展、重点抓项目、持续保稳定、着力惠民生”主基调，作为政协履行职能的着力点，切实做到与县委目标上同向、工作上合拍、行动上一致，保证在关键时刻顶得上去，帮得上忙，扎实完成县委赋予的各项工作任务。广大政协委员要强化核心意识，主动做好宣传引导、凝心聚力的工作，切实把全县各界人士的思想和行动统一到总书记的重要讲话精神和县委的重大决策部署上来，真正形成同心同德、加快发展、共创和谐的强大合力。

二、坚持服务中心，全力促进清苑经济又好又快发展

协商讨论好全县“十二五”规划，是这次政协全会的一项重要任务。全体政协委员要集中精力，在全会期间把规划稿讨论好，提出切实可行的修改意见，使“十二五”规划更加顺应时代要求，体现人民意愿，符合清苑实际。按照胡总书记“着力加快转变经济发展方式”的要求，围绕“工业立县、开放兴县、产业化富县、城镇化强县”战略，着重就发展低碳经济、建设大园区、引进大项目、加快城镇化进程、推进农村和农业现代化、增强文化软实力等事关我县长远发展的战略性问题，深入调查研究，认真分析论证，建睿智之言，献务实之策。要重点围绕对接保定、融入市区，就县城基础设施规划建设、工业聚集区规划建设和高铁新区规划建设开展视察，召开专题协商座谈会。围绕工业立县，就招商引资和项目建设、壮大重点企业群体、提升传统产业群体、培育新兴产业群体等方面选题调研。继续关注发展环境的优化，对依法行政、严打整治实施民主监督，推动严打整治常态化，优化环境长效化，齐心协力栽好清苑招商引资的梧桐树，招来更多金凤凰。企业界委员要积极投身回乡创业，以自身企业为依托，加强与大企业、大集团合作，引进技术、资金、人才和先进管理理念，在发展中建功立业，展示风采。

三、始终关注民心，倾力推进民生改善

关注民心，改善民生，既是发展的目标和动力，也是政协履行职能的根本出发点和落脚点。按照胡总书记“着力做好农业农村农民工作”的要求，重点针对推进农业现代化、转变农业发展方式、促进农民增收等方面选题调研。要紧紧围绕今年确定的公园建设、县医院扩建工程、集中供热工程等县城建设十件大事实事进展情况开展专项视察，推动重点工程进展。要继续抓好委员撰写提案的组织和指导，引导委员以关注发展为重点，以关注民生改善为热点提出提案。认真做好反映社情民意工作，及时反映不同界别、不同群体特别是特殊困难群众的利益诉求。要动员组织广大委员和社会力量，带着感情和责任做好困难群众帮扶和社会公益活动，为提高人民群众的幸福指数多办实事，多做好事。

四、注重凝聚人心，着力维护和谐稳定的社会局面

按照胡总书记“着力加强社会建设和社会管理”的要求，着重就义务教育均衡发展、完善就业服务体系、扩大养老覆盖面、落实医疗惠民政策等方面开展民主监督，提出意见建议。要充分发挥政协联系广泛、渠道畅通的优势，深入开展“对外宣传年”活动。积极参加政协各种区域协作交流，广泛宣传清苑的投资环境，为招商引资、扩大开放营造良好氛围。坚持以先进文化凝聚人心，大力发掘清苑丰富的文化资源，围绕提升文化内涵、建设文化大县开展专题调研。围绕提升全民素质，动员广大政协委员带头参与“民主与法制、权利与义务、稳定与发展”三项教育，引导群众通过理性合理方式表达利益诉求，正确对待发展过程中利益关系的调整，珍惜和维护良好的发展局面。广大政协委员要密切联系群众，主动协助党委政府多做说服教育、理顺情绪的工作，及时消除影响社会政治稳定的消极因素，减少阻力，增加助力，形成合力，努力把党委的决策和主张转化为全体委员及其联系群众的共同意志，把方方面面的智慧和力量凝聚到干事创业谋发展上来。

**五、加强自身建设，努力提升政协履职能力**

加强自身建设是做好政协工作的基础和前提。要积极探索履行职能的新形式、新方法，着重在规范政治协商程序、完善民主监督机制、发挥委员主体作用和界别特色作用等方面进行探索创新，努力提高政协工作的活力和成效。要加强对乡镇委员活动小组的指导，完善搞活上下联动的工作机制。继续开展“两争两为”活动，不断创新活动方式，提升活动效果。积极开展创先争优活动，对标先进，提高政协机关的服务水平，为更好地履行政协职能提供有力保障。

各位委员，我们已经进入崭新的“十二五”时期，站在新的历史起点，政协工作责任重大，使命光荣。让我们在县委的正确领导下，搭好团结与民主的舞台，集聚建设与发展的才智，振奋精神，开拓创新，推动政协工作再上新台阶，为建设全市经济发展强县，打造“保定新区、魅力清苑”做出新的更大贡献！

## 【八届一次会议】

### 中国人民政治协商会议<br>清苑县第七届委员会常务委员会工作报告

宋静

（2012年2月2日）

各位委员：

我受政协清苑县第七届委员会常务委员会委托，向大会报告工作，请予审议。

### 五年工作回顾

政协清苑县第七届委员会任期的五年，是我县经济社会发展取得显著成就的五年，也是我县政协工作不断探索创新的五年。五年来，县政协在上级政协的指导和中共清苑县委的正确领导下，认真践行“三个代表”重要思想，深入贯彻落实科学发展观，牢牢把握团结和民主两大主题，切实履行政治协商、民主监督、参政议政职能，为建设经济强县、和谐清苑做出了积极贡献。

**一、始终把维护核心作为履行职能的根本原则，牢牢把握坚定的政治方向**

坚持党对政协工作的领导，是人民政协性质的必然要求，也是做好政协工作的首要前提。

加强理论学习。七届政协高度重视政治、

思想及业务素质建设，坚持不懈地推动委员学习。通过组织培训、专题讲座、召开会议等形式，组织委员学习党的方针政策、《政协章程》和统战理论。重点学习了党的十七大、十七届三中、四中、五中、六中全会精神，胡锦涛总书记在庆祝人民政协成立60周年大会上的讲话、“七一”讲话和在保定视察工作时的讲话精神。五年来，县政协举办集中培训5次，专题座谈会16次，编制印发了《政协委员手册》、委员参考资料10期，3万余份。通过学习培训，使广大政协委员加深了对人民政协性质、地位、作用的认识，增强了坚持中国共产党领导的多党合作和政治协商制度的自觉性。

深入开展学习实践科学发展观活动。努力把科学发展观贯穿于政协工作的全过程。在学习实践活动中，撰写了“我为清苑发展建言献策”文章，重新修订了《政协规章制度》，履行职能的制度化、规范化、程序化有了新推进。有计划地组织各界人士参加政协开展的调研、视察活动，民主协商局面有了新拓展。鼓励、支持各界人士通过政协各种会议发表见解和主张，引导广大委员把思想和行动统一到科学发展观的要求上来，不断巩固团结合作、促进发展的共同思想政治基础。

扎实开展“大讨论”活动。开展“解放思想、优化环境、大上项目、加快发展”大讨论活动，是县委、县政府作出的一项具有战略性和全局意义的重大工作部署。按照县委的统一安排，县政协常委会制定并下发了《关于在全县政协系统开展“大讨论”活动的意见》。县政协班子成员深入基层，分片组织委员座谈、讨论。广大委员围绕全县大局，共提出意见建议120多条，归纳整理为4个方面24条，报送县委、县政府决策参考。在“大讨论”活动中，县政协党组紧紧抓住全市“一主三次”、“一城三星一淀”规划实施的重大机遇，通过学习考察、调研分析和理性思考，形成了《关于全面对接、提速融入、加快清苑发展步伐的建议》，得到了县委、县政府主要领导的充分肯定，要求有关单位和部门在实际工作中借鉴，为完善对接保定、融入市区的政策措施提供了重要参考。

**二、始终把服务中心作为履行职能的第一要务，为实现清苑又好又快发展献计出力**

建设经济强县、和谐清苑，是县委准确研判形势，紧密结合县情实际提出的奋斗目标。七届政协围绕这一目标，凝聚社会各界力量，协商议政，建言献策。

着眼全局，围绕重大战略建言献策。工业立县、开放兴县、产业化富县、城镇化强县，是县委、县政府统筹全县经济发展的战略决策。围绕这一战略决策，政协常委会每年都选择一两件事关全局和具有战略意义的重大问题，进行协商议政，坦诚发表意见和建议。2007年，就有色金属、小塑料加工等传统行业的上档升级进行了调研。2009年，为应对经济危机，确保财政收入的完成，号召企业界委员潜心研究国家政策，化挑战为机遇，变压力为动力，调整产业产品结构，为经济回升向好、缓解财政压力尽了最大努力。2010年以来，县政协突出经济发展方式转变这条主线，组织委员开展系列调研，围绕“十二五”规划的发展目标、基本战略和重要举措，出主意，提建议，为我县“十二五”规划的科学制定发挥了参谋智囊作用。

把握关键，围绕项目建设汇聚力量。大干工业、大上项目是县委、县政府的主攻重点。县政协班子成员认真落实“三领三追”和“一个项目两个责任人”机制，深入20多家对口联系企业，积极协调解决难题，为加快项目建设出力。组织召开“大干工业、大上项目、加快发展”座谈会，进一步激发了企业界委员干事创业的热情。五年来，企业界委员利用人脉优势和资金实力，积极参与招商引资和项目建设，共引进建设项目50多个，在全县经济建设的各条战线和各个领域，都活跃着政协委员履职尽责、献智出力的身影，充分展现了政协组织围绕中心、服务大局的独特优势。

统筹兼顾，围绕社会事业协商议政。促进经济社会协调发展，是建设经济强县、和谐清苑的基本要求。围绕“三农”工作，先后组织委员视察调研4次，形成了《落实一号文件、促进农民持续增收工作情况的调查报告》和《关于强化农资市场监管、建立农资坑农事件应急处置机制的建议》。2010年春季，针对气候异常，持续低温，对农业生产进行了视察，提出了加强小麦中后期管理的建议。2011年，先后组织政协委员对食品卫生安全、道路交通和城镇建设三年上水平进行了视察调研。五年来，县政协共组织视察调研18次，所提建议均被县委、县政府及有关部门采纳，为促进全县经济社会统筹发展发挥了积极作用。

**三、始终把关注民生作为履行职能的主要任务，为凝聚清苑发展合力履职尽责**

七届政协坚持为民宗旨，利用委员提案等形式，积极关注民生，参与公益活动，为建设经济强县、和谐清苑夯实群众基础。

狠抓提案落实。政协提案凝聚着委员的智慧，代表着广大群众的意愿和呼声。七届政协共收到委员提案364件，经主席会议审查立案185件，并案处理的121件，转为委员来信58件。在提案办理过程中，县委、县政府及有关部门高度重视，县政协创新工作机制，使一大批社会关注、群众关心的民生问题得到了解决，产生了良好的社会效果。

高度关注群众利益。五年来，县政协常委会通过视察、座谈等多种形式，促进了县委、县政府民生工作和民心工程的落实。2008年，针对“三鹿奶粉”事件，组织委员就推进农业标准化生产、提高农产品质量安全水平进行了座谈讨论。2009年，针对“甲流”在全球暴发，“甲流”病例逐渐增多的情况，组织委员对全县“甲流”防控工作进行了专项视察。针对我县地理位置特殊，极端天气事件增多的状况，在每年汛期来临之际，组织委员对防汛工作进行视察，确保了全县防汛工作的有备无患。

积极参与社会公益活动。在汶川地震、玉树地震和舟曲特大泥石流灾害发生后，政协常委会积极响应县委号召，发出倡议书，政协各参加单位和全体委员积极捐款捐物，奉献爱心。通过不同方式、不同渠道为灾区捐款110多万元，在社会各界起到了带头作用。五年来，政协班子成员和政协委员积极开展“亲民爱民”活动，走访慰问贫困户256户、城镇困难家庭85户、贫困学生420名。广大政协委员积极参与“一对一”岗位援助、“寒门学子”资助等活动，共资助困难学生156人，吸纳下岗职工再就业500多人，充分展示了政协委员良好的社会形象。

**四、始终把提升清苑软实力作为履行职能的重要内容，为推进文化大县建设增光添彩**

依托文化底蕴，建设文化大县，是县委、县政府提出的重要任务。七届政协充分发挥职能特点和人才优势，在文化大县建设的生动实践中发挥了积极作用。

文化遗产保护亮点突出。2008年，我们把提高清苑地域文化软实力，列入政协工作的重点来抓，协调河北大学宋史研究中心专家学者和县内关注宋太祖故里研究的有关人士，投入大量财力物力，辩史析典，收集民间传说，编辑出版了《宋太祖故里和宋祖陵》一书，得到了国内众多专家权威的肯定，为宋祖陵的考古挖掘提供了依据。2010年，县政协联合市政协，就我县哈哈腔的传承与保护进行调研，争取到市文化广播新闻局20万元资金支持意向。2011年以来，按县委安排，县政协领导牵头组织有关部门，申报冉庄4A景区，筹建中国地道博物馆，为发展保护清苑文化做出了积极贡献。

文史宣传工作精彩纷呈。2008年，积极协调配合中央电视台，完成了《走遍中国－走进保定》专题片在清苑的拍摄工作，配合省政协完成了《根治海河》史料征集。2010年，组织完成了《政协委员风采录》第三辑的编写。五年来，县政协以“五一”“七一”“十一”和纪念抗战胜利65周年庆祝活动为载体，组织举办主题书画展6次、文艺演出1次，活跃了群众文化生活。积极参与保定市十大文化精品影视剧《树大根深》的策划和筹拍。县政协主动加强与新闻媒体的联系，在《乡音》《文史精华》《保定政协》等政协机关刊物发表稿件30多篇，连续5年荣获省市政协系统宣传工作先进单位。

联谊活动开展有声有色。积极参加全市政协主席联谊会，组织机关干部到唐县、满城等县市进行学习交流。积极参与全国政协民宗委就“少数民族企业发展情况”的考察调研。主动邀请来保定联谊的五省二十地市州政协联席会成员、中国世界遗产地政协主席联席会成员到清苑参观考察。五年来，热情接待全国各地政协参观考察260多批次，广泛宣传推介了清苑。

**五、始终把维护稳定作为履行职能的首要责任，为促进清苑社会和谐贡献力量**

七届政协畅通民意诉求，倾力解决社会热点问题，在团结各界、凝心聚力、维护稳定上做了大量工作。

积极维护社会稳定。政协班子成员按照县委“两手抓、两手硬、强责任”的总要求，严格落实重点信访案件“四明确”，主动接访、下访和约访，带着感情做好群众工作。五年来，协助分包乡镇妥善处理信访隐患、历史积案多起。广大政协委员积极发挥上情下察、下情上达的“连心桥”作用，协助当地党委、政府化解信访隐患和苗头事件，为维护全县政治安定、社会稳定做出了积极贡献。

积极参与解决社会热点问题。五年来，无论是在京石客运专线建设、县医院扩建、县城公园建设等重点项目建设中，还是在基层组织建设百日攻坚会战、创先争优、后进村转化、农村两委换届等全县重点工作中，县政协积极参与，协调解决了一大批基层党员群众关注的热点难点问题。2008年，政协领导直接参与处理涉假甜瓜种子案件，圆满解决了一起重大坑农害农的群体性事件，为奥运安保发挥了应有的作用。2009年是新中国成立60周年，政协常委会印发《致全县政协委员的公开信》，号召委员协助当地党委政府做好国庆安保工作。广大委员积极响应，既当宣传员，又当义务调解员，为全县国庆安保实现“三个零指标”尽了心，出了力，保了驾。

积极畅通民意诉求。有序反映民意诉求，是政协的一项基础性工作。五年来，县政协以乡镇为单位，开展了三次走访委员活动，收集了一大批有价值的社情民意，其中涉及文教卫生、农村电网、宗教民政、道路交通等多个方面，经过归纳整理，送交县委、县政府领导参考。同时，注重倾听政协离退休老同志的意见和建议，发挥老干部余热，关心老干部生活。五年来，共组织老干部座谈会、茶话会15次，健康体检5次，使老领导们既能及时了解全县工作情况，有针对性的参政议政，也使老领导们心情愉悦地安享晚年生活。

**六、始终把自身建设作为履行职能的组织保障，为提高政协履职水平夯实基础**

七届政协主动适应新形势、新任务，不断拓宽履行职能的新思路，不断探索自身建设的新机制，有力提升了政协工作的科学化水平。

积极推进政协工作“三化”建设。加强政协履行职能的制度化、规范化、程序化建设，是做好政协工作的制度保证。五年来，县政协认真落实县委《关于进一步加强和改进人民政协工作的意见》和《关于加强人民政协工作的若干规定》，制定完善了政协全体会议、常委会议、主席会议和委员活动小组等6项工作规则；先后对政协与政府的联系机制、政协与参加单位的协调机制、政协参政议政成果转化机制、政协机关管理机制等方面的15项规章制度进行了修订完善，形成了比较完备的制度体系，使政协工作做到了制度更加健全、程序更加明确、活动更加规范。

不断加强政协基层组织建设。为发挥委员主体作用、搭建委员活动平台，县政协4次组织不同界别委员代表、各委员活动小组组长赴山东、定州、满城等地参观学习，制定了《委员活动小组工作规则》，在全县19个乡镇（城区）和县直三个活动小组建立了高标准委员活动室。为提高委员参政议政意识和履职尽责水平，政协常委会制定了《关于加强委员队伍管理、推行委员述职考核的意见》、《关于在全体政协委员中深入开展“两争两为”活动的意见》。广大委员立足本岗、建功立业。企业界委员积极参与招商引资，为促进我县经济发展献计出力；医卫界委员主动为群众提供免费健康体检，宣传保健知识；农业界委员积极服务于农业增产、农民增收；工会界委员大力促进“劳动关系和谐型企业”建设；青联、妇联、残联、科技等界别委员踊跃开展志愿者服务、帮残助困、“三下乡”等社会公益活动；稳定战线的委员积极为创建和谐清苑做贡献。县政协对先进活动小组和优秀委员实行“一年一表彰”，进一步调动了广大委员履职尽责、争先创优的积极性。

建立健全政协机关工作机制。七届政协围绕“学习型、服务型、创新型、和谐型”机关建设目标，进一步完善规章制度，规范工作程序，加强机关管理。五年来，按照县委统一部署，在政协机关深入开展了学习实践科学发展观、创先争优、政德建设、解放思想大讨论、作风纪律整顿等活动，提高了工作效率和服务水平。

各位委员，五年来，我们积累的经验弥足珍贵，获得的启示尤为深刻。

（一）必须坚持和依靠中国共产党的领导。只有坚定地与县委保持高度一致，坚决拥护并认真贯彻落实县委的重大决策和工作部署，政协工作才能始终沿着正确的政治方向不断前进。

（二）必须紧紧围绕工作大局履行职能。只有自觉围绕中心服务大局，把各界人士的智慧和力量凝聚到建设经济强县、和谐清苑的伟大实践中来，才能充分体现政协的职能作用。

（三）必须充分发挥委员的主体作用。政协委员是各界人士的代表，是政协履行职能的主体。事实证明，只有着力提升委员队伍的整体素质，积极搭建委员活动平台，把广大委员履行职能的积极性、主动性和创造性充分调动起来，政协工作才能始终充满生机和活力。

（四）必须高度重视调查研究工作。没有调查就没有发言权，调查研究是县政协和广大委员建言立论的重要前提。事实证明，只有深入进行调查研究，真正做到体察民情、反映民意、集中民智，才能不断提高建言议政水平。

（五）必须大力加强政协工作“三化”建设。制度化、规范化、程序化建设，是推动政协事业健康发展的重要保障。只有不断加强“三化”建设，才能避免盲目性、克服随意性，使政协工作更加科学规范、富有成效。

各位委员，五年的历程很不平凡，五年的工作创新开展。这是中共清苑县委正确领导的结果，是县人大、县政府及各部门和社会各界大力支持的结果，是广大离退休老领导热情关怀和帮助的结果，是政协各参加单位和广大政协委员共同努力的结果。在此，我谨代表县政协第七届常委会，向大家表示衷心的感谢和崇高的敬意！

肯定成绩的同时，我们也清醒地认识到，与科学发展观的要求相比，与新形势下人民政协承担的职责相比，在创新政协工作机制和形式、提升履行职能质量和效果、发挥委员小组优势和作用等方面，还存在着一些差距和不足，新一届政协应在今后的工作中认真加以改进。

## 今后五年工作建议

各位委员，第八届县政协任期的五年，是我县全面实施“十二五”规划、建设经济强县、和谐清苑的关键时期。新一届政协应努力适应新形势新任务，以邓小平理论和“三个代表”重要思想为指导，深入学习实践科学发展观，认真贯彻落实县第十一次党代会、县委十一届一次、二次全会精神，紧紧围绕建设经济强县、和谐清苑的奋斗目标和“六个一”总体发展思路，牢牢把握团结和民主两大主题，认真履行政治协商、民主监督、参政议政三大职能，继续坚持“四心一加强”（维护核心、服务中心、关注民心、凝聚人心、加强自身建设）总体思路，努力开创政协工作新局面。

### 一、发挥优势，维护核心，切实履行好政协的政治责任

县政协常委会要主动接受县委领导，切实做到与县委目标上同向、工作上合拍、行动上一致，保证在关键时刻顶得上去，帮得上忙，扎实完成县委赋予的各项任务。广大政协委员要强化核心意识，在县委的正确领导下，把思想统一到县第十一次党代会、县委十一届一次、二次全会做出的重大决策上来，把智慧和力量凝聚到建设经济强县、和谐清苑的奋斗目标上来，为做好新时期政协工作奠定思想基础，保证政协工作正确的政治方向。

### 二、突出重点，服务中心，全力促进清苑又好又快发展

县第十一次党代会明确了清苑未来五年经济社会发展的指导思想、总体思路和奋斗目标，县委十一届二次全会提出了今年全县工作总的要求和重点。县政协的一切工作都要

围绕这个中心，服务这个中心。要紧紧围绕“六个一”总体发展思路，突出工业立县、开放兴县、产业化富县、城镇化强县战略，发挥优势，主动跟进，积极履职。要高度关注项目建设、省级经济开发区建设和产业培育，围绕做大做强工业经济，提出意见和建议。要高度重视“三农”工作，重点就加快农产品基地建设、培育农民专业合作组织、提高农业产业化水平、加快清苑由农业大县向农业强县转变等课题，积极开展调研。要高度关注城市建设和管理，重点就县城建设、高铁新区建设、小城镇建设开展协商议政。

**三、倾心尽力，关注民心，以改善民生为重点履职尽责**

要围绕促进社会事业协调发展，重点在文化繁荣发展、教育普及、公共卫生服务、交通建设、公共设施建设、农村基础设施建设等方面多建利民之言，多谋利民之策，多办利民之事。要关注利益调整，重点就扩大社保覆盖面、建立失地农民保障机制、完善城乡居民基本养老制度和社会救助体系等方面开展调研论证。

**四、弘扬主题，凝聚人心，着力维护和谐稳定的社会局面**

人民政协作为最广泛的爱国统一战线组织，在增进团结、凝聚力量、促进和谐中负有重要责任。新一届政协要紧紧依靠各族各界代表人士，积极凝聚各界人心、协调各方力量，围绕群众思想认识的困惑点、利益关系的交织点、现实矛盾的易发点，积极协助党委、政府做好教育引导、协商疏通、化解矛盾的工作，进一步增进各界群众的团结，进而促进全县的和谐稳定。

**五、健全机制，增添活力，全面加强政协自身建设**

要加强政协常委会建设，建立健全常委会工作机制，提高新形势下常委会领导政协工作的能力。切实发挥政协各参加单位、各活动小组的作用，不断拓展政协工作领域。畅通委员履职渠道，保障委员民主权利，提升委员履职水平。要以建设“学习型、服务型、创新型、和谐型”机关为目标，全面加强政协机关思想、组织、作风和制度建设，不断提高政协工作的整体水平。

各位委员，新的形势，催人奋进，新的使命，任重道远。让我们在中共清苑县委的领导下，搭好团结与民主的舞台，集聚建设与发展的才智，振奋精神，扎实工作，与时俱进，开拓创新，为建设经济强县、和谐清苑做出新的更大贡献！

## 【八届二次会议】

### 中国人民政治协商会议<br>清苑县第八届委员会常务委员会工作报告

宋静

（2013年3月18日）

各位委员：

我受政协清苑县第八届委员会常务委员会委托，向大会报告工作，请审议。

### 2012年工作回顾

2012年是我县第八届政协的开局之年。一年来，县政协常委会在县委的领导下，团结带领广大政协委员，牢牢把握团结和民主两大主题，认真履行政治协商、民主监督、参政议政职能，全力维护县委领导核心，全力配合县政府中心工作，为全县经济社会发展做出了积极贡献。

**一、围绕中心，服务大局，在促进发展上取得了新成绩**

一年来，我们坚持把政协工作放到全县大局中去谋划、去实施，为促进发展建言献策，凝聚力量。

**谋划工作围绕中心。**去年初，结合县委全会精神和县政府年度工作重点，在召开主席会、常委会广泛征求意见的基础上，协商通过了《县政协2012年度工作思路和工作要点》，确定了12类45项工作目标。去年8月，为使广大委员了解上情，提高参政议政的针对性，政协领导班子分片走访委员，通报全县重要会议精神和重大工作部署情况，真正把思想统一到县委、县政府决策部署上来，充分体现了政协工作的全局性、整体性和协同性。

**议政建言贴近中心。**坚持把政协例会做为委员议政建言、促进发展的有效途径。一年来，共召开全委会1次，常委会议4次，主席会议10次。在政协八届一次会议上，组织委员重点学习讨论政府工作报告，围绕县城建设、工业园区规划、传统产业升级、优化发展环境、生态环境等问题，协商议政，建言立论，为县委、县政府科学决策提供了参考。去年10月，针对国际经济低迷、我县工业基础薄弱、受外部环境影响明显、经济运行压力大的实际，召开政协常委会，专题协商讨论1—3季度经济运行情况，提出了加强经济运行调度，做好年前工作，服务企业生产，狠抓增收节支等5条建议，促进了经济平稳较快增长。

**开展活动服务中心。**在全县开展“爱家乡、增干劲、保稳定、促发展”活动，是县委、县政府做出的重大决策部署。县政协常委会按照县委的安排，制定下发了《贯彻落实意见》，提出强化五种意识，提高五种能力，做好12项工作。县委杨书记对此给予了充分肯定并做出重要批示：“县政协落实县委‘爱、增、保、促’活动的意见很好，望组织县政协委员和各界人士积极参与这一活动，热爱家乡，奉献家乡，为家乡建设出智出力”，得到了委员们的积极响应。企业界委员充分发挥联系面广、影响力大的优势，多方宣传清苑投资环境和具体举措；卫生界委员组织了11次义诊体检活动，宣传保健知识；农业界委员积极服务于农业生产、农民增收；工会、共青团、妇联、残联等界别委员踊跃开展志愿者服务、扶贫济困、送温暖献爱心活动；工、建、交等界别委员为城乡规划、建设和管理做出了积极贡献；政法战线的委员在严打整治专项行动中发挥了重要作用。县政协对在活动中取得突出成绩和做出突出贡献的108名优秀委员和9个先进委员活动小组进行通报表彰，进一步激发了广大委员热爱家乡、建设家乡的热情。

**盯住项目紧扣中心。**县政协领导班子牢固树立项目中心意识，认真落实县领导分包项目联系企业制度，深入20多家对口企业走访调研，帮助解决资金、占地、用工等困难。商务、土地、人劳、工商、环保、广电等涉企部门委员为项目建设和企业发展做了大量工作。企业界委员立足本职，有的利用人脉优势，积极参与招商引资；有的发挥资金实力，直接进行项目投资；有的致力科技创新，承担国家“863计划”重点项目攻关；有的扩大企业规模，积极运作上市融资。2012年，全县委员共引进建设各类项目15个。企业界委员纳税额占全县税收总额的60%以上。县委、县政府表彰奖励的14家纳税大户中，委员经营管理的占9家。

总之，在全县经济建设的各条战线和各个领域，都活跃着政协委员激情创业、献智出力的身影，充分展现了政协组织围绕中心、服务大局的独特优势和重要作用。

**二、关注民生，议政为民，在促进和谐上展现了新作为**

一年来，我们坚持为民宗旨，利用视察、提案、公益活动等形式，倾听民声、反映民意、排解民忧，让发展成果更好地惠及全县人民。

**专项视察突出大事实事。**坚持把县委、县政府重视，人民群众普遍关注的民生课题作为专项视察的重要内容。一是视察了防汛工作。近年来，全球气候异常，极端天气增多，自然灾害频发。针对我县地理位置特殊、主汛期比往年来的更早一些的实际，去年7月上旬，县政协领导班子集体就全县防汛工作进行了视察调研。在听取总体情况后，实地察看了唐河、清水河堤防及冉河头村防汛工作准备情况，提出了重视程度一定要高于往年、舆论宣传一定要浓于往年、各种预案一定要细于往年、责任落实一定要严于往年等4条建议。有关部门认真采纳，查漏补缺，完善预案，确保了防汛工作的有备无患。二是视察了县城公园建设。建设县城公园是全县人民多年期盼的事情，也是政府出资建设公益事业投资最大的项目，社会各界都非常关注。为此，去年8月，县政协领导班子集体视察了县城公园建设。在实地视察，详细了解有关情况后，提出了保证建设质量、适当增加休闲、休息的设施和区域、公园文化建设让群众广泛参与、细致做好后期工作、制定文明公约、加强公园管理等6条建议。县委、县政府在财政紧张的情况下，做出了最大努力，提升了县城品位，提高了市民的幸福指数。

**重点调研关注民生改善。**坚持以人为本，民生优先。去年4月份，围绕幸福乡村计划，就基础设施向农村延伸、公共服务向农村覆盖、现代文明向农村辐射问题，走访12个涉农部门，形成了《加强农村基础设施建设、改善农民生产生活条件》的调研报告，通过政协系统向市委、市政府反映意见和建议，争取支持和投入。去年以来，政协常委会通过实地察看、调研座谈等多种形式，专题听取县政府及有关部门民心工程的进展情况，促进了全县25件大事实事、10件惠民实事和120项“三农”服务承诺如期兑现。

**委员提案反映社情民意。**政协提案凝聚着委员的智慧，代表着基层群众的意愿和呼声。八届一次会议以来，共收到委员提案74件，经主席会议审查立案46件。没有立案的，在征得委员同意后，做为委员来信交有关部门办理。在提案办理过程中，县委、县政府及有关部门高度重视，县政协创新督办机制，使一大批社会关注、群众关心的民生问题得到了解决。

**热心公益解决民生问题。**广大委员发挥自身作用，大力支持乡村基础设施建设。一年来，共捐资50多万元，整修硬化乡间路6000米。解决村民吃水问题，协调打深水井5眼。积极参与亲民爱民活动，组织爱心募捐3次，资助贫困学生420名，走访慰问困难职工家庭280户。积极参与“一对一”岗位援助活动，吸纳下岗职工再就业90人。涞源、涞水、易县“7·21”洪灾发生后，各界委员通过不同形式，不同渠道捐款130多万元。所有这些，充分展示了委员们良好的社会形象。

**三、履职尽责，竭心尽力，在促进稳定上做出了新贡献**

维护社会稳定，是压倒一切的政治任务。

一年来，我们全力以赴、连续作战，在信访稳定中投入了最大力量。一是领导干部尽心尽力。班子成员勇于负责，敢于担当，不把矛盾上交，不给县里添乱，每天吃住在所包乡镇，逐村巡回督导，逐案协调调度，全天候开展接访、约访、下访活动，和乡村干部一起摸爬滚打，把问题全部解决在了基层，消灭在了萌芽，圆满完成了维稳安保任务。二是机关干部尽职尽责。在人员紧张的情况下，派出专人进驻群众工作站，克服困难、坚守岗位，协助乡村做好昼夜安保巡逻、信访隐患排查，矛盾纠纷化解工作。县政协机关荣获十八大安保工作先进单位，4位同志荣获市县嘉奖和先进个人。三是政协委员积极配合。广大委员充分发挥群众威望高、社会影响力大的优势，全力做好协调关系、沟通思想、理顺情绪、化解矛盾的工作，赢得了各乡镇和有关部门的好评。企业界和担任领导职务的委员，管好自己的人、看好自己的门、抓好自己的事，有力支持了十八大安保的决战全胜。

## 四、发挥优势，广搭平台，在文史宣传上迈出了新步伐

充分发挥政协人才荟萃、智力密集、联系广泛的优势，不断拓展履行职能的新方法、新途径，使文史宣传工作更加丰富多彩。

**高度重视文史宣传工作。**县政协领导组织有关部门，申报冉庄4A景区，顺利通过省复核验收。协助市政协文史委编纂《省会在保定》文史资料专辑，整理了一批老同志的回忆文章，其中《难忘的典礼》被采用并获奖。主动加强与新闻媒体的联系，相继在省政协《乡音》《文史精华》和《保定政协》等机关刊物发表稿件14篇，全方位展示了我县政协工作，被评为2012年度保定市政协系统宣传工作先进单位。

**广泛开展横向联谊活动。**加强与省市政协的经常性联系，争取工作指导和支持。加强与唐县、顺平、满城、安国等兄弟县市政协的横向联系，交流工作，借鉴经验。热情接待延边、海南、内蒙、四川等全国各地政协参观考察50多批次，广泛宣传推介了清苑，提升了清苑知名度。

**积极搭建文化交流平台。**完成了政协书画联谊会换届，聘请政协老领导担任名誉会长和顾问，政协主管主席担任会长，将一大批书画爱好者吸收进来，壮大了队伍，促进了交流，增添了文化建设的生机和活力。同时，注重倾听政协离退休老同志的意见和建议，发挥老干部余热，关心老干部生活。去年以来，共组织老干部中秋、春节座谈会、茶话会2次，健康体检1次，使老领导们既能及时了解全县的工作情况，有针对性的参政议政，也使老领导们心情愉悦的安享晚年生活。

## 五、强基固本，探索创新，在自身建设上开创了新局面

**加强自身建设是政协工作的基础。**一年来，我们主动适应新形势、新要求，不断拓宽履行职能的新思路，坚持探索自身建设的新机制，有力提升了政协工作的科学化水平。

**加强理论学习指导。**针对换届后新委员多的实际，县政协把加强学习培训，尽快提升委员队伍的履职能力作为一项重要工作来抓，采取分片集中，印发学习资料，专题讲课等形式，对委员进行了提案书写知识，社情民意知识的搜集整理等培训，加深了委员对政协工作的认识和理解，提高了委员建言献策的能力和水平。党的十八大召开后，及时制定下发了《关于在全县政协系统学习宣传贯彻中共十八

大精神的意见》，通过召开常委会、委员小组会、学习培训会等形式，深研细读报告原文，深刻领会精神实质，迅速掀起了学习宣传贯彻十八大精神的热潮。

**拓展委员活动空间。**县政协总结以往成功经验，换届后及时将委员划分为22个小组，及时印发了委员活动的指导意见，各委员活动小组开展了丰富多彩的委员活动。有的组织调查研究，向党委、政府提出合理化建议；有的组织委员奉献家乡，为群众生产生活排忧解难；有的乡镇重要会议邀请委员参加，重大工作决策听取委员意见；有的聘请委员担任民主评议员、特邀监督员、十八大安保协调员；有的将委员电话向村干部和群众公布，广泛收集社情民意信息。县政协开展委员年终述职活动，每位委员都撰写了述职报告，建立了委员履职档案。通过以上活动，拓宽了委员视野，提高了委员素质。

**改革常委会议形式。**为充分发挥常委们的作用，我们在会议召开的形式和方法上进行了积极探索。一是将常委会的召开与调研相结合，主要议题在会前都有充分的调查研究，保证审议的议题都有较高质量；二是常委会议事与学习相结合，既丰富了会议内容，又使与会常委在议事中提高素质；三是常委会议与茶话会相结合，活跃了会议气氛，加深了友谊，促进了团结。

**加强政协机关建设。**在县委、县政府及有关部门的高度重视和大力支持下，政协机关增设了学习提案委员会、经济科技委员会。这两个正科级机构的设立，更加有利于履行政协职能，更加有利于发挥政协的优势和作用。深入开展"创先争优"、"执行力亮剑"和"爱、增、保、促"活动，完善机关管理制度，强力打造"委员之家"，机关面貌发生了明显变化。机关人员以饱满的热情和扎实的作风，赢得了各界好评。

各位委员，一年来取得的成绩，是县委正确领导的结果，是县人大、县政府及各部门和社会各界大力支持的结果，是广大离退休老领导的热情关怀和帮助的结果，是县政协各参加单位和广大政协委员共同努力的结果。在此，我谨代表县政协常委会向大家表示崇高的敬意和衷心的感谢！

肯定成绩的同时，我们也清醒地认识到，与科学发展观的要求相比，与新形势下人民政协承担的职责相比，在创新政协工作机制和形式、提升履行职能的质量和效果、发挥委员小组的优势和作用等方面，还存在着一些差距和不足，我们将在今后的工作中认真加以改进。

## 2013年主要任务

2013年是深入贯彻落实中共十八大精神，全面建成小康社会的关键之年。今年，县政协工作的指导思想是：高举中国特色社会主义伟大旗帜，以邓小平理论、"三个代表"重要思想、科学发展观为指导，深入贯彻落实县委十一届三次全体（扩大）会议精神，牢牢把握团结和民主两大主题，认真履行政治协商、民主监督、参政议政三大职能，继续坚持"四心一加强"（**维护核心、服务中心、关注民心、凝聚人心、加强自身建设**）总体思路，努力开创政协工作新局面。重点做好五个方面的工作：

一、维护核心，切实履行好政协的政治责任。县政协常委会要主动接受县委领导，切实做到与县委目标上同向、工作上合拍、行动上一致，保证在关键时刻顶得上去，帮得上忙，扎实完成县委赋予的各项任务。广大政协委员要强化核心意识，在县委的正确领导下，把思想统一到县委十一届三次全会做出的重大决策部署上来，把智慧和力量凝聚到建设经济强县、和谐清苑、全面建成小康社会的奋斗目标上来，为做好新时期政协工作奠定思想基础，保证政协工作正确的政治方向。

二、服务中心，围绕经济发展议政建言。县委十一届三次全会提出了今年全县工作的指导思想和工作重点，制定了《关于全面建成小康社会的意见》，明确了全面建成小康社会的总体要求、奋斗目标和主要任务。县政协的一切工作都要围绕这个中心，服务这个中心。要高度关注项目建设、园区建设和产业培育，围绕提升传统产业、发展现代服务业、培植规模企业，提出意见和建议。要高度重视现代农业，围绕农业的规模化、产业化、品牌化发展，积极开展调研。要高度关注优化环境工作，围绕优化政务环境、社会环境、生态环境实施民主监督。要高度重视城市建设和管理，围绕完善城市功能、方便居民生活、融入保定市区开展协商议政。

三、关注民心，以改善民生为重点履职尽责。要围绕促进社会事业协调发展，重点在文化繁荣发展、教育普及、公共卫生服务、交通建设、公共设施建设、农村基础设施建设等方面多建利民之言，多谋利民之策，多办利民之事。要关注利益调整，重点就扩大社保覆盖面、建立失地农民保障机制、完善城乡居民基本养老制度和社会救助体系等方面开展调研论证。

四、凝聚人心，着力维护和谐稳定的社会局面。人民政协作为最广泛的爱国统一战线组织，在增进团结、凝聚力量、促进和谐中负有重要责任。要紧紧依靠各族各界代表人士，积极凝聚各界人心、协调各方力量，围绕群众思想认识的困惑点、利益关系的交织点、现实矛盾的易发点，积极协助党委、政府做好教育引导、协商疏通、化解矛盾的工作，进一步增进各界群众的团结，进而促进全县的和谐稳定。

五、健全机制，全面加强政协自身建设。要充分发挥政协作为协商民主重要渠道作用，建立健全政治协商、民主监督、参政议政制度和工作机制，深入开展专题协商、对口协商、界别协商、提案办理协商，推进协商民主广泛、多层、制度化发展。要切实发挥委员主体作用，进一步完善委员管理服务机制，建立委员履职档案、委员述职和委员培训制度，为委员履行职责创造条件。要以创建“学习型、服务型、创新型、和谐型”机关为目标，全面加强政协机关思想、组织、作风和制度建设，不断提高政协工作的整体水平。

各位委员，新的形势，催人奋进，新的使命，任重道远。让我们在中共清苑县委的领导下，搭好团结与民主的舞台，集聚建设与发展的才智，振奋精神，扎实工作，奋力拼搏，激情创业，加快建设经济强县、和谐清苑，为早日建成小康社会做出新的更大贡献！

## 【八届三次会议】

### 中国人民政治协商会议<br>清苑县第八届委员会常务委员会工作报告

宋静

（2014年2月17日）

各位委员：

我受政协清苑县第八届委员会常务委员会委托，向大会报告工作，请予审议。

## 2013年工作回顾

2013年，县政协常委会在县委的领导下，团结带领广大政协委员，牢牢把握团结和民主两大主题，认真履行政治协商、民主监督、参政议政职能，充分发挥协调关系、汇聚力量、建言献策、服务大局的作用，为全县经济社会发展作出了积极贡献。

### 一、聚力协商议政，服务科学发展

打造宜居园林县城、争创千亿产业园区、建设经济发展强县，是全县工作的中心和大局。一年来，我们坚持把政协工作放到全县大局中去谋划、去实施，为促进发展凝聚力量，议政建言。全年共召开全委会1次，专题议政性常委会议和专题协商会议4次，开展视察调研活动15次，提出有分量的意见建议80多条。在政协八届二次会议上，组织委员重点学习讨论政府工作报告，围绕农村面貌改造提升、县城建设和管理、工业园区规划、传统产业转型升级、优化生态环境、政务环境、社会环境等问题协商议政，建言立论，为县委、县政府科学决策提供了参考。去年底，在国内外经济形势低迷、我县经济运行压力大的背景下，召开政协常委会，邀请主管副县长通报1－3季度经济运行情况，进行专题协商讨论，提出了抓调度、抓重点、抓服务、抓园区和项目建设、抓增收节支等5条建议，促进了经济平稳较快增长。

打造宜居园林县城是建设经济发展强县的重要内容。县政协领导班子组织部分政协委员，对城市管理“6S”行动开展情况进行视察，在实地察看振兴路街头游园、保障房建设现场、花鸟鱼虫市场、县城集中供热建设工程，听取住建部门负责人情况汇报后，提出了制作“6S”行动电视专题节目、规范市民行为、严格落实门前三包、加强摊贩自我管理、突出重点整治、建立长效机制、加大政府投入等7条建议，被县政府及相关部门采纳。在城市建设提升年、县城容貌整治百日攻坚、“洗城净天”等系列行动中，政协机关干部职工走上街头，打扫卫生，清理垃圾，劝阻店外经营行为，规范车辆停放秩序，为创建省级园林县城尽了力。

争创千亿产业园区，是建设经济发展强县的核心之举和关键所在。县政协紧紧围绕项目建设，认真履行职能。一年来，广大政协委员充分发挥联系广泛的优势，积极为招商引资提供信息，为项目推进悉心服务。政协班子成员深入20多家对口联系企业走访调研，积极协调解决难题，保障项目质量和进度。在经济开发区征地工作中，政协班子成员与其他县领导一起，常年工作在一线，进村入户，靠前指挥，为重点项目尽快落地做了大量工作。企业界委员立足本职，利用人脉优势和资金实力，积极参与招商引资和项目建设。据不完全统计，全县政协委员共引进建设各类项目15个，吸纳就业3000多人。总之，在全县经济建设的各条战线和各个领域，都活跃着政协委员激情创业、献智出力的身影，充分展现了政协组织围绕中心、服务大局的独特优势和重要作用。

### 二、坚持以人为本，关注民生改善

维护群众利益是政协履行职能的出发点和落脚点。一年来，我们选择党委政府重视、人民群众关注的民生课题作为专项视察的重要内容，对防汛、城市建设、保障性住房建设、农村基础设施建设等，进行专项视察调研，提出意见建议30余条，促进了民生工作落实。针对去年汛期比往年来得早、降雨量大、上游水库十几年来首次开闸放水、防汛形势不容乐观的实际，县政协领导班子集体视察了防汛工作，提出了特殊的年份要有特殊的思想认识、特殊的工作举措、特殊的工作责任等6条建议。有关部门认真采纳，查漏补缺，完善预案，确保了防汛工作的有备无患。针对雾霾天气频发的问题，县政协领导班子组织部分常委，到有色金属冶炼、小塑料加工企业集中的乡镇视察，组织召开委员座谈会，宣传大气污染治理政策，提出了继续加大宣传力度、提高全民环保意识、坚决关停土小企业、防止反弹、加快有色金属园区规划和建设、加强技术改造和上档升级、探索传统行业发展出路等5条建议。同时，向全县政协委员发出了《在大气污染治理中要带好头作表率倡议书》，广大委员积极响应，为营造天蓝地绿水净的生态环境做出了贡献。

提案是政协议政为民的重要形式和载体。八届二次会议以来，共收到委员提案46件，立案28件。其中反映公共交通、公路建设、城市管理、社会保障、教育医疗、就业创业等民生问题的有18件，占提案总数的64%。在提案办理过程中，县委、县政府及承办部门高度重视，县政协创新督办机制，一大批社会关注、群众关心的民生问题得到解决，办理效果逐步显现，社会影响日益扩大。

热心公益事业，积极奉献社会，是政协应尽的社会责任。广大政协委员充分发挥自身作用，尽其所能，出资出力，积极参与捐资助教、修桥铺路、扶危济困等社会公益活动。一年来，共捐款捐物150多万元，用于修路、打井等农村基础设施建设。积极开展“一对一”岗位援助活动，吸纳下岗职工再就业120多人。扎实开展“亲民爱民”活动，资助贫困学生300多名，走访慰问农村贫困户、城镇困难职工260户，为困难群众捐款捐物30万多元。科教文卫、农林、司法等界别委员立足本职工作，积极开展送医送药、送技术、送政策下乡活动，全年共组织健康体检、技术培训、法律咨询等20余次，发放宣传资料8000多份。所有这些，充分展示了政协委员良好的社会形象，充分体现了政协委员与人民群众同呼吸共命运的血脉真情。

**三、广泛凝聚力量，促进和谐稳定**

化解矛盾隐患，是促进社会稳定的重要前提。一年来，政协班子成员认真开展信访案件“清、化、解”行动，严格落实四明确，主动接访、下访和约访，带着感情做好群众工作，协助分包乡镇妥善处理了历史积案15起。广大政协委员积极发挥下情上察、上情下达的连心桥作用，密切关注热点问题，积极反映社情民意，主动协助党委政府，认真做好理顺情绪、化解矛盾的工作，协调解决历史积案、信访隐患和苗头事件52件，有力促进了社会稳定。

解决热点问题，是促进社会和谐的重要基础。社会热点往往诱发不和谐因素，甚至酿成不稳定事件。按照县委安排，政协领导参加了京港澳高速改扩建等重大项目征地协调工作组，为确保项目开工建设做出了努力。去年6月份，王盘村部分村民到镇、县、市上访，反映葡萄药害问题。该案涉及温仁、张登等5个乡镇12个村320户，直接经济损失1000余万元。按照县委要求，政协领导直接参与处理葡萄药害案件，带领工作队驻村入户，坚持特事特办、公开透明办案，历时两个多月，使这起群体性事件得到圆满解决。

加强民主监督，是促进社会公平正义的重要保证。一年来，县政协围绕推进依法行政，推荐15名政协常委、委员担任公安、法院、税务、交通、环保等12个职能部门的执法监督员。对社会关注案件的审理进行旁听。推荐50名政协委员对政法机关、行政执法部门、重点服务行业和窗口单位进行民主评议。组织委员参加听证会、座谈会、视察等活动，对保障房分配、“秋收100”专项行动、农机补贴等工作实施民主监督，客观反映了社会各界意见。

**四、充分发挥优势，助推文化繁荣**

文化发展繁荣，应以广泛的群众性文体活动为支撑。为丰富群众文化生活，县政协组织委员深入社区和乡村综合文化站室开展视察调研，提出了丰富文化内涵、壮大文化产业、加快公益性文化基础设施建设的建议。去年国庆节前夕，县政协组织“庆十一、迎重阳”书画展。县内工人、农民、机关干部、学生等社会各界书画爱好者创作参展，共展出作品160幅，参观人数达3000余人次，活跃了群众文化生活，营造了隆重热烈、喜庆祥和的节日氛围。

文化发展繁荣，应以深厚的历史文化资源为依托。县政协组织力量对“地道战”、宋祖陵文化进行挖掘。整理了《司令碗》《堆土借弹》《李永井》等3篇抗战故事。《关于宋祖陵几个问题的思考》被河北大学《宋史论丛》刊载。同时整理了《巾帼先锋·张若名》《毛主席的马前卒·王振海》等我县人物资料2篇，被省政协《文史精华》采用。2013年，县政协获河北省政协文史宣传工作先进单位。

文化发展繁荣，应以“爱、增、保、促”活动为引领。尊老爱老是中华民族的优良传统。县政协注重倾听离退休老同志的意见和建议，发挥老干部余热，关心老干部生活。去年共组织了3次老干部走访、座谈、健康体检活动，使老领导们既能及时了解全县工作情况，又能有针对性的参政议政。县政协注重发挥典型带动作用，在县电视台《创业之窗》《保定日报》等新闻媒体，宣传了8名政协委员艰苦创业、回报家乡的先进事迹，鼓舞了广大群众热爱家乡、建设清苑的热情，弘扬了主旋律，凝聚了正能量。

**五、强化自身建设，提高工作水平**

不断加强委员队伍建设，为政协工作夯实基础。县政协采取走访委员、印发资料、召开委员小组会议等形式，对委员进行政协知识和统战理论培训。召开政协常委会议，专题学习十八届三中全会精神，深研细读决定原文，深刻领会精神实质，迅速掀起了学习贯彻十八届三中全会精神的热潮。持续开展以“争做优秀政协委员、争创先进活动小组，为清苑发展做贡献、为人民政协添光彩”为主题的“两争两为”活动。广大委员立足本岗，建功立业。经济界委员带头招商引资、发展企业、带动就业；医卫界委员主动为群众提供免费体检，宣传保健知识；农业界委员积极服务于农业增产、农民增收；工会界委员大力促进劳动关系和谐；青联、残联、妇联、科技等界别委员踊跃开展各类社会公益活动；稳定战线的委员为创建和谐清苑积极做贡献。县政协按照“一年一表彰”的规定，对9个先进活动小组和109名优秀政协委员进行了表彰。广大委员在各条战线上勇当先锋，发挥了模范带头作用。

不断推进“三化”建设，为政协工作提供保障。在学习探索和实践的基础上，县政协进一步完善了政协全体会、常委会、主席会、专门委员会、委员活动小组等6项工作制度。建立了委员活动台帐，实行年度述职制度，拓宽了委员参政议政途径，推进了政协工作制度化、规范化、程序化建设。

不断加强机关建设，为政协工作搞好服

务。深入开展“解放思想、改革开放、创新驱动、科学发展”大讨论、“为民务实在一线”、党的群众路线教育预热升温等系列活动，完善机关管理制度，打造“委员之家”，机关面貌发生了明显变化。机关工作人员以饱满的热情和扎实的作风，赢得了各界好评。

各位委员，一年来成绩的取得，是县委坚强领导、重视关怀的结果，是县人大、县政府及各部门和社会各界鼎力支持、热情帮助的结果，是政协各参加单位和广大委员团结协作、共同奋斗的结果，也是离退休老领导们悉心指导的结果。在这里，我代表县政协常委会表示衷心的感谢，并致以崇高的敬意！

肯定成绩的同时，我们也清醒地认识到，与新形势新任务的要求相比，与政协肩负的职责使命相比，我们的工作中还存在一些不足，比如：委员主体作用有待进一步发挥，民主监督的成效有待进一步提高等。对这些问题，需要我们认真对待，深入研究，加以改进。

## 2014工作重点

2014年是深入贯彻落实党的十八届三中全会精神的第一年，是全面深化改革、提速清苑发展的关键之年。县政协全年工作的指导思想是：坚持以中共十八大、十八届三中全会精神为指导，深入贯彻落实县委十一届四次全体（扩大）会议暨全县经济工作会议精神，牢牢把握团结和民主两大主题，紧紧围绕发展、稳定、民生三大任务，继续按照“四心一加强”（即维护核心、服务中心、关注民心、凝聚人心、加强自身建设）的总体思路，认真履行政协职能，以更加振奋的精神，更加务实的作风，凝心聚力，扎实工作，为加快全面建成小康社会贡献力量。

一、维护核心，正确把握工作方向。坚持党对政协工作的领导，是政协的政治原则，也是政协履行职能的根本要求。县政协常委会要主动接受县委领导，坚决维护县委权威，扎实完成县委赋予的各项工作任务，保证县委的决议、决定在政协工作中贯彻落实。全县广大政协委员要树立核心意识，认真学习贯彻县委十一届四次全会精神，主动做好宣传引导、凝心聚力的工作，切实把全县各族各界人士的思想和行动统一到县委的重大决策部署上来，使政治协商成为县委、县政府广聚民智、科学决策的重要环节，真正形成同心同德、加快发展的强大合力。

二、服务中心，认真履行政协职能。县委十一届四次全会提出了今年全县工作的总体要求和工作重点。县政协的一切工作都要围绕这个中心，服务这个中心。要充分发挥人才荟萃、智力密集的优势，认真研究全县经济社会发展的新情况、新问题。紧紧围绕传统产业升级、品牌农业增效、现代服务业发展、城市建设和管理、生态文明建设等重大问题，确定协商议政重点。选择具有综合性、全局性、前瞻性的重大课题开展专题调研活动，为党委政府建真言、谋善举、献良策。要紧跟县委、县政府工作部署，积极参与“重点项目推进年”活动，围绕“一区五园”、重点项目建设等工作开展调研视察，协助县委、县政府把重点工作落到实处。要进一步拓展政协服务领域，把推动重点工程建设、做大做强工业经济、带动全民创业等作为重点，组织委员积极投身全县经济发展实践。

三、关注民心，致力民生事业发展。围绕创业就业、文化教育、医疗卫生、社会保障以及提高城乡居民收入等与群众利益密切相关的热点、难点问题，开展调研视察。对涉及民生的重大决策和重大项目进行协商论证，提出切合实际、操作性强的意见和建议。对县委、县政府今年要办的大事实事和民心工程，组织委员开展视察评议，确保承诺践诺，落到实处。

四、凝聚人心，营造和谐社会氛围。要把县委、县政府的决策主张及时准确地传达到社会各个方面，积极做好协调关系、化解矛盾的工作。协助党委政府加强和创新社会管理，努力维护社会和谐稳定。鼓励和引导广大委员，积极参与惠民活动，在扶贫济困、慈善捐赠、爱心资助、结对帮扶、志愿服务等方面献计出力，力所能及地多做一些得人心、暖人心的实事、好事，展现政协组织和政协委员的社会责任，提高广大群众生活的幸福感和满意度。

五、开拓创新，切实加强自身建设。深入开展以为民务实清廉为主要内容的党的群众路线教育实践活动，是党的十八大作出的战略部署。县政协党组要按照县委的统一部署，深入开展好这项活动。要坚持依靠群众，开门搞活动，请政协常委、委员参与，自觉接受群众监督，真正让党员、干部思想受到教育，作风得到改进，行为更加规范。要自觉把开展活动与改进工作作风、加强自身建设结合起来，与增强履职能力、推进政协工作结合起来，与增强和委员联系、发挥委员主体作用结合起来，不断提高政协组织联系群众、服务群众的工作水平。要加强专委会建设，充分发挥专委会的基础作用。加强委员队伍建设，建立健全委员履职评价体系。加强政协机关建设，增强服务意识，培树实干作风，努力开创政协工作新局面。

各位委员！新使命承载新希望，新征程开启新梦想。让我们在中共清苑县委的坚强领导下，搭好团结与民主的舞台，集聚建设与发展的才智，振奋精神，扎实工作，奋力拼搏，激情创业，为加快全面建成小康社会而共同奋斗！

## 【八届四次会议】

### 中国人民政治协商会议<br>清苑县第八届委员会常务委员会工作报告

宋静

（2015年4月8日）

各位委员：

我受政协清苑县第八届委员会常务委员会委托，向大会报告工作，请予审议。

### 2014年工作回顾

一年来，在中共清苑县委的领导下，县政协常委会高举爱国主义、社会主义旗帜，坚持团结和民主两大主题，紧紧围绕县委、县政府工作大局，深入开展党的群众路线教育实践活动，认真履行政协职能，广泛凝聚智慧力量服务科学发展，充分发挥自身优势关注民生建设，积极协调各方关系促进社会和谐，为推动全县经济社会发展做出了积极贡献。

**一、转变作风，服务群众，教育实践活动扎实开展**

根据中央和省市县委的统一部署，县政协党组按照“照镜子、正衣冠、洗洗澡、治治病”的总要求，以“为民务实清廉”为主题，深入开展党的群众路线教育实践活动。我们坚持把理论学习贯穿始终，认真开展“正六观、促三转”，深化“五项教育”等系列活动。坚持开门搞教育，聚焦“四风”，广泛听取各界人士的意见建议，通过群众提、自己找、上级点、互相帮，共征求意见建议262条，查摆具体问题

19条。坚持开展批评和自我批评，召开专题民主生活会，通过对照检查、揭短、亮丑、思想交锋、出汗排毒，达到了统一思想、改进作风、凝聚合力的目的。坚持边查边改、不等不靠、立说立行，从建立联系和服务群众长效机制、改进文风会风、提高议政质量等方面，制定整改措施11条，建立健全长效机制6项。严格执行中央八项规定，切实精文减会，杜绝铺张浪费。经过教育实践活动的洗礼，全体党员干部对群众的感情更深了，联系委员协商议政的热情更高了，机关面貌呈现出积极进取的新气象。

## 二、围绕中心，建言献策，服务清苑科学发展

立足全县发展大局协商议政。县政协八届三次会议期间，委员们认真听取政府工作报告、政协常委会工作报告和提案工作报告，对事关全县经济建设和社会发展的重大问题，积极开展协商议政，提出了许多有价值的意见和建议。在分组讨论座谈会上，委员们围绕产业转型升级、招商引资、现代农业、城乡环境综合治理等方面工作提出对策建议50多条。县委、县政府领导主动参加会议，听取委员发言，重视委员建议，使政治协商进一步融入了全县经济社会发展的实践之中。

着眼县城精细化管理建言献策。为促进县城精细化管理，县政协常委会组织部分委员就城市管理“6S”、县城容貌百日攻坚及“三净”行动开展情况进行视察，视察组先后到农贸市场西口、清苑公园、团结路北沿施工现场等六处进行了实地察看。在详细听取住建等相关部门的工作情况后，视察组进行了认真讨论。一致认为：清苑在不断发展，县城面貌在不断改善，但是由于城市功能不全，造成生活环境的无序。针对存在的问题和困难，视察组从严格落实县城总体规划、多方筹融资加大基础建设投入、创新管理机制、强化管理执法力度、提高市民文明素养等方面提出有针对性的建议意见6条，为打造宜居园林县城提供了重要参考。

围绕招商引资、项目建设尽责出力。一年来，广大政协委员充分发挥联系广泛的优势，积极为招商引资提供信息，为项目推进悉心服务。在经济开发区征地工作中，政协班子成员与其他县领导一起，常年工作在一线，进村入户，靠前指挥，为重点项目尽快落地做了大量工作。企业界委员立足本职，利用人脉优势和资金实力，积极参与招商引资和项目建设，一年来，全县政协委员共引进建设各类项目11个，吸纳就业4000多人。政协八届十三次常委会议，专题听取协商项目建设情况，常委们围绕招商引资和项目建设展开热烈讨论，积极建言献策，分别从注重招商引资质量、加大对外宣传力度、创新工作方法、完善基础设施建设、提升企业文化底蕴等多个层面，认真分析当前招商引资和项目建设工作中存在的困难和问题，有针对性的提出了意见和建议。

## 三、关注民生，反映民意，为民履职倾情出力

参与中心工作高度关注民生问题。实施农村面貌改造提升行动，是省委、省政府深入贯彻党的十八大精神，加快全面建成小康社会步伐的重大举措。2014年，我县有7个村被省确定为面貌改造提升重点村，按照县委安排，政协主要领导参加了农村面貌改造提升工作指挥部，与指挥部其他成员一起，深入乡村一线工作，抓住群众最盼望的项目率先推进，为保证改造提升工作的顺利实施起到了积极的促进作用。通过年终验收，我县胡指挥村被省委、省

政府命名为“美丽乡村”。同时，按照市委统一部署，在全县广泛开展了为期两个月的“净村”行动，有效改善了农民居住环境。在这一涉及全县城乡环境改善的民生行动中，政协常委会积极参与，向全县政协委员发出倡议书，号召全体委员积极投入到农村面貌改造提升和环境综合整治工作中来，积极建言献策，捐款捐物，为助推全县城乡环境面貌改善贡献了智慧和力量。

政协提案突出解决民生问题。提案是政协履行职能的重要形式和载体。八届三次会议以来，共收到委员提案64件，立案38件。其中反映公共交通、公路建设、城市管理、社会保障、教育医疗、就业创业等民生问题的有26件，占提案总数的68%。在提案办理过程中，县委、县政府领导高度重视，政协班子成员重点督办，相关委员积极参与，承办部门认真采纳委员建议，使一大批社会关注、群众关心的民生问题得到较好解决，发挥了提案工作反映民意、集中民智、实现民愿的独特作用。截止2014年10月底，所有提案全部办结，大部分提案委员对承办单位办理结果表示满意。

社情民意积极反映民生问题。常委会始终把反映社情民意作为关注民生、履行职能的重要手段，引导广大委员深入实际、联系群众，广泛收集整理人民群众的愿望和诉求，拓宽了委员参政议政、民主监督的渠道。全年共收集整理社情民意信息30多条，为党政机关提供了决策参考。针对广大群众反映强烈的婚丧喜庆事宜大操大办、铺张浪费的现象，县政协组织力量，利用两个多月的时间，走访乡村社区进行调研，形成了《关于在全县倡导喜事新办、丧事俭办的建议案》，上报县委、县政府参考，同时被《保定政协》刊发。在教育实践活动中，政协常委会制订了《反映社情民意工作实施细则》，进一步完善了社情民意工作机制。

**四、发挥优势，汇聚力量，促进社会和谐稳定**

化解信访积案维护社会稳定。按照县委安排，县政协组织委员积极参与化解信访积案专项行动。政协领导带领机关人员逐一走访19个乡镇城区，通过召开委员座谈会、发放倡议书、逐案分析研判等形式，鼓励和引导委员协助乡镇化解信访积案。经过一个多月的努力，政协委员参与化解的各类信访案件共62件，历史积案9件。在化解信访积案专项行动中，通过座谈，委员们提出了许多好的意见和建议，归纳整理主要有：抓早抓小、用心用脑、谁的孩子谁抱、换位思考、基层基础需筑牢、端正导向最重要等6条，形成了《政协委员参与化解信访积案专项行动的情况报告》，呈报县委、县政府参考，县委杨书记做出重要批示：“政协的报告很好，主要是在很短的时间内，政协委员积极参与化解信访积案取得了明显成效，工作细致，方法对路，所提建议针对性很强。”一年来，全县政协委员在国庆、APEC会议、四中全会等重大节庆活动期间，主动作为，献计出力，在全县维稳工作中发挥了独特作用。

开展民主监督促进公平正义。公平正义是社会和谐的基本条件。一年来，县政协围绕推进依法行政，推荐17名政协常委、委员担任公安、法院、检察院、税务、交通、环保等职能部门的执法监督员，对社会关注案件的审理进行旁听。推荐50名委员对政法机关、行政执法部门、重点服务行业和窗口单位进行民主评议。组织委员参与相关部门开展的检查、听证、座谈等活动10余次，客观反映社会各界意见。推荐30多名委员担任有关单位的特约监督员，认真履行监督职责，为全县政风行风建设和政府公信力的提升发挥了积极作用。

投身社会公益促进社会和谐。一年来，政协班子成员多次深入联系帮扶的农村、社区、企业，为群众解难事、办实事。鼓励和引导委员投身公益事业，致力扶贫济困，多做捐资助学、慈善救助、排忧解难的善事、好事。科教文卫界别的委员充分发挥自身优势，开展医疗、科技下乡活动，宣传科技知识，义务为贫困群众查体诊疗，直接受益群众近3万人。一年来，广大政协委员通过各种途径为农村公益事业、社会弱势群体捐款捐物300多万元，为构建和谐社会、建设美好清苑贡献财富，倾注爱心，弘扬了真善美，传递了正能量。

繁荣特色文化营造和谐氛围。为活跃群众文化生活，县政协举办迎国庆书画展，共展出作品160余幅。作品展出期间吸引了社会各界人士近千人次前来参观欣赏。参展作品以书言志，以画传情，传承了文化薪火，唱响了时代旋律，表达了广大书画爱好者共圆中国梦、共建和谐清苑的美好情怀。县政协主动加强与新闻媒体的联系，相继在《共产党员》、《保定视界》以及省政协《乡音》、《文史精华》和《保定政协》等机关刊物发表稿件14篇，全方位展示了我县政协工作，县政协荣获2014年度河北省政协宣传工作先进单位。

**五、固本强基，提升效能，自身建设全面加强**

抓学习，明确工作方向。以 建设“学习型组织”为目标，以教育实践活动为契机，通过政协常委会议、主席会议、机关干部会议，组织政治理论知识学习。主动为委员订阅《人民政协报》《乡音》《文史精华》，指导委员学习掌握党的统战理论和政协知识，进一步明确政协的主要任务和工作方法。组织委员认真学习中共十八大、十八届三中、四中全会和习近平总书记系列重要讲话精神，学习省市县重要会议精神。通过学习，深刻领会中共中央提出的一系列新思想、新观点、新论断，深刻理解全面深化改革的重大意义，找准政协履行职能与服务全县经济社会发展的结合点、着力点，进一步明确了我们的工作目标和努力方向。

抓互动，提升政协活力。自觉坚持党的领导，在政协履职过程中，做到重要问题、重大事项主动向县委请示汇报，把县委的决策坚决贯彻到政协工作之中；坚持围绕县委县政府的中心工作履职尽责，配合县委政府抓大事、议大事，做到思想上同心、目标上同向，工作上同步，使政协工作与党政工作形成了良性互动。按照县委的统一部署，政协领导和机关干部积极开展蹲点调研活动，深入包联乡村，了解群众的所思所盼，收集民意，倾听民声，排查问题，解除民忧。完善委员述职考核机制，强化了委员履职管理工作。不断完善政协专委会与县委政府工作部门对口联系制度，开拓了工作新途径，增强了工作活力和成效。

抓作风，提升工作效能。认真贯彻中央“八项”规定，对调研视察、会务会风、接待联谊、机关管理等方面作出了详细的规定，并严格执行。切实解决“四风”方面存在的问题，教育引导机关干部察民情、转作风，精业务、提效能，强服务、树形象，提升了服务发展、服务群众能力。努力打造环境整洁优美、工作纪律严明、服务热情周到的委员之家，有力地促进了各项工作开展。

各位委员、各位同志，过去一年县政协取得的成绩，是县委正确领导，县人大、县政府大力支持的结果，是县政协各参加单位和全体委员团结奋斗的结果，也是与各部门和社会各界的积极配合以及老领导老同志的支持分不开的。在此，我谨代表县政协常委会，向所有重视、关心和支持政协工作的同志们、朋友们，表示衷心的感谢和崇高的敬意！

## 2015年工作建议

2015年，县政协坚持以中共十八大、十八届三中、四中全会精神为指导，深入贯彻落实县委全会暨全县经济工作会议精神，牢牢把握团结和民主两大主题，紧紧围绕发展、稳定、民生三大任务，认真履行政协职能，为加快清苑发展建睿智之言、献务实之策、谋创新之举、尽精诚之力。

**一、坚持维护核心，把握政协工作正确的政治方向**

深入学习贯彻中共十八大、十八届三中、四中全会精神，坚持理论联系实际，引导委员把政治理论学习与推动清苑经济社会发展实践紧密结合起来，把思想和行动统一到中央和省市县委的各项决策部署上来，确保政协工作正确的政治方向，更好地发挥政协优势，主动谋事、认真干事、努力成事，做好各项工作。

**二、坚持服务中心，围绕加快清苑发展深入协商议政**

充分发挥全体会议整体协商功能，引导委员围绕县委十一届五次全会的战略部署，积极建言献策，凝聚广泛共识，奉献真知灼见。发挥提案的协商议政功能，组织委员就全县改革发展稳定大局的重大课题和群众的切身利益问题积极提交提案。积极参与全县重点中心工作，把推动重点工程建设、做大做强工业经济、带动全民创业等作为重点，组织委员积极投身全县经济发展实践，为加快清苑发展攻坚克难。

**三、坚持关注民心，多形式开展民主监督**

要充分发挥政协联系广泛、渠道畅通的优势，不断改进作风、密切联系群众，紧紧抓住教育、医疗、住房、就业、物价、收入分配、社会保障、安全生产等涉及群众切身利益的实际问题，广泛开展视察考察、座谈研讨、调查研究等履职活动，多建真言，多献良策。切实完善民主监督员制度，督促政府部门改进工作、提升效能，努力维护群众利益。

**四、坚持凝聚人心，着力维护团结民主氛围**

充分发挥政协组织优势，协助党委政府做好解疑释惑、化解矛盾、理顺情绪、团结鼓劲的工作。组织委员参与系列普法活动，就平安与法治清苑建设开展调研视察，积极倡导广大政协委员深入群众，真心倾听群众意见、真实反映群众诉求、真情维护群众合法权益。鼓励和引导广大委员，积极参与惠民活动，力所能及地多做一些得人心、暖人心的实事、好事，展现政协组织和政协委员的社会责任。

**五、加强自身建设，努力提高政协工作科学化水平**

充分发挥委员主体作用，积极践行社会主义核心价值观，在服务清苑发展实践中施展才华、建功立业。切实加强机关干部教育培养和实践锻炼，着力提高政务性和事务性服务水平。加强政协宣传，密切与各级新闻媒体的联系，努力扩大清苑政协的社会影响力。

各位委员，事业凝聚人心，使命催人奋进。让我们紧密团结在以习近平同志为总书记的党中央周围，在中共清苑县委的坚强领导下，牢记神圣职责，不负人民重托，努力开创政协工作新局面，共同谱写清苑发展的新篇章！

## 2. 政协历届一次全会县委领导的讲话

### 【筹备政协清苑县第一届委员会第一次会议的报告】

**中国人民政治协商会议**
**清苑县筹备委员会工作情况汇报**

县委副书记　段翰清

（1983年2月20日）

各位委员，各位同志：

我县政协第一届委员会第一次会议，经过四个多月的筹备工作，即将开幕了。我代表筹备委员会向全体委员作关于筹备工作情况的汇报。

根据省地委关于各县要恢复和建立政协组织的指示精神，结合我县的实际情况，经县委研究决定，建立中国人民政治协商会议清苑县委员会。我县政协组建工作是在县委的直接领导下，由统战部牵头主抓，各有关部门积极配合下进行的。县委对组建政协非常重视，曾三次召开常委会和书记会进行研究、讨论，制定了组建政协的安排意见；强调政协组织要有广泛的代表性，有各人民团体、各民主党派和各界人士参加。并决定成立由党、政、各人民团体和各界人士十五人参加的本届政协筹备委员会，筹备委员会下设办公室负责筹备工作。为了摸清底码、物色好人选对象，经县委研究决定，召开了县直各党组和县委负责同志的会议，通过学习、讨论和协商，委员人选由各级党组织按照政协委员的条件和要求进行推荐，初步推荐了二百多名政协委员初选名单。县委根据省、地委指示精神和我县的情况，确定我县政协委员名额为七十七人。

一九八二年十二月二十一日，筹委会举行了第一次会议，会上公布了筹委会主任、付主任及委员名单，学习了政协章程和有关文件精神，并根据县委关于建立政协组织的意见，对政协筹备工作做了具体安排。

自去年十月开始到今年二月，我们按政协委员的条件要求，对分布在县直各单位、各区、社、队的政协人选，上下反复地进行了考察、协商，广泛听取各分区的意见，根据政协的需要对部分委员人选做了必要的调整。通过所在单位部门考察材料，于二月七日政协筹委会举行了第二次会议，通过充分酝酿、协商确定了政协委员名单，然后通过和本单位、本人见面后、争取同意，由政协筹委会向个人和所在单位发出通知，确定了本届政协委员。

我们这届政协委员都是经过了自下而上，自上而下，上下结合，反复协商后产生出来的，基本上做到了本人、单位、领导三满意。

关于委员的分布和比例。本届政协委员共七十七人，其中党员三十人，占委员总数的百分之三十九；党外人士四十七人，占委员总数的百分之六十一；妇女委员十人，占委员总数的百分之十三；少数民族四人，占委员总数的百分之五；非党知识分子十九人，占委员总数的百分之二十四点六。委员的分布和比例，基本上符合上级的要求。

从界别的情况看：共产党十人，民主党派二人，无党派人士二人，人民团体七人，工商界八人（包括原小商贩从业和新个体户各一人）文艺界七人，科技界十人，教育界五人，卫生界六人，解放军二人，宗教界二人，体育界一人，农民四人，工人二人，少数民族二人，侨眷二人，台胞一人，台属一人，投城起义二人，其它一人。从委员的职业性质和所在单位来看，我们做到了既有先进性、广泛性，又有代表性。

政协委员会于二月二十日举行了第三次会议，总结了政协筹备工作情况，确定了政协第一届第一次会议的开法，通过了会议材料，提出了大会主席团名单（草案），提案审查委员会名单（草案）和政协常委人选名单（草案）。为开好政协第一届委员会第一次会议作了充分准备。

各位委员、各位同志：建立政协对我县来说是一项新的工作，我们没有经验，但是，由于有地委统战部的指导，有县委的直接领导，有各部门的积极配合，以及全体同志的共同努力，我们基本完成了政协的筹备任务。当然也难免有些地方考虑的不够周到，请各位委员及各位同志提出宝贵意见。

现在，我授权宣布：政协清苑县筹委会已完成它的使命。政协清苑县第一届委员会第一次会议由本届主席团负责完成。

预祝大会圆满成功。

## 【政协清苑县第一届委员会第一次会议】

### 在政协清苑县第一届<br>委员会第一次会议上的讲话

县委书记 贾振友

（1983年2月20日）

各位委员、各位同志：

政协清苑县第一届委员会于今天诞生了。这是全县人民政治生活上的一件大事，是我党统一战线工作在我县取得重大进展的一个标志。我代表中共清苑县委向出席会议的全体委员和各位同志表示亲切的问候，并致以热烈的祝贺！

我们这次会议，是全国人民深入贯彻党的十二大精神，宣传贯彻五届人大第五次会议精神，紧密团结、自力更生、艰苦奋斗，为把我县建设成为现代化的、高度文明、高度民主的社会主义强国的大好形势下召开的，我县政协的成立，对于进一步加强我县的统一战线工作，广泛团结和动员全县人民和一切爱国力量，同心同德，群策群力，全面开创社会主义现代化建设新局面，推动我县各项工作胜利前进，具有重大的意见。

人民政协从一九四九年产生到现在，已经有三十多年的历史，它在中国共产党领导下实现各党派、各民族、各界人士团结合作的重要组织，是我国政治体制中发扬社会主义民主，实行互相监督的重要形式，是我们党和国家密切联系群众，团结各界人士的重要纽带，是统一战线中最广泛最重要的组织形式。在历史上，人民政协在团结各族人民和各种爱国力量，活跃国家的政治生活，贯彻执行“长期共存，互相监督”的方针，推动各种社会 力量实现党和国家的任务，以及扩大国际活动等方面，都发挥了很大作用。因此，人民政协在我国各族人民中享有很高的声望。“文化大革命”十年动乱期间，由于林彪、江青反革命集团的疯狂破坏、我党的统一战线和人民政协的工作遭到了践踏，粉碎“四人帮”以后，特别是党的十一届三中全会以来，我国的统一战线工作又得到了恢复和发展。在新的历史时期，随着我国阶级状况的根本变化和国家政治生活的需要，现在统一战线的规模不是缩小了，而是扩大了；统一战线的工作不是减轻了，而是加重了，不是可以削弱，而是更需要加强，我县人民政府成立，是全县人民和一切爱国力量，团结奋斗，进行社会主义现代化建设的重要保证。

在新时期，人民政协的基本任务，在政协章程中规定：“中国人民政治协商会议要在热爱中华人民共和国、拥护中国共产党的领导和拥护社会主义事业的基础上，尽一切努力，进一步巩固和发展爱国统一战线，调动一切积极因素，团结一切可能团结的人，同心同德，群策群力，维护和发展安定团结的政治局面，促进社会主义民主和法制的建设，为全面开创社会主义现代化建设的新局面，实现我国各族人民的总任务而奋斗。”

新时期人民政协的基本，是中国共产党和各民主党派及无党派民主人士，根据我国新时期的历史特点，根据我国要在本世纪内实现四化的伟大政治任务而规定的，也是根据新时期阶级关系的变化，社会主义革命和建设的经验，并考虑到全世界社会主义发展的经验和情况而规定的。全国人民对人民政协寄于很大希望，委以重任，我们应当充分发挥政协的作用，协助政府胜利完成工作任务，落实好党的各项政策。

我们党历来重视通过人民政协同各民主党派、各人民团体和党外各界人士进行民主协商，重视同各民主党派和一切爱国力量的团结合作。当前需要人民政协进行协商和讨论的问题很广泛，包括国家的重大方针政策，国家生活和四化建设以及群众生活等重大问题。通过协商可以贯彻“长期共存，互相监督”的方针，可以集思广益，可以贯彻“统筹兼顾，适当安排”的政策，可以集思广益，可以统一思想，统一行动，建设好我们社会主义祖国。

人民政协应坚持发展科学、繁荣文化的“百花齐放，百家争鸣”的方针。密切联系国家机关和其他组织，对各行各业的情况进行调查研究，组织各种座谈会、报告会，为社会主义现代化建设献策献计。

台湾回归祖国是我国八十年代三大任务之一，也是人民政协的一项重要工作。人民政协联系面广，有些委员与在台人士有直接或间接的关系，做这方面的工作有比较方便的条件。关于台湾归祖国问题，一九七九年元旦，人大常委会发表了《告台湾同胞书》，宣告了我国政府对台湾回归祖国的大政方针；党的十二次代表大会上，胡耀邦重申了我党关于台湾回归祖国的正确立场，也充分体现了我国人民的共同愿意，我们党历来主张爱国一家，凡是为祖国统一做贡献的一概欢迎，凡是与共产党合作，愿意为祖国统一、民族独立、社会进步而奋斗的党派或个人，都有光荣的地位和光明的前途。我们要高举爱国主义旗帜，积极做好工作，为争取台湾早日回归祖国做出自己的贡献。

政协要组织全体委员和各界人士，在自愿的基础上学习马列主义、毛泽东思想，学习时事政治，学习专业知识，增强为祖国服务的才能。当前要学习十二大文件，学习新宪法，学习宣传赵紫阳总理关于第六五年计划的报告。通过学习，理解新时期的任务和完成任务的方针政策，成为执行新宪法的表率，为实现第六个五年计划规定的目标，振奋精神，埋头苦干。

人民政协工作是社会主义现代代建设中不可缺少的一部分，各级党委和政府部门都要深刻认识政协工作的重要地位和重大作用，大力推进政协工作，虚心听取党外的意见，接受政协组织的监督，充分发挥政协的作用。

在新的历史时期，人民政协的任务是十分光荣的，前程是远大的，工作是大有可为的。大家知道，中国人民政治协商会议、第一任主席是我们的伟大领袖毛泽东，第二任主席是人们心目中享有崇高威望的周恩来，现任主席是德高望重的邓小平，我们做政协工作的应当感到光荣和自豪，县委相信，我县政协成立后一定能够充分发挥全体委员和各界人士的才智，广开才路，广开言路，在各自不同的工作岗位上，为实现新时期的总任务，为落实国家的各项政策，为全面开创我县社会主义现代化建设的新局面而努力奋斗！

祝同志们身体健康！

祝大会圆满成功！

## 【政协清苑县第二届委员会第一次会议】

### 在政协清苑县第二届委员会第一次会议上的讲话

县委书记 刘德忠

（1987年4月18日）

各位委员、各位同志：

中国人民政治协商会议清苑县第二届委员会第一次会议今天开幕了。我代表中共清苑县委向大会表示热烈祝贺，并向为我县“两个文明”建设勤奋工作，贡献出聪明才智的各位委员表示亲切的慰问和衷心的感谢；同时向来自保定市政协、保定市委统战部的领导同志们表示热烈欢迎。

政协清苑县第一届委员会胜利地完成了历史使命，根据政协章程规定要进行换届，政协第二届委员会将开始工作，回顾我县政协成立四年来的历程，形势发生了很大变化，各项工作取得了很大成绩。全国各族人民在中国共产党的领导下，同心同德，锐意进取，积极投身于社会主义现代化建设，改革和各项建设事业都取得了显著的成绩。政治上安定团结，社会主义民主和法制不断加强，党风和社会风气日趋好转。经济上稳定发展，市场繁荣，城乡人民收入大幅度增加，生活水平不断提高。科技、教育、国防等方面的改革逐步展开，外事工作和对外经济、科技和文化交往也取得了重大的进展。在党的十二届六中全会通过的《关于社会主义精神文明建设指导方针的决议》的指引下，我国社会主义精神文明建设正在向新的水平发展，形势越来越好。

我县同全国一样，形势也是好的，各条战线认真贯彻执行了党的各项方针、政策，取得了许多新的成绩，经济体制改革不断深化，企业活力不断增强，乡镇企业蓬勃兴起，国民经济持续稳定、协商发展。全县1986年工农业总产值由1983年的20953万元上升为34173万元，其中工业总产值10919万元，比1983年增长7833万元、集贸市场活跃，购销两旺，1986年财政收入1371万元比1983年增长501万元，商品经济的发展给农民拓宽了财路。农村人均收入1986年达438元，比1983年增加了215元。我县科学、教育、文化、卫生、体育及城乡公共事业等也都有了新的进展，我县统一战线和人民政协工作也出现了新的景象，全体政协委员和各界人士，在“长期共存，互相监督”、“肝胆相照，荣辱与共”的方针指引下，为推动祖国统一，实施“一国两制”的科学构想，为振兴中华、振兴清苑做了大量的工作，发挥了积极作用，赢得了社会的好评。特别是在前一时期少数人煽动学生闹事时，我们的全体委员，立场坚定，旗帜鲜明，在反对资产阶级自由化方面做了许多有益的宣传教育工作，为巩固和发展我县安定团结的政治面起了积极的作用。在此，我向为安定团结，为振兴中华，为我县两个文明建设做出贡献的全体政协委员和各界人士表示崇高的敬意。

总之，形势很好。这是大家有目共睹的。但同时，我们也应清醒地看到，在大好形势下还存在着一些问题，就全国来说，在经济工作中，固定资产投资规模过大，基建战线拉的过长的问题依然存在，前一段时间，思想文化界极少数人借改革、开放之机发表多种背离四项基本原则的言论，使资产阶级自由化思潮在一定范围内泛滥。这些问题如不认真解决，建设有中国特色的社会主义将是不可能的，社会主义事业是前无古人的，没有成熟的模式可以搬用，在前进道路上出现这样或那样样的问题是不可避免的。而共产党人是敢于正视自己的问题，也善于解决自己的问题。我们坚信，在中国共产党的领导下，我们的社会主义制度将日益完善，我们的社会主义现代化建设肯定会一年比一年好，一年比一年有更大的发展。

各位委员、同志们，今年是“七五”计划的第二年，也是实施“七五”计划的关键一年。中共中央和国务院提出，今年要突出抓好两件大事。一是要在政治思想领域，坚持四项基本原则，坚决反对资产阶级自由化，端正政治方向；二是在经济上压缩空气，提供艰苦奋斗，勤俭建国，广泛深入地开展增产节约、增收节支运动，使整个国民经济建筑在长期稳定发展的基础上。我们要坚决按照中央和国务院的要求，大力推进我县两个文明建设，为振兴清苑迈出新的步伐，以优异的成绩向党的“十三大”献礼。现在借此机会，我向政协第二届委员会和各位委员提出几点希望：

一、理直气壮地坚持四项基本原则，旗帜鲜明地反对资产阶级自由化，巩固和发展我县安定团结的政治局面。四项基本原则是我们的立国之本。历史经验表明，中国没有共产党的领导，不走社会主义道路是没有前途的。在新的历史时期，坚持四项基本原则是搞好改革、开放的根本保证。我们搞改革，无论是经济体制改革，还是政治体制改革，都要在共产党的领导下进行，都是为了完善社会主义制度，加强党的领导，而不是为了消弱党的领导，改变社会主义制度，放弃马列主义、毛泽东思想的原则立场。中国人民所需要的民主，只能是社会主义民主，而不是资本主义的民主。特别值得注意的是，在我国，虽然剥削阶级已经消灭，但是阶级斗争在一定范围内仍将长期存在，任何时期都不能放弃人民民主专政的武器。因此，我们只有理直气壮地坚持四项基本原则，才能保证改革、开放、搞活的政治局面，才能建立具有中国特色的社会主义。

要坚持四项基本原则，就必须旗帜鲜明地反对资产阶级自由化。搞资产阶级自由化的实质，即否定社会主义制度，主张资本主义制度，核心是反对共产党的领导。前事不忘，后事之师。历史经验告诉我们，无政府主义是破坏安定团结的大敌，资产阶级自由化是社会主义现代化建设的腐蚀剂，绝不能任其泛滥，对于这方面的问题，我们必须旗帜鲜明地加以抵制、反对和斗争。今年党中央为此下发了一系列重要文件，明确地规定了斗争的性质、范围和方针政策，我们一定要学好文件，按照中央的部署办事。这场斗争要着重解决根本政治原则和政治方向问题，严格限于共产党内，不涉及民主党派、党外民主人士和党外知识分子，党内也主要是在政治思想领域内进行，既要防止扩大化，也要防止走过场。同时，欠要切实改进工作，认真端正党风，纠正各种不正之风，有什么问题解决什么问题，要继续发扬民主，密切党和群众的关系。衷心希望各界人士向党提出批评和建议。在坚持四项基本原则的前提下，活跃民主团结的气氛，进一步扩大爱国统一战线。并希望各位委员以自身经历和感受，对广大群众尤其是广大青少年进行坚持四项基本原则和维护安定团结的宣传教育，使之更加珍惜和维护安定团结的政治局面，克服资产阶级自由化思潮的干扰和影响，同全国人民一道，同心同德团结奋斗，为四化建设创造一个安定团结的政治环境。

二、继续发扬艰苦奋斗，勤俭建国的优良传统，大力开展增产节约、增收节支运动。

艰苦奋斗，勤俭建国，是我们党和人民在长期的革命和建设中，焕发出来的一种精神。这种精神，经过一代又一代的发扬光大，成了党和人民的优良传统和作风。今天，要实现我国经济形势的逐步好转，有些人头脑里艰苦奋斗的观念淡薄了，讲排场，摆阔气、铺张浪费的坏风气渐渐滋长起来，有些人还提出消费决定论，说什么消费越多对国家贡献越大，甚至把艰苦奋斗作为“旧观念”来批判。这些言论和作风，是不符合我国国情的，把消费放在前边的理论也是错误的。我们应该懂得，我国还是发展中国家，三中全会以来，我们取得了有目共睹的成果，这是事实，但我们的底子很薄，按人口平均的国民收入还很低，而且短时期内不可能根本解决。如果放手浪费，敞口花钱，结果必将使生产的增长赶不上消费的需要。没有积累，生产也就没法发展。尽管消费和生产是互为因果的，但最终起决定作用的还是生产。高消费是要以丰富的物质生活资料为前提的，而物质生活资料是通过生产创造出来的。因此，不顾我国现实，盲目提但倡高消费，不讲艰苦奋斗，不讲增产节约，是失之偏颇的，即使将来国家经济实力很雄厚了，我们还是要珍惜来之不意的社会财富。目前，不少单位和个人大手大脚，铺张浪费，乱发钱物，只讲消费，不讲积累，已经引起了广大人民群众的不满，也给经济发展带来了困难。因此，提倡艰苦奋斗、勤俭建国，开展增产节约，增收节支运动不仅是推进企业改善经营管理的措施，也是进一步端正党风和社会主义精神文明的需要。各位委员和同志们都是各条战线和各界有影响、有代表性的人士，我们一定要以身作则，在干部、职工和群众中广泛开展勤俭建国，勤俭办一切事业的宣传和教育，使人人都懂得勤俭光荣，浪费可耻，同时，我们还要大力开展技术革新和科学普及活动，坚持改革、开放、搞活的方针，不断提高经济效益，加快四化进程，争取物质文明、精神文明双丰收。

三、进一步巩固和发展我县爱国统一战线，努力做好人民政协工作。目前，我县的统战工作形势很好，爱国统一战线不断巩固、扩大，人民政协工作更加活跃，政协委员和各界人士在两个文明建设中，发挥着越来越显著的作用，政协第二届委员会由原来的93人增加到145人，统战力量进一步加强。希望政协第二届委员会要认真贯彻执行中央关于统战工作的一系列重要指示及全国统战工作会议精神，以统一祖国、振兴中华为总目标，紧紧围绕我县“两个文明”建设创造性地做好政协的各项工作。首先要充分发挥“政治协商，民主监督”的职能作用，多层次，多渠道，多形式地开展协商监督活动，就我县的重大决策和政治生活、群众生活中的重要事务，出谋献策，积极提出批评建议，帮助县委、县政府逐步实现决策民主化、科学化，克服官僚主义，避免工作失误，再就是充分发挥政协“综合人才库”的整体功能作用，广泛开展专题调查和咨询服务活动，为我县的治穷致富做出更大的贡献，第三，在做好国内统战工作的同时，要努力做好海外统战工作，要立足国内，面向海外，多渠道地开展海外联谊活动，进一步扩大爱国统一战线，一方面要广泛团结由大陆范围内全体劳动者、爱国者组成的以社会主义为政治基础的联盟，还要广泛团结台湾同胞、港澳同胞国外侨胞，以拥护祖国统一为政治基础的联盟，要求祖国统一之同，存社会制度意识形态之异，最广泛地团结国内外一切仁人志士，为推动“一国两制”科学构想的实施，促进祖国统一大业服务。

四、要广泛宣传党的统战理论和政策，充

分认识新时期人民政协的性质、任务、地位和作用，统战工作是党的工作的一个重要组成部分，是夺取革命和建设事业胜利的一大法宝，任何轻视统战、政协工作的思想，都是脱离实际的，因而也是错误的，历史证明，无论是民主革命时期，还是社会主义革命和建设时期，每一个重大胜利，都是在中国共产党领导下，团结各民主党派和各界人士团结奋斗取得的，在新的历史时期，实现统一祖国、振兴中华这个总目标，我们必须团结千千万万人民群众和各界人士，必须实行共产党领导下的多党派合作制度，建立最广泛的统一战线，才能不断夺取新的胜利。因此在新的历史时期，我们仍然离不开统一战线这个法宝。

人民政协是中国人民爱国统一战线组织，也是我国政治生活中发扬社会主义民主的一种重要形式，根据中国共产党同各民主党派和无党派爱国人士“长期共存，互相监督”、“肝胆相照，荣辱与共”的方针，对国家的大政方针和群众生活的重要问题进行政治协商，并通过建议和批评发挥民主监督的作用，政治协商和民主监督，是我国多党派合作的主要形式和实际现，是我们在人民代表大会之外发扬民主的又一重要渠道，是我们建设具有中国特色社会主义在国家政治生活方面的一个重要体现，政协是第一线，是工作班子，它的工作范围越来越大，任务更加艰巨而光荣，因此，政协工作不仅不能消弱，而且应进一步加强；不是可有可无，而是必不可少；不是无事可做，而是大有可为。各级党委和宣传、统战等有关部门，必须重视和加强统战理论和政策的宣传，提高干部和群众对新时期政协工作重要性的认识，为充分发挥爱国统一战线组织的重要作用创造条件。各级党委要把统战政协工作列入议事日程，认真贯彻落实市委一九八六年关于进一步加强政协工作的八条意见，切实加强对统战政协工作的领导，要真心实意地支持政协工作，实事求是地帮助政协解决实际困难，诚心诚意地请委员们协商问题，接受民主监督，从而加强党与非党的合作共事，充分发扬民主，进一步巩固我县安定团结的政治局面，发展和壮大爱国统一战线。

各位委员、各位同志，我们已步入八十年代的第七个年头。回顾过去，形势大好，成绩辉煌；展望未来，前途光明，任重道远，让我们在中国共产党的领导下，始终不渝地坚持四项基本原则，旗帜鲜明地反对资产阶级自由化，坚持改革、开放、搞活，推动我县两个文明建设，共同维护和发展安定团结的大好局面，为统一祖国，振兴中华，振兴清苑贡献力量，以优异的成绩，迎接党的“十三大”召开。

最后，祝大会圆满成功。

祝各位委员、各位同志身体健康！

## 【政协清苑县第三届委员会第一次会议】

### 在政协清苑县<br>第三届委员会第一次会议上的讲话

县委书记　刘德忠

（1990年4月1日）

各位委员、各位同志：

中国人民政治协商会议清苑县第三届委员会第一次会议今天开幕了。我代表中共清苑县委向大会表示热烈祝贺，并向为推动我县改革开放和“两个文明”建设勤奋工作，贡献出聪明才智的各位委员表示亲切的慰问和衷心的感谢；同时，向来自保定市以及各区和满城县政协、统战部的领导同志表示热烈欢迎。

这次会议是在全党深入学习，认真贯彻党的十三届六中全会，全国七届人大三次会议和全国政协七届三次会议精神，国家政治、经济以及社会基本稳定，治理整顿和深化改革取得初步成效的形势下召开的。这次会议的召开，是全县人民政治生活中的一件大事，也是我县爱国统一战线的一件大事，它对于进一步贯彻党的十三届六中全会和全国政协七届三次会议精神，坚持和完善中国共产党领导的多党合作和政治协商制度，加强我县的统一战线工作，巩固和发展我县安定团结的政治局面，搞好治理整顿和深化改革，促进我县经济持续稳定、协调发展，必将产生深远影响。

同志们，从县政协二届一次会议到现在，已经三年时间了，在这期间，我县广大干部、群众在县委领导下，认真贯彻执行党的十一届三中全会以来的路线、方针、政策，坚持“一个中心、两个基本点”。旗帜鲜明地反对资产阶级自由化，有效地促进了我县两个文明建设的发展，使我县政治经济形势发生了深刻变化。1989年与1986年相比，社会总产值由49362万元增加到76160万元；　国民生产总值由29196万元增加到43297万元；国民收入由26812万元增加到33329万元；工农业总产值由34173万元增加到42339万元；农村人均收入由438元增加到495元。我县科学、教育、文化、卫生及城乡公共事业也都有了新的进展。我县社会稳定，经济繁荣，人民生活有了明显提高。与此同时，我县统一战线和政协工作也出现了新的气象，全体政协委员与各界人士在“长期共存，互相监督，肝胆相照，荣辱与共”的方针指引下，为推动祖国统一，振兴中华，振兴清苑做了大量的工作，发挥了积极作用，赢得了社会的好评。特别是在去年春夏之交，发生的那场关系我们国家和民族前途命运的重大政治斗争中，我们的政协委员立场坚定，旗帜鲜明，坚决支持中共中央和国务院为制止动乱、平息反革命暴乱所采取的一系列正确措施。为支援北京平暴，稳定清苑局势起了积极作用。对此，我代表县委向各位委员和同志们表示衷心的感谢和敬意。

同志们：一九九〇年是九十年代第一年。是治理整顿、深化改革关键的一年。年初，我们召开了中共清苑县委五届五次全委扩大会议。会议确定了我县今年的总任务。制定了我县未来三年农业发展规划。我们的任务相当艰巨。我们政协的各项工作要紧紧围绕县委五届五次全委扩大会议确定的总任务，根据政协的职能、特点和优势，积极开展工作，充分调动各界人士的积极性，为我县政治、经济以及社会稳定做出新的贡献。

下面，讲几点意见。

**一、结合当前形势，认真学习深入贯彻《中共中央关于坚持和完善中国共产党领导的多党合作和政治协商制度的意见》**

当前，国际形势动荡，风云多变。总的看，和平和展仍是当代世界面临的主流。世界上是以美苏为主要对手在全球范围内争夺霸权这样一个总的格局。在这个总格局中，由两个超级大国主宰世界的局面正在向多级化变化，各种力量在重新组合。整个国际形势的特点是：军事领域的斗争正在缓解，政治领域和经济领域的斗争日益激烈。以美国为首的西方资本主义国家打了一场没有硝烟的战争，他们用战争的手段无法消灭社会主义国家，而用“和平演变”的战略颠覆社会主义制度。

东欧局势的剧变，已成为世界舆论的中

心。现在，东欧形势仍在变化，结局尚难预料。东欧各国尽管情况有所不同，但共同的特点是修改宪法中党的领导的条款，抛弃无产阶级专政，宣布反对派组织合法，同意或已经实行多党制，搞西方式的议会民主和三权分立，主张实行完全的市场经济和私有制。其实质是走上了一条否定共产党的领导，否定社会主义的道路。目前，东欧各国已进入了一个混乱的动荡时期，经济情况越来越恶化。

由于受“国际上大气候”和国内“小气候”的影响，去年春夏之交，极少数人利用学潮，掀起了一场有组织、有计划、有预谋的政治动乱和反革命暴乱。极少数顽固坚持资产阶级自由化的人，极力美化西方资产阶级的“多党制”和“政治多元化”，妄图在中国建立反对党。推翻中国共产党的领导，推翻社会主义制度，使全国变成资产阶级共和国，变成资本主义发达国家的附庸。

一个国家实行什么样的政党制度，是由各自国家的社会历史条件所决定的。我国的历史形成了实行共产党领导的多党合作制度。它不同于某些国家的“一党制”和“多党制”。这种政党制度是我国政治制度的特点和优点。我国的多党合作是以坚持中国共产党的领导和坚持四项基本原则为政治基础的。以宪法为根本活动准则，以党和国家不同时期的总任务为共同政治纲领的。中国共产党与民主党派的关系，不是在朝党和在野党的关系，更不是执政党和反对党的关系，而是互相尊重、互相监督。共同致力于社会主义事业的亲密友党的关系，这种新型的政党关系，是任何资本主义国家的两党制或多党制无法比拟的。

最近，中共中央公布了《中共中央关于坚持和完善中国共产党领导的多党合作和政治协商制度的意见》（即中发[1989]14号文件），这个文件全面总结了长期以来，特别是十一届三中全会以来，中国共产党领导的多党合作和政治协商方面的基本经验，制定了在新历史时期我党和各民主党派合作共享的准则。贯彻落实好这个文件，不仅是民主党派工作，统一战线工作的一件大事，而且是全国政治生活中的一件大事。它对于加强民主党派工作，坚持和完善具有中国特色的社会主义政党体制，巩固和发展爱国统一战线，反对和抵制西方的“多党制”以及国际反动势力的“和平演变”战略，具有重大的现实意义和深远的历史意义。因此，我们要学习贯彻好这个文件。就我们县来讲，就是要进一步完善我们的政治协商、民主监督制度，充分发挥人民政协的职能作用。

**二、密切联系群众，当好人民群众的代言人**

最近，党的十三届六中全会通过了《中共中央关于加强党同人民群众联系的决定》，这个决定不仅对于实现我国政治经济和社会进一步稳定发展具有重要的现实意义，而且对于实现党在新时期的总目标、总任务。推进有中国特色的社会主义伟大事业，将产生深远影响。

党在长期斗争中创造和发展起来的相信群众，依靠群众，从群众中来，到群众中去的群众路线，是党的根本工作路线，是党的优良传统和政治优势。回顾我们党的历史，我们之所以能够克服前进道路上的困难，取得一个又一个重大胜利，从根本上说就是得到了人民的拥护和支持。有段时间，党的群众路线以及党的群众观点在我们一些党员干部中所有淡漠，人民群众在想什么，需要什么，不了解，不反映，不解决，忘记了为人民服务这个党的根本宗旨；有的党员干部长期脱离群众，滋长了严重的官僚主义作风；还有的干部违法乱纪、以权谋私。这样下去是很危险的。今后，我们要严防脱离群众的现象发生。

今年是治理整顿、深化改革关键的一年，我们的任务十分艰巨，面临的困难还不少。克服困难从哪里入手，毛泽东历来提倡“有事同群众商量”。人民群众中蕴藏着极大的社会主义积极性，重要的问题是如何把人民群众的聪明才智和积极性，创造性的调动起来。治理整顿的困难再大，只要有人民群众的理解，事情就好办，国际国内的风浪再大，只要有人民群众的支持，我们就能顶得住。要得到人民群众的理解和支持，就必须深入到群众中去，紧紧地依靠群众，和人民群众保持血肉般的联系。为了认真贯彻《中共中央关于加强党同人民群众的联系的决定》，县委就如何加强党同群众的联系作了研究，对机关干部下基层作了安排部署。今后，党政机关干部每年要分几批下到基层去，倾听群众意见，为群众办实事。

人民政协是由各界人士组成的爱国统一战线组织。政治协商、民主监督是人民政协的基本职能，是发扬社会主义民主的重要场所，是坚持党的群众路线的重要内容。我们的政协委员代表各阶层广大人民群众参政议政，行使当家作主的管理权。人民群众的意愿和呼声要靠我们反映给党委和各级政府，从某种意义上讲，我们就是人民群众的代言人。因此，我们政协委员更应密切联系群众。只有密切联系群众，群众有什么知心话才愿对我们讲，有什么意见和要求才愿对我们说；只有密切联系群众，我们政治协商、民主监督质量才能提高。我们要大力加强与人民群众的联系。要积极疏通与拓宽与人民群众联系的渠道，要建立和完善一整套联系群众的制度，使我们党群关系、干群关系出现一个崭新的面貌。

**三、充分发挥人民政协的形势，积极为我县治理整顿和深化改革服务**

目前，我县的统战工作形势很好，爱国统一战线不断巩固扩大，人民政协工作更加活跃，发挥着越来越显著的作用。希望政协第三届委员会要认真贯彻执行中央关于统战工作的一系列方针、政策。学习贯彻好全国政协七届三次会议精神，以统一祖国，振兴中华为总目标，紧紧围绕我县社会经济政治局面的稳定以及治理整顿、深化改革开展各项工作。首先，要把维护安定团结的政治局面作为一件大事去抓。中央领导同志讲：当前，最重要的是保持国家稳定。维护国家稳定是压倒一切的大局。没有稳定的国家局面，什么改革建设都搞不成，如果没有稳定的社会政治局面，治理整顿和深化改革就不可能成功。当前，随着治理整顿和全面深化改革深入发展，必然引起我国社会结构和经济结构的深刻变化，不可避免地会产生矛盾和摩擦。引起一些不稳定的因素。因此，这就需要充分发挥统一战线的协调功能。协调各种社会矛盾和不同利益集团的关系，团结一切可以团结的人，调动一切可以调动的力量，力争把治理整顿中可能出现的矛盾解决在基层，解决在萌芽状态，为我县有一个安定团结、民主、和谐的政治局面做出贡献。其次，积极为清苑经济报兴献计献策。政协是一个综合人才库，我们的政协委员大多是各界有识之士，具有较高的科学文化素质和思想理论水平，是四化建设中的骨干力量，政协要充分发挥人才优势，围绕我县确定的今年的总任务，针对我县经济建设存在的问题，选择若干题目，组织有关人士进行调查研究，提出有情况、有分析、有方案的切实可行的建议，供县委和政府决策。要发挥科技战线政协委员的作用，继续搞好咨询服务活动；通过科技进步、科技兴农，振兴我县经济。台属侨眷政协委员，要加强海外联谊活动，大力宣传大陆的投资政策及投资环境，力争搞好资金、项目的引进。第三，发挥监督功能，促进我县廉政建设。加强廉政建设，是加强党的建设的需要，是巩固社会主义制度的需要。只有切实加强廉政建设，清除腐败现象，才能有一个稳定的社会经济环境，才能使治理整顿、深化改革顺利地进行下去。所以，要充分发挥人民政协的监督功能，发动群众积极参与反腐败斗争，大胆检举揭发违法乱纪问题。要把廉政建设当作民主监督的一项重要内容长期抓下去，使我们党风、政风有一个明显的根本好转。第四，要为祖国和平统一作贡献。实现祖国和平统一是当前我们党的重要任务之一。我们的统战工作对象、各界人士以及政协委员当中，有许多人与港、澳、台以及外籍华人有着广泛的历史联系或社会联系，具有吸引、争取、团结三胞的特殊优势。通过他们来做台湾人民和国民党人士的工作，可以起到共产党人起不到的作用，是统一祖国大业中一支重要力量。因此，我们要注意发挥他们的作用。

**四、进一步提高对政治协商、民主监督重要性和必要性的认识，积极支持人民政协工作。**

当前，随着社会主义民主政治建设的发展，各级党委的民主意识普遍有了增强，政治协商、民主监督的制度逐步开始完善，人民政协的人才优势与整体功能得到进一步发挥。但是，在我们一些单位的领导干部还存在一些不正确的看法，“有的认为协商监督是上边的事，下边没多大必要”，“有的认为多一道程序多一道麻烦”，“还有些认为协商不协商没什么关系”，这些看法都是片面的，反映了对政治协商、民主监督的重要性，必要性还缺乏全面正确的认识。邓小平在《共产党要接受监督》一文中指出“党要领导得好，就要不断克服主观主义、官僚主义、宗派主义，就要接受监督，不注意扩大党和国家的民主生活。就一定要脱离群众，犯大错误。因为我们关起门来办事，凭老资格，自以为这样就够了，对群众、对党外人士的意见不虚心去听，就很容易使自己闭塞起来，考虑问题产生片面性。这样非犯错误不可”。因此，坚持政治协商、民主监督不仅对高层领导机关是必要的，对基层党政机关也是必要的，不是可做可不做的事，而是必须做并且一定要做好的重要工作。

首先，各级党政领导要对统战、政协工作引起高度重视。要认真贯彻落实《中共中央关于坚持和完善中国共产党领导的多党合作和政治协商制度的意见》，认真贯彻执行《中共保定市委关于加强政协工作的决定》，要把统战政协工作列入议事日程。县委、人才、政府召开的有关会议，要主动邀请政协主席或有关常委列席。各部门召开的重要会议，也要邀请政协领导或有关委员会的领导参加，听取他们的意见和建议。各部门向县委和政府上报的工作计划、总结报告、资料汇编、重要信息等文件，要抄送政协参阅。凡是应该让政协委员看到的文件，一定要让他们及时看到。

要积极支持政协的各种活动。对政协组织的各种考察、调查研究以及各种座谈会、对话会等活动，各部门要积极支持，尽可能提供方便。

要认真对待政协和政协委员的意见、建议和批评，对委员的提案，有关部门要认真研究处理，并及时给予答复，不能久拖不决，也不能一转了事。对以政协常委会议、主席会议或以各委员会名义提出的意见、建议和批评，凡以正式文件形式送达的，有关部门应认真负责的进行研究处理，并将结果尽快以正式文件形式做出答复。

要不断加强政协的思想建设和组织建设。从事政协工作的人员，要自爱、自尊、自重；要加强学习，提高政治素质和业务水平，增强事业心和责任感；每个委员要发扬主人翁精神，勇于参与，善于参与，要当共产党的诤友，不要当清客。县政协要切实加强与乡镇统战政协联络组的联系与指导。同时，要加强与兄弟县（市）政协的横向联系，沟通情况，互相学习，交流经验，进一步开创我县政协工作的新局面。

各位委员、同志们：当前，我们面临的任务十分艰巨，我们坚信有以江泽民同志为首的党中央的正确领导，有十三届四中、五中、六中全会精神为指针，有在座的各位朋友和各位同志及全县广大干部群众的支持，我们确定的一九九0年的总任务一定能够实现，让我们更加紧密的携起手来，“肝胆相照、荣辱与共、同心同德、群策群力，”为完成祖国统一大业，为实现祖国繁荣昌盛而共同奋斗。

最后，祝大会圆满成功！祝同志们精神愉快，身体健康！

## 【政协清苑县第四届委员会第一次会议】

### 在政协清苑县第四届委员会第一次会议上的讲话

县委书记　张志文

（1993年1月3日）

各位委员、各位同志：

在政协清苑县第四届委员会第一次会议隆重召开之际，我代表县委表示热烈祝贺，向出席这次会议的全体委员致以亲切的问候！

这次会议是在全县人民认真学习贯彻十四大精神，按照中共清苑县第七次党代会的战略部署，加快改革开放和经济建设步伐的新形势下召开的。对于进一步调动社会各界、各方面人士参政议政的积极性、巩固全县安定团结的政治局面、促进清苑经济实现跳跃式大发展和社会各项事业的全面进步，具有重要意义。

在过去的三年中，政协清苑县第三届委员会，围绕经济建设中心，以致力富民强县为目标，认真履行民主监督和政治协商职能，紧密团结社会各界人士和海外三胞，为稳定发展清苑做出了贡献。近几年来，我县安定团结的政治局面更加巩固，改革开放取得了很大成绩，全县政治、经济、文化教育及社会各项事业都有了长足进步，为我们今后加快发展创造了条件，奠定了基础。这些成绩的取得，是包括各位委员、各人民团体、各界人士在内的全县入民团结奋斗、和衷共济的结果，是政协维护、支持县委工作的结果。在此，我代表县委向全体政协委员、社会各界人士致以崇高的敬意和衷心的感谢！

今后几年，是清苑实现经济腾飞的辉煌时期，同时又是需要全县人民继续同心同德、艰苦拼搏的创业时期。目前，全国各地都在贯彻落实党的十四大精神，大改革、大开放、大发展的新潮正在兴起。这对我们清苑县来说，既是机遇，又是挑战。我们必须增强把握机遇、迎接挑战的意识，千方百计加快经济发展步伐。不久前召开的中共清苑县第七次党代会，全面分析了当前我县面临的形势，按照十四大及省、市委全会精神，提出了以市场经济为导向，以开放引进为外力，以科技进步为保障，高度重视农业，大力发展乡镇企业，改造提高县办工业，加速发展第三产业，培育开拓市场。采取超常举措，放胆改革实干的指导思想和争取今后八年内，全县国民经济超常大发展，到本世纪末实现翻三番的奋斗目标。并制订了一系列相应的战略措施。这些奋斗目标和战略举措，既鼓舞人心，又切实可行，反映了全县65万人民的意愿。能否实现县委提出的战略目标，在一定程度上取决于我们能否把一切力量团结起来，把方方面面的积极因素调动起来。人民政协是广泛的爱国统一战线组织，是团结各界人士的桥梁和纽带。我们诚恳希望政协一如既往地关心和支持县委的工作。希望每位委员，都要积极投身到加快清苑经济发展的大潮中来，勤奋工作，开拓进取，充分发挥自己的聪明才智，以实际行动为稳定清苑、发展清苑做出更大贡献。为此，给大家提四点希望：

第一、希望大家深刻领会十四大精神实质，以建设有中国特色的社会主义理论为指导，紧紧围绕建立和完善社会主义市场经济体制开展自己的工作。在新的形势下，各位政协委员和社会各界人士，都要进一步解放思想，求实创新，以新的视角、新的高度，不断探索、不断实践、不断地总结提高自己的工作，更好地发挥参政议政作用，更好地为改革开放和经济建设服务。

第二、希望政协积极履行民主监督和政治协商职能，推进我县社会主义民主与法制建设。对涉及全县大政方针和政治、经济、社会生活及改革中的重大事项，在县委、人大或政府作出决策之前，政协要积极主动的参与民主监督和政治协商。同时，要求县委、人大和政府要经常及时地向政协通报情况，广泛征求社会各界人士的意见和建议。各部门都要积极支持政协的工作，保证政协民主监督和政治协商职能的充分发挥，力求使县委、人大和政府决策更加符合广大人民的意愿和利益。

第三、希望政协运用和发挥好自己独特的优势，为加快发展清苑经济献计出力。要发挥“智囊团”优势，用智力参政议政，为解决我县经济发展中的重点、难点、热点问题出谋划策；要发挥“人才库”优势，积极发现人才、开发人才和引进人才，要发挥社会联系面广的优势，积极创造条件，开拓渠道，外引内联，为搞活经济、引进资金和项目牵线搭桥。

第四、希望政协广泛开展有各界人士联谊活动和对台对外宣传，为推进和平统一祖国进程作贡献。各位委员要广交朋友，开发和利用“关系资源”，做好接待和对外经贸工作，扩大双向交流，争取和团结更多的海内外朋友来清苑观光，投资办企业，共图振兴清苑大业。

各位委员、各位同志，我们有以江泽民为核心的党中央的正确领导，有勤劳勇敢的65万清苑人民，有社会各界人士的通力合作，有前几年打下的坚实基础，我们对前途充满必胜的信心，我们的事业将更加兴旺发达。让我们更加紧密地团结起来，共同谱写振兴清苑的崭新篇章。

预祝大会圆满成功！

## 【政协清苑县第五届委员会第一次会议】

### 继承和发扬人民政协的优良传统<br>开创跨世纪政协工作的新局面<br>——在政协清苑县五届一次会议上

县委书记　张兴堂

（1998年2月14日）

各位委员、同志们：

正当全党全国人民在江泽民同志为首的党中央领导下，高举邓小平理论的伟大旗帜，全面贯彻落实十五大精神，推进经济体制和经济增长方式的根本转变，进一步加强农业基础地位，加快国有企业改革步伐，加大经济结构调整力度，提高对外开放水平，实现国民经济持续、快速、健康发展和社会全面进步，把我国的现代化建设事业全面推向新世纪的重要时期，正当举国同庆，全国人民欢度祥和喜庆的新春佳节的日子里，政协清苑县第五届委员会第一次全体会议隆重召开了。在此，我代表县委、县政府向大会表示热烈的祝贺，并向出席这次会议的会体委员致以亲切的节日问候。

政协清苑县第四届委员会在全体委员的共同努力下，积极配合县委的中心工作，认真履行政治协商、民主监督、参政议政职能，围绕我县政治经济建设开展调查研究，积极献计献策。五年来，配合县委、县政府大力抓好“市场兴农，开放兴工、三沿开发、科技兴县”的战略，实施富民强县工程，使我县社会经济实现了全面进步；建小康，抓生产，财政经济跃上了新台阶。统一协调、密切配台、标本兼治，开创了我县稳定工作的新局面，积极运作、稳妥推进，各项改革取得了新突破；借外力、增实力，强化软硬环境建设，开放引进提高到了新水平；坚持两个文明同步谋划、同步实施、同步运行，精神文明建设迈出了新步伐；强化干部党员队伍管理，深入开展“一抓双促创五好”活动，基层党建探索了新经验，这些成绩的取得，渗透着四届政协全体委灵为心血，倾注了四居政协全体委员的精力，在此，我代表县委，县政府对全体政协委员和各界人士表示衷心的感谢并政以崇商的敬意。

政协清苑县第五届委员会是处于世纪之交的至关重要的一届，是我们实现九五计划和2010年远景目标的关键时期，我们要带领全县人民跨入21世纪，就要全面贯彻落实十五大精神，坚持稳定、发展约方针，紧紧围绕经济强县目标，进一步加强党的建设，提高精神文明建设水平，实施科教兴县和外向带动战略，大力培植新的增长点，促进国民经济持续、快速、健康发展和社会的全面逆步。这就要求新一届政协继承和发扬人民政协的优良传统，发挥政协委员的职能优势，更为有力的配合、支持县委、县政府的工作，和全县人民一道，抓住机遇，迎接挑战，拼搏实干，开拓进取，把我县建成文明、开放、富强、繁荣的经济强县，同时开创跨世纪政协工作的新局面。据此，我讲四点意见:

**一、学习邓小平理论，贯彻十五大精神，创造政协工作的新氛围。**

人民政协是中国人民爱国统一战线的组织，是中国共产党领导的多党合作和政治协商的重要机构，是我国政治生活中发掘社会主义民主的重要形式，是我国的一项基本政治制度。人民政协的取能是政治协商、民主监督和参政议政。对此，我们的一些老政协委员是熟知的，在实际工作中也切实履行了自己的职能。这次通过政协换届，一些新的委员进入政协，为政协增添了新鲜血液。新老委员更替，更好地履行职责，都需要认真学习。当前，要学习邓小平理论，坚持用邓小平理论指导自己的工作和行动。邓小平理论是马克思主义同当代中国实际和时代特征相结台的产物，是毛泽东思想在新的历史条件下的继承和发展。贯初落实十五大精神，首先要高举邓小平理论内伟大旗识，全面正确地掌握邓小平理论为科学体系和精神实质，学习邓小平观察和解决问题的立场、观点和方法，透彻把握其“解放思想、实事求是”的理论精随，把建设有中国特色的社会主义事业全面推向21世纪。

学习邓小平理论，找扎实实做好新形势下的政协工作，是县委对五届政协的具体要求。要造成政协工作的新氛围，所有参加政协的民主党派、群众团体、各界人士，要理论联系实际，突出政协工作的“主旋律”，摘好颐治协商、民主监督、参政议政，振好团结、民主的工作主题，发扬勇于进取、积极探索的精神，坚持谦虚谨镇、清正廉洁的优良品质，保持知难而进、真抓实干的工作热情，体现顾全大局、团结协作的良好作风，形成政协支持配台各级党委、政府的工作，支持配合各部门的工作，党委、政府和各部门配台支持政协工作的良好局面。只有这样，政协工作才会卓有成效，才能更好地履行政协职能。

**二、抓住重点，紧扣中心，拓展政协工作的新领域。**

人民政协是我国政治体创的一个重要组成部分，它既不是国家权力机关，也不是国家行政管理机构，而是一个统一战线性质的组织，它的组成，不仅有民主党派，有群众团体，还有更广泛的党外知名人士，非公有制经济的代表人士，科技和各类专业的专门人才，因此，更具有广泛性、权威性、民主性和代表性。近些年来，人民政协的社会地位越来越高，政协的职能作用越来越明显，政治苏商已成为社会主义民主政治建设的重要途径和手段，民主监督也和法律监督一样成为有组织的监督形式，参政议政为广大政协委员参与国事的管理提供了更多机会。这就要求，政协履行职能要以经济建设为中心，以维护政治稳定为重点，以工作中的难点为目标，以群众普遍关注的热点问题为突破口，捕好调查研究，广泛体察民情，充分反映民意，提出真知为见，进入决策过程。各位委员要围绕县委的中心工作参政议政，围绕我县的经济建设出主意、想办法，围绕人民群众的切身利益抒己见、讲真话，围绕社会的稳定协调关系，化解矛盾，理顺情绪，鼓舞斗志，图绕县委、政府的大政方针鼓实劲，出实招、干实事。总之，通过政协行之有效的工作，消动积极因素，发挥全县人民和政协委员的聪明才智，凝褁民心，为清苑的发展稳定作贡献。

**三、积极参政议政，真诚进言献策，形成政协工作的新风貌。**

政协的主体是政协委员，发挥委员的作用，是做好政协工作的基础和前提。要提商政协工作的质量，形成政协工作的新风貌，首先要提商政协委员的政治素质。我们的全体委员特别是新委员，从进入政协的第一天起，就应以对党、对人民高度负责的态度，学习政协章程，学习党的统战政策，明确和履行职施，珍惜政协委员的光荣称号，不斷加强自身的修养和锻炼，提商政治素质。其次要提商提案的质量。政协工作的高质量，主要体现在委员提案的高质量上。几年来，政协委员在维护社会稳定、促进社会进步、推动经济发展诸多方面提出了许多好建议，好提案，取得显著成效。要发扬这一好成绩，进一步在提案质量上下功夫，要做到参政参到关键处，议政议到点子上，提出的意见要真正说明问题，提出的建议要真正解决问题，提出具有宏观性、超前性、可行性的提案，真正成为领导决策的依据。再次是要发挥委员的自身优势。我们的政协委员来自于各条战线，有部门的领导，有民营企业的代表，有华侨台胞的眷属，有具特长的人才，因此，各位委员要发挥自己的特长和专长，施展才华，在本职岗位上建功立业，或作精神文明的示范户，或作经济发展的排头兵，或作招商引资、海外联谊的率线者，或作勤劳我富的带头人，热心为群众办实事，加强与人民群众的联系，在积极参政议政的同时，扩大政协的影响，推动政协工作的开展。

**四、加强党的领导，搞好机关建设，树立人民政协的新形象。**

能否充分发挥政协“智囊团”“人才库”的优势，做好新形势下的政协工作，是衡量各级党委、政府和领导干部的政治素质、政策水平和民主作风的重要标志。党政领导要从社会主义民主政治建设的需要出发，要从思想上、行动上真正重视和支持政协工作，切实把政协工作摆上党委的重要议事日程，努力做到：决策首主动进行政治协商，执行中主动接受政协的民主监督，工作上主动支持、配合政协的参政议政。新一届政协中，各乡镇党委主管副书记都担任了政协委员，这是这届政协的一大特色，是重视政协工作的具体体况。担任副书记的政法委员要担负起与所在乡政协委员联系的责任，对乡党委、乡政府的夬策，要及时向所在乡的政协委员通损情况，真心实意地认真办理各项提宗，征求委员的意见，倾听群众的呼声，使其在党委的工作布局中有位满腔热情地支持政协工作布局中有位置、有作为。

随着政策地位的不断提高，政协机关也需要加强自身建设，在努力提高机关工作人员政治常质、业务家通更提商委要定期组织委员学习，务意识和工作能力的同时，员的政治业务素质，定期向委员通报情况，为委员的知情出力创造条件，定期组织委员镇好视察、调查，提商委员的参政议政水平，定期组织好各种会议，保证委员履行职能渠道的畅通，定期分析形势，把委员的各种成果集中起来，形成有份量、有价值、有水平的调查报告和建议，呈送县委、政府，纳入决策程序。县政协要通过精心、热管、周到、细致的为委员服务、树立政协的新形象，促进政协工作的规范化、制度化的落实。

各位委员、同志们，处于世纪之交的人民政协任重页道远，各位委员肩负的责任无比重大，让我们在县委的统一领导下，紧密团结在以江泽民为首的党中央周围，高举邓小平理论的伟大旗帜，商举爱国主义和社会主义的旗帜，认真贯彻落实十五大精神，继承和发扬人民政协的优良传统，围绕建设经济强县这个主题履行政协职能，再接再励，开拓进取，努力拼搏，为实现经济强县的宏伟目标，为开创跨世纪政协工作的新局面而努力奋斗！

祝大会圆满成功！

## 【政协清苑县第六届委员会第一次会议】

### 同心同德 扎实工作<br>艰苦奋斗 拼搏进取<br>为全面建设小康社会而奋斗<br>——在县政协六届一次会议上

县委副书记 陈景福

（2003年4月6日）

各位委员、同志们：

春风劲吹，彩旗飘扬。在全县上下深入学习贯彻党的十六大精神的新形势下，政协清苑县第六届委员会第一次会议隆重开幕了。来自全县各条战线的252名委员欢聚一堂，肩负人民重托，共商发展大计。这次会议的召开对于进一步凝聚全县人民的智慧和力量，为全面建及小康社会实现清苑腾飞而努力奋斗，必将起到重要的推动作用。在此，我代表中共清苑县委，对大会的召开表示热烈祝贺！

过去的五年，是我县经济快速发展、城市面貌整体改善，社会政治局势根本好转、整体实力大幅度提升的五年。五年来，全县广大党员干部群众，在县委的领导下，紧紧围绕建设繁荣，富强、文明新清苑的总体目标，解放思想，与时俱进、开拓创新，经济建设和社会各项事业取得了显著成效。以发展为第一要务，全力优化发展环境，狠抓规模企业群体建设，积极推进农业产业化调整，国内生产总值、财政收入，农民人均纯收入稳定增长，县城经济步入良性循环快速发展的轨道；以建设保定一流卫星城为目标，不断完善基础设施，推进路网建设，清苑对外形象日益提升；围绕依法治县，坚持“立体性抓稳定，实现可特续稳定”的工作思路，积极推进社会治安综合治理，全面落实治本之策，稳定工作实现新突破；坚持以人为本，深入开展“一制三三化”“旨三教”“六要六不要”“五坚持五整治”“四要四不要”“三严四自”等活动，基层组织建设进一步加强，干部队伍的整体素质明显提高，党风政风明显好转，党的建设开创了新局面；着眼教化民众，淳化社风民风，精神文明建设和社会各项事业取得了新成效。成绩的取得，是全县人民团结一心、共同努力、奋发图强的结果，也凝结着五届县政协和广大政协委员的辛劳、智慧和汗水。五年来，五届县政协在上级政协的指导下和县委的领导下，坚持以邓小平理论和“三个代表”重要思想为指导，高举发国主义和社会主义两面旗帜，牢牢把握团结和民主两大主题，围绕中心、服务大局，认真履行政治协商、民主监督、参政议政的职能，不断解放思想、与时俱进、开拓创新，为进一步巩固和发展新时期的爱国统一战线，推动我县两个文明建设和社会全面进步，发挥了重要作用。借此机会，我谨代表县委、县政府向五届县政协全体委员、政协工作者，并通过你们向所有关心清苑、支持清苑、为清苑的建设献计出力的社会各界人士表示衷心的感谢和崇高的敬意！

各位委员、同志们，党的十六大对新世纪新阶段加快推进改革开放和现代化建设，加强和改进党的建设等各方面工作作出了全面部署。形势逼人，不进则退。为此，刚刚闭幕的县第九次党代会明确提出今后五年全县工作的指导思想和任务目标：认真贯彻党的十六大精神，践行“三个代表”，半记两个“务必”，树正气、讲团结、求发展，登高望远，与时俱进，脚踏实地，开拓创新，以“一融三化”、打造开放的新型工业卫星城为目标，实施开放兴县、工业兴城，项目兴主战略，强化党建，优化环境，保持稳定，推进文明。到207年，全县城镇化水平、工业化水平，农业产业化水平显等提高，力争国内生产总值，财政收入在200年的基础上翻一般，城镇人口翻两番，为全面建设小康社会奠定坚实基础。蓝图已经绘就，战舰已经起航。完成光荣而艰巨的任务，需要动员方方面的力量，调动一切积极因素，全力去拼搏进取。县政协要按照省委提出的“树正气、讲团结、求发展”的要求，结合县委开展的“学，创、促”活动，紧密联系政协工作实际，认真研究和思考清苑怎么办，怎么干的问题，切实解决好影响清苑发展的思想障碍和体制障碍，努力做到发展要有新思路、改革要有新突破、开放要有新局面、各项工作要有新举措，以奋发有为的精神状态，为打造开放的新型工业卫星城、全面建设小康社会，更好地发挥人民政协的重要作用。为此，我代表县委讲三点意见：

**一、认真学习，努力实践，坚持以党的十六大精神指导新时期的一政协工作。**

认真学习贯彻党的十六大精神，是我们当前和今后一个时期的首要政治任务，是我们打适开放的新型工业卫星城、全面建设小康社会的行动纲领。我们要继续发扬人民政协自我教育的优良传统，组织广大委员和各界人士，全面深入细致地学习十六大文件和胡锦涛总书记在西柏坡学习考察时的重要讲话精神，在围绕主题、把握灵瑰、抓住精髓、学以致用、狠抓落实上下功夫，切实把思想统一到十六大精神上来，把智慧和力量凝聚到完成十六大提出的各项任务上来。要把“三个代表”重要思想落实到政协各项工作中去，“三个代表”重要思想是十六大的灵魂，是中国头产党必须长期坚格的指导恶想，也是做好政协和统一战线工作的理论基础和思想基础。我们必须持以“三个代表”重要思想统创政协工作，牛牢把握关键在坚持与时俱进，核心在坚持党的先进性，本质在坚持执政为民的根本要求，切实把“三个代表”重要思想体现到坚持和完善共产党领导的多党合作和政治协商制度之中，体现到充分厦行参政议政和民主监督的职能之中，体现到促进我县物质文明，政治文明、精神文明建设的各项工作之中要按照与时俱进的要求推进政协工作创新，坚持解放思想、实事求是、与时俱进的思想路线，是中国共产党坚持先进性和增强创造力的决定性因素，也是做好新世纪新阶段政协工作的关键所在。我们必须充分认识新形势新任务，对政协工作提出的新要求，切实把思想认识从那些不合时宜的观念、做法和体制束缚中解放出米，自觉做到在解放思想中统一思想，用发展的马克思主义指导新的实践。不断研究新情况、解决新问题、总结新经验，丰富工作内容，大胆创新工作方式，以新思路和新举措开创政协工作新局面。要调动一切积极因素为尖现共同目标增添断力量。要打造于放的新型工业卫星城、建设经济强县，就必须团结一切可以团结的力量，调动一切可以调动的因素。人民政协是党领导的爱国统一战线组织，荟萃了多方面的人才，拥有丰富的智力资源，在加快我县现代化建设中，肩负光荣的责任，具有独特的优势。我们要进一步扩大政协组织的包容性，把不同阶层，不同民族、不同信仰的人团结起来，为加铁建设经济强县不新增添新力量，

**二、团结一心，励精图治，在全面建设小康社会中充分发挥政协组织的作用**

发展才有希望，团结就是力量。全面建设小康社会、打造开放的新型工业卫凰城是全县今后一个时期工作的大局和中心，政协组织要紧紧围绕这个中心和大局，不断增强扒住机遇、加快发展的紧道感和责任感，用发展的观点统一思想、统一行动。以新的精神、新的姿态、新的面貌，在加快我县物质文明、政治文明、精神文明建设中谱出新的篇章。

一是要纳祥言、献良策，为推进社会主义物质文明建设献计出力。全面建设小康社会，最根本的是坚持以经济建设为中心，不断解放和发展生产力。政协组织和广大委员要牢固树立发展是硬道理，是执政兴县第一要务的思想，紧紧围绕“打造开放的新型工业卫星城”这一目标，聚精会神搞建设，一心一意谋发展。要围绕“开放兴县、工业兴城、项目兴业”这一主战略，把今后我县经济发展中带有全局性、战略性的重大问题，作为参政议政的重点，深入调查研究，开展协商讨论，议大政、进诤言，提出有创见性的思路和有价值的对策。多层次、多渠道开展技术培训、咨询服

务、智力开发、信息交流等活动，进一步推进我县农业产业化调整。利用自身优势，多形式、全方位宣传清苑，广泛开展对外交往和海外联谊活动，不断提高我县的对外开放水平。

二是要讲团结，求大同，为推进社会主义政治文明建设多做工作。全面建设小康社会、打造开放的新型工业卫星城必须有一个长期、持续、和谐稳定的社会环境。实现可持续稳定，必须下大力加强社会主义政治文明建设，共产党领导的多党合作和政治协商制度，是发扬社会主义民主的一种重要形式，在建设社会主义政治文明中发挥着重要作用。人民政协要把民主协商精神贯彻到一切工作中去，切实尊重和保护委员的民主权利，努力营造敢进诤言、畅所欲言、知无不言的民主和谐氛围。不断拓宽政协参政议政领域，认真履行好民主监督的职能。要充分发挥政协组织联系广泛，渠道畅通的优势，倾听群众呼声、了解群众意愿、反映群众意见，协助党和政府解决好困难群众的生活问题，维护好最广大人民群众的根本利益。要倍加顾全大局、倍加珍视团结、倍加维护稳定，多做统一思想、理顺情绪、排忧解难的工作，为改革和发展减少阻力、增强助力、形成合力，为巩固和发展全县安定团结的社会政治局面贡献力量。

三是要讲文明、比贡献，为推进社会主义精神文明建设发挥作用。全面建设小康社会、打造开放的新型工业卫星城需要强大的精神动力和智力支持。政协组织拥有众多科技、教育、文艺方面的人才，是加强先进文化建设和精神文明建设的重要力量。人民政协要按照代表先进文化前进方向的要求，大力发扬革命传统，弘扬老区精神，努力营造爱我家乡、爱我清苑，人人为清苑发展建功立业的浓厚氛围，为实现打造开放的新型工业卫星城的宏伟目标提供强大的精神动力。要继承历史文化，挖掘文化内涵，加紧对文化资源的搜集、整理和展示，大力发展社区文化、村镇文化、企业文化等具有地方特色的群众文化，不断推进文化方式的创新，用社会主义的先进文化占领群众的思想阵地。要认真贯彻《公民道德建设实施纲要》，以诚实守信为重点，组织委员们积极参与社会公德、职业道德和家庭美德为重要内容的道德教育和实践活动，在淳化社风民风，树立新型的社会主义道德风尚和人际关系，全面打造“诚信清苑”中发挥积极作用。

**三、提高认识，转变作风，切实加强和改善党对政协工作的领导**

一是要从政治原则、领导方向和方针政策上加强对政协工作的领导。坚持党对政协工作的领导，是开创新时期人民政协工作新局面的根本保证。各级党委要进一步提高对新形势下人民政协工作的认识，进一步贯彻落实《中共中央关于坚持和完善中国共严党领导的多党合作和政治协商制度的意见》《中共河北省委关于进一步做好跨世纪人民政协工作的决定》和《中共保定市委关于进一步加强人民政工作的决定》等一系列有关重要文件，从政治原则、政治方向和方计政策上加强对政协工作的领导，大力推进人民政协履行职能的规范化、前度化建设。要定期听取政协的工作汇报，经常研究、检查政协工作，帮助政协解决买际困难。要主动向政协通报全局工作，经常给政协出题目、交任务，对重大决策的调研论证、重要工作的督促检查、群众反映的突出问题的调查处理，都要邀请政协委员参与，以便更好地发挥人民政协参政议政和民主监督的作用。

二是要充分发挥政协党组、政协委员和

政协机关中共产党员的模范带头作用。政协党组要自觉接受县委的领导，认真履行党委赋予的职责，发挥好在政协组织中的领导核心作用，保证党的路线、方针、政策和县委的决定、决议在政协工作中的贯彻落实。政协委员和政协机关中的共产党员，要充分发挥先锋模范作用，继承和发扬我党密切联系党外人士的优良传统，真诚地与民主党派和无党派人士交朋友，虚心地听取他们的意见和建议，努力成为同党外人士合作共事的模范，廉洁奉公的模范，保持民主作风的模范，不断增强在政协系统的影响力和凝聚力。

三是要关心和支持人民政协的自身建设。政协组织要加强自身的作风建设，组织部门要注意关心和支持政协干部的工作、学习和进步，努力建设一支高素质的政协工作队伍，要经常开展全心全意为人民服务的宗旨观念教育、党的统战政策教育和职业道德教育，增强广大干部职工的统战观念和服务意识，努力营造爱岗敬业、无私奉献、开拓进取的良好氛围和工作局面。党委、政府要帮助政协逐步改善办公条件，保证政协工作和委员活动所需经费。有关部门要及时向政协通报工作情况，认真办理政协建议案和委员提案，自觉接受政协的民主监督，支持政协进一步拓宽参政议政渠道，推动政协工作开创新局面。

各位委员、同志们，站在新的历史起点，开启新的伟大征程，我们肩负的责任重大而光荣，让我们高举邓小平理论伟大旗帜，全面贯彻“三个代表”重要思想，认真落实党的十六大精神，紧密团结在县委周围，同心同德、齐心协力、奋发图强、扎实工作，为实现打造开放的新型工业卫星城，全面建设小康社会的宏伟目标而不懈奋斗！

祝各位委员身体健康，祝大会圆满成功。

## 【政协清苑县第七届委员会第一次会议】

### 振奋精神　扎实工作<br>抢抓机遇　继往开来<br>为建设“大而强、富而稳、和而美”的<br>保定新兴工业卫星城而团结奋斗<br>在县政协七届一次会议开幕式上的<br>讲　话

（2007年5月20日）

各位委员、同志们：

政协清苑县第七届委员会第一次会议，今天隆重开幕了。我谨代表县委、县政府，向大会的胜利召开表示热烈的祝贺！向各位政协委员和与会同志表示诚挚的问候和良好的祝愿！

在过去的一年里，全县人民在县委、县政府的正确领导下，认真践行“三个代表”重要思想，深入贯彻中央、省委和市委的一系列重大决策部署，高扬“树、讲、求”主旋律，把科学发展、提速发展、和谐发展作为鲜明主题，开拓创新，扎实工作，经济实力在提速发展中不断壮大，社会稳定在强化举措中持续巩固，精神文明建设和社会各项社会事业在统筹推进中全面进步，人民生活水平不断提高，实现了“十一五”的良好开局，并为今后各项工作奠定了坚实的基础。县政协在上级政协的指导和县委的领导下，围绕中心，服务大局，认真履行政治协商、民主监督、参政议政职能，在推动全县经济和社会更快更好发展、服务“和谐清苑”建设、推进民主政治建设等方面，做了大量卓有成效的工作。可以说，清苑的稳定与发展，凝结着在坐各位的辛劳和汗

水。借此机会，我代表县委、县政府，向为推进我县科学发展、提速发展、和谐发展中积极献智出力、作出重要贡献的广大政协委员和政协工作者，工商联、人民团体和各族各界人士，表示衷心的感谢，并致以崇高的敬意！

2007年，是全面落实科学发展观、深入实施“十一五”规划的关键一年。年初召开的中共清苑县委十届二次全会暨全县经济工作会议，进一步确定了“科学发展、提速发展、和谐发展”的鲜明主题和建设“大而强、富而稳、和而美”保定新兴工业卫星城的战略目标。实现这一目标，任务艰巨，责任重大，需要全县人民同心同德、奋发有为，更需要政协组织和广大政协委员认真履行职能，充分发挥作用。下面，我就进一步做好政协工作，与大家共同沟通三点意见。

**一、以科学发展观为统领，认真履行政协职能，为促进科学发展、提速发展、和谐发展做出新贡献**

县委十届二次全会，客观分析了我县经济社会发展的现状和面临的形势任务，确定了全年工作指导思想，即：以邓小平理论和“三个代表”重要思想为指导，以科学发展观为统领，深入贯彻中央、省、市一系列重要会议精神，高扬“树、讲、求”主旋律，突出科学发展、提速发展、和谐发展这一主题，强化发展高于一切、实力决定一切、改革推动一切、稳定压倒一切、党建保障一切的理念，瞄准一个目标（建设“大而强、富而稳、和而美”的保定新兴工业卫星城），把握两个重点（县城建设和社会主义新农村建设），实施三大战略（工业兴城、开放兴县、项目兴业），务求四个突破（在做强传统产业、壮大民营经济、促进农民增收、破解发展难题上求突破），扎实开展“项目建设二次创业突破年”“新农村建设提升年”“和谐稳定巩固年”“文化建设深化年”“基层党建创优年”全力开创各项工作新局面，以优异成绩迎接党的十七大胜利召开。

政协组织和广大政协委员，要紧紧围绕我县建设“大而强、富而稳、和而美”保定新兴工业卫星城这一宏伟目标，以科学发展观为统领，认真履行政治协商、民主监督、参政议政职能，为促进全县经济社会科学发展、提速发展、和谐发展献计出力。要大力培育主导产业，加快园区建设，进一步壮大县域经济；要下大力发展农村经济，深入推进新农村建设；要加强文化基础设施建设，促进文化产业发展，加快文化大县建设。要紧紧围绕这些重点，找准角度，选好课题，深入调查研究，组织视察考察，积极建言献策，帮助县委、县政府科学民主决策，为实现全县经济社会又好又快发展发挥更大作用。

各级党委、政府及有关部门，要充分认识人民政协在促进经济社会发展中的重要作用。对政协组织和政协委员提出的意见和建议，要认真研究，积极采纳。要坚持和完善重要情况通报制度，积极为政协知情议政创造条件。

**二、高举团结和民主两大旗帜，充分发挥政协优势，为构建“和谐清苑”做出新贡献**

县委十届二次全会，把促进社会和谐摆在全局工作的突出位置。会议提出，要认真解决城乡居民在就业、社会保障、教育、医疗等方面最关心、最直接、最现实的利益问题，着力抓好“零就业家庭就业再就业援助工程”“四助活动”和“农村合作医疗”等多项重点，扎扎实实为群众办成一批实事、好事，切实提高人民群众的幸福感；要继续坚持科技强警，完善社会治安防控体系，进一步深化网格化布警，严厉打击各种刑事犯罪，切实提高人民群众的安全感；要积极推进基层民主政治建设，努力扩大公众的社会知情度和意志表达度，保障人民群众依法行使民主权利，保证人民群众依法管理公共事务。

政协组织和广大政协委员，要紧紧围绕“和谐清苑”建设，牢牢把握团结和民主两大主题，不断巩固和发展政通人和的社会政治局面。具体来说，要发挥好包容各界、联系广泛的优势，广泛团结不同阶层、不同民族、不同信仰的人士，充分调动一切积极力量；要高度关注民生，及时反映民意诉求，促进人民群众关注的热点、难点问题有效解决；要动员和引导科技、教育、卫生等各界人士充分发挥作用，支持社会事业的兴办和发展；要配合全市掀起的“责任风暴”和“效能革命”，加大民主监督力度，促进政务环境和机关作风的进一步优化；要努力维护社会稳定，多做解疑释惑、理顺情绪的工作；要积极参与扶贫济困、和谐创建等活动，带头倡导和谐理念，弘扬和谐文化，为和谐清苑建设献智出力。

各级党委、政府及有关部门，要充分认识人民政协在服务社会主义和谐社会建设中的独特优势，要充分发挥政协委员在党和人民群众之间的桥梁纽带作用，认真听取各界委员的意见和建议。要自觉接受政协的民主监督，切实改进工作中的薄弱环节。要不断提高政协建议案和委员提案的办理质量，积极为政协反映民意畅通渠道。

**三、认真贯彻中共中央《关于加强人民政协工作的意见》，努力提高政协工作水平，为我县民主政治建设做出新贡献**

中共中央下发的《关于加强人民政协工作的意见》，是指导新世纪新阶段人民政协事业发展的纲领性文件。为贯彻落实好中央《意见》精神，县委制定了《关于进一步加强和改进人民政协工作的意见》，重点对政协的政治协商、民主监督、参政议政的内容、形式和程序进行了细化，对政协意见和建议的办理进行了规范，对做好政协工作的保障机制进行了完善，对政协自身建设和加强党的领导做出了明确规定。

政协组织和广大政协委员，要把中央《意见》认真学习好、贯彻好、落实好，按照县委制定的实施意见，努力提高政协工作水平，为推进我县民主政治建设进程发挥积极的作用。要稳步推进政协履行职能的制度化、规范化、程序化建设，使政治协商更规范，民主监督更有效，参政议政更加富有成果。要积极探索新形势下做好政协工作的新形式、新方法，使政协工作始终充满活力。要大力加强人民政协理论研究，为不断巩固新形势下爱国统一战线和人民政协事业更好地发展提供理论指导。要进一步巩固“学树保促”主题教育活动成果，切实加强政协自身建设，不断提高工作效能和服务水平。

各级党委、政府及有关部门，要充分认识人民政协在我国社会主义民主政治建设中的重要地位。要认真贯彻落实中央《意见》精神，积极支持政协依照章程开展工作。要加强与政协的联系与沟通，共同推进政协工作“三化”建设。要大力支持委员参加政协活动，尊重和依法保护政协委员的各项民主权利。

各位委员，同志们，在全面建设小康社会的伟大征程中，人民政协任重而道远、大有可为。让我们紧密团结在以胡锦涛为总书记的党中央周围，在县委的领导下，全面贯彻落实科学发展观，高扬“树、讲、求”主旋律，同心同德，开好大会，共谋发展，为建设“大而强、富而稳、和而美”的新兴保定工业卫星城而团结一致、努力奋斗！

最后，预祝政协清苑县第七届委员会第一次会议圆满成功！祝各位委员和同志们身体健康！

谢谢大家！

## 【政协清苑县第八届委员会第一次会议】

### 站在新起点　开启新征程
### 为建设经济强县 和谐清苑而努力奋斗
### ——在政协清苑县第八届委员会第一次会议上的讲话

县委副书记 张晓东

（2012年2月2日）

各位委员、同志们:

政协清苑县第八届委员会第一次会议今天隆重开幕了。这次会议是在全县认真落实中央、省、市经济工作会议，省、市、县党代会和县委十一届二次全会精神，全面实施“十二五”规划时期召开的一次重要的会议。来自全县各条战线、各个界别的新一届政协委员欢聚一堂，共商发展大计，共谋强县良策。在此，我代表县委向大会的胜利召开表示热烈的祝贺！向出席会议的各位委员和同志们致以新春的问候！

这次大会是一次承上启下、继往开来的大会，是全县人民政治生活中的一件大事。会议将审议县政协七届常委会工作报告，讨论县政府、县人民法院、县人民检察院及有关部门工作报告，选举产生新一届县政协领导班子。希望各位委员以饱满的政治热情和强烈的责任感，充分发扬民主，认真履行职责，踊跃建言献策，把这次大会开成一个团结民主、务实创新、鼓劲加压、风清气正的大会。

过去的五年，县政协在县委的领导下，认真践行“三个代表”重要思想，深入贯彻落实科学发展观，牢牢把握团结和民主两大主题，加强了与各人民团体和各族各界人士的团结和联系；认真履行职能，促进党委政府决策的民主化和科学化，为全县经济发展和社会稳定做出了积极的贡献。在此，我代表县委向全体政协委员、向各人民团体和社会各界人士表示衷心的感谢并致以崇高的敬意！

未来的五年，是实现清苑又好又快发展的关键五年。建设经济强县、和谐清苑，是时代赋予我们的神圣使命，是全县65万人民的热切期盼和共同心愿，新一届政协肩负的任务更加艰巨，使命更加光荣。希望人民政协继续坚持团结和民主两大主题，勤奋工作，开拓创新，为推进清苑经济社会发展贡献智慧和力量。下面，我代表县委讲几点意见:

**一、要始终坚持把发展放在第一位，在建设经济强县中创造新业绩**

发展是党执政兴国的第一要务，也是人民政协履行职能的第一要务。县政协和广大政协委员要按照县第十一次党代会提出的“六个一”总体思路和“加快三个突破，确保三个翻番，实现四个提高”的奋斗目标，充分发挥人民政协人才荟萃、智力密集的优势，多建睿智之言，多献务实之策。要发挥政协联系工商人士和民营企业家多的优势，鼓励他们激情创业，在产业结构调整、传统产业上档升级，加快新兴产业发展等方面建功立业。要发挥政协联系科技教育人才多的优势，不断提高我县自主创新能力，为促进全县经济社会又好又快发展提供广泛的智力支持和人才保障。要利用政协机关和政协委员的“人脉”，吸引更多的资金、技术、人才向我县汇聚，努力在招商引资、壮大县域经济实力上发挥示范带头作用。

**二、要充分发挥政协组织和委员的优势与作用，在建设和谐清苑中做出新贡献**

政协委员联系社会各界，深知社情民意，

是党委、政府密切联系群众的桥梁和纽带，在构建和谐社会中具有独特的优势。政协机关和全体政协委员要充分发挥代表性强、包容性强的优势，深入基层，反映民意，多做疏导情绪、化解矛盾、增进共识的工作。要把维护人民群众的根本利益作为政协工作的出发点和落脚点，坚持从群众最关心、最现实、最直接的实际问题入手，带着深厚的感情关心群众的生产生活，更加关注城乡低收入家庭等弱势群体，更加关注医疗、教育、社会保障等关系群众切身利益的各项事业，协助县委、县政府共同把人民群众的利益实现好、维护好、发展好。

**三、要继续坚持正确的工作方向，在推进民主政治建设中实现新突破**

开展政治协商、民主监督，是发展社会主义民主的重要途径，是各族各界人民群众当家作主，参与管理国家和社会事务的社会主义民主政治的本质特征。政协组织要重点做好两个方面工作。一是为扩大政治参与提供重要保障。要通过营造民主协商、平等议事、宽松和谐、生动活泼的政治氛围，鼓励各界人士，积极围绕我县经济发展、文化繁荣和社会生活中的重要问题进行协商讨论，使我们党的主张成为社会各界的广泛共识和共同行动。二是积极开展民主监督。要采取委员视察、民主评议、政协提案、反映社情民意等多种形式，对上级各项要求和县委、县政府决策部署的贯彻执行情况，对各乡镇（城区）、各部门履行职责等情况进行监督，提出客观公正的意见，积极推动各项决策部署的落实。

**四、要进一步加强和改进党对政协工作的领导，不断开创政协工作的新局面**

政协工作是党的工作的重要组成部分，加强和改进党对政协工作的领导，是新形势下开创人民政协工作新局面的根本保证。全县各级各部门都要积极支持政协开展的调查、视察和考察活动，主动加强与政协组织和政协委员的沟通和联系，为政协更好地履行职责、发挥作用创造良好的条件。

各位委员、同志们，新的蓝图已经绘就，美好的明天正等待我们去开创，让我们高举中国特色社会主义伟大旗帜，全面贯彻落实科学发展观，解放思想，奋力拼搏，扎实工作，争先进位，努力开创我县政协工作的新局面，以优异的成绩迎接中国共产党十八大的召开！

预祝大会圆满成功。

## 3. 议会和各界人民代表会议

在中华人民共和国成立前后，为组成和巩固抗日民族统一战线，为保证各界人民群众参政议政，为适应人民当家作主的需要，清苑县先后实行过议会和各界人民代表会议制度。

### 议　会

1937年7月抗日战争全面爆发，中国共产党和中国国民党实现第二次合作，形成了全国的抗日民族统一战线。在抗战期间，共产党领导的八路军、新四军以及其他抗日力量，开辟了十几块抗日根据地，在这些根据地建立了抗日民主政权。

1938年2月，冀中人民自卫军与国民党河北民军协商建立了清苑县政府，国民党员刘士琪任县长。清苑县抗日民主政府建立后，中共清苑县委、清苑县抗日民主政府与抗日的各民主党派、群众团体、爱国人士组成了抗日民族统一战线。从1938年2月国共协商建立清苑县政府至清苑县分为清苑县和之光县期间，清苑县政府历任县长为：

刘士琪（1938.4免）

邸清哲（1938.4～1938.10）

芦金堂（1938.10～1939.4）

刘寿彭（1939.5～1939.4）

郭　韫（郭德昌，1939.11任）

1940年3月，中共中央发出关于抗日根据地政权建设实行“三三制”的指示。7月，为巩固抗日民族统一战线，保证各界人民群众参政议政，贯彻中共中央的指示，全县开展了“新民主主义宪政”运动。8月，经过村、区、县三级选举，产生了区代会和县议会。县议会的职权是：①选举、罢免县长；②监察弹劾县级行政人员及司法公务人员；③督查同级政府对县议会决议案的执行情况；④审议批准政府财政预算、决算，察决地方财政收支；⑤创制并复决本县单行条例；⑥决议县政兴革重要事项；⑦审议县长及各方请议事项等。10月，清苑县第一届议员代表大会召开，民主选举产生了“三三制”（共产党员、左派进步分子及中间分子和其他分子大体各占1/3）的抗日民主政府，郭韫当选为县长，杜玉当选为议长，刘志一为副议长，秘书为赵辉（赵婉青，女）。

1941年1月～1944.10，清苑县分为清苑、之光两县后，杜玉任清苑县议长（1942.4免），1942年4月，胡磊任议长（1943.8免）。历任县长为：

郭　韫（1942.3免）

王　谆（1942.3～1944.3）

李琢之（1944.4任）

之光县议会设议长、副议长各一人，刘志一任之光县议长，薛瑞祉任副议长（1942.5免）。之光县历任县长为：

董　洁（1942.4免）

窦森瑜（窦瑾荣，1942.5任）

1944年10月～1945年8月，清苑、之光两县合并，称为之光县，两县议会亦合并，刘志一、胡磊（1944.12免）同为议长，刘志一负责全面工作。之光县县长为窦森瑜。

## 各界人民代表会议

中华人民共和国成立初期，为适应人民当家作主的需要，根据1949年9月通过的《中国人民政治协商会议共同纲领》和中央人民政府指示，于1949年11月举行清苑县各界人民代表协商会议，学习了《共同纲领》，协商了代表产生等事宜，成立了过渡性权力机关——各界人民代表会议，代行人民代表大会职权。从1950年2月至1954年7月，共召开3届10次会议。

1950年2月，清苑县第一届各界人民代表会议第一次会议在中冉召开，出席会议代表由农民、工人以及来自教育界、医疗卫生界、工商界、少数民族、妇女，以及党、政、军代表组成，共318名。会议依照《县各界人民代表会议组织通则》，实行民主建政，代行县人民代表大会职权。会议审议了政府工作总结、1950年工作方针与任务的报告、财政预算报告。依照《县各界人民代表会议组织通则》第七条“县各界人民代表会议经省政府批准，代行县人民代表大会职权，选举县人民政府县长、副县长、委员，组成县人民政府委员会”的规定，选举产生了清苑县人民政府委员会和清苑县第一届各界人民代表会议常务委员会委员。张寅当选为清苑县县长、清苑县第一届各界人民代表会议常务委员会主席，王洪秀为副主席，委员11名。第一届各界人民代表会议先后召开7次会议，主要是围绕抗美援朝、镇压反革命、爱国增产三大运动开展工作。

清苑县第二届各界人民代表会议第一次会议于1952年1月6日～9日在中冉召开，出席会议的代表279名，收到代表提案71件。会议听取审查了《清苑县1951年工作简结和1952年工作方针与任务的报告》《财政工作报告》《清苑县第一届各界人民代表会议常务委员会两年来工作概况和今后工作意见（草案）的报告》；作出《关于开展爱国增产节约运动和开展反对贪污、反对浪费、反对官僚主义斗争的决议》，号召广泛深入地宣传贯彻《中华人民共和国婚姻法》；根据中央人民政府颁布的《县各界人民代表会议组织通则》及《县人民政府组织通则》《河北省人民政府县长、副县长、委员选举暂行办法》的规定，选举产生了清苑县人民政府委员和第二届各界人民代表会议常务委员会委员。第二届各界人民代表会议第二次会议于1952年3月18日在中冉召开，出席会议代表281名。会议讨论了关于宣传、贯彻“三反”“五反”政策和麦收前防旱抗旱、生产救灾等问题。

清苑县第二届各界人民代表会议常务委员会主席为张寅，副主席为陆锦、陈啸（女）；常务委员为张寅、陆锦、王绍魁、陈啸（女）、魏福禄、段鸣琴、杨国茹（女）、董洪义、杨树欣、王洪奎、李钧、唐寿延、葛岳臣、王洪秀、刘甲臣、刘焕章、石之范、李六、王香荣、孙仲路、彭佐堂；委员为韩杜明、杨玉振、高度、刘士章、戴佐军、董万峰、袁仲秀、尹淑花、刘景花、常柏川。

第三届各界人民代表会议第一次会议于1953年12月5日～7日在南大冉召开。会议应出席代表348名，因水灾实到代表180名。会议讨论了党在过渡时期的总路线和总任务以及粮食统购统销政策，并制定了落实措施，号召全县人民开展厉行节约，多卖余粮，支持国家工业化建设。会议未进行人事选举。

1954年7月，第一届人民代表大会第一次会议召开，清苑县各界人民代表会议即告结束。

# —编后记—

2015年5月13日，保定市召开行政区划调整大会，在正式公布清苑县改为清苑区之际，政协清苑县第八届委员会决定编纂《清苑县政协志》，总结回顾县政协32年的光辉历程，以存史资政，启迪后人。

编修《清苑县政协志》是政协第一次组织编写专业部门志。编纂人员至关重要，为此，抽调了参与编修《清苑县志（1986～2004）》的刘三军任副主编，负责篇目制定、资料总纂和业务指导。编辑部成员由政协机关全体人员组成，人人有分工。为确保志书质量，编委会多次邀请保定市方志办主任孙进柱、县志处处长赵光指导篇目制定、业务培训，以及编修过程中的具体事宜。《清苑县志（1986～2004）》和《冉庄镇志》的执行主编刘秋良同志也加班加点为本书的定稿提了很多宝贵建议。

自2015年11月编修工作启动以来，全体编辑人员抢抓时间，整理档案资料，表现出了极大的工作热情，本着对历史高度负责的态度，不怕烦琐，沉下心来，学中干，干中学，加班加点，团结协作。一次次到市、县相关部门翻阅档案资料，一次次向离退休政协老领导请教，一次次到政协委员家中寻找资料，尽最大努力搜集珍贵的政协史料，力争全面、客观地反映清苑县政协的历史，最大限度地避免志书的遗憾，确保持之有据。共搜集档案资料一百多卷次，近千万字。功夫不负有心人，2017年 5 月完成了初稿，经反复斟酌、校对、修改，于2018年9月付梓印刷。全书分12章，共74万字。

本志书在编修之初得到了曲阳县政协、高邑县政协的热心指导，编修中得到了保定市政协、保定市委组织部、保定市档案局、清苑区委组织部、宣传部、统战部、档案局、商务局、电视台、摄影协会的大力协助，历届政协离退休老领导及部分政协委员提供了很多珍贵资料，在此一并表示感谢！

由于本志书跨限长，部分档案资料缺失不全，加之人员少、时间紧，编修水平有限，难免有遗漏和差错，敬请广大读者批评指正。

《清苑县政协志》编委会

2018年9月